RADIKALE REFORMATION

STUDIA TRANSYLVANICA

IM AUFTRAG DES ARBEITSKREISES FÜR SIEBENBÜRGISCHE LANDESKUNDE
HERAUSGEGEBEN VON
HARALD ROTH UND ULRICH A. WIEN

BAND 44

# RADIKALE REFORMATION

## DIE UNITARIER IN SIEBENBÜRGEN

herausgegeben von

ULRICH A. WIEN, JULIANE BRANDT und ANDRÁS F. BALOGH

2013

BÖHLAU VERLAG KÖLN WEIMAR WIEN

Die STUDIA TRANSYLVANICA erscheinen als Ergänzungsbände
des „Siebenbürgischen Archivs“, das in III. Folge die alte und neue Folge
des „Archivs des Vereins für siebenbürgische Landeskunde“ (1843–1944) fortsetzt.

Gefördert vom
Beauftragten der Bundesregierung für Kultur und Medien
aufgrund eines Beschlusses des Deutschen Bundestages

Bibliografische Information der Deutschen Nationalbibliothek:
Die Deutsche Nationalbibliothek verzeichnet diese Publikation in der
Deutschen Nationalbibliografie; detaillierte bibliografische Daten
sind im Internet über http://dnb.d-nb.de abrufbar.

Umschlagabbildung:
Torbogen-Schluss-Stein am Gebäude des Unitarischen Bischofsamtes in Klausenburg.
Foto: Ulrich A. Wien



Gesamtherstellung: WBD Wissenschaftlicher Bücherdienst, Köln
Gedruckt auf chlor- und säurefreiem Papier

ISBN 978-3-412-21073-1

# Inhalt

## III. Rezeptionsgeschichte

# Vorwort der Herausgeber

Die komparatistische Tagung des Arbeitskreises für siebenbürgische Landeskunde e.V., Hermannstadt (Societatea de Studii Transilvane, Erdélyi Tanulmányok Egyesülete) und des Instituts für Geschichte und Kultur der Deutschen in Südosteuropa an der Ludwig-Maximilians-Universität München zusammen mit dem Lehrstuhl für deutsche Sprache und Literatur an der Babeş-Bolyai-Universität (Cluj-Napoca, Kolozsvár, Klausenburg) zur Geschichte der Unitarier in Siebenbürgen im März 2010 hat bedeutende neue Forschungsergebnisse zur siebenbürgischen Landeskunde erzielt. Besonders die ausgezeichneten Verbindungen von Mihály Balázs (Szeged) und seine intensive konzeptionelle Mitarbeit waren ursächlich für den Erfolg des Gesamtprojekts. Nicht zuletzt die Gastfreundschaft des Bischofsamtes und des Theologischen Instituts in Klausenburg haben zu einer ausgezeichneten Arbeitsatmosphäre beigetragen. Die jetzt gesammelt vorliegenden, gewichtigen Beiträge werden hiermit dem Fachpublikum vorgestellt.

Eingeleitet wird der Band durch einen Überblick der derzeit führenden Antitrinitarismus-Experten für Ungarn und Siebenbürgen über den aktuellen Stand der Antitrinitarismusforschung, Mihály **Balázs** und Gizella **Keserű**. Dankenswerter Weise haben beide diesen Beitrag auf Bitten der Herausgeber für diesen Band neu verfasst. Cora **Dietl** legt eine Studie vor, die den Wurzelboden trinitätskritischer Publikationen im Humanismus und die Kontroverse um die Trinitätslehre außerhalb des siebenbürgischen Kontexts in einem – eher apologetischen – vorreformatorischen Kontext verorten kann.

In drei Hauptteilen werden die anschließenden Untersuchungen geordnet: Der erste Teil präsentiert Personen und Entwicklungen der unitarischen Anfänge in Siebenbürgen. Der zweite Block umfasst Untersuchungen zu Lehre und Theologie der unitarischen Kirche. Im dritten Hauptteil werden verschiedene Aspekte zur Rezeptionsgeschichte zusammengeführt: Hier werden die internationale Verflechtung im späthumanistischen Kontext, das Unitarierbild im 19. Jahrhundert sowie die wechselvolle Geschichte der Archiv- und Literatur-Landschaft analysiert und beschrieben.

Den grundlegenden, mit bisherigen Klischees der Historiographie aufräumenden Forschungsbeitrag zu dem aus der siebenbürgisch-sächsischen Gesellschaft hervorgegangenen, ersten antitrinitarischen Bischof Siebenbürgens, Franz Hertel/Davidis, verfasste ebenfalls M. **Balázs**. Er präsentiert die erste Phase des siebenbürgischen Antitrinitarismus sowohl für die siebenbürgisch-sächsische als auch siebenbürgischungarische Ethnie in völlig neuer, quellengestützter Perspektive. Auf der Basis jüngst erfolgter internationaler Quellenrecherchen stellt Martin **Rothkegel** Biographie und Werk des Jakobus Palaeologus dar. Besonders akzentuiert er dessen Wirksamkeit in Siebenbürgen, nämlich in Klausenburg und im siebenbürgisch-sächsischen Milieu von Alzen, wo Palaeologus dezidiert gegen das Hauptwerk Calvins, die „Institutio Christianae religionis", argumentierte und die antitrinitarische Theologie in Siebenbürgen rhetorisch blendend vorgetragen förderte. Dabei wird durch eine Textedition der Befund untermauert und der Wissenschaft eine neue Quelle zur Verfügung gestellt.

Tamás **Kruppa** stellt die antiprotestantische, besonders dezidiert gegen die Antitrinitarier gerichtete Religionspolitik der Báthory-Familie dar, die im spannungsreichen Kontext der zwischen dem Machtbereich der Habsburger und der Osmanischen Dominanz auf dem Balkan oszillierte. Ergänzt wird das Tagungsergebnis durch die für diesen Band verfasste Studie von Gizela **Keserű**, die unter Bezugnahme auf aktuelle, noch unpublizierte Studien einen Forschungsbeitrag zur Rezeption und Konfessionskultur der siebenbürgisch-sächsischen Antitrinitarier konzentriert auf die Klausenburger unitarische Kirchengeschichte vorlegt. Edit **Szegedi** setzt diese Untersuchungen der Verhältnisse im Klausenburger Milieu fort und untersucht die faszinierende Aushandlung konfessioneller und politischer Räume zwischen 1568 bis weit in die erste Hälfte des 17. Jahrhunderts. Ihre quellenbasierte Forschung wird die Historiographie grundlegend befruchten und vorantreiben.

Im zweiten Teil und unmittelbar inhaltlich anschließend präsentiert Krista **Zach** die Entwicklung der ins siebenbürgisch-sächsische Milieu einwandernden antitrinitarischen Theologie in Klausenburg. Besonders die Formierung der Konfessionsgemeinschaft stellt sie in den Fokus der Untersuchung und präsentiert erstmalig eine Edition eines deutschsprachigen antitrinitarischen Katechismus aus dem beginnenden 17. Jahrhundert, der wohl im Umfeld des unitarischen Superintendenten Valentin Radecius entstanden ist. Über die Aristotelesrezeption und ihr folgende Denkfiguren in der unitarischen Kirche – bei Györgyi Enyedi – legt József **Simon** einen erhellenden Beitrag vor. Sándor **Kovács** behandelt die aussagekräftigen Abendmahls-Passagen unitarischer Liturgien des 16. und 17. Jahrhunderts, die stark von den konservativen lutherischen Vorlagen (die auch in siebenbürgisch-sächsischer Kirchentradition gültig waren) geprägt wurden. Diese Befunde untermauern mehrere, auch ins Deutsche übersetzte Quellen, die hier zum Teil erstmals abgedruckt werden. An seinen Beitrag schließt der etwas ältere Beitrag von Imre Gellérd († 1980) an, der aus pastoraltheologischer und ethischer Sicht des 20. Jahrhunderts die Abendmahlsagende der Antitrinitarier behandelt. Der Direktor des Instituts für Jüdische Studien in Klausenburg, Ladislau **Gyémánt**, stellt die Geschichte der um den Adligen A. Eőssi und den Theologen Simon Péchi entstandenen reformatorischen Sondergruppe des Sabbatarianismus, dessen in immer neuen Wellen reorganisierte Entwicklung im 16./17. Jahrhundert, die Eingliederung in die jüdische Gemeinschaft nach 1868 und bis hin zum Untergang im Holocaust dar.

In der abschließenden Themengruppe macht M. **Balázs** auf die Nürnberg-Altdorfer Universität aufmerksam. Dort verdichten sich die Hinweise auf enge Verbindungen zum bedrängten Unitarismus Siebenbürgens, die es nahe legen, bei Lehrkörper und Studierenden in Altdorf eine Anlaufstelle und Schaltstelle für antitrinitarisches Gedankengut der siebenbürgischen Antitrinitarier nachzuweisen. Zugleich verweist Ágnes **Dukkon** auf die zeitgenössischen, späthumanistischen Kontexte, nämlich die Kalenderabfassung von David Frölich. Juliane **Brandt** untersucht die Rezeption des unitarischen Milieus in der ungarischen Literatur des 19. Jahrhunderts. Zwei Beiträge beschließen den Band, indem Gyöngyi **Bíró** die Erforschung der Lesestoffe und Lehel **Molnár** die Entwicklung der unitarischen Archivlandschaft darstellen.

Der Sammelband wird, so hoffen die Herausgeber, die Forschung zur Unitarierthematik Siebenbürgens auf neue Grundlagen stellen. Der handbuchartige Charakter kann dazu dienen, sowohl den gegenwärtigen Forschungsstand im Überblick als auch die Darstellung von Einzelaspekten durch ausgewiesene Fachleute wahrzunehmen. Es ist die Überzeugung der Herausgeber, dass die Publikation wegweisend für die künftige Rezeption antitrinitarisch-unitarischer Geschichte, der Landes- und Konfessionskunde Siebenbürgens in der Frühen Neuzeit und zur Konfessionsbildung im siebenbürgisch-sächsischen Milieu am Ende des 16. und zu Beginn des 17. Jahrhunderts werden wird.

Landau, München, Klausenburg am 31. Oktober 2012.

# Der siebenbürgische Unitarismus

*Mihály Balázs und Gizella Keserű*

## Zum Forschungsstand

Zwar ist den Experten der europäischen Reformation durchaus bekannt, dass der Antitrinitarismus als eine eigenartige Ausprägung der Reformation in Ostmitteleuropa in zwei Regionen für längere Zeit Fuß fasste, doch wissen sie viel mehr darüber, was sich in Polen zugetragen hat als über die Entwicklungen in Siebenbürgen. Eigentlich müsste es umgekehrt sein, da die Trinitätsleugner im einheitlich katholisch gewordenen Polen Mitte des 17. Jahrhunderts durch einen Landtagserlass verboten wurden, während in Siebenbürgen eine bis heute eigenständig funktionierende Kirche zustande kommen konnte. Paradoxerweise erwies sich die Emigration im Hinblick auf das Nachleben als vorteilhaft. Das geistige Erbe der nach Fausto Sozzini auch Sozinianer genannten polnischen Antitrinitarier wurde organisch in die europäischen Geistesströmungen integriert, da sie, von der Popularität ihrer in Westeuropa auch schon früher verbreiteten Ausgaben ausgehend, in den Niederlanden mit Hilfe der Remonstrantengemeinde ab Mitte der 1660er Jahre die umfangreichen Bände der „Bibliotheca Fratrum Polonorum" herausgaben. Diese umfassten sämtliche exegetischen und religionsphilosophischen Arbeiten ihrer größten Autoritäten, die auch in den Bücherregalen der namhaftesten Persönlichkeiten der europäischen Aufklärung wie Leibniz, Newton, Locke und Voltaire vorhanden waren, und die besonders in der frühen Phase der Aufklärung mit ihren theologischen und philosophischen Lösungen eine Herausforderung darstellten.

Die intensive Präsenz in Europa hatte auch ihre Auswirkung auf die moderne Forschungsgeschichte des polnischen Antitrinitarismus, die Ende des 19. Jahrhunderts begonnen hat. Die liberalen Historiker sahen in der Bewegung eine von dem dominanten katholischen Umfeld abweichende und spannende Erscheinung, und zu ihrer Erschließung trug auch jener Patriotismus wesentlich bei, der die nationale Vergangenheit vielfarbig darstellen wollte: Gerne wurde sie als Zeichen der polnischen Freiheitsliebe präsentiert, dank derer die anderweitig verfolgten Freidenker bei ihnen auch in der Vergangenheit hatten unterkommen können. Da man sich auf diese nicht katholische Tradition auch in der marxistischen Ära gern berief, waren die Tonangeber des wissenschaftlichen Lebens nicht gegen die Fortsetzung der Forschungsarbeit, die auf den soliden kulturhistorischen Lebenswerken der

Zwischenkriegszeit aufbauten (um nur die größten wie Ludwik Chmaj, Konrad Górski und Stanisław Kot zu erwähnen). Eine weitere Erleichterung bedeutete, dass man mit keinerlei kirchenpolitischen Fragen konfrontiert wurde.

Die besten Kenner der Frage, Historiker und Forscher der Geistesgeschichte (Wacław Urban, Lech Szczucki, Zbigniew Ogonowski, Janusz Tazbir und andere) nutzten auch diese Möglichkeiten besonnen und publizierten in internationaler Zusammenarbeit Quellenausgaben und Bearbeitungen von hohem Niveau. Von ersteren muss hier die Reihe „Biblioteka Pisarzy Reformacyjnych“ erwähnt werden, in der zeitgenössische lateinische und polnische Texte erschienen sind, während in Bezug auf letztere neben den unumgänglichen Monographien auch die als Fortsetzung des in der Zwischenkriegszeit erschienenen Jahrbuchs „Reformacja w Polsce“ im Jahre 1956 eine mehrsprachige Ausgabe mit dem Titel „Odrodzenie i Reformacja w Polsce“ ins Leben aufgerufen wurde, die eines der wichtigsten europäischen Foren der frühneuzeitlichen geisteshistorischen Forschungen wurde. Diese bis heute intensive europäische Präsenz wurde nicht nur dadurch gefördert, dass die Vertreter der jeweiligen polnischen Emigration in Westeuropa kulturell äußerst stark und für alles in der Vergangenheit empfindsam waren, sondern auch, dass man sich den slawistischen Forschungsstätten anschließen konnte, wobei auch berücksichtigt werden soll, dass in diesem Fall die sprachlichen Hindernisse nicht so gravierend waren wie im Falle der Ungarn.

Im Vergleich mit den Polen erscheint die internationale Präsenz im Fall des siebenbürgischen Antitrinitarismus nicht so intensiv. Etwas überspitzt könnte man sagen, dass die siebenbürgischen und ungarischen Forschungsstätten bis zu den letzten Jahrzehnten zwangsläufig oder eben programmatisch abgeschottet wurden. Durch die Kontinuität des Kirchenlebens war die Erhaltung gewisser Quellen ein natürlicher Vorteil, und in der zweiten Hälfte des 19. Jahrhundert entstanden auch wichtige Forschungsstätten zur Erschließung und Bearbeitung der Vergangenheit. Hervorgehoben werden muss, dass in dieser Konfession jene erste Zeitschrift, die 1861 ins Leben gerufene „Keresztény Magvető“, gegründet wurde, die jahrzehntelang regelmäßig kirchenhistorische Quellen veröffentlichte. Von Fall zu Fall war auch das Bestreben fruchtbar, die Jahrhunderte lange Geschichte von berühmten Kircheninstitutionen darzustellen: Die wichtigste Unternehmung in diesem Zusammenhang war die Geschichte des Klausenburger unitarischen Kollegs von Kelemen Gál, aus dem für die Gemeinde Pastoren und andere Intellektuelle hervorgingen. Gál haben wir ein Lebenswerk zu verdanken, um das die Forschung nicht herum kommt. Dieses umfasst Bearbeitungen zahlreicher, bis dahin unbekannter Quellen, so auch der Matrikel seit 1626. Die hauptsächlich von gelehrten Lehrern durchgeführte Quellenerschließung hatte zwar weitere Ergebnisse, diese Tätigkeit entsprach jedoch in den wenigsten Fällen einer Öffnung gegenüber den europäischen geisteshistorischen Forschungen. Zwar erweckte die liberale christliche Theologie in vielen Unitariern die Illusion, sie könnten die Vertreter der Religion der Zukunft sein, es entstanden aber sehr bald als Gegengewicht dazu an das 16. Jahrhundert erinnernde Glaubensdiskussionen, aufgrund derer sie durch die Reformierten aus mehreren protestantischen Institutionen verdrängt wurden. Die zum Selbstschutz gezwungene Kirche wandte sich immer mehr nach innen, was folglich zur Erstarkung der hagiographischen Tendenzen in der Kirchengeschichtsschreibung führte. Die Xenophobie und die Kreation von Mythen wurden zum Hindernis einer differenzierten Annäherung an die Vergangenheit, und es herrschte die Auffassung, man müsse den Unitarismus des 16.–17. Jahrhunderts als eine ungarische oder siebenbürgische Religion par excellence feiern. Gemäß dieser Auffassung verdankte der unitarische Glauben seine Existenz der außerordentlichen Genialität des Franz Davidis, der während der Zeit der Glaubensgründung zum Ungar wurde und dem außer der Bibel nichts weiter als Quellen diente. Dieser Hauptton unterdrückte jede andere Stimme, und so blieben Publikationen von Wissenschaftlern, die im Bereich der Quellenerschließung erfolgreich gewesen waren, ohne Widerhall. Es wurde erst gar nicht daran gedacht, diese Ergebnisse für ein internationales Publikum zugänglich zu machen. Um ein Beispiel zu nennen, István Borbély wies bereits 1913 nach: Im Jahre 1569 ist in Siebenbürgen ein Auszug mit reichlich angeführten Textstellen aus Servets „Restitutio Christianismi" erschienen, sein Aufsatz in der Zeitschrift „Keresztény Magvető" ist aber außerhalb Siebenbürgens unbekannt geblieben, so dass der oben erwähnte Stanisław Kot, ohne diesen zu kennen, in einer französischsprachigen Publikation das Gleiche behauptete, wodurch es dann zu einer wesentlichen Kursänderung in der internationalen Forschung kam.

Die Isolation wurde nur intensiver als nach dem Friedensschluss in Trianon Siebenbürgen an Rumänien fiel, als die Maßnahmen gegen die Ungarn selbstverständlich auch die Unitarier nicht unberührt ließen. Als ein besonders vielsagendes Moment wegen des aussichtslos erscheinenden Ringens gilt, dass die Kirchenleitung im Jahre 1929 das Manuskript der Geschichte ihrer Kirche („Unitario-Ecclesiastica historia Transylvanica") aus dem 18. Jahrhundert Earl Morse Wilburn zur Aufbewahrung übergaben, der das mehrbändige Werk in der Bibliothek der Universität Harvard untergebracht hat. Dieses Werk kam als eine der symbolischen Gesten nach 1989 nach Klausenburg zurück. Erst danach ist nicht nur der lateinische Text in moderner Ausgabe, sondern auch die ungarische Übersetzung erschienen.

Die um ihre Vergangenheit, um ihre wertvolle und unerschlossene Manuskripte enthaltende Bibliothek gebrachte Gemeinde erhielt ab den 1960er Jahren jedoch gerade von Ungarn aus Motivation und Zuspruch für die fachgerechte Untersuchung ihrer Geschichte. Zwar wurde hier die Forschung des Antitrinitarismus nicht betont gefördert, aber infolge des wachsenden Interesses für die frühneuzeitliche Geistesgeschichte erkannte man im Institut für Literaturwissenschaft der Ungarischen Akademie der Wissenschaften unter der Leitung von Tibor Klaniczay auch deren Bedeutung. So kam es zur Erschließung der Klausenburger Bestände, vor allem durch Antal Pirnát und Bálint Keserű, später zu den anspruchsvollen Projekten Bibliotheca Unitariorum und Bibliotheca Dissidentium, die Raum für internationale Zusammenarbeit boten. Durch die Zusammenarbeit zwischen den Forschungsstätten in Ungarn wie in Siebenbürgen wird durch den Abbau jahrhundertlangen Rückstandes für die europäischen Forschungsgruppen der Zugang zu den Quellen des siebenbürgischen Antitrinitarismus eröffnet, und somit ermöglicht, dessen eigengeartete Entwicklung darzustellen.

Zwar wurden die siebenbürgischen Archive und Bibliotheken für die ungarischen Experten erst nach 1989 zugänglich, doch machten in ganz seltenen Fällen in den 1950er Jahren genehmigte Forschungsreisen klar, dass die ehemalige Bibliothek des Klausenburger unitarischen Kollegs außerordentlich wichtige Manuskripte aus der Frühen Neuzeit enthält, und es begann die Herausgabe dieser von Antal Pirnát, Bálint Keserű, Tibor Klaniczay, Róbert Dán und Béla Varjas entdeckten Texte. Die Dramentexte und Dialoge sowie Gedichte kamen in die Bände jener Reihen, die diese Gattungen der älteren ungarischen Literatur veröffentlichten. Die Reihen „Régi Magyar Drámai Emlékek" bzw. die zwei Reihen „Régi Magyar Költők Tára" für das 16. und 17. Jahrhundert hegen den Anspruch auf Vollständigkeit, während die Szegeder schulhistorische Reihe „Fontes Rerum Scholasticarum" mit der Herausgabe der erhalten gebliebenen Matrikel der oben erwähnten berühmten Schule begann. Hervorgehoben werden sollen zwei Bände von „Régi Magyar Költők Tára" für das 17. Jahrhundert, die speziell die Gedichte der Unitarier (Band 4) bzw. der Sabbatarier (Band 5) enthalten. In der Ergänzungsreihe „Régi Magyar Prózai Emlékek" erschien jedoch nur das eine umfangreichere Werk „Pécsi disputa" (Die Disputation von Fünfkirchen/Pécs). Es gibt keine Publikationsreihe, die sich die Neuausgabe der in theologischer Hinsicht besonders wichtigen lateinischen und ungarischen Prosa zum Ziel setzen würde. Von diesen standen natürlich jene Abhandlungen, Streitschriften und Predigten im Mittelpunkt des Interesses, die aus dogmengeschichtlicher Sicht als ausschlaggebend galten. Diese sind zum größten Teil in lateinischer Sprache, und um die wichtigsten publizieren zu können, kam es zu einer lobenswerten internationalen Arbeitsteilung und Kooperation. So wurden nicht nur die „Catechesis christiana" und die „Disputatio scholastica", die zwei größten Werke des Jacobus Palaeologus, eines der nach Siebenbürgen geflohenen großen heterodoxen Denker, herausgegeben, sondern dank der Arbeit von tschechischen, polnischen und ungarischen Forschern auch seine kleineren Abhandlungen. Das deutschsprachige Werk „Mattanjah" des ebenfalls nach Siebenbürgen geflüchteten Matthias Vehe-Glirius publizierte dessen Entdecker Róbert Dán, während die außerordentlich wichtigen Schriften von Christian Francken, entdeckt von Bálint Keserű und János Herner, in der Reihe der Wolfenbütteler Herzog August Bibliothek in der Redaktion von József Simon erschienen. Die Publikation der Werke von Franz Davidis stand natürlich ständig auf der Tagesordnung. Wie bekannt, kamen seine lateinischen Schriften, die in der dramatischen letzten Phase seines Lebens entstanden waren, in die zu seiner Verteidigung von Glirius und Palaeologus zusammengestellten Anthologie („Defensio Francisci Davidis"), deren Faksimile-Ausgabe 1983 erschien. Die ungarischen Schriften seiner früheren Lebensphase „Rövid útmutatás" (Kurzer Wegweiser) und „Rövid magyarázat" (Kurze Erläuterung) erlebten auch mehrere moderne Auflagen.

Gleichfalls kontinuierlich geschah die Veröffentlichung des Schrifttums der Sabbatarier, das stets mit dem Interesse der internationalen Forschung rechnen konnte. Den älteren Ausgaben der Texte von Simon Péchi schlossen sich neuere an, und in modernen Auflagen wurde auch das vollständige Schrifttum der frühen Phase zugänglich gemacht. Um die ungarischen Texte zu veröffentlichen, wurde die Reihe „Az erdélyi Unitárius Egyház Gyűjtőlevéltárának és Nagykönyvtárának kiadványai" (Veröffentlichungen des Sammelarchivs und der Großbibliothek der siebenbürgischen unitarischen Kirche) 1998 ins Leben gerufen, deren erster Band die ungarische Übersetzung von „De falsa et vera ... unius Dei cognitione" (1568) war. Dieses Werk wird in der Forschung als eines der wichtigsten des ostmitteleuropäischen Antitrinitarismus im 16. Jahrhundert betrachtet, daher wurde das von Antal Pirnát redigierte Werk vor kurzem als Faksimile neu aufgelegt. Der andere frühneuzeitliche Band dieser Reihe ist ein überaus spannendes Dokument des unitarischen Frömmigkeitslebens, denn Kaspar Helth (Gáspár Heltai) überarbeitete einen der Grundtexte der evangelischen Frömmigkeitsliteratur in der Frühen Neuzeit, Johann Habermanns „Bethbüchlein", in diesem Sinne. Diese Editionen repräsentieren natürlich bloß einen Bruchteil des unitarischen Schrifttums, und ab den letzten Jahrzehnten des 16. Jahrhunderts ist die Mehrzahl der Werke nur in zeitgenössischen Drucken oder Manuskripten zu lesen, auch wenn einige thematische Anthologien daraus schöpften.

Die Ergebnisse der Forschungen, die auf diesen Textausgaben basierten oder gerade diese initiierten, können hier nicht detailliert dargestellt werden, es kann lediglich auf einige markante Momente eingegangen werden. Das wichtigste Resultat davon ist, dass aus den mit wissenschaftlichem Anspruch zustande gekommenen Bearbeitungen die oben erwähnte xenophobe, mythische Betrachtungsweise des siebenbürgischen Antitrinitarismus schwand. Niemand behauptet mehr, dass diese religiöse Tendenz als Ergebnis autochthoner Entwicklung in Siebenbürgen entstanden sei und man bemüht sich redlich um die Erschließung jenes internationalen Beziehungssystems, das ein natürlicher Kontext des Unitarismus im 16.–17. Jahrhundert war. Ausführlich dokumentierte Studien stellten dar, dass neben Miguel Servets Werken die ins Exil gezwungene italienische Heterodoxie sowie der auf Erasmus basierende Baseler Humanismus die größte Wirkung auf das geistige Zentrum am Fürstenhof in Gyulafehérvár (Alba Iulia) ausübten. Zwar gibt es weiterhin viele Streitfragen unter den Experten, doch so viel steht außer Zweifel, dass die Errichtung des Beziehungsnetzes, das eine lebendige Auswirkung hatte, mit Giorgio Biandratas Namen zu verbinden ist, der durch seine intensiven Kontakte zu Landsleuten, die nach Polen oder nach Siebenbürgen kamen, an aktuelle Informationen über die Situation in Europa kam. Gerade bei der Beurteilung seiner Leistung wurde bewusst, zu welcher Einseitigkeit es führen kann, wenn man die im weitesten Sinne sozialen und politischen Eigentümlichkeiten des neuen Umfeldes außer Acht lässt. Da Cantimori und seine Anhänger schon wegen der Sprachbarrieren dieser Gefahr ausgesetzt waren, erblickten die Forscher vor Ort ihre Aufgabe darin, das Interesse auf die Fähigkeit, sich diesen Eigentümlichkeiten anzupassen, zu lenken. Es wurde also die Frage in den Mittelpunkt gestellt, inwiefern die Übernahme der aufgezählten geistigen Strömungen mechanisch war, und wenn dies nicht der Fall war, ob markante Momente in der umdeutenden Adaption nachzuvollziehen sind. In diesem Zusammenhang bekam auch die persönliche Leistung der hiesigen Reformatoren eine neue Dimension, denn es konnte belegt werden, dass sich Franz Davidis nicht durch seine neuen und originellen Ansichten unter seinen Zeitgenossen auszeichnete, sondern durch seine außerordentliche Fähigkeit zur Synthese und dadurch, dass er die entdeckte Wahrheit auch in einem größeren Kreise effektiv verbreiten konnte.

Ihm ist zu verdanken, dass der hiesige Unitarismus sehr früh – von dem der Polen abweichende – eigenartige Züge annahm. Die wichtigsten sind folgende: Auf dem Gebiet der Trinitätslehre im engeren Sinn versuchte er, die Konzeptionen Servets und der großen italienischen Religionserneuerer Lelio und Fausto Sozzini zu synthetisieren. Unter diesem Vorzeichen verwendete er Servets dogmenkritische Ansichten bezüglich der Trinitätslehre, harmonisierte diese aber mit der wichtigsten neuen Lehre der Italiener. Auch er verkündete also, dass Christus nicht existierte, bevor er von Maria geboren worden war. Der unter der Wirkung der platonischen Philosophie stehende Servet meinte nämlich, dass der ewige Logos als die erste Inkarnation Christi zu betrachten sei, denn als sinnlich wahrnehmbare Form der göttlichen Weisheit trage er die Idee jeder existierenden Sache in sich, so auch die des Menschen Jesus Christus. Lelio Sozzini brach mit diesen platonischen Spekulationen endgültig und verkündete, dass Johannes den von Maria geborenen Menschen nur symbolisch Logos nannte, war er doch das Sprachrohr Gottes. Christus habe also vorher nicht existiert und solle als ein Mensch betrachtet werden, den Maria gebar. Im Hinblick auf die späteren Entwicklungen soll festgelegt werden, dass es sich bei dieser Auffassung um einen Menschen handelt, der von den „Durchschnittsmenschen" durch wesentliche Merkmale zu unterscheiden sei. Dieser Mensch wurde nämlich auf wunderbare Weise, durch die göttliche Kraft, und nicht durch den für die zweite Person der Heiligen Dreifaltigkeit gehaltenen Heiligen Geist empfangen und lebte frei von allen Sünden. Andererseits war er ein Mensch mit göttlichen Gaben, den Gott dermaßen mit diesen auszeichnete, dass er kraft der verliehenen Macht und Würde fast Gott gleich geworden sei. Aus diesem Grund könne er auch als Gott betrachtet werden, denn wenn es auch wahr sei, dass er nicht so „alleinig und von sich selber unsichtbar und unsterblich" wie Gottvater wäre, sei er trotzdem Gott, denn die in ihm ruhende Gottheit sei unbegrenzt. Nachdem Gottvater ihn hätte auferstehen lassen, habe er ihn zu sich erhoben, und Christus walte über seine Anhänger auch heute noch, um dann beim Jüngsten Gericht wiederzukehren. Es fällt auf den ersten Blick auf, dass sich diese Christologie weit von der herkömmlichen entfernt hat, die traditionellen Theologen sahen die Verkünder der neuen Lehre als solche an, die die Ecksteine des Christentums aus ihren Fugen höben, zu diesem Zeitpunkt war aber bereits die Frage virulent, ob dieser Christus überhaupt anzubeten war.

In Siebenbürgen stand diese Christologie im Mittelpunkt der Auseinandersetzungen, wie es bei George Huntson Williams das erste Mal hieß, abgemildert meldeten sich jene theologischen Begleiterscheinungen, die anderweitig fast so bedeutsam waren wie die Antitrinität selbst. Die wichtigste war die vielfältige Gedankenwelt des Anabaptismus, der nicht nur die ausschließliche, biblisch begründete Berechtigung der Erwachsenentaufe bedeutete, sondern auch eine ausgesprochen auf dem Neuen Testament basierende Ethik und Moralphilosophie, die ihre Gemeinden im Gegenüber zur Hierarchie und Wertordnung der weltlichen Gesellschaft im Sinne einer äußerst strenggenommenen imitatio Christi gestaltet. Die Mitglieder durften kein weltliches Amt bekleiden, durften keinen Eid ablegen, dementsprechend konnten sie in Streitfragen nicht vor Gericht, durften keine Aussage vor einem weltlichen Gericht machen und nicht einmal in Notwehr eine Waffe benutzen. Diese anabaptistische Denkweise riss in Polen sogar viele aus dem Kleinadel mit, in Siebenbürgen kennen wir aber keine ähnlichen Tendenzen. Franz Davidis war zwar davon überzeugt, dass die Kindertaufe nicht biblisch sei (er verfasste darüber lateinische wie ungarische Schriften), diese Lehre trennte er aber von den anabaptischtisch gesinnten sozialethischen Ansichten strikt. Mehrere Angaben belegen, dass er, wenn es sein musste, kraft seines Bischofsamtes die in Klausenburg auftretenden Anhänger der urchristlichen kommunistischen Ideale aus Siebenbürgen wies. Nicht weniger wichtig ist, dass er auch jenen spiritualistischen Tendenzen keinen Raum gewährte, deren Vertreter die Buchstaben der Heiligen Schrift beiseiteschoben und mit Berufung auf die ihnen erteilten göttlichen Offenbarungen die Notwendigkeit grundsätzlicher Erneuerung predigten, womit sie ausgesprochen oder eben unausgesprochen die Notwendigkeit jedweder Kirchenorganisation in Frage stellten.

Dadurch wird verständlich, dass Davidis' Lehren Anfang der 1570er Jahre nicht nur in jenen Städten akzeptiert wurden, wo es eine bedeutsame ungarische Population gab, sondern sich ihm auch etwa die Hälfte des Adels anschloss. Wie bekannt, akzeptierte diese Lehren selbst Fürst Johann Sigismund, selbst wenn man sich in der Forschung nach wie vor über Zeitpunkt, sowie inwieweit die fürstliche Förderung die Verbreitung des Antitrinitarismus begünstigte, streitet. Kaum zu leugnen ist jedoch, dass ausschließlich mit dieser Unterstützung die Erfolge der Trinitätsleugner nicht zu erklären sind, denn der fürstliche Wille zielte bis Herbst 1569 eindeutig auf ein Übereinkommen zwischen Reformierten und Antitrinitariern. Vieles spricht dafür, dass sich Johann Sigismund durch Franz Davidis und dessen Anhänger präsentieren lassen wollte, wonach in seinem Reich die verschiedenen protestantischen Konfessionen frei Gottes Wort verkünden durften, und er selbst für die in ganz Europa zu errichtende Einheit der Protestanten kämpfte. Das Schlüsselmoment dieser Bestrebung gemäß den antitrinitarischen Theologen war natürlich die Abschaffung der Trinitatslehre, und sie waren der Meinung, dass das Fürstentum Siebenbürgen, dieses neu entstandene politische Gebilde, dazu berufen sei, das Prinzip der „sola scriptura" konsequent zu vertreten. Sie verkündeten mit Überzeugung, dass hier die wahren Nachfolger und Vollbringer des Werkes von Luther lebten. Der spannendste Beleg dafür ist, dass sie ihre wichtigste Veröffentlichung, das Werk „De falsa et vera unius dei … cognitione" mit einer eigenen Widmung an Königin Elisabeth I. schickten. Darin erinnerten sie die Herrscherin Englands, die entschlossenste Hüterin des Glaubens, dass für die Protestanten in Siebenbürgen die Zeit gekommen sei, in der Gott sich der Leiden „Sions“ erbarme. Den Geist Johann Sigismunds, der ein würdiger Gefährte Edwards VII., des Bruders der Königin und ehemaligen Herrschers Britanniens sei, der ihm ähnele wie ein Ei dem anderen, habe Gott erleuchtet. Denn unter seiner Obhut leuchteten in zahlreichen Kirchen die wahre Gotteskenntnis auf. So nimmt es auch nicht wunder, dass es in Gallien, Helvetien und Germanien viele gibt, die in Fesseln und in schlimmerer als der babylonischen Gefangenschaft sehnsüchtig nach Siebenbürgen blickten und gelegentlich auch mit ihren gelehrten Schriften die Siebenbürger ermutigten, an der leidenschaftlichen Suche nach der Wahrheit festzuhalten und standhaft gegen den Papst, den Antichrist, anzukämpfen.

Auch die duldsame Religionspolitik des idealisierten siebenbürgischen Fürsten wurde von den antitrinitarischen Predigern als Beweis der universalen protestantischen Verpflichtung gewürdigt, die sich mit den Argumenten des Sebastian Castellio gegenüber den Predigern helvetischer Konfession, die die Bestrafung der Häretiker forderten, verteidigten. In dem fast vollständig protestantisch gewordenen Land wurde die alte Kirchenstruktur so vererbt, dass im Unterschied zu den evangelischen Sachsen, deren Zentrum in Hermannstadt (heute Sibiu) war, auf den von Ungarn bewohnten Gebieten bis Anfang der 1570er Jahre keine eigenständige Kirchenorganisation getrennt für Lutheraner, Reformierte und Unitarier entstand, sondern alle Gemeinden unter die Hoheit eines einzigen Bischofs kamen. So sprechen die Religionsgesetze der Epoche – in einer einmaligen Weise in Europa – mit theologischer, genauer gesagt mit universeller protestantischer Begründung (fides ex auditu) darüber, dass die Prediger das Evangelium auf jene Weise verkünden mögen, die ihnen als richtig erscheint.

(Im Gegensatz zur allgemeinen Auffassung kam es erst viel später, im Jahre 1595, dazu, dass in Siebenbürgen vier legitime Religionen – receptae religiones – formal anerkannt wurden, was wiederum nicht heißen musste, dass die nach dem Triumphzug des Protestantismus in den 1570er Jahren noch erhalten gebliebenen katholischen Inseln hätten aufgelöst werden sollen. Über deren Rechte verfügte man von Fall zu Fall auf den Landtagen.)

Daraus geht klar hervor, dass eine sich gegenüber den Habsburgern als protestantisches Land definierende Formation nach ihrer Legitimation und Berufung sucht, deren Fürst sich des Öfteren für die Aufhebung der Gegensätze innerhalb des Protestantismus einsetzte, Religionsgespräche und Synoden initiierte und zum Erstaunen der Zeitgenossen an diesen sogar persönlich teilnahm.

Zwar besteht in der Fachliteratur über mehrere Details der Religionspolitik von Johann Sigismund kein Konsens, es wird jedoch allgemein akzeptiert, dass er auch auf die Ereignisse nach seinem Tode gewirkt hat. Der auf das Übereinkommen abzielende fürstliche Wille bewog auch die antitrinitarischen Theologen, ihren Standpunkt stets zu überdenken, und dies hielt nicht nur den Streitgeist am Leben, sondern dadurch konnten auch die dafür empfänglichen Persönlichkeiten zur Selbstreflexion animiert werden. In der neueren Fachliteratur wird dies in Franz Davidis' Lebenswerk auch nachgewiesen, insbesondere in einigen seiner nicht für die Öffentlichkeit gedachten Briefe. In diesen erörtert er, seine Auffassung sei zwar fest in Gottes Wort fundiert, doch sei er aber auch gleichzeitig unzufrieden, dass er nicht alle Argumente seiner Gegner habe widerlegen können. Dies erklärt er nicht nur damit, dass seine Diskussionspartner nicht imstande seien, sich von der herkommlichen Klügelei der Trinitätslehre zu entfernen, sondern er enthüllt auch die Widersprüchlichkeit in seiner eigenen Auffassung. Es ist fast von symbolischem Wert, dass er darüber gerade in seinem Brief an Jacobus Palaeologus am ehrlichsten schreibt, und man kann daraus mit Recht folgern, dass Davidis immer neue Autoritäten suchte, um diese logischen Sprünge zu tilgen, und auf diese Weise konnte aus dem Klausenburger Kolleg in den 1570er Jahren ein außerordentlich spannendes religionsphilosophisches Laboratorium werden.

All dies geschah aber bereits unter grundsätzlich neuen Umständen, denn bereits 1571 starb Johann Sigismund in jungen Jahren. Ihm folgte der katholische István Báthory auf dem Thron.

Die Inthronisation eines katholischen Fürsten dürfte nach dem oben Gesagten verwundern; das Land war aber dermaßen eindeutig protestantisch, dass man dies als nicht riskant einschätzte. Für Báthory sprachen nämlich sein riesiger Grundbesitz und sein politisches Ansehen, das er über seine außerordentlichen Fähigkeiten hinaus auch dadurch erwarb, dass er trotz seiner katholischen Gesinnung als beständiger Vertreter der anti-habsburgischen politischen Linie tätig und früher, während einer diplomatischen Gesandtschaft in Wien sogar eingekerkert gewesen war. Der eifrige katholische Fürst respektierte das protestantische Land, sein Hofprediger wurde ein evangelischer Prediger, und er betrachtete sich wie sein Vorgänger als Patron aller Untertanen. Er machte aber auch ständig Unterschiede unter ihnen und machte auch kein Hehl daraus, dass er von ihnen eigentlich die Lutheraner bzw. den Augsburgischen Glauben für einigermaßen annehmbar hielt. Seine Maßnahmen trafen zweifelsohne in erster Linie die Unitarier negativ, deren Präsenz, vor allem aber ihre ununterbrochene Streitsucht in der Dogmenkritik er für politisch schädlich hielt, die das ganze Fürstentum in eine Isolation treibe. Aus diesem Grund setzte er auf dem Landtag ein Gesetz durch, das keine weiteren Glaubensneuerungen zuließ, und er führte gleichzeitig eine Zensurordnung ein, deren Hauptziel die Verhinderung der Veröffentlichung von unitarischen Werken war. Infolge all dieser Umstände wurde der Prozess der Konfessionsbildung beschleunigt. Um die Mitte der 70er Jahre kann bereits von protestantischen Konfessionen die Rede sein, die sich in jeder Hinsicht von den anderen absonderten, und die zu dieser Zeit entstandenen Gesetze sprechen bereits in Bezug auf die Evangelischen, Reformierten und Unitariern von „libertas religionis".

Die Organisation der unitarischen Kirche entstand durch die Aufteilung der protestantischen Institutionen, die aus den Institutionen der während der einzelnen Phasen der kontinuierlichen Reformation in Klausenburg allmählich aufgelösten katholischen Macht zustande gekommen waren, und sie knüpfte traditionsmäßig auch an die städtischen Einrichtungen an. An der Spitze stand der Bischof, es wurden Synoden veranstaltet, und sie bestand auch aus einer Hierarchie der unteren Ränge vom Dekan über die ausschlaggebende Rolle spielenden Schulrektoren bis zu den Predigern. Auf der anderen Seite verzögerte sich der Prozess der Vereinheitlichung im Dogma, wie dies bei anderen Konfessionen schon der Fall war. Zur wahren Wegsuche auf diesem Gebiet kam es sogar erst nach 1571 unter dem katholischen Fürsten.

Ausschlaggebend erwies sich jedoch, dass im Umfeld von Franz Davidis jene schmerzhaften theologischen Widersprüche auf der Tagesordnung blieben, die er Palaeologus gegenüber zugab und durch die er auch empfänglich für jedwede Lösung wurde, die ihm Beruhigung versprach. In den 1570er Jahren meldeten sich Johann Sommer, Palaeologus und Matthias Vehe-Glirius mit den suggestivsten theologischen Vorschlägen. Sommer rezipierte die platonische Ableitung des Trinitätsdogmas, indem er die Sozzinis überbot, und gelangte unter den ersten zur Annahme und Weiterentwicklung der nonadorantistischen Christologie. Die eruierteste und umfassendste theologische Konzeption erzielte Palaeologus, der eine an religionsphilosophischen Konsequenzen überaus reiche und kühne synkretistische Vision über die Einheit des christlichen, jüdischen und islamischen Glaubens entworfen hatte. Deren ausführliche und verständige Darstellung ist in den Studien von Antal Pirnát, Růžena Dostalová und Lech Szczucki zu finden, die hier nur erwähnt werden können. So viel soll aber betont werden, dass er in einigen Elementen der Konzeption ausgesprochen auf die christologischen Dilemmata von Franz Davidis antwortete, der ihn nach Siebenbürgen eingeladen hatte.

Palaeologus, der das dogmatische Problem als sprachliches auffasste, behauptete nämlich, man könne den erbitterten Glaubensdiskussionen ein Ende setzen, wenn man die Menschen davon überzeugt: Es gibt ein einziges göttliches Wesen, von dem man nicht einmal sprechen kann, den die Juden – zumindest seit Abraham – als Abrahams, Isaaks und Jakobs oder als Israels Gott bezeichnen. In der hebräischen Sprache jedoch – auch wenn jeder wusste, dass es sich um Personen handelt, die mit dem wahren Gott keineswegs zu vergleichen sind – seien alle, die die Würde eines Königs, Fürsten, Richters, Propheten usw. trugen, Gott genannt worden. Dies sei die Eigenart des Hebräischen, und im Text des Alten Testaments stoße man immer wieder auf diesen Wortgebrauch. Den Juden erschien dies nicht als verwirrend, wie es für sie auch nicht irreführend war, dass die Propheten, sich dem Vorstellungsvermögen der Menschen anpassend, mithilfe von anthropomorphen Vorstellungen über Gott sprachen. Zu einem riesigen Chaos führte aber, dass die Deuter und Übersetzer der Bibel, dass also auch die jüdischen Verfasser der Evangelien auf jüdische Art dachten, als sie diese verfassten. Wenn sie also ganz offensichtlich auf die oben erwähnte zweite Weise von der göttlichen Natur von Jesus sprachen, ließen die philosophisch gesinnten Textausleger und die Übersetzer ins Lateinische dies außer Acht, und glaubten, die Evangelisten würden Jesus wie jenes über allem stehende Wesen für Gott halten. So sei das theologische Denken später in die Sackgasse geraten, die bis zur Trinitätslehre führte.

Der Ausgangspunkt des diese Sackgasse umgehenden Vorschlags ist also, dass der von Maria geborene, früher nicht existierende Mensch Jesus von Gott nicht gesandt wurde, um die Menscheit von ihren Sünden zu erlösen. Dies wäre auch nicht nötig gewesen, denn nach Palaeologus gab es keine Erbsünde. Adam beging in seiner Person Sünde, und es wäre Gottes unwürdig zu behaupten, dass diese Sünde die menschliche Natur verdorben habe. Jesus hatte ursprünglich die Sendung, König der Juden auf Erden zu sein und seine Macht auf alle Völker der Welt auszubreiten. Durch ihn wollte nämlich Gott seine Abraham gegenüber gegebene Verheißung einlösen, dessen Samen zum Erben der Welt zu machen. Die Juden akzeptierten ihn aber als König nicht und töteten ihn, woraufhin Gott all die Heiden und deren Nachkommen zum auserwählten Volk machte, die daran glaubten, dass Jesus der Messias ist. Dies bedeutet aber für jene, die ihren Fehler einsehen und keinen anderen Messias erwarten, bzw. für die bekehrten Heiden und deren Nachkommen nur die Möglichkeit des Heils (Palaeologus forderte nichts weiter von ihnen!), sonst liegt es am Einzelnen, ob er durch Einhaltung der moralischen Gesetze der Zehn Gebote das Heil verdient. Aus der Konzeption logisch folgend sah Palaeologus für den wegen seiner Verdienste ins Himmelreich erhobenen Menschen Jesus Christus lediglich die Macht im Himmel vor, die Teilnahme an der Regierung in der Welt erkannte er ihm aber ab. Jesus herrscht also über die auf Erden nicht; ihn um Hilfe anzurufen ist überflüssig, erst recht nicht darf er angebetet werden, denn Jesus ist kein Gott, und der Schöpfer teilt seine Würde mit niemandem.

Die Manuskripte von Palaeologus und Sommer, ihre im Kolleg gehaltenen Vorlesungen, die neue Welten eröffneten, lösten heftige Diskussionen aus. Anfangs nahm nicht einmal Franz Davidis ihre Vorschläge an, laut einigen Dokumenten protestierte er am meisten gegen die mit dem Erbe der Reformation brechende Rechtfertigungslehre. Weil viele Quellen zugrunde gegangen sind, verfügen wir bezüglich dieses Prozesses nur über mangelhafte Informationen, so viel scheint aber festzustehen, dass doch ein ansehnlicher Teil der Gemeinden in der zweiten Hälfte der 1570er Jahre dieser Christologie folgte. Als Zeichen der ständigen geistigen Unruhe ist zugleich anzusehen, dass kein einziger Katechismus, kein Glaubensbekenntnis erhalten geblieben ist, in denen der offizielle Standpunkt der Kirche festgehalten worden wäre; es wird so etwas in dieser Zeit auch gar nicht gegeben haben.

Es schien, als würden Franz Davidis' Prozess und Tod im Jahre 1579 der dogmatischen Vielfalt ein Ende setzen. Die Umstände sind selbst nach dem Auftauchen einiger neuer Dokumente nicht ganz geklärt, und vor allem darin sind sich die Experten nicht einig, warum es zur Verurteilung des Bischofs gekommen war. Einige meinen, dass die fürstliche Macht mit der Hilfe des ehemaligen Ideengenossen Giorgio Biandrata verhindern wollte, dass der gesamte Unitarismus zum Anhänger der radikalsten Lehren des Palaeologus wurde. Nach anderer Ansicht wird aber eher das der Grund sein, dass mit dem Erscheinen des Matthias Vehe-Glirius in Siebenbürgen sich Davidis und seine Mitarbeiter auf den Weg gemacht haben, der zur Akzeptanz jener theologischen Konzeption führte, die die Gefahr in sich barg, die

Kirche zu einer Sekte verkümmern zu lassen. Glirius kam nämlich durch Palaeologus und andere zur Schlussfolgerung, dass nicht nur die moralischen Gesetze des Alten Testaments weiterhin gültig für die Christen seien, sondern auch dessen Riten.

Was auch immer der Grund war, die Verurteilung von Franz Davidis bedeutete einen Bruch. Unmittelbar nach seiner Einkerkerung ließ man die unitarischen Pastoren ein Glaubensbekenntnis anerkennen, das in seinem Inhalt zu jenem unter Johann Sigismund zurückkehrte und weitere Disziplinarmaßnahmen einführte. Selbst Forscher, die sonst den Mythen abgeneigt sind, meinten lange, dass der siebenbürgische Unitarismus nach dem Sturz des großen Kirchengründers in ideengeschichtlicher Hinsicht nicht länger spannend war.

Die vielleicht aufwühlendste Neuigkeit der letzten Jahre war gleichzeitig aber, dass diese Vorstellung durch die Entdeckung neuer Dokumente bzw. durch die Neuinterpretation der bisher bekannten ins Wanken geriet. Zunächst stellte Antal Pirnát in einer äußerst wichtigen Studie dar, dass die nonadorantistische Theologie dank der Unterstützung der Klausenburger Patrizier und einflussreicher Adeliger unter den bei ihnen Unterschlupf findenden Predigern und deren Anhängern weiterlebte. Pirnát sah es aber damals noch so, dass diese Kontinuität 1594, als es in dem seit Stephan (István) Báthory unter katholischer Herrschaft stehenden Siebenbürgen zu einer radikalen außenpolitischen Wende gekommen war, endgültig abbrach. Während dieser Wende wurde die Beamtenaristokratie auch physisch vernichtet, in der es sehr viele unitarische Hochadelige gab. Durch die Hinrichtung dieser als „Philosophen“ oder „Türkenherren“ verunglimpften Aristokraten wurde es für Siebenbürgen möglich, in der katholischen Welt nach Verbündeten zu suchen. Als spektakuläre Wende trat nun das Fürstentum in den sogenannten langen Türkenkrieg ein, man schloss sich dem vom Papst initiierten Feldzug gegen die Osmanen an.

Als erster wies Bálint Keserű darauf hin, dass selbst dieser Schritt, der Siebenbürgen für lange Zeit in politische Anarchie gestürzt hat, nicht die Tilgung der nonadorantistischen Tendenzen bedeutete, die bis zu diesem Zeitpunkt bereits tief in den Traditionen verankert waren. Besonders vielsagend ist, dass die Werke von Palaeologus gerade in der Abschrift jenes György Enyedi und Máté Toroczkai erhalten geblieben sind, die in diesen schweren Zeiten Bischöfe ihrer Kirche gewesen sind, und in ihren lateinischen und ungarischen theologischen Abhandlungen das Minimum dieser Theologie verbreitet haben. Da ihre Werke nur in ganz seltenen Ausnahmen gedruckt werden durften, nahmen sie mit dem handschriftlichen Medium vorlieb. Eine Rarität stellte der später (1598) erschienene Druck von Enyedis „Explicationes locorum veteris et novi testamenti“ dar, der auch im Westen starkes Echo ausgelöst hat. József Simon weist in seinen neuen Untersuchungen nicht nur nach, dass sich Enyedi in seinem Werk an Schlüsselstellen nonadorantistischer Argumente bedient, sondern es über die theologische Botschaft hinaus auch schwergewichtige und individuelle philosophische Aussagen beinhaltet. (Die Untersuchung, wie viel die viel später entstandene ungarische Übersetzung Máté Toroczkais aus diesem vielschichtigen Inhalt beibehalten hat, lässt noch auf sich warten.) Für die vielfarbige Dogmatik spricht vielleicht am meisten die Tatsache, dass wir aus der Zeit der Wende vom 16. zum 17. Jahrhundert beziehungsweise aus den ersten Jahrzehnten des 17. Jahrhunderts Angaben über den Gebrauch von vier verschiedenen Katechismen kennen. Zum einen wurde noch der Katechismus benutzt, den István Basilius in den 1580er Jahren im Geiste der frühen Werke von Fausto Sozzini verfasst hatte. Andererseits wissen wir von der Katechismusreihe von János Várfalvi Kósa, – deren zum ersten Mal von einem Wissenschaftler beschriebenes, jedoch leider bereits seit etwa hundert Jahren verloren gegangenes Exemplar 1623 gedruckt wurde, herausgegeben wurde er aber vermutlich schon während der Amtszeit von Bischof Enyedi – die nach einer Balance zwischen dem Nonadorantismus und der sozinianischen Christologie strebte. Gleichzeitig war auch der ausgesprochen nonadorantistisch gesinnte Katechismus von Máté Toroczkai im Gebrauch, der Palaeologus ausgezeichnet zusammenfasst, an einem Punkt auch von Matthias Vehe-Glirius schöpft, und ganz bestimmt kamen auch die für verschiedene Altersklassen gedachten Varianten des Rakówer Katechismus nach Siebenbürgen (einige wurden auch übersetzt).

Dies ist außergewöhnlich spannend, und es zeigt, dass man selbst unter den immer härteren Verhältnissen des 17. Jahrhunderts zäh auf den für die eigenen gehaltenen Traditionen beharrt hat. Die familienhistorischen Untersuchungen von Ildikó Horn belegen mit neuen archivalischen Angaben, dass die Unitarier um die Jahrhundertwende und in den ersten Jahrzehnten des 17. Jahrhunderts nach und nach ihre Positionen verloren und die reformierten Fürsten ihre Institutionen unter strengen Einschränkungen am Leben ließen. Diese Fürsten, die auch die ideelle und moralische Unterstützung des internationalen Protestantismus genossen und auch in der europäischen Politik eine bedeutende Rolle spielten, hielten sich zwar formal an das System der „recepta religio", das die vier Konfessionen der Katholiken, Lutheraner, Reformierten und Unitariern die gleichen Rechte sicherte, gleichzeitig wurden die auch auf der internationalen Bühne der Politik nicht akzeptierten Unitarier systematisch immer mehr in den Hintergrund gedrängt. Da die hagiographische Betrachtungsweise in der ungarischen Geschichtsschreibung tiefe Wurzeln schlug, wurde überhaupt nicht betont, dass selbst Gábor/Gabriel Bethlens Bildungs- und Religionspolitik nicht frei von der sowohl die Katholiken wie auch die Unitarier treffenden Voreingenommenheit gewesen ist. So ist es von großer Bedeutung, dass in jüngster Vergangenheit von Gizella Keserű und Edit Szegedi Analysen veröffentlicht wurden, die diese hagiographische Sichtweise nicht mehr betreiben.

Auch die Beziehung zu den Glaubensgenossen in Polen war widersprüchlich und konfliktträchtig. Darüber gibt es mittlerweile seriöse Untersuchungsergebnisse, die die veralteten Feststellungen von Elek Jakab und Janusz Tazbir in ein neues Licht rücken, und heute verfügen wir bereits über ein differenziertes Bild, was die Frage der Dogmendiskussionen angeht, auch wenn durch das Zugrundegehen der Quellen unauffüllbare Lücken entstanden sind. Wie es scheint, war das Verhältnis in den 1560er Jahren am harmonischsten, als die Polen und die Siebenbürger trotz der existierenden Meinungsverschiedenheiten eng zusammenarbeiten konnten. Der durch Palaeologus entstandene Nonadorantismus konnte jedoch in Polen nie so stark werden wie in Siebenbürgen, was von Zeit zu Zeit zu dramatischen Auseinandersetzungen führte. Nicht einig sind sich die Forscher über die Interpretation der Ereignisse um die Verurteilung von Franz Davidis, nur darüber, dass, obwohl Sozzini Davidis nicht aufzuhalten versuchte, er den jungen Leuten, die die vielen extremen Strömungen schlichten wollten, zu Hilfe eilte, um eine einheitliche Kirche der polnischen Antitrinitarier zu organisieren. Wie bekannt, erzielten sie bedeutende Erfolge, und die sich allmählich konsolidierende Gemeinde half ihren siebenbürgischen Glaubensgenossen, die in der chaotischen politischen Situation Anfang der 1600er Jahre in Not geraten waren. Nur sehr wenig Einzelheiten kennen wir, so viel steht aber fest, dass infolgedessen Valentinus Radecius aus Polen nach Klausenburg geladen wurde, wo er nach einem fast zehn Jahre lang dauernden Pfarramt im Jahre 1616 zum Bischof der siebenbürgischen Kirche wurde. Die Studien von Gizella Keserű und Mihály Balázs zeigten aber auch, dass – angesichts ihres ständig wachsenden geistigen Potentials – wenn auch mit wechselnder Intensität – die polnischen Unitarier ständig bemüht waren, die Siebenbürger von der Richtigkeit ihrer Dogmatik zu überzeugen. Dieses Bemühen erreichte seinen Höhepunkt in den 1630er Jahren. Ohne hier auf Einzelheiten einzugehen, kann so viel behauptet werden, dass gerade die initiierte Dogmendiskussionen, die von den Polen und von ihnen Geförderten ausgingen, der siebenbürgischen fürstlichen Macht den Vorwand gab, die oben erwähnte Vielfarbigkeit aufzuheben und durch die 1638 verabschiedeten harten Maßnahmen gegen die Sabbatarier und Nonadorantisten die Gemeinden der Unitarier zu vereinheitlichen.

Blickt man hinter die Ereignisgeschichte, kann man ein außerordentlich interessantes ideengeschichtliches Paradoxon wahrnehmen. Abgeschwächt, um schließlich fast ohne jede Spur ganz von der Bildfläche zu verschwinden, hat sich in Siebenbürgen eine Tradition, die in der Frühen Neuzeit in der Dogmenkritik vielleicht am weitesten ging und die zugleich über eine kollektivbildende Kraft verfügte, und die in diesem Sinne am längsten an der Pflege der Ideen der radikalen Reformation festhielt, ausgebildet. Dazu trugen der Logik der Glaubenskämpfe gemäß auch sozinianische Persönlichkeiten bei, die in dem von Konfessionen beherrschten Europa als Staatsfeinde galten, von denen es hieß, sie würden in den theologischen Diskussionen der Ratio eine unverhältnismäßig große Rolle zuschreiben. Sie setzten systematischer als jemals zuvor und mit großer philosophischer Erudition die Frage des Verhältnisses von Ratio und Religio auf die Tagesordnung.

Wenn beim Verschwinden dieser siebenbürgischen Tradition auch die polnischen Antitrinitarier nicht unschuldig sind, ist damit aber nicht gemeint, dass Figuren wie der 1632 nach Siebenbürgen gesandte und für sein Werk „De judice et norma fidei" berühmt gewordene Joachim Stegmann d. Ä. auf die gleiche Ebene zu platzieren seien wie die reformierten Prediger, die eine harte Strafe gegen Nonadorantisten und Sabbatarier und die Vernichtung ihrer Werke verlangten, sowie die einschlägige Verordnungen und Gesetze erlassenden reformierten Fürsten. Nicht zu leugnen ist aber, dass diese Unitarier im Interesse der Bekanntmachung dieser siebenbürgischen Texttradition in Europa viel hätten unternehmen können, denn unter den Herausgebern der in Amsterdam erscheinenden „Bibliotheca Fratrum Polonorum" war auch der Siebenbürger Adam Franc zu finden. Wegen der verschiedenen Richtungen der Denkweise in Siebenbürgen und in Polen konnten die Leser der angesehenen Reihe höchstens aus den Widerlegungen Sozzinis und seiner Anhänger auf die Inhalte der in Klausenburg verfassten Werke schließen.

Für das Verschwinden dieser Tradition sind auch die siebenbürgischen Unitarier selbst verantwortlich, die gezwungen wurden, die Vorfahren abzuleugnen und zu vergessen. Die sich beschleunigende Homogenisierung nach der Dézser (Dés, heute rum. Dej) Komplanation 1638, die vom Landtag veranlasst wurde, um die unitarische Kirche zur Lehre vor Franz Davidis' Zeit zurückzuführen und der jahrzehntelangen verhältnismäßigen Religionsfreiheit ein Ende zu setzen, bedeutete auch, dass sich der gesamte siebenbürgische Unitarismus allmählich änderte und die radikale Christologie der Vorfahren zu einem Teil der Vergangenheit wurde, für den man meinte sich schämen zu müssen oder ihn zumindest verstecken zu sollen. Da die Untersuchung des handschriftlichen Korpus des unitarischen Schrifttums aus dem 17.–18. Jahrhundert noch aussteht, können wir hier lediglich auf diese feine Änderung verweisen. Es steht außer Zweifel, dass diese Umorientierung die Betrachtungsweise der kirchenhistorischen Projekte jener Zeit grundsätzlich bestimmte. Wie bekannt, erschienen europaweit ab den letzten Jahrzehnten des 17. Jahrhunderts Kirchengeschichten, die die Vergangenheit einzelner Konfessionen und deren geistiges Erbe aufgrund systematischer Forschungsarbeit und Quellenerschließung zu dokumentieren vorhatten. Natürlich kamen auch in diesem Chor Stimmen der polnischen Antitrinitarier zur Geltung, und die Schriften von Stanisław Lubieniecki, Benedykt Wiszowaty sowie Christoph Sand wurden zu Grundtexten der Antitrinitarismusforschung schlechthin. Aufgrund des Gesagten ist es nicht verwunderlich, dass die besagten Schriften die eigentümlich siebenbürgischen nonadorantistischen Leistungen fast vollständig ignorierten, sie tauchten höchstens als Texte auf, die von namhaften sozinianischen Theologen diskutiert worden waren. Nachdenklich stimmt aber der Umstand, dass die nur verspätet verfassten, in die Handschriftlichkeit verdammten siebenbürgischen kirchenhistorischen Bearbeitungen selbst das 16.–17. Jahrhundert in ähnlichem Sinne erörtern. Abgesehen von den weniger wichtigen Werken können wir in der großen, repräsentativen und später sich eines kultischen Respekts erfreuenden Kirchengeschichte von János Kénosi Tőzsér und István Uzoni Fosztó aus den 1770er Jahren nur so viele Abweichungen entdecken, dass sich über der ältesten Geschichte der Ungarn eine vernebelte und hochtrabende Mythologie breitmacht. In den einleitenden Kapiteln werden wir Erörterungen lesen, unterstützt durch Etymologien, die einen zum Schmunzeln verleiten, die Ungarn oder ihre Vorfahren seien schon immer Trinitätsleugner gewesen, und die wahren Anhänger seien niemals der uralten und reinen Frömmigkeit abtrünnig geworden. Außerordentlich spannend ist, wie dieses Werk mit der unerschütterlichen sozinianischen Betrachtungsweise sehr pikant balancierend damit die hagiographische Erhöhung von Franz Davidis vereinbart. Dies wird möglich, wenn die Autoren den Standpunkt vertreten, der an seinen Ansichten festhaltende Märtyrer-Bischof sei von den intriganten Jesuiten und Rabbinern getäuscht worden und so zum Verkünder von gefährlichen Irrlehren geworden. Das ohne Zweifel vorhandene Positive des riesigen Werkes ist aber, dass es im Zeichen des Märtyrerkultes reichlich aus Texten aus dem 16.–17. Jahrhundert zitiert, die heute schon verschollen sind.

Dieser Prozess dauerte bis Anfang des 19. Jahrhunderts, und es ist überaus interessant, dass es zur Rückwendung zur radikalen Tradition des 16. Jahrhunderts infolge jener englischen Unitarier gekommen ist, die letztendlich Erben des ostmitteleuropäischen Antitrinitarismus waren, deren Weltbild aber auch durch den Synkretismus der romantischen Religionsphilosophien geprägt wurde. Sándor Kovács behauptete, die Siebenbürger wären erst dank eines dogmenhistorischen Überblicks des Theophil Lindsey aus dem Jahr 1738 („A Historical View of the Unitarian Doctrine and Worship from the Reformation to our Times") auf die außerordentliche Wichtigkeit der theologischen Diskussion zwischen Franz Davidis und Fausto Sozzini im Jahr 1579 aufmerksam geworden, wobei Davidis den Standpunkt vertreten habe, der konsequenter gewesen und dem modernen Menschen näher sei. Dies dürfte dazu beigetragen haben, dass das Interesse an den Quellen wuchs und endlich der Annäherung Platz eingeräumt wurde, die über die hagiographische Martyrologie hinaus geht.

Eine Bilanz unseres Überlicks hätten wir vor einigen Jahren noch damit gezogen, dass die Siebenbürger einen hohen Preis dafür gezahlt haben, dass sie in Europa mit unerhörter Zähigkeit an einer dogmatischen Tradition festgehalten haben, um die sich im damaligen Europa ein Vakuum gebildet hat. Ihre in Handschriften erhaltenen Werke blieben ohne Widerhall, während ihre nächsten Verwandten, die Sozinianer – obgleich sie bei weitem nicht so konsequent in der Tilgung der christologischen Widersprüche waren –, mit ihrem milderen Standpunkt die Möglichkeit hatten, in ihren geistigen Zentren bis Mitte des 17. Jahrhunderts eine ganze Reihe von Werken mit neuartigen Fragestellungen auszuarbeiten und bis Ende des Jahrhunderts auch erscheinen zu lassen. Laut Auffassung von Martin Mulsow, der viele seit langem bekannte Angaben um neuere ergänzt, waren die von ihnen ins Leben gerufene Netzwerke teilweise Schlüsselkomponenten der Frühaufklärung. Dieser Widerspruch ist zwar festzustellen, neueste Erkenntnisse differenzieren aber auch dieses Bild. Wie es sich herausstellte, kann auch im Zusammenhang mit Siebenbürgen nicht von vollständigem Fehlen eines Widerhallls die Rede sein. Es geht nicht nur darum, dass der nach Siebenbürgen geflohene und von Lessing entdeckte Adam Neuser viele seiner Leser auf die unvergleichliche hiesige geistige Gärung aufmerksam machte, sondern es müssen auch andere Momente berücksichtigt werden. Bei der Untersuchung der europäischen theologischen Streitliteratur des 17.–18. Jahrhunderts stellte sich heraus, dass die Vertreter unterschiedlichster Konfessionen zur Feststellung gelangt sind, dass in der ehemaligen großen Diskussion

Franz Davidis', und nicht Fausto Sozzinis Standpunkt der konsequentere war. Diese Behauptung, erstmals vielleicht von einem Zeitgenossen, dem Jesuiten Jakób Wujek formuliert, wurde in vielen Streitschriften freilich benutzt, um Sozzini zu denunzieren, man findet ihn aber auch bei Autoren, die am Streit keineswegs interessiert waren, wie z. B. auch bei Leibniz.

Andererseits geriet bei der Erforschung der klandestinen Literatur, die bei der Verbreitung der frühaufklärerischen Ideen eine Rolle spielte, in den 1960er Jahren jene Eigenart der frühen siebenbürgischen Periode ins Rampenlicht, dass Werke, die für die Kirchengemeinde nicht mehr akzeptabel waren, von Autoren stammen konnten, die zumindest vorübergehend in ihren Institutionen Zuflucht gefunden hatten. So blieben zwei Schriften des Christian Francken, der im unitarischen Kolleg Philosophie unterrichtet und durch seine Streitschrift wider Sozzini großen Respekt geerntet hatte, dank siebenbürgisch-sächsischer Jugendlicher, wahrscheinlich seinen Schülern, erhalten, in denen der Autor außerordentlich kühn Fragen nach der Beschaffenheit und der Funktion des Glaubens stellte. Die oben bereits erwähnten, von ungarischen Forschern entdeckten, für die europäische Forschung jedoch erst neuerdings zugänglich gewordenen Werke nähern sich durch ihren kleinen Umfang und ihre rhetorische Fiktion der Eigenart der klandestinen Literatur an. Obendrein begegnen wir darin ganz frühen Stücken dieser Literatur, die erst in den letzten Jahrzehnten in den Mittelpunkt des Interesses gelangte, da eines der Stücke (Franckens „Disputatio de incertitudine religionis christianae") gar nicht in Siebenbürgen auftauchte, sondern in Breslau, und es ist gar nicht ausgeschlossen, dass es in Abschriften auch ins Ausland gelangte. Hier sei darauf verwiesen, was Mihály Balázs in diesem Band darstellt, dass der vielleicht früheste, auf deutschem Boden entstandene Text dieser Literatur, Martin Seidels „Origo et fundamenta religionis christianae", wenn auch nicht unmittelbar nach seinem Entstehen, aber doch schon Anfang des 17. Jahrhunderts nach Siebenbürgen gelangte. Aus all dem geht hervor, dass in der frühesten Phase auch Siebenbürgen nicht aus dem europäischen Netzwerk ausgeschlossen blieb. Es hat die kühnen Ideen verbreitet, und da die Forschungsarbeit nicht abgeschlossen ist, ist es durchaus denkbar, dass auch aus den späteren Epochen Dokumente ans Tageslicht kommen, die die gegenseitigen Kontakte belegen.

## Bibliographien

Keserű, Bálint, Urban, Wacław: Stan badań nad heterodoksją na Węgrzech. In: Wokół dziejów i tradycji arianizmu, hg. von Lech Szczucki. Warszawa 1971, S. 29–42.

Marchetti, Valerio: La storiografia ungherese sul rapporto tra la critica antitrinitaria transilvano del Cinquecento. In: Archivio storico italiano 128 (1971), S. 349–359.

Bibliotheca Dissidentium. Répertoire, des non-conformistes religieux des seizième et dix-septième sicles, édité par André Séguenny, en collaboration avec Irena Backus et Jean Rott. Baden-Baden.
Band XI. The Heidelberg Antitrinitarians. 1989.
Band XII, Ungarländische Antitrinitarier I. (Tamás Arany, István Basilius, István Czászmai, Lukács Egri, Elias Gczmiedele). 1990.
Band XIII. Antitrinitaires polonais II. (Szymon Budny, Piotr Sartorius, Christian Francken) 1992.
Band XV. Ungarländische Antitrinitarier II. (György Enyedi). 1993.
Band XXIII. Ungarländische Antitrinitarier III. (Demeter Hunyadi, Pál Karádi, Máté Toroczkai, György Válaszúti, János Várfalvi Kósa). 2006.
Band XXVI. Ungarländische Antitrinitarier IV. (Ferenc Dávid). 2008.

The Manuscripts of the Unitarian College of Cluj/Kolozsvár in the Library of the Academy Cluj-Napoca, I–II, hg. von Elemér Lakó und Mihály Balázs etc. Szeged 1997.

## Textausgaben

Részletek Árkosi, Benedek: Hétbeli minden napokra rendeltetett elmélkedések c. művéből, [Ausschnitte aus Árkosi, Benedek: Meditationen für die Wochentage], hg. von Ferencz Kanyaró. In: Keresztény Magvető [KM] 32 (1897), S. 7–11, 77–86, 138–147; 40 (1905), 135–145, 206–210.

Dávid Ferenc: Rövid magyarázat ... [Kurze Erklärung ...]. Alba Juliae 1567. Faksimile-Ausgabe und moderne Transkription mit Anmerkungen von Márton Pálfi. Kolozsvár 1910.

Dávid, Ferenc: Rövid útmutatás ..., [Kurzer Wegweiser]. Alba Juliae 1567. Moderne Ausgabe von Katalin Németh. Budapest 1984.

Dávid, Ferenc: Az váradi disputációnak ... igazán való előszámlálása ... [Wahrer Bericht über den Disput von Várad]. Kolozsvár 1570. Moderne Ausgabe: Nagy, Lajos, Simén Domokos: A nagyváradi disputatio [Der Disput von Nagyvárad]. Kolozsvár 1870.

De falsa et vera unius Dei ... cognitione libri duo. Albae Juliae 1568. Faksimile: Budapest, Leiden 1988 (Bibliotheca Unitariorum II). [Ungarische Übersetzung: Két könyv az Egyedülvaló Atyaistennek, a Fiúnak és a Szentléleknek hamis és igaz ismeretéről], hg. von Mihály Balázs. Kolozsvár 2002. (Az Erdélyi Unitárius Egyház Gyűjtőlevéltárának és Nagykönyvtárának kiadványai 2).

Defensio Francisci Davidis. Kraków 1582. Faksimile Ausgabe: Budapest, Leiden 1983. (Bibliotheca Unitariorum I).

Kanyaró, Ferenc: Enyedi György unitárius püspök beszéde [Predigt des unitarischen Bischofs György Enyedi]. In: KM 35 (1900), S. S. 30–40.

Kanyaró, Ferenc: Enyedi György unitárius püspök beszédeiből [Aus den Predigten des unitarischen Bischofs György Enyedi]. In: Sárospataki füzetek 1905, S. 161–166.

Unitárius szószék [Unitarische Kanzel] V, hg. von Miklós DEÁK, Albert VÁRI, András BALÁZS. Székelyudvarhely 1910, S. 26–32 (Publikation einer Predigt von Enyedi).
Enyedi György válogatott művei [Ausgewählte Werke von György Enyedi], ausgewählt von Mihály BALÁZS und János KÁLDOS. Vorwort von M. BALÁZS. Bukarest, Kolozsvár 1997 (Téka).
Fasciculus rerum Scolasticarum Collegii Claudiopolitani Unitariorum I. 1642–1648. Journals of the years 1626–1648, hg. von Edit DOMÁNYHÁZI und Miklós LATZKOVITS. Szeged 1997.
FRANCKEN, Christian: Praecipuarum enumeratio causarum cur christiani ... in Trinitatis ... retinendo dogmate sint constantissimi, 1584. In: SZCZUCKI, Lech: W kręgu myślicieli heretyckich. Wrocław, Warszawa, Kraków, Gdańsk 1972, S. 256–267.
FRANCKEN, Christian: Dialogus inter theologum et philosophum de incertitudine religionis christianae (1593). In: SIMON, József: Die Religionsphilosophie Christian Franckens (1552–1610?) Atheismus und radikale Reformation im frühneuzeitlichen Ostmitteleuropa. Wiesbaden 2008, S. 151–182. (Wolfenbütteler Forschungen 117).
FRANCKEN, Christian: Spectrum diurnium genii Christiani Francken. In: SIMON, József: Die Religionsphilosophie Christian Franckens. Wiesbaden 2008, S. 183–203.
FRANCKEN, Christian: Argumenta XXII in Sacram Mosis Historiam. In: PIRNÁT, Antal: Christian Francken egy ismeretlen munkája [Eine unbekannte Arbeit von Christian Francken]. In: Irodalomtörténeti Közlemények 87 (1983), S. 107–119.
VEHE-GLIRIUS, Matthias: Mattanjah, 1579. In: DÁN, Róbert: Matthias Vehe-Glirius. Life and work of a radical Antitrinitarian, with his collected writings. Budapest, Leiden 1982. (Studia Humanitatis 4).
Heltai Gáspár imádságos könyve (1570–1571) [Gebetbuch Kaspar Helths (1570–1571)], mit einer Studie herausgegeben von Mihály BALÁZS. Kolozsvár 2006. (Az Erdélyi Unitárius Egyház Gyűjtőlevéltárának és Nagykönyvtárának kiadványai 5).
KÉNOSI TŐZSÉR, János, UZONI FOSZTÓ, István: Unitario-Ecclesiastica historia Transylvanica, Liber I–II. Volume IV/1, hg. von János KÁLDOS, eingeleitet von Mihály BALÁZS, überarbeitet von Miklós LATZKOVITS. Budapest 2002. (Bibliotheca Unitariorum. IV/1–3). [Auch ungarische Übersetzung von Albert MÁRKOS: Az erdélyi unitárius egyház története I–II]., hg. von Mihály BALÁZS, Gizella HOFFMANN, Sándor KOVÁCS, Lehel B. MOLNÁR. Kolozsvár 2005–2009. (Az Erdélyi Unitárius Egyház Gyűjtőlevéltárának és Nagykönyvtárának kiadványai 4/1–2).
Korai szombatos írások [Frühe Schriften des Sabbatariertums], hg. von Réka ÚJLAKI-NAGY. Szeged 2010. (Fiatal Filológusok Füzetei, Korai Újkor 7).
LUBIENIECKI, Stanisław: Historia reformationis Polonicae, Faksimile, praef. Henricus Barycz. Varsoviae 1971. (Biblioteka Pisarzy Reformacyjnych 9).
Nagyváradi dialógus [Der Dialog von Nagyvárad/Großwardein]. In: BALÁZS, Mihály: Teológia és irodalom. Az Erdélyen kívüli antitrinitarizmus kezdetei [Theologie

und Literatur. Die Anfänge des Antitrinitarismus außerhalb Siebenbürgens]. Budapest 1998, S. 201–209. (Humanizmus és reformáció 25).

PALAEOLOGUS, Jacobus: Catechesis christiana dierum duodecim, hg. von Růžena DOSTÁLOVÁ. Warszawa 1971. [Ungarische Übersetzung: Földi és égi hitviták. Válogatás Jacobus Palaeologus munkáiból (Glaubensdiskussionen im Himmel und auf Erden. Auswahl us den Werken von Jacobus Palaeologus)], übers. von János NAGYILLÉS, ausgewählt und mit Vorwort und Kommentaren versehenen von Mihály BALÁZS. Budapest, Kolozsvár 2003, S. 35–116.

PALAEOLOGUS, Jacobus: De veritate narrationis novae sacrae scripturae sine vitio Sancti Spiritus, hg. von Lech SZCZUCKI: Odrodezenie i Reformacja w Polsce, 15 (1970), S. 191–202. Ungarische Übersetzung: Földi és égi hitviták. Válogatás Jacobus Palaeologus munkáiból (Glaubensdiskussionen im Himmel und auf Erden. Auswahl aus den Werken des Jacobus Palaeologus), übers. von János NAGYILLÉS, ausgewählt und mit Vorwort und Kommentaren versehenen von Mihály BALÁZS. Budapest, Kolozsvár 2003, S. 117–130.

PALAEOLOGUS, Jacobus: De peccato originis. In: SZCZUCKI, Lech: W kręgu myślicieli heretyckich. Wrocław, Warszawa, Kraków, Gdańsk 1972, S. 242–243. Ungarische Übersetzung. In: Földi és égi hitviták, S. 131–134.

PALAEOLOGUS, Jacobus: An omnes ab uno Adamo descenderint? In: SZCZUCKI, Lech: W kręgu myślicieli heretyckich. Wrocław, Warszawa, Kraków, Gdańsk 1972, S. 243–244. Ungarische Übersetzung. In: Földi és égi hitviták, S. 135–136.

PALAEOLOGUS, Jacobus: De Christi cognomine. In: DOMAŃSKI, Juliusz, SZCZUCKI, Lech: Jakuba Paleologa traktat »De christi cognomine«. In: Archiwum Historii Filozofii i Myśli Społecznej 19 (1973), S. 265–288.

PALAEOLOGUS, Jacobus: De tribus gentibus. In: SZCZUCKI, Lech: W kręgu myślicieli heretyckich. Wrocław, Warszawa, Kraków, Gdańsk 1972, S. 243–244.

PALAEOLOGUS, Jacobus: Disputatio scholastica, hg. von Juliusz DOMAŃSKI und Lech SZCZUCKI. Utrecht 1994. (Bibliotheca Unitariorum III). [Gekürzte ungarische Übersetzung: Földi és égi hitviták, S. 137–191].

Péchi Simon Psaltériuma, ediert von Áron SZILÁDY. Budapest 1913.

Péchi Simon szombatos imádságos könyve [Das Gebetbuch von Simon Péchi], ediert von Mihály GUTTMANN und Sándor HARMOS. Budapest 1914.

Péchi Simon kiadatlan rabbinikus irásai – Az Atyák mondásai –Pirqé ávot fordítása [Die unedierten rabbinischen Schriften – Die Übersetzung von Pirke Avot] (1620/1621), hg. von Kornélia KOLTAY. Budapest 1999. (Hungarica Judaica 11).

Péchi Simon kiadatlan Biblia-fordítása (1634) [Die unedierte Bibel-Übersetzung Simon Péchis], hg. von Kornélia KOLTAY. Budapest 2011. (Hungarica Judaica 23).

RMKT (XVII. Jh.) = Régi Magyar Költők Tára [Sammlung älterer ungarischer Gedichte, XVII. Jh.].

Band IV. Az unitáriusok költészete [Die Poesie der Unitarier], hg. von Imre VARGA, 1964.

Band V. A szombatosok költészete [Die Poesie der Sabbaterier], hg. von Béla Varjas, 1970.

RMDE = Tibor Kardos (Hg.): Régi Magyar Drámai Emlékek [Sammlung älterer ungarischer Dramen] I–II. Budapest 1960.

Sommer, Johann: De Strategematis Satanae libri octo Jacobi Acontii in quinque redacti et copiosius explicati 1570. Vorwort: Antonio Rotondò. In: Studi e ricerche di storia ereticale italiana del Cinquecento. Torino 1974, S. 503–213.

Quaestiones Georgii Blandratae cum responsionibus Joannis Sommeri (1573?). In: Rotondò, Antonio: Studi e ricerche di storia ereticale italiana del Cinquecento. Torino 1974, S. 503–213.

A szentírás panaszolkodása, editiert von Máté György. In: Collectanea Tiburtiana. Tanulmányok Klaniczay Tibor tiszteletére. Szeged 1990, S. 189–207. (Adattár XVI–XVIII. századi szellemi mozgalmaink történetéhez 10).

Toroczkai, Máté: Az Ó-és Újtestamentumbeli helyeknek ... magyarázatjok .... Kolozsvár 1620. (Enyedi, Explicationes locorum Veteris et Novi Testamenti c. művének magyar fordításához írott ajánlás). In: Kovács, Sándor: Unitárius egyháztörténet. Kolozsvár 2009, S. 144–152.

Válaszúti, György: Pécsi disputa [Die Disputation in Pécs], ediert von Róbert Dán und Katalin S. Németh. Budapest 1981. (Régi Magyar Prózai Emlékek 5).

## Fachliteratur

Antitrinitarianism in the Second Half of the 16th Century, hg. von Róbert Dán und Antal Pirnát. Budapest, Leiden 1982. (Studia Humanitatis 5).

Balázs, Mihály: Early Transylvanian Antitrinitarianism 1567–1571. From Servet to Palaeologus. Baden-Baden 1996. (Bibliotheca Dissidentium. Scripta et Studia 7).

Balázs, Mihály: Teológia és irodalom. Az Erdélyen kívüli antitrinitarizmus kezdetei. [Theologie und Literatur. Die Anfänge des Antitrinitarismus außerhalb Siebenbürgens]. Budapest 1998.

Balázs, Mihály: Gab es eine unitarische Konfessionalisierung in Siebenbürgen im 16. Jahrhundert? In: Konfessionbildung und Konfessionskultur in Siebenbürgen in der frühen Neuzeit. Stuttgart 2005, S. 135–142. (Quellen und Studien zur Geschichte des Neuzeit 66).

Balázs, Mihály: Discussiones et concordia. Die Beziehungen zwischen polnischen und siebenbürgischen Antitrinitariern im 16. Jahrhundert. In: Faustus Socinus and his Heritage, hg. von Lech Szczucki. Kraków 2005, S. 147–161.

Balázs, Mihály: Über den europäischen Kontext der siebenbürgischen Religionsgesetze des 16. Jahrhunderts. In: Humanismus und europäische Identität, hg. von Günter Frank. Heidelberg 2009, S. 11–27. (Fragmenta Melanchthoniana 4).

Binder, Ludwig: Grundlagen und Formen der Toleranz in Siebenbürgen bis zur Mitte des 17. Jahrhunderts. Köln, Wien 1976. (Siebenbürgisches Archiv, Dritte Folge, Bd. 11)

Borbély, István: A mai unitárius hitelvek kialakulásának története [Geschichte der Entwicklung der heutigen unitarischen Glaubensprinzipien]. In: KM LV (1923), S. 160.

Caccamo, Domenico: Eretici italiani in Moravia, Polonia, Transilvania (1558–1611). Studi e documenti. Firenze, Chicago 1970.

Dán, Róbert: Humanizmus, reformáció, antitrinitarizmus és a héber nyelv Magyarországon. [Humanismus, Reformation, Antitrinitarismus und die hebräische Sprache]. Budapest 1973. (Humanizmus és reformáció 2).

Dán, Róbert: Matthias Vehe-Glirius. Life and work of a radical Antitrinitarian, with his collected writings. Budapest, Leiden 1982 (Studia Humanitatis 4).

Dán, Róbert: Az erdélyi szombatosok és Péchi Simon [Die siebenbürgischen Sabbatarier und Simon Péchi]. Budapest 1987 (Humanizmus és reformáció 13).

Fata, Márta: Der Augsburger Religionsfrieden als Vorbild für die ungarische und siebenbürgische Mehrkonfessionalität? In: Der Augsburger Religionsfrieden 1555. Wissenschaftliches Symposium aus Anlass des 450. Jahrestages des Friedensschlusses, Augsburg 21. bis 25. September 2005, hg. von Heinz Schilling und Herbert Smolinsky. Gütersloh 2007, S. 415–437.

Firpo, Massimo: Antitrinitari nell' Europa orientale dell' 500. Nuovi testi di Szymon Budny, Niccolò Paruta e Jacopo Palaeologo. Firenze 1977.

Hotson, Howard: Arianism and Millenarianism. The Link between two heresis from Servetus to Socinus. In: Continental Millenarianism: Protestants, Catholics, Heretics, hg. von John Christian Laursen and Richard H. Popkin. Dordrecht, Boston 2001, S. 9–36.

Gál, Kelemen: A kolozsvári unitárius kollégium története 1568–1900 [Geschichte des unitarischen Kollegs in Klausenburg 1568–1900], I–II. Kolozsvár 1935.

György Enyedi and Central European Unitarianism in the 16–17th Centuries, hg. von Mihály Balázs und Gizella Keserű, Budapest 2000.

Horn, Ildikó: Le cercle de Farkas Kornis. Les stratégies des élites unitariennes (1575–1603). In: György Enyedi and Central European Unitarianism in the 16–17th Centuries, hg. von Mihály Balázs und Gizella Keserű. Budapest 2000, S. 89–97.

Jakab, Elek: Dávid Ferenc emléke [Franz Davidis zum Andenken]. Budapest 1879.

Keserű, Bálint: Christian Franckens Tätigkeit im ungarischen Sprachgebiet und sein unbekanntes Werk „Disputatio de incertitudine religionis christianae". In: Antitrinitarianism in the second half of the 16th century. Budapest, Leiden 1982, S. 73–84.

Keserű, Bálint: Peregrinatio academica dissidentium der Siebenbürger Unitarier. In: Universitas Budensis. International conference for the history of universities in the occasion of the University of Buda, hg. von László Szögi und Júlia Varga. Budapest 1997.

Keserű, Bálint: Die ungarische unitarische Literatur nach György Enyedi [Über ideengeschichtlich relevante Werke aus der Zeit 1597–1636]. In: György Enyedi and Central European Unitarianism in the 16–17th Centuries. Budapest 2000, S. 107–124.

KESERŰ, Gizella: The Late Confessionalisation of the Transylvanian Unitarian Church and the Polish Brethen. In: Faustus Socinus and his Heritage, hg. von Lech SZCZUCKI. Kraków 2005, S. 163–188.

OGONOWSKI, Zbigniew: Der Sozinianismus und die Aufklärung. In: Reformation und Frühaufklärung in Polen. Studien über den Sozinianismus und seinen Einfluss auf das westeuropäische Denken im 17. Jh, hg. von Paul WRZECIONKO. Göttingen 1977.

MULSOW, Martin: Moderne aus dem Untergrund: radikale Frühaufklärung in Deutschland 1680–1720. Hamburg 2002.

PÉTER, Katalin: Die Reformation in Ungarn, In: European Intellectual Trends in Hungary, hg. von Ferenc GLATZ. Budapest 1990. (Études historiques hongroises).

PIRNÁT, Antal: Die Ideologie der Siebenbürger Antitrinitarier in den 1570er Jahren. Budapest 1961.

PIRNÁT Antal: Arisztoteliánusok és antitrinitáriusok. Gerendi János és a kolozsvári iskola [Aristotelianer und Antitrinitarier. János Gerendi und die Klausenburger Schule]. In: Helikon XVII (1971), S. 363–392.

PIRNÁT, Antal: L'Italia e gli antitrinitarii transilvani. In: Venezia e Ungheria nel Rinascimento, hg. von Vittore BRANCA. Firenze 1973, S. 438–439.

PIRNÁT, Antal: Il martire a l'uomo politico (Ferenc Dávid e Biandrata). In: Antitrinitarianism in the second half of the 16th century. Budapest, Leiden 1982, S. 157–190.

ROTONDÒ, Antonio: Verso la crisi dell' antitrinitarismo italiano. Giorgio Biandrata e Johann Sommer. In: Ders.: Studi e ricerche di storia ereticale italiana del Cinquecento. Torino 1974, S. 213ff.

SCHRÖDER, Winfried: Martin Seidel und seine Schrift. Origo et fundamenta religionis christianae. In: Spätrenaissance-Philosophie in Deutschland 1570–1650. Entwürfe zwischen Humanismus und Konfessionalisierung, okkulten Traditionen und Schulmetaphysik, hg. von Martin MULSOW. Tübingen 2009, S. 161–172.

SIMON, József: Die Religionsphilosophie Christian Franckens 1552–1610? Atheismus und radikale Reformation im frühneuzeitlichen Ostmitteleuropa. Wiesbaden 2008. (Wolfenbütteler Forschungen 117).

SZAKÁLY, Ferenc: Türkenherrschaft und Reformation in Ungarn um die Mitte des 16. Jahrhunderts. In: Études Historiques Hongroises, hg. von Frenc GLATZ und Emil PAMLÉNYI. Budapest 1985, S. 438–459.

SZCZUCKI, Lech: W kręgu myślicieli heretyckich. Wrocław, Warszawa, Kraków, Gdańsk 1972.

SZCZUCKI, Lech: Polish and Transylvanian Unitarianism in the Second half of the 16th Century. In: Antitrinitarianism in the second half of the 16th century. Budapest, Leiden 1982, S. 231–241.

SZCZUCKI, Lech: Philosophie und Autorität. Der Fall Christian Francken. In: Reformation und Frühaufklärung in Polen. Studien über den Sozinianismus und

seinen Einfluss auf das westeuropäische Denken im 17. Jh. Göttingen 1977, S. 157–243.
SZCZUCKI, Lech: Socinianian Historiography in the Late 17th century. In: Continuity and Discontinuity in Church History, hg. von Forrester CHURCH und Timothy GEORGE. Leiden 1979, S. 284–300.
Edit SZEGEDI: Die Reformation in Klausenburg. In: Konfessionbildung und Konfessionskultur in Siebenbürgen in der frühen Neuzeit. Stuttgart 2005, S. 77–88. (Quellen und Studien zur Geschichte des Neuzeit 66).
SZEGEDI, Edit: Die Religionspolitik der reformierten Fürsten Siebenbürgens. In: Humanismus und europäische Identität, hg. von Günter FRANK. Heidelberg 2009, S. 29–44. (Fragmenta Melanchthoniana 4).
TAZBIR, Janusz: Bracia polscy w Siedmogrodzie 1660–1784. Warszawa 1964.
WILBUR, Earl Morse: A History of Unitarism in Transylvania, England and America. Cambridge 1952.
WILLIAMS, George H.: The Radical Reformation. Philadelphia 1962.
WILLIAMS, George H.: The Christological Issues between Francis Dávid and Faustus Socinus during the Disputation on the Invocation of Christ, 1578–1579. In: Antitrinitarianism in the second half of the 16th century. Budapest, Leiden 1982, S. 294, 295.
WILLIAMS, George H.: Unterschiede zwischen dem polnischen und siebenbürgischen Unitarismus und ihre Ursachen. In: Der Einfluss der Unitarier auf die amerikanische Geistesgeschichte, Vorträge der ersten deutschen wissenschaftlichen Tagung zur Unitarismusforschung vom 13.–14. Juni 1985 in Hamburg, hg. von Wofgang DEPPERT, Werner ERDT, Art de GROTT. Frankfurt am Main 1990, S. 33–57.

## Zusammenfassung

### Trends in the research of Transylvanian Unitarianism

The article offers a survey of the most important trends in the research of Transylvanian Antitrinitarianism since the beginning of the modern era of research, that is, the second half of the 19th century. Trends in Polish research often serve as a basis for comparison, since it has long been known that besides Transylvania, the other country where Antitrinitarianism could produce a lasting effect was Poland. It is argued that the fact that in Transylvania the Unitarian church is still extant had a profound effect on the preservation of certain documents from the previous centuries. Yet at the same time, denominational and national prejudices also hindered the integration with international tendencies of research. The Romanian political events after 1920, on the other hand, had tragic consequences in this respect as well, since many of the research sites and institutions, important from a church historical point of view, were virtually forced to suspend operations.

In Hungary from the 1960s the phenomena got into spotlight within the research of the Reformation, and due to this Hungarian contribution, after the political changes, (both ecclesiastical and secular) researchers of the topic quickly appeared in Transylvania. This emerging church-historical activity meant an organised exploration and publication of sources, but also the publication of monographs and studies which tried to interpret the local developments within their wider European context. The single most important achievement of the recent decades might be that it has successfully been proved that Transylvanian Unitarianism, always ready to integrate different international trends, could remain an incomparably exciting phenomena even in the 17$^{th}$ century. The type of Antitrinitarianism that was in existence here for more than a century remained radically different from the version that developed by Polish Brethren.

## Az erdélyi unitarizmus kutatásának helyzete

A tanulmány a modern kutatások kezdetétől, a 19. század második felétől tekinti át az erdélyi antitrinitarizmus feltárásának legfontosabb tendenciáit. Összehasonlításként gyakran hivatkozik a lengyel kutatási eredményekre, hiszen ismert módon Erdély mellett Lengyelországban tudott még tartósabban gyökeret verni az antitrinitarizmus. Megállapítja: az a körülmény, hogy Erdélyben mai napig is létezik unitárius egyház, döntő szerepet játszott a régi századok egyes dokumentumainak megőrzésében, ám a felekezeti és nemzeti elfogultságok akadályozták a nemzetközi kutatásokba való bekapcsolódást. Az 1920 utáni romániai politikai fejlemények pedig ebből a szempontból is tragikus következményekkel jártak, szinte lehetetlenné tették az egyháztörténeti szempontból fontos műhelyek és intézmények működését.

Magyarországon az 1960-as évektől a reformáció-kutatások középpontjába került ez a jelenség, s a magyarországi segítség hozzájárult ahhoz, hogy a politikai változások után Erdélyben is megjelenjenek a kérdéskör egyházi és világi kutatói. Az itt kibontakozott egyháztörténeti munkálkodás egyfelől szervezett forrásfeltáró és -kiadó tevékenységet jelentett, másfelől megjelentek olyan monográfiák és tanulmányok is, amelyek európai kontextusban próbálják értelmezni a jelenségeket. Az utóbbi évtizedek legjelentősebb fejleményének azt tekinthetjük, hogy sikerült bizonyítani: a sokféle nemzetközi hatást felszívni képes erdélyi antitrinitarizmus páratlanul izgalmas jelenség tudott maradni a 17. század derekáig. Az antitrinitarizmus olyan típusa élt itt csaknem egy évszázadon keresztül, amely gyökeresen eltért attól a másik sociniánusnak tekinthető változattól, amely Lengyelországban alakult ki.

## Tendinţe în cercetarea unitarianismului ardelean

Articolul ofera o privire de ansamblu asupra celor mai importante tendinţe din cercetarea antitrinitarianismului ardelean începînd cu debutul erei moderne de cercetare, adică a doua jumătate a secolului XIX. Deseori servesc ca termen de comparaţie tendinţe în cercetarea poloneză, deoarece se ştie de mult că pe lîngă Ardeal ţara în care antitrinitarianismul şi-a făcut un efect de lungă durată a fost Polonia. Se demonstrează că existenţa în continuare a bisericii unitariene din Transilvania a condiţionat păstrarea unor documente din secolele trecute. Cu toate acestea, prejudecăţi de ordin confesional şi naţional au îngreunat integrarea în circuitul international al cercetărilor. Evenimentele politice din România de dupa 1920 au avut pe de altă parte consecinţe tragice în această privinţa, multe din proiectele şi instituţiile de cercetare importante din punctul de vedere al istoriei bisericii fiind nevoite să-şi înceteze activitatea.

În Ungaria începînd cu anul 1960 fenomenele au intrat in atenţie în cadrul cercetării reformaţiei, iar datorită acestei contribuţii maghiare, după schimbările politice in Ardeal au apărut cît se poate de repede cercetători care s-au consacrat acestei teme (eclesiastici precum şi seculari). Această crescîndă activitate de cercetare a istoriei bisericeşti a dus la o explorare şi publicare organizată a surselor, dar şi la publicarea unor monografii şi studii care încearcă să interpreteze evoluţiile locale într-un context larg european. Drept cea mai mare cucerire a deceniilor trecute poate trece faptul că s-a dovedit cu succes că unitarianismul ardelean, fiind întotdeauna disponibil să integreze tendinţe internaţionale dintre cele mai diferite, a constituit un fenomen deosebit de palpitant încă din secolul XVII. Tipul de antitrinitarianism existent aici mai bine de un secol s-a deosebit în mod radical de versiunea confraţilor polonezi.

# Eine Diskussion der Trinität in der „Komödie“

## Johann Stamlers *Dyalogus de diversarum gencium sectis et mundi religionibus* (1508)

*Cora Dietl*

Im Jahr 1508 gab Johannes Stamler, Priester und Vorsteher der Gemeindekirche in Kissingen, seinen *Dyalogus de diversarum gencium sectis et mundi religionibus* zum Druck[1], einen Text, der wie sein Autor in der Forschung bislang weitgehend unbeachtet blieb, obwohl er zu seiner Zeit durchaus rezipiert wurde. So erschien um 1540 sogar eine italienische Übersetzung des *Dyalogus* in Venedig[2], im Vorwort angepriesen als eine Darstellung und Widerlegung des heidnischen und jüdischen Glaubens und als Verteidigung *de la nostra apostolica fede* [...] *Opera utilissima, e molto ingeniosa* (1$^{v}$). Die Verbindung dieses Inhalts mit der halbdramatischen Form eines Dialogs traf in der Tat den Nerv der Zeit.

Aus historischen Dokumenten und literarischen Quellen wissen wir sehr wenig über Stamler.[3] Er bezeichnet sich selbst in den Paratexten des *Dyalogus* als einen Schüler des berühmten Kardinals Matthäus Lang (a3$^{r}$) und des streitbaren (und für die Entwicklung des neulateinischen Dramas in Deutschland zentralen) Frühhumanisten Jacob Locher (a3$^{v}$); letzterer dürfte aber eher sein Freund als sein Lehrer gewesen sein. Stamler hatte 1486/87 in Basel studiert und wechselte von dort nach Ingolstadt, wo auch Locher 1489–1491 studierte. Johann Stamler ging 1491

---

1 Stamler, Johannes: Dyalogus de diversarum gencium sectis et mundi religionibus. Augsburg: Erhard Oglin u. Georg Nadler, 1508. Online: http://epub.ub.uni-muenchen.de/2802/1/W2Theol.492_1.pdf [Download: 15.5.2011].

2 Dialogo di Giovanni Stamlerno Augustense de le sette de diuerse genti, e de le religioni del mondo. Vinegia: [o. Dr], [ca. 1540]. Online: http://daten.digitale-sammlungen.de/~db/bsb00001317/images/ [Download: 15.5.2011].

3 Am ausführlichsten sind: Mertens, Dieter: Jacobus Locher Philomusus als humanistischer Lehrer der Universität Tübingen. Bausteine zur Tübinger Universitätsgeschichte 3 (1987), S. 11–38, hier: S. 22f. – Stammler, Wolfgang: Von der Mystik zum Barock 1400–1600. Stuttgart ²1950, S. 76. – Nugent, Elisabeth: Johannes Stamler's *Dyalogus*. PMLA 53 (1938), S. 989–997. – Bahlmann, Paul: Die lateinischen Dramen von Wimphelings *Stylpho* bis zur Mitte des 16. Jahrhunderts. 1480–1550. Münster 1893, S. 29. – Vgl. auch die Hinweise auf Stamler in: Cora Dietl, Die Dramen Jacob Lochers und die frühe Humanistenbühne im süddeutschen Raum. Berlin u. a. 2005, S. 375f. (Quellen & Forschungen zur Literatur- und Kulturgeschichte 37)

nach Wien und Köln. Im Jahr darauf schrieben Locher und er sich gemeinsam in die Matrikel der Universität Tübingen ein[4], doch nur wenige Monate später verließ Locher Tübingen wieder – und überließ seine Habe dem Freund, der in Tübingen blieb.[5] Später aber muss Stamler noch eine längere Reise angetreten haben, bevor er spätestens 1506/07 Pfarrherr in Kissingen wurde, denn in einem dem *Dyalogus* beigegebenen Brief *ecclesie parrochalis in kyssingen Rectori* bezeichnet Locher Stamler 1507 als einen „Ulixes", der weite Teile der Welt (v.a. im Osten) bereist habe und daher so gut wie kein anderer das vorliegende Werk schreiben konnte (a4[v]).

Ausgehend von den Widmungen und Beigaben zum Druck des *Dyalogus* dürfen wir erwarten, dass Stamler sowohl Reiseerfahrungen als auch Inhalte und Positionen, die er von Lang und Locher übernommen hatte, in seinem Werk verarbeitet hat. Durch Locher dürfte Stamler nicht nur das neulateinische Drama als eine politische, wissenschaftspolitische und z. T. auch persönliche Agitationskunst kennengelernt haben, sondern v. a. auch einen Humanismus, der sich mit der traditionellen Scholastik anlegt, ohne deswegen Kritik an der katholischen Kirche als solcher üben zu wollen. Locher vertritt eine humanistische Theologie, die sich auf die Kirchenväter und Boethius, auf das biblische Wort und auf die moralisch-allegorische Auslegung antiker Mythologie stützt, die aber die Sophistereien und das „Küchenlatein" der Spätscholastik sowie den Überlegenheitsanspruch der Theologischen Fakultäten verachtet. Die wahre Theologie und die Dichtkunst liegen für ihn eng beieinander; letztlich kann nach Lochers Überzeugung Theologie nicht anders kommuniziert werden als in dichterischer Form, während die Dichtung (wie die Theologie) göttlich inspiriert sein muss; der wahre Dichter ist *vates*, Dichtertheologe.[6] Nicht nur den Vertretern der wahren Religion aber stehen die Dichter laut Locher nahe, sondern sie haben auch eine den Heerführern vergleichbare (wenn auch überlegene) Aufgabe: Der Dichter macht auf Missstände aufmerksam, weist auf die Notwendigkeiten eines kriegerischen Einsatzes hin, motiviert die Krieger und weist sie an – und er dokumentiert ihre Heldentaten als Exempel für nachfolgende Generationen.[7] In diesem Sinne

---

[4] Universitätsarchiv Tübingen 5/24, S. 84, abgebildet in: MERTENS (wie Anm. 3), S. 15.

[5] Der Abschiedsbrief Lochers an Stamler ist ediert in: MERTENS (wie Anm. 3), S. 28–30.

[6] Insbesondere sei hier verwiesen auf Lochers *Theologica emphasis* (1496) und *Comparatio* (1506), dazu: RUPP, Michel: Der Thron Gottes in Arkadien. Jakob Locher und sein Versuch einer poetischen Theologie, in: Universitas. Die mittelalterliche und frühneuzeitliche Universität im Schnittpunkt wissenschaftlicher Disziplinen. FS Georg Wieland, hg. von AUGE, Oliver, DIETL, Cora u. FAUSEL, Andrea. Tübingen/Basel 2007, S. 117–132, bes. S. 128f. – Vgl. auch Jacob LOCHER, Oratio de studio humanarum disciplinarum et laude poetarum Extemporalis. o. O. [Freiburg i. Br.: Friedrich Riederer], o. D. [um 1500], b1[v]. Hier werden Dichter und Theologe als Vertreter der *vita contemplativa* bezeichnet, wobei die „Heiligen" (die „wahren" Theologen) letztlich ein Leben führten, das außerhalb der menschlichen Möglichkeiten stehe, während die Dichter die „Lieblinge der Götter" seien. – Zu dem nicht unähnlichen Verständnis des Dichters als *vates* in der Poetologie des Augsburgers Sigismund Gossenbrot vgl. WELS, Volkhard: Der Begriff der Dichtung in der Frühen Neuzeit. Berlin/New York 2009, S. 45f. (Historia Hermeneutica 8)

[7] Vgl. DIETL (wie Anm. 3), S. 63–76.

sah sich der *poeta laureatus* dem Kaiser verpflichtet. Die Verbindung zwischen Theologie und kaiserlicher Politik prägt selbstverständlich auch die Position des in Augsburg geborenen Kardinals Matthäus Lang, des langjährigen Beraters Maximilians.[8]

Stamler scheint zu dem Kreis der Gelehrten im weiteren Umfeld Maximilians gehört zu haben; daher ziert das Titelblatt des *Dyalogus* auch ein Holzschnitt Hans Burgkmairs, das eben diese Verbindung von Kirche, Kaiser und Kunst bildlich zum Ausdruck bringt. Der Papst und Maximililian knien dort auf gleicher Ebene zur Rechten und zur Linken des Throns der *Sola Sancta Mater Ecclesia*, der christlichen Kirche, die das Kreuz, die kaiserliche und die päpstliche Fahne in ihrem Rücken hat, zu ihren Füßen die Weltkugel, in deren Zentrum Jerusalem sichtbar ist. Sie reicht dem Kaiser das Schwert, mit dem er seinem Auftrag *Protege, Impera* „schütze und herrsche", gerecht werden soll; dem Papst, dessen Auftrag *ora et cura* lautet, „bete und behüte", reicht sie die Schlüssel des Hl. Petrus. Das Ziel beider scheint das gleiche zu sein, denn auf beiden Seiten sitzen im Vordergrund die besiegten Gegner(innen) des Christentums.

Einerseits nach dem Muster des Wettstreits zwischen Synagoga und Ecclesia, andererseits nach dem Muster der Darstellung besiegter Völker in Triumphzügen gearbeitet, präsentieren sich hier die vier besiegten Religionen: rechts die *gentilitas*, mit der zerbrochenen Jupiter-Lanze, daneben Tatarica mit der zerbrochenen Lanze des Djingistan; links vereint eine Figur in sich die Sarazenen und Türken, die andere ist Synagoga. Dem Holzschnitzer ist bei diesen Figuren der Fehler unterlaufen, dass er die beiden zerbrochenen Lanzen verwechselt hat; so trägt versehentlich Synagoga die Lanze des Machometus und Saracena die des namenlosen Gottes.

In der Mitte, unter dem Fuß der Ecclesia, entspringt die Quelle der wahren Weisheit, *Fons vere sapiencie*, die sich über die wahre Religion ergießt: *iusta est religio*. Diese thront in der Mitte zwischen den *Disputatores* des Dialogs und vertritt selbst einen von ihnen: den Doktor der Theologie Oliverius. Um ihn herum stehen der Historiker Balbus, der Physicus Triphon, der Laie Rudolph, der Jude Samuel und der Apostat Arnestes. Das Bild nimmt das Ende des Dialogs schon vorweg: Triumphieren wird letztlich die *eine* wahre Kirche, wie im Prolog der italienischen Ausgabe bereits angekündigt.

## Das Werk und seine Form: eine Komödie?

Arnestus war als Junge von einem Kaufmann geraubt und verkauft worden. Er wurde dem Herrscher der Tartaren geschenkt. Als Arnestus den Tartaren entkommen ist und über die Türken schließlich heimkehrt, ist er mittlerweile zum Apostaten geworden. Sein Vater

[8] Vgl. Sallaberger, Johann: Kardinal Matthäus Lang von Wellenburg (1468–1540): Staatsmann und Kirchenfürst im Zeitalter von Renaissance, Reformation und Bauernkriegen. Salzburg u. a. 1997.

Das Titelblatt zu Stamlers *Dyalogus* (Exemplar: UB München)

Rudolphus nimmt ihn zuerst freudig auf, dann aber erkennt Rudolphus, dass sein Sohn die Religion geändert hat; er wird zuerst wütend, dann holt er sich den Rat von dem Arzt Triphonis und dem Bruder Oliverius, Doktor der Theologie. Diese raten zu einem Dialog. Hierzu wird noch der Historiker Balbus gebeten. Es folgt ein langes Gespräch über die Völker im Osten, über Tataren und Türken, über ihrer Herrscher, ihre Eigenheiten – und ihre Religion. Allmählich entwickelt sich das Gespräch zu einem regelrechten Religionsgespräch, zu dem auch ein Vertreter des Judentums, Samuel gebeten wird. Schließlich verwandelt sich das Gespräch in eine groß angelegte Predigt über die christlichen Glaubensinhalte und die Fehler der „Sekten" und anderen Religionen. Am Ende werden Arnestes und Samuel bekehrt und getauft.

Stamlers Dialog nimmt ein positives Ende. Genügt aber dies, um ihn als „Komödie" zu bezeichnen? Stamler spricht in seiner Widmung des Werks an Matthäus Lang von einem *Dyalogus in modum Comici dramatis* (a2$^{r}$). Die einzelnen Kapitel bezeichnet er als Dramata. In der älteren Forschung sind Stamler und sein Lehrer Locher, der das Werk lobt, als gänzlich ignorant bezüglich der Dramenform abgeurteilt worden.[9] Dass der Prosadialog in der vorliegenden Form nicht als Aufführungstext gedacht ist, ist offensichtlich. Der Text ist im Druck mit reichen Marginalien versehen. Diese richten sich selbstverständlich an ein Lesepublikum. Locher bezeichnet den *Dyalogus* in seinen Beigaben ausdrücklich als ein für die Lektüre gedachtes Buch: als *liber* (a2r, f4$^{r–v}$), nicht als *spectaculum*. Er wendet sich auch konsequent an die Leser, nicht an die Zuschauer von Stamlers Werk; er erwartet, dass man es zu Ende lese: *continuus perlegat illud opus* (a2$^{r}$). In der Widmung des Werks an seinen Lehrer erklärt Stamler schließlich, dass er *stilo humili et simplissimo Dyalogum sub comedie formula* (a3$^{v}$) verfasst habe: Das aber bedeutet, dass sich das Komödienhafte auf den einfachen Stil bezieht. In einer Glosse am Beginn von *Drama primum* schließlich definiert er den von ihm verwendeten Begriff *Drama: Nomen est ex greco et est actus vel representatio comediarum ac tragediarum* (a5$^{v}$). „Drama", *actus* = „Akt" und *representatio* = „Auftritt" werden von ihm als Synonyme begriffen. Es geht ihm, wenn er hier von einem *drama* spricht, allein um eine Gesprächseinteilung, nicht um ein dramatisches Element.

Stamler ist sich auch eines großen Unterschieds seines Werks zur Komödie bewusst. So hält er z. B. in seinem Brief an Locher fest, dass er nur Verbürgtes, was er auf seinen Reisen über die verschiedenen Religionen erfahren habe, wiedergebe, er fingiere nicht (a3$^{v}$). Damit aber widerspricht er der humanistischen Definition der Komödie, die anders als die Tragödie fingierte Geschichten erzähle. Stamler gibt auch zu Beginn kein *argumentum comoediae* an, sondern ein *Argumentum rei et historie* (a4$^{v}$). Trotzdem arbeitet er mit Versatzstücken aus verschiedenen Spielgattungen, so schließt er z. B. mit der Schlussfloskel: *Stamler Compositor his Valete et plaudite* (f4$^{r}$). Diese Formel ist eine Variante der Formel, die der spätantike Philologe Calliopius

---

9 Michael, Wolfgang F.: Frühformen der deutschen Bühne. Berlin 1963, S.80. (Schriften der Gesellschaft für Theatergeschichte 62)

unter seine Abschriften der Terenz-Komödien gesetzt hatte und die man das Mittelalter und den Frühhumanismus hindurch als eine Schlussformel des Rezitators betrachtete: *Calliopius recensui*, verbunden mit der üblichen Schlussfloskel der Palliata: *Valete et plaudite.*

Durch Anlehnungen an das Spiel will Stamler von der motivierenden Wirkung des Dramas profitieren. So erklärt Locher im dem *Dyalogus* beigefügten Epilog: *non scripsit auctor immo: ut te doceret: sed ut te moveret* (f4$^{r}$). Wozu das Werk bewegen soll, ist offensichtlich: Locher formuliert dies so, dass es dazu motivieren solle, die ältesten Schriften zu lesen; gemeint sind damit die biblische Überlieferung und die Schriften der Kirchenväter. Der *Dyalogus* ist unmissverständlich ein Bekehrungswerk, das über die verschiedenen Religionen und als ketzerisch betrachteten Strömungen informieren, vor ihnen warnen und zum „wahren Glauben" führen soll – durch Überzeugung.

## Bekehrungsstrategien zwischen Theologie, Rhetorik und Poetik

Der Dialog setzt mit der Rückkehr des Sohnes Arnestes zum Vater Rudolphus ein. Der Vater ist zwar irritiert durch die fremdländische Kleidung des Sohnes, begrüßt ihn aber mit den überschwänglichen Worten:

> *O suavissime mi Arnestes te perditum semimortuum / rursus inventum atque advenisse saluum et incolumem plurimum gaudeo: tu Speas mea et meum suavium* (a5$^{r}$)
>
> Oh mein geliebter Arnestes, ich freue mich überaus, dass du, nachdem du verloren und quasi tot warst, wiedergefunden worden und heil und unbeschadet zurückgekehrt bist. Du bist meine Hoffnung und meine Liebe.

Der Vater zitiert in dieser Begrüßung des Sohnes das Gleichnis vom verlorenen Sohn an, in welchem der Vater erklärt, *hic filius meus mortuus erat et revixit perierat et inventus est* (Lk 15,24).[10] Dieses Zitat aber stellt Rudolphus in eine Position, die ihn zweifellos zu einer Sympathiefigur macht. So wird auch die Liebe des Vaters in der Marginalie zunächst als *maxima amicitia* gelobt. Anders aber als dem Vater im biblischen Gleichnis tritt Rudolphus kein reumütiger Sohn entgegen, sondern einer, der den einst aufgezwungenen fremden Glauben jetzt überzeugt vertritt. So verkehrt sich die liebevolle Zuneigung des Vaters (wohl gerade, weil sie so groß war, wie in der Marginalie angemerkt wird) in großen Zorn *ex nimio fideli amore nimis furiosus* (a5$^{r}$). An die Stelle der Freude über die Rückkehr tritt somit ein Gerichtsgespräch, in dem sich der Sohn verantworten muss.

Bemerkenswert ist, dass das Gespräch zunächst nicht als Religionsgespräch beginnt, sondern zunächst in Stil eines Reiseberichts gestaltet ist. Die *sectes* und Religionen

[10] Biblia Sacra iuxta Vulgatam versionem, hg. von Robert WEBER. Stuttgart $^{5}$2007.

der anderen Völker werden in eine Beschreibung der Länder des Ostens eingefügt und historisch erörtert. Ausführlich berichtet Arnestes über die Geschichte der Turkvölker und der Tyrannen, über Schlachten zwischen Türken und Tataren, die Eroberungszüge einzelner Herrscher wie etwa des Djingistan, über Laster und Gräueltaten der Tataren. Das Bild, das hierbei von den östlichen Völkern gezeichnet wird, ist ein recht einseitiges: Mord, ungerechte Kriege und Unzucht prägen das Bild der Tataren, deren Frauen als *turpissime* (b2r) bezeichnet werden, weil sie sich wie Männer benehmen. Die Tataren beten Sonne und Mond und allerlei Abgötter an und erweisen sich damit eindeutig als Kinder von Noahs Sohn Cham (b2v). Wo die Tataren hinkommen, zerstören sie alles, wie es sich – hier wirft Arnestes eine Jahreszahl ein, die die Geschichte beglaubigt – im Jahr 1242 in Ungarn gezeigt habe, als die Tartaren nicht nur das ganze Land zerstörten, sondern auch noch die Leiber der getöteten Ungarn verspeisten (b3v). Dass hiermit jeder Krieg gegen die Völker im Osten gerechtfertigt und damit Maximilians Türkenkriegsplänen Vorschub geleistet ist, steht außer Frage.

Schließlich werden noch die Völker Gog und Magog auf zwei tatarische Brüder zurückgeführt. Damit sind die Tataren deutlich disqualifiziert und ihre Religion scheint keiner weiteren Diskussion wert zu sein. Von Gog und Magog stammen wiederum die Skythen, die Gothen, die Ungarn, Danaer, Hunnen, Türken u.a. ab, was auch diese Völker in ein negatives Licht taucht. Trotzdem erscheinen die Türken und Sarazenen als vergleichsweise positiv, weil sie Gesetze besitzen und weil sie die Herrschaft übernommen haben, als die Tataren wegen ihrer übertriebenen *arrogantia* von Gott gestürzt wurden – nach dem Modell der *translatio imperii*. Durch das zum westlichen Selbstverständnis analoge Geschichtsmodell und die angenommene Gottgewolltheit der *translatio* könnte Arnestes also doch gerechtfertigt sein, sich den Sarazenen angeschlossen zu haben. Damit ist die erste Stragegie, nämlich die, die fremde Religion durch eine Negativdarstellung des fremden Volks abzuwerten, zumindest zum Teil gescheitert. Die Diskussion kommt zu einem ersten Stillstand. Rudolphus hat jetzt nur noch das eine Argument, dass es nicht erlaubt sei, die vom Vater ererbte Religion zu ändern – ein Argument, das freilich bei dem humanistisch gebildeten Sohn auf Ablehnung stößt. Hier, am Ende des 5. Akts, bittet Arnestes, dass man Rabbi Samuel dazu hole. Damit nimmt das Gespräch eine theologische Wende.

Arnestes hält drei Punkte fest, in denen sich die drei Weltreligionen unterscheiden: in der Vorsehung Gottes, in der Vorstellung vom Jüngsten Gericht und in der Auswirkung der Vorstellung von der göttlichen Gerechtigkeit im Leben der Gläubigen. Nach langen Ausführungen führt die Diskussion endlich zu der Erkenntnis, dass die Araber als ein Volk, das hauptsächlich aus *milites* und *agricole* (c3r) besteht, selbstverständlich kriegerischen Erfolge einfahren (und darin dem Westen gefährlich sein), aber die göttliche Lehre nicht wirklich verstehen kann. Unter den Arabern nämlich befinden sich durchaus auch Juden und Christen, die nicht, wie die anderen, die Götzen und v. a. Venus anbeten (c3r), die aber trotzdem einer Irrlehre aufsitzen. Aufgrund ihres mangelnden Verständnisses des Christentums haben sie Sekten gebildet:

*Nesterianos et Iacobitas hereticos imitantes. Iacobite enim sunt qui christum non deum: sed hominem iustum de spiritu sancto conceptum: ex virgine et natum profitentur. Nec tamen mortuum vel crucifixum credentes* (c3$^{r}$).

Die Nestorianer und die Jakobiten verhalten sich wie Häretiker. Die Jakobiten nämlich sind die, die behaupten, Christus sei nicht Gott, sondern ein gerechter Mensch, der aus dem Heiligen Geist empfangen und von der Jungfrau geboren wurde. Sie glauben aber nicht, dass er gestorben oder gekreuzigt worden sei.

Ebenso wie die Christen der Region habe auch Mohammed die Lehren von Christentum und Judentum falsch verstanden:

*Machometus Messiam se in lege promissum verum et iustum prophetam denuntians multas et varias leges promulgavit* [...] *Orantes autem unum confitentur Deum: qui nullum sibi equalem habet vel fidelem: et eiusdem dei fidelem Machometum prophetam* (c3$^{r}$).

Indem Mohammed verkündete, dass er der im Alten Testament versprochene, wahre und gerechte Prophet sei, vermischte er verschiedene Gesetze. [...] So beten sie gläubig zu einem Gott, der nichts Gleichgestelltes oder Vertrautes neben sich hat, und zu dem Propheten Mohammed, dem Vertrauten Gottes.

Der Islam erkenne nicht die Widersprüchlichkeit der eigenen Lehre, wenn einerseits die Göttlichkeit Christi mit dem Argument abgelehnt wird, dass es nichts Gleichgestelltes neben Gott geben könne, zugleich aber von Mohammed behauptet wird, dass er der Messias sei, was die Gottgleichheit Mohammeds voraussetze. Nur durch die Verdrehung von im Alten Testament genannten Gesetzen und Aussagen könne ein solcher Widerspruch zustande kommen; eine Religion jedoch könne nicht überzeugen, die auf einem Denkfehler beruhe, so die Argumentation des Oliverius.

Wieder werden zahlreiche Exkurse eingefügt, um anhand der Geschichte des Islams zu „belegen“, dass diese Religion gegenüber der christlichen (und der jüdischen) zurückstehe. Endlich geht Oliverius, nachdem er den Rabbi lange genug gebraucht hat, um den Islam zu widerlegen, dazu über, auch dem Judentum ein falsches Verständnis der Schrift vorzuwerfen:

*Videmus autem vos Iudeos legis cultores / solam eius superficiem attendere / litteramque non spiritualiter sed carnaliter exponere: et ideo ab eius recta intentione alienos existere / maxime deceptos errore explanationis eiusdem.* (d3$^{r}$)

Wir sehen nämlich, dass ihr Juden, die ihr das Gesetz hütet, nur auf dessen Oberfläche achtet und das Wort nicht dem Geiste nach, sondern nach dem Fleisch auslegt. Und so seid Ihr fern von dessen wahrer Intention und in höchstem Grade getäuscht durch dessen fehlerhafte Auslegung.

Die Fehler in der Auslegung des Gesetzes Gottes werden den beiden großen Religionen zwar vorgehalten, aber insofern entschuldigt, als die verschiedenen Völker nicht alle in gleicher Weise die göttliche Weisheit empfangen konnten. Die *diversitas* der Religionen in der Welt nämlich wird zurückgeführt auf die verschiedenen Abirrungen der Söhne Adams.

> *Primus parens noster Adam de facili quem vidit suum Creatorem agnovit: eius autem Seductor generis humani hostis acerrimus tantum post diluvii tempora et veri dei ec plasmatoris hominum oblivionem / filios Adam variis seductionum oblecionamentis ita decepit:* [...] (d3$^{r}$)

> Unser erster Vater Adam verlor das durch den direkten Anblick vermittelte Wissen von Gott. Sein Verführer aber, der schärfste Feind des Menschengeschlechts, täuschte noch lange nach der Zeit dieses Falls und nachdem die Menschen den wahren Gott und Schöpfer vergessen hatten, die Söhne Adams, indem er ihnen verschiedene Verführungen auferlegte.

Zu den schlimmsten Verführungen gehörte laut Oliverius der Götzendienst und der Polytheismus; die Erkenntnis der Sakramente, der Jungfrauengeburt und der Trinität aber sei Ausdruck der höchsten Gnade.

Die Strategie des Textes, mit der der Leser oder Hörer überzeugt werden soll, ist bis zu dem nun erreichten Höhepunkt der Diskussion, an dem die intellektuell letztlich nicht zu durchdringenden Geheimnisse des Christentums erklärt werden sollen, zusammenfassend die folgende: Zuerst wird durch das Anzitieren des Gleichnisses vom Verlorenen Sohn eine Erwartungshaltung des Rezipienten angeregt, die davon ausgeht, dass der Vater Recht behalten und der nach Hause zurückgekehrte Sohn bekehrt werden wird. Deutlich wird mit diesem Zitat zugleich, dass hier keine individuelle Geschichte einer historischen Persönlichkeit dargestellt wird, sondern dass das Präsentierte Modell- oder Gleichnischarakter besitzt, d. h. dass es letztlich um die Angelegenheit des Rezipienten geht.

Die Gegenüberstellung der orientalischen Religionen mit dem Christentum erfolgt zunächst über eine Gegenüberstellung der Völker: Die Völker des Ostens werden deutlich als fremd und negativ dargestellt, dann aber wird eine Parallele zum Westen gezogen, um damit doch wieder die Relevanz der folgenden Diskussion auch für ein westliches (Lese-)Publikum zu betonen.

Im nächsten Schritt wird die scheinbare Überlegenheit der orientalischen Religionen und speziell des Islams gegenüber dem Christentum auf ein falsches Religionsverständnis zurückgeführt. Die von Arnestes vorgeschlagenen Themen „Providenz", „Jüngstes Gericht" und „Gerechtigkeit" erweisen sich als zu praktisch ausgerichtet; die wahre Religion und das rechte Verständnis des Göttlichen aber erhebt einen höheren intellektuellen Anspruch – dem die Völker im Osten nicht gerecht werden können. Damit besteht nun für den (evtl. zweifelnden) christlichen Rezipienten des Dialogs die Aufgabe, die folgende Darstellung der zentralen, aber auch schwierigsten Teile der christlichen Theologie nachzuvollziehen, um seine Überlegenheit gegenüber den verständnislosen Orientalen zu beweisen und um im übertragenen Sinne wie Arnestes zum Vater, d.h. zur christlichen Lehre, zurückkehren zu können.

Die zu behandelnden Themen hat Oliverius nach ihrem Schwierigkeitsgrad gereiht: Gipfel und Zielpunkt des Verständnisses des Christentums ist die Lehre von der Trinität. Dass es nicht einfach ist, diese zu erklären, macht Stamler in einer Glosse deutlich:

> *Loqui de deo et sancta Trinitate periculosum et gravissimum est. Nam Plato cum de his loqui animatus esset: dicere quid sit non est ausus / hoc solum de deo sciens quod scire qualem sit ab homine non possit. hec Macrobius super somnio Cipionis. Hoc pius salvator attestatur dicens. Si terrena vobis dico et non creditis / quomodo si dixero vobis / Coelestia credetis. Io.3.c.* [...] (e4[r])

> Über Gott und die Heilige Dreifaltigkeit zu sprechen, ist gefährlich und sehr schwierig. Plato nämlich, als man ihn aufforderte, darüber zu sprechen, wagte dies nicht, weil er allein das über Gott wusste, dass es dem Menschen nicht möglich ist, zu wissen, auf welche Weise er existiert. Das sagt Macrobius in seinem Kommentar zum Traum des Scipio. Das bestätigt der Heilige Erlöser, indem er sagt: „Wenn ich zu euch über Irdisches spreche und ihr es nicht glaubt, wie solltet ihr Himmlisches glauben, wenn ich es euch sagte. (Jo 3,12)"

Hier zeigt sich die deutlich humanistische Herangehensweise Stamlers: Plato wird als erster Kronzeuge herangezogen, wenn es um die Unsagbarkeit der Trinität geht, als zweiter Macrobius und schließlich als dritter Christus selbst. Den Warnungen dieser drei Autoritäten zum Trotz aber soll das Unsagbare und Unbegreifliche beschrieben werden. Oliverius versucht es erst in einer rhetorischen, mit zahlreichen Oxymora angereicherten und an Formulierungen des Glaubensbekenntnisses angelehnten Prosa:

> *Tamen pro maiori et faciliore tua informatione Samuel id ratum habeas et firmum ad veram trinitatis sancte cognitionem scilicet. Quod unus est deus / hoc est Deus unus pater: Deus unus filius: Deus unus spiritus sanctus: non tres tamen dii sed unus est Deus. Trinus in vocabulis / unus in deitate substantie.* (e3[v])

> Dennoch, um dich besser und einfacher zu unterrichten, Samuel, sei du dessen versichert und bestätigt, dass dies eine wahre Erkenntnis über die Heilige Dreifaltigkeit ist: Dass Gott einer ist, d. h. ein Gott Vater, ein Gott Sohn, ein Gott Heiliger Geist; es sind dennoch nicht drei Götter, sondern ein Gott. Dreifach im Wort, einfach in der Substanz der Göttlichkeit.

Die Einheit der Dreiheit vergleicht er mit dem Verhältnis von Seele und Geist *(anima* und *ratio).* Der Geist besitzt das Wissen, die Seele trägt das Leben; beide aber bilden eine Einheit; der Geist kann nicht außerhalb der Seele sein und die Seele kann nicht ohne den Geist sein. So verhalte es sich auch zwischen Vater und Sohn Gottes. Einen zweiten Vergleich fügt er an: So wie die Sonne Wärme und Licht spendet, so sind doch Wärme und Licht der Sonne zweierlei, sie können aber nicht getrennt voneinander existieren. So ist es auch mit dem Vater und dem Sohn und dem Geist Gottes: Nur der Sohn ist fleischlich, und dennoch können sie nicht voneinander getrennt gedacht werden. So wie die Kunst – ein dritter Vergleich – und die Hand des Künstlers gemeinsam die Saite der Leier anschlagen, so wirken auch der Sohn, der Geist und der Vater gemeinsam.

Auf das Stichwort „Liedkunst" hin fragt Samuel schließlich, ob Oliverius ihm die Trinität denn nicht in einem Gedicht, *Rithmum*, erklären könne. Wo die Rationalität versagt, muss die Kunst einspringen, die das Paradoxe vermitteln kann. In trochäischen Octametern, jeweils mit einer Zäsur nach zwei Versfüßen, die die Paradoxität des Gesagten hervorheben, setzt nun Oliverius an:

*Alpha et o Magne deus: helii helii deus meus*
*Cuius virtus totum posse: cuius sensus totum nosse*
*Cuius esse summum bonum: cuius opus quidquid bonum*
*Super cuncta / subter cuncta: extra cuncta / intra cuncta*
*Subter cuncta nec subtractus / super cuncta nec elatus*
*Intra cuncta nec inclusus: extra cuncta nec exclusus* (e4[r])

Alpha und Omega, großer Gott, Herr, Herr, mein Gott, dessen Tugend alles kann, dessen Verstand alles weiß, dessen Sein das höchste Gut ist, dessen Werk alles gut ist, der über allem ist und unterhalb von allem, außerhalb von allem, innerhalb von allem, unterhalb von allem und nicht nach unten gezogen; oberhalb von allem und nicht erhöht worden; innerhalb von allem und nicht eingeschlossen, außerhalb von allem und nicht ausgeschlossen.

Das Gedicht reiht weitere Paradoxa, Oxymora und Widersprüche aneinander: Gott ist der unbewegte Beweger, er verändert die Zeiten und wird nicht verändert, er ist der ewig Zeitliche, der unsterbliche Sterbende, der Verurteilte, der Richter sein wird, er ist der Vater seiner selbst, er ist mehrere Personen.

*Pater alter sed gignendo: natus alter sed nascendo.*
*Flumen ab hiis procedendo: tres sunt unum subsitendo*
*Quisquis trium plenus deus: non tres tamen dii: sed unus. ...*
*In personis nulla prior: nulla maior nulla minor*
*Unaqueque semper ipsa: sic est constans atque fixa*
*Ut nec in se varietur: nec in ullam transmutetur*
*Hec est fides orthodoxa: non hic error sive noxa.*
*Sicut dico sic et credo: nec in prauam partem cedo.* (e4[v])

> Der eine ist Vater und wird doch erst zeugen, der andere ist geboren und wird doch erst zur Welt kommen. Ein Fluss fließt von ihnen: Es sind drei, die einen umfassen. Jeder von den dreien ist ein vollständiger Gott, und doch sind sie nicht drei Götter, sondern einer. Unter den drei Personen hat keine Priorität, keine ist größer, keine kleiner. Sie sind immer eins und immer gleich, so ist er fest und beständig und er variiert nicht in sich. Er wird in nichts verwandelt. Dies ist der rechte Glaube. Hier gibt es keinen Irrtum oder Fehler. So sage ich es, so glaube ich es und ich gebe in keinem Teil nach.

Mit diesem klaren Statement zur Orthodoxie endet das Lied und der Jude ist bekehrt. Jetzt kann zur Prosa zurückgekehrt werden: Wo die Überzeugung hergestellt ist, ist wieder ein Argumentieren möglich. Jetzt können noch die Irrtümer der Sekten genannt werden: Die Vielgötterei der Heiden, die zwei Prinzipien der Manichäer, die Körperlichkeit Gottes bei den „Anthrospositanern", die Annahme der Epikureer, Gott wisse nichts von den menschlichen Dingen, die Leugnung der Allmacht durch die Philosophen, die Behauptung der Sabellianer, die Einheit widerspreche der Dreiheit Gottes, das Leugnen der Einheit zwischen Vater und Sohn bei den Arianern, ebenso die Unähnlichkeit zwischen Vater und Sohn bei den Ermonianern, die Behauptung der Macedonisten, der Geist sei ein Geschöpf und die Behauptung der Griechischen Christen, der Geist gehe vom Vater und nicht vom Sohn aus (Bestreitung des filioque). Noch weitere Fehler anderer Religionen, Sekten und Philosophien werden aufgezählt, betreffend die Schöpfung, die Rechtfertigungslehre, die Auferstehung der Toten und die letzten Dinge.

Auf geradezu paradoxe Weise zitiert dieser Teil der Argumentation die klassische Struktur scholastisch-theologischer *Quaestiones* an, die vorsieht, dass zuerst Pro- und Contra-Argumente in einem Streitfall festgehalten werden, dann in logischer Argumentation eine Lösung gefunden und von dieser ausgehend schließlich die Gegenargumente entwertet werden. Die Argumentationsweise der scholastischen Theologie ist freilich in typisch humanistischer Weise dadurch gebrochen worden, dass der zentrale Teil der Argumentation als nicht in wissenschaftlicher, sondern nur in poetischer Form darstellbar präsentiert und die gesamte „Quaestio" in einen halbdramatischen Dialog geformt ist.

Am Ende schließlich wird wieder das Feld der theologisch-wissenschaftlichen Argumentation verlassen, indem das *Tedeum* angestimmt wird: der Jubelgesang, der Gott in aller Munde lobt und der, wie bei einem geistlichen Spiel, aber auch wie bei einer Krönungszeremonie, die Gemeinde zusammenführt im gemeinsamen Lob des gemeinsam als dem höchsten Anerkannten. Hier setzt Stamler noch einmal auf Elemente der performativen Kunst, um sein Publikum emotional anzusprechen.

## Fazit

Lyrik, die Paradoxien in Versform zum Ausdruck bringen kann, das zeremonielle Lied, das eine Gemeinde zusammenzuschweißen vermag, das Drama, das

Sinnstiftungen vorgeben kann: Die Literatur ist es, die letztlich die Trinitätslehre darstellen und so für den Vorrang des katholisch christlichen Glaubens argumentieren soll; die Poesie überzeugt, die Theologie kann es nach Ansicht der Humanisten nicht oder zumindest nicht alleine. Jacob Locher, Stamlers Freund und „Lehrer", bezeichnet daher auch die Poesie als *prima philosophia*, die auch die Grundlage der Religion darstelle. Zwar finden wir immer wieder Ansätze zu einer scholastischen Argumentation im Text, zwar werden auch die großen Autoritäten der Scholastik, darunter Albertus Magnus und Thomas von Aquin, zitiert, aber letztlich ist es die Autorität Platos, die sagt, dass man nicht begreifen kann, wie Gott ist – die Kunst aber kann es dennoch vermitteln.

Wie sehr die Künste im Zentrum des Weltbilds der Humanisten standen, kann der berühmte allegorische Reichsadler Burgkmairs verdeutlichen, nur ein Jahr vor Stamlers Titelbild geschnitten und in einigen Punkten sehr ähnlich mit diesem, nur dass hier die Quelle der Weisheit nicht etwa aus der Ecclesia entspringt und sich über *vera religio* ergießt, sondern die Quelle der Musen ist.[11] Am Vorabend der Reformation ist damit bereits vorgezeichnet, welche bedeutende Rolle der Literatur in der Folgezeit zukommt: Sie wird zum Forum theologischer und (religions-)politischer Diskussionen, die sich der Überzeugungskraft der Poesie bedienen, insbesondere in den Bereichen, in denen eine rational-logische Argumentation versagen muss.

## Zusammenfassung


### A discussion of trinity in Johann Stamler's Dyalogus de diversarum gencium sectis et mundi religionibus (1508)

Johannes Stammler's *Dyalogus de diversarum gencium sectis et mundi religionibus* was written in Kissingen shortly before the Lutheran Reformation. It may be understood as a poem praising that kind of early Humanism that was neither directed against Christian theology nor against medieval literary traditions, but rather understood itself as a pillar rising from the core of these traditions, supporting the Empire and serving as a superior means for theological conviction. The *Dyalogus* experiments with different forms of interreligious dispute: It is shaped as a Humanist semi-dramatical dialogue, and it plays with the pattern of an early modern drama staging the parable of the *filius prodigus*, but it is a disputation that starts off with a discussion about the cultural side of religion, slowly moves on to aspects of practical theology, and finally approaches the central issues of Christian dogmatic teaching. The different parties (Islam, Christianity, Judaism, with their respective side-lines and „sects") bring their arguments forward, and they are pondered against each other according to the rules of a rationally structured debate. The dialogue finally


[11] Vgl. Luh, Peter: Der Allegorische Reichsadler von Conrad Celtis und Hans Burgkmair. Ein Werbeblatt für das Collegium poetarum et mathematicorum in Wien. Frankfurt a. M. u. a. 2002. (Europäische Hochschulschriften XXVIII, 390).

culminates in a dispute about the Christian doctrine of Trinity, which cannot be approved by rational arguments. According to Stammler's conviction, it can only be adequately depicted in lyrical language. Humanist poetry thus presents itself as the ultimate weapon to decide the dispute in favor of *iusta religio*. Once she has gained victory, the dialogue can be continued in simple prose. It now follows the structure of a scholastic *quaestio*, when the „sects' errors" are being displayed. Finally, the victory of Christianity is ritually confirmed through the singing of the *Tedeum*, which in late medieval times was normally sung in the context of religious and courtly ceremonies and religious plays. Thus, medieval literary and performance patterns frame a dispute within which Humanist poetry proofs to be the most convincing argument.

## A szentháromság-vita Johann Stamler *Dyalogus de diversarum gencium sectis et mundi religionibus* (1508) című „komédiájá"-ban

Johann Stamler Kissingenben, röviden a reformáció előtt írta meg *Dyalogus de diversarum gencium sectis et mundi religionibus* című művét, amelyet akár a humanizmus dicshimnuszaként is lehet olvasni, hiszen a szerző nem teológiai vagy középkori irodalmi hagyomány ellen lép fel, hanem éppen ezekre építi fel mint valami tartópillérre a keresztény impériumot és a keresztény teológiát magasztaló művét. A *Dyalogus* a vallások között dúló vita különböző formáival kísérletezik: A drámaszerű humanista dialógus formájába öltözik, majd a Prodigus-drámák mintáival játszva disputációba kezd, amely a vallás kulturális jelenségeinél indítva a gyakorlati teológián át a központi dogmatikai kérdések felé halad. A szerző az egyes vallások észérveit, az iszlám, a kereszténység, a zsidóság és a különböző „szekták" gondolatvilágát először racionálisan mérlegelve ítéli meg, majd a dialógus csúcspontján a keresztények szentháromságtanát bontja ki, amely racionális érvekkel nem magyarázható, ezért csupán lírai formában lehetséges a hiteles ábrázolása. A humanista költészet ezen a ponton mindent megtesz azért, hogy a *justa religió* számára döntse el a vitát. Miután a szerző és az igaz vallás győzedelmeskedik, a párbeszéd áttér a tárgyilagos prózára. „A szekták tévedéseit" tételesen cáfolja Stamler, miközben a Dyalogus a skolasztikában meghonosodott quaestio szerkezetét kezdi el követni. A mű végén felcsendülő *Tedeum* mintegy lezárja a művet és felidézi az egyházi színjátékok és a középkori udvari ceremóniák hangulatát. Ezzel a középkori irodalom formái a humanista poétikai teológia eszköztáraként és kereteként jelenik meg.

## Discuția despre trinitate în „comedia" lui Johann Stamler *Dyalogus de diversarum gencium sectis et mundi religionibus* (1508)

*Dyalogus de diversarum gencium sectis et mundi religionibus* de Johannes Stamler, scris în Kissingen cu puțin timp înainte de Reformă, poate fi înțeles ca un elogiu la adresa umanismului, nefiind în nici un caz împotriva tradițiilor teologice sau literare ale Evului Mediu, ci ieșind în evidență dintre acestea ca apărător al imperiului creștin și ca mijloc ultimativ de convingere al teologiei creștine. *Dyalogus* experimentează cu diferite forme de dezbatere interreligioasă: sub forma unui dialog umanist semidramatic și jucându-se cu modelul dramelor lui Prodigus începe o discuție care pune din perspectiva culturală a religiei și a unei teologii mai degrabă practice întrebări centrale ale dogmei. Argumentele antagonice ale diferitelor grupări (islam, creștinism, iudaism, fiecare cu propriile subcategorii și „secte") sunt cercetate mai întâi rațional-argumentativ. Punctul central al discuției este însă constituit de doctrina trinitară creștină, care nu este deschisă argumentelor raționale. Ea poate fi prezentată adecvat numai sub formă lirică. Arta poetică umanistă joacă în acest aspect un rol central în rezolvarea dezbaterii pentru *iusta religio*. După ce a ieșit victorioasă pe terenul poeziei, deliberarea se continuă în domeniul prozei. „Erorile sectelor" sunt dezmințite; în acest punct discuția reflectă structura unei *Quaestio* scolastice. *Tedeum* ca semn distinctiv face aluzie la jocurile spirituale și la ceremoniile curților regale medievale. Formele medievale ale literaturii și ale performării apar astfel ca o încadrare pentru munca de convingere a teologiei poetice umaniste.

# I. Personen und Entwicklungen der unitarischen Anfänge in Siebenbürgen

# Franz Davidis

## Ein biographischer Abriss[1]

*Mihály Balázs*

Geboren wurde er in Klausenburg, dem geistigen Zentrum Siebenbürgens im 16. Jahrhundert, dieser halb deutschen (sächsischen), halb ungarischen Stadt; das genaue Geburtsdatum kennen wir nicht. In der früheren Fachliteratur wurde teilweise von einer Geburt um 1510 ausgegangen, neuerdings ist die Mehrheit der Forscher der Auffassung, er sei um 1520 geboren. Das letztere Datum darf als wahrscheinlicher gelten, denn seine Eltern lebten um 1565–1570 noch, sie hätten also ein ungewöhnlich hohes Alter erreicht haben müssen, wenn sie 1510 schon ein Kind hatten. Ebenfalls für das spätere Geburtsdatum spricht, dass Davids Zeitgenosse Christian Schesaeus sein Auftreten 1555 in einem Disput als den Erfolg eines jungen Mannes würdigte.

Sein Vater David Hertel, ein Bürger sächsischer Nation, gab seinem Sohn gemäß den damaligen Gepflogenheiten den Namen „Franciscus Davidis", daraus wurde später „Franz Davidis" im Deutschen bzw. „Dávid Ferenc" im Ungarischen.[2] Der Familienname Hertel blieb jedoch weiterhin im Gebrauch, Franz Davidis' Söhne werden in den Quellen als David und Johann Hertel beziehungsweise in latinisierter Form „Hertelius" erwähnt, und seine Brüder erscheinen als Peter bzw. Nicolaus Hertel. Zahlreiche Angaben gibt es auch über einen Bürger namens Gregor Hertel, der 1579 Mitglied des Rates der Stadt Klausenburg war, doch ist nicht nachzuweisen, dass es sich hierbei um einen Bruder Franz Davidis' handelt. In der ungarischen Fachliteratur wird gern betont, dass seine namentlich nicht bekannte Mutter eine ungarische Adlige gewesen sein muss, dies halten wir jedoch für ausgeschlossen.

---

1 Répertoire des non-conformistes religieux des seizième et dix-septième siècles. Baden-Baden 2008, hg. von André Séguenny. (Bibliotheca Dissidentium Bd. 26). Dort findet sich entsprechend den Regeln der Reihe auch eine umfassende Bibliographie. Hier werden nur die notwendigsten Verweise angegeben.

2 Über die Familienverhältnisse grundlegend Sebesi, Pál: Adatok Dávid Ferenc életrajzához (Angaben zu Franz Davidis Lebenslauf). In: Keresztény Magvető LXXXVIII (1972), S. 30–48. – Ders.: Újabb adatok Dávid Ferenc családjáról és nemzetségéről (Neue Angaben zu Familie und Ethnie Franz Davidis'). In: Keresztény Magvető LXXXVIII (1972), S. 133–148, 198–201.

Pirnát[3] hat nämlich überzeugend nachgewiesen, dass dieser Annahme eine vollkommen unbegründete Interpretation eines Stadtratsbeschlusses zugrunde liegt. Daraus, dass Davidis sowohl auf Deutsch als auch auf Ungarisch hervorragend schrieb und predigte, schlossen ungarische Historiker gern darauf, dass er aus einer gemischtnationalen Ehe hervorgegangen sei, doch ist dies nicht unbedingt nötig, um ausgezeichnete Sprachkenntnisse in einer Stadt zu begründen, in der in der Mitte des 16. Jahrhunderts die Akteure des kirchlichen wie politischen Lebens ganz selbstverständlich zweisprachig waren. (Für die natürliche Zweisprachigkeit der Bürger von Klausenburg ist charakteristisch, dass Davidis' späterer Schwiegervater, der den Namen „Barát" verwendete und eine schöne ungarischsprachige Psalmenparaphrase hinterließ, in der Stadt lebenslang zur sächsischen Gemeinschaft – zur sächsischen Nation – gehörte; sein Sohn zog jedoch die deutsche Namensform vor und ist in den Dokumenten als „Peter Munch" verzeichnet.)

Aus dem Namensgebrauch und anderen Angaben lässt sich auch auf den Beruf von Franz Davidis' Vater schließen. In den Disputationsschriften der 1560er Jahre wird er von seinen Gegnern häufig als „Franciscus Sutoris" bezeichnet, auf Ungarisch als „Varga Ferenc" oder Sohn des Varga Dávid. Dies hängt damit zusammen, dass die sächsischen Familiennamen in Siebenbürgen im 15. und 16. Jahrhundert auch in ihrer ungarischen Übersetzung verwendet wurden beziehungsweise dass neben den sächsischen Familiennamen die ungarische Berufsbezeichnung treten konnte. So muss es auch im Fall von David Hertel geschehen sein, und die Bezeichnung wurde dann auf seinen Sohn übertragen. Neuere wirtschaftsgeschichtliche Forschungen haben ergeben, dass nicht nur die Stiefelmacher „Sutor" bzw. „Varga" genannt wurden, sondern auch die Gerber. Da mehrere Mitglieder der Familie Hertel diesen Beruf ausübten und der erwähnte Gregor Hertel Mitglied der „Ledrer Zechen zu Clausenburg" war, können wir es für wahrscheinlich halten, dass auch David Hertel diesen Beruf ausübte. Dazu passt, dass in einem Klausenburger Steuerverzeichnis ein Vorstadt-Allod David Hertels erwähnt wird. Zur Lederverarbeitung brauchten die Gerber unbedingt Meierhöfe in der Vorstadt, am Wasser. All dies bedeutet, dass Franz Davidis aus einer wohlhabenden, aber nicht aus der reichsten Schicht der Stadt Klausenburg stammte. Die Gerberzunft, die ausschließlich aus Sachsen bestand, spielte zwar eine wichtige Rolle im Leben der Stadt, sie war auch im Rat der Stadt vertreten, aber sie konnte sich nicht mit der Position der Zunft der Schmiede und Schneider messen, der einflussreichsten Zunft der Stadt, die auch erstrangige Führungspersönlichkeiten stellte.

Franz Davidis' Vater gehörte zwar nicht zu den wohlhabendsten Bürgern der Stadt, aber er ließ doch wenigstens einen seiner drei Söhne unterrichten. Dies nahm natürlich in der Stadt seinen Anfang, doch über die weiteren möglichen Schauplätze

---

3 Seine Dokumentenkopien, Aufzeichnungen und ein unvollendeter Aufsatz zur Geschichte Klausenburgs befinden sich im Archiv des Fachbereichs Alte Ungarische Literatur der Universität Szeged.

haben wir keine sichere Kenntnis. Spätere Quellen und Zusammenfassungen sprechen von Studien in der Stiftsschule von Weißenburg, im Gymnasium von Kronstadt, dann an der Universität Wittenberg, aber die Angaben sind äußerst lückenhaft, und die Lücken müssen wir mit Hypothesen füllen. Die Unsicherheit wird auch vom unklaren Namensgebrauch verursacht. So immatrikulierte sich beispielsweise an der Universität Wittenberg im Oktober 1545 ein gewisser „Franciscus Literatus Klausenburgensis Ungarus" und im Januar 1548 ein gewisser „Franciscus Literatus Transylvanus". Je nachdem, welchen dieser beiden man mit Franz Davidis identifiziert, gestalten sich die Vorstellungen über die Abschnitte seines Lebensweges vor und nach der Immatrikulation. Da noch detaillierter auszuführende Angaben darauf hinweisen, dass sich Davidis auch in Kronstadt, dieser für die Siebenbürger Sachsen überaus bedeutenden Stadt, aufhielt, halten wir es für wahrscheinlicher, dass er sein Studium in Wittenberg 1548 begann. In diesem Fall bestünde nämlich kein Hindernis dafür, ihn in dem „Franciscus Coloswarinus" zu sehen, der sich 1545 am Gymnasium von Kronstadt einschrieb. Dies steht im Einklang mit einer weiteren Angabe, die bisher der Aufmerksamkeit der Forscher entgangen ist. In dem mit Kronstädter Beteiligung entstandenen sog. „Album Oltardianum" lesen wir nämlich Folgendes:

> „1548 Eodem Anno ist Franciscus Clausenburger nach der Wittemberg vereyset, und hat von Wien auss Brief geschrieben die 11. Augusti und geschickt: Der Röm. Kays. Erklärung, wie es der Religion halben im heil. Reich bis zu Auftrag des gemeinen Concilii gehalten werden soll, publiciert auf dem Reychstag zu Augsburg den 15. Mai. Auch hat Clausenburger uns bemeldet, wie dem Legato zu Constantinopel durch Röm. Kays. Majestät, als auch durch Khunig Ferdinando anbefohlen worden, zur Befreiung des Stephani Maylad alles zu thun. Haec nova, non magna nostratibus causarunt gaudia."

Auf die sonstigen Bezüge dieses Eintrags wird noch einzugehen sein, jetzt soll nur betont werden, dass der Namensgebrauch in den Matrikeln von Kronstadt und Wittenberg recht ähnlich ist, wenn wir Davidis' Immatrikulation in Wittenberg auf 1548 ansetzen, denn ethnisch war Davidis nicht „Ungarus", und es kann beinahe als ausgeschlossen gelten, dass er sich als ein solcher bezeichnete. Ebenfalls für das spätere Datum spricht ein Gedicht, das er 1550 aus Wittenberg an seinen Mäzen Ferenc Medgyesi, den Generalvikar von Weißenburg, schickte und in dem er um weitere Unterstützung bat. So naheliegend ein solches Verlängerungsgesuch nach zwei Jahren ist, so außergewöhnlich und von den damaligen Gepflogenheiten abweichend wäre es, sich nach dem Ablauf von fünf Jahren mit einer solchen Bitte an seinen Unterstützer zu wenden.

So ging Franz Davidis also anscheinend unmittelbar aus der Kronstädter Schule mit Unterstützung des bischöflichen Vikars 1548 zum Studium nach Wittenberg. Die bisherigen Biographien haben diesen Zusammenhang nicht bemerkt, daher entging ihnen auch seine außerordentliche ideengeschichtliche Bedeutung. Wenn man den Hintergrund von Davidis' Verbindung zu Weißenburg sucht, kann man unmöglich außer Acht lassen, dass der Vorgänger des Generalvikars Medgyesi Hadrian

Wolphard (Adrianus Wolphardus) war, der zuvor als Domkapitular von Weißenburg und Pfarrer von Klausenburg zugleich gewirkt hatte; er war eine vielseitige und produktive Gestalt der lateinischsprachigen humanistischen Literatur in Siebenbürgen – 1522 gab er Janus Pannonius' Gedichte heraus – und zugleich ein großer Leser Erasmus'. Es scheint keine besondere Kühnheit in dem Gedanken zu liegen, dass er sich als erster des außerordentlich begabt scheinenden jungen Mannes annahm, der die Elementarschule gewiss noch in seiner Heimatstadt absolviert hatte. So gelangte dieser junge Mann aus Klausenburg ins Blickfeld des Domkapitels von Weißenburg, einer Gemeinschaft, die im dritten und vierten Jahrzehnt des 16. Jahrhunderts eine entscheidende Rolle im geistigen Leben Siebenbürgens spielte. Mehrere Mitglieder des Domkapitels schlugen eine weltliche Laufbahn ein oder wurden Anhänger der Reformation. Nur die bekanntesten sollen hier erwähnt werden: Mihály Csáky verzichtete auf seine kirchliche Stellung und wurde bis zum Ende seines Lebens Kanzler des Fürsten Johann Sigismund und Unterstützer der Unitarier, Sebestyén Károlyi Boldi erwähnen die Quellen 1555 als lutherischen Superintendenten, während Márton Kálmáncsehi Sánta in den 1550er Jahren der wirkungsmächtigste Verbreiter der helvetischen Richtung der Reformation wurde. Üblicherweise wird in dieser Namensreihe in der einen oder anderen Form auch Hadrian Wolphard genannt, weil er nach einer bei Kaspar Helth überlieferten Geschichte bereits Ende der 30er Jahre zumindest dazu beitrug, dass ein Verbreiter der Reformation der Verhaftung entging. Im Lichte all dessen neigt vor allem die ungarischsprachige Fachliteratur dazu, die Tätigkeit des Domkapitels von Weißenburg ausschließlich von den späteren Erscheinungen der Reformation her zu bewerten und als Vorkämpfer der Reformation zu feiern. Diese Vorstellung wird dadurch verstärkt, dass sich nachweisen ließ: Die Mehrzahl der Mitglieder dieses Domkapitels stand in Verbindung mit Johannes Honterus, der in der Tradition der protestantischen Kirchengeschichte als erster bedeutender Vertreter der Reformation in Siebenbürgen gefeiert wurde, die in Kronstadt Fuß fassen konnte.

Die Forschungsergebnisse der vergangenen Jahre veränderten dieses Bild jedoch entscheidend. Zoltán Csepregi[4] zeigte in einer detaillierten Analyse, dass Honterus' 1543 erschienene Arbeit „Reformatio ecclesiae Coronensis ac totius Barcensis provinciae“ in völlig neuem Licht erscheinen kann, wenn nicht nur ihre Quellen als Untersuchungsgegenstand herangezogen werden, sondern auch ihre zeitgenössische Bedeutung. Csepregi neigt dazu, in der Diskussion um die Quellenfragen Erich Roth recht zu geben, der im „Verzaichnis der geenderten misspreuch und ceremonien“ des Nürnbergers Lazarus Sprengler eine wichtige Quelle für Honterus' Werk sieht; natürlich leugnet er nicht die Bedeutung dessen, dass sich Anfang und Ende des Werkes auf die Wittenberger Ordnung beziehen, doch hält er für wesentlich wichtiger zu betonen, dass dieses Werk bemüht ist, die Kronstädter Ereignisse im Ganzen der

---

4 Csepregi, Zoltán: Konfessionsbildung und Einheitsbestrebungen im Königreich Ungarn zur Regierungszeit Ferdinands I. In: Archiv für Reformationsgeschichte 94 (2003), S. 243–275.

kirchenpolitischen Entwicklungen in Europa und Ungarn zu verorten. Diese Schrift berichtet seiner Ansicht nach also mit dem Anspruch über die stattgefundenen Reformen, zu beweisen: All das steht im Zusammenhang mit den Reformbestrebungen, die damals auch in der Umgebung von Papst Paul III. noch vielfach gutgeheißen wurden. Das Werk spricht also im Ganzen die Sprache der gemäßigten Reformer, für die sich die universale Kirche mit der Vertretung der Wahrheit des Evangeliums in Übereinstimmung bringen ließ, und die gerade die Schaffung dieser Übereinstimmung als zentrales Element ihres Programms ansahen. Diese Konzeption, die auch Elemente von Erasmus und anderen Humanisten umfasst, stand auch im Mittelpunkt von Honterus' Tätigkeit, als er die Schule von Kronstadt nach humanistischem Muster zum „ludus litterarius" umgestaltete. Hierfür ist gerade Gáspár Pesti eine unserer wichtigsten Quellen, den Franz Davidis im Vorwort zu seiner 1550 erschienenen Elegie aus Wittenberg grüßte und der in der 1541 in Kronstadt erschienenen Adagia-Auswahl (RMNY 43) die Druckwerke aufzählt, die Honterus im Dienst einer Schule mit der neuen Betrachtungsweise in Kronstadt herausgab. Auch der Lebenslauf von Pesti, der an dieser Schule in Weißenburg studiert hatte, zeigt zugleich, wie sowohl der Kronstädter Honterus und seine Umgebung als auch das Weißenburger Kapitel in engen Verbindungen zur großen Politik und deren Alltag standen. Pesti, der die Stiftsschule von Weißenburg besucht hatte, hielt nämlich besonders zu dem Domherren Antal Verancsics engen Kontakt und schlug bald eine weltliche Laufbahn ein: Erst stand er im Dienst des Siebenbürger Woiwoden Stephan Majláth, dann wurde er Sekretär des Königs Johann I. (Szapolyai), um dann nach dem Tod des Königs nach einer kurzen Zeit in Kronstadt wieder auf der höchsten Ebene Frater Georg Martinuzzi, dem bedeutendsten Gestalter der Siebenbürger Politik, bis zu dessen Tode Sekretärsdienste zu leisten.

Diese Angaben ermöglichen also die – auch durch die Beschreibung im „Album Oltardianum" gestützte – Vorstellung, dass sich Davidis 1548 nach seinen Kronstädter Studien in Wittenberg einschrieb, dass er jedoch nicht als Protestant dort ankam, sondern als Anhänger der oben skizzierten Reformvorstellung, die die Geschehnisse in Wittenberg als eine Art ihrer Verwirklichung betrachtete. Berücksichtigt man, von wie hoher Stelle er unterstützt wurde (vom Sekretär des Statthalters, vom Generalvikar von Weißenburg), kann vielleicht nicht einmal als ausgeschlossen gelten, dass das Lernen nicht der einzige Zweck seiner Aussendung war, sondern dass er zumindest ergänzend die Aufgabe hatte, die Bewegungen in der europäischen Kirchenpolitik aufmerksam zu verfolgen. Das „Album" scheint dies zu bestätigen, denn der junge Mann, der sich im Januar 1548 in Wittenberg immatrikulierte, taucht im August desselben Jahres in Wien auf, und er schickt nicht irgend etwas nach Kronstadt; das Dokument, das er im „Album" mit genauem Titel angibt, enthält nichts anderes als die im Mai 1548 dem Reichstag zu Augsburg aufgezwungenen kaiserlichen Vorstellungen zur Ordnung der religiösen Angelegenheiten, in denen der Kaiser, bereits auf seine militärischen Erfolge der vorhergehenden Zeit gestützt, wesentlich härter als zuvor den Protestanten nunmehr strenge Maßnahmen zur Wiederherstellung der Einheit diktiert. (Das Dokument des ‚Augsburger Interim' erschien in lateinischer und deutscher Sprache. Davidis schickte sichtlich die deutsche Version heim nach Kronstadt. Da das Exemplar nicht vorliegt, können wir nicht feststellen, um welche der beiden deutschsprachigen Ausgaben es sich handelte: die kürzere Fassung, die in Augsburg erschien und mit der lateinischen vollkommen übereinstimmt, oder die umfangreichere aus Frankfurt, die auch den Teil „Vermanung an die umbsstehenden bey dem heiligen Ampt der Messe" enthält.) Anscheinend hielt er es jedenfalls für seine Aufgabe, auch über die aus der Perspektive Siebenbürgens wichtigen weltpolitischen Ereignisse zu berichten. Deshalb teilte er die wichtige (wie sich später herausstellte, aus der Luft gegriffene) Nachricht mit, dass der Kaiser und der ungarische König in der Hoffnung auf Erfolg für die Befreiung des ehemaligen Woiwoden Stephan Majláth intervenierten, der – wie erwähnt – der Patron des eine Zeitlang mit Davidis in gutem Kontakt stehenden Gáspár Pesti war. Die aus Wittenberg heimgesandte „Elégia" und ihr Begleittext unterstützen diese Vorstellung. Ich bin nämlich der Ansicht, dass Gustav Gündisch[5], anders als die ungarischen Biographen, die in Pesti unbegründet einen protestantischen Patron sehen wollen, zu Recht betont hat, dass das, was Davidis geschrieben hat, diese Interpretation nicht gestattet. In seinem Brief an Pesti schreibt er von der wahren Religion und von der wünschenswerten Harmonie der Kirchen Siebenbürgens; explizit protestantische Ideale werden in ihm überhaupt nicht betont. Ebenso verhält es sich auch in den Distichen an Medgyesi, die um Unterstützung der wegen des Schicksals ihrer Heimat besorgten und frommen Gemeinden („pios coetus") oder um die Wiederherstellung der Ehre der Religion („honor religionis") bemüht sind. Weiterhin erwähnenswert ist, dass der Verfasser der Distichen mit schmuckvollen Worten an die diplomatischen Anstrengungen erinnert, an denen Medgyesi neben Frater Georg Martinuzzi beteiligt war, was zweifellos als Ausdruck der Loyalität gegenüber der von ihnen vertretenen Politik zu werten ist.

Wann und wie, durch welche Übergangsformen diese Auffassung sich zur Akzeptanz der lutherischen Reformation wandelte, können wir nur vermuten. Sicher ist, dass auch die von Wittenberg aus gut einsehbaren europäischen kirchengeschichtlichen Entwicklungen eine große Rolle dabei gespielt haben müssen, denn in einem Werk, das er 1559 schrieb („Defensio orthodoxae sententiae", RMNY 153) lesen wir nicht nur das Lob Melanchthons, des beliebtesten Lehrmeisters („amantissimus praeceptor noster"), sondern er beruft sich auch auf das Bekenntnis („Confessio doctrinae Saxonicarum ecclesiarum"), das im Namen der sächsischen Kirchen dem Konzil von Trient 1551 vorgelegt worden war. Leider wissen wir aber nicht, ob er sich zu diesem Zeitpunkt noch in Deutschland aufhielt. In seiner 1555 verfassten „Dialysis scripti Stancari" erwähnt er jedenfalls selbstbewusst, er wisse von einem Siebenbürger, der sich zur Zeit des Entstehungszeitpunktes der „Confessio" in Wittenberg aufgehalten habe, und diese Bemerkung könnte sich durchaus auf ihn selbst beziehen.

[5] Gündisch, Gustav: Zur Lebensgeschichte des Humanisten Gaspar von Pest. In: Magyar Könyvszemle LXXXI (1965), S. 3–11.

In einer sehr späten Zusammenstellung (1771), die sich auf ein altes Manuskript beruft, können wir zugleich lesen, er sei 1551 Rektor der Schule von Bistritz gewesen, und die Liste beendet gerade bei ihm die Aufzählung derer, die die Einrichtung noch während der Papistenzeit leiteten. In einer anderen Liste werden die Priester aufgezählt, die nach 1550, also nach der Entfaltung der Reformation, in der Umgebung von Bistritz Dienst taten. Hier sagen Einträge von 1660 und 1710, er sei Pfarrer in Petersdorf gewesen, und in einem Fall ist angemerkt, er sei aus Angst nach Hermannstadt geflohen; auch der andere Eintrag spricht von Flucht, doch wird hier Klausenburg als Ziel angegeben.

Zuverlässigere, von den bisherigen Biographen jedoch zumeist unbeachtete Angaben haben wir zugleich über den Zeitpunkt des Beginns seiner Tätigkeit in Klausenburg. Eine stammt von dem Klausenburger Notar Jakab Nyvelt, der im Januar 1553 in einem Brief schrieb, in der Schule von Klausenburg sei der Praeceptor Gergely Vizaknay erkrankt, seine Aufgaben würden nun von Franz Davidis versehen. Zusammenfassend lässt sich also feststellen, dass Davidis aller Wahrscheinlichkeit nach in der zweiten Hälfte des Jahres 1551 aus Wittenberg zurückgekehrt sein muss, dass er dann nach einer kurzen Pause gegen Ende 1552 bereits in Klausenburg als Schulmeister wirkte. Aufgrund einer späteren Angabe ist auch der Gedanke berechtigt, dass er sogleich auch zum Stadtpfarrer berufen wurde. In der deutschsprachigen Gedenkschrift, die im Zuge der noch zu erwähnenden Disputation der Klausenburger Sachsen und Ungarn 1568 entstand, ist an einer Stelle zu lesen, es sei noch nicht 16 Jahre her, dass Franz Davidis dieses Amt bekleide („Der Herr Franciscus ist auch noch nicht 16 Jahr im Amt"). Demnach wurde er also schon 1552 Stadtpfarrer. Andererseits spricht Davidis in einem Brief vom 24. September 1555 an den Rat der Stadt Hermannstadt als frische Neuigkeit darüber, dass er in Klausenburg zum Pfarrer gewählt worden sei. Meiner Ansicht nach ist es richtiger, das letztere Datum zu akzeptieren, denn es kann leicht sein, dass man sich 1568 nicht mehr an das genaue Datum erinnerte oder den Beginn seiner Tätigkeit als Pfarrer mit seiner Ankunft in der Stadt verwechselte.

Jedenfalls war Davidis schon im ersten Abschnitt seiner Tätigkeit in Siebenbürgen mit dramatischen Ereignissen konfrontiert. Vermutlich aus einem unbegründeten Verdacht heraus ließ König Ferdinand im Dezember 1551 Frater Georg Martinuzzi ermorden, der ihm unter Umgehung der Türken die Herrschaft über Siebenbürgen und Ostungarn übergeben hatte. Dieses großpolitische Ereignis ging auch für das Leben von Franz Davidis mit entscheidenden Folgen einher. Zum einen hatte das politische Konzept, die Hilfe der Türken nicht anzunehmen, das seine Patrone vertraten und er selbst auch guthieß, sich durchgesetzt. Doch die Ereignisse begruben auch seine Unterstützer unter sich, und so musste er andererseits die Erfahrung machen, dass infolge der Entwicklungen in Deutschland auch das kirchenpolitische Konzept, das ihn als Katholiken nach Wittenberg geführt hatte, nicht mehr auf der Tagesordnung stand.

Auch in der Religionspolitik des ungarischen Königs Ferdinand I. trat also eine Veränderung ein, und das wichtigste Anzeichen dafür in Siebenbürgen ist, dass Pál

Bornemisza, der von Zugeständnissen in Richtung der Protestanten nichts hören wollte, zum Bischof von Weißenburg ernannt wurde. Elek Jakab[6] dachte noch, Davidis habe unmittelbar auf diese Bemühungen zur Reorganisation der katholischen Hierarchie reagiert. Uns sind nämlich die Antwort der Pfarrer des Dekanats Bistritz auf die Einladung Bischof Bornemiszas zur Synode von 1554 und ihre Reaktion auf sein Mahnschreiben überliefert. Da Elek Jakab noch davon ausging, dass Davidis in dieser Zeit in dem zu diesem Dekanat gehörigen Petersdorf Pfarrer war, konnte er die Hypothese riskieren, dass er auch bei der Abfassung der äußerst niveauvollen Antwortschriften eine Rolle spielte. Wenn er aber zu der Zeit bereits Pfarrer von Klausenburg war, ist seine Beteiligung bedeutend weniger wahrscheinlich, obwohl in einem Text die Rede davon ist, dass diese Briefe nicht nur die Meinung der Priester von Bistritz widerspiegeln, sondern auch die von nicht weit entfernt wohnenden anderen Priestern. Auch wenn also Davidis vielleicht nicht an der Textgestaltung beteiligt war, lohnt es doch, einige inhaltliche Momente der Schreiben zu betrachten, weil sie natürlich Gedanken enthalten, die wahrscheinlich auch ihn beschäftigt haben.

Auffällig ist hier zum einen die Betonung der Kontinuität: Die Aussagen weichen nicht von der „Reformatio ecclesiarum Saxonicarum" (RMNY 69) oder der ebenfalls 1547 akzeptierten „Agenda" (RMNY 67) ab und stimmen mit dem Augsburger Bekenntnis ebenso überein wie mit der „Confessio doctrinae Saxonicarum ecclesiarum" von 1551 und erst recht mit den älteren ökumenischen Bekenntnissen. Auch deshalb verstünden die Verfasser nicht, wie man sie als Ketzer bezeichnen könne, und wunderten sich, dass der Bischof nicht in seiner unmittelbaren Umgebung nach Ketzern suche; sie selbst lehrten und handelten doch gemäß der Wahrheit der Heiligen Schrift. Hier wird also die Gegenüberstellung der reinen und unverdorbenen Wahrheit des Evangeliums und der menschlichen Erfindungen bereits stark betont; während die Verfasser mehrfach erwähnen, dass sie den Bischof für ihren Vorgesetzten halten, lassen sie keinen Zweifel daran, dass die Einheit der Kirche nur zu erreichen ist, wenn ihre Argumente danach beurteilt werden, ob sie den Anforderungen der Einfachheit des Evangeliums entsprechen. Mehrfach kommen die Verfasser auf den Gedanken zurück, dass über all dies wirklich diejenigen eine Meinung äußern sollen, die diese Lehren lesen und hören und über sie meditieren.

Im Ergebnis derartiger Erwägungen müssen also die Pfarrer aus dem Bistritzer Umland Protestanten geworden sein, und wenn Franz Davidis auch vielleicht nicht mehr unter ihnen war, so können wir aufgrund des Vorangegangenen zu Recht annehmen, dass auch er auf diese Weise spätestens hier in Bistritz oder in dessen Umgebung dazu gekommen war, sich der Reformation anzuschließen. Wir haben gesehen, dass man die Wahrheit des Evangeliums akzeptieren und trotzdem nicht auf die Möglichkeit der Wiederherstellung der Einheit der christlichen Kirche verzichten

---

6 Jakab, Elek: Dávid Ferenc emléke (Ferenc Dávid zum Andenken). Budapest 1879.

konnte, aber schon traten die Gemeinschaften in Erscheinung, die im Interesse des Ziels bereit waren, die katholische Hierarchie zu umgehen oder auszulöschen.

In einer solchen Gestimmtheit mag er nach Klausenburg gekommen sein, wo schon eine sehr starke protestantische Gemeinschaft existierte, denn der Stadtpfarrer Caspar Helth konnte hier seit 1550 eine Reihe ausgesprochen lutherischer Druckwerke erscheinen lassen, in der politisch angespanntesten Periode kam es zum Stadtverweis für die Franziskaner- und Dominikanermönche, um eine von außen unterstützte katholische Rückordnung zu vermeiden. 1552 wurden diese Ordensleute mit Beschluss des Landtages zurückgeholt, und so musste Davidis im Interesse seiner neuen Ideale in einer solchen Ortschaft tätig sein, in der neben den vermutlich schon von der Mehrheit der Bevölkerung besuchten protestantischen Gottesdiensten zumindest in den Klosterkirchen noch katholische Messen gelesen wurden.

Über diese frühe Periode seiner Tätigkeit sind uns keine Dokumente erhalten, aber er genoss gewiss zunehmendes Ansehen, denn im gegenteiligen Fall hätte er kaum den wichtigen Auftrag erhalten, eine Widerlegungsschrift gegen die Lehren einer der seinen entgegengesetzten politischen Gruppierung und ihres Anführers, des von dem Temescher Banus Péter Petrovics unterstützten Francesco Stancaro, zu verfassen. Dieses rhetorisch glänzend geschriebene Werk nahm nicht nur das Augsburger Bekenntnis in Schutz, sondern auch die Anfang 1555 gehaltene lutherische Synode, auf der Stancaros Lehre, Jesus Christus könne nur gemäß seiner menschlichen Natur Mittler sein, verurteilt worden war. Jedenfalls kam es parallel zu Davidis' Teilnahme an der Synode dazu, dass ihn beinahe zur gleichen Zeit zwei der bedeutendsten kulturellen und kirchlichen Zentren Siebenbürgens, Hermannstadt und Klausenburg, einluden, Stadtpfarrer, also leitender Geistlicher, zu werden. Dies wissen wir aus einem Brief von Franz Davidis an den Rat der Stadt Hermannstadt, der mit sehr feiner Rhetorik geschrieben ist. Da die ungarische Fachliteratur krampfhaft bemüht ist, so früh wie möglich Anzeichen für Davidis' Magyarisierung und seine Abkehr von den Sachsen nachzuweisen, muss nachdrücklich betont werden, dass in der Entscheidung keine Spur von ethnischen oder konfessionellen Momenten lag. In den Zeilen, in denen die Einladung nach Hermannstadt sehr raffiniert eher aufgeschoben als endgültig zurückgewiesen wird, ist das einzige Konkretum die Verpflichtung gegenüber der Geburtsstadt („patria mea"). Die Entscheidung für Klausenburg bedeutete jedoch keinerlei nationale Verpflichtung, sondern nur, dass er sich für seine ethnisch gemischte, annähernd zur Hälfte jeweils von Sachsen und Ungarn bewohnte Heimatstadt entschied, die sich außergewöhnlich dynamisch entwickelte und deren Bürgerschaft sich wirtschaftlich und politisch als ausreichend stark empfand, um ihre Interessen auch allein zu verteidigen, und die Unterstützung der politischen Organisation der Sachsen, der Nationsuniversität, nicht in Anspruch nahm. Im Hintergrund all dessen stand freilich, dass in der Nationsuniversität die Bürgerschaft von Hermannstadt die führende Rolle spielte und natürlich versuchte, ihre eigenen Interessen auch zu Lasten der anderen Städte geltend zu machen. Dem Ziel, diese führende Rolle zu behaupten, diente auch die Anwerbung des offenkundig sehr kompetenten und außergewöhnlich begabten Klausenburgers Franz Davidis. Es ist also wichtig anzumerken, dass hier nur von einer Rivalität der Städte gesprochen werden kann, die verschiedene Wege wählten, deren kirchenorganisatorische Folgen sich erst später zeigten.

Wir wissen freilich nicht ganz genau, aus welchen Erwägungen heraus sich Davidis für Klausenburg entschied. Wenn er in Klausenburg die größeren Möglichkeiten für seine Selbstverwirklichung vermutete, so irrte er wahrscheinlich nicht, denn von diesem Zeitraum an finden wir ihn in der ersten Reihe in immer neuen dogmatischen Diskussionen, und in der Anfangsperiode führte er den Kampf gegen die, die die Lehren Zwinglis und der anderen Schweizer Reformatoren kennengelernt hatten und sich immer mehr vom Luthertum entfernten, auch noch in Zusammenarbeit mit Hermannstadt, dem anderen wichtigen Zentrum. Er schrieb Widerlegungsschriften gegen Márton Kálmáncsehi Sánta, den sehr einflussreichen Vertreter dieser Gruppierung, als Bischof berief er 1557 zwei Synoden ein, auf denen die Lehren Kálmáncsehis und seiner Anhänger zu Irrlehren erklärt wurden. Im Zentrum des Streits standen unterschiedliche Interpretationen des Abendmahls, und auf der einen wie auf der anderen Seite wurden dieselben Argumente formuliert wie an anderen Schauplätzen der Reformation in Europa, doch die Beschlüsse der Synode von Thorenburg aus dem Jahr 1558 sind nicht nur dadurch umfassender als die früheren, dass sie Melanchthons Meinung hinzufügten, sondern sie erwähnen auch weitere Streitfragen. Hier führen Franz Davidis und seine Anhänger bereits aus, dass hinsichtlich der Bilder und Statuen bereits dadurch genügend geschehen sei, dass verkündet wurde: Man dürfe sie nicht anbeten. Das Weitere solle man der Zeit überlassen, und keinesfalls dürfe man durch ihre gewaltsame Entfernung Verwirrung stiften. Für unvernünftig hielten sie außerdem, dass jeder ungelehrte Bauer den Anspruch anmelden könne, vor der Gemeinde predigen zu wollen. Aber es werden auch darüber Bestimmungen getroffen, dass die Pfarrer beim Gottesdienst Kleidung aus weißem Leinen tragen sollen. Davidis stellte sich also entschieden gegen Kálmáncsehi, der eine radikale Säuberung der Kirchen forderte und von dem auch andere lutherische Quellen verzeichnen, dass er die Menschen mit seiner ärmlichen Kleidung und Lebensweise gewann. Er behauptete, die Nachfolger der Apostel brauchten keine teuren Gewänder und auch kein Gehalt, es reiche aus, wenn sie zu essen und zu trinken bekämen.

Davidis hielten jedoch nicht nur die Unterschiede in ihren dogmatischen Ansichten von Kálmáncsehi fern, sondern auch ihre grundlegend verschiedenen politischen Orientierungen. Die helvetische Gruppierung wurde nämlich von Péter Petrovics unterstützt, dem Banus von Temesch, der seinen politischen Einfluss ständig ausweitete, 1555–56 Königin Isabella und ihren minderjährigen Sohn Johann Sigismund, die 1551 nach Polen verbannt worden waren, zurückholen ließ und bis zu seinem Tod sehr zäh an der Umsetzung der politischen Konzeption arbeitete, die sich bis zum Ende des 16. Jahrhunderts in Siebenbürgen durchsetzte. Diese Konzeption bestand im Wesentlichen aus Folgendem: Sie akzeptiert gezwungenermaßen die Tatsache, dass das neue Land, das im östlichen Landesteil, größtenteils auf dem Gebiet des mittelalterlichen Siebenbürgen, entstanden war, Tributzahler und Vasall der Türken wird, im Tausch für die den Türken untergeordnete Außenpolitik bekommt es jedoch die Freiheit, seine inneren Verhältnisse frei zu gestalten, und bereitet sich mit diesem Zuwachs darauf vor, im geeigneten Augenblick zur Basis für die Vertreibung der Türken und die Wiedervereinigung des mittelalterlichen Ungarn zu werden. Die Schöpfer dieser Konzeption stellten sich dieses Land gern als protestantisches Land vor und wollten auf keinen Fall aus politischen Erwägungen die Entfaltung immer neuer Richtungen der Reformation einschränken.

Franz Davidis konnte diese Konzeption in der Mitte der 1550er Jahre noch nicht akzeptieren. Davon zeugt ganz offensichtlich sein in der bisherigen Fachliteratur beinahe unbeachtet gebliebener Brief vom 1. März 1557 an den Stadtrat von Kaschau. Beachtenswert ist bereits, dass er in dieser Zeit eine Anfrage aus dieser Stadt bekam, die in dem von König Ferdinand regierten Landesteil lag, viele Nationen vereinte und durch die Flüchtlinge aus den türkisch besetzten Gebieten an Einwohnerzahl sowie an wirtschaftlicher und geistiger Kraft ständig zunahm. Auch hier wurde er eingeladen, Stadtpfarrer zu werden, und Davidis erwog ernsthaft die Möglichkeit eines Umzugs. Im Brief erklärt er nicht nur, dass er die Einladung annehme, sondern gibt auch den wichtigsten Grund für seine Entscheidung an: Das Leben in einem Land, das mit den Türken verbündet ist, bedeute für ihn eine traurige Knechtschaft, und er habe sich auch öffentlich als Gegner des Glaubensbruchs bekannt, er habe also erklärt, dass er nicht damit einverstanden sei, dass Siebenbürgen den dem Hause Habsburg geleisteten Treueschwur gebrochen und einen anderen politischen Weg eingeschlagen habe. Er zeichnet ein sehr anschauliches Bild von der politischen Stimmung dieser Monate, wenn er davon spricht, dass es sogar gefährlich sei, überhaupt einen Ton für die Deutschen, also für das königliche Ungarn von sich zu geben.

Im Schlussteil des Briefes bittet er um Aufschub bis zum St.-Georgstag für seinen Umzug, zu dem es dann doch nicht kam, obwohl sich seine Erwartungen insofern erfüllten, dass sich die politische Spannung zwischen den Führern der beiden Landesteile tatsächlich verringerte. Wir können uns im Hintergrund dieser Entwicklungen vieles vorstellen, aber eine Rolle gespielt haben mag auch, dass sich vor Davidis eine neue Perspektive des Aufstiegs abzeichnete. Diese bestand in nichts anderem als dem neu eingerichteten Bischofsstuhl. Infolge des oben skizzierten Konfliktes zwischen Hermannstadt und Klausenburg kam nämlich die Teilung der protestantischen Superintendentur, der Nachfolgerin des katholischen Bistums von Weißenburg, auf die Tagesordnung, obwohl damals zwischen den Standpunkten der Kirchen von Klausenburg und Hermannstadt noch keinerlei dogmatische Unterschiede bestanden. Die sächsische und ungarische Superintendentur entstanden, indem die kirchliche Organisation der politischen folgte: Die ungarischen Komitate und die sächsischen Stühle waren politisch separat organisiert, so kam auf dem Gebiet der sächsischen Stühle ein Bistum mit dem Zentrum Hermannstadt zustande, das andere hatte sich in den überwiegend ungarisch bewohnten Gebieten herausgeformt, und sein Sitz war Klausenburg geworden, das in der sächsischen kirchlichen Struktur neben Hermannstadt und Kronstadt nur eine untergeordnete Rolle hätte spielen können, so aber leicht in eine führende Position kam. (Diese Gebiete blieben bis zur Mitte der 1570er Jahre auf diese Weise organisiert, was bedeutete, dass die Gemeinden in den jeweiligen Gebieten unter die Herrschaft des Bischofs von Hermannstadt bzw. Klausenburg gehörten, unabhängig davon, welcher Richtung des inzwischen in mehrere Richtungen gespaltenen Protestantismus sie jeweils zugehörten.)

In der Fachliteratur wird zumeist 1556 oder 1557 als Zeitpunkt der Trennung genannt, es herrscht jedoch Übereinstimmung darüber, dass Franz Davidis der erste Leiter der mit Sitz in Klausenburg zustande gekommenen Superintendentur war. Da in seinem Brief nach Kaschau hiervon überhaupt nicht die Rede ist, muss als sehr wahrscheinlich gelten, dass die Frage gerade nach der Absendung des Briefes, im Zuge der Vorbereitungen für die für den Juni geplante Synode, auf die Tagesordnung kam. Dies wird bestätigt durch die uns zur Verfügung stehenden Akten über die Synode. In dem verabschiedeten Dokument steht nämlich, dass an ihr außer den Pfarrern des unteren Ungarn (Pannonia inferior) Geistliche beider Siebenbürger Nationen, also der Ungarn und der Sachsen, teilnahmen, und bei den Unterzeichnern steht bei den Namen von Sebastianus Boldius, Matthias Heblerus und Franciscus Davidis die Bezeichnung „superintendens", bei Davidis ganz genau „superintendens ecclesiarum hungaricarum transylvanicarum".

Dieses neue Mandat mag ihn also auch bewogen haben, in Klausenburg zu bleiben und unter zwangsweiser Akzeptanz der neuen politischen Lage mit erweitertem Wirkungsbereich wenigstens für die Durchsetzung seines theologischen Standpunktes einzutreten. Das war keine leichte Aufgabe, denn im März 1556 wurde gerade Péter Petrovics Statthalter des Landes Siebenbürgen, bei dem sich die Absicht, ein von den Habsburgern unabhängiges Siebenbürgen zu schaffen, am organischsten mit der Unterstützung von Stancaro und den Lehren der radikalen helvetischen Theologen verband. Zudem tauchte all dies nicht nur in den entfernteren politischen Zentren auf, sondern auch innerhalb der Stadtmauern von Klausenburg. Den fragmentarisch erhaltenen Quellen ist zu entnehmen, dass dieser Radikalismus, der die Unterstützung der großen Politik genoss, auf irgendeine Weise auch die Klausenburger Einwohnerschaft berührte. Zum einen lesen wir nämlich in den leider ausnahmslos späteren Erzählquellen, dass der in die Stadt einziehende Statthalter Péter Petrovics die Altäre und Statuen aus den Kirchen tragen, die Kirchen und die Stiftungen an die Klöster säkularisieren ließ, und dass mit seiner Unterstützung auch die Franziskaner- und Dominikanermönche der Stadt verwiesen wurden. Aus zeitgenössischen Streitschriften erfahren wir, dass Márton Kálmáncsehi Sánta, der oberste Vertreter der Radikalen, mit lauter Stimme auf den Straßen predigte und auf diese Weise versuchte, Anhänger zu gewinnen. Kálmáncsehi und seine Anhänger versuchten also, die Menschen unter Umgehung des etablierten lutherischen Institutionensystems zu erreichen, und wollten – zumindest anfangs – nicht an den großen Disputationen teilnehmen, die für diejenigen innerhalb der Institution natürlich vorteilhaft waren. Charakteristisch für die Lage ist, dass ein polemisches Werk Davidis' („Responsio ministrorum ecclesiae Colosvariensis") nichts anderes ist als die Demaskierung dieser Absicht, denn mit der tagesgenauen Dokumentation der Thesen der beiden Parteien wollte er belegen, dass seine Seite von Anfang an zur Diskussion bereit war, während Kálmáncsehi und seine Anhänger nicht wagten, ihnen gegenüberzutreten, sondern sie umgingen und so versuchten, Anhänger zu gewinnen. (Nach unserem derzeitigen Kenntnisstand fand in Klausenburg eine einzige öffentliche Diskussion zwischen Kálmáncsehi und Davidis in Gegenwart mehrerer Magnaten statt. Die lutherischen Quellen berichten freilich, dass Davidis einen überlegenen Sieg davontrug.)

Da die im Zuge dieser Diskussion entstandenen Dokumente nur in späteren handschriftlichen Kopien aus dem 18. Jahrhundert erhalten sind, ist nicht eindeutig zu entscheiden, ob es sich um gedruckte oder handschriftliche Texte handelte. Für die Heftigkeit der Zusammenstöße spricht, dass auch Propagandapraktiken zum Einsatz kamen, für die wir aus früherer Zeit keine Quellen haben. So lesen wir in dem Werk „Protestatio ministrorum", es sei als Antwort auf die ungewöhnliche Predigt („concio extraordinaria") des Kálmáncsehi-Nachfolgers Lajos Szegedi geschrieben und noch am selben Tag am Tor der ehemaligen Dominikanerkirche angeschlagen worden. Andererseits ist auch offensichtlich, dass Davidis nicht zögerte, sich gegen die als umstürzlerisch verurteilten Lehren auf die Hilfe der weltlichen Führung der Stadt zu stützen. Beschlüsse des Rates der Stadt Klausenburg von Ende 1557 und vom Sommer 1558 zeugen davon, dass auf Anregung des Stadtpfarrers selbst Maßnahmen dafür getroffen wurden, dass er persönlich die theologischen Ansichten abzuwägen hatte, mit denen gewisse Menschen mit Erneuerungsabsichten immer wieder auftraten, und dass der Richter der Stadt aufgrund dieser, von Davidis kommenden Einschätzung die Verbreiter solcher sakramentarischer Lehren zu bestrafen hatte. Auf die Zusammenarbeit mit dem Magistrat verweist er auch in seiner gegen Stancaro gerichteten „Apologia adversvs maledicentiam et calvmnias Francisci Stancari" (RMNy 148). Er betont ausdrücklich, dass er auf Anregung sehr angesehener Männer und mit Zustimmung des Rates der Stadt Klausenburg in Gesellschaft von Sebestyén Károlyi und dem Thorenburger Pfarrer Márton Szenterzsébeti und weiterer Pfarrer an der Disputation teilgenommen habe, um seine gequälte Heimat („afflicta patria") vor solchen gefährlichen Irrlehren zu bewahren. Mit solcher Unterstützung erschien er am letzten Tage des Dezembers 1557 zur ersten Zusammenkunft; und auch das trug vermutlich dazu bei, dass Stancaro Klausenburg bald darauf verließ.

Da Péter Petrovics im Oktober 1557 gestorben war und Stancaro und Kálmáncsehi im sich entfaltenden politischen Kampf weitere einflussreiche Befürworter verloren hatten, veränderten sich auch die Verhältnisse der großen Politik, unter denen der Bischof der ungarischen Kirchen und Stadtpfarrer von Klausenburg seinen Platz finden musste. Dies wurde wesentlich erleichtert durch Königin Isabellas Religionspolitik, die sich aus realpolitischen Erwägungen speiste; sie blieb zwar Zeit ihres Lebens katholisch, aber sie erklärte, dass sie sich auch als Patronin der Angehörigen anderer

Konfessionen ihres Landes betrachte. Dadurch verschwand die Verflechtung von radikalem Protestantismus und Habsburgfeindlichkeit, und Davidis reagierte auf diese Entwicklungen. Sein Werk gegen Stancaro widmete er Johann Sigismund, dem gewählten König von Ungarn. In den einleitenden Distichen der Widmung wird die Tatsache registriert, dass er in einem Land lebe, dessen Herrscher die Wahrhaftigen in Schutz nehme. Er interpretierte die Lage also so, dass es die Entfaltung des vom Herrscher übernommenen Patronats sein werde, wenn er zum Vater und Protektor („pater et custos") der protestantischen Gemeinden werde, sei doch die Verteidigung der wahren Lehre keine geringere Sache, als mit der Waffe über die Geten zu siegen. Wäre uns nur dieser eine Text bekannt, so könnten wir vielleicht annehmen, dass sich zwischen diesen Zeilen eine sehr raffinierte Kritik verbarg. Wenn wir uns aber in Erinnerung rufen, wie verbittert er in seinem Brief nach Kaschau darüber schreibt, dass man in Siebenbürgen kein gutes Wort über die Deutschen (Geten) sagen darf, dann wird klar, dass sich seine politischen Ansichten ernsthaft gewandelt hatten.

In den folgenden Jahren ist dann zu beobachten, dass auch seine theologische Meinung sich bedeutend änderte. Zum ersten Mal in seiner Laufbahn ist – wie später noch öfter – zu beobachten, dass ein heftiger polemischer Affekt auf der Oberfläche – die scheinbar selbstsichere Zurückweisung einer theologischen Ansicht – sich mit einer geheimen, aber umso tieferen inneren theologischen Reflexion paarte. So konnte es geschehen, dass dieser Mann, der eine entscheidende Rolle dabei gespielt hatte, dass im Juni 1557 in einer Schrift in lutherischem Geist die Einheit der Siebenbürger Protestanten verkündet wurde, im Frühjahr 1559 aufhörte, das Luthertum zu verteidigen und eine Calvin'schen Auffassungen sehr nahestehende Abendmahlslehre zu verkünden begann. Sehr charakteristisch ist zugleich, dass in seiner ersten überlieferten Äußerung nach dieser Veränderung („Defensio othodoxae sententiae", RMNY 153) zwei Momente auffallend stark betont werden: Zum einen spricht er darüber, dass es sein höchstes Ziel sei, die Einheit der Siebenbürger Kirchen herzustellen, zum anderen stellt er seinen Standpunkt beinahe als Fortsetzung des früheren dar, wenn er schreibt, er und seine Gefährten seien der Meinung, die Gott in den Werken Melanchthons, Calvins und Petrus Martyrs offenbart habe, und sie wichen nicht um Haaresbreite von dem ab, was im Namen der sächsischen Kirchen 1551 dem Tridentinischen Konzil vorgelegt worden sei und was Melanchthon, der geliebteste Lehrmeister („amantissimus praeceptor noster"), den Siebenbürger Kirchen 1557 geschickt habe.

Dieser Schritt Davidis' bildete natürlich den Auftakt zu einer erneuten Welle von Disputationen. Diese wurden nicht weniger leidenschaftlich geführt als die bisherigen, obgleich zweifellos ad personam gerichtete und moralische Ausfälle vor allem von Seiten der Lutheraner zu vernehmen waren. Seine einstigen lutherischen Kampfgefährten zögerten nicht, ihn zusammen mit Caspar Helth, seinem angesehensten Gefährten, als Verräter zu bezeichnen, und aus der Feder von Schesaeus, der ihn einst vergöttert hatte, stammt die bereits formulierte Liste von Anklagen, derer sich die sächsischen Historiker und Polemiker des 17. und 18. Jahrhunderts mit

Vorliebe bedienten: Ihm wurde vorgeworfen, er habe für Geld und Einfluss gehandelt, andere sprachen von seiner Ruhmsucht oder verurteilten seine Natur, die ihn in der Erneuerung nie zur Ruhe kommen ließ. (Schesaeus verglich ihn auf der Grundlage eines Gedichts von Janus Pannonius mit Lorenzo Valla.)

In etwas veränderter Form erscheinen diese Topoi auch in der modernen Fachliteratur. Betrachtet man die sachlichen Annäherungen, so scheint die Argumentation derer am überzeugendsten, die Davidis' Selbstreflexion einen gewissen Glauben schenken und die Wichtigkeit der kirchenpolitischen Momente betonten. Adolf Schullerus[7] vertrat am nachdrücklichsten die Ansicht, das Hauptmotiv sei die Einigung der Ungarn und der Sachsen gewesen. Davidis strebte also weiterhin eine Einigung der Kirche an, ebenso wie damals, als er nach Wittenberg gekommen war; dieses Bestreben ist in der oben erwähnten Betonung der Kontinuität sehr gut fassbar. Hier ging es jedoch um eine Einheit, die von Schweizer Theologen u. a. auf der Grundlage von Melanchthon ausgearbeitet worden war. Ihre ungarischen und Siebenbürger Verfechter waren der Debreziner Peter Melius und natürlich die Mitarbeiter des Klausenburger Zentrums, also er selbst und Caspar Helth. Es ist unabdingbar, die internationalen Dimensionen dieser Bestrebungen zu betonen, denn in dem immer protestantischer werdenden Land brach zwischen den protestantischen Gruppen ein wahrer Wettstreit um internationale Anerkennung und Unterstützung aus. Obwohl auf dem Gipfel von Petrovics' politischer Macht ein Landtagsbeschluss zustande gekommen war, der auch den „Sakramentariern" Raum ließ, galt neben dem katholischen Bekenntnis das lutherische als am dauerhaftesten legitimiert, und dessen Anhänger demonstrierten mit ihren theologischen Publikationen regelmäßig, dass sie von Wittenberg über Rostock bis nach Frankfurt an der Oder die Unterstützung bedeutender geistiger und politischer Zentren genossen. Die „Sakramentarier" versuchten ebenso kraftvoll, einen internationalen Hintergrund zu schaffen. Das wichtigste Dokument dafür ist „Az Urnak vacsorájáról való közönséges keresztyéni vallás" (Gemeinsames christliches Bekenntnis über das Abendmahl des Herrn), das lange Zeit irrtümlich Davidis zugeschrieben wurde. Heute sind die Forscher der Auffassung, dass Melius den ungarischen Text verfasste, aber es ist sehr wahrscheinlich, dass die in Heidelberg erschienene deutsche Ausgabe Franz Davidis' Werk war.

Beide Seiten ließen also internationale Autoritäten aufziehen, um den Kampf zu entscheiden, in dem Davidis' Ziel gut erkennbar die Schaffung einer einheitlichen protestantischen Kirche war, die in der Lage sein sollte, den größten Teil der Bewohner des neuen Landes zu vereinen. Das hätte natürlich in einem weiteren Schritt bedeutet, die kirchliche Gemeinschaft auch mit denen zu wahren, die unter Habsburgischer Hoheit lebten, denn dort fand ebenfalls eine ähnliche dogmatische Entwicklung statt, und die politischen Grenzen zwischen den beiden Ländern änderten sich zwar

---

7 Schullerus, Adolf: Die Augustana in Siebenbürgen. In: Archiv des Vereins für Siebenbürgische Landeskunde 41 (1923), S. 161–279.

in Abhängigkeit von den Kräfteverhältnissen, aber in Fortsetzung der mittelalterlichen Tradition umfasste Melius' Debreziner Bistum auch Kirchen, die zu dem von den Habsburgern regierten Teil Ungarns gehörten. In einer Serie neuerlicher Zusammenstöße musste Davidis jedoch die Erfahrung machen, dass er die Mehrheit der Gemeinden der sächsischen Nationsuniversität nicht zur Akzeptanz der helvetischen Abendmahlslehre bewegen konnte, und so blieb die Einheit eine Illusion. 1559, am Beginn dieses Kampfes, als er feststellen musste, dass er für seinen Standpunkt auch bei den Siebenbürger ungarischen Kirchen keine Mehrheit fand, tat er einen außerordentlichen Schritt, der zugleich von seiner unbedingten Achtung der Kirchenhierarchie zeugt: Er verzichtete auf das Bischofsamt.

Die Kirchenhierarchie respektierend, versuchte er also, durch äußerst zähe Bekehrungsarbeit Anhänger für seinen Standpunkt zu gewinnen, lange Zeit gegen die fürstliche Macht, denn Johann Sigismund blieb bis 1564 katholisch und hielt von den protestantischen Bekenntnissen einzig das lutherische für akzeptabel. Um 1563 änderte sich die Lage grundlegend. Das schrittweise Anwachsen des helvetischen Lagers hatte dazu geführt, dass es unabdingbar geworden war, seine Lage zu ordnen. Bei alledem spielte auch eine entscheidende Rolle, dass Giorgio Biandrata, der in den Jahren zuvor eine entscheidende Wirkung bei der Entwicklung des polnischen Protestantismus ausgeübt hatte, nach Siebenbürgen kam und Hofarzt und Ratgeber des Fürsten wurde. Obwohl die Hauptquelle der Darstellung offenbar voreingenommen und lutherisch ist, sprechen alle Zeichen dafür, dass sie nicht übertreibt, wenn sie Biandrata und Davidis als wichtigste treibende Kräfte der Ereignisse darstellt. Sie setzten Anfang 1564 beim Fürsten durch, dass er eine landesweite Disputation veranstaltete; sie waren auch die Schlüsselfiguren der Zusammenkunft im April. Noch vor Beginn der Synode ließ Biandrata verlauten, dass der König Dionysius Alesius den Titel eines Bischofs der ungarischen Kirchen entzogen hatte, dann wurde auf seinen Vorschlag Franz Davidis gewählt. Man verlas einen Brief des Königs, der ihn unterstützte, dann verlas Davidis selbst auch einen Brief des Königs, in dem dieser Biandrata zum Moderator der Zusammenkunft ernannte und die Parteien zu geduldigen und Einverständnis suchenden Diskussionen aufforderte und die wichtigsten Streitfragen formulierte. Die königliche Vorlage macht deutlich, dass der Herrscher bereits mit der Unmöglichkeit einer Einigung rechnete: In Mediasch und auf dem folgenden Landtag wurde tatsächlich auch öffentlich von zwei gesetzlich anerkannten Konfessionen in Siebenbürgen, der als Hermannstädter Bekenntnis bezeichneten lutherischen und der Klausenburger genannten reformierten, gesprochen.

Es ist jedoch überhaupt nicht sicher, dass beide Mitglieder des in sächsischen Quellen dämonisierten Zweigespanns von denselben Erwägungen dazu geführt worden waren, die helvetische Abendmahlslehre anzuerkennen. Sicher ist, dass der italienische Arzt die Einbürgerung der helvetischen Dogmatik nur als eine vorläufige, unvermeidliche Station auf dem Weg der Ausmerzung der in der Bibel nicht vorkommenden dogmatischen Formeln ansah. Als eine solche betrachtete Biandrata, der sich schon 1556 in Genf in eine Diskussion mit Calvin verwickelt hatte, die traditionelle Lehre von der Dreifaltigkeit schon lange, und zwischen 1558 und 1562 hatte er in Polen reichhaltige Erfahrungen darüber gesammelt, dass diese auf den Biblizismus der Reformatoren gegründete Vorstellung ein sehr wirkungsvoller Ausgangspunkt für die Verbreitung antitrinitarischer Ideen war. Wir wissen nicht, inwiefern wir in Davidis' Fall von solchen Hintergedanken sprechen können. Nur mittelbare Quellen sprechen nämlich davon, dass um 1564–65 auch er bereits Zweifel daran hegte, ob die Trinitätslehre mit der Bibel vereinbar sei.

Andererseits machte er sich 1566 die polnischen Erfahrungen zunutze und trat in Gesellschaft Biandratas mit seiner Kritik des Trinitätsdogmas auf. Er tat dies nicht nur in Predigten in Klausenburg, sondern als Bischof der ungarischen Kirchen auch in landesweiten Foren. In den Disputationen und Synoden der ersten Monate des Jahres 1566 gelang es ihnen, bei den Reformierten (auch beim Debreziner reformierten Bischof Péter Melius selbst) Anerkennung dafür zu finden, dass die Fachbegriffe des Trinitäts-Dogmas nicht biblischen Ursprungs sind, und als Ergebnis dessen erschien eine vollkommen individuelle, die traditionellen Termini der Trinitätslehre vermeidende Version des Heidelberger Katechismus („Catechismus ecclesiarum Dei", RMNY 215). Bereits bald darauf zeigte sich jedoch, dass die Übereinkunft in dieser Frage nicht von Dauer war, und es begann der geistliche Kampf, der bis 1571, bis zum Tode Johann Sigismunds, das Leben des sich formierenden Fürstentums Siebenbürgen in Atem hielt, der die großen, öffentlichen, auf fürstlichen Befehl angeordneten Disputationen ebenso umfasste wie die Verbreitung von Abhandlungen und Streitschriften, von Pasquillien und Dialogen mit teils literarischem Anspruch in lateinischer, deutscher und ungarischer Sprache und in gedruckter wie handschriftlicher Form. Dies war zweifellos die produktivste Zeit im Leben von Franz Davidis: als Hofprediger Johann Sigismunds (1564 erhielt er seine Ernennung) und Bischof der oben beschriebenen kirchenstrukturellen Einheit. Nicht zuletzt auch als Verfasser wichtiger Werke spielte er eine entscheidende Rolle in der Herausbildung der unitarischen Glaubensgemeinschaft.

Die Bewertung seiner Leistung wird zugleich dadurch erschwert, dass es mangels Daten auch den Detailforschungen nicht gelungen ist, hinsichtlich einer Autorschaft der vielen namenlos überlieferten lateinischsprachigen Schriftstücke zu entscheiden. Die ungarische unitarische Tradition hält zwar Davidis für den Verfasser dieser Arbeiten, aber die polnischen sozinianischen Kirchenhistoriker des 17. Jahrhunderts und auf ihren Spuren die meisten modernen polnischen und italienischen Forscher halten eher die Autorschaft Biandratas für wahrscheinlich. Zudem müssen wir mit weiteren Konsequenzen der ganz speziellen Situation in Siebenbürgen rechnen. In der zweiten Hälfte der 1560er Jahre konnten die in verschiedenen europäischen Gebieten verstreut tätigen Antitrinitarier ihre Werke *ausschließlich* in Siebenbürgen erscheinen lassen, und so ist in vielen Fällen schwer zu entscheiden, ob bestimmte überlieferte Drucke aus Weißenburg wirklich an die Siebenbürger gerichtet oder vielleicht für andere Regionen bestimmt waren.

Zum anderen zeichnet all dies noch schärfer die europaweite bildungs- und ideengeschichtliche Bedeutung Davidis' und des Siebenbürger Antitrinitarismus.[8] Diese Rolle liegt zum einen darin, dass die Werke der anderswo verfolgten religiösen Wegbereiter bewahrt und wieder herausgegeben wurden. Um nur die spektakulärsten Beispiele anzuführen: „De regno Christi" (RMNY 270), erschienen 1569, unternahm es, sehr ansehnliche Texteinheiten aus Servets „Restitutio Christianismi" bekanntzumachen, von der bekanntlich nur drei Exemplare erhalten sind. (Davidis und seine Mitarbeiter haben offenbar aus einem Exemplar gearbeitet, das Biandrata bei seinem Schweizaufenthalt beschafft hatte und über dessen weiteren Verbleib wir nichts wissen.) In derselben Publikation wurde in die Widmung an Johann Sigismund beinahe wortwörtlich ein Text übernommen, der zuerst in der Bibelausgabe von Sebastian Castellio als Widmung an den englischen König Edward VI. erschienen war, aber auch in die Anthologie „De hereticis, an sint persequendi" Aufnahme fand und mehrfach in veränderter Form verwendet wurde. Aber wir dürfen in der Aufzählung auch „De falsa et vera unius Dei cognitione [...] libri duo" (RMNY 254) nicht vergessen, eine umfangreiche Anthologie von Texten zeitgenössischer italienischer und polnischer Denker, die in der Auffassung von der Dreifaltigkeit Reformen anstrebten. Einer ihrer Mitarbeiter in Siebenbürgen war gewiss Franz Davidis, und auch diese Tatsache zeigt deutlich, dass er seine Tätigkeit in tiefer und detaillierter Kenntnis der europäischen Reformation entfaltete.

Die moderne ungarische unitarische Kirchengeschichtsschreibung hat sich im 20. Jahrhundert lange vollkommen von den internationalen Tendenzen isoliert und den Siebenbürger Unitarismus als eine autochthone siebenbürgische Entwicklung, genau genommen als Ausgeburt von Franz Davidis' Genius betrachtet. Obwohl dieser Standpunkt in populärwissenschaftlichen Publikationen auch heute noch auftaucht, wird er im wissenschaftlichen Kontext von niemandem mehr vertreten. Nicht weniger problematisch ist jedoch die Tendenz der internationalen Fachliteratur, die in der Leistung Davidis' und seiner Umgebung nichts Eigenes wahrnimmt und ihn für einen reinen Propagandisten der Gedanken von Servet, von Lelio und Fausto Sozzini oder später von Palaeologus und Glirius hält. Neuere Untersuchungen haben deutlich gemacht, dass es sich nicht so verhält. Davidis rezipierte die Lehren der genannten Religionserneuerer nicht nur, er veränderte sie auch erheblich, und das Wesentliche seiner Leistung ist in seiner Fähigkeit zu sehen, ganz außergewöhnlich stark zu synthetisieren, unterschiedliche Auffassungen in Übereinstimmung zu bringen. Hinzu kam noch seine Fähigkeit, die gefundene „Wahrheit" in weiteren Kreisen zu verbreiten und so einen beträchtlichen Teil der Gemeinde der Siebenbürger Ungarn auf den mühseligen Weg der Suche nach der Harmonie zwischen Gottes Wort und der „*ratio*" mitzunehmen.

---

[8] Dazu zusammenfassend Balázs, Mihály: Early Transylvanian Antitrinitariansm (1566–1571). From Servet to Palaeologus. Baden-Baden 1996. (Bibliotheca Dissidentium. Scripta et studia 7).

Als Beispiel soll jetzt nur genannt werden, dass diese Tendenzen mit außergewöhnlicher Kraft bereits in den beiden ungarischsprachigen Frühwerken seiner antitrinitarischen Periode zu finden sind, in „Rövid magyarázat" (Kurze Erklärung; RMNY 232) und „Rövid útmutatás" (Kurzer Wegweiser; RMNY 233). Im ersten Fall ist völlig eindeutig, dass ihm die lateinischen Texte der Anthologie „De falsa et vera" als Grundlage dienten, dass er sich also auf Texte stützte, die er aller Wahrscheinlichkeit nach nicht selbst verfasst hat. Auf ihrer Grundlage formulierte er jedoch eine Version, die in der Lage war, auch den einfacheren Menschen, den einfältigen Gläubigen, das Wesen von Gottes wahrer Wissenschaft begreiflich zu machen. In „Rövid magyarázat" bedeutete dies eine Darlegung der kirchengeschichtlichen Rolle des sich herausbildenden Antitrinitarismus, die abweichend vom Lateinischen mit einfachen, aber ungemein suggestiven zahlenmystischen Vorstellungen die apokalyptisch gerahmte besondere kirchengeschichtliche Bedeutung des Siebenbürger Antitrinitarismus betonte. Ein Teil der Spekulationen bezieht sich auf den Entstehungszeitraum der Arbeit: zu 1517, dem Zeitpunkt von Luthers erstem Auftreten, musste man genau fünfzig addieren, und „das macht das Jahr 1567, in dem wir uns jetzo befinden. Am Ende beider aber stehet die Zahl 7, die immer schon heilig war [...]". Ein anderer Teil der Spekulationen zielt darauf ab, den Zusammenbruch des Reiches des Antichrist, den Beginn des Reiches Christi für 1570 zu prognostizieren, was mit der Heiligkeit der Zahl 70 und diversen weiteren Kombinationen begründet wird.

Besonders in „Rövid útmutatás" ist die synthetisierende Fähigkeit des Reformators zu beobachten, denn das Werk ist ein auch im internationalen Antitrinitarismus als einzigartig geltender Versuch, die Werke Servets und die des wirkungsmächtigen italienischen Religionserneuerers Lelio Sozzini in Übereinstimmung zu bringen. Letzterer verkündete bekanntlich, Christus habe vor seiner Geburt durch Maria *nicht* existiert. Servet, von der platonischen Philosophie geprägt, vertrat hingegen die Ansicht, der von Urzeiten an existierende „logos" sei als erste Erscheinungsform Christi zu betrachten, da er als auch sinnlich fassbare Form der göttlichen Weisheit die Idee aller existierenden Dinge und also auch des Menschen Jesus in sich trage. Lelio Sozzini brach grundsätzlich mit diesen platonischen Spekulationen und verkündete, der Evangelist Johannes habe den von Maria geborenen Menschen nur metaphorisch „logos" genannt, weil er Fürsprecher der Botschaft Gottes war. Dieser Mensch sei nämlich wunderbarerweise von Gottes Kraft und nicht von dem als zweite Person der Dreifaltigkeit betrachteten Heiligen Geist empfangen worden und habe frei von aller Sünde gelebt. Andererseits handele es sich um einen Menschen, der reichlich mit göttlichen Eigenschaften ausgestattet sei, den Gott sogar derart maßlos mit diesen Eigenschaften ausgestattet habe, dass er aufgrund der verliehenen Macht und Würde beinahe gleich mit dem Vater geworden sei. Nachdem der Vater ihn habe auferstehen lassen, habe er ihn zu sich erhoben, und nun herrsche er mit Vollmacht über seine Gläubigen, um einst zum Jüngsten Gericht wiederzukommen. Davidis übernahm nicht nur die Grundthesen dieser Christologie, er präsentierte sie seinen Lesern zusammen mit einer ganzen Reihe anschaulicher Gleichnisse. Andererseits bedeutete dies überhaupt nicht, dass er Servets Konzeption vernachlässigte, denn seine moraltheologischen Gedanken entwickelte er aus dessen großem Werk „Restitutio Christianismi“ und bezog sich dabei so stark auf Servet, dass die bedeutsamen und äußerst suggestiven Details des Textes Übersetzungen bzw. Paraphrasen von dessen Texten sind.

Die praktischeren Momente der Rezeption sind darin zu fassen, wie Davidis sich zu Begleiterscheinungen des Antitrinitarismus verhielt, die anderswo beinahe so wichtig waren wie die Trinitätsleugnung selbst. Die wichtigste von ihnen war die vielfältige Gedankenwelt des Anabaptismus, dem er sich allein schon deshalb stellen musste, weil er bei den polnischen Antitrinitariern machtvoll in Erscheinung trat und dort sogar einzelne adlige Vertreter der dortigen Dreifaltigkeitsleugner mit sich riss.

Aus Siebenbürgen sind uns vergleichbare Erscheinungen nicht bekannt, und die Erklärung dafür liegt in nicht geringem Maß in Davidis' Tätigkeit bzw. in der Weise, wie sich der Antitrinitarismus in Klausenburg und im gesamten Siebenbürgen entfaltete. Im Weiteren gehen wir also auf die wichtigsten Momente dieser Entfaltung ein, was auch deshalb erforderlich ist, weil sich im 18. und 19. Jahrhundert auch hierüber Mythen und Stereotype herausbilden konnten, die noch in unseren Tagen wirksam sind.

Nach den Aufzeichnungen des Laurentius Filstich begann Franz Davidis am 20. Januar 1566, den Antitrinitarismus von der Kanzel zu verkünden. Den Beschlüssen der Ratsprotokolle ist zu entnehmen, dass sein Auftreten Diskussionen unter den Predigern auslöste, denn mancher konnte diese Lehren nicht akzeptieren. Zu ihnen gehörte ganz sicher Caspar Helth, der einstige Stadtpfarrer. Aus den Beschlüssen geht klar hervor, dass diese Diskussionen unter den Predigern abliefen, und der Rat der Stadt erklärte mit ihnen auch, dass aus tollkühnem Entschluss Todesdrohungen gegen den Stadtpfarrer gerichtet wurden und man sich erzählte, dass die Prediger sich in zwei Parteien gespalten und den Kampf gegen den Stadtpfarrer verkündet hätten. (Unter dem Aspekt der Interpretation der Ereignisse ist sehr wichtig, dass wir diesen undatierten Beschluss – anders als Elek Jakab[9], aber in Übereinstimmung mit Pirnát[10] – auf 1566 datieren. Pirnát ging bei der Feststellung des Entstehungsdatums davon aus, dass sich in dem Dokument der Ausdruck „sabato postridie Luciae virginis“ findet und der Luziatag in den 1560er Jahren einzig 1566 auf einen Sonnabend fiel.) Aus den Beschlüssen geht auch deutlich die Absicht des Magistrats hervor, diese Diskussionen zu begrenzen: die Prediger werden zur Einigung aufgerufen, sie werden ermahnt, diese abweichenden Ansichten nicht unter das Volk zu bringen, und ermutigt, durch Besprechungen untereinander zu einer Einigung zu kommen. Es ist äußerst wichtig, dass wir vom Auftreten von Menschen außerhalb des Kreises der Prediger Zeugnisse haben, nicht aus der Zeit der antitrinitarischen Disputationen, sondern von früher: Im Dezember 1565 beschloss der Rat der Stadt in expliziter

[9] Jakab, Elek: Dávid Ferenc emléke.

[10] Vgl. damit das in Anmerkung 3 erwähnte Manuskript.

Akzeptanz der Empörung der Prediger, dass alle, die es wagen, Glaubenslehren zu verkünden, die im Widerspruch zu Gottes Wort stehen, verpflichtet werden, sich in der Öffentlichkeit mit dem Prediger zu messen, und wenn sie ihre Religion nicht aus der Heiligen Schrift belegen können, nur mit Hemd und Unterhose bekleidet aus der Stadt vertrieben werden sollen. Dem Wortgebrauch zufolge handelte es sich hier wahrscheinlich um katholische Laien, aber unabhängig davon ist offensichtlich, dass der Magistrat sich ihnen gegenüber anders verhielt als gegenüber denen, die innerhalb des Predigerstandes auftraten. Andererseits ist in den Beschlüssen von 1566 sehr deutlich die Vorsicht zu spüren: die Vorsteher der Stadt wollen sich einerseits nach allem richten, was bis zum Erscheinen des „Catechismus ecclesiarum Dei" mit fürstlicher Zustimmung auf Landesebene geschehen war, andererseits wollen sie sich aussöhnen und Zeit gewinnen, und wir müssen es für besonders bedeutsam halten, dass schon nach dem Erscheinen des Katechismus, der die trinitarischen Fachausdrücke nicht verwendete, am 11. Juni 1566, ein Beschluss gefasst wurde, der sowohl dem Pfarrer als auch den mit ihm uneinigen Predigern gestattete, ihre bisherige Meinung zu behalten.

Die Vertreter der verschiedenen Auffassungen des Protestantismus haben offenbar noch längere Zeit einen Platz in der Stadt bekommen, denn Rektor der Schule, des späteren unitarischen Kollegiums, war in der zweiten Hälfte des Jahres 1567 der reformierte Fabricius Balázs Szikszai, dann kam Péter Károlyi an seine Stelle, der einer der versiertesten Gegner Franz Davidis' wurde. Er verließ Klausenburg zwar Ende 1567 oder Anfang 1568, aber wir wissen nicht, wer 1568 Rektor der Schule war (sicher scheint nur, dass es, anders als Kelemen Gál annimmt, nicht Franz Davidis gewesen sein kann, der die Aufgaben eines Hofpredigers versah). Möglicherweise blieb auch Tamás Félegyházi, der der Schule 1570/71 als Rektor vorstand, reformiert, und es ist nicht sicher, dass der Ausflug nach Klausenburg zugleich bedeutete, dass er zum Antitrinitarier werden musste.

Die Unsicherheit der Angaben im Zusammenhang mit der Schule mag dazu beigetragen haben, dass mit der Manipulation der Beschlüsse des Stadtrats auf den Spuren von Elek Jakab und später Kelemen Gál[11] in der Fachliteratur das Bild entstand, dass sich die Ungarn die von Davidis verbreiteten unitarischen Lehren begeistert und ohne jeden Widerstand angeeignet hätten, während die Sachsen sie trotzig ablehnten. Dies bewog nach dieser Konzeption den großen Reformator von Klausenburg dazu, seine sächsische Herkunft zu verleugnen und Ungar zu werden. Geht man in der Reihenfolge der Dokumente vor, so war das erste Moment der Manipulation eine Ergänzung des Beschlusses vom 2. Januar 1568, der zufolge über die Aufnahme zweier ungarischer Prediger an die Stelle von Caspar Helth, der von seiner Predigerstelle zurückgetreten war, beschlossen worden wäre. Das Wort „ungarisch" hat Kelemen Gál hier einfach eingefügt, wo nur der Ausdruck „predicatoribus duobus" steht. Das

11 Gál, Kelemen: A kolozsvári unitárius kollégium története 1568–1900 [Geschichte des unitarischen Kollegiums in Klausenburg, 1568–1900], I–II. Klausenburg 1935.

bedeutet, dass einer bewährten Praxis zufolge veranlasst worden sein mag, die nach dem Rücktritt Helths verbleibende Geldsumme zwischen den beiden sächsischen Predigern Georg Katzer und Johann Eppel aufzuteilen. Das zweite Moment ist die Datierung des oben erwähnten Beschlusses mit der Überschrift „sabato postridie Luciae virginis" auf den Februar 1568, die Elek Jakab zu verantworten hat. Er versah den Text auch mit dem Kommentar, dass die durch Helths Rücktritt erbosten sächsischen Lutheraner Franz Davidis, der ihnen sowohl in religiöser als auch in nationaler Hinsicht untreu geworden war, mit dem Tode bedroht hätten. Das dritte Moment dieser Interpretation ist, jene Diskussion in den somit hergestellten Kontext einzuordnen, die im Frühjahr 1568 zwischen den sächsischen und ungarischen Bürgern der Stadt aufkam, und deren Initiatoren diejenigen ungarischen Bürger waren, die angeblich die diskriminierenden Maßnahmen nicht ertrugen, die die Sachsen gegen sie erlassen hatten und als deren Hintergrund der konfessionelle Unterschied galt, dass die Ungarn nämlich Unitarier geworden waren. Hier ist keine detaillierte Analyse der Diskussion möglich, in deren Rahmen die Klausenburger Ungarn in ihrem Schreiben an die fürstliche Tafel ihre mithilfe von Elementen aus dem adligen Sprachgebrauch formulierten Beschwerden vorbrachten und deren letztes Ergebnis darin bestand, dass der fürstliche Beschluss das aus dem Mittelalter ererbte ausgewogene Institutionensystem der Stadt auch auf die kirchliche Sphäre ausweitete, so dass von nun an der Stadtpfarrer nicht mehr nur aus den Reihen der Sachsen kommen konnte, sondern auch aus denen der Ungarn, und die Ungarn zu den Zeiten, in denen der Richter ein Ungar war, die Große Kirche nutzen durften. Hinzu kam noch, dass auch an der Spitze der Schule ein regelmäßiger Wechsel eingeführt wurde: Es wurde angeordnet, dass nach dem ungarischen Rektor ein deutscher zu wählen sei und der Lektor immer aus der anderen Nationalität kommen solle als der Rektor. Statt einer ausführlichen Analyse soll hier nur betont werden: Um diese Diskussion in den oben genannten Zusammenhang stellen zu können, musste man verschweigen, dass Franz Davidis zusammen mit Caspar Helth als Mitglied der städtischen „natio saxonica" auf der Seite der Sachsen an diesem Kampf teilnahm, was bedeutete, dass er sich der Delegation in Weißenburg als fürstlicher Prediger anschloss. In diesem Zusammenhang musste dann natürlich auch verschwiegen werden, dass die sofortige Ablösung des sächsischen Predigers die Entfernung von Franz Davidis bedeutet hätte. Deshalb ist die Vorstellung nicht haltbar, dass der Grund für das plötzliche Aufflammen der nationalen Gegensätze gewesen wäre, dass die Ungarn schon zum unitarischen Glauben übergegangen waren, während die Sachen noch an den früheren „sakramentarischen", eventuell an den lutherischen Lehren festhielten[12]. Im Gegenteil, auffallen muss gerade, wie sehr in den die andere Seite keineswegs verschonenden ungarischen bzw. sächsischen Eingaben der konfessionelle Aspekt fehlt, die

[12] In der neueren Fachliteratur argumentiert Edit Szegedi sehr überzeugend dagegen. Die wichtigsten prinzipiellen Fragen in: Szegedi, Edit: Sächsische Identität im Klausenburg des 16. und 17. Jahrhunderts. In: Zeitschrift für Siebenbürgische Landeskunde 22 (1999), S. 14–21.

Erklärung hierfür liegt mit aller Sicherheit darin, dass beide Gemeinschaften konfessionell gespalten waren, was – obwohl keine eingehende Analyse der Gesellschaft der Stadt vorliegt – von den erhaltenen Angaben über bekanntere weltliche und kirchliche Persönlichkeiten bestätigt wird.

All das bedeutet freilich auch, dass die Vorstellung ins Reich der Legenden zu verweisen ist, dass Franz Davidis bei seiner Rückkehr von der zweiten Weißenburger Disputation im März 1568 auf einem runden Stein stehend eine so wirkungsmächtige Rede gehalten habe, dass die gesamte Einwohnerschaft der Stadt unitarisch geworden sei. Ähnlich wie der von der unitarischen Kirche bis zum heutigen Tage bewahrte und in Ehren gehaltene runde Stein ist auch diese Geschichte deutlich später entstanden. Die Stadt ist also um 1570 auf andere Weise unitarisch geworden, aber über die Details und Franz Davidis' Rolle dabei wissen wir nur wenig. Sicher ist, dass er sich nach seiner Ernennung zum Hofprediger deutlich weniger in der Stadt aufhielt, aber wir wagen nicht zu behaupten, dass er nur symbolisch leitender Geistlicher, also Stadtpfarrer war. Wir konnten sehen, dass nach dem Zeugnis der Protokolle seine Anwesenheit in der ersten Hälfte des Jahres 1566 bestimmend ist, und obwohl er seine Publikationen in der zweiten Hälfte der 1560er Jahre überwiegend aus Weißenburg datiert, ist keineswegs sicher, dass sich seine Rolle in Klausenburg nur auf Maßnahmen in der Sache der ihm zugeordneten Prediger oder auf Verhandlungen mit den Stadtoberen beschränkte. Da am 5. Februar 1571 in einem Ratsbeschluss gesondert erwähnt wird, dass er nicht predigen könne, weil er beim Fürsten sein müsse, können wir vielleicht annehmen, dass er zuvor in gewissen Abständen auch in der Stadt predigte. Als er nach dem Tod Johann Sigismunds den Hof verlassen musste und endgültig nach Klausenburg zurückkehrte, stellte sich ganz natürlich die Frage, ob er auch die Aufgaben eines Predigers der Sachsen versehen könne, also hatte er bis dahin sicherlich das Wort auf Deutsch verkündet, obwohl das nicht bedeutet, dass er als leitender Pfarrer der Stadt nicht auch früher schon ungarischsprachige Predigten gehalten haben kann. Vergessen wir nicht, dass sein Predigtband von 1569 ungarischsprachige Predigten enthält, von denen ihr Verfasser behauptet, sie seien gehalten worden, und da der Text immer eine Gemeinde anspricht, sich immer an einfache Gläubige wendet, können wir überhaupt nicht sicher sein, dass dies nur in Weißenburg geschehen ist.

Als Bischof der Kirche der Siebenbürger Ungarn hatte er vor allem die Aufgabe, das kirchliche Leben zu organisieren, und nicht zuletzt, eine Dogmatik auszuarbeiten, die die Gesamtheit der außerhalb der sächsischen Gebiete lebenden Protestanten vereinen konnte. Dies war eine äußerst intensive Tätigkeit, und neben der Propagierung des Antitrinitarismus im engeren Sinn war einer ihrer wichtigsten Aspekte die Ausgestaltung des Verhältnisses zur anabaptistisch-spiritualistischen Tradition. Wir können es als große geistliche Leistung Davidis' ansehen, dass er in der zweiten Hälfte der 1560er Jahre kontinuierlich eine Einstellung am Leben halten konnte, in der Elemente der Zurückweisung und der Akzeptanz gleichermaßen eine Rolle erhielten. So wurden die in Klausenburg auftretenden Vertreter der urchristlich-kommunistischen Ideale ganz sicher mit seinem Wissen aus Siebenbürgen entfernt, aber er ließ auch den spiritualistischen Tendenzen keinen Raum, die die Buchstaben der Heiligen Schrift ignorierten und unter Berufung auf besondere göttliche Offenbarungen von der Notwendigkeit einer grundlegenden Erneuerung predigten und dabei die Notwendigkeit jeglicher Kirchenorganisation in Frage stellten. Offenbar ist es außerdem seinem Einfluss zu verdanken, dass die Arbeit seines späteren Schwiegersohnes Johann Sommer, die die Lehre der *„communis prophetia"* in sehr radikaler Form verkündete (eine Bearbeitung von Acontius' „De Satanae strategematibus"), nicht im Druck erschien. Andererseits machte er kein Hehl daraus, dass er die Kindertaufe nicht für biblisch hielt (er formulierte Thesen darüber und ließ sogar eine deutschsprachige Arbeit eines flämischen Verfassers zu diesem Thema, die ihm in die Hände geraten war, auf Ungarisch erscheinen), aber diese Lehre trennte er streng von den sozialethischen Ansichten anabaptistischer Provenienz. Am spannendsten können wir finden, dass er, obwohl er – ein Schweizer Erbe – weiter an der Prädestinationslehre festhielt und leugnete, dass der Mensch über einen freien Willen verfüge, doch auf der Grundlage Servets und der anabaptistisch-spiritualistischen Tradition eine Moraltheologie ausarbeitete. In deren Mittelpunkt stand das dem Alten gegenübergestellte Neue Testament, an dem sich eine sozial sensible imitatio-Christi-Lehre ausrichtete. Die suggestivste theoretische Zusammenfassung dieser Lehre geben seine fünfzehn Thesen („Notae membrorum regni Christi") in seinem Werk „De regno Christi", wie sich aber neuerdings herausgestellt, sind deren Postulate unter Mitarbeit von Helth, der gegen Ende seines Lebens wieder zu seinem unmittelbaren Mitarbeiter wurde, in praxisbezogenerer Form formuliert worden. Helths in nur einem einzigen Exemplar erhaltenes Gebetbuch zeugt nämlich davon, dass diese Spiritualität die gesamte unitarische Frömmigkeit durchdrang.[13]

In der Gedankenwelt des Bischofs und Hofpredigers war all dies natürlich mit politischen Reflexionen verbunden. Als Entfaltung und Modifizierung der um 1558 festgestellten Tendenz erscheinen in seinen Werken nun auch Erwägungen zur besonderen historischen und heilsgeschichtlichen Rolle Siebenbürgens und des Fürsten. Dies ging mit der selbstbewussten Betonung dessen einher, unter einem Herrscher zu leben, dem die Religionsverbreitung mit Feuer und Eisen fremd sei. Die Religionstoleranz wurde also zum Legitimationsargument der Macht. Dem Protokoll der Disputation von Wardein zufolge sprach der Fürst im Oktober 1569 mit denselben Worten darüber wie Franz Davidis, der gegen Stancaro einstmals noch auf Bestrafung durch den Magistrat gedrungen hatte. Jetzt konnte er nicht genug betonen, dass sie nicht die Bestrafung der im Glauben Wankenden fordern. Diese oft wiederholten Äußerungen wurden freilich in seinem Fall auch zu Argumenten für die

---

[13] Balázs, Mihály: Johann Habermann und Caspar Helth. Die antitrinitarische Überarbeitung des Betbüchleins (1570). In: Die Wege und die Begegnungen. Festschrift für Károly Csúri zum 60. Geburtstag, hg. von Géza Horváth und Attila Bombitz. Budapest 2006, S. 261–273.

Richtigkeit der Lehre, sie suggerierten die von Zeit zu Zeit auch ausgesprochene Ansicht, Milde und Toleranz einer Lehre zeugten für deren Richtigkeit.

All dies trug natürlich dazu bei, dass Siebenbürgen das klassische Land der religiösen Toleranz wurde, obwohl wir uns Davidis' Rolle nicht nach der Art des allgemein bekannten romantischen Gemäldes vorzustellen haben, auf dem der Fürst und die Stände bewundernd und voller Anerkennung zusehen, wie der in prophetischer Verzückung auftretende Prediger im Januar 1568 auf dem Landtag von Thorenburg die Religionsfreiheit verkündete. Als Hofprediger des Fürsten war er auf diesem Landtag natürlich anwesend, aber von den Ereignissen sind uns nur Beschlüsse überliefert, und so wissen wir nichts Genaues über sein Auftreten. (Bekanntlich verkündete dieser Landtag, dass die Prediger nach ihrem Gefallen frei das Evangelium verkünden dürfen und die Gemeinde entscheiden müsse, wessen „Sinn" ihr gefällt.)[14]

Ein weiteres äußerst interessantes Moment liegt darin, dass sich diese Apotheose der Religionsfreiheit sowohl bei Davidis als auch beim Fürsten mit der Vorstellung zu verbinden begann, dass die göttliche Vorsehung Siebenbürgen eine besonders wichtige Rolle in der Geschichte des europäischen Protestantismus zugemessen habe. Davidis spricht darüber am ausführlichsten in der Widmung an die englische Königin Elisabeth in dem Werk „De falsa et vera" etc., wo der Preis der Königin in das Lob ihres Bruders, des früh verstorbenen Edward VI., übergeht, mit dem Johann Sigismund, der Herrscher von Siebenbürgen, verglichen wird, denn beide hätten ihr Land zum Zufluchtsort für verfolgte Protestanten gemacht. Andererseits stellt er die Siebenbürger Antitrinitarier als diejenigen vor, die am konsequentesten gegen den römischen Antichrist gekämpft hätten; mit der radikalen Ablehnung scholastischer Irrlehren seien sie eben imstande, die theologischen Grundlagen für eine Einheit der Protestanten zu schaffen. Dasselbe ist in der zweiten Wardeiner Erklärung des Fürsten zu beobachten, wenn er Péter Melius, den Bischof des reformierten Kirchendistrikts jenseits der Theiß (Tiszántúl), ermutigt, im Interesse der Schaffung der erwünschten Einheit Theodor von Beza und Josias Simler, die führenden reformierten Theologen der Zeit, zur Disputation in sein Land zu holen.

In diesem Rahmen entfaltete Franz Davidis seine Tätigkeit bis zum Tod Johann Sigismunds im März 1571. Als jedoch zu dessen Nachfolger der katholische István Báthory gewählt wurde, traten in seinem Leben radikale Veränderungen ein. Die Historiker sind der Auffassung, dass in diesem inzwischen beinahe vollständig protestantischen Land gerade deshalb eine so würdige, aber katholische Persönlichkeit der unerschüttert habsburgfeindlichen politischen Linie auf den Thron gelangen konnte, weil die Protestanten mit ihrem Sieg die Angelegenheit der Religion ein für allemal als erledigt betrachteten und darin kein Risiko sahen. Der unbeirrbar katho-

---

[14] Zu den berühmten Beschlüssen des Landtags im europäischen Kontext: Balázs, Mihály: Über den europäischen Kontext der siebenbürgischen Religionsgesetze des 16. Jahrhunderts. In: Humanismus und Europäische Identität, hg. von Günter Frank. Ubstadt etc. 2009, S. 11–27. (Fragmenta Melanchthoniana 4).

lische Fürst sah das jedoch nicht so, er hielt die vorgefundenen Religionsgesetze zwar ein, unternahm aber zähe und beharrliche Schritte zur Umgestaltung der vorgefundenen kirchlichen Verhältnisse. Seine Maßnahmen, die alle Protestanten betrafen, aber vor allem die Unitarier einschränkten, waren: Er entließ Franz Davidis aus der Stellung bei Hof, rief eine Zensurverordnung ins Leben, ließ in den ab 1572 beinahe jährlich wiederholten Gesetzen des Landtags das Verbot weiterer religiöser Erneuerungen festlegen und beschränkte das Synodalrecht der Unitarier auf Klausenburg und Thorenburg. Er versuchte, den Wirkungsbereich von Franz Davidis zu beschränken, was dazu führte, dass die kirchenorganisatorische Struktur, die oben vorgestellt wurde, sich auflöste und sich die gemeinsame Kirche der auf dem Gebiet des historischen Siebenbürgen lebenden Ungarn in eine selbstständige reformierte bzw. unitarische Kirche trennte. Nicht alle Schritte dieses Prozesses sind nachvollziehbar, als ihr Schlussstein wird der Landtagsbeschluss vom Januar 1576 angesehen, der gestattete, dass Franz Davidis der Bischof aller sein dürfe, die „von seiner Religion sind". Eine Angabe der „Unitario ecclesiastica historia" von Kénosi-Uzoni lässt darauf schließen, dass dies bereits drei Jahre früher, im Januar 1573, geschah. Das genannte Werk zitiert nämlich aus einer heute verschollenen Handschrift, wo „in einem Auszug aus den Artikeln des Landtags vom 6. Januar 1573 die Unitarier als von der Religion Franz Davidis' bezeichnet und ermächtigt werden, ihn für ihren Bischof zu halten und nach seinem Tode das volle Recht haben, einen anderen Bischof zu wählen". Wann immer dies geschah, es ist klar, dass Davidis von diesem Zeitpunkt an aufhörte, Bischof der Siebenbürger ungarischen Kirchen zu sein. Man kann das natürlich in gewisser Hinsicht als unumgängliche Folge der Konfessionalisierung ansehen, aber der Landtagsbeschluss vom Oktober 1577, dem zufolge der reformierte Bischof Sándor András Thordai überall in den von Ungarn bewohnten Gebieten im Land visitieren und lehren durfte, während dies Franz Davidis aufs entschiedenste verboten und seine Kompetenz strengstens auf die Seinen beschränkt wurde, verrät viel über die herrschende Tendenz. Die erste Folge bestand also darin, dass er wieder nach Klausenburg ziehen und sich um die Organisation seines dortigen Lebens kümmern musste. Den Beschlüssen des Stadtrates ist deutlich zu entnehmen, dass er dies mit beinahe kleinlicher Akribie tat und es lange dauerte, bis man über eine entsprechende Bezahlung übereinkam, die dann 1577 wieder auf die Tagesordnung gesetzt wurde. Den Dokumenten ist nämlich nicht nur zu entnehmen, dass er die Saite in den materiellen Streitigkeiten bis aufs Äußerste spannte, sondern auch, dass er sich dessen ungeachtet hohen Ansehens erfreute. Natürlich übte er schon durch seine ständige physische Gegenwart viel größere Wirkung auf den Alltag des kirchlichen Lebens aus als zuvor. Wir haben kein Verzeichnis der Prediger, daher wissen wir nicht, wie lange er solche Aufgaben bei der einen und der anderen Nation versah, aber beredter als alles ist, dass es laut Ratsbeschluss vom 17. Februar 1573 eine Zeit gab, in der er in der sächsischen und in der ungarischen Gemeinde, also in beiden Sprachen, predigte. Da er nach den Regeln der Stadt dem Rektor der Schule Freitisch zu gewähren hatte, musste er sich natürlich bis zu den Alltagsproblemen hinab mit den Angelegenheiten der Schule befassen. Ganz sicher übernahm er Aufgaben in der Versorgung der Lehrer, die neu in die Schule kamen, denn wir haben nicht nur Angaben darüber, dass in der letzten, dramatischen Zeit seines Lebens Fausto Sozzini und Matthias Vehe-Glirius in seinem Hause wohnten, 1573 logierte auch Niccolò Paruta mindestens für einige Zeit bei ihm. Zugleich wollte er die Moral- und Sittenordnung der Stadt gestalten, denn laut dem Beschluss vom 13. Januar 1573 legte er dem Rat ein Schreiben vor, in dem er auf strenge Maßnahmen gegen Vergnügungen drang.

Entscheidend war freilich, dass der Bischof, dessen Wirkungskreis im Vergleich zu vorher stark eingeschränkt war, mit seiner dogmatischen Offenheit eine große Wirkung auf das Schicksal der gesamten unitarischen Gemeinschaft ausübte. Der Siebenbürger Reformator war nämlich nicht nur fähig, eine Synthese zwischen den verschiedenen antitrinitarischen Auffassungen zu schaffen, sondern er hörte auch niemals auf, über die Kohärenz seines jeweiligen Standpunktes nachzudenken, und während seiner unitarischen Zeit kam regelmäßig die Frage auf, ob seine Lehren mit der *ratio* und der Heiligen Schrift im Einklang standen. Zu der unablässigen Reflexion zwangen ihn vielleicht auch die ständigen Diskussionen, aber Tatsache ist, dass er, während er die Argumente seiner reformierten Gegner mit scheinbar großer Selbstsicherheit abwehrte, in einem Privatbrief vom 29. November 1570 an Palaeologus die Widersprüche seiner Auffassung schonungslos offenlegte.

Die ehrliche Darlegung dieser quälenden Dilemmata ist in der selbstgewissen Welt der Glaubensstreitigkeiten des 16. Jahrhunderts äußerst ungewöhnlich, und ihre Folgen zeigten sich bald auch im Siebenbürger Antitrinitarismus. Mit der beharrlichen Suche nach einer Lösung können wir nämlich erklären, dass Davidis im Kollegium seiner Stadt zahlreichen aus anderen europäischen Ländern vertriebenen Denkern Platz gab, wodurch Klausenburg in den 1570er Jahren eines der wichtigsten Zentren der religiös Andersdenkenden wurde. Der bedeutendste der Flüchtlinge war wohl der Adressat des erwähnten Briefes, Jacobus Palaeologus, der mit seiner ganz neuartigen Version des Antitrinitarismus eine Antwort auf Davidis' Dilemmata bot. Hier ist keine Möglichkeit, die wichtigsten Thesen dieser Konzeption, die eine Vereinheitlichung der jüdisch-muslimischen und der christlichen Religionen unternahm, zusammenzufassen[15], wir sprechen nur über die für Davidis offensichtlich wichtig gewordene Christologie im engeren Sinn. Nach dem Ausgangspunkt dieser Konzeption wurde der von Maria geborene, zuvor nicht existierende Mensch Jesus von Gott nicht geschickt, um die Menschheit von ihren Sünden zu erlösen. Das war auch nicht nötig, weil es laut Palaeologus keine Erbsünde gibt. Adam habe nämlich nur in seiner Person gesündigt, und es wäre Gottes unwürdig, davon zu sprechen, dass diese Sünde die menschliche Natur verdorben habe. Jesus habe also ursprünglich ausschließlich die Mission gehabt, der König der Juden auf Erden zu sein und seine Macht auf alle Völker der Welt auszudehnen. Mit ihm habe Gott das Abraham gege-

[15] Grundlegend dazu: Szczucki, Lech: W kręgu myślicieli heretyckich. Wrocław, Warszawa, Kraków, Gdańsk 1972.

bene Versprechen erfüllen wollen, dass er seine Nachkommen zu Erben der Welt machen werde. Die Juden hätten ihn aber nicht als ihren König anerkannt und ihn getötet, deshalb habe Gott auch alle Heiden und ihre Abkömmlinge zum auserwählten Volk erhoben, die glaubten, dass Jesus der Messias ist. All dies bedeute jedoch nur die Möglichkeit des Heils für die Juden, die ihren Irrtum einsähen und keinen anderen Messias erwarteten (Palaeologus verlangte sonst nichts von ihnen!), beziehungsweise für die bekehrten Heiden und ihre Nachkommen, und im Weiteren sei es Sache jedes einzelnen Menschen, ob er sich durch die Einhaltung der in den Zehn Geboten enthaltenen moralischen Gesetze das Heil erwirbt. Aus der Konzeption folgte logisch, dass Palaeologus nur die himmlische Herrschaft des für seine Verdienste in den Himmel erhobenen Menschen Jesus Christus aufrechterhielt und ihm die Teilnahme an der Lenkung der Welt absprach. Jesus herrscht also nicht über die, die auf der Erde leben, es ist überflüssig, ihn zu Hilfe zu rufen, und beten darf man nicht zu ihm, weil Jesus nicht Gott ist und der Schöpfer seine Würde niemals mit jemandem teilt.

Für Davidis waren diese Thesen anfangs inakzeptabel. In Werken, die uns in einer auf den Februar 1573 datierten Handschrift überliefert sind, ist zu sehen, dass er auf der zu dieser Zeit gehaltenen Synode in Klausenburg zusammen mit Niccolò Paruta vor allem gegen die radikale Vernachlässigung des reformatorischen Erbes der Rechtfertigungslehre protestiert. Es weist auf eine hitzige Diskussion hin, dass er Johann Sommer, den Verfasser einer Thesenreihe, als Kirchenumstürzler bezeichnete. Nach einer erneuten reflexiven Periode akzeptierte er jedoch wenigstens die Christologie des Griechen. Den Anzeichen zufolge war er in der zweiten Hälfte der 70er Jahre bereits der Auffassung, Palaeologus habe eine akzeptable Erklärung dafür gegeben, warum Jesus in der Heiligen Schrift als Gott bezeichnet wird – deswegen, weil im Alten Testament der Gottesname „Elohim", im Neuen das Substantiv „theos" in seiner artikellosen Form einen Herrn, Fürsten, weltlichen Führer bedeutet. In der weiteren Herabstufung der Rolle Christi suchte er also eine zugleich biblische wie logische Lösung für die christologischen Dilemmata. So gelangte er dazu, die Lehre des sog. Nonadorantismus (Nichtanbetungswürdigkeit Christi) zu verkünden. Zugleich lässt Palaeologus in seiner „Catechesis christiana" einen Pastor auftreten, der der Beschreibung nach mit Franz Davidis identifizierbar ist, in der ebenfalls fiktiven „Disputatio scholastica" tritt unter seinem Namen sogar ein Prediger auf, der Palaeologus' Ansichten als Dogmatik der Siebenbürger unitarischen Kirche vorstellt. Da uns von Franz Davidis von der Mitte der 70er Jahre an keine einzige Zeile mehr überliefert ist, können wir nicht wissen, inwiefern das der Wirklichkeit entsprach. Beziehungsweise auf der Grundlage der wenigen verfügbaren Angaben können wir kühn behaupten: In der noch immer in Aufruhr befindlichen Konfession gab es keine für jedes Mitglied verpflichtende Dogmatik.

Die Herausbildung dieser sonderbaren Formation ist ebenfalls das Verdienst von Franz Davidis, der offenbar in dieser Gemeinschaft bis zum Ende seines Lebens unverändert hohes Ansehen besaß. Das muss deshalb betont werden, weil seit der Mitte der 70er Jahre, insbesondere nach seiner Scheidung im Januar 1576 in den

Äußerungen Anderskonfessioneller regelmäßig auftaucht, dass es um eine Persönlichkeit gehe, die auch in ihrer Gemeinschaft an Ansehen eingebüßt und die Moral abgelegt habe. Viele zitierten in Begleitung der sonderbarsten Gerüchte die angeblich von István Báthory stammende Maxime, dass, wer nicht Haupt seines Hauses sein könne, auch nicht Haupt seiner Kirche sein könne, und dass eine Kirche und natürlich deren Dogmatik mitunter dadurch charakterisiert werde, was für ein Mensch an ihrer Spitze steht.

In Wirklichkeit wissen wir freilich sehr wenig über Davidis' Privatleben. Um dieses Wenige zusammenzufassen, können wir nur mit Gewissheit sagen, dass er sich 1576 von Kata Barát, einer Tochter des einstigen Höchsten Richters István Barát, scheiden ließ. Mihály Paksi, ein reformierter Theologe, informiert Johann Wolf zugleich am 10. April 1572 darüber, dass man sich erzähle: Der Siebenbürger Ketzer habe nach dem Tod seiner ersten Frau eine reiche junge Frau geheiratet. Wenn es sich hier um mehr handelt als um ein Gerücht, dann ist am wahrscheinlichsten, dass er eine uns vollkommen unbekannte erste Frau (die sich die ungarischen Kirchenhistoriker freilich gern als ungarischer Nation vorstellen) und mit ihr vier Kinder hatte: Dávid und Johann, die wieder den Namen Hertel trugen und deren letzterer später in Padua ein berühmter Botaniker wurde, aber auch eine Rolle in der Pflege des Erbes der väterlichen Ideen übernahm und der 1592 von den Sachsen als Pfarrer von Klausenburg berufen wurde, als diese wieder an der Reihe waren, die Stelle des leitenden Geistlichen zu besetzen. Sowie zwei Töchter, von denen die namentlich bekannte Kata Lukács Trauzner heiratete, während die andere Johann Sommers Frau wurde. Wenn also die Information von Paksi stichhaltig ist, dann heiratete Davidis Kata Barát nicht 1557, wie Elek Jakab aufgrund eines Dokuments annahm, in dem die Geschenke aufgezählt werden, mit denen die Zünfte eine Barát-Tochter anlässlich ihrer Hochzeit ehrten. Möglicherweise heiratete Davidis ein drittes Mal, schreibt doch Biandrata am 3. August 1578, dass der kränkliche Davidis sich um die Seele seiner Frau sorge, deren Mutter an einem Schlaganfall gestorben sei. Ich halte es allerdings auch nicht für ausgeschlossen, dass der italienische Bischof hier von seiner ehemaligen zweiten Ehefrau spricht. Darauf könnte die Erwähnung der Schwiegermutter hinweisen, die 1576 eine Initiatorin des Scheidungsprozesses war, und es ist jedenfalls verdächtig, dass im Zuge der dramatischen Ereignisse von 1578/79 mehrere Familienmitglieder Davidis' erwähnt werden, die Dokumente aber über eine neue Ehefrau, die dann die dritte wäre, schweigen.

Jedenfalls nutzte der Fürst den Scheidungsprozess von 1576 weidlich aus, um das Ansehen des unitarischen Bischofs zu untergraben. Man kann es nämlich kaum als etwas anderes ansehen, dass entgegen der mehrfachen Bitte des Bischofs seine Angelegenheit von einer Synode behandelt wurde, an der nur die Siebenbürger sächsischen und ungarischen Lutheraner teilnahmen. (Der Synodalbeschluss gelangte auf diese Weise in die Zusammenfassungen der sächsischen Synoden und ist dort regelmäßig auch in den Kopien des 18. Jahrhunderts zu lesen.) Es wäre vielleicht übertrieben zu behaupten, dass dies die Ouvertüre zu den Ereignissen von 1578/79 war, aber zweifellos hatte sich gezeigt, dass Davidis auf keinerlei Schonung von Seiten der fürstlichen Macht hoffen durfte.

Jedenfalls war der Prozess, an dessen Ende er im Juni 1579 zu einer Gefängnisstrafe verurteilt wurde, die seinen Tod bedeutete, ein außerordentliches und ungewohntes Ereignis in Siebenbürgen. Es löste heftige Erregung aus, die einen Gutteil der erhaltenen Quellen durchzieht, und auch die modernen Bearbeitungen sind nicht völlig frei von ihr. Sie erschwert zusätzlich zur Vernichtung der Akten des Landtags und der Synode die Klärung der Vorfälle, und so konnte die Forschung bezüglich der letzten Gründe keinen einheitlichen Standpunkt finden.

Im Folgenden werden nur die wichtigsten Aspekte genannt, wobei selbstverständlich auf wesentliche Differenzen der modernen Interpretationen hingewiesen werden soll. Übereinstimmung besteht in der Fachliteratur dahingehend, dass die Synode vom Frühjahr 1578 in Thorenburg als Auftakt der Ereignisse betrachtet werden kann, wo auf Anregung von Davidis die Institution der „communis prophetia" anerkannt, ein Glaubensbekenntnis geschaffen und der Beschluss über die Abschaffung der Kindertaufe gefasst wurde. Angesichts der von Davidis ein Jahr später ebenfalls in Thorenburg vorgelegten Thesen können wir denken, dass man diese Beschlüsse nicht als Verstoß gegen das Gesetz verstand, das die Religionserneuerung verbot, denn man glaubte, nur das Fundament weiterzubauen, das bereits vor langem angelegt worden war. Zugleich ist es wichtig zu betonen, dass es sich hier nicht um eine solche Ausdehnung der „communis prophetia" handelte, die jedem Gläubigen die Freiheit der kontinuierlichen Suche nach der Wahrheit gab, diese war ausdrücklich den Pfarrern (ministri) vorbehalten. Darauf scheint auch der Beschluss des Landtags zu verweisen, der rasch verurteilend auf die Geschehnisse reagierte, und in dem den Innovatoren der Entzug ihrer Funktion und weitere Strafen angedroht wurde, und in dem nur beiläufig von denen die Rede ist, die keine „vocatio" haben, denen also auch nicht die Funktion entzogen werden könne. Das Glaubensbekenntnis selbst kennen wir nicht, aber es war höchstwahrscheinlich nonadorantistisch, und die Abschaffung der Kindertaufe mag nicht im Sinne der Anabaptisten, sondern des Palaeologus geschehen sein, nach dessen Auffassung es völlig überflüssig wäre, dass christliche Eltern ihre Kinder taufen ließen, weil sie durch das Recht ihrer Eltern Mitglied der Gemeinschaft seien, aus der sie als Heilsberechtigte hervorgehen könnten. Wessen Werke Davidis diesen Beschlüssen und später den im Sommer desselben Jahres formulierten Thesen („Theses tres") sowie seiner Antwort auf Biandratas Einspruch („Libellus parvus") zugrunde legte, wissen wir nicht genau. Palaeologus' Texte hatte er sicherlich zur Hand[16], aber es soll festgehalten werden, dass wir durch Róbert Dáns Entdeckung und Forschung wissen, dass sich damals auch Matthias Vehe-Glirius in

[16] Nachweis dafür in Balázs, Mihály: Dávid Ferenc válaszol Fausto Sozzininak (Franz David antwortet Fausto Sozzini). In: Irodalomtörténeti Közlemények (1983), S. 97–106.

Klausenburg aufhielt[17]. Schon deutlich länger ist bekannt, dass Biandrata, nachdem es ihm nicht gelungen war, den Bischof zum Schweigen zu bringen, Fausto Sozzini nach Siebenbürgen kommen ließ, der vom November 1578 bis April 1579 beinahe mit Davidis zusammenlebte. Von den Dokumenten der Disputation sind uns vier Thesen Davidis' erhalten, die sich ausdrücklich auf den Fragenkreis der Adoration und Invokation konzentrieren, die Antwort Fausto Sozzinis und Davidis' Antwort darauf. Dies verdient deshalb unsere besondere Aufmerksamkeit, weil es seit 1573 die erste umfangreichere Abhandlung ist, die uns von ihm überliefert ist, und in der er auch den theologischen Hintergrund seiner Thesen darlegt. Man kann feststellen, dass die wichtigsten Quellen für den sehr kraftvollen und logischen Gedankengang Palaeologus' „Catechesis Christiana" und Vehe-Girius' „Mattanjah" sind. Das kann uns darauf aufmerksam machen, dass er sich in den oben erwähnten „Theses tres" und im „Libellus parvus" sehr betont mit Fragen befasst, die nicht nur in Palaeologus' Werken eine Rolle spielen, sondern viel zugespitzter in Glirius' Arbeiten zum Vorschein kommen. Ich möchte daran erinnern, dass er eine berühmte „Declamanticula" über den freien Willen gegen Calvin geschrieben hat und dass „Mattanjah" sich detailliert mit den verschiedenen Vorstellungen in Bezug auf das Reich Christi beschäftigt.

Da es auch in den weiteren, in engerem Kreis abgehaltenen Besprechungen nicht gelang, zu einem Kompromiss zu finden, einigten sich die disputierenden Parteien darauf, die polnischen Kirchen um ihre Meinung zu bitten, aber Davidis rief gleichsam auf der Flucht nach vorn seine Pfarrer für den 24. Februar 1579 zu einer Synode zusammen, wo er von der Leidenschaft der Wahrheitssuche getriebene erhabene Thesen vorlegte und durch den Ausschluss der der Unkeuschheit bezichtigten Priester Zeugnis dafür abzulegen versuchte, dass die Lehre und die Moral ihm gleichermaßen wichtig seien. Nicht weniger absichtsvoll war seine Erklärung von untertäniger Treue und Gehorsam, die die Thesen mit der Forderung nach kompromissloser Forschung auf dem Gebiet der himmlischen Wissenschaft in Übereinstimmung zu bringen versuchten.

Der Entwurf enthält keine christologischen Thesen im engeren Sinn, und da kein Protokoll der Synode vorliegt, wissen wir nicht, was auf der Zusammenkunft geschah. Das Schlüsselmoment der gesamten Geschichte des Prozesses ist zugleich, wie wir über die Thesen denken, die Biandrata dem Einladungsbrief zur Synode beilegte, den er am 7. April 1579 verschickte und in dem die Glaubenssätze aufgezählt werden, über die seiner Ansicht nach in Davidis' Umgebung fortgesetzt verhandelt wurde. Wer dachte, der Bischof sei ausschließlich für seine nonadorantistische Lehre verurteilt worden (diese wurde in der älteren Fachliteratur als reiner Unitarismus bezeichnet), glaubte diese Thesen nicht und sprach von Erfindungen Biandratas und seiner Gefährten. Die jeweiligen Historiker der Kirche des Märtyrerbischofs hielten

---

17 Dán, Róbert: Matthias Vehe-Glirius, Life and work of a radical Antitrinitarian, with his collected writings. Budapest, Leiden 1982. (Studia Humanitatis 4).

es also für notwendig zu betonen, dass Davidis nicht den Weg zum Sabbatarismus eingeschlagen hatte. Unter den Angehörigen anderer Konfessionen demonstrierten die Reformierten gern auch mit diesem Beispiel, dass die alle Schranken ablehnende rationalistische Dogmenkritik unabdingbar zum Sektierertum führte, und schenkten also der Thesenreihe Glauben.

Mit dem Auftauchen des Textes des „Mattanjah" entstand jedoch eine neue Situation, weil deutlich wurde: Biandratas Thesen waren keine Phantasieprodukte, fassten sie doch mit einer Ausnahme Gedankengänge aus Glirius' Werk zusammen. Bei Glirius findet sich nicht die erste, sog. josefinistische These, der zufolge Jesus aus Josefs Samen geboren sei. (Dieser These hing beispielsweise der litauische Antitrinitarier Szymon Budny an.) All dies veranlasste Pirnát, seine frühere Auffassung zu ändern, den Thesen Glauben zu schenken und eine neue Konzeption auszuarbeiten.[18] Demnach wurde Davidis vom Landtag nicht verurteilt, weil er die gesamte unitarische Gemeinde dazu bewegen wollte, Palaeologus' kühnes dogmatisches System zu akzeptieren, sondern der politisch äußerst sensible Biandrata wollte mit der Verurteilung verhindern, dass sich der Unitarismus zu einer lebensunfähigen und für führende Schichten inakzeptablen Sekte wandelt.

Meiner Ansicht nach geht Pirnát zu leicht über die josefinistische These hinweg. Er lässt außer Acht, dass wenn Biandrata hier offensichtlich zum Mittel der Verleumdung griff, dies auch für den Rest der Thesenreihe nicht ausgeschlossen ist. Deshalb wage ich nicht zu behaupten, dass die Thesen wirklich von Franz Davidis formuliert wurden. Dennoch ist ihre Bedeutung kaum zu leugnen. Wenn Davidis sie auch nicht selbst verbreitete, so ist doch sehr wichtig, dass es sich nicht um Ausgeburten der Phantasie des italienischen Arztes handelt, sondern um Gedanken, die Glirius vertreten hatte, von dem sich trotz Schweigens der Quellen nur schwerlich vorstellen lässt, dass er nicht versucht haben sollte, seine Lehren zu verbreiten. All dies macht mehr als das vorhin Erwähnte Biandratas Motivation verständlich, und auch, warum sich im Frühjahr 1578 die Ereignisse überschlugen.

So wird natürlich auch die unerbittliche Entschlossenheit verständlicher, mit der Biandrata die Geschichte sozusagen bis zum Ende durchzog: Noch vor dem Landtag im April ließ er den Bischof unter Hausarrest stellen, und als der Landtag die Entscheidung verschob, ließ er ihn noch strenger bewachen, worauf es dann zu dem Landtag im Juni kam, wo das Urteil über einen Mann gesprochen wurde, der sich nicht mehr bewegen und nicht mehr reden konnte. Vermutlich auf Rat der bei Hof bereits anwesenden Jesuiten wurden keinerlei Disputationen gehalten, man stellte nur fest, dass er das Innovationsgesetz verletzt hatte. Wir können also eigentlich nicht wissen, wovon er in seinen letzten Tagen überzeugt war. Das Glaubensbekenntnis,

[18] Die vollständigste Darstellung der früheren Forschung: Pirnát, Antal: Die Ideologie der Siebenbürger Antitrinitarier in den 1570er Jahren. Budapest 1961, S. 161–187. – Die neuere: Il martire e l'uomo politico. In: Róbert Dán, Antal Pirnát: Antitrinitarianism in the Second Half of the 16th Century. Budapest, Leiden 1982, S. 157–190. (Studia Humanitatis 5).

das nach seiner Gefangennahme in Thorenburg formuliert und später von Glirius im Vorwort der „Refutatio scripti Petri Caroli" publiziert wurde, zeugt jedenfalls – ähnlich wie seine Antwort an Sozzini – davon, dass er auch im letzten Abschnitt seines Lebens niemand war, der die Gedanken von Palaeologus oder die von Glirius mechanisch wiederholte. Beide Schriften gestatten, dass verschiedene Meinungen bezüglich des Reiches Christi geäußert werden, und der neuartige Gedanke aus „Mattanjah", der den späteren Sabbatariern einen Ausgangspunkt bot, wird überhaupt nicht angesprochen. Weil Jesus am alttestamentarischen Gesetz nichts geändert hat, können Gottes Gesetze einzig auf der Grundlage des Alten Testamentes kennengelernt und richtig interpretiert werden, und weil der Mensch kein Recht habe, willkürlich unter den Gesetzen zu wählen, müssten also auch die „gläubigen Heiden" die rituellen Gesetze des Alten Testaments einhalten (mit Ausnahme der nachweislich nur für die Juden gedachten Beschneidung). Davidis betont immerfort die Wichtigkeit eines gottgefälligen frommen Lebens und spricht von der Nachfolge Christi. Aber der Hauptgedanke ist zweifellos die Verteidigung des Nonadorantismus, die ständige Wiederholung dessen, dass wir Christus nicht anbeten dürfen, ihn nicht zu Hilfe rufen dürfen, denn wenn wir hier ein Zugeständnis machen, dann stürzen wir auch unerwünscht in den Vielgötterglauben der Papisten, dessen Beendigung für Davidis die größte Errungenschaft und der Sinn der Reformation war.

Wir können nicht behaupten, dass die gesamte Bürgerschaft der Stadt, nicht einmal jedes Mitglied des Magistrats das Wesen dieses theologischen Testaments verstand. Von mächtigem Ansehen zeugt es zugleich, und wir können es beinahe bewegend finden, dass diese engere Gemeinde regelmäßig probierte, Maßnahmen wenigstens zur Erleichterung seiner Lage zu initiieren: die Stadtakten dokumentieren einen Versuch, Biandrata auszuzahlen, ein anderes Mal den Versuch, Davidis wenigstens zum Sterben nach Hause zu holen. Nicht einmal dies wurde ihm gewährt, aus dem Gefängnis der Burg Deva gab es keine Befreiung. Die jesuitischen Quellen glauben zu wissen, dass er in den letzten Tagen seines Lebens mit den Dämonen stritt. Wenn es sich hierbei nur um körperliche Qualen handelte, so dauerten sie nicht lange, denn am 15. November 1579 starb er.

## Zusammmenfassung

### Ferenc Dávid

The text is a version of the English biography that was published in the XXVI^th volume of the Bibliotheca Dissidentium, this time supplied with footnotes. Both the biography and the account of the professional activities are relying on new documents, and provide an overview of the life of the great reformer, who had a seminal role in establishing Transylvanian Antitrinitarianism. The study inevitably relies heavily on sources published in the last few decades, including the correspondence of major figures of the Reformation (like

Théodore de Bèze), or the letters of the Jesuits who appeared in Transylvania, but many manuscript sources are also taken into account. From among these, the protocols of the Cluj City Council might be the most important, a source group as yet rather unexploited by intellectual history.

The author makes an explicit attempt at distancing himself from the burden of national and denominational prejudice that was so characteristic of older literature, and which happens to appear here and there in more recent works as well, which fabricated Dávid into a Hungarian Reformer, and Antitrinitarianism into a Hungarian Religion. It is proved that Ferenc Dávid lived all his life as a member of *natio saxonica* in Cluj, which of course, did not prevent him from producing the dominant part of his oeuvre in Hungarian. The life of Dávid, who made a try with several denominations, is presented in a fashion that elaborately traces the intellectual influences formulating his theology. Even among the changes of confessions, a common thread in Dávid's oeuvre is his ability to synthesise different theological systems, sometimes through the reconciliation of contradictory trends. In this respect he can be regarded as an original thinker, and of course, it is also unique that despite all the possible existential consequences, he always kept to his actual opinion.

## Dávid Ferenc

A szöveg a Bibliotheca Dissidentium XXVI. kötetében megjelent angol nyelvű életrajz jegyzetekkel ellátott változata. Az életrajz és pályakép új dokumentumok alapján rajzolja meg az erdélyi antitrinitarizmus megalapításában döntő szerepet játszó nagy reformátor életútját. Természetesen nagy mértékben épít az utóbbi évtizedekben megjelent forráskiadványokra, beleértve a nagy reformátorok (például Théodore de Bèze), vagy az Erdélyben megjelent jezsuiták levelezését, de nagy számban használ kéziratos forrásokat, amelyek közül kiemeljük a kolozsvári városi tanács művelődéstörténeti szempontból még sok tekintetben kihasználatlan jegyzőkönyveit.

A szerző programszerűen tartja magát távol a régebbi magyar szakirodalmat megterhelő nemzeti és felekezeti elfogultságoktól, amelyek még mindig felbukkannak a szakirodalomban, s amelyek Dávidból magyar reformátort, az antitrinitarizmusból pedig magyar vallást gyártottak. Bemutatja, hogy Dávid Ferenc egész életében a natio saxonica tagjaként élt Kolozsvárott, ami persze nem akadályozta meg őt abban, hogy életműve jelentékeny részét magyar nyelven fogalmazza meg. A sok felekezetet megjárt szerző egyes korszakait úgy mutatja be, hogy rendre alaposan feltérképezi azokat a szellemi hatásokat is, amelyek jelentősen alakították teológiáját. A felekezetváltások közepette is az életmű közös mozzanatának számít, hogy Dávid képes volt különféle teológiai rendszerek szintetizálására, és olykor ellentmondásos tendenciák kiegyenlítésére is. Ebben az értelemben tekinthető eredeti gondolkodónak, s persze páratlan az is, hogy egzisztenciális következményekkel nem számolva állt ki éppen aktuális meggyőződése mellett.

## Ferenc Dávid

Textul este o versiune a biografiei engleze publicată în volumul XXVI din *Bibliotheca Dissidentium*, completată cu note de subsol. Atît biografia cît şi prezentarea operei se bazează pe documente inedite şi oferă o viziune de ansamblu asupra vieţii marelui reformator, care a jucat un rol de iniţiator la instaurarea antitritarianismului ardelean. In mod inevitabil studiul se bazează pe surse publicate în cursul ultimelor decenii, cuprinzînd corespondenţa marilor personalităţi ale reformaţiei (precum Théodore de Bèze) sau scrisorile iezuiţilor descinşi în Ardeal, luînd însă în considerare şi multe manuscrise. Dintre acestea procesele verbale ale Consiliului Orăşenesc Cluj s-ar putea să fie cele mai importante, constituind un ansamblu prea puţin explorat pînă la ora actuală.

Autorul se distanţeaza in mod explicit de prejudecăţile nationale şi confesionale atit de caracteristice literaturii mai vechi şi care din cînd in cînd îşi fac apariţia si în lucrări mai recente în care Dávid este prezentat ca reformator maghiar şi antitrinitarianismul ca religie maghiară. Este cert că Ferenc Dávid şi-a trăit toată viaţa aparţinînd de *natio saxonica* din Cluj, ceea ce bineînţeles că nu l-a împiedicat să-şi scrie cea mai mare parte din operă în limba maghiară. În prezentarea vieţii lui Dávid, care a încercat o serie întreagă de confesiuni, se urmăresc influenţele spirituale asupra teologiei sale. Tocmai în schimbarea confesiunilor se evidenţiază abilitatea lui Dávid de a sintetiza diferite sisteme teologice, reconciliind cîteodată tendinţe contradictorii. În această privinţă el poate fi considerat un gînditor original, fiind bineînţeles un fapt ieşit din comun că în ciuda unor posibile consecinţe existenţiale neforabile el şi-a menţinut întotdeauna atitudinea.

# Iacobus Palaeologus und die Reformation

## Antireformatorische Polemik in der verlorenen Schrift *Pro Serveto contra Calvinum*

*Martin Rothkegel*

## 1. Iacobus Palaeologus und die Protestanten

Die ab den 1560er Jahren in Polen und Siebenbürgen entstehenden antitrinitarischen Kirchentümer verstanden sich in erster Linie als legitime und konsequente Fortsetzung der Reformation. Ein wichtiges Zeugnis für diese Auffassung ist die 1568 von einer polnisch-siebenbürgischen Theologenkommission gemeinsam herausgegebene Schrift „De falsa et vera unius Dei Patris, Filii et Spiritus Sancti cognitione", in der Luther, Zwingli und Melanchthon als von Gott gesandte Vorläufer der eigenen Lehre dargestellt wurden.[1] Als exemplarisch für die Kontinuität, die den Antitrinitarismus mit der Reformation verband, kann die Biographie des Franz Davidis gelten, der nacheinander Katholik, Lutheraner, Calvinist, von Michael Servet beeinflusster Antitrinitarier und schließlich nonadorantistischer Unitarier war. Für die zeitgenössischen Anhänger des ersten Klausenburger unitarischen Bischofs dürfte es außer Zweifel gestanden haben, dass diese theologische Entwicklung als ein konsequentes

Prof. Dr. Růžena Dostálová (Prag) gebührt mein Dank für die Möglichkeit zur Benutzung ihrer Materialsammlung über Iacobus Palaeologus. Pastor Marco Guerrieri (Baptistengemeinde Rom, via del Teatro Valle) sei für seine Gastfreundschaft während einer Archivreise nach Rom gedankt, Prof. Dr. Mihály Balázs (Szeged) für die kritische Lektüre einer ersten Fassung dieses Beitrags.

[1] Vgl. De falsa et vera unius Dei Patris, Filii et Spiritus Sancti cognitione libri duo (Alba Iulia 1568), Faksimile, ed. Antal Pirnát. Budapest 1988, S. 27f, 122–129, 207. (Bibliotheca Unitariorum 2). – Zu Vorläufer- und Kontinuitätstheorien im Antitrinitarismus vgl. Balázs, Mihály: Mittelalterliche Häresie in der Geschichtsphilosophie der Antitrinitarier. In: Frank, Günter, Niewöhner, Friedrich (Hgg.): Reformer als Ketzer. Heterodoxe Bewegungen von Vorreformatoren, Stuttgart-Bad Cannstatt 2004, S. 227–238. (Melanchthon-Schriften der Stadt Bretten, 8). – Zu apokalyptisch-chronologischen Zahlenspekulationen, durch die die Reformation und die Aufrichtung der antitrinitarischen Kirche in Siebenbürgen in „De falsa et vera" heilsgeschichtlich miteinander verknüpft wurden, vgl. ders.: Early Transylvanian Antitrinitarianism (1566–1571). From Servet to Palaeologus. Baden-Baden, Bouxwiller 1996, S. 27–45. (Bibliotheca dissidentium, scripta et studia 7).

Voranschreiten in der Erkenntnis der ursprünglichen und reinen biblischen Lehre zu gelten habe.

Allerdings blieb auf dem theologischen Weg von der Reformation zum Nonadorantismus von den Grundsätzen der reformatorischen Theologie nur das Formalprinzip „sola scriptura" übrig, während die materialen Prinzipien „sola gratia", „sola fide" und „solus Christus" nach und nach losgelassen wurden. Mit der Ablehnung der Anbetung Christi, die 1578 zum Zerwürfnis zwischen Franz Davidis und Fausto Sozzini führte (und in der Folgezeit zu der getrennten Entwicklung des polnischen Sozinianismus und des siebenbürgischen Unitarismus) und die 1579 der Grund für die Absetzung und Inhaftierung Franz Davidis' war, ging folgerichtig eine allmähliche Abkehr von der reformatorischen Rechtfertigungslehre einher. Davidis starb 1579 an den Folgen der Haft. Ein von der Gnadenlehre und dem Bekenntnis zur Heilsmittlerschaft Christi losgelöster Biblizismus trug dazu bei, dass ein Teil des nonadorantistischen Flügels der siebenbürgischen Unitarier sich wenige Jahre später unter dem Einfluss des ehemaligen Heidelberger reformierten Predigers Matthias Vehe-Glirius einem judaisierenden Sabbatarismus zuwandte.[2]

Zur theologischen Radikalisierung Davidis' und zur Formierung einer nonadorantistischen Fraktion innerhalb des siebenbürgischen Unitarismus trug maßgeblich der Ex-Dominikaner Jacobo da Scio bei, der während seines Studiums in Italien den Humanistennamen Palaeologus angenommen hatte und sich später als Nachfahre der kaiserlichen Familie der Palaiologoi ausgab.[3] Im Leben des Palaeologus gab es,

---

[2] Grundlegend zu Davidis: Balázs, Mihály: Ungarländische Antitrinitarier IV: Ferenc Dávid. Baden-Baden, Bouxwiller 2008. (Bibliotheca Dissidentium. Répertoire des non-conformistes religieux des seizième et dix-septième siècles XXVI) – Zu Vehe-Glirius und zur Entstehung des Sabbatarismus vgl. Dán, Róbert: Matthias Vehe-Glirius: Life and work of a radical Antitrinitarian with his collected writings. Leiden, Budapest 1982. – Burchill, Christopher J.: The Heidelberg Antitrinitarians. Baden-Baden, Bouxwiller 1989, S. 157–209. (Bibliotheca Dissidentium. Répertoire des non-conformistes religieux des seizième et dix-septième siècles XI.). – Újlaki-Nagy, Réka: Korai szombatos írások (Early Sabbatarian Writing), Szeged 2010, dort S. 229–230 englische Zusammenfassung. (Fiatal Filológusok Füzetei, korai újkor 7).

[3] Zur Biographie des Palaeologus vgl. Pirnát, Antal: Die Ideologie der Siebenbürger Antitrinitarier in den 1570er Jahren. Budapest 1961, S. 54–116, 188–193, 199–206. – Rill, Gerhard: Jacobus Palaeologus (ca. 1520–1585). Ein Antitrinitarier als Schützling der Habsburger. In: Mitteilungen des Österreichischen Staatsarchivs 16 (1963), S. 28–85. – Szczucki, Lech: Jakub z Chios-Paleolog (Zarys biografii). In: Odrodzenie i Reformacja w Polsce 11 (1966), S. 63–91 (Kap. I–II); 13 (1969), S. 5–50 (Kap. III). – ders.: W kręgu myślicieli heretyckich. Warszawa 1972, S. 11–121, 199–244. – ders.: Art. „Paleologo, Giacomo". In: Adriano Prosperi (Hg.): Dizionario storico dell'Inquisizione, Bd. 3. Pisa 2010, S. 1159–1161. – Dostálová, Růžena: Tři dokumenty k pobytu Jakuba Palaeologa v Čechách a na Moravě (Drei Dokumente zum Aufenthalt des Jakob Palaeologus in Böhmen und Mähren). In: Strahovská knihovna 5/6 (1970/71), S. 331–360. – Feci, Simona: „Su le estreme sponde del christianesimo". L'isola di Chio, la Repubblica di Genova e l'inquisizione romana alla metà del Cinquecento. In: Carlo Longo (ed.): Praedicatores, inquisitores III: I domenicani e l'inquisizione romana. Atti del III seminario internazionale su „I domenicani el l'inquisizione", 15–18 febbraio 2006. Roma 2008, S. 131–204. (Institutum Historicum Fratrum Praedicatorum

wie der folgende biographische Überblick zeigt, keine mit der theologischen Entwicklung des Franz Davidis oder des Matthias Vehe-Glirius vergleichbare protestantische Phase. Auch beim theologischen Denken des Palaeologus handelte es sich, wie in einem weiteren Abschnitt darzulegen sein wird, nicht um eine Radikalisierung protestantischer Grundsätze, sondern um die Theorie eines universalen religionspolitischen Projekts. Ausgangspunkt des Weges, der Palaeologus in einen radikalen Unitarismus führen sollte, ist nicht die Reformation, sondern die spezifische Situation der katholischen bzw. lateinischen Minderheit in der Levante, der er entstammte.

Geboren um 1520 auf der (bis 1566 genuesischen) Insel Chios als Sohn eines griechischen Handwerkers mit dem Familien- oder Berufsnamen Maxilaras („Kissenmacher") und einer Italienerin, war er in Chios in den Predigerorden eingetreten und hatte anschließend in Ferrara und in Bologna studiert. 1554 gehörte er dem Dominikanerkonvent von Pera in Konstantinopel an und kehrte 1555 nach Chios zurück. Dort lenkte er die Aufmerksamkeit der Inquisition auf sich, da er den Widerstand der genuesischen Behörden gegen die Einführung der Römischen Inquisition auf der Insel unterstützte. Im April 1557 reiste Fra Giacomo mit der Hilfe des habsburgischen Diplomaten Antonio Veranzio (Verancsics) nach Italien. Dort ließ er sich nach spontanem Erscheinen vor der Inquisition in Ferrara seine Integrität bescheinigen, wurde aber im September 1557 von der Inquisition in Genua inhaftiert. Im Oktober 1558 gelang ihm die Flucht. Von Venedig aus trat er die Rückreise nach Chios an, wurde aber am 9. Dezember 1558 in Ragusa (Dubrovnik) erneut verhaftet und diesmal an die Zentrale der Inquisition in Rom überstellt. Aus dem Kerker von Ripetta, dem Sitz der Inquisition, gelang ihm während der Unruhen nach dem Tod Pauls IV. im August 1559 ein weiteres Mal die Flucht. Im Frühjahr 1560 fuhr er über Alexandrien in seine Heimat Chios zurück, wurde aber gleich bei der Ankunft im Mai 1560 vom dortigen Inquisitor verhaftet. Einige Monate später konnte er zum dritten Mal fliehen und schiffte sich im Sommer 1561 von Chios heimlich nach Marseille ein.

Obwohl Palaeologus am 5. März 1561 in Rom in Abwesenheit als Ketzer verurteilt worden war, fand er in Frankreich einflussreiche Fürsprecher. Zunächst in Poissy, dann in Trient versuchte er, seine Rekonziliation zu erreichen. In Trient, wo er sich dank eines Geleitbriefs relativ frei bewegen konnte, knüpfte Palaeologus Kontakte mit einer Reihe der dort zum Konzil versammelten kirchlichen Würdenträger, ohne jedoch gegenüber seinen Gesprächspartnern den Inhalt seiner von der Inquisition beanstandeten Auffassungen offenzulegen. Er wollte weder einen Widerruf leisten noch eine Begnadigung annehmen, sondern zog nur die Alternative Verurteilung oder Freispruch in Betracht. Überzeugt „di essere stato sempre et volere essere per

Romae, Dissertationes Historicae 33). – Rothkegel, Martin: Zum Werdegang des Antitrinitariers Jacobus Palaeologus bis 1561, 1. Teil: Frate Jacobo da Scio und seine Anhänger in der Levante. In: Acta Comeniana 26 (2012), im Druck.

l'avvenire buon christiano"[4], war er der Auffassung, dass ihm von der Inquisition schweres Unrecht widerfahren sei, insbesondere vom Inquisitor Michele Ghislieri, dem späteren Papst Pius V. Im Herbst 1562 brach er seine Bemühungen in Trient ab und fasste den Plan, bei nächster Gelegenheit nach Wien und von dort im Gefolge einer habsburgischen Delegation nach Konstantinopel abzureisen und von dort nach Chios zurückzukehren. Wegen einer Warnung vor der Pest in Wien musste er diesen Plan jedoch ändern und traf im Oktober 1562 in Prag ein.

Für direkte Kontakte des Palaeologus mit Protestanten in der Zeit vor seinem Prager Aufenthalt liegen keine Belege vor. Allerdings ist anzunehmen, dass Palaeologus mit protestantischem Gedankengut und mit dem italienischen Philoprotestantismus aus der Literatur vertraut war. Konkret überprüfbar ist diese Annahme nicht, denn alle vor 1570 entstandenen Schriften des Palaeologus sind verloren. Von ihrer Existenz haben wir eine Reihe von Zeugnissen. So hatten bei den Vernehmungen in Genua von September 1557 bis Oktober 1558 vier Schriften des Palaeologus vorgelegen,[5] auch bei der Verhaftung in Ragusa im Dezember 1558 waren mehrere Bände mit handschriftlichen Werken beschlagnahmt worden.[6]

Über den Inhalt der verlorenen Schriften gibt es nur zwei konkrete Angaben. Zum einen überliefert der Hebraist Sisto da Siena OP, der in Genua an den Untersuchungen gegen Palaeologus beteiligt war, ein Zitat aus einer von Palaeologus verfassten „Auslegung des Glaubensbekenntnisses". Demnach bezeichnet das Wort „Cherub" in der Bibel keine Engelwesen, sondern hölzerne Figuren, die wie Vogelscheuchen zur Abschreckung aufgestellt wurden, etwa zum Schutz der Bundeslade oder vor dem Paradies (Gen. 3,24). Seine Interpretation, Cheruben seien keine Engelwesen, sah Palaeologus durch gewisse Details der ostkirchlichen Liturgie bestätigt.[7] Sisto da Siena leitete Palaeologus' Erklärung von allegorischen Deutungen

---

4 Kardinal Prospero Santacroce, Nuntius in Frankreich, an Kardinal Carlo Borromeo in Rom, Poissy, 24. I. 1562, Archivio Segreto Vaticano, Segretaria di Stato (im folgenden: ASV, Seg. St.), Nunz. diverse 274 I, Bl. 79r-92v, dort 91v, gedruckt bei Josef Šusta, Die römische Kurie und das Konzil von Trient unter Pius IV. Aktenstücke zur Geschichte des Konzils von Trient, Bd. 2. Wien 1909, S. 382.

5 Vgl. Palaeologus an Maximilian II. [1569], Wien, Haus-, Hof- und Staatsarchiv, StAbt, Italienische Staaten Rom Varia 2, Bl. 139v.

6 Vgl. Szczucki, Jakub z Chios-Paleolog (wie Anm. 4), S. 79; ders., W kręgu myślicieli heretyckich (wie Anm. 4), S. 28f; Feci, Su le estreme sponde (wie Anm. 4), S. 180f.

7 Vgl. Bibliotheca Sancta A F. Sixto Senensi Ordinis Praedicatorum ... collecta, Lugduni: Porta, 1592 (erste Ausgabe bereits 1566), 345: „Temporisbus nostris prodiit è Graecia novus quidam haeresiarcha Iacobus Chyus, qui inter mutuas veterum haereticorum haereses a se revocatas [in margine: Iacobus Chyus antiquam haeresim renovavit] in lucem errorem istum instauravit. Hic cum in Symboli Expositione a se edita sermonem de angelis faceret, inter caetera haec de Cherubim scripsit: ‚Cherubim in Sacris Literis non significat aliquam spiritualem substantiam vel incorporeum aliquod animal, sed statuam ad similitudinem pueri formatam, quales erant pueriles illae statuae aureae super arcam collocatae et statua illa cum igneo gladio ad custodiam Paradisi posita, quam Moses Cherubim appellavit. Haec enim non erat angelicus spiritus, sed virile quoddam simulacrum,

der Cherubim bei Theodoret von Cyrus[8] und anderen griechischen Exegeten (Theodoros von Herakleia und Prokopios von Gaza) ab und bezichtigte Palaeologus daher der Erneuerung alter griechischer Irrlehren.[9] Dass Palaeologus entscheidende Impulse für sein theologisches Denken aus der östlich-orthodoxen Tradition empfangen habe, wird man jedoch nicht behaupten können.

Die zweite Angabe findet sich bei Palaeologus selbst. Er berichtete in seiner zwischen 1570 und 1576 entstandenen Schrift „Adversus proscriptionem Elisabethae reginae Angliae", dass die Inquisition in Rom ihm 1558/59 eine Stelle aus einer von ihm verfassten Schrift über die Bekehrung der Muslime zur Last legte. Der Vorwurf lautete, er habe den Unterschied zwischen Islam und Christentum als einen Unterschied der Riten und nicht des Glaubens bezeichnet.[10] Die Begriffe beziehen sich offensichtlich auf das im Hochmittelalter formulierte Prinzip „una fide, diverso ritu", das den Kirchenunionen zwischen der römischen und den östlichen Kirchen zugrunde lag.[11] Wagte Palaeologus bereits zu dieser Zeit, seinen kühnsten Gedanken zu denken, nämlich dass hinter dem „Unterschied der Riten" von Christentum und

---

horribili forma, larvaque circumtectum, quod Deus ad incutiendum terrorem primis parentibus prae foribus Paradisi collocaverat iuxta morem agricolarum, qui in satis et hortis ligneos palos defigunt laceris humanarum vestium pannis indutos, ut eo terriculamenti genere aves a seminum atque frugum pastu deterreant. Unde, ne quis putaret Cherubim esse vivas spiritualesque substantias, cautum est synodalibus legibus Graecorum, ne in Trisagio Angelorum cantaretur ‚Qui sedes super Cherubim'. Hucusque Iacobus." Zu Sisto da Siena vgl. Parente, Fausto: Art. „Sisto da Siena". In: Adriano Prosperi (Hg.), Dizionario storico dell'Inquisizione, Bd. 3. Pisa 2010, 1140f.

8 Vgl. Theodoret: Quaest. in Gen. 40, PG 80, S. 141–144.

9 Tatsächlich wurde Palaeologus u.a. wegen „griechischer Irrlehren" verurteilt, wie in einem Schreiben des Georg Draskovics an Ferdinand I. (Trient, 8. VIII. 1563) unter Berufung auf den Ordensgeneral Vincenzo Giustiniani berichtet wird: „Hic generalis affirmat illum fratrem Iacobum multa docuisse publice et privatim tenuisse, quae partim Graecos errores, partim vero novas et veteres haereses saperent, quemadmodum ipse frater aliquando examinatus confessus erat", zit. Szczucki: Jakub z Chios-Paleolog (wie Anm. 4), S. 70; ders.: W kręgu myślicieli heretyckich (wie Anm. 4), S. 18.

10 Vgl. Palaeologus, Adversus proscriptionem Elisabethae reginae Angliae. Bern, Burgerbibliothek, MS 558, p. 392: „Ego olim damnatus ab inquisitoribus, Ghislerii ministris, fuissem, quod ritus pro fide accepissem in quodam meo scripto, quod illis in manus venerat. Scripseram autem infideles sancta vita, sermone sedato, disputatione amica ad ritus Christianos esse alliciendos. En, de repente illi inclamantes in me dicebant: ‚Fidem Christianam ritus appelavit!'", zit. Dostálová-Jeništová: Růžena: Eine neu gefundene Schrift des Jakob Palaeologus. Ein Beitrag zur Frage der Wirkung des italienisch gebildeten Griechentums in Mitteleuropa. In: Johannes Irmscher, Marika Mineemi (Hgg.): ὁ ἑλληνισμός εἰς τὸ ἐξωτερικόν. Über Beziehungen des Griechentums zum Ausland in der neueren Zeit. Berlin 1968, S. 35–44, dort 40f.

11 Vgl. Avvakumov, Georgij: Die Entstehung des Unionsgedankens. Die lateinische Theologie des Hochmittelalters in der Auseinandersetzung mit dem Ritus der Ostkirche, Berlin 2002, S. 11–16. (Veröffentlichungen des Grabmann-Institutes zur Erforschung der mittelalterlichen Theologie und Philosophie N.F. 47). – Vgl. auch die Formel „religio una in rituum varietate" bei Nicolaus Cusanus (De pace fidei, c. 1. n. 6).

Islam eine „Einheit der Religion" auszumachen sei? Möglicherweise ging es bereits in der 1558/59 beanstandeten Schrift des Palaeologus um die Überwindung des Gegensatzes zwischen Christentum und Islam und damit um ein Problem, das für die Christenheit, zumal die des östlichen Mittelmeerraums, von allergrößter Bedeutung war. Dieser Gedanke sollte jedenfalls einige Jahre später als ein zentrales Anliegen der Theologie des Palaeologus hervortreten. Möglicherweise bestimmte also das große imaginäre Projekt der Rückführung des Islam ins Christentum schon seit den späten 1550er Jahren Leben und Denken des Palaeologus. Diese große Idee dürfte auch im Hintergrund einiger auffälliger Züge der Persönlichkeit des ehemaligen Mönchs stehen. Als solche wären zu nennen: sein übersteigertes Sendungsbewusstsein, die Usurpation des Namens des letzten byzantinischen Kaiserhauses, die beharrlichen Versuche, mit Diplomaten, Politikern und Monarchen in Verbindung zu treten, die Loyalität gegenüber den Habsburgern (denen er sich als Türkei-Experte anzudienen suchte) bei gleichzeitiger Bewunderung der Osmanen (in denen er die legitimen Erben des byzantinischen Kaisertums sah), schließlich seine ausufernde Graphomanie.

Die erhoffte Gelegenheit zur Abreise nach Chios, wegen der Palaeologus im Herbst 1562 nach Prag gegangen war, sollte sich nicht ergeben. Bei der Prager Regierung und am Hof Ferdinands I. fand der mittellose Flüchtling keine Unterstützung, zumal die päpstliche Diplomatie nichts unterließ, um vor ihm zu warnen und ihm das Leben schwer zu machen. Im Frühjahr 1563 versuchte er erfolglos, dank seines Rufes als gelehrter Gräzist und Orientalist eine Stellung im benachbarten lutherischen Sachsen zu erlangen. Nach Prag zurückgekehrt, vermied er alles, was ihn in den Verdacht einer Nähe zum Protestantismus bringen konnte, und unterließ alle religiösen Diskussionen. Dahinter stand die Einsicht, dass ihm die ersehnte Rückkehr nach Chios nicht gegen den Willen Roms möglich sein würde. Die im Herbst 1563 noch ganz konkrete Rückkehrhoffnung trat im folgenden Jahr, als Maximilian II. seinem Vater nachfolgte, etwas in den Hintergrund. Palaeologus, der das Ordensgewand längst abgelegt hatte, fand Anschluss an einen Prager Humanistenzirkel und heiratete eine Bürgerstochter.

Das Jahr 1566 brachte zwei einschneidende Veränderungen: Zum einen wurde Palaeologus' persönlicher Feind, der Inquisitor Michele Ghislieri, als Pius V. Papst, zum andern beendeten die Türken die genuesische Herrschaft auf Chios und unterstellten die Insel direkt der osmanischen Verwaltung. Zwar musste Palaeologus die Hoffnung auf Rekonziliation und Rückkehr in die Heimat nun hintanstellen, ging aber auch jetzt nicht zum Protestantismus über, sondern hielt sich in religiösen Dingen nach wie vor bedeckt. 1568 gelang es ihm, als besoldeter Türkei-Experte in den Dienst Maximilians II. aufgenommen zu werden. Drei Jahre später machten es ihm die Interventionen der Vertreter der Kurie, die hartnäckig die Verhaftung und Auslieferung des flüchtigen Ketzers forderten, unmöglich, in Prag zu bleiben. Am 30. März 1571 wurde Palaeologus unter einem Vorwand inhaftiert, kam nach mehreren Monaten im Gefängnis noch einmal mit dem Schrecken davon und verließ im Sommer 1571 Prag.

Plötzlich um die mühsam aufgebaute Existenz in Prag gebracht, fand Paleologus Aufnahme bei dem habsburgischen Diplomaten Andreas Dudith in Krakau. Neben der politischen Affinität zum Haus Habsburg waren es auch theologische Interessen, die Palaeologus und Dudith verbanden. Aus einem Brief des Franz Davidis von 1570 an Palaeologus geht hervor, dass Palaeologus bereits in seiner Prager Zeit in antitrinitarischen Kreisen als Gesinnungsgenosse und theologische Autorität bekannt war. Dudith war durch seine Einbindung in die diplomatisch-politische Kommunikation, die gelehrten Korrespondenzen des Späthumanismus und die antitrinitarischen Kreise in Polen und Siebenbürgen eine Schlüsselfigur der politischen, gelehrten und theologisch-nonkonformistischen Kommunikationsnetze. Innerhalb des antitrinitarischen Diskurses, über den er sich spätestens durch den direkten Umgang mit Dudith einen Überblick verschaffen konnte, bezog Palaeologus durch seine 1571–72 in Krakau abgefassten Schriften Stellung, in denen er sich entschieden gegen die Sozialethik der postcalvinistisch-täuferischen Ecclesia minor Polens und damit gegen das Konzept einer vom Staat unabhängigen, separatistischen Minderheitenkirche wandte.

Von Polen zog es Palaeologus weiter nach Siebenbürgen, wohl nicht nur wegen der bereits geknüpften Kontakte mit den dortigen Antitrinitariern, sondern auch, weil er damit der ersehnten Heimat ein beträchtliches Stück näher war. Bei einer Reise nach Konstantinopel und Chios, die Palaeologus im Frühjahr und Sommer 1573 von Siebenbürgen aus endlich unternehmen konnte, tat sich jedoch keine akzeptable Möglichkeit zur dauerhaften Rückkehr auf die Insel auf, auch der Versuch, sich durch einen Reisebericht für eine Karriere als Berufsdiplomat zu empfehlen, blieb erfolglos. Allerdings könnte die in der Forschung bisher stets als eitle Erfindung abgetane Behauptung des Palaeologus, ihm sei von den Türken ein hohes Amt auf Chios angeboten worden, sofern er zum Islam übertrete,[12] durchaus einen realen Kern haben, betrachtet man sie im Licht der von Elena Banora und Simona Feci in Rom untersuchten Berichte über das außerordentliche Ansehen, das Palaeologus dort eineinhalb Jahrzehnte zuvor genossen hatte.[13]

Von 1573 bis 1575 hielt sich Palaeologus in Siebenbürgen auf, wo er in Klausenburg und in Alzen eine große Zahl von Schriften verfasste, von denen ein Teil in Abschrift in der Bibliothek des Klausenburger Unitarischen Kollegs erhalten ist. In Siebenbürgen hatte bis 1571 der den Anfängen des siebenbürgischen Antitrinitarismus gewogene Johann II. Sigismund regiert, der in der Rückschau des Palaeologus als das

---

[12] Vgl. EPISTOLA | IACOBI PALAE=|OLOGI, DE REBVS CONSTAN-|TINOPOLI ET CHII CVM EO | actis, lectu digna.| Anno 1573.| M. D. XCI.| (o.O, 4°, Exemplar: Praha, Strahov, CU III 28), Bl. A4r. Von der 1591 postum veröffentlichten Epistola erschienen mehrere Nachdrucke (Ursel: Henricus, 1594; Nicolaus Reusner, Epistolarum Turcicarum [...] libri V, Francofurti a. M.: Collitius, 1598 u.ö.).

[13] Vgl. Bonora, Elena: Giudicare i vescovi. La definizione dei poteri nella Chiesa postridentina. Roma, Bari 2007, S. 13–26. – Feci: Su le estreme sponde (wie Anm. 4). – Rothkegel: Zum Werdegang des Antitrinitariers (wie Anm. 4).

Idealbild eines erleuchteten Herrschers erschien. Unter der Regierung des neuen Fürsten Stephan Báthory sympathisierte Paleologus jedoch mit der oppositionellen, habsburg-freundlichen Partei. Nach deren Niederlage 1575 verließ er Siebenbürgen und begab sich nach Polen, wo er in dem 1574 ausgebrochenen Konflikt um die polnische Thronfolge dem Wiener Hof anbot, Lobby-Arbeit für die Wahl Maximilians II. zum polnischen König zu leisten. Eine dauerhafte Zuflucht für sich und seine Familie schien er 1576 in der Kleinstadt Hluk auf der Grundherrschaft des Herrn Jetřich z Kunovic[14] gefunden zu haben. Dort verfasste er zwischen 1576 und seiner Verhaftung 1581 noch einmal eine bedeutende Zahl von Schriften. 1577 versuchte Palaeologus in einer Bittschrift an den neuen Herrscher Rudolf II. ein letztes Mal, in habsburgische Dienste aufgenommen zu werden, allerdings wieder vergeblich. Derselbe Herrscher erließ im Herbst 1581 den Haftbefehl gegen Palaeologus. Einige Monate später folgte die Überstellung nach Rom und dort nach langer Haft am 23. März 1585 die Hinrichtung.

## 2. Die Neubestimmung des Verhältnisses zwischen Christentum und Islam als Zentralproblem der Theologie des Palaeologus

Zu den grundlegenden Schriften, die Palaeologus nach seinem unfreiwilligen Ausbruch aus dem langen Schweigen des Prager Exils in Krakau verfasste, gehörte die am 28. September 1572 fertiggestellte Abhandlung „De tribus gentibus".[15] Die Menschen können das ewige Seelenheil erlangen, wenn sie bekennen, dass Jesus der Christus sei, und gute Werke tun. Die Menschen sind in drei „Völker" unterteilt, die diesen Heilsweg auf unterschiedliche Art verwirklichen. Dabei bezieht Palaeologus die pragmatische levantinische Auffassung, wonach religiöse Identität primär durch Abstammung definiert sei, in sein theologisches Denkgebäude ein. Die Juden sind das erste Volk, denen Gott den Weg zum Heil eröffnete, indem er Abraham und alle seine Nachkommen zu Gotteskindern annahm. Von ihnen hat ein Teil den Glauben angenommen, dass Jesus der Christus sei. Die Nachkommen dieser Judenchristen seien die im Orient ansässigen Syrer und Kopten. Mit ihnen werden sich einst auch diejenigen Angehörigen des jüdischen Volkes wieder vereinigen, die sich in der gegenwärtigen Zeit immer noch selbst vom Heil ausschließen, indem sie nicht bekennen wollen, dass Jesus der Christus sei. Das zweite Volk sind die Christen „aus der Vorhaut", zu denen die christlichen Nationen nichtjüdischer Abstammung gehören. Sie sind zur Gotteskindschaft angenommen, da ihre Vorfahren einst die Taufe emp-

[14] Zu diesem keinem konfessionellen Lager verpflichteten, „überkonfessionellen" Protestanten vgl. Zemek, Petr: Reformace, protireformace a rozvinutí protireformačního katolictví v Uherském Brodě – křesťanská víra v proměnách času. Uherský Brod 2006, S. 58–61.

[15] Palaeologus: De tribus gentibus (Datum der Vorrede: Krakau, 28. September 1572), ed. Szczucki: W kręgu myślicieli heretyckich (wie Anm. 4), S. 229–241.

fangen haben. An dritter Stelle ist von den Muslimen die Rede. Palaeologus führt sie unter der Bezeichnung „Turci Christiani" („türkische Christen") ein und bezeichnet sie als ein drittes Volk, das eigentlich Teil des zweiten Volkes sei, aber durch historisches Unrecht von den übrigen Christen abgetrennt wurde.[16]

Die Muslime seien Nachfahren der alten christlichen Bevölkerung des Orients und des östlichen Mittelmeerraums und haben deshalb ebenso wie die Angehörigen des zweiten Volkes an der Gotteskindschaft teil. Aber nicht nur die Vorfahren, sondern auch die jetzt lebenden Muslime seien tatsächlich Christen. Dies ergebe sich daraus, dass das Bekenntnis zu Jesus als dem Christus im Koran hinreichend bezeugt sei und die Muslime mit großer Standhaftigkeit bekennen „Iesum esse Christum Dei, vatem Dei, sanctum Dei".[17] Zwar enthalte der Koran neben den heilsnotwendigen Kernaussagen auch absurde Erzählungen. Diese für wahr zu halten oder nicht sei aber irrelevant für das Seelenheil. Eine dogmengeschichtliche Analyse der im Koran enthaltenen christologischen Aussagen deute darauf hin, dass die Abtrennung der „Turci Christiani" von der übrigen Christenheit in der Zeit zwischen dem Arianischen Streit und der Kontroverse um Makedonios von Konstantinopel, also in der ersten Hälfte des 4. Jahrhunderts, stattgefunden habe. Damals wurde der Streit lediglich um die Gottheit Christi geführt, aber noch nicht die Frage der Gottheit des Heiligen Geistes diskutiert, von der im Koran daher auch nicht die Rede sei. Palaeologus führt folgendes über die „türkischen Christen" aus:

> „Wenn ich aber behaupte, dass dieses Volk einst christlich war und tatsächlich zu den Christen gehörte, und dass es ein historisches Unrecht sei, dass es nicht mehr zur Christenheit gerechnet wird und eine andere Bezeichnung erhalten hat, dann sage ich das sehr wohl auf der Grundlage der Heiligen Schrift. Und obwohl ich mich damit vielleicht unbeliebt mache, will ich noch etwas hinzufügen, denn wir leben in einer Zeit, die die Wahrheit auch dann hören will, wenn sie unbequem ist; zudem befinde ich mich in einer Situation, in der mir all das, was einem für die Aufdeckung der Wahrheit zustoßen kann, keine Angst mehr macht. Ich behaupte nämlich, dass sich bei diesem dritten Volk die christliche Lehre und die Verehrung Gottes stets in einer besonders reinen Form erhalten haben. Man betrachte einmal ihre Schriften oder durchwandle ihre Moscheen! Dieses Volk hat stets sorgfältigst darüber gewacht, dass ihr reiner Gottesdienst und ihre Frömmigkeit nicht befleckt und ihre Freiheit nicht verletzt wird. Den Regierenden käme es ungelegen, wenn dies allgemein bekannt würde, denn dann könnte es zu einem Umschwung der öffentlichen Meinung kommen. Dabei wäre es eine große Hilfe insbesondere für diejenigen, die durch ein Unglück in Sklaverei geraten sind und sich, innerlich zerrissen, zum Übertritt zu einer frem-

---

[16] Ebenda, S. 236f.

[17] Ebenda, S. 237. Zum zeitgenössisch gängigen Traditionswissen über die Übereinstimmungen des Islam mit dem Christentum vgl. die Abschnitte über die Christologie des Koran in Cusanus, Nicolaus: Cribratio Alcorani (I 8–20). In: Theodor Bibliander (Hg.): Machumetis Saracenorum principis eiusque successorum vita ac doctrina ipseque Alcoran, Bd. 2. Basel: Oporinus [1543], S. 43 (=33)–43.

den Religion bewegen lassen, um ihre Freiheit wiederzuerlangen. Wenn sie damit einen Frevel begehen, dann besteht der in nichts anderem, als dass sie sich gegen ihr Gewissen zu diesem Schritt bewegen lassen. Wofür wir hier allerdings argumentieren, ist nicht etwa, dass wir bedenkenlos zu jenen übertreten können, sondern dass jene zu uns übertreten und sich uns anschließen können, ohne damit ihr religiöses Gewissen zu verletzen [...]. Ich beziehe hier klar einen Standpunkt als Angehöriger des zweiten Volkes und halte das dritte Volk für einen Teil des zweiten, nicht aber das zweite für einen Teil des dritten, spreche mich hier also nicht für einen Übertritt des zweiten zum dritten Volk aus [...]. Dieses Volk also hat die ursprüngliche Freiheit ungeschmälert bewahrt, und zwar mehr als alle anderen christlichen Völker, die sich zum Spielball der päpstlichen Willkür gemacht haben. Man erkennt das an ihrer konsequenteren Auffassung von der Einheit Gottes, denn sie halten weder Jesus Christus noch den Heiligen Geist noch die Engel wesenhaft für Gott, sondern ordnen sie allesamt dem unter, der wesenhaft Gott ist. Es gibt bei ihnen keine an bestimmte Tage gebundenen Speisevorschriften und keine als göttliches Gesetz gebotenen Feiertage. Es ist bei ihnen eine allgemeine Sitte, Gott mehrmals täglich öffentlich oder privat anzubeten, aber man fürchtet keinen Frevel zu begehen, wenn man die Gebetszeiten versäumt. Ihre Moscheen, Plätze und Häuser sind frei von religiösen oder andere Bildern und Statuen. Am Freitagmorgen kommt man öffentlich zusammen, hört eine Predigt aus dem Gesetz Gottes und sammelt Spenden für Arme und Gefangene. Nach dem Ende der Versammlung gibt es kein feiertägliches Arbeitsverbot, weder stundenweise noch für den ganzen Tag. Bei den öffentlichen und privaten Gebeten wird ausschließlich Gott allein angerufen, weder Heilige noch Propheten noch etwas anderes. Die Furcht vor dem Fegefeuer hat es bei ihnen nie gegeben. Man könnte noch viele andere bemerkenswerte Dinge aufzählen, die man im Koran nachlesen oder von ihnen im Gespräch erfahren kann, und die jener Freiheit entsprechen, die Paulus als Kennzeichen des Christentums und des Heilswegs der Völker ‚aus der Vorhaut' beschrieben hat. Wie gesagt, es handelt sich um Christen, wie ihr Glaube zeigt, denn sie glauben, dass Jesus der Christus sei."[18]

Diese Argumentation setzt natürlich voraus, dass das Bekenntnis zu Jesus als dem Christus nicht im Sinne des kirchlichen christologischen Dogmas verstanden wird. Wie Palaeologus an anderer Stelle darlegte, bezeichnete der Ehrentitel Christus bzw. Messias (Gesalbter) im Alten Testament Menschen, die von Gott zu besonderen Aufgaben bevollmächtigt wurden, insbesondere die israelitischen Könige. Zur Herrschaft über Israel war auch Jesus auserwählt, wurde aber von seinem Volk verworfen und getötet. Er wurde von Gott auferweckt und in den Himmel erhöht, wo er als König ein geistliches Regiment über die Gläubigen aus allen Völkern ausübt und von wo er einst als Weltenrichter zurückkehren wird. Wie anderen Königen und Richtern steht ihm nach hebräischem Sprachgebrauch auch der Ehrentitel „Elohim"

---

[18] Palaeologus: De tribus gentibus. In: Szczucki: W kręgu myślicieli heretyckich (wie Anm. 4), S. 238–239.

(„Gott“) zu, eine göttliche Verehrung und Anbetung Jesu Christi sei aber ausgeschlossen und wäre nichts anderes als Götzendienst.[19]

Protestantische Zeitgenossen, die nicht in die Lehre des Palaeologus eingeweiht waren, hielten ihn für einen protestantischen Glaubensflüchtling aus dem Mittelmeerraum.[20] In seinen Schriften gibt es in der Tat Aspekte, die seine theologische Methode und Rhetorik dem Protestantismus verwandt erscheinen lassen: die Berufung auf das Schriftprinzip, die Ablehnung der kirchlichen Lehr- und Disziplinargewalt, die Kritik an der Tradition und die antirömische Polemik. Allerdings benötigte Palaeologus das Schriftprinzip nur in dem Maße, wie es ihm zum Zweck der radikalen Dogmenreduktion nützlich war, die wiederum Voraussetzung für den Erweis der substantiellen Übereinstimmung von Christentum und Islam war. Vorläufer hat Palaeologus' Verfahren der Dogmenreduktion zur Überwindung von Lehrkontroversen bei Sebastian Castellio und Iacobus Acontius und davor bei Erasmus von Rotterdam. Bei diesen diente die Dogmenreduktion jedoch der angestrebten Überwindung der durch die Reformation hervorgerufenen innerchristlichen Spaltung und ließ den zwischen beiden Seiten unumstrittenen altkirchlichen Lehrbestand im Prinzip unberührt. Palaeologus ging es jedoch um weit mehr, nämlich um die Destruktion sämtlicher Lehraussagen, die über den mit dem Islam erzielbaren Lehrkonsens hinausgingen. Auch die Heilige Schrift selbst maß er am Kriterium dieses Konsenses. Aussagen der Schrift, die dem christlich-islamischen gemeinsamen Nenner widersprechen, suchte er durch neue Interpretationen als lediglich scheinbare Widersprüche zu erweisen. In den Fällen, in denen dieser Weg nicht zu einem plausiblen Ergebnis führen konnte, argumentierte Palaeologus mit der Annahme von Überlieferungsfehlern, wobei er sich etwa auf abweichende Lesarten griechischer Handschriften berief, die er auf seinen Reisen gesehen habe. Als letzter Ausweg blieb

---

[19] Zur Christologie vgl. DOMAŃSKI, Juliusz, SZCZUCKI, Lech: Jakuba Paleologa traktat „De Christi cognomine“. In: Archiwum Historii Filozofii i Myśli Społecznej 19 (1973), S. 265–288. – Iacobi Chii Palaeologi Catechesis Christiana dierum duodecim, ed. Růžena DOSTÁLOVÁ. Varsoviae 1971, 475–481 u.ö. (Biblioteca pisarzy reformacyjnych 8). – Szczucki, Lech: Le dottrine ereticali di Giacomo da Chio Paleologo. In: Rinascimento 22 (1971 [1973]), S. 27–75, dort 37–43.

[20] Vgl. z.B. die Reaktion des Prager Astronomen Thadeáš Hájek z Hájku auf die Nachricht von der Verhaftung des Palaeologus in einem Brief an Fridrich ze Žerotína, 10. I. 1582, Praha, Knihovna Národního muzea, II D 8 (Acta Unitatis Fratrum XIV), Bl. 572r: „Noviny velmi smutné sem slyšel o našem panu Palaeologovi, nepřeji jemu toho srdečně [...] Pán Bůh jemu rač proti zkrvavilým nepřátelům našeho náboženství pomocníkem býti a nám všem“ [„Sehr betrübliche Nachrichten habe ich über unsern Herrn Palaeologus erhalten, von Herzen wünsche ich ihm solches nicht [...] Gott der Herr stehe ihm und uns allen bei gegen die blutrünstigen Feinde unseres Glaubens“], zit. JIREČEK, Josef: Jakub Palaeolog. Životopisní nástín. In: Časopis Matice moravské 7 (1875), S. 1–9, dort 7–8. – Dem päpstlichen Nuntius Giovanni Francesco Bonomini, dem Anfang 1582 ein Gespräch mit dem Gefangenen gestattet wurde, antwortete er auf die Frage nach seinem Glauben lediglich, dass er kein Papist sei, vgl. Bonomini an Tolomeo Gallio gen. Kardinal Como. Wien, 16. I. 1582, ASV, Seg. St., Germania 104, Bl. 28r-30v, dort 28r: „Interrogando io di diverse cose non mi volse mai rispondere [...], delle cose della fede non mi rispose altro, se non che non era Papista.“

ihm die Behauptung, dass die Verfasser der biblischen Texte bei der Niederschrift des durch den Heiligen Geist inspirierten Textes Irrtümer begangen hätten.[21]

Was nach dieser radikalen Revision als positiver Gehalt der christlichen Lehre übrigblieb, fasste Palaeologus in seiner „Catechesis Christiana“ (1574) folgendermaßen zusammen:

> „Wir sind zu der Erkenntnis gekommen, dass Gott nicht alle möglichen Bücher, sondern allein die Bibel zur Grundlage des Heils der Menschen gemacht hat. Aber nach unserer Meinung soll nicht alles, was in der Bibel steht, dem Volk als heilsnotwendig verkündigt werden, sondern nur das, was sich auf den Glauben *(fides)* und das Gesetz *(lex)* bezieht. Diese zwei Dinge, Glaube und Gesetz, unterscheiden wir als zwei Teile und ordnen ihnen jeweils zugehörige Aussagen der Schrift zu, wenn wir zum Volk predigen. Auch alles andere, was in der Bibel steht, bekennen wir als wahr, heilig und zuverlässig. Aber wenn das Volk wissen will, was heilsnotwendig ist, also was man glauben und was man tun muss, um das Heil von Gott erhoffen zu können, dann predigen wir nichts anderes als den Glauben, von dem ich gesprochen habe, und das Gesetz, über das ich bei Bedarf noch sprechen werde.“[22]

Die von Palaeologus vorgenommene Zweiteilung der Theologie in „fides“ und „lex“ ist analog zur Einteilung der islamischen Theologie in Glaubenslehre („aqida“) und Pflichtenlehre („fiqh“). Palaeologus’ christliche Glaubenslehre besteht aus lediglich zwei dogmatischen Artikeln, „Deum unum esse et Iesum esse Christum“.[23] Dieses Glaubensbekenntnis ist offensichtlich in bewusster Parallele zum islamischen Bekenntnis, „Non est deus nisi deus, Machumet nuncius Dei“[24], formuliert. Auch wenn Palaeologus für Theologen und Gebildete ein (verlorenes) systematisches Lehrbuch der Theologie verfasste, das an Umfang der „Institutio“ Calvins entsprochen haben soll,[25] ist für ihn die Wahrheit, die man zum Heil notwendig wissen und glauben muss, von äußerster Kürze und Einfachheit. Komplex werden die Gedankengänge des Palaeologus allerdings dann, wenn er zur Falsifikation eines zu destruierenden Dogmas argumentativ weiter ausholen muss oder will. So entsteht etwa als Nebenprodukt der Widerlegung der Erbsündenlehre eine exkursartige kleine Abhandlung über die Abstammung der Menschheit, in der Palaeologus argumentiert, es deute vieles darauf hin, dass die verschiedenen Völker nicht etwa alle von Adam abstammen, sondern jeweils unterschiedliche Ureltern hatten, denn es sei unwahr-

---

[21] Vgl. Szczucki, Lech: J. Paleologa traktat „De veritate narrationis novae Sacrae Scripturae“. In: Odrodzenie i reformacja w Polsce 15 (1970), S. 189–201.

[22] Palaeologus: Catechesis Christiana (wie Anm. 19), S. 106.

[23] Vgl. ebenda, S. 103.

[24] So der Wortlaut bei Bibliander, Machumetis [...] Alcoran, Bd. 2, Basel: Oporinus [1543], S. 12.

[25] Vgl. Textanhang, Anm. 98.

scheinlich, dass die Vorfahren der Ureinwohner Amerikas den Ozean überqueren konnten.[26]

Die Kritik der kirchlichen Dogmen und Riten hat von vornherein das Ziel, die christliche Religion auf diejenigen Züge zu reduzieren, die nach der Auffassung des Palaeologus im Islam bereits enthalten sind. Es geht ihm nicht darum, eine systematisch stringente Lehre zu entfalten, sondern er muss von vornherein bestimmte Lehren und Praktiken rechtfertigen, andere verwerfen. Aus diesem Bestreben erklären sich auch einige Spannungen oder scheinbare Inkonsequenzen der Lehre des Palaeologus. So lehnte er einerseits mit den Täufern, Servet und den frühen polnischen und siebenbürgischen Antitrinitariern[27] die Kindertaufe ab und erklärte, dass die Taufe nach dem Neuen Testament auf das Bekenntnis des eigenen Glaubens des Täuflings erfolgen solle. Er entwickelte dann aber, merkwürdig weit ausholend, die Theorie, die Taufe sei nur für die apostolische Zeit bzw. für Christen der ersten Generation relevant gewesen, die nachfolgenden Generationen seien dagegen von Geburt Christen. Erst in nachapostolischer Zeit sei der Missbrauch aufgekommen, auch die Nachkommen von Getauften zu taufen. Die von einem Teil der siebenbürgischen Antitrinitarier befürwortete Einführung der Erwachsenentaufe sei als ebenso überflüssig und missverständlich abzulehnen wie die Kindertaufe.[28] Im Hintergrund dieser Theorie steht Palaeologus' von vornherein feststehende Auffassung, dass die Taufe überflüssig sein müsse, denn die Muslime sind Christen, obwohl sie nicht getauft sind. Getauft waren lediglich die christlichen Vorfahren der jetzt lebenden Muslime. Um die Forderung nach einer allmählichen Abschaffung der Taufe begründen zu können, wird argumentiert, dass die im Neuen Testament bezeugte Praxis für die nachfolgenden Generationen nicht mehr verbindlich sein könne, sondern nur für die Apostelzeit gegolten habe.

Im Hinblick auf das Abendmahl fordert er dagegen umgekehrt eine Rückkehr zur allerfrühesten urchristlichen, apostolischen Praxis. Die ersten Christen hätten nämlich das Abendmahl nicht als einen besonderen, gottesdienstlichen Ritus zelebriert, sondern den Brauch gehabt, bei ihren gewöhnlichen Mahlzeiten Jesu als des Christus zu gedenken. Die Worte „Solches tut, sooft ihr esset und trinkt" (vgl. 1. Kor. 11) bedeuten nichts anderes, als dass man in den Häusern und Familien beim Frühstück und bei den Hauptmahlzeiten ein Dankgebet verrichten und an Jesus als den Christus

---

26 Vgl. Dostálová, Růžena: Traktát Jakuba Palaeologa An omnes ab uno Adamo descenderint (Reformační kritika náboženských dogmat ve světle objevení Ameriky) [Der Traktat des Jakob Palaeologus An omnes ab uno Adamo descenderint. Eine reformationszeitliche Kritik religiöser Dogmen im Licht der Entdeckung Amerikas]. In: Listy filologické 97 (1969), S. 281–288.

27 Vgl. Balázs: Early Transylvanian Antitrinitarianism (wie Anm. 3), S. 97–133.

28 Vgl. Palaeologus: Dissolutio de sacramentis. Cluj, Biblioteca Academiei Române (im folgenden: CBAR), MSU 1669, pp. 665–677. – Ebenda: MSU 966, pp. 169–177. – Ders.: De baptismo. Ebenda, MSU 1669, pp. 683–689. – Vgl. auch Johannes Sommer: Declamatio contra baptismum adultorum. Ebenda, MSU 1669, pp. 411–421. – Ferner das Exzerpt von Palaeologus: Pro Serveto contra Calvinum, f. 665 f. 718 (unten als Anhang).

denken solle. Christus habe nicht gesagt: „Solches redet", daher sei eine Wiederholung der Einsetzungsworte zu unterlassen. Auch wenn man aus Rücksicht auf die Volksfrömmigkeit an öffentlichen Mahlfeiern in den Kirchen festhalten wolle, sollten diese möglichst den Charakter gewöhnlicher Mahlzeiten haben.[29] Durch diese Interpretation ist das Abendmahl so radikal seines sakramentalen und rituellen Charakters entkleidet, dass aus der Sicht des Palaeologus auch die Mahlzeiten der Muslime als Erfüllung des Herrenwortes über das Mahl gelten können.

Auch bei den Aussagen über das Verhältnis von Staat und Kirche liegt eine auffällige Spannung vor. So wendet sich Palaeologus, selbst Opfer der Inquisition, einerseits mit den religiösen Nonkonformisten seiner Zeit gegen Zwang und Gewalt in Glaubensdingen.[30] Er ist aber im Gegensatz zu frühen „täuferischen" Antitrinitariern keineswegs Anhänger einer individuellen Glaubensfreiheit und des damit korrespondierenden ekklesiologischen Konzepts einer Freiwilligkeitskirche, sondern hält am Konzept des Corpus Christianum fest, und zwar im Sinne einer Staatsreligion, deren Kirchenregiment vollständig in den Händen der weltlichen Obrigkeit liegen soll. Diese antirömisch-erastianische Konzeption sah er in England und im Osmanischen Reich, das die Praxis des Byzantinischen Reiches fortsetze, verwirklicht.[31]

Von modernen Konzepten von Toleranz und Pluralismus, zu deren Vorläufern Palaeologus gelegentlich gezählt wird,[32] war seine Vision einer universalen Einheits- und Staatsreligion weit entfernt. Es ist insbesondere zu betonen, dass er die jüdische Religion nur dann als Heilsweg anerkennen wollte, wenn zu dieser das Bekenntnis zu Jesus als Messias hinzutrete. Daher ist die Konzeption des Palaeologus grundsätzlich zu unterscheiden von dem in der modernen interreligiösen Theologie diskutierten Konzept der „abrahamitischen" Religionen oder des monotheistischen Inklusivismus, wonach alle drei monotheistischen Religionen als gleichwertige Heilswege zu gelten haben. Bei Palaeologus ist das Heil exklusiv an das Bekenntnis zu Jesus als dem Christus gebunden, auch wenn bei ihm der Begriff „Christus" seiner traditionellen dogmatischen Implikationen so radikal entkleidet ist, dass die Bekenner des Islam im

---

[29] Vgl. Palaeologus: De Eucharistia, CBAR, MSU 1669, pp. 677–683; ebenda, MSU 966, pp. 177–181.

[30] Vgl. Palaeologus: Theodoro Bezae [...] pro Castalione et Bellio (datiert Alzen, 1. Mai 1575), CBAR, MSU 1669, pp. 929–1102. – Ferner das Exzerpt aus Palaeologus: Pro Serveto contra Calvinum, f. 39 (unten als Anhang); zur Haltung der siebenbürgischen Antitrinitarier zur Ketzerverfolgung vgl. die Inhaltsangabe von Johannes Sommers Paraphrase von Acontius' „Stratagemata Satanae" bei Pirnát: Ideologie (wie Anm. 4), S. 21–30.

[31] Vgl. die Inhaltsangabe von Palaeologus' „Adversus proscriptionem Elisabethae reginae Angliae". In: Dostálová: Eine neu gefundene Schrift (wie Anm. 10). – Szczucki: W kręgu myślicieli heretyckich (wie Anm. 4), S. 107–109. – ders.: Le dottrine ereticali (wie Anm. 19), 57–60.

[32] So Dostálová, Růžena: Jacques Paléologue et son idéal tolerantiste d'une seule foi universelle. In: Listy filologické 105 (1982), S. 240–247. – Ähnlich Felici, Lucia: Una nuova immagine dell'Islam (e del cristianesimo) nell' Europa del XVI secolo. In: Abbattista, Guido (Hg.): Encountering Otherness. Diversities and Transcultural Experiences in Early Modern European Culture. Trieste 2011, S. 43–66, dort 65–66.

Christentum inkludiert erscheinen. Wer sich dagegen, wie die Juden, nicht zu Jesus als dem Christus bekennt, ist vom Heil ausgeschlossen.

Palaeologus hegte gewiss nicht die Illusion, dass die kleine unitarische Partikularkirche Siebenbürgens Mission unter den Muslimen treiben könnte, sondern seine Vision galt der Wiedereingliederung des Islam in die universale, katholische Christenheit auf dem Weg einer dogmatischen Neudefinition dessen, was als Christentum zu gelten habe. Wäre sein Ziel eine partikuläre Überwindung des christlich-islamischen Gegensatzes in Gestalt einer „unione dei musulmani con le chiese unitariane“[33] und nicht die Überwindung der Trennung zwischen dem Islam und der Christenheit als ganzer gewesen, so wäre zu erwarten, dass er auf politischem Gebiet für die vollständige Loslösung Siebenbürgens von Habsburg und eine noch stärkere Bindung an die Türken eingetreten wäre. Stattdessen verließ Palaeologus im Herbst 1575, nach der endgültigen Niederlage der pro-habsburgischen Partei um Kaspar Bekes, Siebenbürgen.[34]

Die ehrenvolle Rolle, die Maximilian II., Suleiman dem Prächtigen und dessen Sohn Selim II. beim imaginären Weltkonzil der „Disputatio Scholastica“[35] zugedacht wird, lässt erkennen, dass Habsburg und die Osmanen in der Vorstellungswelt des Palaeolgus die zwei großen legitimen Ordnungsmächte Europas und zugleich die eigentlichen Adressaten seines theologischen Denkens waren.[36] Palaeologus’ Theologie war nicht maßgeschneidert für die entstehende regionale Kirchenorganisation des siebenbürgischen Unitarismus, sondern ist wohl eher als eine politisch-theologische Legitimationstheorie für eine anzustrebende Neuorientierung im Verhältnis der beiden Großmächte des europäisch-mediterranen Raums zu deuten, deren Urheber sich nicht so sehr Siebenbürgen als vor allem seiner Heimat Chios verpflichtet fühlte, die am Konflikt zwischen der Christenheit und den Türken zugrunde ging. Nur durch äußere Zufälle wurde der Exulant zu einem „Kirchenvater“ einer sich aus dem Calvinismus herauslösenden unitarischen Partikularkirche.

---

33 Szczucki: Le dottrine ereticali (wie Anm. 19), S. 53; zustimmend zitiert bei Felici: Una nuova immagine (wie Anm. 32), S. 66.

34 Zu Palaeologus’ Abneigung gegen Bekes’ Gegenspieler, den Fürsten Stephan Báthory, vgl. Palaeologus: Catechesis Christiana (wie Anm. 19), S. 371.

35 Vgl. Domański, Juliusz, Szczucki, Lech (Hgg.): Iacobus Palaeologus, Disputatio Scholastica. Utrecht 1994, S. 46, 63–67, 73, 76, 87. (Bibliotheca Unitariorum 3).

36 Palaeologus vertrat die Theorie des Übergangs des oströmischen Kaisertums auf die Osmanen, die daher auch legitim das Kirchenregiment über das Patriarchat von Konstantinopel und die übrigen Kirchen des Reiches ausübten, vgl. Dostálová: Eine neu gefundene Schrift (wie Anm. 10), 39–40. Frühe Vertreter dieser Translationstheorie waren nach der Eroberung Konstantinopels 1453 der Chronist Kritobulos von Imbros, der venezianisch-kretische Humanist Georgios von Trapezunt und Georgios Amirutzes, Logothet des Kaisers von Trapezunt. Die beiden letzteren entwickelten sogar Pläne für eine Vereinigung oder Versöhnung von Christentum und Islam, ohne jedoch den Boden der kirchlichen Rechtgläubigkeit verlassen zu wollen, vgl. Podskalsky, Gerhard: Griechische Theologie in der Zeit der Türkenherrschaft (1453–1821). Die Orthodoxie im Spannnungsfeld der nachreformatorischen Konfessionen des Westens. München 1988, S. 20.

Obwohl Palaeologus' Theologie im Gegensatz zu derjenigen der meisten übrigen zeitgenössischen Antitrinitarier nicht auf dem Boden des Protestantismus entstanden war, war es unumgänglich, dass er sich während seines Wirkens in dem von der Reformation geprägten religionskulturellen Kontext Siebenbürgens intensiv mit der protestantischen Theologie auseinandersetzte. Palaeologus' Lektüre von Werken Calvins und anderer reformierter Theologen schlug sich in einer ganzen Reihe von polemischen und apologetischen Werken nieder. Von diesen soll im Folgenden die nur in einem Exzerpt überlieferte Schrift *Pro Serveto contra Calvinum* näher betrachtet werden, die zwar keine wesentlichen neuen Aspekte für das Verständnis der Lehre des Palaeologus ergibt, aber als exemplarisch für die Auseinandersetzung des Palaeologus mit dem Calvinismus gelten kann.

## 3. Ursprung und Überlieferung des Exzerpts von „Pro Serveto contra Calvinum"

Stanislaus Kot berichtete 1953 von der Existenz des Exzerpts einer verlorenen Schrift des Palaeologus „Pro Serveto contra Calvinum" oder „In Ioannis Calvini librum de orthodoxa fide" (1575),[37] einer Gegenschrift gegen Calvins „Defensio Orthodoxae fidei de sacra Trinitate contra prodigiosos errores Michaelis Serveti" (1554).[38] Das Exzerpt hatte Kot im Vatikanischen Archiv unter den Berichten des Giovanni Francesco Bonomini, 1581/82 Nuntius in Wien, an Tolomeo Gallio, genannt Kardinal Como, entdeckt. Bei diesem Exzerpt handelt es sich um den einzigen erhaltenen Überrest einer größeren Zahl von handschriftlichen Werken des Palaeologus, die im Zusammenhang mit seiner Verhaftung Ende 1581 konfisziert worden waren und deren Umfang den der in Klausenburg (vier Bände)[39] und Bern (ein Band)[40] erhaltenen Handschriften mit Palaeologus-Texten anscheinend um ein Mehrfaches übertraf. Die Quellen über die Verhaftung des Palaeologus im Dezember 1581 und

---

37 Vgl. Kot, Stanislaus: Sur l'influence de Michel Servet sur le mouvement antitrinitarien en Pologne et en Transylvanie. In: B. Becker (Hg.): Autour de Michel Servet et de Sebastien Castellion. Haarlem 1953, S. 72–115, dort 104–106. Die Handschrift befindet sich im ASV, Seg. St., Germania 104, Bl. 134r-143v.

38 Diese liegt in einer neuen Edition vor: Calvin, Jean: Defensio orthodoxae fidei de sacra Trinitate contra prodigiosos errores Michaelis Serueti Hispani, ed. Joy Kleinstuber. Genève 2009 (Ioannis Calvini Opera Omnia IV 5). Im Folgenden wird nach der leichter zugänglichen älteren Edition zitiert: Ioannis Calvini Opera quae supersunt omnia, edd. Guilielmus Baum, Eduardus Cunitz, Eduardus Reuss, vol. VIII: Tractatus theologici minores, tom. IV. Brunsvigae 1870 (Corpus Reformatorum 36), coll. 453–644 (= CO 8).

39 CBAR, MSU 474, 966, 968, 1669; vgl. Pirnát: Ideologie (wie Anm. 4), S. 54–116, 188–193, 199–206. – Lakó, Elemér: The Manuscripts of the Unitarian College of Cluj/Kolozsvár in the Library of the Academy in Cluj-Napoca. Szeged 1997, Bd. 1, S. 100f, 187–190, 347–352.

40 Bern, Burgerbibliothek, MS 558. – Vgl. Dostálová: Eine neu gefundene Schrift (wie Anm. 10).

den anschließenden Transport nach Rom erwähnen mehrfach die konfiszierten Handschriftenbände und werfen auch Licht auf den Ursprung des Exzerpts von „Pro Serveto".

Die Schriften des Palaeologus galten den Vertretern der römischen Kirche als mindestens ebenso gefährlich wie ihr Verfasser. Im September 1581 fielen den österreichischen Behörden Exemplare der klandestin in Krakau gedruckten „Defensio Francisci Davidis" in die Hände. Dieser Vorfall löste Nachforschungen nach Palaeologus und nach seinen Schriften aus. Bei Hofe wusste man zunächst nur, dass der Gesuchte in Mähren lebte.[41] Infolge dieser Untersuchung sollte die päpstliche Diplomatie ihr seit 1562/63 verfolgtes Ziel erreichen, den Kaiser zu einer Festnahme des Palaeologus zu bewegen. Nach entsprechenden Befehlen des Landesherrn wurde Palaeologus am 13. Dezember von seinem Gastgeber Jetřich z Kunovic einem Vertreter des Olmützer Bischofs Stanislav Pavlovský ausgeliefert und als Gefangener in die bischöfliche Residenz Kremsier und von dort weiter nach Klosterneuburg gebracht. Die Briefe und Schriften des Verhafteten (die sich offenbar in dessen Wohnung im mährischen Hluk befunden hatten) wurden von Bischof Pavlovský in einer Kiste nach Wien nachgesandt.[42] Bonomini forderte von Rudolf II. umgehend die Auslieferung des Palaeologus nach Rom und erhob Anspruch auf dessen Schriften, da es sich um einen flüchtigen und bereits verurteilten Gefangenen des Papstes handle.[43] Zwar erhielt Bonomini am 2. Januar 1582 vom Kaiser eine entsprechende

41 Rudolf II. an den österreichischen Statthalter Erzherzog Ernst, Prag, 9. IX. 1581: „Wegen des Palaeologi und seiner mithelfer ergerlichen ketzerei und fortsetzung des hochverdambten Arrianismi [...] dass unvermerckter dinge aller möglicher fleiss fürgewendt wurde, wie etwan hindter die tractatus und buecher, welche man truckhen zu lassen und further hin und wider ausszupraiten vorhat, möchte zu kommen sein [...] Was gestallt aber dasselb zum besten und erspriesslichsten geschehen möge, dem wölle Euer Lieb nachzugedenken nit underlassen und dann, was ir guetachten, mit ehistem sonderlich auch in dem zu erkennen geben, ob wir nit ursach gnueg haben möchten, bemelten Palaeologum aus unsern landen und gepiete zu schaffen oder zu seiner person zu greiffen", ed. Karl LANDSTEINER, Jacobus Palaeologus. Ein Studie, mit noch nicht gedruckten Urkunden und Briefen aus dem Archive des k.k. Ministeriums des Innern. Wien 1873. In: XXIII. Jahresbericht über das k.k. Josefstädter Ober-Gymnasium für das Schuljahr 1873, S. 1–54, dort 19. Von der Suche nach Palaeologus' Schriften berichtete auch der österreichische Jesuitenprovinzial Heinrich Blyssem an Claudio Aquaviva praep. gen. SJ, Wien, 18. XI. 1581, Rom, Archivum Romanum Societatis Iesu, Germ. 159, Bl. 205r-206v, dort Bl. 205r: „Dicitur esse in Moravia quidam haereticus Paleologus, qui secreto modo scripsit plurima contra Sanctissimam Trinitatem, ut paganismum in has partes invehat. Nunc igitur fit inquisitio, ubinam ille sit vel scripta sua habeat, ut prius ad examen vel ad ignem quam ad praelum veniant."

42 Zur Verhaftung im Dezember 1581 vgl. SZCZUCKI: Jakub z Chios-Paeolog (wie Anm. 4), 38f. – DERS.: W kręgu myślicieli heretyckich (wie Anm. 4), S. 72f.

43 Bonomini an Tolomeo Gallio, Wien, 28. XII. 1581, ASV, Seg. St., Germania 103, Bl. 591r-594v, dort 593r: „[...] in Vienna, ove ancora dal vescovo d'Olmuz è stata mandata una cassa di suoi libri et scritture; io ne parlero con la Maestà del Imperatore nella prima audienza, et vederò d'ottenere i libri nelle mani."

Zusage,[44] erfuhr aber nach siebenwöchigem Warten, dass die Schriften den Bischöfen von Wiener Neustadt und Wien, Lambert Gruter und Johann Caspar Neubeck, zur Sichtung übergeben worden waren.[45]

Einen Monat später mahnte der Kaiser Bonomini wieder zur Geduld, da das Gutachten der beauftragten Theologen über die Schriften des Palaeologus noch nicht fertiggestellt sei. Bis dahin wollte auch der Bischof von Wien dem Nuntius keine Einsicht in die Texte gewähren, lieh ihm aber immerhin insgeheim einen Band mit dem Titel „Itinerarium" aus, bei dem es sich um eine Art Tagebuch des Palaeologus handelte. Bonomini ließ davon eine Abschrift herstellen und sandte diese mit seinem Bericht vom 20. März nach Rom zwecks Weiterleitung an die Inquisitoren, damit diese den Abschluss des Falles des seit 1559 flüchtigen, längst verurteilten Ketzers vorbereiten konnten.[46] Aus dem Inhalt des Tagebuchs, von dem uns weder Abschrift noch Original erhalten sind, wird beiläufig berichtet, dass Palaeologus im Laufe des Lebens sechs oder sieben Mal aus dem Gefängnis geflohen sei. Demnach reichten die Aufzeichnungen mindestens bis zur ersten Verhaftung im Jahr 1557 zurück.[47]

Nach weiteren fünf Wochen lag das Gutachten über die Schriften des Palaeologus dem Kaiser vor.[48] Da sich der Verdacht, Palaeologus habe hochverräterische Beziehungen zu den Türken unterhalten, nicht erhärtet hatte, bestand von habsburgi-

---

44 Ders. an dens., Wien, 2. I. 1582, ebenda, Germania 104, Bl. 7r-8v, dort Bl. 7v: „Hò anche rese gratie à Soa Maestà della diligentia, che ha usata in far carcerare Giacomo Paleologo, con farle instanza apresso, che non si lascino uscire alcuni di quei suoi scritti, ma che ne sia fatta parte à me, come fatti da uno heretico fuggito delli pregioni di Roma [...] à che Soa Maestà ha risposto, che delli scritti appartenenti alla religione n'haverebbe fatta dar parte à me."

45 Ders. an dens., Pressburg, 20. II. 1582, ebenda, Bl. 54r-57v, dort Bl. 56v: „I suoi scritti furono dati in mano del vescovo di Vienna et di Neustat, et quando mi parti di Vienna, non havevano ancor cominciato à vedergli, et spero che n'havero la nota quando saremo à Vienna, et subito havuta la manderò à Vostra Signoria Illustrissima, com'ella comanda."

46 Ders. an dens., Wien, 20. III. 1582, ebenda, Bl. 88v-89v, dort Bl. 89v: Bonomini hatte gegenüber Rudolf II. die Bitte um Auslieferung des Gefangenen nach Rom wiederholt, „mi rispose, che aspettava se le facesse in breve la relatione delle scritture, et poi si saria risoluta [...] Hò procurato co'l vescovo di Vienna di haver qualche copia di libri et scritti di quello sciagurato, ma Soa Signoria mi ha pregato ad aspettare al quanto sin che se ne sia fatta relatione all'Imperatore, che poi mi communicarà ogni cosa. In tanto mi ha dato l'Itinerario, è com'un diario di questo tristo, ma come sotto sigillo di segreto, del quale però ho fatto cavar subito copia, et la mando qui alligata, qual credo non sarà discara di vedere à Vostra Signoria Illustrissima et alli Illustrissimi del Santo Officio."

47 Cesare dell'Arena, Sekretär der Nuntiatur am Kaiserhof, an Bonomini, Wien, [22.–27.] V. 1582, ebenda, Bl. 126r-127v, dort Bl. 126v: „[...] è necessario, che quelli che lo conducono per Austria specialmente procedano molto cauti et con prudenza, oltre che egli è huomo sagacissimo et che, com' Vostra Signoria Illustrissima può haver visto nel suo Itinerario, è sei o sette volte scampato di pregione."

48 Bonomini an Tolomeo Gallio, Wien, 24. IV. 1582, ebenda, Bl. 109r-110v, dort Bl. 109r: „La relatione del Paleologo è stata fatta dalli vescovi di Neostat et di Vienna, à quali fù comessa, et hò incaparrato l'uno et l'altro [...] ma non è stato possibile cavar dalle mani dell'uno o l'altro cosa alcuna delle scritture, tanto fanno professione di fedeltà verso l'Imperatore, et conviene haver patienza per

scher Seite kein direktes Interesse an einer Bestrafung. Während Untertanen des Reiches grundsätzlich nicht an die Inquisitionsbehörden des Kirchenstaates ausgeliefert wurden, bewilligte der Kaiser im komplizierten Fall des Palaeologus die Auslieferung.[49] In der letzten Aprilwoche erhielt Bonomini von den beiden Bischöfen endlich Einsicht in Zusammenfassungen des Inhalts der konfiszierten Manuskripte. Er berichtete dem Kardinal Carlo Borromeo, ihm seien beim Lesen die Haare zu Berge gestanden. Die Lehre des Palaeologus sei eine Mischung von Judentum und Islam und eine unverhüllte Leugnung der Gottheit Christi, ja es handle sich um den größten Häretiker aller Zeiten.[50] Von einem streng vertraulichen „Sommario delle scritture del Paleologo" sandte er am 8. Mai Abschriften nach Rom, die dem Sant'Uffizio zur Vorbereitung des Prozesses dienen sollten, bis der Gefangene selbst sowie die Originale der Schriften in Rom einträfen.[51] Letztere füllten immerhin eine Kiste „von mittlerer Größe".[52] Dagegen verblieben die konfiszierten Briefschaften offenbar in Wien.[53]

Die Kiste mit den Schriften traf nach einem beschwerlichen und kostspieligen Transport[54] erst nach dem 31. Juli 1582, nach dem Gefangenen selbst, in Rom ein,

---

non romperla con alcuna, se ben mi è passo strano, che in materia della fede vescovi sentano, che tocchi piu all'Imperatore la cognitione che al Papa overo al suo nuncio."

49 Rudolf II. an den Klosterneuburger Propst Kaspar Christiani, 21. V. 1582, Stiftsarchiv Klosterneuburg, Hist. Denkm., Fasc. 5, abgedruckt in: Röhrig, Floridus: Protestantismus und Gegenreformation im Stift Klosterneuburg und seinen Pfarren. In: Jahrbuch des Stifts Klosterneuburg, N.F. 1 (1961), S. 105–170, dort 170, Nr. 4: Befiehlt, Palaeologus unter strenger Geheimhaltung einzuschiffen, sobald der Nuntius dies verlangt.

50 Bonomini an Carlo Borromeo, Wien, 30. IV. 1582, Biblioteca Apostolica Vaticana, Ottob. lat. 3171, Bl. 98v-99r, dort 99r: „Costui è il maggier heretico, che sia mai stato, poiche avanza di gran lunga la impietà, et ha la dottrina mescolata d'Hebraismo et dell'Alcorano, et nega espressamente la divinità di Christo Nostro Signore, et asserisse mille altre cose horrende, che m'hann fatto arricciare i capelli, quando le hò letto"; Bonomini an Tolomeo Gallio, Wien, 1. V. 1582, ASV, Seg. St., Germania 104, Bl. 114r-116v, dort Bl. 114v: „Se haverò tempo di far transcrivere alcune cose cavate in compendio dai vescovi di Vienna et di Neostat, Vostra Signoria Illustrissima stupirà a vedere la impietà di costui."

51 Ders. an dens., Wien, 8. V. 1582, ebenda, Bl. 120r-121v, dort 120v: „Non havendo potuto la settimana passata far transcrivere tutto'l sommario delle scritture del Paleologo per non le dar in mani di gente non fidata, l'ho fatto finir poi, et il residuo sarà qui allegato, perchè fintanto che compaiano le scritture dello stesso scelerato con lui insieme, possano cotesti Illustrissimi Signori del Santo Ufficio vedere le bestemie inaudite di questo demonio, il quale finche non sia condutto in Roma, non oso dormire una notte quietamente."

52 Bonomini an Tolomeo Gallio, Wien, 15. V. 1582, ebenda, Bl. 122r-123v, dort Bl. 122v: „Si sono pero questa mattina havute le scritture sue, che empiono una cassa di mediocre grandezza, et si manderanno con esso lui."

53 Die konfiszieren Briefe befanden sich im Archiv des k.k. Ministeriums des Inneren und wurden 1927 beim Brand des Wiener Justizpalastes vernichtet. Ein Teil davon ist (fehlerhaft) gedruckt bei Landsteiner: Jakobus Palaeologus (wie Anm. 41), S. 33–54.

54 Über die dramatischen Umstände des Gefangenentransports berichtete Bonomini ausführlich in seinen Briefen an Gallio, vgl. Szczucki: Jakub z Chios-Paleolog, III (wie Anm. 6), S. 42–45. – Ders.: W kręgu myślicieli heretyckich (wie Anm. 6), S. 76–79.

um dort, ebenso wie zuvor die am 8. Mai eingesandten Abschriften der Exzerpte, an die Inquisition weitergeleitet zu werden.[55] Sämtliche dem Sant'Uffizio übergebenen Schriften des Palaeologus sind verloren. Wahrscheinlich wurden sie zusammen mit der Leiche des am 23. März 1585 vor Sonnenaufgang enthaupteten Antitrinitariers am Morgen desselben Tags auf dem Campo de' Fiori verbrannt.[56] Darunter befanden sich außer „Pro Serveto contra Calvinum" und dem oben erwähnten „Itinerarium" wohl noch zahlreiche weitere jetzt verlorene Werke des Palaeologus.[57]

Das aus fünf Doppelblättern gefaltete Heft mit dem Exzerpt der Schrift „Pro Serveto contra Calvinum" gehörte also vermutlich zu den am 8. Mai 1582 nach Rom gesandten Abschriften der Inhaltsangaben der Schriften des Palaeologus, die die beiden österreichischen Bischöfe bzw. die von diesen beauftragten Fachleute im Frühjahr 1582 für den Bericht an den Kaiser hergestellt hatten. Dass dieses eine Exzerpt im Gegensatz zu den übrigen erhalten blieb, verdankt sich dem Umstand, dass es nicht an das Sant'Uffizio weitergeleitet wurde, sei es versehentlich, sei es, weil es für das Verfahren nicht brauchbar war, da der unbekannte Exzerptor nicht hinreichend klar zwischen den Lehren Servets und den Aussagen des Palaeologus selbst unterschieden hatte. So verblieb der Text in der Segreteria di Stato bei dem Aktenfaszikel mit Bonominis eingegangenen Brieforiginalen und wurde später mit diesen in einen Folioband der langen Reihe der Nuntiaturberichte aus Deutschland eingebunden.

## 4. Der Inhalt der verlorenen Schrift „Pro Serveto contra Calvinum"

Die Schrift „Pro Serveto contra Calvinum" hatte in der Handschrift, die dem unbekannten Gutachter vorlag, einen Umfang von mindestens 860 Seiten,[58] gehörte also

[55] Bonomini an Tolomeo Gallio, Augsburg, 31. VII. 1582, ASV, Seg. St., Germania 104, Bl. 192r-v, dort Bl. 192r: „Tengo la di Vostra Signoria Illustrissima di XIIII del presente, alla quale no ho che dir altro, se non che spero hormai, che sarà giunto à salvamento quel scelerato Paleologo, e mi sarà caro di intendere che la cassa delle scritture si sia anch'essa ricevuta ben conditionata, perche spero che dovranno essere carissime quelle scritture alli Illustrissimi del Santo Ufficio."

[56] Rom, Archivio di Stato, Confraternità di S. Giovanni Decollato, b. 6, Reg. 12, Libro del Proveditore, 1581–1585, Bl. 186r, Schilderung des öffentlichen Widerrufs des Paleologus am Tag vor der Hinrichtung, daran anschließend die Notiz: „La mattina il corpo del sopradetto Jac.o con molte sue scritture furno portati dalli ministri dela giustitia sula Piazza di Campo di Fiore et ivi abruciati."

[57] Eine Liste verlorener Schriften des Palaeologus mit genauen Nachweisen der Bezeugung bei Firpo, Massimo: Antitrinitari nell' Europa orientale del '500. Nuovi testi di Szymon Budny, Niccolò Paruta e Iacopo Paleologo. Firenze 1977, S. 183, Anm. 223.

[58] Auf Stellen innerhalb des Exzerpts wird im Folgenden unter Angabe der im Exzerpt angegebenen Seitenzahlen des verlorenen Originals verwiesen (im Exzerpt heißt es eigentlich fol. = Blatt und nicht Seite, jedoch erscheint ein Umfang des Originals von 860 Bl. = 1720 S. unwahrscheinlich).

zu den umfangreichsten Werken des Viel- und Schnellschreibers[59] Palaeologus. Die Abhandlung entstand laut der vom 29. März 1575 datierten Vorrede im südsiebenbürgischen Alzen (Alţâna), welches Palaeologus (vielleicht in Anspielung auf den Musenhügel Helikon oder die mythische Gestalt der Halkyone) mit dem griechisch-lateinischen Kunstnamen „Helcyones" bezeichnete. Auf dem dortigen Sitz des Magnaten János Gerendi hielten sich Palaeologus und seine Familie von Herbst 1574 bis September 1575 als Gäste auf.[60] In Alzen hatte er kurz vor „Pro Serveto" bereits eine (uns nicht erhaltene) Apologie des italienischen Antitrinitariers Valentino Gentile verfasst, der u.a. aufgrund eines Gutachten Heinrich Bullingers 1566 in Bern hingerichtet worden war. Nur wenige Wochen nach „Pro Serveto", am 1. Mai 1575, stellte er mit „Theodoro Bezae pro Castalione et Belli" eine dritte gegen den Calvinismus gerichtete Schrift fertig.[61]

Mehr als zwei Jahrzehnte nach der Verbrennung des Michael Servet am 27. Oktober 1553 in Genf entstanden, ist „Pro Serveto" ein verspäteter Nachzügler des literarischen Protests, mit dem Sebastian Castellio, Guillaume Postel, Matteo Gribaldi, Camillo Renato und andere auf die skandalöse Exekution reagiert hatten.[62] Wie seine Vorgänger nahm Palaeologus Partei für Servet und griff Calvin scharf an.

---

[59] Vgl. Andreas Dudith an Thomas Jordan, 17. II. 1582: „Scio enim eum vasta quaedam volumina tum de rebus theologicis, tum de omni (ut dicitur) scribili conscripsisse. Nihil enim aliud dies noctesque faciebat, ut audio", zit. Firpo: Antitrinitari nell'Europa orientale (wie Anm. 57), S. 88, Anm. 257.

[60] Zur Identifikation des Namens Helciones bzw. Helcyones vgl. Pirnát: Ideologie (wie Anm. 4), S. 103. – Gündisch, Gustav: Zum siebenbürgischen Aufenthalt des Jacobus Palaeologus. In: Revue des Études Sud-Est Européennes 4 (1966), S. 71–79, dort 74–75.

[61] Vgl. Palaeologus: Theodoro Bezae [...] pro Castalione et Bellio, CBAR, MSU 1669, p. 929: „Absolvi scriptum pro Serveto, et paulo antea pro Valentino absolveram contra Calvinum, hoc ipsum nunc sum facturus pro Castalione et Bellio, in his, quae defensionem merentur." Dazu vgl. Pirnát: Ideologie (wie Anm. 4), S. 104–105.

[62] Zum Verlauf des literarischen Diskurses vgl. Lecler, Joseph: Geschichte der Religionsfreiheit im Zeitalter der Reformation, Bd. 1. Stuttgart 1965, S. 447–516. – Guggisberg, Hans R.: Sebastian Castellio, 1515–1563. Humanist und Verteidiger der religiösen Toleranz im konfessionellen Zeitalter. Göttingen 1997, S. 89–171 (277–279 zur Castellio-Rezeption bei Johannes Sommer und Palaeologus). – Zu den einzelnen Traktaten: [Sebastian Castellio] De Haereticis an sint persequendi, Reproduction en facsimilé de l'édition des 1554, avec une introduction de Sape van der Woude, Genève 1954. – Bainton, Roland H. (Übs., Hg.): Concerning Heretics. New York 1935. – [Matteo Gribaldi] Alphonsii Lyncurii Tarraconensis Apologia pro M. Serveto (1556), abgedruckt in: CO 15, 52–63. – Postel, Guillaume: Apologia pro Serveto Villanovano (1554), abgedruckt in: Johann Lorenz von Mosheim: Anderweitiger Versuch einer vollständigen und unpartheyischen Ketzergeschichte. Helmstedt 1748, S. 466–499. – Renato, Camillo: In Ioannem Calvinum de iniusto Michaelis Serveti incendio (1554). In: Antonio Rotondò (Hg.): Camillo Renato. Opere, documenti e testimonianze. Firenze, Chricago 1968, S. 117–131, 298–302. (Corpus Reformatorum Italicorum 1). – Calvani, Simona: Camillo Renato. In: André Séguenny (Hg.): Bibl. Diss 4. Baden-Baden 1984, S. 155–190. (Bibliotheca Dissidentium. Répertoire des non-conformistes religieux des seizième et dix-septième siècles 4).

Dabei verteidigte er Servet nicht nur als Opfer eines Fehlurteils, sondern machte sich auch zum Anwalt der Lehre des Spaniers und erhob den Anspruch, diese unter Richtigstellung der von Calvin vorgenommenen böswilligen Verdrehungen in ihrer eigentlichen Bedeutung darzustellen. Dabei lagen ihm Servets Schriften offensichtlich nicht direkt vor, sondern er konnte sich lediglich auf die Angaben stützen, die Calvin in der „Defensio Orthodoxae fidei" über die Lehre Servets gemacht hatte. Das Exzerpt ist ein bemerkenswerter Beleg für die Beschäftigung des Palaeologus mit der Christologie Servets. Dessen gegen die Dogmen von den drei unterschiedenen Personen der Trinität und den zwei Naturen Christi gerichtete Lehre, die die Präexistenz des göttlichen Logos und die Gottheit des inkarnierten Christus pointiert betonte, hatte auf den entstehenden siebenbürgischen Antitrinitarismus zunächst einen starken Einfluss ausgeübt.[63] Dagegen hatte Palaeologus selbst Servets Lehre unseres Wissens zu keinem Zeitpunkt geteilt. Vielmehr trug er maßgeblich dazu bei, dass sich Franz Davidis von der Christologie Servets abwandte. Leider trägt der Text des Exzerpts nichts zur Beantwortung der Frage bei, was Palaeologus veranlasste, die überaus umfangreiche Darstellung und Verteidigung einer Lehre zu verfassen, die in vieler Hinsicht im Gegensatz zu seinen eigenen Auffassungen stand. Es stellt sich die Frage, ob Palaeologus in der Apologie für Valentino Gentile dessen Tritheismus ähnlich ausführlich und empathisch dargestellt hatte wie in seiner Verteidigung Servets dessen Synthese von Modalismus und Logoslehre. Gentile war einst ein Weggefährte und Freund des Giorgio Biandrata gewesen, des Repräsentanten der gemäßigten Antitrinitarier in Siebenbürgen, der in den folgenden Jahren zum erbitterten Gegner Franz Davidis' wurde. Indem der Nonadorantist Palaeologus Servet (127) und wahrscheinlich auch entsprechend Gentile als Märtyrer pries, leistete er offenbar einen Beitrag zur inner-unitarischen Verständigung und zur Konsolidierung einer konfessionellen Identität und Tradition der antitrinitarischen Bewegung.

Der theologische Quellenwert des Exzerpts ist begrenzt, da der unbekannte Exzerptor nur wenig Sorgfalt und Sachverstand erkennen ließ. Darüber hinaus hat der von Bonomini beauftragte Kopist den Text seiner Vorlage an vielen Stellen missverstanden und entstellt. Die knappen Auszüge spiegeln jedoch noch hinreichend den ebenso prätentiösen wie ungeschickten Stil wider, den wir auch aus den übrigen Schriften des ehemaligen Mönchs kennen. Trotz seines großen Vorrats an Lesefrüchten und späthumanistischen Gemeinplätzen vermochte er keine Eleganz zu erreichen und überschätzte zweifellos seine literarischen Möglichkeiten. Gleich im Vorwort von „Pro Serveto" versuchte sich Paleologus an einem kleinen argumentativen und sprachlichen Feuerwerk. Die schwer verständlichen Angaben des Exzerpts zur Vorrede lassen ungefähr folgenden Gedanken erahnen: Eine ernsthafte theologische Erörterung sei durchaus mit einer Dramatisierung der Darstellung oder der Annahme einer literarischen Person durch den Autor vereinbar. Palaeologus wolle sich nicht Calvins „Defensio Orthodoxae fidei" zum formalen Vorbild nehmen, d.h. nicht die trockene

63 BALÁZS: Early Transylvanian Antitrinitarianism (wie Anm. 1), passim.

Diktion einer schulmäßigen theologischen Abhandlung beobachten, sondern sich in die Person des Servet versetzen. Er wolle Servet gewissermaßen noch einmal zum Leben erwecken, damit dieser sich nun endlich ausführlich verteidigen könne, was ihm ja in den Monaten seiner Haft in Genf verwehrt gewesen sei. Auf den gedachten Einwand, diese Darstellungsweise sei einer so ernsthaften Thematik nicht angemessen, antwortet Palaeologus: Gerade dann, wenn man es mit einer Sache ernst meine, sei eine lebhafte und engagierte Redeweise (d.h. eine lebhafte, humanistische Kunstprosa) angemessen: „Si serio ageres, non tam frigide diceres". Die Vorrede schloss mit einer Anspielung auf die Totengespräche des Lukian von Samosata, in denen fiktive Streitgespräche verstorbener Philosophen und Politiker unter dem Vorsitz des Totenrichters Minos geschildert sind. Palaeologus fordert den Leser auf, beim argumentativen Zweikampf zwischen den beiden längst verstorbenen Kontrahenten Servet und Calvin die Rolle der weisen und gerechten Richter Minos und Rhadamanthys einzunehmen.

Diese etwas um die Ecke gedachte literaturtheoretische Vorbemerkung hat eine Parallele in der im selben Jahr 1575 in Alzen entstandenen „Disputatio scholastica". Deren Vorrede enthält ebenfalls eine gedanklich recht gewundene theoretische Begründung der gewählten literarischen Form, indem Palaeologus sein Vorhaben einer sinnlich-theatralischen Inszenierung abstrakter kontroverstheologischer Fragestellungen auf eigenwillige Weise aus dem Wesen der Prophetie ableitete.[64] Während die Vorrede der „Disputatio scholastica" also als literaturtheoretisches Impromptu zum Thema der prophetischen Rede ausgestaltet war, war in „Pro Serveto" wahrscheinlich Entsprechendes zum Thema der „phantasia poetica" versucht. Der von Palaeologus in diesem Zusammenhang verwendete, ungewöhnliche Ausdruck „sensum dare" im Sinne von „Leben verleihen" oder „Personifizieren" stammt nämlich offensichtlich aus einer Definition der dichterischen Phantasie, näherhin des Stilmittels der Personifizierung, bei dem spätantiken Vergilkommentator Servius („phantasia poetica est rei inanimatae sensum dare"[65]).

Dieser weit ausholenden Ankündigung einer lebhaften Gestaltung des Textes entsprechend, war zumindest ein längerer Abschnitt (133–266) als Dialog zwischen Servet und Calvin gestaltet,[66] in dem möglicherweise auch Palaeologus selbst zu Wort

---

[64] Vgl. PALAEOLOGUS: Disputatio Scholastica (wie Anm. 35), XVII-XIX, 1–7. – Zur literarischen Form der Disputatio vgl. Mihály BALÁZS: Von Valla bis Bodin. Über den literaturhistorischen Kontext der Disputatio scholastica von Jacobus Palaeologus. In: Wilhelm SCHMIDT-BIGGEMANN u.a. (Hgg.): Kritische Religionsphilosophie. Eine Gedenkschrift für Friedrich Niewöhner. Berlin, New York 2010, S. 111–130.

[65] SERVIUS: Verg. Georg. 1, S. 103.

[66] Auch Castellio hatte eine dialogförmige Widerlegung der „Defensio Orthodoxae fidei" unter dem Titel „Contra libellum Calvini, in quo ostendere conatur haereticos iure gladii coercendos esse" verfasst, in der Calvin und ein Fürsprecher Servets auftreten. Castellios Text zirkulierte nur handschriftlich und war Palaeologus wahrscheinlich nicht bekannt. Vgl. GUGGISBERG: Sebastian Castellio (wie Anm. 62), S. 116–122.

kam. In den übrigen Partien trat Servet wohl nur ausnahmsweise als Sprecher auf (z.B. 126). Ansonsten sprach der Autor in eigener Person, teilweise ebenfalls mit dramatischem Pathos: So brüstete er sich, Servet wäre womöglich nicht verbrannt worden, wenn er in Genf als Verteidiger zur Stelle gewesen wäre (1), forderte Calvins Manen zum Kampf heraus (23), redete Calvin direkt an (607) und stellte auch einmal eine kritische Frage an Servet (22). Der Hauptteil des Buches folgte der Reihenfolge von Calvins „Defensio Orthodoxae fidei". Der unklaren Disposition der aus mehreren Texten und Dokumenten zusammengesetzten Schrift Calvins entsprechend, wies auch Palaeologus' Gegenschrift zahlreiche Doppelungen auf und ermangelte einer systematischen Argumentation. Das Exzerpt lässt ungefähr folgende Abfolge des Inhalts erkennen:

**1–11** wurde Anklage gegen Calvin erhoben, der allein die Schuld an der ungerechten Hinrichtung des Servet trage. In diesem Zusammenhang kam Palaeologus auf seine eigenen Erfahrungen in den Jahren 1558/59 im Kerker von Ripetta am Sitz der Inquisition in Rom sprechen, wo er Zeuge des standhaften Todes eines gewissen Vincentius (oder Vilielmus) a Poena (8)[67] geworden sei. **11–49** richteten sich gegen Calvins Einleitung und Zusammenfassung der Irrlehren Servets (CO 8, 457–461) und nahmen Servet gegen den Vorwurf in Schutz, er habe das Volk verführt oder sei aufrührerisch gewesen. Eine längere Passage war der Widerlegung von Calvins Abschnitt „An Christianis iudicibus haereticos punire liceat" gewidmet (vgl. CO 8, 461–481). **56–60** bezogen sich auf die von Servet an Calvin gesandten Fragen, in denen Servet Calvin um weitere Belehrung bat. Sie seien ein Beleg dafür, dass Servet keinesfalls ein hartnäckiger, also unbelehrbarer Ketzer gewesen sei (vgl. CO 8, 482–486). Auf **64–83** stellte Palaeologus seine eigene, von der Lehre Servet abweichende Christologie dar, wobei er sich vor allem mit Calvins Argumentation für die ewige Gottheit des Sohnes im zweiten Antwortschreiben an Servet auseinandersetzte (vgl. CO 8, 487–489). Möglicherweise wollte Palaeologus dabei bewusst den Leser täuschen, indem er Servets Gedanken in einer Weise wiedergab, aus der logisch eigentlich die Nichtanbetung Christi folgt (so anscheinend 74, 79, vgl. 26).[68] **85–132** richteten sich gegen Calvins Be-

[67] Den Märtyrertod eines Vilielmus a Poena erwähnte Palaeologus auch in seinem Sendschreiben an Pius V. von 1568, ed. Szczucki: W kręgu myślicieli heretyckich (wie Anm. 4), S. 226f. – Ferner: Palaeologus: Disputatio Scholastica (wie Anm. 35), S. 19–30 (zur möglichen Identifizierung mit einem Delinquenten der Römischen Inquisition von 1558 vgl. Szczuckis Kommentar, S. 183f). – Ders.: Theodoro Bezae [...] pro Castalione et Bellio, CBAR, MSU 1669, p. 1045. Palaeologus hatte, vielleicht schon 1563 in Prag, ein Werk mit dem Titel „De Ripetano iudicio Romae et de damnatione optinorum et innocentissimorum hominum temporibus Pauli IV." verfasst, vgl. Christophori Sandii Bibliotheca Antitrinitariorum, Freistadii [Amsterdam] 1684, ed. Lech Szczucki. Varsoviae 1967, S. 58; Dostálová, Růžena: Jakob Palaeologus. In: Byzantinische Beiträge, hg. von Johannes Irmscher. Berlin 1964, S. 154–175, dort 162.

[68] Vgl. Kot: L'influence de Michel Servet (wie Anm. 37), S. 106 (Servet, tel qu'il le présente, fait figure d'un unitarien classique ôtant à Jésus-Christ le caractère divin et n'admettant pas qu'il soit adoré).

richt von seinen Gesprächen mit dem Gefangenen und von der Hinrichtung (vgl. CO 8, 495–500). Auch hier stellte Palaeologus möglicherweise Servet als Nonadorantisten dar, indem er Calvins Aussage, Servet habe sich noch im Angesicht des Todes geweigert, Christus als den „ewigen Sohn Gottes" anzurufen (vgl. CO 8,499) als Ablehnung der Anbetung Christi interpretierte (128, 129).[69]

Im Abschnitt **133–266** nutzte Palaeologus die zahlreichen Servet-Zitate, die Calvin im Hauptteil der „Defensio" abgedruckt hatte (CR 8, 501–553), für eine dialogische Gestaltung mit Servet und Calvin als Sprechern, wobei er sich offenbar bemühte, auch solche Aussagen Servets, die grundsätzlich von seinen eigenen Auffassungen abwichen, sachgemäß wiederzugeben. Zwischendurch scheint auch Palaeologus selbst, sei es als Teilnehmer, sei es als Kommentator, mehrfach das Wort ergriffen zu haben (168, 185, 197). Daran schloss sich auf **266–359** als Appendix ein zweiter, erläuternder und verteidigender Durchgang durch einige der von Calvin als Irrlehren verurteilten Sätze Servets (CO 8, 501–553) an, wobei der Exzerptor anmerkte, dass Palaeologus einigen Aussagen Servets ausdrücklich zustimmte (294, 321, vgl. auch 199, 266, 598, 604).

**360–366** enthielten eine Widerlegung des von Calvin von den Zürcher Theologen angeforderten Gutachtens über Servets Theologie (CO 8, 555–558). Auf **391–520** wurde anscheinend die nächste Texteinheit der „Defensio", die in der französischen Version als „Plus ample declaration des erreurs de Servet faicte par Iean Calvin" überschrieben ist (CO 8, 559–587/588), abgehandelt, wobei Palaeologus erkennbar bemüht war, Servets Lehre auch in solchen Aspekten sachlich darzustellen, die mit seiner eigenen Auffassung unvereinbar waren.

**527–860** argumentiert unter zahlreichen inhaltlichen Wiederholungen gegen die in der *Defensio* folgende „Calumniarum refutatio" der Genfer Pastoren (CO 8, 587/588–644), d.h. es folgt ein erneuter Durchgang durch die verurteilten Sätze Servets. Dieser ist unterteilt in mehrere Unterabschnitte: **527–626** erörtert noch einmal die Servetsche Trinitäts- bzw. Hypostasenlehre (vgl. CO 8, 587/588–613). **665–718** handelten über die Kindertaufe, gegen die Palaeologus über Servet hinaus zusätzliche Argumente vorbrachte, und über die These Servets, dass der Mensch erst ab dem zwanzigsten Lebensjahr eine Todsünde begehen könne (vgl. CO 8, 613–623); **741–761** über den freien Willen, den Palaeologus mit Servet gegen Calvin verteidigt, wobei er allerdings die Tendenz Servets zum Perfektionismus zu relativieren suchte (vgl. CO 8, 624–628); **778–829** richteten sich nicht nur gegen Calvins Person und Lehre, sondern grundsätzlich gegen das reformatorische Verständnis des Glau-

[69] Laut Servet war zwar der Logos als Disposition Gottes ewig. Als Sohn Gottes bezeichnete er aber nur den aus der Jungfrau Maria geborenen vergotteten Menschen Jesus Christus. Der Sohn hat also im Unterschied zum Logos einen Beginn in der Zeit. Der erhöhte Christus ist anzubeten, aber eben nicht als „ewiger Sohn". Vgl. auch die ausführliche Erörterung der letzten Worte Servets in: Palaeologus: Theodoro Bezae […] pro Castalione et Bellio, CBAR, MSU 1669, p. 1044.

bens und der Rechtfertigung (vgl. CO 8, 628–637). **829–860** waren wahrscheinlich auf den Schlussabschnitt der „Calumniarum refutatio" (CO 8, 646–644) bezogen, in dem die Genfer Pastoren Servets Lehre systematisch zusammenfassten. Palaeologus scheint an dieser Stelle noch einmal seinen eigenen Standpunkt, d.h. die entschieden unitarische Ablehnung der Trinitätslehre, dargestellt zu haben, und zwar durch eine Auslegung von Joh. 1,1–2.

Palaeologus hatte sich in Siebenbürgen offenbar die Aufgabe gestellt, den Schriften Calvins, die aufgrund ihrer sprachlichen Eleganz, argumentativen Stringenz und thematischen Breite eine große Anziehungskraft auf die humanistisch gebildeten Theologen, Beamten und Adligen Ungarns ausübten, ein unitarisches Schrifttum entsprechenden Kalibers gegenüberzustellen. „Pro Serveto contra Calvinum" bildete zusammen mit der verlorenen Apologie für Valentino Gentile und mit der Abhandlung „Theodoro Bezae pro Castalione et Bellio" eine zusammengehörige Serie von drei Polemiken. Sie flankierten Palaeologus' verlorenes systematisches Hauptwerk, die „Institutiones Christianae", die bewusst als ein Gegenstück zu Calvins „Institutio" konzipiert waren.[70] Die drei Polemiken von 1575 boten Gelegenheit, über die theologische Auseinandersetzung hinaus die Hauptvertreter der reformierten Theologie – Calvin, Beza und vermutlich auch Heinrich Bullinger, der 1566 maßgeblich zu dem Todesurteil gegen Gentile beigetragen hatte – ad personam anzugreifen und moralisch zu diskreditieren.

In „Pro Serveto" stellte Palaeologus Calvin als Hauptschuldigen am Tod Servets (2, 11, 64, 126, 359), als Mörder (39), grausam (praef.), ungerecht (praef., 2), lügnerisch (49, 164), verleumderisch (85, 185, 344), teuflisch überheblich (726) und schlechten Philologen (462) dar und macht sich über Calvins Namen lustig (503). Der Schärfe, mit der Calvin seinen toten Gegner in der „Defensio Orthodoxae fidei" verächtlich gemacht hatte, blieb Palaeologus gewiss nichts schuldig – allerdings mit dem großen Unterschied, dass mit Calvins verbaler Gewalt gegen Servet auch der Wille zur physischen Vernichtung des theologischen Gegners verbunden gewesen war. Palaeologus' Invektive ad personam gegen den elf Jahre zuvor verstorbenen Calvin ist nur ein „Schattenkampf" (praef., 23) im Dienst der theologischen Argumentation gegen Calvins Theologie. Zu dieser leitet der von katholischer, täuferischer und spiritualistischer Seite immer wieder erhobene antiprotestantische Vorwurf über, die reformatorische Rechtfertigungslehre verleite das Volk dazu, gute Werke zu unterlassen und ohne Scheu zu sündigen (804). Besonders in den Abschnitten über den freien Willen, Glaube, Rechtfertigung und Prädestination (741–816), also den kontroverstheologischen Hauptartikeln, fanden nicht wenige Aussagen des Palaeologus die ausdrückliche Zustimmung in den Randbemerkungen des Exzerptors, da Palaeologus hier einen in wesentlichen Zügen katholischen Standpunkt einnahm und argumentativ auf antiprotestantische Gemeinplätze der katholischen Kontroverstheologie zurückgriff (741, 750, 761, 778, 804, 816).

---

[70] Vgl. Textanhang, Anm. 97.

Die Beobachtung, dass Palaeologus in seiner antireformatorischen Polemik in vielen Punkten den katholischen Standpunkt nicht verlassen hatte, stieß bei den Richtern des Sant'Uffizio zweifellos auf Interesse, zumal Palaeologus in der Haft widerrief. Die Hoffnung, Palaeologus würde aus dem Gefängnis der Inquisition heraus reumütig ein großes Werk zur Verteidigung der katholischen Lehre gegen den Protestantismus schreiben, führte dazu, dass nach dem Eintreffen des Gefangenen in Rom dessen Hinrichtung noch fast drei Jahre hinausgezögert wurde.[71] Die Auseinandersetzung des Palaeologus mit Calvin macht deutlich, dass er auch als Unitarier die Herkunft seiner Denkvoraussetzungen aus der katholischen theologischen Tradition nicht verleugnen konnte. Während die frühen Vertreter des Antitrinitarismus in Polen und Siebenbürgen der zweiten Generation evangelischer Theologen in ihren Ländern angehört hatten und über innerprotestantische Diskussionen zum Antitrinitarismus gelangt waren, kam Palaeologus direkt aus dem Katholizismus und griff bei seiner Ablehnung des protestantischen Glaubens- und Rechtfertigungsverständnis auf Argumente der katholischen Kontroverstheologie zurück. Im Gegensatz zu denjenigen frühen Antitrinitariern, die ihre Theologien als konsequente Weiterentwicklung des Protestantismus verstanden, könnte man die von Palaeologus projektierte inklusivistische christliche Universalreligion daher vielleicht als radikalen *katholischen* Reformentwurf, als Vision einer „unitarischen Katholizität", bezeichnen.

---

[71] Vgl. Szczucki: Jakub z Chios-Paleolog (wie Anm. 6), S. 44–49. – ders.: W kręgu myślicieli heretyckich (wie Anm. 6), S. 78–83.

## Textanhang: Edition des Exzerpts aus „Pro Serveto contra Calvinum“

## **Città del Vaticano, Archivio Segreto Vaticano, Segretaria di Stato, Germania 104, Bl. 134r–143v**

*[134r]* Summaria et notabilia excerpta ex libro Iacobi Palaeologi, quem scripsit PRO SERVETO CONTRA CALVINUM

*In praefatione:* Sperat Palaeologus perlegentes[a] hunc suum libellum Servetum ab omni culpa absoluturos[b], praeterquam quod nempe Genevae loqui voluerit, ubi non erat, qui audiret. In fine suscipit manes[1] Serveti et sic loquitur: Mortuus est autem Servetus, ignibus exustus Genevae quadragesimo septimo aetatis suae anno, cum non amplius quam mensem cum dimidio in vinculis fuisset. Et quid, rogo, in tanta mole rerum de doctrina absolvere, in tanta brevitate temporis poterat, quod ad persuasionem valere posset?[2] In hac autem persona, quam mihi imposui, pro manibus Serveti parcendum Calvino non erat, quoniam nec ipse iacenti Serveto parcere voluit. Nec tam exemplum, quod imitarer, Calvinum, quam Serveti manes, cur haec ederem, mihi propositos esse volui, sciens obiectum fuisse illis[c], qui naturam ducem non sequerentur:[3] ‚Si serio ageres, non tam frigide diceres.‘ Quare sensum volui dare Serveto, ut morsus inique rursus remorderet. Sed vos iam legite, audite et iudicate tanquam mortuos Rhadamanthys[d] et Minos, hoc est deus, sapienter et iuste. Ac bene valete. Helcyonibus[4] anno 75, die 29. Martii.

---

Die Wiedergabe von u und v wurde nach dem Lautwert normalisiert, j ist stets als i wiedergegeben. Die Interpunktion ist normalisiert. Die Verweise des Exzerptors auf die Seitenzahlen der verlorenen Originalhandschrift (im Exzerpt stets am linken Seitenrand) sind kursiv wiedergegeben. Die Großschreibung beschränkt sich auf Eigennamen, Satzanfänge und Buchtitel. Offensichtliche Fehler des Kopisten sind im Text emendiert, die Lesart der Hs. ist im Apparat angegeben.

[a] perlegentes] per legentes.

[b] absoluturos] obsoluturos.

[c] illis] illi.

[d] Rhadamanthys] Rhodanus.

[1] Die Wendung „manes suscipere“ ist anscheinend in Analogie zu „personam suscipere“ gebildet.

[2] Gegen Calvins Vorwurf, CO 8, S. 638: „Quis tamen obstabat, quominus, si quos errores in me deprehendisset, eorum catalogum conficeret suo arbitrio? Sesquimensem otiosus transegit in carcere: nunquam negata fuit librorum copia.“

[3] Zu „naturam ducem sequi“ vgl. Cicero, De officiis 1,7,22; 1,28,100; als stilistisches Prinzip bei Quintilian, Inst. 5,10,101.

[4] Alzen (Alţâna) bei Hermannstadt.

## Palaeologi liber incipit: In Ioannis Calvini librum de orthodoxa fide (MS)

*Fol. 1, 355, 848:* Spem (inquit liber) concipiebam, si contigisset meo tempore Genevae esse, quod Servetus ex senatus sentententia non occisus esset[e].
*Fol. 2:* Contendimusque Servetum iniuste a Calvino ad mortem infamem damnatum esse doctrinae causa.
*Fol. 8:* In carcere Romano vinctum fuisse (scribit Palaeologus) Vincentium a Poena[5] | *[134v]* cui neganti Iesum Christum esse sicut patrem verum deum monachos non potuisse argumenta dare, ut in suam sententiam eum adducerent.
*Fol. 11:* Causam occisionis Serveti omnino Calvino attribuit sicut Iudaeis et non Pilato occisionis Christi.
*Eod.:* Verba contra Servetum Calvini refert, in quibus errores Serveti producuntur,[6] quod scilicet Servetus tres hypostases ex essentia dei delere tentet, et, si realis distinctio statueretur[f] inter patrem et filium et spiritum, quod Cerberum tricipitem vocet.[7]
*Fol. 13:* Palaeologus excusans Servetum affert, si pater et filius et spiritus essent unus subsistens[g] deus et tres in uno subsistente deo subsistentes realiter disctincti dii, exemplo explicari non posse nisi Cerberi tricipitis[h].
*Eod.:* Athanasium et Augustinum trinitatis deorum assertores nominat.[8]
*Fol. 18:* Dicit liber, quod Servetus non abduxerit populum a cultu veri dei[9] patris et filii et spiritus sancti, sed quod dixerit se non videre, unde haberi posset filii et spiritus vera, invisibilis, distincta, sed[i] individua trinitas.
*Fol. 20:* Servetum saltem inquisisse, an ex locis papistarum, quibus asserunt divinitatem filii et spiritus sancti, sint, ex quibus colligi possit, quod eos pro vero deo invisibili populus colere debeat.[10]
*Fol. 22:* A Serveto quaerit, an filius esset invisibilis deus.
*Fol. 23:* Se expostulare (dicit Palaeologus) cum manibus Calvini.

---

[e] occisus esset] occidisset.
[f] statueretur] statueret.
[g] subsistens] subsist.
[h] tricipitis] tricipiti.
[i] sed] sedm [i.e. secundum]

[5] Statt „Vincentius“ muss es wohl heißen „Vilielmus“, vgl. Palaeologus’ Sendschreiben an Pius V. (1568), abgedruckt in: Szczucki, W kręgu myślicieli heretyckich (wie Hauptteil, Anm. 6), 199–229, dort 226f. – Palaeologus: Disputatio Scholastica (wie Hauptteil, Anm. 35), S. 19–30.
[6] Vgl. CO 8, S. 457–461.
[7] Vgl. ebenda, S. 460.
[8] Vgl. ebenda, S. 556.
[9] Vgl. ebenda, S. 475 (Dtn. 13,6–12).
[10] Vgl. ebenda, S. 484f.

*Fol. 25:* Ob id, inquit liber, Servetus combustus est, quod clarum verbum dei ex ore ipso dei manans unum esse secundum personam invisibilem deum figmentis humanis et papisticis opponeret.
*Fol. 26:* Servetum (dicit Palaeologus), quia negavit Iesum Christum et spiritum sanctum ex verbo dei esse veros deos, sed tantum patrem deum invisibilem | *[135r]* esse verum deum, nullam iniuriam intulisse Christo.
*Ibidem:* Confert actionem papistarum pro invocatione sanctorum cum materia de filio et spiritu sancto, quod sint invisibiles veri dei.[11]
*Fol. 36:* Non omnis seditio damnatur legibus, sed illa tantum, quae fit ab improbis hominibus contra verbum dei.
*Fol. 39:* Calvinum non diluisse argumenta, ut se a parricidio liberaret. Per multa folia confutat Palaeologus argumenta Calvini de punitione et occisione haereticorum per magistratum facienda.[12]
*Fol. 49:* Eludit Calvinum, cum de captivitate Serveti, Viennae ascripta Calvino[j], Calvinus ipse se purgare conatur.[13]

*F. 56:* Quaestiones, <quas> Servetus ex Lugduno Genevam Calvino misit: I. An[k] homo Iesus Christus sit[l] filius dei? II. An[m] regnum hominis Iesu crucifixi sit[n] in hominibus? Quando cui pateat in illud ingressus? An[o] homo in illud ingrediens regeneretur? III. An[p] baptismus institutus ab homine Iesu crucifixo? Debetne sicut caena dominica in fide fieri necne, quorsum in Novo Foedere sunt haec duo, baptismus et caena, instituta?[14]

---

j Calvino] Calvina.
k an] qui.
l sit] est.
m an] qui.
n sit] est.
o an] qui.
p an] qui.

11 Vgl. Palaeologus, Catechesis Christiana (wie Hauptteil, Anm. 19), S. 329–337; ferner die zwölfte der Franz Davidis zugeschriebenen Thesen für die Synode von Thorenburg/Torda im April 1579, abgedruckt in: Bibliotheca Fratrum Polonorum, Bd. II, Irenopolis [Amsterdam] 1656, 802: „Illum invocare, id est, auxilium eius et opem in necessitatibus nostris implorare, perinde est, ac si quis Mariam et alios sanctos mortuos imploret, qui nec quod audiant preces nostras nec quod aliquid largiri nobis possint nusquam ne minimum quidem testimonium habent." Zu den Thesen vgl. Balázs: Ferenc Dávid (wie Hauptteil, Anm. 2), S. 283–289.
12 Vgl. CO 8, S. 461–481.
13 Vgl. ebenda, S. 479.
14 Vgl. ebenda, S. 482.

*F. 59, 60:* Servetum non fuisse deploratae impietatis et pertinaciae Paleologus ex eius epistolis[15] probare vult, quia Calvinum supplex pro institutione rogaverit, quomodo deitas, quae est in Christo, sit filius dei.[16]

*F. 64:* Suscepisse dicit Palaeologus se laborem scribendi haec ad declarandum, quod fuerit iniustae doctrinae causa ad mortem a Calvino damnatus.
*F. 64:* Liber Palaeologi suscipit causam Serveti probando non solum non esse blasphemiam, verum etiam verbum dei esse dicere Iesum Christum | *[135v]* non esse verum deum, ut pater est et dictur verus deus. Incipit deinde Paleologus confutare argumenta pro deitate Christi.[17]
*F. 66:* Christus (inquit Palaeologus) secundum spiritum sanctificationis declaratus est esse filius in potentia, sed non priusquam ex morte redivivus veluti alter Verbius[18] excitatus a deo patre fuisset.
*Eod.:* Ad Christum loquitur in persona patris: ‚Et tu nondum esses.'
*F. 67:* Si enim essent, inquit, duae personae dei, essent duo dii. Refutat omnino allegationem ex Evangelio Ioan., ‚Sermo erat apud deum,' pro deitate Christi.[19]
*Fol. 68:* Ut Moises dictus est deus Pharaonis, ita Iesus dici potuit deus populi.
*Eod.:* Est enim deus dominus, quoniam est Iehovah[q], dominus, Iesus autem est dominus, quoniam est Adonai, dominus, sicut Abrahamus et alii Adonai nuncupantur[20].
*F. 69:* Thomae sermonem in evangelio, ‚Dominus meus et deus meus',[21] non ad Christum, sed ad patrem esse directum dicit.
*F. 71:* Ad locum Phil. 2, ‚Aequalem deo',[22] dicit ἴσα et ἴσον falso ad divinitatem et non ad authoritatem faciendi quidvis ad gloriam patris referri.

---

[q] Iehovah] Iehovath.

[15] Vgl. ebenda, S. 484–486.

[16] Vgl. ebenda, S. 486.

[17] Vgl. ebenda, S. 487–489.

[18] Virbius bzw. Hippolytos, der von den Pferden des Poseidon zertreten, aber von Asklepios wiederbelebt wurde, vgl. Vergil, Aen. 7,761–782; Ovid, Fasti 6,744–748; Metam. 15,497–545.

[19] Vgl. CO 8, S. 487.

[20] Das Argument ist (zumindest in der hier referierten Form) nicht schlüssig, da die irreguläre Form „adonāi" im hebräischen Bibeltext mitnichten von Menschen, sondern ausschließlich von Gott gebraucht wird (ferner tritt adonāi in den Gebeten und Lesungen des synagogalen Kultus an die Stelle des Gottesnamens JHWH). Von Menschen werden im masoretischen Text lediglich die regulären Formen „adon" („Herr"), „adoni" („mein Herr") oder „adonăi" („meine Herren") benutzt, so Gen. 18,12; 24,9; 19,2 u. ö. (Ps. 110,1 traditionell auf Christus bezogen).

[21] Vgl. CO 8, S. 481 (Joh. 20,28).

[22] Vgl. ebenda, S. 482f (Phil. 2,6).

*F. 73:* Iesum esse sapientiam dei (Pro. 8)[23] sicut Moises, Iosue[r], David, Salomon dici poterant sapientia dei.
*F. 74:* Christum filium dei dici scribit non ratione naturae, sed ob haereditatem.
*F. 76:* Dicit liber: Fictio et somnium papisticum dicere divinam personam in Iesu Christo fuisse aliam quam divinam patris dei personam.
*F. 77:* Non igitur aut sermo aut Iesus ab aeterno fuit, sed ab aeterno constitutum fuerat, ut Iesus et non Ioannes suo tempore post 30m annum esset declarandus sermo, rex, pastor et sponsus a deo.
*F. 78:* Locum Thimot. 3, ‚Deum manifestatum in carne',[24] somnium esse dicit | *[136r]* explicare Iesum aut Christum.
*F. 79:* ‚In principio'[25] non ad aeternitatem, sed ad sequentes res temporales explicat.[26]
*F. 79:* Urget solum Sacra Biblia etiam contra Calvinum.
*F. 80:* Eludit argumentum Calvini, quod ab initio pater fidelium esse non potuit nisi per unicum filium naturâ[27] dei filium[28], dicitque arcanam esse theologiam nusquam in Sacris Bibliis repertam.
*F. 82:* Produc unum (inquit liber) testimonium, Calvine, ex his, quae innumera esse dicis in Sacris Bibliis,[29] quod dicat vel simplici nutu Iesum Christum esse naturâ deum, et eris nobis sacer Apollo[30]. Intelligimus te Codro pauperiorem[31] esse in producendis testimoniis. Est quidem unum et alterum testimonium, quod dei patris essentiam in Iesu Christo fuisse dicit distinguitque humanitatem Christi Iesu, qua erat homo, a divinitate dei patris, quae erat in Iesu Christo, sed non faciunt neque unquam fuisse narrant, ut aliqua natura subsisteret in alterius naturae supposito[32], Sed quod sermo dei sit in dei essentia subsistens ante omnia secula genitus, et illius aeternae generationis genitum dici aut filium dei aut deum, ne per frenesim quidem scriptoribus sanis talia in mentem venerunt.

---

r Iosue] Iosuae.

23 Vgl. ebenda, S. 482, 484f (Spr. 8,22–31).

24 Vgl. ebenda, S. 482 (1.Tim. 3,16).

25 Joh. 1,1.

26 Vgl. [Lelio Sozzini] Brevis explicatio in primum Ioannis caput, abgedruckt in: De falsa et vera unius Dei [...] cognitione (wie Hauptteil, Anm. 1), S. 297–324, dort 298f; dazu vgl. Balázs: Early Transylvanian Antitrinitarianism (wie Hauptteil, Anm. 1), S. 26.

27 Der Zirkumflex bei „naturâ" zur Bezeichnung des Ablativs (im Sinne von φύσει) fehlt in der Handschrift und ist hier und im Folgenden als Lesehilfe hinzugefügt.

28 Vgl. CO 8, S. 488.

29 Vgl. ebenda, S. 488.

30 Vgl. Vergil, Ecl. 3,104.

31 Vgl. Juvenal, Sat. 3, 203 (Erasmus, Adagia 1.6.76).

32 „Suppositum", hier terminus technicus der scholastischen Trinitätslehre (= hypostasis).

*F. 85:* Refert Calvini calumnias in captivum Servetum.[33]
*F. 88:* Non defuisse Hispanos homines, quibus clam carus erat et in precio Servetus.
*F. 89:* Loquitur de nobilitate et commendatione Serveti apud Hispanos, addens, quod nominaret, si non esset periculosum regnante Achabo[s] et Iezabole.[34]
*F. 97:* Verbum Serveti in carcere ad Calvinum dictum, scilicet: ‚Cum scamnum calcas,| *[136v]* tuum calcas deum',[35] aliter, quam Calvinus intellexit, explicandum dicit. Variae altercationes de accusato furto, de eo, quod scripsit Servetus Iudaeam non esse solum fertile,[36] de explicatione loci Esaiae 53 de Cyro[t][37] sequuntur aliquot folia.
*Fol. 120:* Per occasionem respondet Calvino obiicienti quod Serveto aegre vox sit extorta, ut[u] populus secum communes preces conciperet.[38]
*F. 125:* Per occasionem corripit Calvinum docentem parvulos sine baptismo morientes arcana vi regenerari.[39]
*F. 126:* Vexat Calvinum loquens tanquam Servetus: ‚Nunc morior, et mortis meae causam nullam aliam esse video, nisi quod Calvini discipulus esse voluissem.'
*F. 127:* Servetum ab omnibus saeculis dicendum esse, liber scribit, martirem et iustitiae causa occisum.[40]
*F. 128:* Tam de Petro et Paulo quam de Iesu Christo scriptum non est in precibus esse invocandum.[41]
*F. 129:* Stephanus, dicit liber, patrem Iesu[v], servatorem scilicet, et non Iesum Christum (ut putat Calvinus) invocat.[42]

---

s Achabo] Achalio.
t Cyro] lyro.
u ut] et.
v Iesu] Iesum.

33 Vgl. CO 8, S. 460f, 495–498.
34 Vgl. 1. Kön. 16–21, Off. 2,20 (gemeint sind Philipp II. von Spanien und seine Ehefrau Anna von Österreich).
35 Vgl. CO 8, S. 496.
36 Vgl. ebenda, S. 496f.
37 Vgl. ebenda, S. 497f.
38 Vgl. CO 8, S. 498f.
39 Vgl. ebenda, S. 491, 494.
40 Vgl. ebenda, S. 499.
41 Vgl. ebenda, S. 499 („iam sub manu carnificis positus, quum aeternum Dei Filium invocare pertinaciter renueret").
42 Zur Diskussion um Act. 7,58 im siebenbürgischen Antrinitarismus vgl. Balázs, Ferenc Dávid (wie Hauptteil, Anm. 3), S. 261 („the most quoted passage in the religious debates of 1578–79"). – Palaeologus: Catechesis Christiana (wie Hauptteil, Anm. 19) S. 328–331. – Defensio Francisci Davidis (Cracoviae 1582), Faksimile, ed. Mihály Balázs, Utrecht 1983 (Bibliotheca Unitariorum 1), a2v–a3r (Fausto Sozzini beruft sich 1579 gegen Franz Davidis auf Act. 7,58 als Beleg für die Anbetung Christi); b5r, b6v–b7r, 67 (Dávids Gegenargumente); S. 387–391 (Palaeologus' Auslegung von Act. 7,59).

*F. 132:* Propositionem illam, omnem haereticum necare licere, mutilam esse.

*F. 133:* Accedit historia[w] de doctrina Serveti.[43]
*F. 138:* Agitant locum Tertulliani, quod scripserit Iesum Christum olim patribus apparuisse in forma hominis.[44]
*Eod.:* Erat igitur (dicit liber) effigies et persona Christi visibilis tunc relucens, cum crearetur Adam.[45]
*F. 140, f. 141, f. 14<?>:* Servetus loquitur: In essentia divina non est realis disctinctio patris et filii ut duarum rerum invisibilium, sed est sola distinctio invisibilis patris et visibilis[x] filii.[46] | *[137r]* Ex dictis Tertulliani et Irenei per multa folia Calvinus et Servetus de visibili filio dei λογομαχίας et velitationes agunt. Liber Serveti semper tenet non esse realem distinctionem, sed dispositionem formalem.[47]
*F. 151:* Servetus: Moises faciem dei cupiens videre voti compos est factus in transfiguratione, et ex Irenei lib. 4, cap. 37, vult probare.[48]
*F. 161:* Servetus allegans Ireneum lib. 2, cap. 18, pag. 84, et cap. 47, pag. 117, deus est totus λόγος et totus spiritus nec esse realem disctinctionem, et λόγος ipse est pater, et pater fecit omnia per verbum, id est, per semetipsum, id est, non quasi per rem aliam, sed quia ipse dixit: ‚Fiat', et factum est.[49]
*F. 162:* Servetus omnino negat realem distinctionem inter patrem et filium.
*F. 164:* Servetus: Calvinum vero imaginem et chimeram invisibile fuisse verbum asserit.[50]
*F. 165:* Servetus: Mentiris, Calvine, cum dicis verbi visibilis aeternam substantiam refelli ex verbis Irenei.[51]
*F. 168:* Novas λογομαχίας Serveti ex Clementis libris Palaeologus per multa folia refert.[52]
*F. 185:* Quodsi extarent libri (inquit), qui una cum Serveto combusti sunt, compertum fuisset in invidiam Serveti omnia finxisse Calvinum.

---

w historia] historiam.
x visibilis] invisibilis.

43 Vgl. CO 8, S. 501–553.
44 Vgl. ebenda, S. 507f (I); Tertullian, Adv. Marc. II 27, 1.
45 Vgl. CO 8, S. 508 (III).
46 Vgl. ebenda, S. 509f (VII); Tertullian, Adv. Praxean 7, 5.
47 Vgl. CO 8, S. 507–514, 522–533; Servet gegen die distinctio realis: S. 501f, 509f, 512f.
48 Vgl. CO 8, S. 512 (IV); Irenaeus, Contra haer. IV 20, 8.
49 Vgl. CO 8, S. 513 (VII); Irenaeus, Contra haer. II 28, 4f; Gen. 1,34; 4.Esr. 16,56.
50 Vgl. CO 8, S. 532.
51 Vgl. ebenda, S. 533.
52 Vgl. CO 8, S. 514f, 534f.

*F. 191:* Per aliquot folia de significationibus vocabuli personae velitatur, tenet autem author personam esse rem[y], quae videri oculis corporeis potest.[53]
*F. 195:* In deitate pater nunquam dicitur persona more veterum theologorum.
*F. 197:* Palaeologus inquit: Omnia dicta et scripta Serveti ad hoc ipsum unum et solum diriguntur, divinitatem subsistentis filii habuisse in se quiddam, quod inspicientibus significare poterat fore olim hominem.|
*F. 199:* Ex Tertulliano, Irenaeo et Clemente nititur liber probare cum Serveto non realem distinctionem, sed formalem dispositionem in patrem et filium poni.
*F. 212:* Servetus: Discrimen verbi et spiritus reale tollo, non personale.[54]
*F. 213:* Clamat Servetus (inquit author) trinitatem deorum secundum hypostasin se fateri, sicut re trinitatem deorum negat constare posse secundum realem distinctionem.[55]
*F. 214:* Eludit phrasin genitor et genuit, dicitque: huius generationis generatio in Bibliis nunquam filius dei dicitur.
*F. 220:* Sequitur (inquit author) maius peccatum esse tres deos colentium et pro uno deo naturâ adorantium eos, qui dei naturâ non sunt, Christianorum papistarum, quam Turcorum pro vero propheta eum credentium.
*F. 247:* Sapientiam dei et virtutem dei esse Iesum Christum (explicat liber) sicut dicitur sinagoga dei, mons dei, bellum dei.
*F. 261:* Arguit Servetum Calvinus, qui, cum deum patrem esse spiritum sanctum dicat, licet metaphorice, nihil non ei licere, quod in religione eludat.[56]
*F. 265:* Servetus: Confiteor quidem ego trinitatem patris dei, filii dei, spiritus sancti dei, unius omnium trium dei, sed dico patrem nullam habere faciem seu personam, cum sit invisibilis deus, nisi filium deum.[57]
*F. 266:* Spiritus (inquit liber cum Serveto) perceptibiliter subsistit et verbi persona visibiliter.[58]

*F. 266:* Palaeologus in appendice hanc Serveti doctrinam excusat de novitate.
*F. 267:* In 19. propositione damnata Calvinus Serveto[z] obiicit, quod substantiam spiritus dei ipsi carni Christi communicatam substantialiter dicerit,[59] | *[138r]* fatetur vere Servetus ipsum corpus Christi esse deitatis particeps.[60]

---

y rem] rei.
z Calvinus Serveto] Servetus Calvino.

53 Vgl. ebenda, S. 505 (XXVI: „nulla persona [...] nisi visibilis"), 511 (XV), 537 (V).
54 Vgl. ebenda, S. 536 (zu I).
55 Vgl. ebenda, S. 536 (zu I).
56 Vgl. ebenda, S. 543 (VII).
57 Vgl. ebenda, S. 543 (XVIII).
58 Vgl. ebenda, S. 546 (XXVI).
59 Vgl. ebenda, S. 504 (XIX).
60 Vgl. ebenda, S. 517 (XIX).

*F. 272:* Calvinus Serveto in propositione 20. obiicit, quod in incarnatione Christi eius humanam materiam in divinam[aa] transformatam dixerit.[61]
*F. 278:* Calvinus (inquit liber) cum papistis trinitatem deorum secundum supposita[62] defendit.
*Eod.:* Palaeologus ad propositionem 22. Serveti scripsit Iesum Christum participem deitatis, hoc est, ratione suppositi divini, creaturam dici non posse, sed participem creaturarum.[63]
*F. 284:* Palaeologus in appendice 24. damnatae propositionis, cum docet Servetus, sicuti verbum descendit in carnem Christi, ita spiritus sanctus descendit in apostolorum animas,[64] hoc vult dicere: sicut unio hypostatica non est inter spiritum sanctum, divinitatem et animas eorum, in quas illabitur, ita nulla secuta est hypostatica unio inter verbum et carnem Christi.
*F. 288:* Sevetus ad propositionem 26: Persona in verbo dicitur hypostasis visibilis in spiritu, hoc est, hypostasis perceptibilis.[65]
*F. 294:* Liber cum Serveto (per aliquot folia): Christum post resurrectionem accepisse spiritum novum.[66]
*F. 297:* Sed explicat se: secundum novam gloriam.
*F. 321:* Substantialem deitatem esse in omnibus creaturis necessario sequi, si essentia dei subsistens est in omnibus creaturis, Palaeologus cum Serveto in propositione 34. tenet.[67]
*F. 331:* Quod Calvinus propositione 37. obiicit Serveto eum contra paedobaptismum blasphema in Quatuor libris de Regeneratione scripsisse, item ante vigesimam aetatis annum non committi peccatum mortale Servetus fatetur,[68] Palaeologus eum excusare conatur, quod scripserit | *[138v]* quidem, sed a Calvino doceri, si res res aliter se haberet, postulaverit; *(F. 336)* et peccatum non committi ante 20. annum Servetum

aa divinam] dnum [i.e. dominum].

61 Vgl. ebenda, S. 504 (XX).
62 Vgl. oben zu f. 82.
63 Vgl. CO 8, S. 504 (XXII).
64 Vgl. ebenda, S. 504f. (XXIV).
65 Vgl. ebenda, S. 505 (XXVI).
66 Vgl. ebenda, S. 505 (XXVIII).
67 Vgl. ebenda, S. 506 (XXXIV).
68 Vgl. ebenda, S. 506f. (XXXVII); Michael Servet: De regeneratione superna, et De regno antichristi, libri quattuor. In: ders.: Christianismi Restitutio, (Vienne 1553), S. 355–576, dort über die Taufe S. 483–502 und 576 („Conclusio: Paedobaptismum esse dico deestandam abominationem, spiritus sancti extinctionem, ecclesiae Dei desolationem, totius professionis Christianae confusionem, innovationis per Christum factae abolitionem ac totius eius regni conculcationem"). Zitiert nach dem Faksimile: Miguel Servet, Obras completas, VI: Restitución del cristianismo, 2, ed. Ángel Alcalá. Zaragoza 2006, [1333]–[1554].

non de peccato coram deo habito respectu, sed secundum iudicem, quibus datae erant leges, disputasse.
*F. 343:* Palaeologus excusat Servetum, quod quaedam scripta excudi curaverit, nimirum non ut vulgarentur, sed ut a doctis amicis examinarentur.[69]
*F. 344:* Cum in epilogo 38. damnatarum propositionum Calvinus Servetum multis nominibus veterum haereticorum, Pelagianorum ob assertionem liberi arbitrii, Catharorum, Novatianorum et aliorum, notasset, *(F. 346)* eas omnes notas Palaeologus a Serveto abstergere in appendice studet.[70]
*F. 359:* Calvinum praecipuum esse, qui occiderit Servetum, probat, quia dixit Servetum lege Deuteronomii teneri.

*F. 360:* Incipit liber examinare iudicium Helveticarum ecclesiarum contra Servetum, et praecipue Tigurinae.[71]
*F. 364:* Ad primum argumentum Tigurinorum ministrorum[72] excusat liber Servetum, quod scripserit contra recentem theologorum modum, quo trinitatem declarant. Atque haec verba scribit: hunc recentem veluti Cerberum tricipitem, imaginarios deos statuere. Trinitatem ergo istam recentem realiter relationibus distinctam generationibus et spirationibus aeternis, quae in deo nunquam fuerunt, reiiciebat et conviciis insectabatur.
*F. 365:* Illudit liber doctrinam de generatione filii dei a patre deo et de communi *(F. 365[bb])* spiratione.
*F. 366[cc]:* Ad secundum argumentum, quod Servetus Athanasium, Augustinum et alios in argumento de trinitate atheos[dd] nominarit,[73] nihil excusationis affert liber Palaeologi.

*F. 391 et saepissime alias:* Omnes huiusmodi voces: generationis, nativitatis filii, ad Christum | *[139r]* hominem et ad verbum carnem factum Servetus refert, idque liber millies dictum esse inquit.
*Fol. 415:* A Calvino Servetus arguitur, quod naturarum in Christo distinctionem tollat et quod verbum in carnem conversum esse doceat.[74]

---

[bb] 365]465.
[cc] 366] 466.
[dd] atheos] atheo.

[69] Vgl. CO 8, S. 552 (XXXVIII: „Librum certe excudere non debuit, nisi in tam manifestis calumniis deprehensus teneri vellet").
[70] Vgl. ebenda, S. 552f.
[71] Vgl. ebenda, S. 555–558.
[72] Vgl. ebenda, S. 556.
[73] Vgl. ebenda, S. 556.
[74] Vgl. ebenda, S. 565–569, 578, 581, 585f.

*F. 421, 425, 518, 520, 607, 849:* Repetit liber scopum doctrinae Serveti, inquiens, quod nomen hoc, filius, in Sacris Litteris proprie tribuatur homini filio, sicut nomen Iesus et nomen Christus.[75]
*F. 423, 435, 523, 831:* Repetit iterum liber scopum Serveti: Suam verbo (inquit liber), qua deus est, hypostasin dat Servetus, et patrem deum et sermonem deum duo esse individua dicit, sed distinctionem illam realem, quae est intra patrem et filium, relativorum tollit, cum nulla generatio in Sacris Scripturis attribuatur verbo dei nisi externa respectu illius hominis, quem Sacra Biblia nominant filium dei.
*F. 432:* Christum naturalem filium dei patris dici posse (inquit liber), quia eius virtute conceptus sit et natus.
*F. 441:* Repetitur summarie iterum scopus doctrinae Serveti: Deum invisibilem, verbum visibilem deum, spiritum sanctum perceptibilem deum unum esse naturâ deum et tres secundum hypostases. In verbo autem visibili fuisse tantum[ee] inclinationis pro divinitate, ut videri posset ab hominibus ea facie et naturâ, qualis homo ille futurus erat, quem assumere secum in unitatem hypostaticam debebat. Hanc potentiam faciei et naturae illius hominis assumendae Servetus (inquit liber) secundum veteres theologos personam, speciem, ideam, faciem appellat.
*F. 446:* Hinc progreditur (inquit liber), ut dicat Servetus Iesum quatenus | *[139v]* hominem a Sacris Scripturis recte filium dei vocatum fuisse, nunquam autem dici filium, quatenus est sermo deus, ne statueretur Iesum unum duos esse dei filios.[76]
*F. 462:* Liber contra Calvinum: Idem quidem sibi est persona et hypostasis, sed Tertulliano et Serveto differunt inter se haec duo sicut caelum et terra.
*F. 495:* Servetum excusari a dicta contrarietate cum Tertulliano liber incipit incusans Calvinum, quod citaverit sine libro et paginis Tertullianum, tum et varias evasiones querit.
*F. 503:* Ad hoc, quod dicit Servetus, divinam hypostasin habere respectum et relationem ad formam creaturae assumendam, aut propriam aut adventitiam, Calvinus dicit, sequi et deum esse versipellem,[77] et verbum dei et spiritum sanctum deum esse dimidia parte deum et non simpliciter deum, et divinitatem habere creaturae fece[ff]

[ee] tantum] quantum.
[ff] fece] fere.

[75] Vgl. ebenda, S. 507 („Scopus meus totus fuit, quod nomen hoc, filius, in sacris literis proprie tribuatur homini filio, idque semper, sicut eidem proprie semper tribuitur nomen Iesus et nomen Christus. Ad huius probationem adduxi omnes scripturae locos, in quibus ponitur ea vox, filius, quae semper sumitur pro homine filio"), 560.
[76] Vgl. ebenda, S. 484f. (I).
[77] Vgl. ebenda, S. 579f.

infectam.[78] Liber Palaeologi respondet hanc consequentiam omnes crines Calvini,[79] si ex crinibus excitarentur Calvini, probare nunquam poterunt.
*F. 515:* Liber ait: Neque increatum corpus dei verbi[80] unquam utique somniavit Servetus, sed hypostasin dei verbi increatam[gg] esse semper asseruit, in qua subsisteret imago[hh] nondum creati hominis, qui si nunquam fuisset creandus, nulla huiusmodi imago in hypostasi dei verbi reluceret. Haec sunt verba et sensus Serveti consona cum vetusta patrum theologia.
*F. 520:* Calvinus aeternas quasdam generationes[81] (inquit liber) somniat.

*Fol. 527:* Serveti doctrinam esse, inquit liber, dei patris hypostasin †dum faciem invisibiliter quam vident spiritum invisibiliter†[82] deum sermonem et spiritum deum habere faciem visibilem, quae a corporalibus[ii] creaturis | *[140r]* videri possit, neque hac facie ab aeterno caruisse, alias enim sermonem deum et spiritum nunquam videri potuisse, si ab aeterno naturâ invisibilis extitisset, nimirum ratione decreti communis; quia, quae decreto conveniunt, non minus esse aeterna quam illa, quae dedit natura.
*F. 529:* Se explicat: Videri potuisset, si creatura aliqua comparata tunc fuisset, abs qua videri voluisset.
*F. 534:* Liber ait: Nam a substantia prima, hoc est individuo, et hypostasi dei formata est caro Christi hominis, et non ab humano semine.[83]
*F. 555:* Liber: Si illius emanationis gratia, qua verbum deus emersit ex deo, verbi hypostasis filii dei nominari potuisset, angelus non dixisset virgini: ‚Quod nascetur ex te sanctum,' id est hypostasis scilicet divina et humana, ‚vocabitur filius dei',[84] sed dixisset: ‚Est filius dei, et vocabitur filius hominis.'
*F. 557:* Liber iterum repetit doctrinam Serveti: Servetus credere se dicebat verbum seu sermonem ante secula et ab aeterno ex deo fuisse genitum, ratione scilicet huius relationis, qua hypostasis sermonis erat iam decreto et dei προγνώσει filius dei.
*F. 586:* Servetus: Est Iesus Christus salus omnium, qui ex patris dei prima substantia, nempe eius virtute inumbrante et superveniente super virginem spiritu, est genitus homo.

---

gg increatum] increatam.
hh subsisteret imago] subsistentia magno.
ii corporalibus] corporalis.

78 Vgl. ebenda, S. 580.
79 Vgl. die Wendung „calvus comatus" (Martial. 10, 83, 12; Erasmus, Adagia 2,5,60) für einen, der vorgibt zu haben, was er nicht hat.
80 Vgl. CO 8, S. 581.
81 Vgl. ebenda, S. 582.
82 Syntax gestört (wohl durch Augensprung des Kopisten).
83 Vgl. ebenda, S. 599f.
84 Lk. 1,35.

*F. 598:* Liber pro Serveto: Non dicit verbum in carnem conversum, sed elementa verbi facta esse carnis elementa.
*F. 604:* Liber pro Serveto: Illa est, dicit Servetus, carnis[jj] in verbum transformatio[kk], sed non in formam naturâ verbi, sed gloriae, splendoris, illustrationis, hypostasis verbi.[85]|
*[140v] F. 607:* Ait liber: Millies atque iterum millies, millies audire potuisti, Calvine[ll], filii nomen ad hominem Iesum referri, non ad verbum dei, et verbum, quod est deus naturâ non dicitur alicubi in Scriptura Sacra filius dei, Christus autem, quatenus homo est subsistens in hypostasi divina verbi, filius dei dicitur, non autem deus naturâ.
Verbum igitur (et non filius) carnem induens momento propter unionem hypostaseos divinae deus, propter conceptionis autem rationem filius dei dici coepit. Quoniam autem neque secundum conceptionis rationem neque secundum unionem hypostaseos nobis communicatur divinitas, sed tantum secundum gratiam, ideo nos neque dii neque illo modo filii dei dici possumus.
*F. 626:* Serveto opponit Calvinus, quod asserat spiritus fidelium esse coeternos et consubstantiales deo, quod participes sint divinae naturae, quod in illis sit substantia spiritus aeterni, quod eorum sedes sint ab aeterno paratae.[86] Respondet Palaeologus haec ad πρόγνωσιν[mm] dei, non autem ad φανέρωσιν fidelium pertinere.

## De paedobaptismo[87]

*F. 665:* Liber: Paedobaptismum probare aut in irae aut in dei filiis non solum molesta laboriosa difficilis res est,[88] verum etiam impossibilis et ineluctabilis.
*F. 666:* Infantes baptizari est praeter dei mandatum.[89] Hoc (inquit liber) 20 rationibus probatur.[90]
Fidem propriam ore proprio explicitam requiri.
*F. 671:* Baptismum sine fide propria nihil esse dicit liber.|
*[140v] F. 674:* Ubi est (liber inquit), qui hoc dicat, duplicem esse baptismum, unum cum fide propria, alterum sine fide propria?

jj carnis] carnem.
kk transformatio] transformatum.
ll Calvine] Calvina.
mm πρόγνωσιν] πρώγμωσιν.

85 Vgl. CO 8, S. 600f.
86 Vgl. ebenda, S. 606.
87 Vgl. ebenda, S. 613–623.
88 Vgl. ebenda, S. 613.
89 Vgl. ebenda, S. 613.
90 Vgl. ebenda, S. 613–618.

*F. 679:* Neque Serveti interest (inquit author) infantes Christianos arcere ab omni gratia spiritus,[91] sed hoc illi incumbit probare, mandatum scilicet baptismi ad infantes non pertinere.
*Eod.:* Unde enim[nn] habent solum baptismum, sine fide propria, regenerare posse?
*F. 683:* Liber: Valet igitur argumentum Serveti, ut si infantes arcentur a Calvino a caena, arceri etiam debeant a baptismo, quia caena respicit baptismum, et utrunque symbolum respicit fidem, quam qui non habet, nihil habet, ex quo fieri posset ex non Christiano et ex filio irae Christianus et filius dei.[92]
*F. 714:* Tempus tricesimum annum statuit Servetus, et quod isto tempore accipi poterat baptismus, ante illud tempus necessitate urgente voto et desiderio atque etiam ipsa re accipi posse baptismum, sed non sine fide censuit.[93]
*F. 726, bene dixit:* Quo iure papa ei antichristus erit, quem diabolica superbia superat?[94] loquitur Palaeologus de Calvino.
*F. 718:* Calvinus ait: Thesis est Serveti non committi peccatum mortale ante annos viginti.[95] Explicat liber (ut supra) Servetum de legali consuetudine locutum esse, in qua peccantes, quod sui iuris essent, iudex animadvertere poterat. Infra enim eam aetatem patris erat ius in peccantes filios.

*F. 741, bene dixit:* Liber arguit Calvinum, quod liberum arbitrium[96] neget doceatque hominem necessario peccare. Hanc ob causam, inquit liber, nos tuas Institutiones, nec Christianas nec philosophicas, invictis et indissolubilibus rationibus evertimus, conculcavimus, contrivimus.[97]|

---

nn enim] non.

91 Vgl. ebenda, S. 614.
92 Vgl. ebenda, S. 614, 615f.
93 Vgl. ebenda, S. 617f.
94 Vgl. ebenda, S. 623.
95 Vgl. ebenda, S. 621.
96 Vgl. ebenda, S. 624–628.
97 Dies bezieht sich auf eine Gegenschrift gegen Calvins Institutio Christianae religionis, die PALAEOLOGUS auch erwähnt in: Theodoro Bezae [...] pro Castalione et Bellio, CBAR, MSU 1669, p. 1001: „Sed hac de re [de praedestinatione et reprobatione] satis disputatum est ‚Contra Institutiones Calvini' et librum tuum [Bezae] quaestionum et responsionum." Möglicherweise ist die verlorene Schrift des Palaeologus Contra Institutiones Calvini identisch mit dessen (nach dem Vorbild der Institutio Calvins) Institutiones Christianae genannten Werk, das vermutlich als dogmatisches Handbuch für die entstehende unitarische Kirche in Siebenbürgen bestimmt war, vgl. PALAEOLOGUS: Catechesis Christiana (wie Hauptteil, Anm. 19), 110f: „‚Quid, si nostrum [theologorum] aliquis cum aliquo ex populo de parescientia dei, de peccato, de vita aeterna disputare vellet, mutus esset piscis?' ‚Minime. Habemus Institutiones Christianas ad Lydium lapidem probatas, conformes fidei de deo, quam tuemur, in his legere quis potest, quid ista ecclesia omnibus de quaestionibus, quae controvertuntur, credat. Illae et evertunt Institutiones Calvini et aliud nihil sunt quam apostolica et vera theologia'"; vgl. auch ebenda S. 237, 311.

*[141v] fol. 742, 744:* In controversia, quam Calvinus Serveto obiicit, quod cum <Catharis> et Novato sentiat in articulo de perfectione iustitiae,[98] videtur author libri plus de bonis operibus et eorum praemiis tenere quam Calvinus.
*F. 750, non omnino male agit:* Inducit liber velitationes et probationes Serveti de perfectione vitae et iustitiae contra Calvinum.
*F. 761, bene:* Liber bene cribrat Calvinum tenentem, quod deus dederit leges, quas sciret a nullo servari, etiam volente et desiderante, posse.

## De fide[99]

*F. 778, sequentia haec non omnino male:* Refutat[oo] liber Calvini doctrinam de imputativa[pp] iustitia per colationem relationis inter fidem et promissionem.[100]
*F. 782:* Contra Calvinum: Neque Paulus comparat fidem promissioni, sed inter fidem et promissionem hinc et legis observationem inde ponit possessionem haereditatis.[101]
*F. 786:* Abrahamum (dicit liber contra Calvinum) potius ad maiestatem dei[qq] loquentis quam ad promissionem attendisse et credidisse.[102]
*F. 804, bene habet:* Contra Calvinum dicit liber: Vos estis plane, qui ad ocia bonorum et ad occupationem malorum operum vocatis homines, qui dicitis homines benefaciendo peccare et deum esse peccati authorem et causam et peccantibus adesse imputationem iustitiae, quae nulla plane est hoc in loco, per fidem.
*F. 815:* Author dicit extare libellos suos de iustitia, de fide et bonis operibus.[103]
*F. 829:* Repetit liber Serveti doctrinam de trinitate inquiens: Secari a vobis, dicit Servetus, unum deum in tres deos propter tres distinctiones reales, quas dicitis esse in una essentia dei, ipse autem unum deum dicit ut vos, et tres hypostases, sed distinctionem realem nullam | *[142r]* ponit in deo internam, sed tantum externam, cuius gratia diferre dicit inter se divinas hypostases.
*F. 816, bene dicit:* Liber contra Calvinum: Nullum datis locum bonis operibus, sed omnia occupatis imputativa iustitia.[104]

---

oo refutat] refutatus.
pp imputativa] impletiva.
qq dei] dei dei.

98 Vgl. CO 8, S. 625–627.
99 Vgl. ebenda, S. 628–637.
100 Vgl. ebenda, S. 633–636.
101 Vgl. ebenda, S. 629f; Röm. 4,14.20f; Gal. 3,6.
102 Vgl. CO 8, S. 629 („satis est illi Deum loquutum esse, quamvis nihil promittat").
103 Palaeologus: De Fide Justitiae, CBAR, MSU 1669, pp. 776–823; ders.: Dissolutio de Justitia fidei et operum (dat. Klausenburg, 21. Januar 1573), ebenda, MSU 1669, pp. 621–625
104 Vgl. CO 8, S. 636f.

*F. 850:* Unde et illud principium (inquit liber), ‚In principio creavit deus,' respicit finem, sabathum scilicet, in quo deus quiescit. In simili modo explicare conatur Evangelium Ioannis, ‚In principio erat verbum,' (inquit) ‚In principio' respicit illum finem, de quo ipse Ioannes dicit: ‚Ad finem usque,' quo vixit, ‚dilexit eos.'[105]
*F. eodem:* Esse apud deum (ut sacra lectio docet) non est naturam habere dei, sed esse notum et declaratum apud deum et soli deo cognitum.
*F. eodem:* Nullam igitur, inquit liber, aeternam maiestatem sermonis, nullam essentiae unitatem cum deo illa verba Ioannis significare.[106]
*F. 851:* Neque scribitur (inquit) eandem esse gloriam patris dei et filii (Christi), sed peti a filio, ut illam gloriam reciperet[107] re ipsa in se ipso a patre, quam prius decrevisset apud se illi, qui declarandus esset filius seu Christus, dare deus pater.
*F. 852:* Deum patrem esse aeternum fatetur liber, sed non nisi ratione filiorum aut pro cognitione aut manifestatione.
*F. 854:* Authoritatem Athanasii et Augustini trinitatem coaeternam docentium liber flocci pendit.
*F. 854, 856:* Calvinum referentem se in hoc articulo trinitatis ad ecclesiam liber illudit.
*F. 860:* Christum (inquit liber) Elohim dici sicut et ad angelos transferri nomen Elohim potest.[108]|

*[143v]* Ex scriptis Palaeologi.[109]

## Zusammenfassung

### The reformers from Jacobus Palaeologus' point of view

Historically and theologically, the rise of Transylvanian Anti-Trinitarianism was much indebted to the Protestant Reformation. The emerging denominational identity of the Anti-Trinitarians was shaped by their polemical and apologetical interaction with the Reformed tradition. Indeed, Anti-Trinitarians often understood themselves as the consequent continuation of the Reformation. An important impulse towards the rise of a non-adorantist, radically Unitarian wing within the Anti-Trinitarian camp came from the Greek-Italian exile Jacobus Palaeologus from Chios. The present contribution argues that Palaeologus, in contrast to other contemporary

105 Gen. 1,1; 2,2f; Joh. 1,1; 13,1.

106 Die erneute Erörterung von Joh. 1,1ff bezieht sich anscheinend auf CO 8, S. 641. Inhaltlich vgl. [Lelio Sozzini] Brevis explicatio. In: De falsa et vera unius Dei [...] cognitione (wie Hauptteil, Anm. 1), S. 302–305.

107 Joh. 17,1.5.

108 Vgl. CO 8, S. 506 (XXXII), S. 610f. – Palaeologus: Catechesis Christiana (wie Hauptteil, Anm. 19), S. 23–33 u.ö.

109 Regest auf der Außenseite.

representatives of Transylvanian Anti-Trinitarianism, was much less indebted to the Protestant theological tradition. The theology of this Ex-Dominican from the Roman Catholic minority of the Levant should probably not be understood as a radicalization of Protestantism, but rather as a religious-political reform project by which he tried to offer a minimum consensus solution for the conflict between Christianity and Islam in the Eastern Mediterranean. The fundamentally Non-Protestant character of Palaeologus' theological thought is exemplified by the analysis of a contemporary summary of his lost polemical work against John Calvin. The original text of the summary is published as an appendix.

## A reformátorok Jakobus Palaeologus szemszögéből

Az erdélyi unitarizmus kialakulásának közvetlen történeti és teológiai feltételeit a protestáns (református) reformáció teremtette meg. Az erdélyi unitáriusok felekezeti identitása a reformációval folytatott vitákban és a tőle való elhatárolódásban alakult ki. Az erdélyi unitarizmus és különösen annak nonadorantista szárnyának kialakulása az 1570es évekre tehető. Jakobus Palaeologus, a görög-olasz emigráns ekkor dolgozta ki nagyhatású téziseit. A tanulmány azt fejti ki, hogy Palaeologus – más korabeli unitárius teológusoktól eltérően – nem a protestantizmustól indulva jutott el a radikális unitarizmushoz, hanem vallási-politikai reformjavaslatok révén. Teológiája inkább radikális színezetű, amely visszavezethető a korabeli Levante kisebbségi katolicizmusára és az iszlámmal szembenálló magatartására. Palaeologus egyik Kálvin-ellenes írása példaszerűen dokumentálja a protestantizmushoz fűrzödö, távolságtartó viszonyát. A szerző függelékben közli a fragmentum szövegét.

## Reformatorii din perspectiva lui Iacob Palaeologus

Premisele istorice şi teologice directe ale constituirii unitarianismului în Transilvania îşi au sursa în Reforma protestantă. Identitatea confesională a antitrinitarienilor transilvani a apărut din dezbaterea cu şi delimitarea de reformaţi. O contribuţie importantă la radicalizarea unitarianismului transilvan şi a formării aripii nonadorantistice a acestora a fost oferită în anii 1570 de exulantul religios greco-italian Iacob Palaeologus. Articolul publicat aici argumentează că Palaeologus, spre deosebire de alţi teologi unitarieni ai timpului său, nu a trecut de la protestantism la un unitarianism radical. Teologia lui este mai degrabă o propunere reformatoare radicală care a luat naştere din conflictul dintre catolicism şi islam în cadrul Levantului. Distanţarea consecventă cu care Palaeologus privea protestantismul este ilustrată exemplar pe baza unui fragment al unei scrieri polemice a lui Iacob Palaeologus împotriva lui Jean Calvin. Textul fragmentului este publicat în anexă.

# Die Religionspolitik der Báthorys in den 1580er Jahren

## Ein Versuch zur Verhinderung der protestantischen Religionspraxis (1579–1581)

*Tamás Kruppa*

Als der katholische Stephan Báthory im Jahre 1571 die Macht ergriff, ließ er keinen Zweifel daran, dass er die freie Religionsausübung der Protestanten in Siebenbürgen einschränken würde, die sie seit der Regierungsperiode Johann Sigismunds genossen hatten. Dies belegt das fürstliche Edikt vom Frühling jenes Jahres, in dem er diejenigen Werke verbot, die angeblich die Ruhe des Landes stören könnten.[1] Obwohl das Edikt keine konkrete Religion nannte, war es jedem klar, dass damit in erster Linie diejenigen Werke und Autoren der Antitrinitarier gemeint waren, die als international anerkannte Vertreter der ungarischen protestantischen Theologie des 16. Jahrhunderts galten. Die radikalen Ansichten Franz Davidis' und seiner Nachfolger erfuhren weite Anerkennung, noch öfter jedoch lösten sie innerhalb wie außerhalb der Grenzen Siebenbürgens lautstarke Empörung aus.

Die Báthorys – Fürst Stephan (István) und sein Bruder und politischer Vertrauter Christoph (Kristóf) – standen vor keiner leichten Aufgabe. Ihr Ziel war die katholische Restauration, sie verfügten aber nicht über hinreichende politische Mittel dazu. Zwei Tatsachen bezeugen dies unmissverständlich: zum einen, dass Stephan einen calvinistischen Pfarrer am Hof dulden musste, zum anderen, dass er keineswegs das Risiko einzugehen wagte, die katholische Konfession zu rehabilitieren und ihr als einer anerkannten Konfession gleiche Rechte wie den Protestanten zu erteilen. Da er mit Gewalt nichts erreichen konnte, wählte er eine klassische Methode: Einerseits versuchte er die Konfessionen zu polarisieren, andererseits vertrat er die Interessen seiner eigenen Konfession durch administrativ-machtpolitische Mittel, wobei er sich die bestehenden Verhältnisse zunutze machte.

Was die erste Vorgehensweise angeht, waren seine bekanntesten Schritte der Prozess gegen Franz Davidis und dessen Einkerkerung. Beides wurde nicht nur von Lutheranern und Calvinisten unterstützt, die die Antitrinitarier zutiefst ablehnten, sondern auch von gemäßigten Unitariern. Der auf diese Weise zustande gekommene

[1] Báthory István emlékezete [Erinnerungen an Stephan Báthory], eingeleitet und hg. von László Nagy. Budapest 1994, S. 102.

Spielraum war nicht nur für Lutheraner und Calvinisten günstig, sondern trug paradoxerweise auch zu der Entwicklung bei, in deren Verlauf die unverbundene antitrinitarische Bewegung zu einer organisierten Kirche wurde.

Die zweite Vorgehensweise machte sich zwei Umstände zunutze. Der eine war die schiere Größe der Güter der Familie Báthory. Beide Familienzweige, der von Ecsed und der von Somlyó, besaßen mächtige Gebiete, auf denen sie im Sinne des „ius patronatus" Pfarrer der eigenen Konfession anstellen durften – das „ius patronatus" war in der Verfassung des Landes bzw. im „Tripartitum" des Werbőczy schriftlich festgehalten. In Ungarn galt dieses Recht des Grundherrn mehr als sonstige Gesetze; diese Tatsache erklärt auch, warum nicht einmal Johann Sigismund (1540–1571) einen ernstzunehmenden Versuch unternommen hatte, die Familie Báthory zur Verantwortung zu ziehen, weil auf ihren Gütern katholische Pfarrer in ihren Diensten standen, obwohl bereits der Landtag von 1566 die katholischen Priester des Landes verwiesen hatte.

Darüber hinaus war die geographische Lage der Besitzungen der Familie von ausschlaggebender Bedeutung, weil sie in Grenzgebieten des Landes lagen. Dementsprechend bestand stets die Gefahr, dass die katholischen Báthorys samt allen ihren Gefolgsleuten durch einen allzu radikalen religionspolitischen Auftritt den Habsburgern in die Hände gespielt werden könnten. Damit wäre das gesamte Fürstentum Siebenbürgen destabilisiert geworden. Die Tatsache, dass Johann Sigismund dieses Risiko denn doch nicht einzugehen gewagt hatte, war auch der wichtigste Grund dafür, warum Stephan Báthory als Landesherr katholischen Bekenntnisses in dem mehrheitlich protestantischen Siebenbürgen zum Fürsten gewählt wurde. Da eine der bedeutendsten Aufgaben des Fürsten die Verteidigung der Grenzen war, ein Problem, das Stephan Báthory aus privaten Interessen schon seit langem erfolgreich gelöst hatte, kümmerten sich die Stände weniger darum, was Báthory ansonsten an der Peripherie trieb.

Über das Edikt von 1571 hinaus versuchte Báthory mit einer neuen Religionspolitik die Positionen der Katholiken auch in der Stadt Großwardein zu stärken, die in der Nachbarschaft der Familienbesitzungen lag. Christoph Báthory als Kommandant zu Wardein (váradi főkapitány) – den Titel hatte er 1571 von seinem jüngeren Bruder geerbt – stellte mehrere Schenkungsbriefe für die katholische Schule und für die Sankt-Aegidius-Kirche aus. Ohne ausfallend und gewaltsam vorzugehen, bemühte sich der Kommandant der Stadt zu dieser Zeit beständig, die Positionen seiner eigenen Konfession zu verbessern. Es gibt keinen Hinweis darauf, dass die Calvinisten in Großwardein gegen seine Tätigkeit protestiert hätten; ihre Zurückhaltung basierte auf jenem stillschweigenden Abkommen, das sie mit der neuen Regierung geschlossen hatten.[2] Die Stadt selbst verfügte über eine Sonderstellung nicht nur angesichts

---

[2] Vgl. Kruppa, Tamás: Nagyvárad jelentősége a Báthoryak művelődés- és valláspolitikájában [Die Bedeutung Großwardeins in der Bildungs- und Religionspolitik der Báthorys]. In: Századok 2005/4, S. 945–968, hier S. 948–949.

der Religionspolitik, sondern auch angesichts der Mäzenatur der Báthorys. Sie befand sich am „Dreiländereck", dem Berührungspunkt der drei Herrschaftsregionen – des osmanischen Gebiets, des habsburgischen Ungarn und Siebenbürgens. Daher wurde sie als das Tor Siebenbürgens angesehen; sie war das Zentrum des Kultes um den als heilig verehrten König Ladislaus und zugleich eine der berühmtesten Messestädte des Karpatenbeckens. Großwardein spielte also eine strategische Schlüsselrolle und hatte eine symbolische Bedeutung für die religiöse Propaganda.

Diesen Umstand hatte sich schon Johann Sigismund zunutze gemacht. 1569 wurde hier in Anwesenheit des Fürsten und mit großem Widerhall der Religionsstreit zwischen Calvinisten und Antitrinitariern ausgetragen.[3] In der Forschungsliteratur wird ausdrücklich betont, dass die bewusste Wahl Großwardeins zum Ort der Polemik die gefestigte Position der Dreifaltigkeitsleugner und zugleich ihre Unterstützung durch den Fürsten demonstrierte, die die Antitrinitarier nun für ihre Ausbreitung im Partium nutzen wollten. Weniger wird demgegenüber darauf hingewiesen, dass der Fürst durch die Entscheidung für Großwardein auch eine Botschaft an die Báthorys und an die etwa 2.000 Katholiken in der Stadt sandte. Stephan Báthory war ein Jahr zuvor aus seiner mehrjährigen Wiener Gefangenschaft zurückgekehrt, als Gesandter Johann Sigismunds war er dort festgesetzt worden. Seine Gefangenschaft und sein katholischer Glaube waren geeignet, ein gewisses Misstrauen ihm gegenüber auszulösen. Obwohl er Günstling und auserkorener Wunschkandidat für die Nachfolge des Fürsten Gáspár Bekes war, konnte Báthory dank seines Rangs und Ansehens seine Funktion als Kommandant zu Wardein behalten. Der Fürst hatte durchaus allen Grund gehabt, ihm mit Vorsicht zu begegnen, da der Kommandant die Mehrzahl der zum Fürstentum gehörenden Gebiete im Partium militärisch kontrollierte und sich sein Wirkungsbereich auch auf die Zivilregierung ersteckte. Angesichts des letzteren war es fraglich, ob er sich auch zugunsten der Calvinisten in das angespannte Verhältnis zwischen diesen und den Dreifaltigkeitsleugnern einmischen würde. Die Umstände, die unter der Regierung Johann Sigismunds eine Beschränkung der fürstlichen Macht bedeutet hatten, erwiesen sich für Stephan Báthory selbst dann als vorteilhafte Möglichkeiten. Aber die Religionspolitik des jeweiligen Fürsten, egal welcher Konfession er zuzurechnen war, musste immer auch sorgfältig jenes prekäre Gleichgewicht berücksichtigen, das zwischen den beiden Großmächten bestand.

Damit hängt ein weiterer Punkt zusammen, der von der einschlägigen Forschung bislang nicht hinreichend gewürdigt wurde. Er kann am besten durch die Person Giorgio Biandratas beleuchtet werden, der eine entscheidende Rolle in der Begründung des Antitrinitarismus in Siebenbürgen wie auch bei der Verurteilung Franz Davidis' gespielt hatte. Die geringe Aufmerksamkeit, die die ungarische

---

3 Vgl. Balázs, Mihály: Teológia és irodalom. Az Erdélyen kívüli antitrinitarizmus kezdetei [Theologie und Literatur. Die Anfänge des Antitrinitarismus außerhalb Siebenbürgens]. Budapest 1998, S. 11–23, 33–45. (Humanizmus és reformáció Bd. 25)

Historiographie auf die Deutung seiner widersprüchlichen Rolle verwendet, kann durch den Mangel an Quellen erklärt werden. Nur im Fall des Prozesses gegen Davidis betont die Forschung den stillschweigenden Pakt zwischen der fürstlichen Macht und dem gemäßigten Flügel der Dreifaltigkeitsleugner.

Aber die Gründe dafür, dass Biandrata – von den zweifellos voreingenommenen jesuitischen Quellen[4] ausgehend – bis zu seinem Tod im Jahr 1588 ein angesehenes und einflussreiches Mitglied des fürstlichen Hofes zu Weißenburg bleiben konnte, lagen sicherlich nicht nur in seiner Mitwirkung bei der Beseitigung der radikalen Richtungen der Unitarier. Eine gemeinsame, die verschiedenen konfessionellen Einstellungen überbrückende intellektuelle Basis unter den Personen des Hofs beziehungsweise praktizierte Toleranz kann man keineswegs als Ursache dafür annehmen. Es geht vielmehr um Motive, die aus einer einheitlichen, die Konfessionen übergreifenden, staatlichen Sicherheitspolitik Siebenbürgens entsprangen. Diese Sicherheitspolitik war sowohl für die Katholiken als auch für die Protestanten akzeptabel und notwendig. Auch die Religionspolitik Johann Sigismunds und Stephan Báthorys stellte jeweils eine Konsequenz dieser Sicherheitspolitik dar, auch wenn die jeweiligen Akzente infolge der divergierenden konfessionellen Überzeugungen der Herrscher anders ausfielen. Dieses sicherheitspolitische Grundprinzip blieb ausschlaggebend, auch wenn beide es in gewissem Maße verletzten, indem sie Richtungen unterstützten, die unter den bestehenden konfessionellen Verhältnissen Extrempositionen verkörperten oder – wie im Fall Johann Sigismunds – zumindest deren Verbreitung nicht verhinderten.

Denn das Fürstentum Siebenbürgen konnte sich auch auf der Ebene der Konfessionen keine zu starke Verschiebung der Akzente, also etwa den Erfolg der von Davidis vertretenen radikalen, das heißt nonadorantistischen Version des Antitrinitarismus, gestatten. Man darf nicht vergessen, dass der Antitrinitarismus die stärkste Konfession dieser Zeit war. Die Calvinisten waren auf dem Gebiet des einstigen, mittelalterlichen Siebenbürgen noch schwach, die Katholiken hatten noch weniger Kraft. Allein die sächsische Nationsuniversität bildete eine kompakte ethnische wie auch konfessionelle Einheit von Bedeutung. Dies gilt aber nur unter der sächsischen Bevölkerung, da die wittenbergisch geprägte Reformation weder für die ungarische noch für die rumänische Bevölkerung eine Alternative mit Anziehungskraft darstellte. Dazu war es, wie neuere Untersuchungen belegen, gerade die im Partium sich zunehmend ausbreitende nonadorantistische Variante des Antitrinitarismus, die die Calvinisten in die Defensive gezwungen hatte, obwohl die Reformierten hier wesentlich stärker gewesen waren als in Siebenbürgen.[5] Falls die von Davidis vertretene radikale Variante innerhalb des Antitrinitarismus die führende Rolle hätte übernehmen können, hätte die theoretische Möglichkeit bestanden, dass die Nonadorantisten auch

---

4 Monumenta Antiquae Hungariae II (1580–1586), ed. Ladislaus Lukács S.J. Romae 1976, S. 15, 81, 117, 221, 761, 1011.

5 Balázs (wie Anm. 3), S. 33–45, 75–93.

politisch eine dominante Position hätten erobern können. Auch wenn keineswegs die Gefahr bestand, dass der radikale Flügel zur Staatsreligion würde oder sich im Islam auflöste, ließ die Ausbreitung der radikalen Richtung – in der politischen Sprache ausgedrückte – Besorgnisse wachsen, wonach das Fürstentum in das Osmanische Reich einschmelzen oder zumindest das Schicksal der rumänischen Woiwodschaften erleiden könnte.

Dass diese Besorgnisse keineswegs grundlos waren und zumindest die theoretische Gefahr einer solchen Entwicklung bestand, belegt das Beispiel des Thronbewerbers und Konvertiten Pál Márkházy, der sich zum Islam bekehrt hatte. Um die Fürsten erpressen zu können, hatte die Pforte immer Konvertiten zur Hand; in dieser Hinsicht war der Fall Márkházy nichts Besonderes. Seine Sonderstellung folgt daraus, dass er kurz nach dem Tod Christoph Báthorys ein Ahdname [ahidnâme], d. h. ein Privileg des Sultans zur Führung des Titels „Sandschak Siebenbürgens" erhalten hatte. In der Praxis hätte das bedeutet, dass das Fürstentum einen Fürsten erhalten hätte, der sich als Anhänger der Religion des Islam betrachtete. Es ist mir nicht bekannt, dass es während der 150jährigen Periode der Selbstständigkeit Siebenbürgens eine andere christliche Person gegeben hat, die ein Privileg dieser Art erhalten hätte. Zudem besaß der Konvertit Márkházy in der Person Pascha Sinans einen Förderer, der über große Macht verfügte, und der Siebenbürgen besonders verachtete. Sinan hatte vor den Gesandten Siebenbürgens bei der Pforte mehrmals eindeutig seine Position vertreten, wonach die Lösung des Problems Siebenbürgen entweder die Einverleibung des Fürstentums in das Osmanische Reich in Form eines Paschaliks oder eine radikale Erhöhung der von Siebenbürgen gezahlten Steuern und somit die Verwirklichung einer engeren Kontrolle sei.[6]

Die Konsequenzen dieser Verflechtung von Religion und Politik sind leicht zu erkennen: Je weiter sich das Fürstentum auch in praktischer Hinsicht von der Gemeinschaft der westlichen Staaten entfernen würde – man darf nicht vergessen, dass allein die Existenz des Antitrinitarismus und sein Recht zu freier Religionsausübung den Vorwurf einer Orientierung am Osmanischen Reich auslöste –, desto mehr Chancen hätte Márkházy gehabt, Herrscher eines Landes zu werden, dessen Bekenntnis sich in fast nichts mehr vom Islam unterschied. Man muss immer wieder ausdrücklich betonen, dass all dies nur eine theoretische Möglichkeit war und dass in den Quellen kein nachweisbarer Beleg dafür überliefert ist, dass diese Möglichkeit explizit formuliert worden wäre. Eine solche explizite Formulierung brauchte es aber wohl darum nicht, weil die Angst vor der Vernichtung des Fürstentums beziehungsweise dessen Einverleibung durch das Osmanische Reich eine konkrete Bedrohung darstellte, und weil diese Option immer wieder auch an der Pforte auftauchte. Diese Angst und dieses Gefühl der Unsicherheit bestimmten in der Praxis die Innen- und Außenpolitik Siebenbürgens, und die theologischen Orientierungsversuche der Gruppe um Davidis passten zweifellos in den Kontext jener intellektuellen

6 Zu Márkházy vgl. ÖStA HHStA: Turcica I. Karton 72–73, 1590–1591, passim.

Bewegungen hinein, die als langfristiges Ziel vor Auge hatten, die Differenzen zwischen Islam, Christentum und Judentum im Namen eines monotheistischen, dogmenfreien Glaubens zu eliminieren.

Stephan Báthory hatte dieses Problem rechtzeitig bemerkt. Márkházy war letztendlich zum Renegaten geworden, um die Ausführung eines von Báthory mehrmals eingereichten Auslieferungsantrags zu vermeiden. Er intrigierte dann darum, den Thron in Siebenbürgen zu erlangen; er erhielt ein Sandschak in unmittelbarer Nähe zum Fürstentum. Als Sandschakbeg führte er seine Raubangriffe in den Grenzgebieten durch. Gegen Ende der 1580er Jahre spielte er eine entscheidende Rolle dabei, dass Siebenbürgen mehrere hundert Dörfer verlor. Letztendlich gelang es im Jahre 1590 durch bedeutende Geldmittel, ihn aus dem Sandschak von Jenő zu entfernen. Als er 1594 starb, war er dank der Unterstützung des Großwesirs Sinan Sandschakbeg von Lippa. Im Falle Márkházys war Báthory nicht erfolgreich gewesen. Der Gefahr, die der religiöse Radikalismus für die Sicherheit seines Staatswesens bedeutete, konnte er jedoch mit der Hilfe des gemäßigten Flügels der Antitrinitarier entgegensteuern, welche sich dieser Gefahr ebenfalls bewusst waren. Damit wurde jenes prekäre Gleichgewicht wiederhergestellt, das Stephan Báthory die Möglichkeit bot, Schritte in Richtung seines angestrebten Ziels, d. h. der Rekatholisierung Siebenbürgens zu machen.

Das dritte Element seiner Religionspolitik war die Ansiedlung der Jesuiten. Die Quellen bezeugen, dass er sich schon vor seinem Amtsantritt mit der Idee der Ansiedlung der Jesuiten beschäftigt hatte. Die ersten Belege stammen aus dem Jahr seiner Heimkehr aus der Wiener Gefangenschaft, d. h. aus dem Jahr 1567. Wegen der Krise um Bekes und wegen seiner Wahl zum polnischen König musste die Ausführung seines Planes um rund zehn Jahre aufgeschoben werden. 1579 siedelte er dann den Jesuitenorden an und bestimmte neben Weißenburg und Klausenburg die Stadt Großwardein zum Hauptzentrum. Es ist leicht einzusehen, dass die Wahl dieser Zentren politischen Absichten folgte. Da Báthory sich in der Folgezeit kontinuierlich in Polen aufhielt, musste sich sein Bruder Christoph um die praktischen Angelegenheiten kümmern. Das Kolleg (Klausenburg), die Residenz (Weißenburg) und die Mission (Großwardein) der Jesuiten wurden vor dem Hintergrund eines großangelegten Unternehmens gestiftet, das zu Beginn der 80er Jahren konzipiert wurde. Die Stiftungen von Jesuitenkollegien und päpstlichen Seminaren am Rande der pravoslawischen Welt verfolgten das langfristige Ziel, Fundamente für die künftige Überwindung der Religionsspaltung zu legen, sodass mit Hilfe einer weit gespannten Koalition mit vereinten Kräften die Türken schließlich aus Ungarn und Europa vertrieben werden könnten.

In diesem Plan war dem Jesuitendiplomaten Antonio Possevino[7] eine wichtige Rolle zugedacht. 1582 hat er bereits einen wesentlichen Beitrag zum Zustandekommen

7 Zu Plan und Rolle Possevinos vgl. Santich, Jan Joseph (O. S. B.): Missio Transylvanica. The Role of the Jesuits in the Westernization of Russia, 1582–1689. New York 1995, S. 86–111.

des Friedensabkommens zwischen dem russischen Zaren und dem polnischen König geleistet, das sich als unerlässliche Voraussetzung für die Ausführung des Planes des Heiligen Stuhls erwies. Angesichts der päpstlichen Missionspläne befand sich Siebenbürgen in einer Schlüsselposition. Um dieser Aufgabe gerecht zu werden, benötigte das Fürstentum stabile innenpolitische Verhältnisse, die aber ihrerseits nur ein langsames Fortschreiten der Rekatholisierung zuließen. Die Situation wurde dadurch erschwert, dass Stephan Báthory nach dem Tod seines Bruders im Jahre 1581 erhebliche Schwierigkeiten hatte, einen geeigneten Nachfolger für das Amt des Fürsten zu finden.

Der König experimentierte vier Jahre lang bei der Lösung des Nachfolgeproblems. Erst im Jahre 1585 wurde der Calvinist János Ghiczy, der ehemalige Kommandant Großwardeins, zum Gouverneur des Fürstentums ernannt. Vor seiner Ernennung stand Siebenbürgen unter der Regierung eines Hofrates aus drei Personen, dessen Mitglieder hohe Kompetenzen in der Diplomatie und gründliche Sachkenntnisse in der Verwaltung besaßen. Trotzdem war die Tätigkeit des dreiköpfigen Regentschaftsrates während der ganzen Amtszeit dem erbitterten Angriff der Stände ausgesetzt.[8] Es schien so, als ob die geschriebenen wie auch die unausgesprochenen Regeln des Regierens nicht mehr so harmonisch umzusetzen waren wie vor 1581. Keiner der drei Kanzler war Katholik, die Kritik hatte also keinen konfessionellen Hintergrund. In der Forschungsliteratur wird dieser Konflikt mit Vorliebe als ein solcher zwischen Hof und Gesellschaft präsentiert. Es ist auch ganz und gar nicht zu bezweifeln, dass die drei Männer in weiteren Kreisen der Gesellschaft unbeliebt waren. Meines Erachtens erwuchs die Missbilligung der Stände jedoch nicht daraus, sondern ergab sich aus zwei Umständen, die bislang noch nicht berücksichtigt wurden.

Der eine betraf das Verhältnis zur Pforte und hing mit dem oben erwähnten Fall Márkházy zusammen. Stambul war immer sorgsam bedacht gewesen, dass Siebenbürgen als sein Vasall nicht zu stark würde, weil dies zum Ausgangspunkt einer Entwicklung hin zur als gefährlich eingeschätzten Selbstständigkeit beziehungsweise Unabhängigkeit von der Pforte hätte werden können. Diese Gefahr wurde nun mit der Wahl Stephan Báthorys zum König von Polen akut. Als Báthory das Fürstentum verließ, schrieb der Sultan an die Stände Siebenbürgens, sie sollten Christoph Báthory im Folgenden ohne jegliche Vorbehalte als ihren bevollmächtigten Herrscher anerkennen. Davon berichtet auch David Ungnad, einer der Residenten Maximilians II. in Stambul: „[die Siebenbürger] sollen Christoph Báthory ohne jegliches Getümmel als ihren Herren anerkennen und verehren […], da der Sultan ihm die Regierung

---

8 1585 äußerten die Siebenbürger ihre Bitte an den König in Form eines Briefes, die Herrschaft des Regierungsrats zu beenden. Vgl. Erdélyi Országgyűlési Emlékek. III. (1576–1596), hrsg. v. Sándor Szilágyi. Budapest 1877, S. 56 (= Monumenta comitalia regni Transsylvaniae [Akten und Verhandlungen der siebenbürgischen Landtage]). Eine Zusammenfassung der bisherigen Forschungsergebnisse bezüglich der kollektiven Regierung bietet: Horn, Ildikó: Az erdélyi hármastanács kormányzata [Die Regierung des Dreierrats in Siebenbürgen] (1583–1585). In: Századok (140) 2006, S. 883–924.

jener Gebiete mit Vollmacht übertrug."[9] Der Akzent wird auf die Vollmacht beziehungsweise die Einzelherrschaft gelegt: Nach dem Tod Christoph Báthorys 1581 war der Thronnachfolger aber noch minderjährig. Die Pforte war nicht zufrieden, dass Stephan Báthory als König von Polen zugleich Fürst von Siebenbürgen war. Wie erwähnt, erwarb Márkházy sein Ahdname dadurch, dass er sich diese unklare Situation zunutze machte. Die Siebenbürger befürchteten daher, der Renegat könne durch die Unterstützung Großwesir Sinans den Fürstentitel erlangen. Dies war auch der Grund dafür, dass sie so entschieden die Ernennung *eines* Gouverneurs forderten – und nicht etwa das mitunter angeführte Motiv, dass sie nicht an eine korporative Ratsregierung gewöhnt gewesen wären oder dass sie diese Regierungsform als eine absolutistische Herrschaft betrachtet hätten. Nach langem Zögern und von sicherheitspolitischen Überlegungen getrieben ernannte Báthory Ghiczy zum Gouverneur, der zwar sein zuverlässiger Soldat war, jedoch das Edikt von 1571 verletzte, indem er einen Religionsstreit zwischen den Jesuiten und den Calvinisten provozierte, der in der konfessionell geteilten Stadt ein großes Durcheinander verursachte. Báthory schenkte ihm (Ghiczy) kein Vertrauen in Religionssachen: Die Städte der Komitate Wardein und Karansebesch wurden aus seiner Regierungskompetenz herausgenommen. In ersterem lebten etwa 2.000, in letzterem vermutlich etwa 3.000 Katholiken.

Der andere Umstand war die Machtposition der Jesuiten. Dem Willen des Königs gemäß erzogen die Jesuiten das Waisenkind Christophs. Dies fand keinen Beifall bei den Siebenbürgern, die es jedoch nicht wagten, ihre diesbezüglichen Gefühle zu äußern. Nach dem Tod Stephan Báthorys 1586 sollten sie dafür die Quittung ausstellen. Als Gegenleistung für seine Volljährigkeitserklärung zwangen sie die Waise Sigismund dazu, den Beschluss über die Ausweisung der Jesuiten unterzeichnen. An Kritik mangelte es jedoch auch vorher nicht. 1584 verfasste Kanzler Kovacsóczy seinen Traktat *Dialog über die Regierung Siebenbürgens*, der nur in einem einzigen Exemplar überliefert wurde. Die beiden Teilnehmer des Dialogs polemisieren über die Frage, welche die bessere Regierungsform sei, falls der Herrscher noch minderjährig ist: die Regierung eines Regentschaftsrats oder die Alleinherrschaft eines Gouverneurs? Die Kontroverse kommt zu keinem Abschluss, Kovacsóczy löst das Dilemma aller Wahrscheinlichkeit nach sogar absichtlich nicht auf. Den Verfasser, selbst ein Mitglied des stets angegriffenen dreiköpfigen Regentschaftsrates, machten seine politischen Ideale zu einem Anhänger der kollektiven Regierung. Unverkennbar belegt der Verfasser seine Einstellung mit Hilfe der angeführten negativen Beispiele, wie die von János Hunyadi, Frater Georg (Martinuzzi), Richard III., Lodovico Sforza. Die höchste Gefahr bestehe aber nicht darin, dass der Gouverneur eventuell die Macht völlig an sich ziehe und zum Tyrannen werde: Dies

[9] Vgl. dazu die Berichterstattung Ungnads vom 7.6.1567: „sine ullo tumultu Christophorum Battori pro superiore suo agnoscant et honorent non aliter quam antea Stephanum Battori siquidem illi sulthanus regionis illius gubernium plenaria authoritate contulit". In: Elementa ad fontium editiones. Documenta Polonica ex Archivio Hispaniae in Simancas, vol. 12. Romae 1964, S. 63.

war ja auch keine reale Alternative. Der Kanzler gibt einen Hinweis, aus dem hervorgeht, an wen er dachte, als er an den traurigen Tod des portugiesischen Königs Sebastian erinnerte. Der junge Sebastian hatte nämlich, dem Rat seiner jesuitischen Erzieher folgend, das Königreich Marokko angegriffen. Im Krieg wurde das gesamte portugiesische Heer samt dem König vernichtet und Portugal von Spanien annektiert. Die Anspielung ist leicht nachvollziehbar: Der minderjährige Sigismund wurde von dem Jesuiten János Leleszi erzogen. Laut Kovacsóczy, der hier die Überzeugung der Mehrheit der Siebenbürger auszusprechen scheint, bestand die Gefahr darin, dass das Schicksal Portugals auch Siebenbürgen ereilen könnte. Während des Landtags in Mediasch vier Jahre später rechtfertigten denn auch die Stände die Ausweisung der Jesuiten gerade mit dem Hinweise auf die Ereignisse in Frankreich und das traurige Beispiel Sebastians. Zu dieser Zeit hatten die Jesuiten bereits einen sehr schlechten Ruf in den protestantischen Gebieten Europas (man denke etwa an die Bartholomäusnacht); darüber hinaus wurde in Siebenbürgen befürchtet, dass ein Ende des religiösen Friedens schwerwiegende außenpolitische Folgen haben würde: Nach der radikalen Richtung des Antitrinitarismus war das Fürstentum nun durch eine andere radikale Position, nämlich durch den von den Báthorys vertretenen katholischen Weg gefährdet. Diese Besorgnisse vermehrte noch der oben skizzierte Plan eines Krieges gegen die Türken, den der polnische König unter der aktiven Mitwirkung Possevinos und des Heiligen Stuhls anvisierte und der auch die Rekatholisierung der Region bedeutet hätte.

Obwohl dieser Plan nach dem Tod Stephan Báthorys seine Aktualität verlor und die Jesuiten aus Siebenbürgen verbannt wurden, kam jedoch infolge der Streitigkeiten der politischen Parteien neue Unruhe auf. Einige Jahre später begann der sogenannte lange Türkenkrieg, in den Siebenbürgen schon 1595 auf Seiten des Kaisers eintrat, nachdem Sigismund Báthory seine Opposition physisch vernichtet hatte.

## Christoph Báthory in der protestantischen Tradition – ein Fall von katholischer Toleranz?

Die ungarische Historiographie betrachtet im Allgemeinen die Maßnahmen gegen die Antitrinitarier (1571, 1579), die Ansiedlung und die Verbannung der Jesuiten (1580, 1581), oder neuerdings die Erklärung darüber, vier Religionen anzuerkennen (1595), als Wendepunkte der Religionspolitik bzw. des Kampfs zwischen Protestanten und Katholiken in Siebenbürgen. Aufgrund der bereits gemachten Ausführungen schlage ich eine andere Periodisierung vor, die die Religionspolitik der Báthorys in zwei voneinander abgrenzbare Phasen teilt. Dies soll gleich noch weiter begründet werden. Diese neue Periodisierung scheint geeignet, das Verhältnis dieser Dynastie zu den sonstigen nichtkatholischen Konfessionen deutlicher herauszuarbeiten und umgekehrt deren Verhältnis zu dieser Familie verständlich zu machen. Das vorgeschlagene Stichjahr arbeitet auch die Unterschiede zwischen den „policies" der beiden Brüder, Stephan und Christoph, genauer heraus.

Dem Leben und der mehr als ein halbes Jahrzehnt währenden Regierung Christoph Báthorys, des Bruders Stephans, wurde bislang keine moderne Forschungsarbeit gewidmet, obwohl Christoph zum Kreis der bedeutenden Staatsmänner Siebenbürgens gehört. Die überlieferten Quellen stellen ihn in einem positiven Licht dar, als den Statthalter, der darum bemüht war, es niemals zu gewaltsamen Ausschreitungen zwischen den konträren Interessengruppen kommen zu lassen, und der alles unternahm, um den Frieden am Hof und im Land zu sichern. Der Calvinist Wolfgang Bethlen errichtete ihm um die Mitte des 17. Jahrhunderts an mehreren Stellen in seinen Werken ein schönes Denkmal als dem tugendhaften Bruder Stephans:

> Christophorum Báthoreum a prudentia, constantia, justitia et pietate sua sibi ab ineunte aetate commendatum habuerunt, status et ordines regni unanimi consensu illum vaivodam Transsylvaniae eligunt [...] Stephano Báthoreo ad regni Poloniae fastigium evecto, Christophorus frater ejus non magis honoribus ac generis majestate, quam sapientia inclytus heros, hactenus praefectura Váradiensi mana cum justitiae, fortitudinis, constantiaeque laude perfunctus [...] Ipse vero Christophorus Báthoreus habenas regni eo, quo expositum est, modo summa cum laude et applausu omnium amplius quinquennio dirigens [...] Cum autem ultimum diem adesse sibi cognovisset, vocatis ad se moetissimis senatoribus, primum sella innixus singulos diu multumque inspexit, et nunc hunc nunc illum saepe oculis perlustravit, deinde lachrymis obortis, immotum quamvis jam exanguem vultum gerens, unicum filium suum in ea aetate vajvodam Transsylvaniae constitutum fidei illorum commendabat diligenter, eundemque doctissimo ac gravissimo patri Joanni Leleszio et in pietate instituendum, et in honestis artibus erudiendum tanquam alteri parenti e sinu suo in manus ejus tradidit, haec paucula prius ad filium praefatus: Parvus es mi fili, sed in eo loco constitutus, ut te virtute magnum esse oporteat, quare intuere majores tuos, quibus tu ortus es, majorum vestigia sequere, ut virtutem et gloriam assequi possis. Habuisti me eum patrem, qui tibi omnium virtutum exemplar relinquere curavi; habes patruum regem Poloniae patronum tuum, ex eo et virtutem et pietatem et rerum gestarum gloriam disce, in cujus tutelam te totum trado et committo; mihi enim moriendum, tibi vero regnandum est. Quare hoc a me extremum accipe mi fili, cura et da operam diligentem, ut te non regnum non imperium, sed tua virtus et res gestae principem efficiant.[10]

Der Wert der Worte Bethlens besteht nicht nur darin, dass er seine lobenden Sätze als Protestant formulierte, sondern auch darin, dass er dies schon im Bewusstsein dessen tat, dass die Politik von dessen Nachfolger Sigismund Siebenbürgen in die Katastrophe geführt hatte. Für ihn wäre es naheliegend gewesen, die katholischen

[10] Wolffgangus de Bethlen: Historia de rebus Transsylvanicis, tom. II. Cibinii 1782, S. 421, 433, 443, 448–449. – Bethlen, Farkas, Erdély története III [Geschichte Siebenbürgens], mit Anmerkungen versehen von Tamás Kruppa. Budapest 2004, S. 115, 122, 124–125.

Herren des Fürstentums einfach im Namen der Prädestination für die verheerenden Folgen verantwortlich zu machen und zu behaupten, dass ihre Politik im Bunde mit dem Heiligen Stuhl es war, die die unvermeidliche Katastrophe verursacht hatte. Aber Bethlen folgte diesem Verfahren nicht, sondern fuhr mit folgenden Worten im Stile von Grabinschriften fort, die aus einer zeitgenössischen Quelle stammen:

> De quo Annales Transsylvanici sequentia, quae huc integre referenda duximus, perhibent: illum prout totam vitam suam pientissime traduxisse, ita potissimum summae rerum admotus fuisset, provinciam adeo salutaribus consiliis et institutis formasse, omniumque animos beneficentia, comitate, liberalitateque sibi devinxisse, ut omnes eum veluti patriae patrem, reipublicae instauratorem paribus votis sciebat, et sapientiae vim, naturalemque ingenii dexteritatem ad unam regni suorumque incolumitatem referre didicerat. Ejus virtutibus si se comitem fortuna vitaque longior praebuisset, non est dubium, quin sub hoc principe Transsylvaniam variis aliorum artibus quassatam, legibus institutisque optimis florentem aetas illa vidisset. Imbierat namque ille a primis adolescentiae annis pervigili studio litterarum scientiarumque liberalitissimam peritiam, animumque sapientia affatim imbuerat: postea accedente firmiore aetate, in Italia, Gallia, Hispania, Germania, Anglia ita mentem excoluerat, ut in patriam reverso etiamsi generis majestas innataeque animi dotes defuissent, ob solam tamen sapientiae doctrinaeque famam regno tantoque rerum fastigio dignus fuisset habitus. Inter caeteras virtutes, quibus Christophorus Báthoreus augustissimum sibi paraverat nomen, haec quoque erat eximia laude digna, quod ad supplicia vindictamque ne gravissimis quidem irratatus injuriis descenderit, nec e nobilitate quemquam eo nomine a se abalienaverit, semper secum reputans, fidissimam principi custodiam innocentiam esse, nec esse quidquam magis deforme principi, quam ubi ad summum imperium acerbitas naturae accedit, adeoque inculpatae vitae suae cursum consummavit, ut de ipso merito dici possit, quod de Antonio Pio[11] dictum fuisse perhibetur nempe: Illum unum hunc fere principem sine ulla civium et hostium strage vixisse.[12]

Es ist ein wahrer Katalog von Herrschertugenden, den Bethlen, dem möglicherweise auch noch seither verschwundene Quellen vorlagen, nicht nur als seine private Meinung formulierte, sondern als Teil einer Tradition mit Vorgeschichte darstellte – wie es aus diesen Zeilen leicht ersichtlich ist. Ähnlich wie die katholische[13] hob auch diese protestantische Tradition die Religiosität des Statthalters heraus. Christoph Báthory wird auf seinem Totenbett als Exempel der christlichen „pietas" dargestellt:

---

[11] Ebenda, S. 126.

[12] BETHLEN: Historia, 450–452. Zur Lobrede Christoph Báthorys vgl. DEIDRICH, Georgius: D. Sigismundo Bathoreo [...] Cibinii 1591. (Einblattdruck).

[13] Ein ausgezeichnetes Beispiel dafür bietet das konfessionell voreingenommene Werk von Gergely VÁSÁRHELYI, eines Jesuiten in Siebenbürgen: DERS.: Vilag kezdetitől fogva iosagos es gonosz czelekedeteknek példáinak summái, [Zusammenfassungen von guten und schechten Handlungen und Exempeln vom Anfang der Welt an]. Kolozsvár 1622, S. 658. Auf Vásárhelyis Werk machte mich Mihály Balázs aufmerksam.

> Denique inspectioni Joannis Gálfii illum commendavit, rogans monensque, educet in timore Dei, sermonibus rectis, ut senes honore prosequatur, conclusionibus senatorum innitatur, contra jura nihil faciat, impietatem caveat, viduas et orphanos ne opprimat, nec antiquis servitoribus ingratum se exhibeat. *Cum autem omnibus valedixisset, omne illud tempus quod ei superfuit, in perorandis Psalmis Davidicis, in praelegenda passione Jesu Christi consumpsit, jam enim nec charissimum filium ab eo tempore amplius videre voluit, sed quoad extremos halitus pectora illius ducere potuerunt, semper piissimus princeps orabat, ut Jesus Christus servator noster animam illius in manus suas reciperet, donec exauditus est.*[14] *[Heraushebung T.K.]*

Im Falle Stephan Báthorys, des Königs von Polen, kann man über keine vergleichbare Popularität sprechen. Da die Propagandatexte gegen die Báthorys wegen der fürstlichen Zensur nur sehr mangelhaft überliefert sind, muss man auch Handschriften heranziehen, um ein genaueres Bild zu gewinnen. Im Folgenden versuche ich durch zwei Beispiele zu zeigen, dass die Propaganda für bzw. gegen die Báthorys signifikante Unterscheidungen zwischen den Mitgliedern der Familie vornahm.

Der erste Verfasser ist Georgius Deidrich, der seine konfessionelle Einstellung von einem anfänglichen Luthertum bis zum Antitrinitarismus wandelte. Im Jahre 1591 widmete Deidrich – zu dieser Zeit noch als Lutheraner – den Báthorys zwei Werke. Beide Drucke jeweils in Umfang von einer Seite wurden in der Druckerei Heinrich Catos in Hermannstadt veröffentlicht. Der Titel des ersten Werks, „Sigismundus Bathoreus αναγραμματικως: Magnvs heros, dius tubis", weist auf das Gleichnis von Schaf und Wolf hin. Das einleitende Bild stellt die Geschichte von Romulus und Remus dar, die von einer Wölfin genährt wurden. Das antike Beispiel ist eine klare Anspielung auf das Wappen und die antike Herkunft der Familie Báthory. Zu dem Wappen gab es aber auch eine weniger schmeichelhafte Interpretation, man denke an den Mythos vom goldenen Vlies bzw. das Säen der Drachenzähne durch König Aietes. Deidrich publizierte die Blätter in einer sehr heiklen Zeit während der Regierungskrise im Jahre 1591, als Sigismund die Jesuiten zurückrufen wollte, um damit eine neue diplomatische Öffnung Siebenbürgens in Richtung des Heiligen Stuhls zu erzwingen. Daher war das Exempel von Romulus und den Römern besonders passend; der legendäre Gründervater verdankte sein Leben einem Wolf, und Rom verdankt Romulus das größte Reich der Geschichte. Deidrichs Verfahren zielte auf die Zurückweisung derjenigen Anklagen ab, nach denen Sigismund eine blutgierige Bestie sei und einem Wolf gleich seine Untertanen jage. Das Wappen der Báthorys bringe dem Land und seinen Einwohnern keinen Fluch, sondern in Gegenteil Segen, Frieden und sogar zukünftige Größe.[15] Das beste Beispiel dafür stelle sein Vater dar, der bekanntlich ein dem Frieden verpflich-

---

14 Bethlen: Historia, 449–450; Bethlen III, S. 124–125.

15 „At quamvis veterum tua sint pars stemmata Regum/Romuleam et referant dentibus illa Lupam/Non tamen idcirco populum feritate gubernans/Ceu Lupus in miseras saevis agrestis oves/Sed

teter Fürst gewesen sei; bei der Regierung des Landes habe sein Sohn ihn als Vorbild vor Augen. Darüber gibt es noch einen weiteren Beleg für die propagandistische Auslegung des Wappens mit den Zähnen. Dies ist ein Lied, das 1598 von einem zu den Sabbatariern gehörenden Autor verfasst wurde. Das Lied präsentiert Sigismund Báthory als grausamen Drachen – die Anspielung auf das Familienwappen ist auch hier unverkennbar.[16]

Die Dichtung, die Sigismund Báthory gewidmet wurde, formuliert in Gemeinplätzen jene Vorstellungen, die mit der Idee eines idealen Herrschers assoziiert werden.[17] Nach Deidrich machen seine vornehme Herkunft und seine Begabungen Sigismund dem größten König Ungarns gleichrangig.[18] Der Verfasser spielt auf die Namensgleichheit an und stellt die Persönlichkeit Stephan Báthorys, des größten und berühmtesten Mitglieds der Familie, dem jungen Fürsten als Vorbild hin. Stephan wird als Verkörperung der militärischen Tugenden bzw. als Besieger der Russen beschrieben:

> Indomitum nuper compescens milite Moschum,
> Non minimum saevo laudis ab hoste tulit?[19]

Demgegenüber wird die Tätigkeit Christophs als Synonym der friedlichen Regierung präsentiert. Diese Darstellung verfährt antithetisch, indem Deidrich nicht das Gute, sondern das Gegenteil dessen beziehungsweise die schlechte, böse und ungerechte Herrschaft beschreibt, in der die Untertanen Gewalttätigkeiten und die Verwüstung ihres Grundbesitzes erleiden müssen, da ihre Herren eher den Mut zu Kriegsführung und zu Blutvergießen haben.

> Nullius infestas violenta caede colonos,
> Aut turbas armis, irrequietus, humum.
> Vt plerique Duces alij, qui sanguine gaudent,
> Et fera plus aequa classica pace colunt.[20]

---

clarum sequeris multa virtute parentem/Quo nemo maior pace togaque fuit." Georgius Deidricius: Sigismvndvs Bathorevs, αναγραμματικως: Magnvs heros, divs tvbis. Cibinii 1591.

16 Régi Magyar Költők Tára. Szombatos énekek [Sammlung alter ungarischer Dichter. Lieder der Sabbatarier], vol. XVII/5, hg. von Tibor Klaniczay, Béla Stoll, Imre Varga. Budapest 1970, S. 270.

17 „Si quis praeclarae, Princeps, insignia stirpis/Spectet, et ingenij maxima dona tui:/MAGNUS es ingenio, tantus natalibus HEROS,/Quantus iam longo tempore nemo fuit." Deidrichius (wie Anm. 15), 1591.

18 „Laudatos aequas merito SIGSMUNDE, Monarchas/Quot dedit, aut vnquam Pannonis ora dabit./ Nobile Bathoreum genus est, notumque per orbem,/Nomen et a sera posteritate feret." Ebda.

19 Ebenda.

20 Ebenda.

Der Autor schließt den Gedankenbogen des ersten Teils der Dichtung dadurch, dass er den jungen Fürsten anspricht und die von seinem Vater praktizierten Prinzipien der gerechten Regierung formuliert.

> Sed sine vi, mitis, regni moderaris habenas,
> Id reputans munus Principis esse boni.[21]

Man mag nun argumentieren, dass die Dichtung bloßes Beispiel für die praktische Anwendung des rhetorischen Mittels der „captatio benevolentiae" sei, d.h. lediglich zwecks Gewinnung fürstlicher Unterstützung verfasst wurde. Gewiss verfasste Deidrich sein Werk mit der Absicht, die Gunst des Fürsten zu erlangen. Aber er reagierte auch auf die Fraktionsgefechte zu Beginn der 1590er Jahre, während derer die schrittweise Entfernung der Sachsen aus der Nähe des Fürsten auf dem Spiel stand. Für sie symbolisierte die Herrschaft Christoph Báthorys das goldene Zeitalter des Friedens unter den Konfessionen und des Friedens am Hof. Auch die Jesuiten waren Teil dieser Idealsituation. Daher bezogen die Sachsen auf der Seite des Fürsten Stellung, wenn es um die Rückkehr der Jesuiten ging. Die Sachsen hatten hauptsächlich davor Angst, dass ein eventueller Entzug des Erziehungsrechts der Jesuiten über den jungen Fürsten die Gefahr eines weiteren Raumgreifens der Calvinisten und der Antitrinitarier mit sich bringen werde. Eine solche Entwicklung hätte dann ohne weiteres als Ausgangspunkt für mögliche Angriffe gegen die Privilegien der Sachsen dienen können. Deidrichs Auftraggeber war die Universität [die politische Standesvertretung] der Sachsen, genauer Albert Huet, der Königsrichter zu Hermannstadt. Huet hatte gute Kontakte zu dem früheren König Stephan, einer seiner Briefe berichtet davon, dass er den jungen Fürsten als einen Familienangehörigen betrachtete. Er verhalf Deidrich, der später seine Konfession mehrmals änderte und sich schließlich zum Antitrinitarismus bekannte, auch zu dessen Stelle als Bibliothekar.

Unser zweites Fallbeispiel basiert zum ersten auf Texten des antitrinitarischen Geschichtsschreibers Ambrus Somogyi, der seine historiographische Arbeit am Anfang des ersten Jahrzehnts im 17. Jahrhundert als Zeitgenosse Deidrichs verfasste. Zum zweiten wird die als Handschrift überlieferte detailreiche Kirchengeschichte der Antitrinitarier in Siebenbürgen herangezogen, die gegen Ende des 18. Jahrhunderts von János Kénosi-Tőzsér und István Uzoni Fosztó zusammengestellt und erst vor kurzem veröffentlicht wurde. Dieses Werk enthält zahlreiche Dokumente aus der Zeit der Báthorys, die seitdem verlorengegangen sind oder vernichtet wurden.

Laut Somogyi war Christoph Báthory „ein sanftmütiger, menschenfreundlicher, feingesinnter und unschuldiger Fürst, der beim Volk Siebenbürgens geliebt und bei

21 Ebenda.

den Türken anerkannt war".[22] Bezüglich seines Sohns bemerkt er hingegen, er sei unter dem Zeichen von Mars geboren, seine Hände seien bei seiner Geburt voller Blut gewesen und der Neugeborene hätte für eine kurze Zeit die Gestalt eines Fisches angenommen. Von diesen Zeichen ausgehend schließt Somogyi, dass, obwohl Sigismund einer ausgezeichneten Familie entstammte und einen herausragenden Vater hatte, sein Charakter dennoch von der ungünstigen Konstellation der Sterne bestimmt wurde. Diese unglückliche Lage wurde durch die Heuchler in der Nähe Sigismunds weiter verschlimmert, all diese Faktoren führten schließlich zu den bekannten tragischen Folgen. Der Vater des jungen Fürsten wird also von der Verantwortlichkeit für den Zusammenbruch freigesprochen.

Die Kirchengeschichte von Uzoni-Fosztó entwirft ein noch genaueres Bild der beiden Báthorys, Stephans und Christophs. Obwohl die Báthorys hier im allgemeinen wegen der Ansiedlung der Jesuiten und der Verurteilung Davidis' kritisch betrachtet werden, lässt sich aus den Texten und der durch sie vermittelten Tradition herauslesen, dass der gemäßigte Flügel der Antitrinitarier – dessen Vertreter bezichtigten Davidis der Untergrabung der Ruhe im Lande – eine Erklärung für das Verfahren Christophs gefunden hatte, auch wenn diese Erklärung in kein apologetisches Schema passte. Die radikalen Anhänger Davidis' hingegen begriffen den im Prozess mitwirkenden Biandrata als Verräter, der am Ende seines Lebens praktisch aus ihrer Kirche austrat und in ihren Augen eher als Katholik denn als Antitrinitarier gelten konnte. Diese Ansicht veranlasste sie dazu, im Unterschied zu Somogyi anstelle Sigismunds vielmehr Christoph und Stephan für das spätere Unglück Siebenbürgens verantwortlich zu machen. Einen überzeugenden Beleg dafür bietet ein Brief des Stephan Basilius an Christoph Báthory, in dem Basilius den Fürsten warnt, „es entstehe Zwiespalt unter dem Volk und die glanzvolle Herrschaft der Familie gehe zugrunde" wegen der Ansiedlung der Jesuiten.[23] Zu deren Folgen zählte der Verfasser des Briefes sowohl die Sprengung des Pulverturms zu Weißenburg als auch Christophs bevorstehenden Tod. Die Beurteilung der Regierung Christophs seitens der Antitrinitarier hing also von deren jeweiliger Zugehörigkeit entweder zur gemäßigten oder zur radikalen Richtung ab.

---

[22] Belső-Szolnok Vármegye jegyzőjének Somogyi Ambrusnak historiája ... [Historie verfasst von Ambrus Somogyi, dem Notar des Komitats Inner-Szolnok], hg. von Joseph Karl Edler. Nagyszeben 1800, S. 23.

[23] Kénosi Tőzsér, János, Uzoni Fosztó, János: Az erdélyi unitárius egyház története I [Geschichte der unitarischen Kirche in Siebenbürgen, Bd. I]. Kolozsvár 2005, S. 386. Zur missbilligenden Meinung Basilius über die beiden Báthorys wegen des Prozesses gegen Davidis und des Edikts, sowie zu den Davidis verlassenden Kirchenmitgliedern. In: Ungarländische Antitrinitarier, einl. Mihály Balázs. Baden-Baden 1990, S. 83–87, 101–102. (Bibliotheca Dissidentium. Répertoire des non-comformistes religieux des seizième et dix-septième siècles, Band XII, hg. von André Séguenny, Irena Backus und Jean Rott.). – Auch Jacobus Palaeologus beschuldigt Christoph wegen seines Anteils im Prozess gegen Davidis. Vgl. Catechesis christiana dierum duodecim, hg. von Růžena Dostálová. Varsoviae 1971, S. 371.

Von diesen Überlegungen ausgehend lässt sich die Hypothese formulieren, dass die calvinistische Tradition Stephan als die Verkörperung militärischer Tugenden und Christoph, der vor allem ein Diplomat war, als den Fürsten des Friedens darstellte. Auf der anderen Seite treten wesentliche, jeweils theologischen Einstellungen folgende Differenzen angesichts der Beurteilung der beiden Figuren bei den Antitrinitariern auf. Im Licht der Ereignisgeschichte kann man als Tatsache feststellen, dass gerade nach dem Tode Christophs im Jahre 1581 die Probleme auf der politischen Bühne wahrnehmbar wurden. Die Expansion der Jesuiten hatte sich beschleunigt, die Konflikte unter den Konfessionen und die Streitigkeiten bezüglich der Regierungsform hatten zugenommen. Zurückzuführen waren diese auf das Fehlen eines geeigneten Gouverneurs und die Tätigkeit des durch die Pforte unterstützten Márkházy. Es wäre irreführend, die Regierungszeiten Stephan und Christoph Báthorys als Perioden des Vorhandenseins oder des Fehlens von Toleranz und Religionsfrieden einander gegenüberzustellen. Auch wenn es eindeutig Christoph war, unter dessen Aufsicht der Prozess gegen Davidis stattfand, der die Jesuiten ansiedelte und ihrem Orden die Erziehung des Thronfolgers anvertraute, verbanden die Mehrheit der Calvinisten und die calvinistische historiographische Tradition mit seiner Person jene Periode der Geschichte Siebenbürgens, in der Regierungsstabilität, die außenpolitische Stabilität und Konfessionsfrieden Hand in Hand gingen.

## Zusammenfassungen

### Some remarks on the religious policy of the Báthorys in the 1580ies. An attempt to impede protestant religious practise (1579–1581)

The paper sums up the anti-Protestant, especially anti-Unitarian religious policy of the Báthory family in the area of conflicts between the Habsburg sphere of control and the Ottoman Empire. Beside Stephan Báthory's in fact anti-Unitarian edict of 1571 and his measures to restore Catholicism in Nagyvárad, we find phenomena like the toleration of influential Protestants and even Unitarians at the court. The paper argues, that the later should not be qualified as an outcome of Tolerance, but was rather motivated by security politics of the Transylvanian state, that included all dominations. It was especially aimed to avoid a shift of balance within the religious field, where Anti-Trinitarianism was at the time the most powerful and most quickly growing factor, and to secure the position of the principality towards the Habsburg as well as the Ottoman Empire. The case of apostates demonstrates, that restriction of Unitarianism in the principality, which was already accused of a pro-turkish attitude because of the simple existence of Unitarianism within its borders, should also avoid to much similarity in substance between the principality and the Islamic world, and thus to let it remain an acceptable partner to European powers.

**A Báthoryak valláspolitikája az 1580-as években. Kísérlet a protestáns vallásgyakorlat korlátozására (1579–1581).**

A tanulmány a Báthoryak protestáns- és különösen unitáriusellenes valláspolitikáját tekinti át, amelyet a Habsburgok és az Oszmán Birodalom közötti hatalmi erőtérben értelmez. Báthory István 1571-es, elsősorban az antitrinitáriusok ellen irányuló rendelete, illetve a váradi katolicizmus megerősítésére tett lépései mellett olyan, a saját politikájával ellentétes jelenségekkel is találkozunk, mint egyes befolyásos protestánsok, sőt unitáriusok megtűrése a fejedelmi udvarban. A szerző amellett érvel, hogy ez utóbbi jelenségek mögött nem vallásos toleranciát kell feltételeznünk, hanem elsősorban az erdélyi állam egységes, felekezeteken átívelő biztonságpolitikai szempontjait. A felekezetek szintjén is – amelyek között az antitrinitarizmus volt annak idején a legerősebb és a legelterjedtebb – kerülni kellett a súlypontok túlságos eltolódását, vagyis az antitrinitarizmus Dávid Ferenc által képviselt radikális, nonadorantista irányzatának a győzelmét, hogy biztosítsák a fejedelemség pozícióját mind a Habsburgokkal, mind az Oszmán Birodalommal szemben. A szerző egyes renegátok példáján keresztül bemutatja ennek a valláspolitikának az egyensúlyra való törekvését, illetve az európai államok felé történő nyitást és közeledést. Az Erdélyi Fejedelemséget ugyanis a törökösség vádja érte már az antitrinitarizmus puszta megléte és szabad gyakorlata miatt is, ezért a Báthoryak igyekeztek ebből a politikai karanténból kitörni, és az fejedelemséget nyugaton elfogadhatóvá tenni. A korabeli protestáns források látják és elismerik Báthory István és Kristóf ezen törekvéseit.

**Câteva considerații asupra tendiței de restricționare a exercitării libere a vieții spirituale în anii 1579–1581. Politica familiei Báthory în anii 1580**

Lucrarea rezumă politica religioasă antiprotestantă a familiei Báthory, direcționată mai ales împotriva antitrinitarienilor în contextul tensiunii dintre puterea habsburgică şi dominanța otomană din Balcani. Edictului elaborat de Stephan Báthory in 1571 si demersurilor familiei spre întărirea catolicismusui în Oradea i se opun alte fenomene precum tolerarea unor protestanți influenți chiar şi în cadrul Curții. Lucrarea demonstrează că nu poate fi vorba de toleranța, în joc fiind motive ce rezidă în politica de securitate universal transilvane dincolo de confesiuni. Se caută mai ales o contracarare a influenței crescânde a confesiunilor, între care antitrinitarianismul pe vremea aceea era cea mai puternică si prolifică, pentru a consolida poziția principatului față de Habsburgi şi față de Imperiul Otoman. Pe marginea unor cazuri de renegați se arată că odată cu combaterea unitarienilor se caută şi evitarea unei apropieri de islamism. Evaluarea lui Stephan şi a lui Christoph Báthory în surse protestante arată că această politică a fost recunoscută.

# Klausenburger sächsische Unitarier im 16./17. Jahrhundert

## Ein Entwurf

*Gizella Keserű*

Angaben zu den siebenbürgisch-sächsischen Unitariern sind bislang noch nicht systematisch gesammelt, da jedoch in Klausenburg (Kolozsvár/Cluj) neben der ungarischen mehr als 160 Jahre lang auch mindestens eine sächsische Gemeinde existierte, verdient diese unsere Aufmerksamkeit. Da dem deutschen Leser größtenteils unbekannt ist, was in der ungarischen Literatur darüber geschrieben wurde, scheint es nicht überflüssig, hier einen skizzenhaften wissenschaftshistorischen Überblick zu bieten.

Auch aus anderen Aufsätzen dieses Bandes geht hervor, dass die im 18. Jahrhundert entstandenen ersten protestantischen Kirchengeschichten mit der Unterstützung der europäischen Schwesterkirchen zustande gekommen sind. Die Unitarier wurden von den niederländischen Remonstranten und deren Freunden gefördert. In den deutschen Zentren der Lutheraner widmete man der Vergangenheit der abtrünnigen Klausenburger keine Aufmerksamkeit, zumal ab dem 17. Jahrhundert zahlreiche Schriften diese besonders schädliche Sorte der Häresie verdammen. Diese Gemeinde wurde auch in den ungarischen Kirchengeschichten, die sich wegen der Verfolgung mit romantischer Vergangenheitskonstruktion trösteten, nicht genügend beachtet. Trotzdem ist es bemerkenswert, dass – auch wenn man keine Angaben mehr über eine selbstständige sächsische Gemeinde aus dieser Zeit hat –, wenn von Klausenburg die Rede war, die Vergangenheit der ungarischen und der sächsischen Kirche als Einheit geschildert wurde. Und bei der Erwähnung der Würdenträger der Kirchen wurde nicht versäumt, darauf einzugehen, welcher Nation die besagte Person angehörte.[1] Listen von Bischöfen, Hauptpfarrern und Lehrern bilden den Grundstock

[1] Nach mehreren weniger bedeutenden und kürzeren Werken erschienen die zwei Bände der großen Kirchengeschichte von János Kénosi Tőzsér und István Uzoni Fosztó in den 1770er Jahren. Diese wurde dann von anderen um weitere Kapitel und Dokumente ergänzt. Moderne Ausgabe: Kénosi Tőzsér, János und Uzoni Fosztó, István: Unitario-Ecclesiastica historia Transylvanica, Liber I–II. Volume IV/1, hg. von János Káldos, eingeleitet von Mihály Balázs, überarbeitet von Miklós Latzkovits. Budapest 2002. (Bibliotheca Unitariorum Volume IV/1–3.) Die Angaben der ungarischen Übersetzung siehe im Aufsatz über die Historiographie.

dieser Werke, aber auch eine verhältnismäßig genaue Liste der Pastoren kann aus ihnen zusammengestellt werden.

Die patriotische Bestrebung stellte in der zweiten Hälfte des 19. Jahrhunderts außer dem von Kénosi-Uzoni stammenden riesigen Material auch andere Quellen in den Vordergrund des Interesses. Emblematische Stücke sind die auf umfangreicher Archivarbeit basierenden Monographien und Quellenausgaben von Elek Jakab.[2] Durch die später eintretenden Schwierigkeiten in der Erschließung von Archivbeständen wurde den ihm zu verdankenden Angaben ein noch größerer Wert beigemessen, auch wenn neuerdings die Irrtümer in der Datierung immer öfter kritisiert werden. Zu seinen Gunsten sei aber auch erwähnt, dass ein Teil der Stadtratsprotokolle aus dem 16. Jahrhundert den gemischten Spielkarten vor dem Austeilen ähnelt. Weniger entschuldbar sind seine Bestrebungen, ungarisch-sächsische Auseinandersetzungen zu kreieren, und es spricht auch nicht für einen fachgerechten Historiker, dass er die sächsische Abstammung von Franz Davidis dadurch akzeptabel machen wollte, dass er Davidis' Familienangehörige magyarisierte, worin ihm manche noch heute folgen. Es steht außer Frage, dass der wegen seiner Teilnahme am anti-habsburgischen Freiheitskampf 1848–49 eingekerkerte Jakab im Zeichen der passiven nationalen Opposition seine österreichfeindliche Einstellung auch in die Geschichte Klausenburgs hineinschrieb. Ähnlich gesinnt ist auch die zweibändige Arbeit von Kelemen Gál über die Geschichte des Klausenburger unitarischen Kollegs,[3] gegen die Voreingenommenheit des Autors spricht aber, dass er zahlreich aus „Fasciculus rerum scholasticarum“,[4] der durch außerordentliches Glück erhalten gebliebenen und hinsichtlich der Schulgeschichte des 17. Jahrhunderts gar nicht zu überschätzenden Quelle zitiert.

Viele falsche Lesarten, Fälschungen in Bezug auf die 1560/70er-Jahre korrigierte Antal Pirnát in seinen – teilweise Manuskript gebliebenen – Aufsätzen.[5] Pál Binder machte zahlreiche Angaben auf Ungarisch einem breiteren Publikum zugänglich.[6] Auch Mihály Balázs ging konsequent vor, als er die aus nationaler oder eventuell

---

2 Jakab, Elek: Kolozsvár története [Geschichte Klausenburgs]. I–III. Buda 1870–1888. – Ders.: Oklevéltár Kolozsvár története I, II, III kötetéhez. [Urkundensammlung zur Geschichte Klausenburgs]. Budapest 1870–1888. – Ders.: Dávid Ferenc emléke [Franz Davidis zum Andenken]. I-II. Budapest 1879.

3 Gál, Kelemen: A kolozsvári unitárius kollégium története 1568–1900 (Geschichte des unitarischen Kollegiums in Klausenburg 1568–1900]. I–II. [o. O.] 1935.

4 Fasciculus Rerum Scholasticarum Collegii Claudiopolitani Unitariorum, Journal of the years 1626–1648, hg. von Edit Dományházi und Miklós Latzkovits. Szeged 1997.

5 Pirnát, Antal: Kolozsvár Dávid Ferenc évtizedeiben [Klausenburg zu Davidis Zeiten]. In: Az Országos Széchenyi Könyvtár évkönyvei, 1953. In seinem Nachlass sind weitere Aufzeichnungen und fragmentarisch gebliebene Studien erhalten geblieben. Fundort von diesen: Universität Szeged, Lehrstuhl für Ältere Ungarische Literatur.

6 Binder, Pál: Közös múltunk: románok, magyarok, németek és délszlávok feudalizmuskori és városi együttéléséről [Unsere gemeinsame Vergangenheit: Das Zusammenleben von Rumänen, Ungarn, Deutschen und Südslawen im Zeitalter des Feudalismus]. Bukarest 1982.

konfessioneller Voreingenommenheit herrührenden Legenden widerlegte.[7] Nicht minder wertvoll sind die Beiträge von Erich Roth und Gustav Gündisch[8], weiter zu erwähnen sind einige bemerkenswerte neuere Aufsätze, die sich im Sinne der Konfessionalisierungsthese mit der Reformation in Siebenbürgen beschäftigen[9], und auch Edit Szegedi weist präzise auf die Voreingenommenheit der Ungarn hin.

Es ist aber nicht sicher, dass es in jeder Hinsicht fruchtbar ist, wenn man die Entwicklungen der deutschen Reformation (Stadtreformation) am Beispiel von Klausenburg nachvollziehen will, weil man dadurch leicht die Eigentümlichkeit der hiesigen Entwicklung verdeckt, die aber vielleicht gerade die Herausbildung dieser eigenartigen Gemeinde zu erklären vermag. Die Unterschiede in der Entwicklung Klausenburgs beziehungsweise sächsischer Städte werden erst gründliche stadthistorische Untersuchungen zum Vorschein bringen, und die Tätigkeit junger Klausenburger Historiker lässt auch bereits darauf hoffen. Diesmal wollen wir nur so viel erwähnen, dass die ungarischen stadthistorischen Forschungen, insbesondere die Studien von Ferenc Szakály,[10] auch in methodischer Hinsicht spannend und aufschlussreich sein können. Außerordentlich vielversprechend ist zum Beispiel, dass die unterschiedlichen Städtetypen in ihrem Verhältnis zueinander und zu ihrer Umgebung betrachtet werden.

Von diesem Gesichtspunkt aus betrachtet kommt der Tatsache, dass Klausenburg schnell seine Unabhängigkeit von den sächsischen Gerichtsforen erkämpfte, die die Einheit des siebenbürgischen Städtesystems verkörpert hatten, große Bedeutung zu. Im Gegensatz zu den anderen Städten, die zur *universitas saxonum* gehörten, spielte im Falle des im Kreise ungarischer Siedlungen liegenden und nicht von sächsischen Dörfern umgebenen Klausenburgs nicht nur die ungarische Sprache, sondern auch die viel stärkere Wirkung des ungarischen adeligen Komitats eine Rolle. Die Herausbildung der engen Beziehungen zum Fürstenhof förderte neben der Vermittlertätigkeit des dort praktizierenden Mediziners Biandrata auch dieser Umstand. Die im Schnittpunkt der wichtigsten Handelswege nach West- und

[7] Bibliotheca Dissidentium Répertoire des non-conformistes religieux des seizième et dix-septième siècles. Bd. XXVI. (Ungarländische Antitrinitarier IV. Franz Davidis). Baden-Baden 2008. (Bibliotheca Bibliographica Aureliana CCXXII.)

[8] Roth, Erich: Die Reformation in Siebenbürgen. Ihr Verhältnis zu Wittenberg und der Schweiz, I–II. Köln, Graz 1964. – Gündisch, Gustav: Aus Geschichte und Kultur der Siebenbürger Sachsen. Ausgewählte Aufsätze und Berichte. Köln,Wien 1987. (Schriften zur Landeskunde Siebenbürgens 14).

[9] Eine zusammenfassende Bibliographie in: Konfessionbildung und Konfessionskultur in Siebenbürgen in der Frühen Neuzeit, hg. von Volker Leppin und Ulrich A. Wien. Stuttgart 2005, S. 77–88, S. 222–226. (Quellen und Studien zur Geschichte des östlichen Europa 66).

[10] Szakály, Ferenc: Mezőváros és reformáció. Tanulmányok a korai magyar polgárosodás kérdéséhez [Marktflecken und Reformation. Studien zur Frage des frühen Bürgertums in Ungarn]. Budapest 1995. (Humanizmus és reformáció 23). Auf Deutsch: Türkenherrschaft und Reformation in Ungarn um die Mitte des 16. Jahrhunderts. In: Études Historiques Hongroises, hg. von Ferenc Glatz und Emil Pamlényi. Budapest 1985, S. 438–459.

Nordeuropa lebenden Klausenburger nutzten jede Chance, sie gingen sogar Bündnisse mit den Gegnern ihrer Rivalen ein, um neben ihrer Selbstständigkeit auch Macht zu gewinnen und ihre alte Konkurrenz in immer mehr Gewerben zu überholen. In der Gerichtsbarkeit unterstanden sie ohnehin direkt dem König. Während die Städte der „universitas saxonum" die Souveränität und die Unabhängigkeit als Grundwerte schätzten, für die ihre Bürger seit ihrer Ansiedlung konsequent gekämpft haben, und die sich vor der Reformation vielleicht nur in kirchlicher Hinsicht nicht voll entfalten konnten, schlug Klausenburg einen ganz anderen Weg ein: Die Stadt wollte sich in die sich ändernde ungarische Gesellschaft integrieren, ihre Überlebensstrategie basierte auf der immer engeren Beziehung mit dieser. Es scheint, dass Helth und Davidis,[11] die beide viel mehr der dynamischen und erneuerungsfreudigeren sächsischen Elite der Stadt angehörten als ihre Zeitgenossen, denen das Festhalten an der Vergangenheit als Wert galt, in diesem Sinne anfingen auf Ungarisch zu schreiben und zu publizieren und vielleicht ebenfalls in diesem Sinne das in den sächsischen Städten bewahrte Luthertum überholten.

Demgegenüber betrachtete die Mehrheit der Sachsen die auf der Grundlage der Augsburger Konfession stehende siebenbürgisch-sächsische Landeskirche, welche weitere theologische Änderungen ablehnte, als eine zusätzliche, die Einheit der Gruppe auf weltlichem wie geistlichem Gebiet sichernde Einrichtung, die ihre Rechte aus dem Andreanum oder die ihnen unter König Matthias verliehenen Privilegien forthin bewahrte. Dies bedeutete den Bruch mit dem Erbe des Honterus, während die Gesamtheit der Klausenburger, die ihrem Umfeld gegenüber offener waren, gezwungen war, über das Luthertum hinaus weisende Initiativen zu akzeptieren.

Dies trifft für die ganze Gemeinschaft zu, für deren gemeinsame Interessen am meisten spricht, dass sie auch den Konflikt von 1568 fast unversehrt überlebte. Laut Quellen[12] von beiden Seiten war der Konflikt in dem Sinne eine Folge der Reformation, dass die nationale Zugehörigkeit des Hauptpfarrers und in welche Kirche die Bürger hineinpassen, kein Problem bedeutete, solange alle Pfarrer in lateinischer Sprache ihr Amt versahen. Vergleichbar mit anderen siebenbürgischen Siedlungen entstand in dieser zweisprachigen Stadt analog zur Einführung des zwischen Ungarn und Sachsen wechselnden Stadtregiments (seit 1458) die Ordnung zur Besetzung des Hauptpfarramtes; durch die Verbreitung der volkssprachlichen Predigt wurde dieses System jedoch gestört, als nach Adrian Wolphard (ab 1534) Caspar Helth (ab 1544) und

[11] Wien, Ulrich A.: Grenzgänger: die Siebenbürgischen Theologen Caspar Helth und Franz Dávid unterwegs von Luther zu Calvin und Sozzini. In: Reformierte Retrospektiven, hg. von Harm Klueting und Jan Rohls. Wuppertal 2001, S. 115–127.

[12] Erzählung wie sich die hungarische Nation wider die sächsische Nation in Clausenburg empöret [...] In: Deutsche Fundgruben der Geschichte Siebenbürgens, hg. von Joseph Kemény. Klausenburg 1839, S. 88–149. Benczédi, Gergely: A kolozsvári magyarok panasza a kolozsvári szászok ellen 1568-ban [Die Klage der Klausenburger Ungarn gegen die Sachsen im Jahre 1568]. In: Keresztény Magvető 20 (1885)1, S. 25–30. Eine schwache deutsche Übersetzung: Deutsche Fundgruben I, S. 95–105,

später Franz Davidis kamen. Wenn der Pfarrer Sachse war, gehörte auch die größere Michaelskirche den Sachsen. Das zu ändern war nicht leicht, es gelang erst nach langen Auseinandersetzungen, aus deren Dokumenten hervorgeht, dass Zahl und Gewicht der in den letzten Jahrzehnten angesiedelten Ungarn die kritische Masse erreicht hatten. Die Umordnung war unumgänglich, denn den ungarischsprachigen Mitgliedern der als ungarisch bezeichneten Kirche wurde das ihnen zugewiesene Kirchengebäude zu klein. In ihrer Petition[13] beriefen sie sich auch darauf, dass in der Michaelskirche früher auch ungarische Gottesdienste stattgefunden hatten. Anhand seiner erhalten gebliebenen Werke war Franz Davidis mit Sicherheit in der Lage, auch auf Ungarisch zu predigen. Möglicherweise unterblieb dies wegen seines Dienstes am Fürstenhof. Die Verfasser der Petition waren ungarische Stadtnotare, die am Komitatssystem geschult waren – sie unterstützten die mitunter auch plebejische Elemente enthaltenden Forderungen der Ansiedler mithilfe von Argumenten, die die Mentalität der adeligen Nation widerspiegeln. Es wurden ferner weitere Beeinträchtigungen der Gleichstellung aufgezählt. So zum Beispiel die Angelegenheit der Schule, aus der die Ungarn „vertrieben wurden", obwohl diese Schule mit Geldern finanziert werde, die von der ungarischen Königin Isabella testamentarisch hinterlassen worden seien.[14] Auch dem Spital widerfuhr ein der Schule ähnliches Schicksal, dann aber ging man zu den Anklagen gegen die wohlhabendsten Bürger über: Diese kauften sich beim Sachsenrichter von ihrer Wehrpflicht frei, jeder zahle nur nach seinem Hausbesitz Steuer, wobei viele Sachsen doch auch über große Landgüter im Komitat verfügten.[15]

Nach den zum Glück ohne Blutvergießen geführten Auseinandersetzungen entschied die Stadt, die Nutzung der Michaelskirche der Gemeinde des jeweils im Jahresrhythmus amtierenden ungarischen oder sächsischen Richters zuzusprechen. Man vereinbarte, dass auch der Hauptpfarrer alternierend Ungar oder Sachse sei (deshalb folgt dann Demeter Hunyadi auf Franz Davidis), und dass man auch in der Schule stärker auf die Gleichberechtigung achten werde. Interessant ist der Fall von István Pécsi, der 1584 eine Beschwerde gegen die Sachsen erhob, weil diese auch in dem Jahr, das den Ungarn zustünde, ihre Plätze in der Michaelskirche nicht verlassen hätten, sodass seine Familie keinen Platz habe. Dazu wäre es nicht gekommen, wenn die Sachsen den ungarischen Prediger nicht verstanden hätten.

---

13 „[A]z magyarok fegyverekkel vötték az országot. Ti csak ex permissione ungarorum vattok ez országban", vgl. Benczédi, (wie Anm 12), S. 26.

14 Ebenda, S. 27.

15 Pakó, László: Citizen or Noble? Nobility and Properties in the Free Royal Town of Kolozsvár in the 16–17th Centuries. In: Studies in the History of Early Modern Transylvania, hg. von Gyöngy Kovács Kiss. Colorado, Highland Lakes, New Jersey, New York 2011, S. 423–448. (Atlantic Studies on Society in Change 140).

Am aufschlussreichsten ist aus unserer Sicht, dass der Konflikt um die Kirche trotz der hitzigen Emotionen nicht in theologische Streitigkeiten überging, was dafür spricht, dass keine der zwei Nationen einer Konfession oder Strömung verpflichtet gewesen ist. Dies ist eine spektakuläre Widerlegung jener Ansicht, die von Elek Jakab mit Vorliebe vorgetragen worden ist, dass nämlich die Verbreitung des Unitarismus aufs Engste mit der Erstarkung der ungarischen Ethnie verknüpft war. Ebenfalls nicht belegt werden kann Antal Pirnáts – in seinen handschriftlich erhalten gebliebenen Aufzeichnungen formulierte – Auffassung, dass der Unitarismus anfangs unter den gebildeteren und reicheren Sachsen Anhänger fand und die ärmeren Ungarn, die 1568 neu in der Stadt waren und an ihrem Reformiertentum festhalten wollten, gegen Franz Davidis und dessen erste Schüler waren. Unter den ersten Klausenburger Pastoren des Antitrinitarismus finden wir sowohl den zur sächsischen Nation gehörenden Franz Davidis wie auch den Ungarn István Basilius, und es wird wohl auch unter ihren Anhängern ähnlich ausgesehen haben.

Die Begleiterscheinungen des Antitrinitarismus weisen ähnliche Züge auf. Lange glaubte man, dass die anabaptistisch-spiritualistische Gedankenwelt, mit der der aus Polen stammende, aber auf Deutsch predigende Elias Gczmiedele um 1569 auftrat, nur unter den Sachsen Anhänger hatte. Es stellte sich jedoch heraus, dass Kaspar Helth in den Paratexten seines ungarischen Gebetbuches, ja sogar in den Gebetstexten selbst, leidenschaftlich mit ihnen diskutiert, was davon zeugt, dass es auch unter den Ungarn einige gab, die ein Ohr für diese Ideen hatten.[16]

Es wird wohl manche Differenzierungen gegeben haben, aber fast die gesamte Stadt, unabhängig von der nationalen Zugehörigkeit, wurde unitarisch, und diese Tendenz hielt auch später an. In den leider wenig bekannten Diskussionen nach dem Auftreten des Nonadorantismus standen Ungarn und Sachsen auf beiden Seiten. Einer der Initiatoren, der gar nicht Ungarisch sprechende Johann Sommer, musste zuerst mit seinem Schwiegervater Franz Davidis kämpfen. Der spätere Gegner des nonadorantistisch gewordenen Davidis wurde der Ungar Demeter Hunyadi, in dessen Lager die Ungarn István Basilius, István Szathmári genauso zu finden waren wie der als der reichste Bürger geltende Johann Eppel, dem jenes Haus gehörte, in dem der spätere siebenbürgische Fürst István Bocskai geboren wurde. Offenbar auf Einladung der deutschen Nation kamen Matthias Vehe-Glirius, der Verfasser des grundlegenden Buches des späteren Sabbatariertums, oder auch Christian Francken, der namhafte Vertreter des radikalen Aristotelianismus, in die Stadt. Zu einer Änderung kam es aus unserer Sicht, als sich auch die politischen Konsequenzen des Nonadorantismus zeigten. Es wurde den Zeitgenossen erst langsam bewusst, dass die radikale Christologie

[16] Balázs, Mihály: Johann Habermann und Kaspar Helth. Die antitrinitarische Überarbeitung des Betbüchleins. In: Die Wege und die Begegnungen. Festschrift für Károly Csúri zum 60. Geburtstag, hg. von Géza Horváth und Attila Bombitz. Budapest 2006, S. 261–273.

derartige Folgen zeitigen sollte; doch diese Bewusstwerdung vollzog sich zweifellos. Während die Antitrinitarier um 1569/70 noch behaupten konnten, dass die Art, wie man in Siebenbürgen nach der Wahrheit suchte, für ganz Europa von Bedeutung sein und zur Wiederherstellung der Einheit des Protestantismus beitragen könne, wurde in den 80er-Jahren klar, dass der Nonadorantismus einen nie gesehenen radikalen Bruch mit jedweder christlichen Konfession, die Glaubensbrüder in Polen miteinberechnet, darstellte. Für die politische Richtung des kleinen siebenbürgischen Fürstentums, die einen Sonderweg einschlug, war dies eine vertretbarere Idee als für jene, die aus der christlichen Gemeinschaft auf keinen Fall austreten wollten.

Dieses Gegensatzpotential schien sich in der Diskussion nach dem Tode von Demeter Hunyadi[17] (1592) zu beleben. Nach dem Begräbnis wählten die siebenbürgischen Pfarrer den außerordentlich gebildeten nonadorantistischen György Enyedi zu ihrem Bischof und schlugen der Stadt vor, ihn auch gleichzeitig zu ihrem Hauptpfarrer zu ernennen. Die Gesandten ihrer Synode beharrten Ende Juli darauf, einen Ungarn für diesen Posten einzusetzen, die Auswahl des Kandidaten war jedoch diesmal das Recht der Sachsen. Der Grund für die Meinungsverschiedenheit war zum Teil der Unterschied in der christologischen Lehre der zwei Kandidaten, denn der aus Flandern stammende Erasmus Johannis[18] vertrat innerhalb der unitarischen Welt eine als recht konservativ geltende Meinung. Er leugnete zwar die Dreifaltigkeit, Jesus akzeptierte er aber als den, der seit Ewigkeit existierte (Präexistenz).

## Exkurs: Apokalyptische Erwartungen (Dogmatik gegen Aktualpolitik)

Es sind aber nicht nur die christologischen Ansichten des Erasmus Johannis, die sich von denen der Klausenburger ungarischen Unitarier, welche György Enyedi folgten, unterscheiden. Den Forschern war dies schon seit längerem klar. Da aber seine eschatologische Fragen behandelnden, vermutlich handschriftlich gebliebenen Texte als verschollen galten, konnte höchstens aufgrund ihrer Titel auf seine Ansichten geschlossen werden. Für eine starke prophetische Färbung spricht die Tatsache, dass die Kirchengeschichte aus dem 18. Jahrhundert sogar drei Werke in diesem Zusammenhang aufzählt. Demnach schrieb er einen angeblich umfangreichen Apokalypse-Kommentar, ferner einen Aufsatz über die vier Monarchien („Liber de quatuor monarchiis") sowie eine Schrift, in der er den Fall der Muslime voraussagte. Ebenfalls aus der Kirchengeschichte wissen wir, dass die an den Leser gerichtete Widmung des letztgenannten Textes 1586 entstand.

---

17 Bibliotheca Dissidentium Band XXIII. (Ungarländische Antitrinitarier III.) Baden-Baden 2006. (Bibliotheca Bibliographica Aureliana).

18 Dán, Róbert: Erasmus Johannis „világos bizonyítékai" [Die „klaren Beweise" des Erasmus Johannis]. In: Irodalomtörténeti Közlemények LXXVII (1983), S. 121–129.

Dank der Briefausgabe von Théodor de Bèze[19] erfahren wir anhand seines Briefwechsels mit dem großen Genfer Reformator im Jahre 1593 etwas mehr über die Ansichten des Johannis. Zur Korrespondenz kam es dadurch, dass Erasmus Johannis jenen Charles Lifort um die Aushändigung eines Briefes gebeten hatte, der als Gesandter der Genfer Kirche durch Ostmitteleuropa reiste. Wir kennen auch die beispiellos grobe und jedwede Kooperation abschlagende Antwort von Bèze, ob jedoch der Pfarrer der Klausenburger Sachsen diese Zeilen erhielt, ist nicht bekannt.

Die Zurückweisung an sich dürfte uns nicht verwundern, umso mehr die prophetische Entschlossenheit des Erasmus Johannis, die keine Hindernisse kannte. Bemerkenswert ist seine Beharrlichkeit, wie er mit Berufung auf ihre frühere Zusammenarbeit Bèze zu bekehren versuchte, indem er behauptete, er würde Bèze bei einem persönlichen Treffen mit Sicherheit davon überzeugen können, dass das herkömmliche Dogma der Trinität zurückzuweisen sei, denn auch er sei durch die konsequente Überlegung der Doktrinen der Reformatoren zu jener Wahrheit gelangt, die jetzt in Klausenburg verkündet werde. Diese „Wahrheit" werde auch durch die demnächst eintreffenden Ereignisse belegt werden, denn die Menschheit stehe vor Schicksalswenden. Es werde nicht dasselbe passieren wie früher, als verschiedene unbegründete Prophezeiungen den Menschen aufgezwungen worden seien. Es werde sich bald vollziehen, wovon Wolfgang Capito einst sprach: Israel, das heißt die Juden, werde in Bälde bekehrt, es komme also zu dem, was man in Kapitel 11 des Römerbriefes über die letzten Dinge lesen könne. Im Brief wird auf dies nicht eingegangen, es wird ihm aber jene kurze Anmerkung beigefügt, die er viel früher, noch 1586 im Haus des Andreas Dudith formuliert hatte. Auch diese kurze Schrift ist erhalten geblieben, die Herausgeber der Korrespondenz veröffentlichen sie ebenfalls. Darin steht, dass es in den letzten Tagen zum entscheidenden Zusammenstoß zwischen den Anhängern von Christus und Mohammed komme. Dieser ende mit der Vernichtung des Reiches des letzteren, also möge sich jeder hüten, bei den Türken um Unterstützung zu werben. Bis dahin solle jeder darüber schweigen, damit die göttliche Wahrheit durch das vorzeitige Ausplaudern keinen Schaden erleidet. Man solle also still verharren, im Bewusstsein, dass die Himmelsmächte bald handeln würden, den Ungläubigen eine Reihe von Schlägen austeilten, die Rechtgläubigen in eine Herde versammelten, um in der Kirche sowie in der Politik durch die Vernichtung von Götzentum und Sekten Ordnung und Harmonie zu schaffen.

Bei der Interpretation der im Jahre 1586 verfassten Vision muss berücksichtigt werden, dass man in dieser Zeit vergeblich nach Ähnlichem unter den ungarischen Unitariern suchen würde. Wie bekannt, formulierte Matthias Vehe-Glirius, der 1578/79 in Siebenbürgen tätig war, in seiner deutschsprachigen Schrift „Mattanjah"

---

[19] Publiziert: Correspondance de Théodore de Bèze, hg. von Hippolyte Aubert et alii, Bd. 34 (1593). Genève 2010, S. 65–70, S. 258–259.

eine chiliastische Vorstellung.[20] Er verkündete, dass die Johannes-Apokalypse 20 das irdische Reich Christi schildere. Dieses Reich werde tausend Jahre währen, und man könne nur nicht genau sagen, wann es anbräche.

Diese Vorstellung fand hauptsächlich unter den Sabbatariern Anhänger. Die Intensität der Erwartung ließ aber auch bei ihnen nach, und immer weniger harrten auf das baldige Eintreffen des Reiches Christi. Auch die Anfang der 1580er Jahre zwischen Pál Karádi und Miklós Bogáti Fazakas laufende Diskussion nahm bis dahin ein Ende.[21] Karádi argumentierte in seinem umfangreichen Apokalypse-Kommentar, indem er Texte von Glirius und Servet individuell benutzte, für die Unvermeidbarkeit des tausendjährigen Reiches, während Bogáti dies in seinem ebenfalls in Handschrift verbreiteten Apokalypse-Kommentar, sich auf Palaeologus stützend, widerlegte.

In den 1590er Jahren stand diese Auseinandersetzung nicht mehr auf der Tagesordnung, die Antitrinitarier, die am Erbe Franz Davidis' festhielten, wählten einen Pfad, den zuerst Benedek Óvári beschritt, der kurz nach Davidis' Tod einen ungarischen Traktat verfasste.[22] Darin befasste er sich in Anlehnung an Glirius damit, dass Christus, wenn er bei seiner ersten Ankunft wegen der Blindheit und Hartnäckigkeit der Juden sein Reich nicht hatte zustande bringen können, dieses dann bei seiner Wiederkunft verwirklichen werde, wobei dieses Reich tausend Jahre lang bestehen werde. Dieses Werk behandelt das Thema also wie Pál Karádi, endet jedoch mit dem Rat, die Gläubigen möchten sich nicht unbedingt ständig darüber den Kopf zerbrechen, vielmehr sollten sie sich vor Augen halten, dass diese Welt einmal zu Ende gehe und dass man sich deshalb mit einem lauteren Leben und der Nachfolge Christi auf jene Welt vorbereiten solle, in der die Wahrheit in Ewigkeit regiert. Diese Linie verfolgte auch György Enyedi, dem es gelang, die chiliastischen Schwärmereien abzukühlen. Dies ist in seinen mit großer Erudition zusammengestellten *Explicationes* nachzuvollziehen, auf seine Zeitgenossen vermochte er aber in erster Linie mit seinen Streitschriften und Predigten zu wirken. Von der Popularität seiner Predigten zeugen die bis heute erhalten gebliebenen zahlreichen handschriftlichen Kopien. Von den vielen Bibelstellen, die er wählte, um die Schwärmerei zu dämpfen, zitiere ich hier nur das, was er über den zweiten Psalm schrieb.[23] Enyedi behauptet, an diesem Text entzündeten sich viele heiße Diskussionen, also wäre er besonders geeignet, die Auffassungen über das Reich Christi zu sammeln. Nicht

---

20 Publiziert bei Robert DÁN: Matthias Vehe-Glirius. Life and Work of Radical Antitrinitarian with Collected Writings. Budapest, Leiden 1982. (Studia humanitatis 4).

21 Über diese Diskussion erscheint in Kürze eine Studie von BALÁZS, Mihály: Antitrinitarianism and millenarianism in Transylvania.

22 Publiziert in: Régi Magyar Költők Tára (XVII. század) [Sammlung älterer ungarischer Dichter. 17. Jh.], V, hg. von Béla VARJAS. Budapest 1970, S. 575–578.

23 BALÁZS, Mihály: György Enyedi zwischen Palaeologus und Faustus Socinus. Anmerkungen zum unbekannten György Enyedi. In: György Enyedi and Central European Unitarianism in the 16–17th Centuries, hg. von Mihály BALÁZS und Gizella KESERŰ. Budapest 2000, S. 15–22. (Studia Humanitatis 11).

jeder Anlass sei aber geeignet, derartige Themen gründlich zu diskutieren, daher wolle er diesmal nur jene zwei erörtern, die er kenne. Laut der einen Auffassung sei Christi Reich noch nicht gekommen, die Gläubigen warteten unaufhörlich. Die andere meinte demgegenüber, das Reich sei schon da, Christus walte auch über seiner Kirche. Der unerschütterliche Nonadorantist Enyedi beruhigte seine Anhänger, indem er einlenkte, beide Lager hätten im Wesentlichen recht. Ohne Zweifel sei Christus durch sein Wort und seine Weisheit unter den Christen; dies sei jedoch noch nicht die vollkommene Präsenz, seine zweite Ankunft solle man als die Vervollkommnung seiner jetzigen Präsenz auffassen. Und die Gläubigen hätten die Aufgabe, ein Christus gemäßes Leben zu führen und nicht leidenschaftlich diese Fragen zu erkunden. (Es sind nämlich mehrere Predigten des unitarischen Bischofs erhalten geblieben, in denen er vor der unverantwortlichen Revolte gegen die – ansonsten nicht allzu strenge – Abhängigkeit von den Osmanen warnt und einmal sogar ausgesprochen gegen den Krieg auftritt. In der Fachliteratur wird demnach mit Recht vermutet, dass Enyedis politische Vorstellungen denen der in Padua akademisch gebildeten Elite nahe standen, die die Kreuzzugsidee gegen die Osmanen für außerordentlich riskant hielt und die 1594 von Sigismund Báthory, der die von den Jesuiten befürwortete neue Orientierung vertrat, grausam hingerichtet wurde.)

Natürlich wollen wir nicht behaupten, dass Erasmus Johannis der Vertreter einer ausführlich ausgearbeiteten entgegengesetzten politischen Konzeption gewesen ist. Da die erste Version der Vision über die letzten Dinge schon 1586 entstanden ist, kann endgültig nicht davon die Rede sein, dass sie Momente der Anpassung an die fürstliche Macht enthalten würde. Auch die individuellen Züge des fieberhaften Visionierens in Siebenbürgen passen nicht in diese Vorstellung. Nicht zu leugnen ist aber auch, dass bei Erasmus Johannis die politischen Reminiszenzen spürbar sind, während dies bei seinem Lehrerkollegen in Klausenburg, dem flämischen Eberhard Spangerberg fast ganz auszuschließen ist. Die Klärung der Frage ist freilich fast unmöglich, da uns Spangerbergs Gedanken lediglich aus Sozzinis Widerlegungen bekannt sind. Die erwähnte Kirchengeschichte aus dem 18. Jahrhundert trägt zu diesem Bild auch bloß mit Titeln bei. Demnach verfasste er eine Schrift über das Tier in der Apokalypse („Theses de duabus bestiis ex Apocalypsi") sowie eine über den Niedergang der römischen Kirche („Theses de interitu Romanae ecclesiae").[24] Aus Sozzinis Antworten[25] geht hervor, dass der zwischen 1591 und 1596 in Siebenbürgen weilende Autor zwei Briefe an ihn schrieb, in denen er über die vor der Tür stehende Erneuerung aller Dinge („de propinqua rerum omnium restauratione") nachdachte, das heißt eine philosophische Konzeption skizzierte, deren politische Konsequenzen wohl gering gewesen sein dürften.

*

[24] Unitario-Ecclesiastica historia, I, S. 501.

[25] Bibliotheca Fratrum Polonorum, Bd. I, S. 478–479.

Bei dieser überaus wichtigen Diskussion 1592 wurden auch Argumente formuliert, die unsere Kenntnisse der Lage der Klausenburger sächsischen Unitarier um wesentliche und längerfristig wirkende Momente bereichern. In ihrer an die Ungarn gerichteten „Responsio“[26] beklagten sie sich darüber, dass sie nur einen Pfarrer hatten, obwohl sie den Zehnt genauso gezahlt hätten.[27] Ihre Kandidaten wurden von den Ungarn abfällig Bauern genannt, wobei sie lediglich Laien gewesen seien. Der eine z.B., Daniel Kethlerus, den seine Ansichten aus Deutschland hierher gebracht hatten, diente als gelehrter Mann bei einem Richter. Meister Bernalt wurde Arzt. Unter Hunyadi hatte die Schule viele deutsche Lehrer, aber keinen Pfarrer. Der „Responsio“ zufolge rührte dies daher, dass die Sachsen in ganz Siebenbürgen nur in Klausenburg unitarisch gewesen seien. Obendrein konnte man als Pfarrer auch nicht so viel verdienen. Folglich war dieser Beruf für die wohlhabenden jungen Männer, die meistens ein florierendes Geschäft von ihren Vätern erbten, verständlicherweise nicht attraktiv.

Die Ereignisse entwickelten sich nicht im Sinne der Visionen von Erasmus Johannis: Der Krieg gegen die Osmanen brach aus, brachte aber unermessliches Leid und Vernichtung für die Einwohner Siebenbürgens. Die dramatische Geschichte, die auch Klausenburg nicht verschonte, soll hier nicht heraufbeschworen werden, auch wenn es dabei Konflikte zwischen der ungarischen und der sächsischen Nation gab. Diese sind aber nicht direkt mit den oben erwähnten eschatologischen Meinungsverschiedenheiten in Verbindung zu bringen. Auffallend ist vielmehr, dass darauf nicht einmal in zugespitzteren Situationen verwiesen wurde. Als Giorgio Biandrata 1604 den Stadtmagistrat zur Rechenschaft zog, weil dieser Klausenburg an den unitarischen Fürsten Mózes Székely ausgeliefert und die Einrichtungen der Jesuiten zerstört habe, fingen die ungarischen und sächsischen Amtsträger an, mit dem Finger aufeinander zu zeigen, bei den Streitigkeiten tauchten aber keine theologischen Überlegungen auf, und wir wissen auch nichts von Auseinandersetzungen zwischen den Kirchenvorstehern. Bekannt ist aber, dass jener Johann Broser, der während des Basta-Terrors als einziger Pfarrer in der Stadt blieb, in Privathäusern sowohl vor der sächsischen wie auch vor der ungarischen Gemeinde predigte.[28]

Als es also um die Sicherung der elementaren Lebensbedingungen ging, gerieten die theologischen Streitfragen in den Hintergrund, und dies ist auch bei der Neuorganisation der Kirche bemerkbar. Wie in dem Beitrag von Mihály Balázs herausgearbeitet wurde, schickten die wohlhabenden Mitglieder der zwei Nationen ihre jungen Leute nach Altdorf zum Studium und ähnlich gemeinschaftlich lief es auch bei der Pflege der erneuerten polnischen Kontakte. Eines der wichtigsten Momente

---

26 Benczédi, Gergely: A kolozsvári magyar és szász unitáriusok czivakodása 1592-ben (Responsio Dominorum Saxonum ad obiecta Ungar[orum] nationum). In: Keresztény Magvető 20 (1885), S. 90–93.

27 Ebenda.

28 Unitario-Ecclesiastica historia, II, S. 717–718.

dieser Verbindungen zu Polen war, dass Pál Göcs, der mit anderen Klausenburger Unitariern zwischen 1603 und 1605 ins Exil musste, Valentin Radecke mitbrachte, der zunächst Lehrer am Kolleg, später dann Pfarrer der Sachsen wurde. Bei seiner Wahl spielte wohl eine Rolle, dass sein Vater, Matthias Radecius, nonadorantistisch gesinnte Werke publiziert hatte und in der konfessionell sehr vielfarbigen Stadt Danzig lange Zeit eine führende Persönlichkeit jener antitrinitarischen Gemeinde gewesen war, die eng mit den Mennoniten zusammen lebte. Er kannte die Veröffentlichungen der Siebenbürger, das in seinem Besitz gewesene Exemplar des „Tractatus aliquot" befindet sich heute in Wolfenbüttel. Vermutlich kannte sein Sohn die Ansichten seines Vaters und womöglich teilte er sie auch.

Vom ersten Jahrzehnt des Valentin Radecke in Klausenburg wissen wir nur sehr wenig. Offenbar nutzte er seine Erfahrungen, die er noch in Polen im Bereich der Synthese unterschiedlicher Ansichten erworben hatte, erst nach 1616, als er nach dem Tode von Máté Toroczkai zum Bischof gewählt wurde. Gabriel Bethlen, der 1613 mit Hilfe der Osmanen an die fürstliche Macht kam, begann mit der intensiven Reform der siebenbürgischen Religionsverhältnisse. Die ihn mit Vorbehalt empfangenden Unitarier mussten sich der Situation fügen. Er schuf 1617 die finanziellen Bedingungen für ein reformiertes Gymnasium in Klausenburg und organisierte 1617/1618 mehrere öffentliche Disputationen zwischen Calvinisten und Unitariern, zu denen er die hervorragendsten reformierten Theologen lud. Radecke war der Autor einer der Schriften, die den unitarischen Standpunkt vertraten („Apologia adversus criminationem eorum, qui Religionem Ecclesiarum in Transsylvania de uno Deo Patre, et Filio ejus unigenito Jesu Christo, consententium, Turcicam esse affirmant").[29] Der Titel zeugt davon, dass man mit aufgewärmten alten Anklagen gegen die Unitarier diese mindestens dazu zwingen wollte, einen gemilderteren Standpunkt in den christologischen Fragen einzunehmen. Dazu kamen noch die die Existenz der Kirche bedrohenden Maßnahmen, die 1622 ihren Höhepunkt erreichten, als viele bis dahin unitarische Siedlungen dank der durch fürstliches Militär unterstützten calvinistischen Bekehrung im Szeklerland, wo in den Dörfern mit gemischter Konfession die gemeinsame Benutzung von Kirche und Schule am meisten verbreitet war, unter calvinistische Oberhoheit gerieten.[30] Die Erfolge der calvinisti-

[29] Vgl. den Bestand in der Bibliothek der Akademie in Klausenburg. – Siehe auch The Manuscripts of the Unitarian College of Cluj/Kolozsvár in the Library of the Academy in Cluj-Napoca. Szeged 1997, MsU 323, 878/B, 935.

[30] Aufgrund von Haners Angaben steht in der „Historia" der siebenbürgischen unitarischen Kirche Folgendes: „Tria in visceribus ecclesiae Unitariae occurebant eos proterendi argumenta. Unum in episcopo, alterum in corpore ecclesiae, tertium in Judaizantibus nomine Unitariorum palliatis. Episcopus Valentinus Radecius homo extraneus, linguae Hungaricae prorsus ignarus, nuper ad regimen ecclesiarum admotus statum earum non debite noverat. In corpore ecclesiae primaeva apostolorum simplicitas in tantum reducta fuerat, ut omnes, qui Romanae religioni nuntium miserant, in uno templo ab iisdem ministris verbum Dei audirent. In sedibus maxime Siculicis intra Sylvarum Tractum Erdő vidéke dictum habitis populus ultra duas ex sexaginta ecclesias habitans,

schen Bekehrung wurden Mitte der 1620er Jahre auch in anderen Regionen immer stärker. Dazu kam noch die in Klausenburg wütende Pestepidemie (1622), der über den Hauptpfarrer der Stadt hinaus noch viele andere Pfarrer zum Opfer fielen. Von da an bekleidete Radecke auch das Amt des Hauptpfarrers, obwohl die Verknüpfung der zwei Ämter bis dahin nicht üblich war.

Radecke antwortete auf diese Herausforderungen mit einer Reihe von Maßnahmen, um das Kirchenleben und die Organisation der Unitarier zu festigen. Das Werk, das neben dem deutschen Katechismus für Kinder auch ein deutschsprachiges unitarisches Gesangbuch[31] enthielt, diente ausgesprochen der Erbauung der Sachsen. Eine vor kurzem erschienene deutschsprachige Studie beschreibt das Gesangbuch, daher soll hier lediglich darauf verwiesen werden, dass der Redaktor des Bandes mit sicherer Hand ein für alle Unitarier akzeptables Minimum geltend machte: Aus seiner evangelischen Quelle verzichtete er auf jede Stelle, an der die Dreifaltigkeit oder die Gottheit Christi vorkamen. Bemerkenswert ist ferner, dass die eingefügten zwei Gebete sich an Christus wenden. Mit viel schwierigeren Problemen wurde er aber konfrontiert, als er sich um eine institutionelle Ordnung bemühte, die für die gesamte unitarische Gemeinde das Überleben gesichert hätte. Wie bekannt, diente diesem Ziel sein Werk „Disciplina ecclesiastica", dessen präzise und differenzierte Interpretation bislang nicht möglich war, weil die Forscher grundlegende philologische Untersuchungen bezüglich der Geschichte des Textes schuldig sind.

---

aliquos in suo gremio Reformatae religioni addictos habens, in eorum gratiam scholae rectores hic atque ibi Calvinianos, verbi ministros Unitarios, aut vice versa habebat. Judaizantes exteriores sedes Siculorum insederant. Princeps episcopo et ecclesiis episcopum Judaizantibus diaetas obiecit. Illum et illas armata tyrannide, hos legum catastit fregit."

Dt. Übersetzung: „Drei Gründe trugen im Inneren der unitarischen Kirche dazu bei, dass diese zertreten wurde: Der eine ist beim Bischof, der zweite im Leib der Kirche, der dritte bei den Judaisierern zu suchen, die sich mit dem Namen Unitarier tarnten. Der Bischof, Valentin Radecke, war ein Ausländer, er konnte kaum ungarisch, und als jemand, der erst kürzlich an das Steuer der Kirche gestellt worden war, kannte er den Zustand der Unitarier nicht hinreichend. Im Inneren der Kirche war die altertümliche Einfachheit der Apostel derart in Mode gekommen, dass alle, die dem römischen Glauben die Freundschaft kündigten, in eine Kirche gingen und Gottes Wort von dem selben Pfarrer hörten. So wurden besonders in den Szekler Stühlen, in der sogenannten Waldgegend, wo das Volk mehr als zweiundsechzig Kirchen füllte und es unter den Unitariern auch Reformierte gab, zugunsten der letzteren hier und dort auch calvinistische Schulmeister angestellt, während der Pfarrer, der predigte, Unitarier war, und umgekehrt. Schließlich besetzten die Judaisierer den äußeren Rand der Szekler Stühle. Der Fürst unterstellte die Kirchen und den Bischof dem [reformierten] Bischof und die Judaisierer dem Landtag. Den Bischof und die Kirchen brach er mit bewaffneter Tyrannei, die Judaisierer mit den Satzungen des Rechts." Historia II, 1025.

31 Szegedi, Edit: Zeit, Geschichte und Legitimität bei den siebenbürgischen Antitrinitariern. Philobiblon, 15 (2010), 234–253. http://www.philobiblon.ro/index.php?option=com_content&view=article&id=69:edit-szegedi-zeit-geschichte-und-legitimitaet-bei-den-siebenbuergischen-antitrinitariern&catid=35:volumul-xv-2010&Itemid=90&lang=en

Im Folgenden werden nur einige Ergebnisse dieser Arbeit geschildert, denn eine ausführliche Analyse würde den Rahmen dieses Aufsatzes sprengen. Die Schwierigkeit besteht darin, dass das Werk in mehreren Kopien und in Drucken aus dem 17. und 18. Jahrhundert vorliegt. Der erste Druck entstand verhältnismäßig spät, im Jahre 1694, und sorgte für Verwirrung, weil viele Forscher ihn mit einer Ausgabe aus dem Jahr 1626 identifizierten, von der wir lediglich aus einer Anmerkung von Joseph Trausch[32] wissen. Bekannt sind aber handschriftliche Kopien des 1626 herausgegebenen Werkes: Eine von der Mitte des 17. Jahrhunderts, drei aus dem 18. Jahrhundert, von denen die meistgelesene zum Schluss des Kapitels 7 im 3. Band der Kirchengeschichte von Kénosi-Uzoni zu finden ist. Aus der Untersuchung geht hervor, dass es wesentliche Unterschiede zwischen dieser ältesten Version und dem späteren Druck und den Handschriften gibt. György Tóth, der Autor der Monographie über die Herausbildung der unitarischen Kirchenorganisation,[33] betrachtet diesen Text zutreffend als den, der vom Autor selber stammt, und vielleicht lag er auch richtig, als er bezweifelte, dass er auch im Druck erschienen sei. Aus dem Vergleich der Varianten kamen wir auch zur Schlussfolgerung, dass sich der älteste Text derartig elastischer Formulierungen bediente, dass sie nicht dem vereinheitlichenden Vorsatz des Fürsten dienten und somit möglicherweise tatsächlich nicht gedruckt worden sind.

In der Einleitung wird die Neuorganisation der Kirche versprochen, die deshalb vonnöten sei, weil gegenwärtig jeder beliebig einen Glaubenssatz verkünde und dadurch den Seelen Schaden zugefügt werde. Im ersten Teil wird nach dem Verbot der willkürlichen Verbreitung von Neuigkeiten die mehrstufige, komplizierte Methode geschildert, die zur eventuellen Genehmigung der Neuerung führe: Wenn sie von der Mehrheit des Konsistoriums oder der Synode bewilligt wird, ist sie akzeptabel. Wenn man bedenkt, dass er einige Seiten später nur noch über Schwankende spricht und dazu rät, die Tatsache des Schwankens auf den geschlossenen und zur Geheimhaltung verpflichtenden Sitzungen des Konsistoriums sowie der Synode zu besprechen, wird klar, dass das Hauptziel der „Disciplina“ war, ein geschlossenes Dogmensystem und einen einheitlichen Kult innerhalb der Kirche, allen voran unter den Pfarrern, allgemein akzeptieren zu lassen oder vielmehr diese Absicht öffentlich zu manifestieren. Die zahlreichen Verweise auf die weltliche Obrigkeit, auf die Empörung des Fürsten sowie die späteren Ereignisse erlauben diese Annahme.

Dies bestätigen folgende Ausführungen in Punkt III über die Aufgaben des Pastors: „In den vorigen Jahren kam es in unserer Kirche wegen der Anrufung Jesu Christi, des Sohnes Gottes, zu derart großem Streit, wie noch nie zuvor in Sieben-

---

[32] Trausch, Josef: Schriftsteller-Lexicon oder Biografisch-Literärische Denk-Blätter der Siebenbürger Deutschen, III. Kronstadt 1871, S. 79.

[33] Tóth, György: Az unitárius egyház rendszabályai 1626–1850 [Vorschriften der unitarischen Kirche 1626–1850]. Cluj-Kolozsvár 1922.

bürgen. Gott sei Dank hat sich dies zum Teil gemildert, ja es wurde sogar die Diskussion darüber von der höchsten Behörde strengstens verboten."[34]

Offenbar wollte man aufgrund der Erfahrungen des vergangenen Jahrzehnts die Diskussion über das verbotene Thema innerhalb der Führungsriege halten, andererseits ist auch nicht auszuschließen, dass sich parallel mit den Auseinandersetzungen mit den Reformierten auch ein innerer Diskurs zugespitzt hatte, den man allerdings vorläufig nicht rekonstruieren kann. Die absolute Freiheit des Predigens, die im berühmten Gesetz von 1568 formuliert worden ist,[35] wird durch dieses Vorgehen freilich auch aus der inneren Praxis der Kirche verbannt. Fest steht natürlich, dass diese auch bereits 1579 eingeschränkt worden war, und wenn sich die Lage später auch etwas entspannt hatte, durften die Gemeinden ihr Recht auf freie Pfarrerwahl kaum wahrnehmen.

An die europäische Praxis der Konfessionsbildung erinnert aber, dass die Regel von 1626 den Pfarramtskandidaten vorschreibt, die von der Kirche anerkannte Lehre durch die eigene Unterschrift zu beglaubigen und ehrlich anzunehmen.[36] Die Festigung der Organisation, die aktuelle Registrierung der Pfarrer, die Vervielfältigung der Kontrolle sowie die verpflichtende Unterschrift des Glaubensbekenntnisses wollten die oben erwähnten so genannten Innovationen aufheben. Die konsequente Benutzung des Wortes Innovation und die Gestaltung des gesamten Textes aber kaschieren wohlwollend, dass dadurch auch die lebendige Tradition der Varianten des Unitarismus vernichtet würde oder dass man bloß neue Änderungen vermeiden wolle. Der Einschub in der späteren Kopie[37] stellt eindeutig heraus, dass in den Fragen des göttlichen Wesens Christi, seiner Anbetung und Anrufung das Glaubensbekenntnis von 1579 als Maßstab gelte, in der frühesten Abschrift ist dies jedoch nicht enthalten.

Die Mitglieder des Konsistoriums hatten zusammen mit dem Bischof zu sichern, dass „man aus der lauteren Quelle der Heiligen Schrift ein Bekenntnis oder einen Katechismus für die Allgemeinheit verfassen soll, und dies dem gemeinen Volk in die Hand gegeben wird, damit nicht der eine oder andere Gläubige [...] etwas verkündet,

---

[34] „III. Tanta fuit in nostris ecclesiis superioribus temporibus controversia nata de Jesu Christi filii dei invocatione, quantam vix unquam in hoc regno Transilvaniae extitisse credibile est. Sed divina bonitate ea iam nonnula ex parte sopita est. Quin imo etiam authoritate supremi magistratus gravissime interdicta." Tóth, György (wie Anm. 32), S. 18.

[35] Balázs, Mihály: „A hit ... hallásból lészön." Megjegyzések a négy bevett vallás intézményesüléséhez a 16. századi Erdélyben [„Der Glaube ... kommt aus dem Hören". Bemerkungen zur Institutionalisierung der vier rezipierten Religionen im Siebenbürgen des 16. Jahrhunderts]. In: Tanulmányok Szakály Ferenc emlékére [Studien zum Gedenken an Ferenc Szakály], hg. von Pál Fodor, Géza Pálffy und István György Tóth. Budapest 2002, S. 51–73.

[36] „IV. An cum examinantur de punctis christianae religionis praecipuis respondere, mediocris saltem diligentiae specimine edito ex cathechesi possint? V. An sacramenta, sive signa mystica ecclesiae celebrare et administrare juxta formam a synodo praescriptam, sciant ac velint? An se nihil innovaturos vel publica vel privatim absque salutato et consciente consistorio promittant? VII. An omnibus doctrinae christianae partibus, ab ecclesia ex verbo dei receptis stabilitisque, bona conscientia absque hypocrisi ulla subscribere velint?" Tóth, György (wie Anm. 32), 15–16.

[37] Manuscript, MsU 370.

was später nur sehr schwer, auf Kosten der Integrität der Kirche gemildert und zurecht gerückt werden kann." [38] Demnach war also die Zensur innerhalb der Kirche, solange diese Regelungen nicht galten, nicht streng. Andererseits stellt sich die Frage, ob das 1620 mit dem Vorwort von Radecke erschienene sozzinianisch geprägte Buch, das Katechismus und Gesangbuch enthielt, sowie die drei Jahre später herausgegebene ungarische Sammlung mit ähnlicher Struktur diese Aufgabe nicht erfüllt haben könnten.

Der Text verweist an anderer Stelle vielleicht auf die in den 1610er Jahren entstandenen sabbatarischen Gesangbücher, wenn die Forderung formuliert wird, es solle umgehend alles wiederhergestellt werden, was einige verstockte Brüder mit den Hymnen und Liedern angestellt haben, aus denen jede Erwähnung Christi getilgt wurde.[39] Bemerkenswert ist, dass der Rückgang der Anbetung Christi nur an dieser einen Stelle verdammt wird.

Ein enger Zusammenhang besteht zwischen der Festlegung des Dogmensystems und den Maßnahmen, um den Kult zu vereinheitlichen. Man ist besorgt wegen der fast vollständigen Vernachlässigung des Abendmahls und der Taufe. Unter den Begründungen für deren Wiedereinsetzung sind folgende am bemerkenswertesten: „Damit infolge der sukzessiven Vernachlässigung dieser Sakramente die kopflose Gottlosigkeit nicht so um sich greift, dass … derartiges gelehrt und behauptet wird, als hätten die Schriften des Neuen Testaments, zusammen mit diesen Sakramenten, nur zu Lebzeiten der Apostel oder ein Jahrhundert nach ihnen ihre Gültigkeit gehabt." [40] Dies verweist eindeutig auf die Gefahren der Verbreitung des Sabbatariertums.

Hinsichtlich der Einschätzung von Radecke sind vielleicht die von ihm ergriffenen Maßnahmen, um eine Art der kollektiven Führung zu verwirklichen, von Belang. Wie erwähnt, ist der Bischof zusammen mit dem Konsistorium (der Wache, Stütze und Hilfe des Bischofs) für die Zusammenstellung des neuen Katechismus verantwortlich. Sein Wirkungskreis wird so ausführlich beschrieben und enthält eine die Führung durch eine einzige Person verdammende Einleitung, dass anzunehmen ist, dass die Zeitgenossen Beanstandungen an Radeckes Führungsstil gehabt hatten, vermutlich war mangelnder Nachdruck ein Hauptvorwurf gegen ihn. Über die

---

38 Tóth (wie Anm. 32), S. 11.

39 „Quia in proximis fratrum dissidiis quidam non minori casu quam errore contumaci, theses et versiculos eos in quibus de honore, gloria dignitate beneficiis, regno intercessione Christi salvatoris mentio facta esset, ex hymnis et cantiunculis pie a majoribus nostris compositis, ac ex scripturae testimoniis scite depromtis, expungere atque delere, ne vel nomen amplius mediatoris nostri recoletur, nequaquam dubitarunt […]." Tóth (wie Anm. 32), S. 21.

40 Ne paulatim sacramentis contemnis eo impietatis amentiaeque veniatur, ut scripta novi foederisuna cum signis mysticiis apostolorum tantum temporibus aut uno post ipsos seculo durare debuisse, contra omnem luce meridiania clariorem veritatem doceatur et asseratur. 5. Út a tartaris, turcis, judeis, aetiopibus aliisque plurimis nationibus luce evangelii carentibus, ceu notis quibusdam certis, hisce sacramentis distinguamur, quemadmodum prisco illo patrum seculo populus israëliticuus ab omnibus gentibus exteris circumcisionis signo segrebatur", vgl. Tóth (wie Anm. 32), S. 17–18. Vgl. dazu den Beitrag von L. Gyémánt in diesem Band.

Einberufung von Synoden musste auch deshalb gemeinsam entschieden werden, damit die Pfarrer nicht „wegen unbedeutender Gründe" und „zu unpassender Zeit" zusammengerufen würden.[41]

Der zweite und dritte kurze Teil befasst sich mit den Sündern, typischerweise auch hier mit jenen, die vom Weg der Lehre und der Kircheninstitutionen abgekommen sind, während die weltlichen Sünder kaum erwähnt werden.[42] Die Exkommunikation jener, die auch nach zweimaliger freundlicher Ermahnung Fehler begehen, wird durch die Absicht, die Verbreitung der Sünde zu verhindern, sowie durch die eventuelle Erschütterung des Sünders legitimiert. Schließlich ist auch von der Wiederaufnahme jener in die Kirchengemeinschaft die Rede, die sich ehrlich ändern, die diesbezügliche ausführliche Regelung wird aber vorerst aufgeschoben.

Alles in allem dokumentiert die „Disciplina" die Grenzen jenes Kompromisses, der im gegebenen Augenblick geschlossen werden konnte. Es ging gar nicht um den Ausschluss jedweder Richtung, selbst die Passagen über die Sabbatarier formulieren nicht eindeutig. Die Frage, welches Glaubensbekenntnis die Pfarrer zu unterschreiben hätten, blieb offen. Über Möglichkeiten, Kult und Liturgie zu verändern und Maßnahmen zu ihrer Umsetzung, die der protestantischen Gemeinschaft akzeptabel sein können, spricht der Text einigermaßen entschiedener.

György Tóth legt dem Text in der kritischen Ausgabe auch noch eine Schrift mit dem Titel „Szükséges utasítások az egyházi rendszabályokhoz. 1629" [Notwendige Anordnungen bezüglich der Kirchenregeln. 1629] bei. Darin wird in erster Linie auf die Schwierigkeiten im Zusammenhang mit der Einführung der Anrufung Christi in Siebenbürgen reflektiert. Daher wird am Anfang auf die ausführliche Schilderung der Methode eingegangen, wie man sie langsam und verdeckt in die Liturgie einschmuggeln kann. Auch der Bischof wird aufgerufen, „das Eis zu brechen" und mit gutem Beispiel voranzugehen.[43] (Es scheint also, dass die unserer Ansicht nach von außen inspirierte, 1626 in der „Disciplina" noch gar nicht akzeptierte, lediglich aufschimmernde Uniformisierung in der Lehre starken Widerstand hervorrief, daher wollte sie Radecke der Gemeinde weiterhin nicht aufzwingen.)[44]

Die Passage über die Taufe rückt das in der „Disciplina" Geschriebene zurecht, es wird empfohlen, die Absicht der Eltern sowie die Bräuche vor Ort zu berücksichtigen, mit der Einschränkung, den Gläubigen bewusst zu machen, dass die Taufe nicht von Christus, sondern von der Kirche verordnet wurde, und dass man dies, „um die Empörung zu vermeiden, dulden könne".[45]

---

41 De officio seniorum, III. Tóth (wie Anm. 32), S. 13.

42 „Primum itaque, si quis errantem in doctrina quempiam animadvertet et discedentem ab ecclesiae rectis institutis, aut perperati ab aliquo facinoris conscius erit [...]", vgl. Tóth (wie Anm. 32), S. 23.

43 Ebenda, S. 31–32.

44 Die extra geführten Protokolle werden unter den Dokumenten des Klausenburger Hauptpfarrers aufbewahrt.

45 Tóth (wie Anm. 32), S. 34.

Wo er vom Abendmahl spricht, verbindet er dieses mit dem „Glaubensbekenntnis, oder [...] der Beurteilung“, nach unserem Dafürhalten ***mit der bei den Polen bewährten öffentlichen Beichte und notfalls Rüge.*** Für den Klerus wird die Einführung theologischer Übungen geplant, um den in vielen noch lebendigen Zweifel auszumerzen. In dem Teil mit dem Untertitel „Die Bestrafung der Übeltäter“ wird gegen die Strenge der Urteile weltlicher Gerichte vorgegangen, um dann jene in Schutz zu nehmen, die mit Recht jemanden zum Tode verurteilen. Die Betonung dessen erinnert uns an die auch noch im 17. Jahrhundert lebhaften Diskussionen, ob ein Christ Waffen tragen und Recht über Leben und Tod haben darf.

Die Unitarier konnten in den ersten Jahrzehnten des 17. Jahrhunderts offenbar als eine dogmatisch vielfarbige Gemeinschaft zusammenleben, und dies blieb auch während der Zeit so, als Radecke Bischof war, auch wenn unter der Oberfläche riesige Veränderungen vor sich gingen, die sich natürlich auch auf die sächsische unitarische Gemeinde auswirkten.

An erster Stelle soll die langsame, jedoch unaufhaltbare Änderung der Proportionen innerhalb der konfessionellen Struktur der siebenbürgischen Bevölkerung erwähnt werden. Die Unitarier verloren ab Anfang des 17. Jahrhunderts der Reihe nach ihre einflussreichen adeligen Patrone, und mit der Herrschaft von Bocskai nahm auch eine starke Calvinisierung ihren Anfang, die auch die Klausenburger Patrizierfamilien erreichte. Nicht bekannt ist, inwieweit in diesem Kreis es als inspirierend galt, dass die Rakówer Antitrinitarier in den 1610er Jahren Verhandlungen mit ihren reformierten Landsleuten initiierten und eine Vereinigung vorschlugen. Nach ihrer Ansicht stand ihre Gemeinde den Reformierten so nahe, dass nach einer Union mit ihnen bei freundschaftlichen Besprechungen selbst die übriggebliebenen dogmatischen Unterschiede behoben werden müssten. Die Calvinisten hielten freilich die Abweichungen in christologischen Fragen für so gravierend, dass sie die Fortsetzung der Verhandlungen immer wieder abschlugen. Es ist nicht auszuschließen, dass hinter der großen Zahl der Bekehrungen zum Calvinismus im Klausenburg der 1620er Jahre ähnliche Hoffnungen oder Vorstellungen steckten.

Auf die dogmatisch bedingten Bekehrungen kommen wir später noch zurück, zuerst sollen aber jene erwähnt werden, hinter denen Motive wie Ehrsucht oder Geltungsbedürfnis steckten. Das beste Beispiel ist das der Brüder Filstich, von denen Peter noch während der habsburgischen Belagerung das Recht des Goldtausches erwarb, um später Wirtschaftsrat und Leiter des Edelmetallbergbaus unter Gabriel Báthory und Gabriel Bethlen zu werden.[46] 1607 wurde er von Báthory zum Leiter des fürstlichen Geldwechsels ernannt, kurz danach wurde er Kammerpräfekt und erwarb

---

[46] Aus dem Tagebuch von Segesvári erfahren wir auch, dass er wegen seiner Machenschaften im Zusammenhang mit dem Geldwechsels unter den Armen wenig beliebt war. Vgl. dazu: Kolozsvári emlékírók: 1603–1720, [Klausenburger Memoirenschriftsteller], hg. von József BÁLINT und József PATAKI. Bukarest 1990, S. 136–172.

bald die Konzession der im Krieg verlassenen Goldminen.[47] Peter Filstich wurde zur angesehensten Figur des Fürstentums unter Bethlen, worauf sein Vater Peter, der in der zweiten Hälfte des 16. Jahrhunderts jahrzehntelang der Anführer der Goldschmiedezunft gewesen war, oder auch sein Onkel Laurentius, der öfter das Richteramt innehatte, stolz gewesen wären. Peter Filstich wird zu der Zeit bekehrt worden sein, als Gabriel Báthory ihn ernannte, und in dieser Zeit (1608) kam es auch zur Ernennung des ersten reformierten Pastors in Klausenburg. Vermutlich sind auch jene Sachsen seinem Beispiel gefolgt (darunter auch sein Bruder Laurentius), deren Übertritt 1627/28 erfolgte. Außer dem Beispiel spielte offensichtlich auch der Druck seitens der durch Bethlen mit allen Mitteln geförderten reformierten Kirche eine Rolle, der Lehre des Nonadorantismus abzuschwören. Unter den Konvertiten gab es keinen Theologen, und die Laien werden wohl gedacht haben, der Unterschied sei nicht so groß, um ihre verheißungsvolle Karriere aufs Spiel zu setzen und auf der Seite der nach Ansicht der Reformierten größten Häretiker zu bleiben. Diese Gruppe der städtischen Elite sah auf diese Weise die Kontinuität und Entfaltung ihrer Macht gesichert. Im Zusammenhang mit den Manipulationen bezüglich der Übertritte ist jener Brief außerordentlich spannend, den die Patrone und Förderer der orthodoxen Kirche am 15. November 1627 an die Sächsische Nationsuniversität in Hermannstadt schickten. Darüber schreibt Gustav Gündisch Folgendes: „Es ist in diesem in ungarischer Sprache abgefassten Gesuch von dem ‚bei uns jetzt begonnenen wahren Gottesdienst' die Rede, den die Nationsuniversität dadurch befördern wolle, dass sie für den ‚aus ihrer Mitte neuerdings hierher zu berufenden Herrn Prediger' eine Beisteuer bewillige. Auf diese Weise würden unsere sächsischen Brüder zwei brauchbare Lehrer für den Gottesdienst bekommen."[48] Das Monogramm des Patrons der orthodoxen, das heißt reformierten Kirche war P. F., und zwar löste Gustav Gündisch diese Abkürzung nicht auf, es ist gar nicht auszuschließen, dass es sich um den mittlerweile auch geadelten Peter Filstich handelt. Er bemühte sich also, auch die Unterstützung der Reformierten nutzend, um die Zurückdrängung des Unitarismus und die Gründung einer lutherischen Kirche. Vor der Publikation und gründlichen Untersuchung der von Gündisch zitierten Dokumente ist es nicht angebracht, weitere Hypothesen aufzustellen. Auf jeden Fall scheint es wahrscheinlich, dass sich die um diese Zeit zustande gekommene kleine lutherische Gemeinde den Reformierten vielleicht noch mehr anpassen musste als in den späteren Jahrzehnten. Gleichzeitig war sie geeignet, die sächsische unitarische Gemeinde zu schwächen, auch

---

47 Herepei, János: Patrícius nemzetségek művelődési szerepéhez. Wivey Gáspárné Filstich Anna és családja [Zur Rolle der Patriziergeschlechter im Hinblick auf die Bildung. Frau Anna Wivey geb. Filstich und ihre Familie]. In: Herepei, János: Művelődési törekvések a század második felében: Herepei János cikkei, szerk. Keserű Bálint. Adattár XVII. századi szellemi mozgalmaink történetéhez [Faktensammlung zur Geschichte des 17. Jahrhunderts ] III. Budapest-Szeged 1971, S. 540–552. Zu Peter siehe S. 548–549.

48 Gündisch, Gustav: Die Erneuerung der evangelischen Gemeinde in Klausenburg im Jahre 1695. In: Ders.: Aus Geschichte und Kultur der Siebenbürger Sachsen. Köln 1987. (Schriften zur Landeskunde Siebenbürgens Bd. 14).

wenn wir aus dieser frühen Phase Angaben kennen, dass einige in der Zeit, als Valentinus Baumgarten der Prediger war (1655–1672), zu den Unitariern zurückkehrten.

Möglich ist auch, dass die sächsischen Unitarier die Auseinandersetzungen innerhalb der Kirche satt hatten, wie dies in einigen Punkten der „Disciplina" nachvollziehbar ist. Die Ambitionen des Schwiegersohnes von Radecke, des aus einer vornehmen Familie stammenden Matthias Rhaw (Szőrös), der in Altdorf und Raków studierte, scheiterten, als nach dem Tode von Pál Göcs im Jahre 1622 nicht er, sondern sein Schwiegervater auf diesen Posten ernannt wurde. Über die theologischen Ansichten des ersten Jahrzehnts seiner Tätigkeit wissen wir nichts, es ist aber sehr wahrscheinlich, dass die Christus anrufenden Gebete in dem von ihm herausgegebenen Gesangbuch für die sächsische Gemeinde eher seine Ansichten, als die seines Bischofs widerspiegeln. Bei seinem Aktivwerden spielte vielleicht auch eine Rolle, dass die Reformierten dominanter wurden, was sich auch darin verkörperte, dass der so genannte Apollo-Saal des Kollegs den sächsischen Reformierten überlassen werden musste. Von da an wissen wir auch darüber, dass er seine Kontakte in Raków auffrischte. Laut dem Tagebuch des Segesvári Bálint (Valentin Schässburger) – eines sächsischen Bürgers, dessen in bestem Ungarisch verfasste Aufzeichnungen mehrmals ediert wurden – trennte sich seine Gemeinde von ihm, weil er Neuigkeiten predigte. Demnach betrachtete die Mehrheit die Lehren aus Raków noch als Neuigkeit.

Wie bekannt, nutzte Georg Rákóczi bei der Stabilisierung seiner Macht 1638 diesen Auftritt aus. Seiner Auffassung nach waren alle diejenigen Sabbatarier, welche Christus nicht angebetet hatten. Daher beschloss er, die früher gegen die Sabbatarier erlassenen Landtagsgesetze geltend zu machen. Vor dieser so genannten „Dézser complanatio" spielten sich innerhalb der unitarischen Kirche harte Auseinandersetzungen ab, Matthias Rhaw gewann einige Patrizier für sich und verhandelte vermutlich regelmäßig mit den Calvinisten. Die Parteien erwarteten von Raków die Entscheidung des Streites, und auf ihre Briefe erhielten sie von Martin Ruar eine Antwort. Er schrieb in seinem Brief an den anstelle Rhaws gewählten Bischof und dessen Pfarrer, er missbillige, dass jemand sich auf die oben erwähnten Besprechungen zwischen den Rakówern und den Reformierten berufe.

Die Maschinerie war jedoch nicht mehr zu stoppen, in Dés wurden einige zum Tode verurteilt, andere erhielten Gefängnisstrafen oder wurden um ihr Eigentum gebracht, und die Sabbatarier sollten ihren Glauben verlassen. Die unitarische Kirche wurde aufgefordert, einen neuen Katechismus zu verfassen und alle Lehren, die nach dem Tode von Johann Sigismund entstanden waren, zu verwerfen, Jesus als Gott anzubeten und die Kinder im Namen der Dreifaltigkeit zu taufen. Gleichzeitig wurden sämtliche unitarische Schriften einer strengen Zensur unterworfen, deren erstes Opfer gerade Radeckes Schrift über das Abendmahl geworden ist.[49]

---

[49] Jakab, Elek: Kolozsvár története [Die Geschichte Klausenburgs]. II. Budapest 1888, S. 634. – Die Kopie der „Formula administrandi Coenam Dominicam" liegt in der Bibliothek der Akademie in Klausenburg: MsU 1995.

Offiziell wurde also die dogmatische Vereinheitlichung der unitarischen Kirche vollzogen. Der Eingriff sowie die Abwicklung waren wesentlich härter als nach Davidis' Verurteilung im Jahre 1579. Wir sahen, wie viel Druck von außen bis hierher geführt hatte, und es ist daher auch nicht verwunderlich, dass dieser oberflächlichen Änderung keine wirkliche innere Wandlung folgte. Neben dem kontinuierlichen Einsickern der sozzinianischen Ideen ist das Weiterleben der Lehren von Davidis und seinen Anhängern nach 1638 noch lange Zeit sowohl in Manuskripten, als auch in Drucken zu erkennen.

All dies bedeutete aber nicht die Kräftigung der sächsischen unitarischen Gemeinde, im Gegenteil, es kam zu ihrer langsamen Erosion. Umsonst kamen deutschsprachige Antitrinitarier aus Polen (die Stegmanns, Baumgarten, Franck), die ab 1630 für kürzer oder länger als Lehrer oder Pastoren der Gemeinde dienten. Ihre Söhne schlugen immer seltener Wurzeln, und die zerstreute polnische Emigration half diesen nach 1660 eher dabei, anderswo ihr Glück zu finden. Adam Franc der Jüngere schloss sich jenen an, die unter den günstigen Umständen in Amsterdam die Arbeiten der bedeutendsten Figuren der polnischen Brüder in den Bänden der „Bibliotheca Fratrum Polonorum" kanonisieren wollten.

Hinsichtlich dieser schwierigen Jahrzehnte stellt sich aus den Protokollen der evangelischen Synoden eine eigenartige Sache heraus: 1672 wurde zum ersten Mal darüber diskutiert, was mit den Kindern unitarischer Eltern zu tun sei, wenn man sie im evangelischen Glauben taufen wolle. 1677 wird die Taufe genehmigt, sofern die Eltern schwören, sie lutherisch zu erziehen.[50] Es ist nicht sicher, dass die Klausenburger Sachsen etwas damit zu tun haben, so viel ist aber denkbar, dass die Unitarier, die auf sächsischen Boden kamen, mangels eigenen Pastors sich an den lutherischen vor Ort gewandt haben. Die Synode der Sachsen hätte vor etwa hundert Jahren kaum in einer derartigen Frage nachgegeben. Ohne viel hineininterpretieren zu wollen, kann dies als das Zeichen der Annäherung zweier protestantischer Konfessionen mit einem schweren Schicksal verstanden werden.

Es scheint verständlich, warum es so wenige in Klausenburg gebürtige Pastoren gab und warum es immer schwieriger wurde, Lehrer für die Schule anderswoher zu bekommen. Um diese Sorge zu beheben, macht der Tischlermeister Johann Régeni folgenden Versuch: Er nahm sich eines Waisenjungen aus seinem Dorf an, förderte dessen Studien und sorgte für dessen Zukunft.[51] Andreas Belleschdörfer, der später den Namen Jövedécsi annahm, studierte in Bremen und Leiden (1675–1679), um nach seiner Heimkehr zehn Jahre lang Lehrer des Kollegs und 1689, noch ganz jung, der Hauptpfarrer der Stadt zu werden. Er bekleidete beide Ämter, als er in der Schule

50 Teutsch, Friedrich: Geschichte der Evangelischen Kirchen in Siebenbürgen. I–II. Hermannstadt 1921–22, S. 504.

51 Kovács, András: „Látom az tanításban az Istennek nagy ajándéka vagyon nála …" Jövedécsi/Belleschdörfer András származásához (Beitrag zur Abstammung des András Jövedécsi/Belleschdörfer). In: Korunk 10 (2010), S. 11–16.

Maßnahmen ergriff, um die Zahl der immer weniger werdenden Sachsen zu erhöhen. Bereits 1676 schreibt er im „Fasciculus Rerum Scholasticarum": „quia saxonibus novitiis destituimur". Aus dieser Quelle lernen wir von Jahr zu Jahr und von Monat zu Monat die weltlichen führenden Persönlichkeiten der Klausenburger unitarischen Sachsen, und insbesondere die kirchliche und Bildungselite kennen. Jede Veranstaltung, jedes Ereignis, jede Ausgabe wird tagebuchähnlich geschildert. Man erfährt wertvolle Angaben zu Schülern, Rektoren und Lehrern verschiedener Unterrichtsstufen, über außerordentliche Veranstaltungen, wie zum Beispiel die Vorstellung eines neuen Lehrers, bei der die ganze Schule zu erscheinen hatte, ferner die Titel der Vorlesungen sowie darüber, dass bei festlichen Gelegenheiten oder Begräbnissen gesungen werden musste. Oft kommt es zu Streitigkeiten zwischen den Schülern der zwei Nationen, viel öfter aber verrichten sie in vollem Einvernehmen ihre Aufgaben. Ganze Reihen von Angaben enthält diese Quelle bezüglich der Verteilung von Belohnung und Lohn sowie Strafen etc., und sie vermittelt ein differenziertes Bild über die Schüler sächsischer Abstammung. Die Verordnung von 1644 wollte in der ganzen Schule einheitliche, für alle gültige Regeln einführen. Die meisten Förderer der Schule ließen alle Schüler beider Nationen ihre Unterstützung spüren. Jövedécsi wich von dieser Regelung offenbar wegen des anhaltenden Rückgangs der sächsischen Schüler ab.

Zeichen des allgemeinen Rückgangs und der Änderung der von ihnen gespielten Rolle war, dass die sächsische unitarische Gemeinde immer weniger die Einrichtungen ihrer Konfession unterstützte. Es ist schon als Ausnahme zu betrachten, dass Michael Paul Régeni (1657–1710)[52] im Auftrag und mit der Unterstützung der Kirche, jedoch auf eigene Kosten seine Peregrination antrat. Sein Weg war nicht gewöhnlich: Ab 1684 lernte er im Remonstrantenseminar in Amsterdam, ging dann nach Breslau, Dresden und vielleicht nach Zittau. Ab Herbst 1687 studierte er in Leipzig und ist bereits als Kartesianer zu betrachten. Aus den Briefen von Spener erfahren wir über Einzelheiten seines Übertritts zum Luthertum, was er wahrscheinlich als Auflage bekam, um seine Arbeit in Deutschland fortsetzen zu können. Durch seine Auseinandersetzung mit Thomasius wurden seine Werke weit bekannt, wenn auch seine Person vor den deutschen Lesern unbekannt blieb. Nach seiner Rückkehr hielt er seine Antrittsrede mit dem Titel „De cultu rationali in Deum", und seine Kirche nahm ihn, nach Prüfung seiner Abtrünnigkeit, wieder auf, denn sie brauchte ihn dringend in der Schule.[53] Er, und nicht nur er, wurde ganz plötzlich nach Hause beordert. Am gleichen Tag wie er, am 15. Februar 1690 wurden noch drei weitere Lehrer in der Schule eingestellt. Jövedécsi war nun Rektor und gleichzeitig

[52] Ein im internationalen Zusammenhang wichtiger Überblick seiner Laufbahn: Keserű, Bálint: Paulus Michael Regenius, az erdélyi unitáriusok és Descartes késői német követői, (Paulus Michael Regenius, der siebenbürgische Unitarier und späte deutsche Nachfolger von Descartes). In: A kartezianismus négyszáz éve. Four hundred years of Cartesianisme. Quatre siècles de Cartésianisme, hg. von Dezső Csejtei, András Dékány, Sándor Laczkó. Szeged 1996, S. 285–296.

[53] Zu Einzelheiten der Untersuchung siehe Gál (wie Anm. 3), S. 531–533.

Hauptpfarrer in einer Person, er schaffte die Arbeit nicht mehr, die Einsetzung von vier Lehrern auf einmal kann aber auch darauf hinweisen, dass man die Hoffnung auf eine steigende Schülerzahl hatte.

Damals war es schon zwei Jahre her, dass das Siebenbürgen befreiende kaiserliche Militär Klausenburg belagert hatte. Die Führung in Wien fing an sich einzurichten. Anfang der 1690er Jahre war noch eine Zeit lang die Wirkung des „Diploma Leopoldinum" zu spüren, und das Schicksal der Unitarier und Lutheraner schien eine günstige Wende zu nehmen. Die gemilderte Situation führte aber auch zu Rivalitäten. Darauf deutet der Umstand, dass im letzten Jahr des Jahrhunderts sogar zwei Lehrer aus Klausenburg nach Hermannstadt gelockt wurden. Heinrich Esserus kam im Dezember 1693 mit der Druckereibesitzerin und Ehefrau von Andreas Kmita nach Klausenburg, weil es die milderen Umstände möglich machten. Er wurde sofort in der Schule eingesetzt. Nach einem Jahr heiratete er Maria Dresler. Nach drei Jahren Unterricht diente er als Pfarrer der sächsischen Gemeinde, als er am 4. Dezember 1699 nach Thorenburg auf den Markt gehen wollte, aber nach Herrmannstadt kam, wo er zum Luthertum übertrat und Lehrer wurde. „Rediit ad volutabrum. Desertor fidei. filii. uxorisque" – schrieb Uzoni über ihn, und man könnte meinen, er ließ sich bekehren, weil er vor der Ehe flüchtete. In den folgenden Jahrzehnten gab es dafür nämlich einige Beispiele. Kaum zwei Wochen davor hatte auf ähnliche Weise jener Fridericus Acatius Roscius, den von seiner Niederlandreise der Rektor Pál Kolozsvári Dimjén mitbrachte, die Stadt verlassen. Er unterrichtete ebenfalls, wurde unitarisch, war Hilfspfarrer neben dem anderen sächsischen Pfarrer, um nach seiner Flucht in Hermannstadt lutherisch zu werden.

Im *Fasciculus* wird aus dieser Zeit über eine gegenüber den lutherischen Schülern ergriffene Maßnahme berichtet, was damit zusammenhing, dass sie naturgemäß nicht in die unitarische Kirche zum Gottesdienst gingen. Die Zahl dieser Schüler wurde nicht nur durch die aus dem sächsischen Gebiet erhöht, auch das Klausenburger Luthertum wurde ausgesprochen stark in den 1690er Jahren. In dem jahrzehntelang ruhigen, unauffälligen Gemeindeleben hatten sie höchstens einen Kantor oder nicht einmal den. Um 1695 wurde die Situation der kleinen, ohne Kirche gebliebenen Gemeinde nach langen Vorbereitungen geregelt, vor allem dank Isaak Zabanius' und seines Sohnes, und infolge dessen wurden auch viele ungelöste Angelegenheiten zwischen den Protestanten geschlichtet.[54] Die differenzierte Untersuchung der bis dahin führenden interkonfessionellen Verhandlungen wirft außerordentlich spannende Fragen auf, und z. B. die Studie von Gustav Gündisch, die sich mit der Neuorganisation der Klausenburger evangelischen Gemeinde befasst, erfordert unbedingt eine gründliche unitarisch geprägte Lesart.[55]

---

54 Teutsch, Friedrich: Geschichte der Evangelischen Kirchen in Siebenbürgen, I–II. Hermannstadt 1921–22.

55 Gündisch (wie Anm. 46), S. 298–303.

Sehr bald stellt es sich aber heraus, dass jede protestantische Konfession vor der intensiven – anfangs von Leopold missbilligten – Verbreitung der österreichischen Katholiken zurückwich. Hier soll jetzt ihre Heimsuchung, die Wegnahme ihrer Kirchen und Schulen in mehreren Wellen nicht detailliert geschildert werden. Zwischen 1693 und 1716 sind sie immer wieder umgezogen, Mauern wurden hochgezogen, dann musste wieder von einem Gebäude Abschied genommen werden, obendrein wüteten oft Feuersbrünste. Diese Notlage war nicht für jedes Gebiet typisch. Einzigartig im habsburgischen Reich dienten in Vertretung einzelner protestantischer Bevölkerungsgruppen einige wenige Beamte dem Wiener Hof bzw. dessen Gubernium, aus deren Reihen auch die Unitarier in den ersten zwei Jahrzehnten des 18. Jahrhunderts nicht fehlten. Die Stände und das Gubernium beschlossen gemeinschaftlich, dass jeweils eine Person aus jeder Religion neben den katholischen Kálnoky ernannt werden sollte.[56] In das Personal der Kanzlei wird 1697 der Sachse Mihály Simon für den unitarischen Posten delegiert, der später eine führende Figur der Unitarier werden sollte.

Um die Wende des 17./18. Jahrhunderts bestand also noch der Anspruch auf zwei sächsische Pastoren (von denen einer oft auch Lektor war) sowie auf zwei Lektoren. Nach einem Vierteljahrhundert zeigte sich bereits ein starker Rückgang. Zeichen dafür, dass die sächsische Gemeinde überhaupt noch existiert, sieht man in den 1730er Jahren. Die zerstreuten Angaben zeugen also davon, dass der Verlust der unitarischen Einrichtungen, der 1716 kulminierte, die Zerrüttung und das Verschwinden der sächsischen unitarischen Gemeinde erleichtert hat.

## Zusammenfassung


### The Saxon Community of the Unitarian Cluj in the 16th–17th centuries

The paper provides an overview of 150 years of the Saxon Unitarians in Cluj for the first time. The historiographical introduction attempts to review the literature available in Hungarian in order to communicate detailed insights about it for scholars who have no adequate command of the language. Hungarian works born after the first great history of the Unitarian church (written in the 18th century) are presented with an explicit aim at objectivity. Denominational and national biases of the Hungarian researchers are critically measured, but it is also seen as problematic when the analogue with German *Stadtreformation* is too mechanically applied on the events in Cluj. It is shown that the absolute triumph of Antitrinitarianism in Cluj is motivated also by the economically improving and increasingly independent bilingual city's fervent desire to break away from the community of the Saxon Universitas. This shared interest of the city was responsible for the fact that almost at the same time with Hungarians, German citizens


[56] Trócsányi, Zsolt: Erdély központi kormányzata (Die zentralisierte Regierung Siebenbürgens). Budapest 1980, S. 236, 240.

also became Unitarians. It is claimed that until the 1590s different trends of Antitrinitarianism occurred hand in hand among German and Hungarian preachers and citizens, and it is only at the turn of the century that differing developmental paths emerge. In the wake of the Calvinist renewal enforced by Gábor Bethlen some of the Saxon Unitarians and a few of their Hungarian equals seem to align with less radical versions of Antitrinitarianism. The activity of Valentin Radecke (renowned for being very tolerant concerning theological differences within the church) is informed by a similar inclination. The detailed discussion of his role in church administration is followed by the treatment of some less documented 17<sup>th</sup> century developments. Here the paper builds simultaneously on the achievements of Gustav Gündisch and of Hungarian historical criticism. Based on these results, an account is provided of the first instances of conversion to reformed faith in this community: in the 1620s many representatives of leading Saxon families became Calvinists. The final parts of the paper discuss the harsh circumstances which led to the disappearance of the Saxon Unitarian community from the sources by 1730.

## Kolozsvári unitárius szászok a 16. és 17. században

A tanulmány a kolozsvári szász gyülekezet mintegy másfél évszázados történetéről ad áttekintést. A rövid historiográfiai bevezetés a magyar nyelvű szakirodalmat tekinti át azzal a céllal, hogy a magyarul nem tudó szakembereknek mértékadó tájékoztatást nyújtson a témáról. A tanulmány tárgyszerűségre törekvően mutatja be azt, hogy az első nagy 18. századi unitárius egyháztörténetet követően milyen magyar nyelvű munkák foglalkoznak ezzel a témakörrel. Vizsgálja a magyar kutatók felekezeti és nemzeti elfogultságait, ám láttatja a németországi Stadtreformation fogalmának mechanikusan alkalmazásában rejlő veszélyeket is. Az antitrinitarizmus teljes kolozsvári diadala mögött az a törekvés áll, hogy a nemesi és fejedelmi Erdéllyel szoros kapcsolatot ápoló, kulturális és gazdasági hatalomra törekvő város minél inkább függetlenedjék a szász Universitas közösségétől. Ez a közös városi érdek tette lehetővé, hogy a magyarokkal szinte egy időben a város német ajkú polgárai is unitáriussá váljanak, ugyanakkor a két natio között feszülő hatalmi konfliktusok is segítették az új egyház kialakulását. E folyamat során ma már csak nehezen megfejthető viták keletkeztek, amelyek folyományaként bizonyos szász kiváltságok megszűntek. A 16. század 90-es éveiig az antitrinitarizmus különféle árnyalatai azonos módon jelentkeztek a német és magyar prédikátorok és polgárok gondolatvilágában, s csak a századforduló tájától tapinthatók ki eltérő fejlődési tendenciák. A szász unitárius közösség egy része az antitrinitarizmus kevésbé radikális változataihoz látszik vonzódni, s talán igaz ez a teológiai nézeteltéréseket türelmesen kezelő Valentin Radecke működésére is. Az ő egyházszervezeti munkásságát bemutató részleteket a szegényebben dokumentált 17. századi fejlemények tárgyalása követi. Ennek során a tanulmány egyszerre hasznosítja Gustav Gündisch és a magyar forráskutatás eredményeit, így lehetőség nyílik annak bemutatására, miképpen indult meg az áttérés ebben a közösségben a református, illetőleg az evangélikus hitre. A dolgozat befejező része azokat a nehéz körülményeket tárgyalja, amelyek következtében 1730 tájára a kolozsvári szász unitáriusok gyülekezete az akkor már majd kétszáz éve kétnyelvű város forrásaiból eltűnik.

**Unitarieni saşi din Cluj în secolele XVI. şi XVII.**

Expunerea oferă pentru prima oară o viziune de ansamblu asupra celor 150 de ani de unitarianism săsesc în Cluj. Introducerea istoriografică trece în revistă literatura în limba maghiară pentru a le permite cercetătorilor necunoscători ai limbii o viziune detaliată. Lucrările maghiare întocmite după prima mare istorie a Bisericii Unitariene (scrisă în secolul XVIII) sînt prezentate într-un mod cît se poate de obiectiv. Preferințe conceptuale și nationale ale cercetătorilor maghiari sînt tratate în mod critic, la fel se supune criticii modul problematic în care conceptul german de *Stadtreformation* este aplicat mecanic evenimentelor din Cluj. Se arată ca triumful absolut al antitrinitarianismului in Cluj se datorează și dorinței fervente al orașului bilingv, prosper din punct de vedere economic și tot mai independent, de a se detașa de comunitatea Universității Săsești. Acestui interes comun i se datorează și faptul că cetățenii germani au devenit unitarieni aproape concomitent cu maghiarii. Se constată că începînd din 1590 diferite tendințe de Antitrinitarianism s-au manifestat în același timp la preoți și cetățeni germani și maghiari, evoluția lor luînd căi diferite abia în pragul dintre secole. În urma reînnoirii calviniste propagate de Gábor Bethlen o serie de unitarieni sași și cîțiva dintre confrații lor maghiari aderă la versiuni mai puțin radicale ale Antitrinitarianismului. Activitatea lui Valentin Radecke (renumit ca fiind foarte tolerant în ce privește diferențele teologice în cadrul bisericii) poartă aceași amprentă. Dezbaterii detaliate asupra rolului său în administrația bisericii îi urmează tratarea unor evenimente mai puțin documentate din secolul XVIII. Aici expunerea se bazează în egală măsură pe rezultatele lui Gustav Gündisch și ale criticii istorice maghiare. Pe baza acestor rezultate sînt tratate primele fenomene de convertire la confesiunea reformată din cadrul acestei comunități: În anii 20 ai secolului XVII mulți reprezentanți ale unor familii săsești de frunte devin calviniști. Ultima parte a expunerii tratează condițiile vitrege care au dus la dispariția comunității unitariene săsești potrivit unor surse de prin 1730.

# Die Bedeutung des Ungarischen und Sächsischen im Klausenburg des 16. bis 17. Jahrhunderts

*Edit Szegedi*

Die Ständegesellschaft im frühneuzeitlichen Klausenburg gehört zu den Themen, die eine paradoxe Behandlung erfuhren: Gewisse Aspekte, beziehungsweise Zeitabschnitte wurden intensiv untersucht, während andere eher vernachlässigt wurden. So ist die Entstehung der spezifischen Ständeordnung in Klausenburg gründlich untersucht worden.[1] Es gibt demnach eine reiche Literatur über die Union von 1458, ihre Vorgeschichte, ihre Einführung und ihre Vollendung 1568. Was allerdings nach 1568 geschehen ist, wie die Union bis zum frühen 18. Jahrhundert funktionierte, wurde kaum erforscht.[2]

---

1 Von der reichen Literatur erwähne ich nur einige jüngere Arbeiten: Kiss, András, Kolozsvár város önkormányzati fejlődése az 1458-as „unióig" és kiteljesedése az 1568-as királyi ítélettel [Die Entwicklung der städtischen Kommunalverwaltung von Klausenburg bis zur „Union" von 1458 und ihrer Vollendung mit dem königlichen Urteil von 1568]. In: Kiss, András: Más források – más értelmezések [Andere Quellen – andere Interpretationen]. Marosvásárhely 2003, S. 161–171. – Rüsz-Fogarasi, Enikő: Privilegiile şi îndatoririle oraşelor din Transilvania voievodală [Die Privilegien und Pflichten der Städten aus dem siebenbürgischen Wojwodat]. Cluj-Napoca 2003, S. 95–113, 132–145, 160. – Makó-Lupescu, Mária: Der Ausgleich von Klausenburg 1458. In: Burger, Ulrich, Gräf, Rudolf (Hrgg.): Klausenburg – Wege einer Stadt und ihrer Menschen in Europa, Cluj 2007, pp. 39–49.

2 Eine der wenigen Arbeiten, die sich mit der Zeit nach 1568 auseinandersetzt: Kiss, András: A kolozsvári városi levéltár első levéltári segédlete (Diósy Gergely nótárius 1592-beli magyar nyelvű mutatója) [Das erste Hilfsmittel des Klausenburger Stadtarchivs (Der ungarischsprachige Index des Stadtschreibers Diósy Gergely aus 1592)]. In: ders.: Más források, S. 129–159). – Bálint, József: Transilvaniae civitas primaria. In: Bálint, József, Pataki, József (Hg.): Kolozsvári emlékírók 1603–1720 [Klausenburger Memorialisten]. Bukarest 1990, S. 5–89. – Einer der wenigen Forscher, die sich mit diesem Thema, allerdings unter den Einschränkungen des kommunistischen Regimes, auseinandergesetzt hat, war Paul Binder. In seinem Buch Közös múltunk. Románok, magyarok, németek és délszlávok feudalizmus kori falusi és városi együttéléséről. [Unsere gemeinsame Vergangenheit. Das dörfliche und städtische Zusammenleben von Rumänen, Ungarn, Deutsche und Südslawen im Zeitalter des Feudalismus]. Bukarest 1982, widmet er ein konsistentes Kapitel der städtischen und kirchlichen Verwaltung von Klausenburg und veröffentlicht auch die Liste der Ratsmitglieder und Würdenträger der Stadt.

Eng verbunden mit der Klausenburger Ständegesellschaft ist die Frage nach dem Inhalt der beiden Nationen, die nach 1458 die Ämter der Stadtverwaltung und nach 1568 das Stadtpfarramt und dessen Einkünfte teilten. Die Literatur zum Thema, was Ungarisch und was Sächsisch im vormodernen Klausenburg bedeuteten, teilt die gleiche paradoxe Behandlung: die Zeit bis 1568 ist gut erforscht, was darauf folgte, wurde eher vernachlässigt.

Die vorliegende Arbeit versucht einerseits, den „Inhalt" der beiden Nationen jenseits ihrer Definition als juristisch-politische Kategorien zu untersuchen, andererseits auf die Bedeutung der Klausenburger Sachsen für einen neuen Ansatz in der Erforschung der vormodernen Identitäten hinzuweisen.

Als Ausgangspunkt für die vorliegende Arbeit dient eine Eintragung im Ratsprotokoll, die der Aufmerksamkeit der Forscher bislang entgangen ist. Am 15. März 1622 wurde Valentin Radecius zum Stadtpfarrer von Klausenburg gewählt und in sein Amt eingeführt. Er war zugleich Bischof der Unitarischen Kirche und verwaltete beide Ämter bis zu seinem Lebensende 1632. Der Verlauf der Wahl wie auch der Amtseinsetzung wurde im Ratsprotokoll wie folgt aufgezeichnet:

- Gemäß dem Inhalt der Union [von 1568] sollte ein Pleban [Stadtpfarrer] aus den Reihen der sächsischen Nation gewählt werden;
- Der Stadtpfarrer wurde vom Stadtrichter und dem Stadtrat von beiden Nationen gewählt;
- Zum Bischof und nun gewählten Stadtpfarrer werden sechs Ratsälteste gesendet, um diesem die Wahl mitzuteilen; die Delegation besteht aus: Lorenz Filstich, Czanadi Janos, Zako András, Stephen Müntler, Nylas Gaspar, Tummes Lang;
- Diese übertragen dem neuen Stadtpfarrer das Amt;
- Der neugewählte Stadtpfarrer begrüßt den Rat;
- Der Richter, Matthes Raw, antwortet;
- Der Stadtpfarrer wird vom sächsischen Kirchenvater Lorenz Filstich auf sächsisch begrüßt;
- Worauf der Pleban auf deutsch antwortet;
- Danach geht der Stadtpfarrer, begleitet von vier Ratsherren und der Geistlichkeit sowie der Hundertmannschaft zur Stadtpfarrkirche;
- In der Stadtpfarrkirche befindet sich die Gemeinde der Stadt; der Pleban stellt sich vor den Abendmahlstisch, umgeben von Rat und Geistlichkeit; zwei Kirchenväter und zwei Hundertmänner erheben ihn;
- Der Kirchenvater teilt der Geistlichkeit und der ganzen Gemeinde die Wahl des Stadtpfarrers auf sächsisch mit;
- Der Stadtpfarrer antwortet auf deutsch;
- Der sächsische Prediger Broserus hält eine Predigt auf sächsisch und die Schüler singen das Te Deum laudamus;
- Der Stadtpfarrer wird zum Pfarrhaus begleitet;

- Der Stadtrichter spricht den Pleban diesmal auf ungarisch an und fordert die Geistlichkeit auf, dem Stadtpfarrer in allem behilflich zu sein;
- Der Pleban antwortet auf lateinisch.[3]

Der Bericht dokumentiert eine funktionierende und ritualisierte Mehrsprachigkeit im Klausenburg des frühen 17. Jahrhunderts. Mehrsprachig sind die Vertreter der politischen und kirchlichen Gemeinde und diese Mehrsprachigkeit ist in die Stadtverwaltung integriert. Der Stadtrichter Matthias Raw, der zur sächsischen Nation gehörte, begrüßt Radecius zuerst auf sächsisch, dann auf ungarisch.

Ich verwende bewusst „Mehrsprachigkeit" und nicht „Zweisprachigkeit". Aus der Eintragung geht hervor, dass die Stadt anhand dreier Schriftsprachen funktionierte: Ungarisch, Deutsch, Latein. Hinzu kommt aber noch das Siebenbürgisch-Sächsische als Sprache der mündlichen Kommunikation: im vorliegenden Bericht eine der Begrüßungssprachen seitens des Richters, sowie die Verkündigungssprache in der Kirche, denn auf sächsisch wird die Wahl des neuen Stadtpfarrers angekündigt und auch die Predigt gehalten.

Die Reihenfolge der Sprachen ergibt sich folgendermaßen:

1. nach der Wahl[4]: sächsisch – deutsch
2. in der Kirche: sächsisch – deutsch
3. vor dem Pfarrhaus: ungarisch – lateinisch

Daraus kann allerdings keine Hierarchie der Sprachen abgeleitet werden. Die Reihenfolge der Sprachen ergibt sich aus der Funktionsweise der Klausenburger Ständegesellschaft selbst. Da der Richter im Jahr 1622 aus der sächsischen Nation gewählt wurde, war die Predigtsprache in der Stadtpfarrkirche Sächsisch[5]. Die Amtssprache war jedoch, egal welcher Nation der Stadtrichter angehörte, Ungarisch,

---

[3] Arhivele Naţionale, Direcţia Judeţeană Cluj [Kreisarchiv Klausenburg], Fond: Primăria Municipiului Cluj-Napoca, Protocoalele adunărilor generale, Mikrofilm, Sign. 14–1–85–145 (1585–1605; 1605–1670), Ratsprotokoll, 15.03.1622, Bl. 353; teilweise veröffentlicht in: Szegedi, Edit: Valentin Radecius és az egyházi hagyomány legitimitása [V.R. und die Legitimität der kirchlichen Tradition]. In: Keresztény Magvető, 117 (2011), S. 287–296, hier 287–289.

[4] In welcher Sprache Radecius den Rat begrüßt und in welcher Sprache der Richter, Matthias Raw, antwortet, ist nicht überliefert. Aufgrund der paritätischen Zusammensetzung des Rates können wir davon ausgehen, dass Radecius den Gruß auf lateinisch gesprochen hat.

[5] „pro evitandis in posterum dissensionibus, hanc rectificationem in omnibus infrascriptis inter partes praedictas perpetuo duraturam, ex judiciaria deliberatione nostra constitutimus, decrevimus, et pronunciavimus [...] Cujus quidem templi totale dominium eo anno, quo Judex Hungarus in ipsa Civitate Colosvár constitutus fuerit, ipsi Cives Hungari soli habeant, et universas ceremonias, contiones, cultusque divinos in eodem Templo ipso principali, seu parochiali omnino abstinebunt [...] Sic dum e natione Saxonica Judex constituentur, eo anno totale dominium ejus templi principalis erit apud solos Saxones." In: Jakab, Elek: Oklevéltár Kolozsvár története második és harmadik kötetéhez [Urkundenbuch zum zweiten und dritten Band der Geschichte von Klausenburg]. Budapest 1888, S. 80–88, hier 84–85.

so dass das Ratsprotokoll seit den 1570er Jahren in ungarischer Sprache verfasst wurde.[6]

Wenn wir diesen Bericht mit der Klausenburger Memorialistik vergleichen, dann stellen wir fest, dass die Autoren der Tagebücher zur sächsischen Nation gehörten, aber auf ungarisch schrieben. Ungarisch war also die Sprache des Alltags, aber auch die Schriftsprache der Stadt. Die literarische Produktion des 16.–17. Jahrhunderts weist eine reiche Literatur in ungarischer und lateinischer Sprache auf, aber es gibt kaum Texte in deutscher Sprache.

Deutsch war die Sprache des Glaubens, sowohl der Praxis als auch der Unterweisung. 1620 erschienen in Klausenburg aus der Feder von Valentin Radecius ein Gesangbuch und ein Katechismus.[7] Wie aus dem Bericht hervorgeht, war die Predigtsprache im Jahr 1622 Sächsisch. Deutsch war in diesem Kontext eine Kultur- und Kultsprache, die Sprache der Liturgie, der Gesänge und auch der Predigten, wenn der Prediger nicht aus Siebenbürgen kam (wie im Falle von Radecius[8]). Sächsisch war keine Schriftsprache, Deutsch war nicht mehr Sprache des Alltags, sondern die gehobene Sprache des Glaubens, gewissermaßen dem Latein ähnlich. Dass die Tagebuchautoren auf ungarisch schrieben, muss deshalb nicht nur als Zeichen sprachlicher Assimilation gelten: Ungarisch gehörte eher zum Alltag als das Hochdeutsche und stand den Klausenburger Sachsen näher. Tagebücher in einer Fremdsprache waren im 16.–17. Jahrhundert keine Seltenheit.

In den ersten Jahrzehnten des 17. Jahrhunderts war Klausenburg demnach eine zweisprachige Stadt. Die sächsischen Bürger praktizierten eine Art Diglossie: Sprache des Alltags (Ungarisch) – Sprache des Glaubens (Deutsch/Sächsisch). Aus der Sicht der national engagierten Historiographie war die sächsische Nation auf dem Weg zur Assimilation, die als Verlust oder, im Gegenteil, als Sieg gedeutet wurde.[9] Die Weichen

---

[6] Kiss: A kolozsvári (wie Anm. 2), S. 136.

[7] Geistliche Gesänge, Clausenburg 1620; beigebunden Kleiner Catechismus Uebung der Kinder in dem christlichen Gottesdienste. – Über Valentin Radecius vgl. Keserű, Gizella: Az erdélyi unitárius egyház megkésett konfesszionalizálódása és a lengyel testvérek a 17. század elején [Die verspätete Konfessionalisierung der siebenbürgischen unitarischen Kirche und die Polnischen Brüder im 17. Jh]. In: „Nem sűlyed az emberiség!" [...] Album amicorum Szörényi László LX. születésnapjára [„Die Menschheit versinkt nicht! [...] Album amicorum zum 60. Geburtstag von Szörényi László]. Budapest 2007, S. 434–436. – Szegedi, Edit: Zeit, Geschichte und Legitimität im siebenbürgischen Antitrinitarismus. In: Philobiblon XV (2010), S. 234–254, hier 236–237, 245–254. – Dies.: Valentin Radecius (wie Anm. 3), S. 287–296.

[8] Radecius stammte aus Danzig.

[9] Aus der reichen Literatur zu diesem Thema möchte ich nur auf Jakab Elek hinweisen, der das königliche Urteil in seinem Urkundenbuch zur Geschichte von Klausenburg (wie Anm. 5) folgendermaßen einführt: II. János [Zsigmond] választott király Kolozsvár város megmagyarosodásának alapját veti meg az által, hogy a templomok és közvagyon használatát a magyarok és szászok közt egyenjogulag közössé teszi [Johannes II [Sigismund], gewählter König, legt den Grund zur Verungarischung der Stadt, indem er die gleichberechtigte Verwendung der Kirchen und des Gemeindegutes zwischen den Ungarn und Sachsen möglich macht].

dazu legte, so die klassische Interpretation, die Reformation, genauer die Hinwendung zum Antitrinitarismus.[10] Kaspar Helth und Franz Davidis wurden dabei zu den Wegbereitern des „ungarischen Klausenburgs" erklärt. Aus dieser Sicht dürfte es den Bericht vom 15. März 1622 gar nicht geben, denn beginnend mit und dank Franz Davidis könnte die sächsische Nation nur noch als ständestaatliche Konvention betrachtet werden, d.h. „nur" noch als eine juristisch-politische Kategorie ohne sprachliche Substanz. Aus der Sicht des 19. Jahrhunderts bedeutete es den entscheidenden Schritt in Richtung Assimilation, wenn nicht schon die Assimilation selbst.

Daher ist die Bestimmung dessen, was Ungarisch und was Sächsisch im vormodernen Klausenburg war, verschiedenartig. Die ungarische Nation erscheint als eine Kategorie, die im Laufe der Zeit sich gleich geblieben und leicht erkennbar ist. Sie äußert sich, zumindest seit dem 16. Jahrhundert, sprachlich und setzt ihre Sprache im Alltag, in der Verwaltung, in der Kirche und in der Schriftkultur durch. Das Ungarische steigt zum Konkurrenten des Lateins auf und löst es in der Verwaltung und in der Kirche ab. Auch an modernen Kriterien gemessen ist die ungarische Nation als solche wahrnehmbar.

Die sächsische Nation hingegen ist schwerer aufzufinden, vor allem weil sie kaum noch herauszuhören ist. Das Verhalten ihrer Vertreter ist verwirrend: Einerseits behaupten sie ihre Identität als Mitglied der sächsischen Nation – wenn nötig, auch gegen die ungarische Nation –, andererseits sprechen sie die Sprache des anderen, der auch zum Gegner werden konnte. Kaspar Helth und Franz Davidis verteidigten die Privilegien der sächsischen Nation in Klausenburg gegen die Angriffe der ungarischen Nation[11], verwendeten aber in ihren Schriften Ungarisch und Lateinisch. Mehr noch, Franz Davidis war Bischof der ungarischen Gemeinden Siebenbürgens.[12]

---

[10] Jakab: Kolozsvár története [Die Geschichte von Klausenburg]. Budapest 1888, II, S. 52–181, besonders 174–178.

[11] „E contra Honorabilis Franciscus Davidis Plebanus, et alter Antonius Henrich, Cives, et Hospites Saxones Colosvárienses nominibus, et in personis ipsorum, caeterumque universorum Civium Saxonum Colosvariensium ad hanc propositionem praefatorum Civium Nationis Hungaricae responderunt, et in eligendis Plebanis, et Templi praedicti dominio praescriptionem currisse, dominiumque eorum penes Saxones stetisse, adjecta huiusmodi allegatione: quod licet tempore Catholicae Religionis in audiendarum missarum ceremoniis, baptismandis infantibus, nubentium conjuntionibus, et mortuorum contumulationibus aequale dominium Hungari cum Saxonibus in templo ipso principali, seu parochiali habuerint, tamen nunquam in eodem templo lingua Hungarica concionatum fuisset, neque Plebanum unquam Hungaricus in eadem Civitate existisset". Aus: Erzählung, Wie sich die Hungarische Nation wieder die Saxische Nation in Clausenburg empöret, und sie durch Anschläge, Rath, Praktik, und Hilf Michaelis Cziaki Cantzlers, und andrer bissiger, und gehässiger Ungar in Hooff und Ihr altes Freythumb der Hauptkirchen, und Pfarr gebracht hat. 1568. In: Kemény, Joseph (Hg.): Deutsche Fundgruben der Geschichte Siebenbürgens I, Klausenburg 1838, S. 65–150, hier 74.

[12] Balázs, Mihály: Ferenc Dávid (Bibliotheca Bibliographica Aureliana CCXXII. Bibliotheca Dissidentium. Répertoire des non-conformistes religieux des seizième et dix-septième siècles, tome XXVI), Baden-Baden & Bouxwiller 2008, S. 19. – Binder, Ludwig: Grundlagen und Formen

Es ist genauso schwer, die Mitglieder der sächsischen Nation dem Namen nach zu erkennen. Neben den sächsisch klingenden Namen gibt es viele, die eine ungarische Namensform tragen.[13] Verwirrend ist die abwechselnde Verwendung deutscher und ungarischer Namensformen in derselben Familie (etwa Barát und Münch).[14]

Außerhalb der Kirche scheint die sächsische Nation „stumm" zu sein. Ein Vorfall beweist jedoch, dass die Klausenburger Sachsen sich auch als Sprachgemeinschaft in der politischen Gemeinde verstanden und ihre Präsenz in der Öffentlichkeit symbolisch sichtbar machen wollten. Bei der Vollendung des Brückenturmes im Jahr 1580 wollte der Stadtrat eine Tafel mit ungarischer Inschrift anbringen. Dagegen protestierte die sächsische Nation und forderte, dass die Tafel auch eine deutsche Aufschrift erhalte. Im Ratsprotokoll wird dieser Vorfall folgendermaßen festgehalten: „Was die ungarische [In]schrift auf der Brücke betrifft, wegen der die sächsische Nation sich empört hatte, weil [sie] die ungarische Nation [verdächtigte, sich] Prärogative [zu] verschaffe[n]. Um zukünftigen Auseinandersetzungen gegen die Union keinen Grund zu geben, haben ihre Gnaden beschlossen, dass sie die Worte auf Kosten der Stadt auch auf sächsisch in Stein hauen. So geschehe es auch mit anderen gemeinen Denkmälern, wenn der Name einer Nation darauf ist, soll auch der Name der anderen erscheinen."[15] Der Stadtrat hatte schließlich den Beschluss gefasst, die Tafel nur in lateinischer Sprache zu verfassen, wodurch beide Nationen kostensparend zufriedengestellt wurden.

Um den Inhalt der beiden Nationen erfassen zu können, muss der nationalhistorische Ansatz des 19. Jahrhunderts aufgegeben werden. Aus der Sicht des 19. Jahrhunderts mochten sich die Klausenburger Sachsen in der Frühen Neuzeit auf dem Weg der Assimilation begeben haben, war es aber auch die Perspektive des 16.–17. Jahrhunderts? Gewiss, es gibt schon im 17. Jahrhundert zumindest einen Hinweis auf das langsame Hinschwinden der sächsischen Nation als Sprachgemeinschaft.[16] Es gibt aber auch Hinweise darauf, dass die Klausenburger Sachsen auch auf dem

---

der Toleranz in Siebenbürgen bis zur Mitte des 17. Jahrhunderts. Köln, Wien 1976, S. 41, S. 79 (= Siebenbürgisches Archiv, III. Folge, Band 11). – Dávid Ferenc életútja [Der Lebensweg von Franz Davidis]. In: A reneszánsz Kolozsvár [Das Renaissance-Klausenburg]. Kolozsvár 2008, S. 176–209, hier 186–187.

13 Etwa Szakál für Barth, Segesvári für Schäßburger.

14 Balázs: Ferenc Dávid, S. 9;

15 Zitiert in: Kiss: A kolozsvári, S. 135–136, Anm. 29.

16 „Es ist aber Clausenburg eine grosse Volckreiche Handelstadt; und ist die Letzte unter den sieben Teutschen Städten welche noch die Wenigste darinnen wohnen und auch die fast alle verungarischt seyn." In: Tröster, Johannes: Das Alt und Neu Teutsche Dacia. Das ist: Neue Beschreibung des Landes Siebenbürgen. Nürnberg 1666. Reprint Köln, Wien 1981, S. 136. (= Schriften zur Landeskunde Siebenbürgens 5)

Königsboden als solche wahrgenommen wurden, auch wenn sie poltisch nicht zur sächsischen Nation gehörten.[17]

Die Fragen, die die Vertreter der sächsischen Nation in Klausenburg beschäftigte und die uns dank der Memorialistik zumindest teilweise zugänglich sind, waren jedoch ganz anderer Art als die des 19. Jahrhunderts. Es ging um das Überleben der Stadt und des Fürstentums, um das Schicksal des Antitrinitarismus in Siebenbürgen, um die Verbreitung des Calvinismus auf Kosten des Antitrinitarismus/Unitarismus.[18] Die Niederlassung der Adligen in der Stadt beschäftigte die Vertreter der ungarischen Nation ebenso wie die der sächsischen Nation.[19] Die Verwendung der deutschen Sprache „nur" in der Kirche hätten die Autoren des 16.–17. Jahrhunderts nicht als ein Zeichen des Identitätsverlustes gedeutet: Selbst für die radikalen Antitrinitarier war Kirche und die mit ihr verbundene Kirchenzucht und Sozialdisziplin grundlegend.[20]

Die Zweisprachigkeit wurde auch auf die reformierte Gemeinde übertragen. Dass die Geistlichen der sächsischen-reformierten Gemeinde von verschiedenartiger ethnischer Herkunft waren, wie übrigens auch die der sächsisch-unitarischen Gemeinde,[21] war eine in der Frühen Neuzeit auch auf dem Königsboden keine ungewöhnliche Praxis.[22] Im Kronstädter Distrikt war die konfessionelle Zugehörigkeit im 17. Jahrhundert wichtiger als die Ethnie und im 18. Jahrhundert waren Mischehen

---

17 „Herr Martinus Auner Klausenburger Richter ein Tapfer sächsischer Mann", Graffius, Johannes: Siebenbürgische Ruin, beschriebts in Wahrheit nach deme, was er wehrend der Belägerung, in der Königlichen Hermannstadt jämmerlich gesehen, vernommen, und erlebt. In: Deutsche Fundgruben zur Geschichte Siebenbürgens. hg. von József Kemény (II). Klausenburg 1840, S. 141–233, hier 156

18 Vgl. Segesvári Bálint történeti feljegyzései (Die historischen Aufzeichnungen von Bálint Segesvári). In: Kolozsvári emlékírók, S. 136–173.

19 Vgl. die Regelung des Erbrechts von 1603: „die Stadt hat seit ihrer Gründung es so gehalten, daß keine Adligen aufgenommen wurden [...] Auch jetzt werden sie unter keinerlei Umständen hereingelassen und wird ihnen auch kein Erbrecht oder ständiges Recht gewähren, damit ihre Union und ihr Übereinkommen nicht aufgelöst werden." Pakó, László: Városi polgár – vármegyei nemes? Nemesek ingatlanszerzése Kolozsváron a fejedelemség korában [Stadtbürger – Komitatsadliger? Immobilienkauf der Adligen im Klausenburg der Fürstenzeit]. In: A reneszánsz Kolozsvár. Kolozsvár 2008, S. 222–239, hier 231; vgl. ebenda, S. 239.

20 Balázs, Mihály: Bevezetés [Einführung]. In: Enyedi György válogatott művei [Die ausgweählten Werke von Enyedi György]. Kolozsvár – Bukarest 1997, S. 14.

21 Herepei, János: Szenczi Molnár János. In: Ders.: Adattár a XVII. századi szellemi mozgalmaink történetéhez [Datensammlung zur Geschichte unserer geistigen Bewegungen im 17. Jahrhundert] (III). Budapest-Szeged 1971, S. 424–434, hier 430–432.

22 Binder, Pál: Brassói magyar krónikások és barcasági evangélikus egyháztörténészek (1550–1800) [Kronstädter ungarische Chronisten und evangelische Kirchenhistoriker aus dem Burzenland]. Szecseleváros 2000, S. 9, 10, 20, 84. – Molnár, János, A brassói magyarság és a ref. egyház története [Die Geschichte des Kronstädter Ungarntums und seiner ref. Gemeinde]. Brassó 1887, S. 75.

eine Methode des sozialen Aufstiegs.[23] Dass die Ungarn in Kronstadt und im Burzenland sich schließlich nicht vollständig assimiliert hatten (obwohl diese Befürchtung im 18. wie 19. Jahrhundert bestand),[24] ist vornehmlich mit der Lage Kronstadts zu erklären: anders als Klausenburg, wo die Stadt im 16. Jahrhundert über kein sächsisches Hinterland mehr verfügte, hatte Kronstadt ein bedeutendes ungarisch(sprachiges) Hinterland, nämlich die szeklerischen Dreistühle.

In Klausenburg waren die beiden vormodernen Nationen niemals mit Nationalitäten im Sinne des 19. bis 20. Jahrhunderts gleichzusetzen.[25] Schon im 16. Jahrhundert wurde auf die gemischte ethnische Herkunft der Mitglieder beider Nationen hingewiesen.[26] Mischehen und Zweisprachigkeit gehörten zum Alltag.[27] Assimilation beziehungsweise die Bereitschaft zur Assimilation konnte deshalb im 16.–17. Jahrhundert, sollte die Frage überhaupt gestellt werden, einen anderen Sinn haben. Der Übergang von einer Nation zur anderen hätte den Wechsel zu einem anderen Rechtsstand bedeutet, was im Fall der beiden Klausenburger Nationen wenig Sinn hatte. Franz Davidis mochte nur auf ungarisch und lateinisch veröffentlicht haben, der Übergang zur ungarischen Nation konnte ihm nichts bringen. Mehr noch, er hätte vor 1568 seine Stelle als Stadstpfarrer von Klausenburg verloren. Seine Weigerung das Amt des Stadtpfarrers von Hermannstadts anzunehmen, kann nicht ethnisch-national begründet werden, sondern hatte (im weiteren Sinn) politische Gründe.[28]

Die Ständegesellschaft in Klausenburg bestand demnach aus zwei Nationen, die sich auch sprachlich äußerten, aber die vorrangig juristisch-politisch definiert wurden. Herkunft, ob geographisch oder ethnisch, spielte eine geringe Rolle. Valentin Radecius, der eingangs erwähnte Stadtpfarrer, stammte aus Danzig. Er war „von der sächsischen Nation und deutschen Geblütes".[29] Ihm wurde nachträglich vorgewor-

---

23 Roth, Harald: Ethnikum und Konfession als mentalitätsprägende Merkmale. Zur Frage konfessioneller Minderheiten in Siebenbürgen in: Zeitschrift für Siebenbürgische Landeskunde 24 (95) Jg. (2001), Heft 1, S. 74–84, hier 78. – Binder: Brassói (wie Anm. 22), S. 99.

24 Binder: Brassói (wie Anm. 22), S. 99. – Orbán, Balázs: A tíz magyar falu leírása történelmi, régészeti, természetrajzi s népismereti szempontból. Budapest 1873, S. 1.

25 Kiss: Kolozsvár, S. 171.

26 „Ihr saget selber, dass die zwo Nationen sich schon vermischet haben, und seyn zu Bluthfreunden worden, wie den der Ungar Tochter die Teutsche Pursch zu Ehe-weibern, und hergegen die Ungar der Teutschen Tochter geworben haben, darumb auch jure Sangvinitatis gleiches Fals den Ungern, als den Teutschen die Kirch, und der Pfarr hoff zu gehörig ist." In: Erzählung (wie Anm. 12), S. 100.

27 Balázs, Mihály: Ferenc Dávid. Baden-Baden, Bouxwiller 2008, S. 9–11, 17. (Bibliotheca Bibliographica Aureliana CCXXII. Bibliotheca Dissidentium. Répertoire des non-conformistes religieux des seizième et dix-septième siècles Band XXVI).

28 Balázs, Mihály: Ferenc Dávid (wie Anm. 27), S. 17.

29 Segesvári Bálint történeti feljegyzései [Die historischen Aufzeichnungen von Segesvári Bálint]. In: Kolozsvári emlékírók 1603–1720 [Klausenburger Memorialisten], hg. von József Bálint und József Pataki. Bukarest 1990, S. 136–173, hier 162.

fen, dass er die ungarische Sprache nie gelernt habe, weshalb er die Kirchenvisitationen nicht durchführen konnte.[30] Aus dem Bericht seiner Amtseinführung geht jedoch hervor, dass er Ungarisch verstand. Die Visitationen konnte er aus politischen Gründen nicht durchführen.[31] Er dachte aber in einer sehr schweren Zeit für den siebenbürgischen Antitrinitarismus an die Konsolidierung der Kirche, indem er eine Kirchenordnung verfasste.[32] Als Bischof einer zweisprachigen Kirche schrieb er auf lateinisch und deutsch – für die gesamte Kirche und für die sächsische Gemeinde, die Nation, deren Teil er geworden war.

Mehrsprachigkeit war aber kein Klausenburger Spezifikum, sie gehörte zur Grundausstattung der sächsischen weltlichen wie geistlichen Elite.[33] In Klausenburg gehörte die deutsch-ungarische Zweisprachigkeit zur politischen Identität der Elite. Schon im Ofner Recht, das als Vorbild für Klausenburg galt, werden die Vertreter der Stadtobrigkeit auf eine zweisprachige Rede verpflichtet.[34] Auch wenn im Ofner Recht (in der Fassung von vor 1439) für die höchsten Ämter in der Stadt die deutsche Herkunft gefordert wurde,[35] bezieht sich der Amtseid ausdrücklich auf „Jch swer ain ayd got […] vnd der stat Zu Ofen, deütschen vnd Vngeren, armm vnd reich getrew zu sein."[36]

Das mehrsprachige Ritual der Amtseinführung des Stadtpfarrers von Klausenburg bestimmte die politische Identität der Stadt. Sie war Ausdruck der Union und versicherte laut wahrnehmbar ihre Funktionalität. Auch wenn die Klausenburger Sachsen Ungarisch als Sprache des Alltags verwendeten, wurde die Stadt nicht einsprachig, weil das ihre Verfassung nicht erlaubte. Der Streit um die Sprache der Tafel am Brückentor beweist, dass jeder Versuch zur Einführung der Einsprachigkeit im öffentlichen Raum als Angriff auf die Union, das heißt auf die politisch-juristische Grundlage der Stadt, gedeutet und abgewehrt wurde. Aus dieser Sicht kann der Konflikt von 1568 und die anschließende Ausweitung der Union auf die Kirche nicht als Angriff und Verteidigung der Union gedeutet werden, sondern als Verteidigung der Union aus zwei Perspektiven, die in Konflikt gerieten.

---

30 Versuche, Radecius zu rehabilitieren: Kénosi Tőzsér, János; Uzoni Fosztó, János: Az Erdélyi Unitárius Egyház története [Die Geschichte der siebenbürgischen Unitarischen Kirche], II. Kolozsvár 2009, S. 492. – Keserű, Gizella: Az erdélyi unitárius egyház, S. 444.

31 Kénosi, Uzoni: Az Erdélyi Unitárius Egyház II, S. 492.

32 Ebenda, S. 495–496.

33 Wagner, Ernst (Hg.): Die Pfarrer und Lehrer der Evangelischen Kirche A.B. in Siebenbürgen. I. Von der Reformation bis zum Jahr 1700. Köln Weimar Wien 1998. (Schriften zur Landeskunde Siebenbürgens 22/I), S. 41–43.

34 Mollay, Karl: Das Ofner Stadtrecht. Eine deutschsprachige Rechtssammlung des 15. Jahrhunderts aus Ungarn (Monumenta Historica Budapestensia, I.), Budapest 1959, S. 83, Nr. 59 (Richter), S. 84, Nr. 60 (Ratsherren), Nr. 61 (Stadtschreiber).

35 Ebenda, S. 63, Nr. 24 (Stadtrichter), S. 68, Nr. 28 (Stadtschreiber), Nr. 29 (Geldrichter)

36 Ebenda, S. 75, Nr. 42 (Richter), 43 (Ratsherren), 44 (Stadtschreiber). Die Formulierung kommt auch im Eid der Handwerker vor, Nr. 46.

Die konfessionelle Zugehörigkeit der Klausenburger Sachsen war eine Ausnahmeerscheinung im frühneuzeitlichen Siebenbürgen, da die sächsische Nation sonst geschlossen lutherisch war. Anderskonfessionelle waren eine Randerscheinung. Doch dieses Bild trügt: der Weg von der theologisch nicht eindeutig definierbaren Reformation bis zur lutherischen Orthodoxie war lang und widersprüchlich und führte über den Kryptocalvinismus und den offenen Calvinismus zum Luthertum.[37] Am Ostrand des Königsbodens waren die sächsischen Gemeinden noch um die Mitte des 17. Jahrhunderts eher reformiert denn lutherisch.[38]

Die ständischen Nationen in Klausenburg bieten somit ein reiches und nur teilweise erforschtes Material für die Geschichte des Fürstentums Siebenbürgen sowie für die vormoderne Identität. Das frühneuzeitliche Klausenburg weist auf Variationen und Differenzierungen innerhalb der ständischen Gesellschaft hin, gleichzeitig aber bieten sie Hinweise für die gemeinsamen Probleme der Städte, jenseits der konfessionellen oder auch verwaltungsmäßigen Zugehörigkeit.

Wenn wir versuchen, die ständischen Nationen aus einer anderen Perspektive zu betrachten als die des vornationalen Materials, aus dem die modernen nationalen Identitäten entstanden sind, dann wird auch der Inhalt der juristisch-politischen

---

[37] Szegedi, Edit: Konfessionsbildung und Konfessionalisierung im städtischen Kontext. Eine Fallstudie am Beispiel von Kronstadt in Siebenbürgen (ca. 1550–1680). In: Berichte und Beiträge des Geisteswissenschaftlichen Zentrums Geschichte und Kultur Ostmitteleuropas an der Universität Leipzig, 2006, Heft 2, S. 126–297, hier 146–153, 159–160.

[38] „[…] in fundo regio sindt zwei real-calvinischen pfarr, der Bröszer der ungrische, der saltzbürger, welche beide incorporati sindt universitati ecclesiasticae. Taciti sindt im gleichen plures solito sub arguina pelle in Schesburger und Repser stull, welche zwar jure jurando versprochen augustanam invariatam confessionem publice et privatim zu dociren, corde tamen et concionibus fucum faciunt miseris suis auditoribus; solten diesze latinantes Calviniani herauszbrechen, so wirdt derentwegen universitas ecclesiastica nicht schiffbruch leiden; sobaldt solches geschehen, kommen sie von der pfarr und von ihrer ecclesi ut fidefragi, den die ecclesiae sind lutrisch, und nicht calvinisch. Die anderen zwen als Bröszer und Saltzburger, wen sie sich wolten von dem corpore universitatis ecclesiasticae vigore articuli abreiszen, so resigniren sie hiemitt allen usibus privilegiorum und darffen derer nicht gaudiren. Deinde wurde solches auch dem fisco schadlich szein, weiln diesze beide pastores tempore belli et castrorum locatione verpflicht sein, wie andere saxische pastores, rosz und wagen zu geben, welches Ihr F.G. nicht leichtlich zulassen werde; den der fiscus wurde umb so viel destoweniger subsidia bellica bekommen. Per discursum kompt hervor, in nechst gehaltener visitatione publica ecclesiarum Saxonicarum hette zwar der verstorbene H. Bischoff in propria persona selbst die beide capitula Schespurg und Ruppense visitirett, aber ganz nichts in religions sachen investigirett von den suspectis pastoribus, (nota) blosz nur von den armen pauren und die auditoribus das tesimonium begerett: ob ihr seelsorger auch in predigten die lutrische religion predigte, lehrete et responderunt miselii laici de grege simplici: ja ehrwürdiger H. bischoff, ut caecus de colore. Der calvinische gifft greifft den menschen nicht so ahn, wie ein rasender hundt, sondren gar subtill und heimlich schleichett er ein, wo er einschleichen kann. R. ulterius: man hett szollen pro secundo etwas zeittiger aufwachen szollen und vigiliren.“: Simonius naplója [Das Tagebuch von Simonius]. In: Erdélyi Országgyűlési Emlékek XIII, S. 443, Eintragung aus dem Jahr 1653.

Kategorien wahrnehmbar. Das heißt, wir sehen Menschen jener Zeit und nicht (nur) die Rückprojektionen der Nachgeborenen.

## Zusammenfassung


### The importance of the hungarian and saxon language in Cluj from the $16^{th}$ to $17^{th}$ century

The description of the inauguration ceremony of the parish-minister in 1615, as we find it in the registers of the city-council, offers important data about the practice of bilinguism at the beginning of the 17th century. Using the description as a starting point, the paper tries to search for the content of the two nationes, the Hungarian and the Saxon: were they political conventions or did they share a linguistic and ethnical content.

### A magyar és szász nyelv jelentősége a XVI. és a XVII. században Kolozsváron

A kolozsvári tanács jegyzőkönyveiben fellelhető az az 1615-ös keltezésű dokumentum, amely a plébános beiktatási szertartását írja le. Az események aprólékos tükrözése a mai kor kutatója számára fontos adatokat szolgál a város kétnyelvűségéről, a nyelvek funkcióiról és a nyelvi váltások módozatairól. A tanulmány a 17. század elején még reálisan létező kétnyelvűség alapjait írja le, értelmezi Kolozsvár két nációjának a társadalmi-szellemi tartalmát és keresi a választ arra, hogy mekkora mértékben részesedett a két náció, a magyar és a szász, a politikai konvencióból, valamint hogy mi volt ennek a konvenciónak a nyelvi és etnikai tartalma.

### Poziţia limbii maghiare şi săseşti în secolele XVI–XVII la Cluj

Descrierea ceremoniei de investire a preotului-paroh în anul 1615, aflată în protocoalele sfatului clujean, oferă informaţii importante privind existenţa si modul de funcţionare a bilingvismului în oraş. Pornind de la bilingvismul încă existent la începutul sec. al XVII-lea lucrarea îşi propune să cerceteze conţinutul social şi politic acelei convenţii politice care a fost practicat de maghiarii şi saşii conlocuitori la Cluj. Componentele lingvistice şi etnice sunt abordate în lucrare.

# II. Lehre und Theorie der unitarischen Kirche

# Ein ignorierter unitarischer Kinderkatechismus von 1620 aus Klausenburg

## Konfessionenbildung in einer multikulturellen Stadt Siebenbürgens

*Krista Zach*

## Einführung

Dass das Wissen um Glaubenszeugnisse einer anderen als der eignen Konfession und Sprache dem Vergessen anheim gegeben wird, zumal wenn es sich, wie hier in Klausenburg, um deutschsprachige Zeugen der multikulturellen Vergangenheit einer Stadt in Siebenbürgen handelt, ist angesichts des historiographischen ‚Erbes' zu diesem Thema nicht weiter verwunderlich.[1] Dass Klischees aus dem 19. Jahrhundert fortbestehen und blinde Flecke bis heute die siebenbürgische Kirchengeschichte zieren, stellt ihren Vertretern kein Ruhmesblatt aus.

In siebenbürgischen Sammlungen befinden sich nach heutigem Kenntnisstand noch zwei Originalexemplare des 1620 in der Heltai-Offizin zu Klausenburg in deutscher Sprache gedruckten Büchleins „Kleiner Katechismus. Zur vbung der kinder in dem Christlichen Gottesdienst." Je ein Exemplar wird in der Hermannstädter Brukenthal- und in der Klausenburger Akademie-Bibliothek aufbewahrt, beide sind einem voluminösen Gesang- und Gebetbuch[2] in der Redaktion und wohl teils auch

---

1 Balázs, Mihály: Über den europäischen Kontext der siebenbürgischen Religionsgesetze. In: Humanismus und Europäische Identität, hg. v. Frank, Günter. Heidelberg, Neustadt a. d. W. (u. a.) 2009, S. 11–27, hier 11 f. (Fragmenta Melanchthoniana. 4). Dazu auch Frank, Günter und Meier-Oeser, Stephan: Humanismus und Europäische Identität. Der Fall Siebenbürgen: die erste verbriefte Religionsfreiheit. Einleitung. In: Frank (Hg.): Ebenda, S. 5–9, hier 5–7. Bezogen auf die einheimische Kirchengeschichte s. Szegedi, Edit: Die Religionspolitik der reformierten Fürsten Siebenbürgens. In: Frank (Hg.): Ebenda, S. 29–44, hier 29 (Anm. 3).

2 Geistliche Gesänge, gleichfalls in „Clausenburg 1620" erschienen. Dazu ausführlich Szegedi, Edit: Zeit, Geschichte und Legitimität bei den siebenbürgischen Antitrinitariern. In: *Philobiblon*. Cluj-Napoca, Vol. XV (2010), S. 234–254, hier 245–254 (= Journal of the Lucian Blaga Central University Library).

der Autorschaft von Superintendent Valentin Radecius (ab 1616 bis 1632)[3], dem sechsten unitarischen Bischof in Klausenburg, endständig beigebunden. Die beiden Originale in Quartformat sind unvollständig, ansonsten aber identisch.[4]

## I. Historiographische Traditionen

Konfessions- und seit dem 19. Jahrhundert auch sprachethnisch einseitig fokussierende historiographische Traditionen haben eine nüchterne Zusammenschau der komplexen reformationszeitlichen Landesgeschichte Siebenbürgens be- und durch einseitige Erzählquellenverweise oft geradezu verhindert. Die sich auf die eigene Konfession und Sprache einigelnde Fachliteratur weist seit Jahrhunderten nicht nur die Namen herausragender Reformatoren in unterschiedlicher nationalsprachiger Graphie auf – so, als handle es sich um ganz verschiedene Personen[5] –, sondern auch bewusst oder aus Ignoranz offen bleibende Lücken, gegenseitige Beschuldigungen mit Märtyrerauflistungen, was den wissenschaftlichen Dialog und Vergleich im mehrsprachigen Zugang erschwert. Selbst der reichlich in Archiven Klausenburgs lagernde Quellenbestand wurde noch nicht systematisch aufgearbeitet. Mit diesem

3 In Szegedi: Zeit, Geschichte und Legitimität, S. 246, wird als Geburtsdatum „?1550", als Todesdatum 1632 genannt, ebenda., S. 235, 236. Johann Heinrich Zedler vermerkt in Großes Universal-Lexicon in 68 Bänden, Leipzig 1731–1754, dass der aus Danzig stammende Valentin Radecius, dessen Vater Matthes dort als „Secretarius" wirkte, „Superintendent der Socianer zu Clausenburg" gewesen, „mit dem Faustus Socinus fleißig Briefe" gewechselt habe und „um 1630" in Klausenburg verstorben sei. Ebenda, Bd. 30, Sp. 1, S. 266. Zedler selbst war aus Danzig gebürtig und offenbar über die Familie Radecke/Radecius gut informiert: http://www.zedler-lexikon.de/index.html, Startseite.

4 Das erstgenannte Exemplar wurde mir vor geraumer Zeit freundlicherweise von Monica Vlaicu auf Mikrofilm zugänglich gemacht. Es ist jedoch im Archiv des IKGS, wohin ich es 2004 abgab, nicht auffindbar und so konnte ich es 2010 nicht erneut einsehen bzw. mit dem Klausenburger Exemplar vergleichen. Aus dem Hermannstädter Exemplar sind drei Folio-Seiten (mit dem Titelblatt, f 1r,v – f. 2 r) in Verkleinerung auf S. 183 abgebildet in: Zach, Krista: „[...] Eine kleine Biblia [...]" – Rezeption und Resonanz des reformationszeitlichen Katechismus im historischen Ungarn (1530–1640). In: Deutschland und Ungarn in ihren Bildungs- und Wissenschaftsbeziehungen während der Renaissance, hg. von Wilhelm Kühlmann und Anton Schindling. Stuttgart 2004, S. 151–183. (Contubernium. Tübinger Beiträge zur Universitäts- und Wissenschaftsgeschichte. Bd. 62). Auf das zweite Exemplar gab mir wenige Tage vor Beginn der Unitariertagung Dr. Edit Szegedi den entscheidenden Hinweis. Die Bildkopien nach dem Klausenburger Exemplar mit der Signatur *BMV. U 374/a* mailte mir Dr. Lucian Nastasă 2011, wofür ich ihm wie auch der Akademie-Bibliothek, nicht zuletzt aber Edit Szegedi vielmals danke. Meine Abschrift des Katechismus von 1620 siehe hier im Anhang.

5 Beispielsweise Franz Hertel/Davidis = Dávid Ferenc = Francisc David.

Zustand konnte die internationale Reformationsforschung, wie neuerdings beklagt wird,[6] nicht umgehen.

Von solchen sich immer wieder nur fortschreibenden konfessionellen Selbstdarstellungen wie den daraus folgenden Fehldeutungen in vielen Überblicksdarstellungen[7] sahen sich in den letzten beiden Jahrzehnten einige jüngere Forscher in Siebenbürgen und Ungarn geradezu herausgefordert. Edit Szegedi[8] erschloss inzwischen den genaueren historischen Kontext der Stadtgeschichte Klausenburgs, vorwiegend aus Archivquellen, und präsentierte – wie vor allem Mihály Balázs[9] – eine teils neue Lesart der einschlägigen, längst vorliegenden, aber oft einseitig herangezogenen Landtagsbeschlüsse zu Religionsfragen. Hungarologen von der Szegediner Akademie um Bálint Keserű[10] und Mihály Balázs erarbeiten seit den 1980ern aus literarischen und Briefquellen einen wesentlich differenzierteren Erkenntnisstand zur frühneuzeitlichen Konfessionenkultur Siebenbürgens (wie Ungarns). Es ist ihr Verdienst, in das Wirrwarr der seit dem 19. Jahrhundert fortgeschriebenen, miteinander oft konfligierenden Meinungen, Ausklammerungen und Mutmaßungen mehr Klarheit gebracht zu haben. Ihre zumeist in Einzelstudien verstreut publizierten Ergebnisse müssen herangezogen werden, um diese verknäuelte Hinterlassenschaft zu entwirren. Die

---

6 Frank und Meier-Oeser (Hg.): Humanismus und Europäische Identität, Einleitung, ebd., 5. In diesem 4. im Verlag „regionalkultur" erschienen Tagungsband wird der Versuch unternommen, Siebenbürgen im 16. Jahrhundert als wichtige Etappe im europaweiten „Ringen um religiöse Einheit und/oder friedliche Koexistenz" auch der westlichen Forschung nahe zu bringen. Dazu besonders Balázs: Über den europäischen Kontext, S. 11–18.

7 Negativlisten zur internationalen Forschungsliteratur siehe bei Balázs: Über den europäischen Kontext, ebenda, S. 12 (Anm. 3–7), 16 (Anm. 17) und Frank–Meier-Oeser (Hg.): Humanismus und Europäische Identität, Einleitung, ebenda, S. 6f, Anm. 3.

8 Szegedi: Die Religionspolitik der reformierten Fürsten, ebd. Dazu auch die im Folgenden genannten Aufsätze aus einer 2002 gesammelt erschienen rumänischsprachigen Publikation: Szegedi, Edit: Identităţi premoderne în Transilvania [Frühmoderne Identitäten in Siebenbürgen]. Cluj-Napoca 2002. (Einige dieser Aufsätze haben auch deutsche – nicht immer damit völlig identische – Versionen.)

9 Balázs, Mihály: Early Transylvanian Antitrinitarianism (1566–1571). From Servet to Palaeologus. Baden-Baden 1996, hier S. 207–216. – Ders.: Ferenc Dávid. In: Ungarländische Antitrinitarier. 4, Baden-Baden, Bouxwiller 2008, S. 11–15 (Bibliotheca Dissidentium 26). Übersetzung ins Deutsche in diesem Band S. 55–89. – Hervorzuheben ist seine schon genannte Studie von 2009 (s. Anm. 1 w. oben) zu den Religionsgesetzen des siebenbürgischen Landtags von 1568 in Thorenburg/Torda, 1570 in Mediasch und 1571 in Neustadt/Marosvásárhely, S. 12–15. – Balázs veröffentlicht in rascher Folge immer wieder neue Forschungserkenntnisse. Auf Early Transylvanian Antitrinitarianism von 1996 (s. Anm. 9, w. oben) folgten zahlreiche Aufsätze in Sammelbänden. Leider liegt sein magyarischsprachiges Werk von 2006, Konfessionalität und Fiktion (siehe unten Anm. 17), noch nicht in Übersetzung vor.

10 Keserű, Bálint: Die ungarische unitarische Literatur nach György Enyedi. (Über ideengeschichtlich relevante Werke aus der Zeit 1597–1636). In: György Enyedi and Central European Unitarianism in the 16th-17th Centuries, hg. von Mihály Balázs und Gizella Keserű. Budapest 2000, S. 107–124. (Studia Humanitatis, Bd. 11).

folgenden Anmerkungen zur Klausenburger Reformationsgeschichte im 16. und 17. Jahrhundert stützen sich auf ihre Arbeiten. Sie sind ein wahres „project in progress".

## Die Funktion frühneuzeitlicher Katechismen für die Historiographie

Können kulturgeschichtlich relevante Erzeugnisse wie beispielsweise Katechismen in bestimmten Geschichtsepochen und an ereignisdichten Orten einen erkennbaren Quellenwert darstellen?

In Abtrennung vom ehemaligen ungarischen Königreich war 1542 ein neues, ständisch organisiertes Fürstentum, Siebenbürgen, entstanden. Es befand sich in der Frühneuzeit wiederholt am Rande der Kriegsschauplätze von zwei Großreichen (1521–1568, 1595–1605) wie des Dreißigjährigen Krieges. Hier, in diesem Krisengebiet, sind seit der zweiten Hälfte des 16. Jahrhunderts, in verschiedenen Sprachen, eine Vielzahl von Katechismen geschrieben und gedruckt worden. In Katechismen werden Normen der Auslegung christlicher Verkündigung gesetzt. In Siebenbürgen weisen diese normativen Texte auf wenigstens fünf verschiedene Konfessionskulturen hin. Für diese Region auffallend ist außer der Vielzahl der verwendeten Volkssprachen (neben dem klassischen Latein) die rasche Aufeinanderfolge bzw. das Nebeneinander der Konfessionskulturen während eines relativ kurzen Zeitraums von etwa einhundert Jahren. Diese Kulturen entfalteten sich als Prozesse von verschiedener Dauer, an deren vermutlichem Ende nicht immer eine Ausdifferenzierung erfolgt zu sein scheint. Hier steht solch ein normativer Text von 1620 im Fokus, dessen Quellenwert es zu eruieren und beschreiben gilt.

Auf die Fragestellung ‚Katechismen als symbolische Bücher' der verschiedenen Konfessionskulturen Siebenbürgens wie Ungarns eingeengt, fehlt bis heute noch weitgehend eine Vernetzung internationaler europäischer mit ungarischer und rumänischer Forschung[11], in der rumänisch-, ungarisch- und deutschsprachige wie lateinische Katechismen aus den Anfangsjahrzehnten der Reformation in diesen beiden Regionen gleichermaßen berücksichtigt werden bzw. die über eine reine Auflistung hinaus gehen. Es ist seit langem bekannt, dass im Fürstentum Siebenbürgen und auf dem gesamten Territorium des ehemaligen Königreichs Ungarn ab der Mitte des 16. Jahrhunderts zahlreiche Katechismen diverser Ausrichtung zusammengestellt und etliche auch seit etwa 1544 gedruckt worden waren.[12] Auch wenn viele dieser

---

[11] Dazu ansatzweise Zach, „[...] Eine kleine Biblia [...]", (wie Anm. 4), S. 158–171 (mit Literaturangaben). – Zur internationalen vergleichenden Katechismusforschung siehe Weismann, Christoph: Eine kleine Biblia. Die Katechismen von Luther und Brenz. Stuttgart 1985. – Marthaler, Berard, L. OFM: The Catechism Yesterday and Today. Minnesota 1995.

[12] Eine Auflistung s. bei Zach, Krista: Catechisms as ‚Global Players' in 16th Century Central Europe. In: Globalism, Globality, Globalization. Ten Years of European Studies in Cluj. Co-ord. by Gyémánt, Ladislaus, Jucan, Marius, Rotar, Cristina. Cluj-Napoca: European Studies Foundation Publishing House 2006, S. 630–636. – Dies.: Protestantische Katechismen in Volkssprachen des

Katechismen nur in Handschrift vorgelegen sein mögen und ihrer nur wenige nachgewiesen bzw. noch zu wenig bearbeitet sind, wurden die gedruckt überlieferten Werke längst schon fast lückenlos in der großen Bibliographie der Frühdrucke aus Ungarn (RMNy)[13] verzeichnet.

Hier findet sich, in Bd. 2, auch der Klausenburger *Kleine Kinderkatechismus.*[14] Dass er nicht der einzige Katechismus aus dem antitrinitarisch-unitarischen Umfeld dieser Region war, haben Bálint Keserű und Mihály Balázs[15] kürzlich nachgewiesen. Sie erwähnen das Vorhandensein zahlreicher in handschriftlicher oder in späterer gedruckter Kopie erhaltener Versionen deutsch- wie ungarischsprachiger unitarischer Katechismen in Ungarn und Siebenbürgen bis 1659/60, aber zugleich auch den weiteren Forschungsbedarf darüber, galten Katechismen doch lange Zeit als von den Antitrinitariern verschmäht:

> „Bei der Erörterung der normativen Katechismustexte machen wir darauf aufmerksam, dass das deutschsprachige und handschriftliche Material diesmal [sic!] mit Absicht außer Acht gelassen wird, da noch Dutzende solcher Stücke aus dem 17. Jahrhundert (zum Teil offensichtliche Kopien von Drucken, zum Teil Fragmente) der Bestimmung harren, und die meisten aus dem 18. Jahrhundert folgen mit mehr oder weniger Veränderung früheren Texten. Das Bild ist aber auch dann interessant, wenn hier nur das Schicksal der ungarischen Drucke früheren Datums untersucht wird."[16]

Es mag nur bedingt vertretbar sein, den Klausenburger „Kinderkatechismus" von 1620 als vergessen anzusprechen. Er ist in zwei großen Sammlungen Siebenbürgens im Original noch erhalten, er ist in der ungarischen Nationalbibliographie (RMNy)

südöstlichen Mitteleuropa zwischen Reformation, Volksbildung und Missionierungsverdacht (1544–1581). In: ZACH, Krista: Konfessionelle Pluralität, Stände und Nation. Ausgewählte Abhandlungen zur südosteuropäischen Religions- und Gesellschaftsgeschichte, hg. von Joachim BAHLCKE und Konrad G. GÜNDISCH. Münster 2004, S. 193–204 (Religions- und Kulturgeschichte in Ostmittel- und Südosteuropa 6).

[13] BORSA, Gedeon, HERVAY, Ferenc, HOLL, Béla (Hgg.): Régi Magyarországi Nyomtatványok [Frühe Drucke aus Ungarn]. Bd.1: 1473–1600. Budapest 1971, Bd. 2: 1601–1635 (1983), Bd. 3: 1636–1650 (2000). Künftig: RMNy.

[14] RMNy, Bd. 2, Nr. 1225, 310.

[15] KESERŰ: Die ungarische unitarische Literatur (wie Anm. 10), S. 114–116; BALÁZS, Mihály: Gab es eine unitarische Konfessionalisierung im Siebenbürgen des 16. Jahrhunderts? In: Konfessionsbildung und Konfessionskultur in Siebenbürgen in der Frühen Neuzeit, hg. von Volker LEPPIN und Ulrich A. WIEN. Stuttgart 2005, S. 135–142, hier 138, 141. (Quellen und Studien zur Geschichte des östlichen Europa. 66). – BALÁZS, Mihály: Enyedi zwischen Palaeologus und Faustus Socinus. Anmerkungen zum unbekannten György Enyedi. In: BALÁZS, KESERŰ (Hgg.): György Enyedi (wie Anm. 10), S. 21.

[16] KESERŰ: Die ungarische unitarische Literatur (wie Anm. 10), S. 114. Hier werden nur drei Katechismen beschrieben.

verzeichnet und in der Budapester Széchényi Nationalbibliothek gibt es eine Kopie auf Mikrofilm nach dem Klausenburger Exemplar.

Wenn ich die Abschrift des Klausenburger „Kinderkatechismus" hier im Anhang mitteile, tue ich dies nicht allein in der Absicht, auf einen lange ignorierten Quellentext aufmerksam zu machen, der sicherlich auch ein bestimmtes Moment des Klausenburger Reformationsgeschehens zu erhellen vermag. Es stellt sich vielmehr die Frage nach Ort und inhaltlicher (dogmatischer) Aussage dieser deutschsprachigen Quelle im Gesamtkontext der überwiegend magyarischsprachigen antitrinitarischen/unitarischen Katechismen. Zuletzt thematisierte letztere Mihály Balázs anhand ungarischsprachiger Katechismen.[17] Ein Vergleich der Inhalte wie auch die nähere Bestimmung der Genealogie und des Ortes des deutschen „Kinderkatechismus" von 1620 in der großen Katechismenflut[18] auf Ungarns Boden könnte durchaus spannend sein, wenngleich die dogmatischen Aspekte den Theologen überlassen seien.

Schließlich ist noch auf einige Unstimmigkeiten[19] in zwei der wenigen Kommentare zum kleinen Klausenburger „Kinderkatechismus" – bei Szegedi und Zach – hinzuweisen. So hebt Szegedi einige „christozentrische" Aspekte im Klausenburger Kinderkatechismus von 1620 hervor[20] und bemerkt einleitend dazu:

> „Es mag sicherlich übertrieben erscheinen, einen unitarischen Katechismus als christozentrisch zu bezeichnen, doch kann in der Tat nicht übersehen werden, dass dieser [Katechismus] auf [Jesus] Christus zentriert ist."[21]

Das numerische wie inhaltliche Überwiegen von Christusbezügen im Vergleich zu Bezügen auf Gottvater kann m. E. am vorliegenden Katechismustext nicht nachvollzogen werden, sie halten sich vielmehr in etwa die Waage. Weitere Unstimmigkeiten

17 Der Titel des ungarischsprachigen Werkes von Mihály Balázs lautet in deutscher Übersetzung von Edit Szegedi: Verzögerte Konfessionalisierung und ungewöhnliche katechetische Literatur. Über die Katechismen der Unitarier von den Anfängen bis zur „Complanatio" von Desch [s. Szegedi: Zeit, Geschichte und Legitimität (wie Anm. 4), S. 245, Anm. 4]. Der Beitrag erschien in: Balázs, Mihály: Felekezetiség és fikció [Konfessionalität und Fiktion]. Budapest 2006, S. 53–73. Der Aufsatz ist mir nicht zugänglich.

18 Dazu Zach: „[...] Eine kleine Biblia [...] (wie Anm. 4), 151 und passim.

19 Davon ausgenommen ist ungarischsprachige Literatur.

20 Szegedi, Edit: Identitatea Clujului premodern între confesional, etnic şi politic [Die zwischen Konfession, Ethnie und Politik schwankende frühmoderne Identität Klausenburgs]. In: Identităţi premoderne, S. 63–131, Kapitel: Identitatea antitrinitariană/unitariană [Die antitrinitarische/unitarische Identität]. S. 92–102, hier 98–100. (Der besseren Übersicht halber nenne ich in den Anmerkungen auch die – meist für sich sprechenden – Kapitelüberschriften in Szegedis Buch Identităţi premoderne.)

21 Ebenda, S. 99 (Übersetzung der Verf.).

seien hier nur gestreift.[22] Doch all dies zeigt, dass sich die Forschung weiterhin im Fluss befindet.

Der Klausenburger „Kinderkatechismus" von 1620 wurde ignoriert, auch wenn die internationale Fachliteratur inzwischen vereinzelt Kommentare dazu aufweist. Warum das so ist, soll im Folgenden, in einen breiteren Kontext eingebettet, erörtert werden. Dazu mag zunächst ein summarischer Überblick über das komplexe Reformationsgeschehen in Klausenburg und ein Blick auf die Verdrängungsstrategien der hier zwischen etwa 1558 und 1650 widerstreitenden Konfessionsgruppen hilfreich erscheinen.

## Reformbewegung und Konfessionsbildung in Klausenburg

In dieser ehemals königlichen Freistadt[23] des Ungarnreiches ging die Ausbreitung unterschiedlicher reformatorischer Bekenntnisse durch Predigt, Lehre und öffentliche Disputation bis zu doktrinärer Radikalität und politischer Unduldsamkeit am eindeutigsten eigene Wege. Besonderheiten und einige Vielfalt weisen auch andere Städte Siebenbürgens auf. Aber im Vergleich zu Klausenburg wäre die Stadtreformation im siebenbürgisch-sächsischen Kronstadt, die Edit Szegedi[24] in ihrem Facettenreichtum beschrieben hat, noch weitgehend linear zu nennen. Eine Historisierung dieser Prozesse in Klausenburg und Kronstadt ist erst in den letzten Jahren erfolgt, sie fehlt noch zu anderen Orten.

Für eine hinreichende Darstellung der Klausenburger Stadtverfassung, betreffend die Ämter des Königsrichters und des Stadtrichters (Bürgermeisters) sowie der sich in

---

22 Dazu gehört die (einmal unterbrochene) Durchnummerierung der „Fragen" von 1 bis 14, bzw. (mit Fragezeichen) von 26? bis 38? bei Szegedi: (wie Anm. 20), S. 99 (Anm. 126–134). Dies könnte die Zutat aus einer anderen Lektüre sein, beides ist in der hier im Anhang mitgeteilten Textquelle aus dem Klausenburger Archiv an keiner Stelle ersichtlich. Schließlich fehlen im Klausenburger „Kinderkatechismus" nicht „mehrere Seiten" Szegedi: (wie Anm. 20), S. 99 Anm. 132, sondern bloß ein Blatt *is.* Es stellt sich somit wieder die Frage nach der tatsächlichen Bekanntheit bzw. der Lektüre dieser Quelle von 1620. – Die eingangs als von einigem Missgeschick geprägt erwähnte Zugriffgeschichte auf die Quelle (wie Anm. 4 w. oben) schlug sich auch bei Zach: „[...] Eine kleine Biblia [...]", S. 175 in einer fehlerhaften Angabe nieder.

23 Moldt, Dirk: Deutsche Stadtrechte im mittelalterlichen Siebenbürgen. Korporationsrechte – Sachsenspiegelrecht – Bergrecht. Köln, Weimar, Wien 2009, S. 106, 117 f.

24 Szegedi, Edit: Die Reformation als „Krisenmanagement". Überlegungen zur Identität einer siebenbürgischen Stadt im Zeitalter der Reformation. In: Ethnicity and Religion in Central and Eastern Europe, hg. von Maria Crăciun und Ovidiu Ghitta. Cluj 1995, S. 64–69. – Szegedi, Edit: Konfessionsbildung und Konfessionalisierung im städtischen Kontext. Eine Fallstudie am Beispiel von Kronstadt in Siebenbürgen (ca. 1550–1680). In: Konfessionelle Formierungsprozesse im frühneuzeitlichen Europa. Vorträge und Studien. Berichte und Beiträge des Geisteswissenschaftlichen Zentrums Geschichte und Kultur Ostmitteleuropas an der Universität Leipzig, Bd. 2. Leipzig 2006, S. 126–297.

der zweiten Hälfte des 16. Jahrhunderts mehrfach wandelnden, komplexen konfessionellen Verhältnisse in der Stadtbürgerschaft und natürlich auch im Magistrat können Arbeiten von Edit Szegedi, Gábor Sipos und von Dirk Moldt klärend herangezogen werden.[25] Die Ausgangslage glich im Mittelalter jener von Ungarns Hauptstadt Ofen/Buda, woher Klausenburg sein Stadtrecht im Jahr 1458 bezogen hatte.[26]

Im ‚toleranten' Klausenburg verbreiteten gegen Ende der Herrschaft des jugendlichen Fürsten Johanns II. Sigismund (1541–1571) Prediger, disputierende Philologen, Theologen und fahrende Eiferer aus fast allen Ecken Europas frei ihre aus Humanismus wie Theologie geschöpften Meinungen. Hier spiegelten sich zwischen 1544 und 1572 (als der Landtag das Neuerungs- oder Innovationsverbot in der Hoffnung auf eine Harmonisierung der Divergenzen erließ), wie in einem Kaleidoskop die unterschiedlichsten Einflüsse und Ansichten zu Glaube, Natur Christi, Trinität, (Kinder-)Taufe, Abendmahl usw. wider. Caspar Helth, der Klausenburger Stadt-

---

[25] In Siebenbürgen rotieren nur in der freien Königsstadt Klausenburg/Kolozsvár die beiden Ämter seit 1458 paritätisch. Sie wechselten im Jahresrhythmus zwischen der „ungarischen" und der „sächsischen" [deutschen] Nation oder Stadtbürgerschaft [„*natio*"], wobei auch die Sprachen in der zweisprachigen Stadt sich mit den Ämtern abwechselten. Dazu Szegedi: Identitatea Clujului premodern, Kapitel: Reforma la Cluj [Reformation in Klausenburg], S. 63–92, hier 64f. Szegedi betont, dass eine linguistische Standeszuweisung [„natio saxonica" bzw. „hungarica"] nicht deckungsgleich mit einem nach heutigen Maßstäben ethnisch gebundenen Bekennen sei. Szegedi: Ebenda, S. 64 und 65 (Zitat in Anm. 2). Dieser Tradition entsprechend, wurde ab 1568 auch das Amt des Stadtpfarrers paritätisch und im Jahreswechsel besetzt: Franz Hertel/Davidis wurde von den „Sakramentariern" zum Superintendenten der „natio hungarica" gewählt, Kaspar Helth blieb weiterhin Stadtprediger der „natio saxonica" in Klausenburg. Szegedi, Edit: Politica religioasă a Principatului Transilvaniei între toleranţă şi intoleranţă, 1545–1646 [Die Religionspolitik des Fürstentums Siebenbürgen zwischen Toleranz und Intoleranz, 1545–1646]. In: Dies.: Identităţi premoderne, ebenda, 31–62, Kapitel: Epoca reformei şi a confesionalizării [Die Epoche der Reformation und der Konfessionalisierung], S. 32–52, hier 44; auch Szegedi: Identitatea Clujului premodern, ebd., 75f. Zu dieser Zeit, ab 1568 also, wurde in Klausenburg damit begonnen, Reformgottesdienst und Predigt in der Stadtpfarrkirche am Marktplatz (alias der Kathedrale St. Michael) ein Jahr lang magyarisch und – darauf folgend – ein Jahr lang deutsch abzuhalten, während in St. Michael bis dahin ausschließlich deutsch gepredigt worden war, Szegedi: Identitatea Clujului premodern, ebd. Diese Praxis, in beiden Sprachen des Volkes – magyarisch bzw. deutsch – zu predigen, war 1568 von einem Stadtrichter aus der ‚ungarischen natio' durchgesetzt und danach vom Magistrat ausdrücklich unterstützt worden. Szegedi: Reforma la Cluj, ebd., S. 72, 73, 75. – Für die beste Übersicht zu Klausenburgs Stadtrecht im Mittelalter s. Moldt: Deutsche Stadtrechte im mittelalterlichen Siebenbürgen, S. 100–118. – Zu Einzelfragen s. auch Sipos, Gábor (siehe unten Anm. 38)

[26] Moldt, Dirk: Deutsche Stadtrechte im mittelalterlichen Siebenbürgen, S. 106f., 114–118. – Gündisch, Konrad: Sistemul urban medieval din Transilvania. Geneză şi dezvoltare [Das Städtesystem Siebenbürgens im Mittelalter. Ursprung und Entwicklung]. In: Oraşe şi orăşeni/Városok és városlakók [Städte und Stadtbewohner]. Cluj-Napoca 2006, S. 49–63, hier 53f. – Zach, Krista: Difuzarea reţelei urbane şi a drepturilor de oraş central-european în sud-estul Europei [Die Ausbreitung des Städtenetzes und des zentraleuropäischen Stadtrechts in Südosteuropa]. In: Ebenda, S. 64–76, hier 68.

prediger der sächsischen natio (oder Stadtbürgerschaft) und ein eher gemäßigter Reformer, war nicht der Einzige, der in der Verbreitung der Ideen dieser Neuerer auch politische Gefahren heraufziehen sah, die – in einem europäischen Kontext gesehen –, dem Fürstentum würden schaden können. Helth nannte die radikalen Neuerer ironisch „überaus weise Schmiede", weil sie „immer wieder mit neuen Lehren aufwarteten und meinten, das Beten und der Kirchengesang seien vollkommen überflüssig."[27]

Das Innovationsverbot in religionibus von 1572 richtete sich vor allem gegen die Trinitätsleugner und die Anabaptisten[28], die in einer anderen Quelle „Häretiker" genannt wurden, verfehlte jedoch seine Absicht der Schlichtung und Harmonisierung miteinander im Streit liegender reformatorischer Richtungen.

Die Reformation hatte in Klausenburg zwischen 1544 bis 1557 mit der Amtszeit von Caspar Helth, einem zunächst wittenbergisch[29] geschulten Theologen als Erstem Stadtprediger der sächsischen natio begonnen. Ihm folgte 1557 Franz Davidis alias Hertel als Prediger der Klausenburger ungarischen natio und um 1564[30] auch als erster Superintendent aller protestantischen Ungarn in Siebenbürgen.[31] Auf seiner Suche um biblische Authentizität vertrat Davidis immer radikalere Meinungen. Die beiden Siebenbürger Sachsen aus der sächsischen natio Klausenburgs waren natürlich zweisprachig, d.h. sie predigten und schrieben in beiden Sprachen der Stadt – deutsch wie magyarisch. Ihre konfessionell protestantischen Optionen führten Helth-Heltai und Davidis-Dávid schließlich in den Kreis der ungarischen natio dieser Stadt.

Die Anregungen zu Reformen kamen in die Städte Siebenbürgens, wie auch andernorts in Ungarn, seit den 20er Jahren von Wittenberg. Sie wurden zunächst, und wohl auch nach Klausenburg, über Bücher, dann ebenso über Scholaren und junge Geistliche verbreitet, von denen mehrere später als bedeutende einheimische Reformatoren auftretende Figuren einige Zeit lang in der ‚ungarischen Burse' geweilt hatten – beispielsweise Caspar Helth (ca. 1543), Franz Davidis (1548, 1550) oder

27 Zitat Helths und Kommentar dazu bei Balázs: Kontext (wie Anm. 1), S. 15.

28 Balázs: Ebenda, S. 13f., denn bereits 1570, auf dem Landtag zu Mediasch, war – ohne Namensnennung – von den „jetzt entstandenen Häresien" (14) die Rede.

29 Szegedi, Edit: Johannes Honterus în mediul maghiar şi românesc. In: Dies.: Identităţi premoderne (wie Anm. 8), S. 25–30, hier 26f.

30 Damals trennten sich die lutherisch gesinnten von den Reformierten (zumeist ungarischen) Klausenburger Bürgern. Dazu auch Wien, Ulrich A.: Grenzgänger. Die siebenbürgischen Theologen Kaspar Helth und Franz Dávid unterwegs von Luther zu Calvin und Sozzini. In: Reformierte Retrospektiven, hg. v. Harm Klueting und Jan Rohls. Wuppertal 2001, S. 115–127.

31 Balázs: Kontext (wie Anm. 1), S. 20, erläutert, dass um 1570/71 noch undifferenziert von „Protestanten" auszugehen sei, da die späteren konfessionellen Formierungen noch nicht stattgefunden hatten.

Márton Kálmáncsehi (vor 1556).[32] Weitere Anregungen kamen danach vor allem aus Basel, aus Schwaben von Brenz, aus der Pfalz und dem Umfeld des 1566 in Klausenburg auftauchenden „Heidelberger Katechismus", von Bullinger und fast gleichzeitig ebenso aus Genf, aus Italien über Polen (von Stancaro und Sozzini),[33] Biandrata oder dem Danziger Radecius – um nur einige Namen zu nennen. Deutsche Humanisten wie Vehe-Glirius, Neuser, Francken und Sommer hielten sich ebenfalls längere Zeit, auch lehrend, in Klausenburg auf.

Der katholische Fürst Stefan Báthory erteilte 1579 einigen Jesuiten aus der polnischen Provinz ein Privileg zur Ansiedlung in Siebenbürgen, der Landtag legte ihnen aber enge inhaltliche und territoriale Restriktionen auf: Sie durften nur in der Jugendbildung tätig sein, Missionstätigkeit stand unter Verbot. Auch durften sie sich nur in Alba Iulia/Weißenburg, dem ehemaligen katholischen Bischofssitz Siebenbürgens, im aufgelassenen Benediktinerstift Koloschmonostor/Kolozsmonostor außerhalb der Stadtmauern Klausenburgs sowie in Várad/Wardein niederlassen. Im Klausenburger Stift begannen sie 1581/82 ein Kolleg aufzubauen, das dem unitarischen innerhalb der Stadtmauern bald schon Konkurrenz machte, da es auch – sehr zum Ärger des derzeit antitrinitarisch dominierten Klausenburger Magistrats – Söhne protestantischer Adeliger und Bürger anzog.[34] Die längst protestantisch gewordene Stadt Klausenburg lehnte die Patres ab, weil sie sich auch missionarisch und – als Erzieher und Berater des minderjährigen Sigismund Báthory, der 1583 seinem Onkel Stefan als Fürst gefolgt war – politisch betätigten. Die Jesuiten wurden daher mehrfach, so 1583, 1588 und 1603, offiziell aus dem Fürstentum ausgewiesen und auch, wie 1591 und 1593, erneut zurück berufen.[35]

Dieser bunten Vielfalt des Personals und deren Schriften entsprach eine „Vielfarbigkeit [...] theologischer Nuancierung(en)", wie Balázs es formulierte.[36] Vergleichbares war damals wohl an keinem anderen Ort Mitteleuropas vorzufinden,

---

[32] Bucsay, Mihály: Der Protestantismus in Ungarn 1521–1978. Ungarns Reformationskirchen in Geschichte und Gegenwart. Bde. 1–2. Köln, Wien $^{2}$1977–1979. Hier Bd. 1, S. 96–99. – Balázs: Ferenc Dávid, S. 11–15.

[33] Beide hielten sich vorübergehend auch in Klausenburg auf – Stancaro um 1555 und Soccini als erfolgloser Schlichter im Streit zwischen Biandrata und Davidis 1578. Zedlers Universal-Lexicon: Bd. 39, Sp. 1087; ebenda, Bd. 30, Sp. 266.

[34] Crăciun, Maria: Implementing Catholic Reform. The Jesuits and Traditional Religion in Early Modern Transylvania. In: Jesuitische Frömmigkeitskulturen. Konfessionelle Interaktion in Ostmitteleuropa 1570–1700, hg. von Anna Ohlidal und Stefan Samerski. Stuttgart 2006, S. 37–61, hier 38, 45. (Forschungen zur Geschichte und Kultur des östlichen Mitteleuropa. 28).

[35] Balázs: Kontext, S. 25–28. – Szegedi: Identitatea Clujului premodern, ebd., Kapitel: Clujul ca oraş antitrinitarian/unitarian (1570–1655) [Klausenburg als antitrinitarisch/unitarische Stadt (1570–1655)], S. 103–111, hier 104–105. Als Vertreibungsargument galt u. a. eine (damals häufig auftretende) Pestepidemie im Fürstentum, die auch im Klausenburger Jesuitenkolleg Opfer gefordert hatte. Crăciun: Ebenda. Einige Patres blieben jedoch im Land und tauchten unter, um 1603 abermals vertrieben zu werden.

[36] Balázs: Gab es eine unitarische Konfessionalisierung?, (wie Anm. 15), S. 139, 140, 142.

denn weltliche Instanzen, Fürsten und Magistrate oder geistliche Institutionen hatten dort rechtzeitig, also schon in der Frühphase des reformatorischen Geschehens mit Verboten auf Glaubenseinheitlichkeit hoffend bzw. in ‚konfessionalisierendem' Streben ordnend eingegriffen.

Nicht so in dem Wahlfürstentum Siebenbürgen, das sich 1542 unter osmanischer Oberhoheit konstituiert hatte. Hier konkurrierten einige der mächtigsten Adelsfamilien um die weltliche Macht, denen ein traditioneller, ständisch besetzter Landtag gegenüber stand. Im Landtag war auch die Stadt Klausenburg vertreten, einige Adelige hatten in Klausenburg Stadthäuser.

Bald nach 1545 begann sich allmählich dann die kirchliche Machtbildung und -verteilung ebenfalls zu verändern, es kristallisierten sich drei regionale Schwerpunkte mit je anderen Varianten der Reformkultur heraus. Sie korrespondierten nicht mehr mit den ehemaligen geistlichen Territorien der katholischen Bistümer Alba/Weißenburg und Várad/Wardein, deren äußere Strukturen (Gebäude, Verwaltung, Anteile am Zehnten) sie jedoch in dem um 1570 fast zur Gänze protestantisch gewordenen Fürstentum Siebenbürgen übernommen hatten: Der Süden des Bistums Alba bzw. die von Siebenbürger Sachsen bewohnten Königsboden- und Komitatsgebiete[37] formierten sich nach Wittenberger Modell und wählten auch, sich auf Andreanische Tradition berufend, einen eigenen Superintendenten. Im Norden des geistlichen Territoriums Alba mit dem überaus aktiven geistigen Zentrum Klausenburg wurde mit vielen unterschiedlichen Anschauungen experimentiert, während das Gebiet des Partium im ehemaligen Bistum Várad/Wardein und auf Teilen von Csanád/Tschanad und Eger/Agria/Erlau mit dem neuen Zentrum in Debrecen/Debreczin immer deutlicher der helvetischen Richtung Calvins zuneigte.

In diesem ohnehin schon verwirrenden Geflecht von Tradition und Neuerung in der kirchlichen Administration und Verkündung stellte die Stadt Klausenburg einen besonderen Fall dar. Hier boten sich besondere historische Voraussetzungen, deren sich die reformbeflissenen Stadtbürger wohl zu bedienen wussten: Klausenburg war als einzige königliche Freistadt Siebenbürgens im Landtag vertreten; die Stadt war infolge des Fernhandels privilegiert und dadurch reich geworden; die mehr und mehr dem Antitrinitarismus, einem offenen, toleranten Reformfortgang zuneigenden Bürger wurden vom Magistrat darin über einen beträchtlichen Zeitraum hinweg unterstützt, einschließlich der teils gegenläufigen konfessionellen Ausdifferenzierungsprozesse; der Stadthäuser besitzende Adel stand eine Zeit lang hinter vielen dieser Magistratsentscheidungen und vertrat sie auch im Landtag; die reformatorische Predigt begabter Rhetoriker und gelehrter Männer vermochte es, die zweisprachige

37 Diese waren dem Erzbistum Kalocsa unterstellt und leisteten ihm z.T. bis in die 1570er Jahre noch, trotz eigener lutherischer Superintendentur, den Zehnten. Teutsch, Georg Daniel: Urkundenbuch der Evangelischen Landeskirche A.B. in Siebenbürgen. Teil 1. Hermannstadt 1862, S. 161.

Stadtbevölkerung immer wieder mit auf den Weg des fortschreitenden Reformierens zu nehmen, wobei für manche sich immer weiter radikalisierende Lehrmeinungen als einziges Maß nur das Wort der Bibel anerkannt wurde. Schließlich gab es in Klausenburg diverse Lehranstalten – eine Höhere Schule, das Kolleg, an dem bedeutende Gelehrte dieser Zeit wie Johannes Sommer oder der spätere Superintendent György Enyedi lehrten; 1581 kam ein Jesuitenkolleg dazu, nach der Vertreibung der Societas Iesu 1603 auch eine höhere calvinistische Schule.

> „Au début du XVIIe siècle, à part Székelyudvarhely, Kolozsvár a été le terrain expérimental par excellence de la coexistence de plusieurs confessions, de la mise à l'épreuve de différentes possibilités. Les conditions établies dans la *civitas primaria* ont été au centre de l'attention publique. Bocskai et ses sucesseurs faisaient des efforts extraordinaires pour renforcer la situation de leurs co-religionnaires calvinistes de la Ville Riche sans toutefois abuser des droits de l'Église unitarienne, en situation difficile dans le pays, mais en situation majoritaire à Kolozsvár".[38]

Zwischen 1566 und 1570 beschloss der Klausenburger Magistrat, in der Stadt ein rein antitrinitarisches Profil auszubilden. Der Beschluss kam aber nicht einer „offiziellen Legitimierung" dieser Konfessionsrichtung gleich, wie Balázs betont.[39] Die Bürger waren ihrem mitreißend predigenden Stadtpfarrer und zugleich Superintendenten der magyarischen natio, Franz Davidis, gefolgt, und er hatte zu diesem Zeitpunkt maximalen Zulauf von Seiten der sächsischen natio wie der magyarischen natio in Klausenburg. Auch Ungarn im Umfeld der Stadt (z.B. in Torda/Thorenburg) sowie manche Adelige aus den Szeklerstühlen begeisterten sich für Davidis Lehrmeinungen.[40] Sowohl Caspar Helth (der sich nun Heltai Gáspár nannte) als auch Franz Davidis bzw. Dávid Ferenc, der Vordenker und Ansporn radikaler Reformgedanken, hatten nicht nur ihre Namen magyarisiert. Auch ihre Schriften erschienen zunehmend nicht mehr im Humanistenlatein, sondern in den beiden Volkssprachen, meist auf Magyarisch.

In neuerer Sekundärliteratur findet sich heute öfter auch zu Siebenbürgen im 16./17. Jahrhundert der von Heinz Schilling und Wolfgang Reinhard geprägte Konfessionalisierungsbegriff. Er wird u. a. auf eine einzelne Konfessionsgemeinde, z.B. einer Stadt – etwa die Unitarier in Klausenburg (M. Balázs, E. Szegedi) bzw. die Lutheraner in Kronstadt (Szegedi) – oder auch auf das Fürstentum unter calvinisti-

---

38 Sipos, Gábor: Les calvinistes de Koloszvár au début du XVII siècle. In: Balázs, Keserű (Hgg.): György Enyedi (wie Anm. 10), S. 313–317, hier 313.

39 Balázs hebt in seinen Aufsätzen den Prozesscharakter der Reformation hervor und betont zu Recht, dass diese Meinung bis heute im Gegensatz zu den historiographischen Traditionen der Unitarischen wie auch der Reformierten Kirche in Siebenbürgen stehe. Balázs: Gab es eine unitarische Konfessionalisierung, ebenda, S. 137f.

40 Szegedi: Reforma la Cluj. In: Identitatea Clujului premodern, S. 72–74.

schen Fürsten insgesamt angewandt. Hierzu stellen sich Fragen und einige Zweifel[41] ein: Kann ein vorübergehendes Überwiegen der Unitarier in Klausenburg und Thorenburg zwischen etwa 1580/1590 oder das numerische Überwiegen der Calvinisten in Klausenburg bzw. in ganz Siebenbürgen im 17. Jahrhundert[42] tatsächlich als „Konfessionalisierung" betrachtet werden? Diese so genannten ‚Konfessionalisierungs'-Erfolge waren doch im Fürstentum nur zeitlich wie räumlich begrenzte Phänomene.

Während Szegedi außer wiederholter Betonung einer „Konfessionalisierungsepoche" bzw. „Konfessionalisierung"[43] in Siebenbürgen keine weiteren Ausführungen macht, erläutert Balázs seine Sicht, und zwar „Konfession" als „Formulierung einer Glaubensthese" und

> „Konfessionalisierung" als einen „Prozess" oder „Vorgang, während dessen eine religiöse Bewegung institutionalisiert wird, Organisation, Hierarchie und Institutionen erhält, die bis ins kleinste Detail das Leben der Gemeinde regeln. Aufgrund dessen könnten also im siebenbürgischen Antitrinitarismus [...], wenngleich etwas verspätet [...], die gleichen Prozesse abgelaufen sein wie in den großen Konfessionen des frühneuzeitlichen Europa, so dass man meinen könnte, es lohne sich überhaupt nicht, nach beachtenswerten Spezifika dieser Bewegung zu suchen."[44]

Im Endergebnis wies die Stadt Klausenburg während des 17. Jahrhunderts – wie auch das Fürstentum Siebenbürgen selbst – ein multikonfessionelles Spektrum der Bürgerschaft auf. Die reformierte (helvetische) Gemeinde nahm ab 1613 unter der Protektion calvinistischer Fürsten stetig zu, doch im 18. Jahrhundert war sie unter den Habsburgern wieder rückläufig. Daher waren in Siebenbürgen keine mit Zentraleuropa vergleichbare „Großkirchen" entstanden und auch kein „moderner Verwaltungsstaat", sondern ein von Heinz Schilling so genannter „Toleranzstaat"; der eindeutige „Sieg der richtigen Lehre" war hier nicht möglich gewesen.[45] Dieser

---

41 Sie wurden als Denkanstösse gerade bezüglich des östlichen Mitteleuropa von Wolfgang Reinhard bereits prägnant formuliert: Reinhard, Wolfgang: „Konfessionalisierung" auf dem Prüfstand. In: Konfessionalisierung in Ostmitteleuropa, hg. von Joachim Bahlcke und Arno Strohmeyer. Stuttgart 1999, S. 79–88.

42 Murdock, Graeme: Calvinism on the Frontier 1600–1660. International Calvinism and the Reformed Church in Hungary and Transylvania. Oxford 2000, S. 291.

43 Dazu u. a. Szegedi: Politica religioasă a Principatului Transilvaniei, Kapitel Epoca Reformei (wie Anm. 8), S. 32–52 und Epoca confesională [Die Epoche der Konfessionen], ebenda, S. 53–62.

44 Balázs: Gab es eine unitarische Konfessionalisierung? (wie Anm. 15), S. 135f.

45 Schilling, Heinz: Das konfessionelle Europa. Die Konfessionalisierung der europäischen Länder seit Mitte des 16. Jahrhunderts und ihre Folgen für Kirche, Staat, Gesellschaft und Kultur. In: Konfessionalisierung in Ostmitteleuropa, hg. von Bahlcke, Strohmeyer (wie Anm. 41), S. 13–62, hier 60, 61.

„Toleranzstaat“ war das Ergebnis zahlreicher Kompromisse seiner Träger, wie auch Szegedi einräumt:

> „Die reformierte Staatskonfessionalisierung in Siebenbürgen erinnert an den Absolutismus, den es [hier] zwar als Desiderat gab, als Realität [aber] niemals verwirklicht werden konnte. [...] Die reformierten Fürsten haben es nicht einmal vermocht, die unitarische Kirche frontal anzugreifen.“[46]

Nachdem das Neuerungsverbot von 1572 nicht wirklich zur Stabilisierung beigetragen hatte, versuchte der Landtag erstmals 1595 mit der Deklaration von drei neuen Konfessionsrichtungen, die mit der alten, katholischen, die Gleichstellung genießen sollten, eine doktrinäre Klärung für das gesamte Fürstentum zu postulieren. Dieser Erklärung wurde auch die Duldung der Ostkirche beigefügt.[47] Aus Konfessionsrichtungen waren – überall in Siebenbürgen – sich voneinander sprachethnisch nicht immer unterscheidende konfessionelle Gruppen oder Konfessionskulturen geworden. Anders als in Mitteleuropa[48] gab es in Siebenbürgen ein multikonfessionelles Nebeneinander von Identitäten, die niemals zu einer einzigen, ‚siebenbürgischen‘ Identität bzw. einer modernen multikonfessionellen Nation zusammenfanden.

## Verdrängungsstrategien der Klausenburger Konfessionsgruppen nach 1595

Nach der Anklage, Verurteilung und Hinrichtung des Franz Davidis (1579) – was nicht ohne fürstliche Einwirkung Stephan Báthorys geschehen war – gaben sich die Trinitätsleugner in der Öffentlichkeit zunehmend weniger radikal. Sie nannten sich nun zum Zeichen der Mäßigung immer häufiger Unitarier.[49] Auch scheuten sie jetzt mehr und mehr die von Stefan Báthory 1572 eingeführte behördliche Zensur, vieles aus ihrem Gedankengut blieb daher im Manuskript. Seit 1581 galt in dieser ‚reichen Stadt‘, in der die Antitrinitarier seit den 70er Jahren die Mehrheit in den städtischen

---

46 Szegedi: Die Religionspolitik der reformierten Fürsten (wie Anm. 7), S. 43.

47 „Diesen vier recipirten Religionen, nämlich der evangelisch-reformierten (insgeheim calvinistischen), der lutherischen oder der des Augsburger Bekenntnisses, der römisch-katholischen und der unitarischen oder antitrinitarischen, soll die freie Übung in den nach den Reichskonstitutionen üblichen Orten auch künftighin gestattet werden.“ Zit. nach Teutsch: Urkunden der Evangelischen Landeskirche, ebd., Teil 1, „Approbaten“, 1. Titel, Art. II, 117. Vgl. auch die Hinweise auf die Duldung der ostkirchlich Orthodoxen in den Religionsgesetzen aus dem 16. Jahrhundert bei Balázs: Kontext (wie Anm. 1), S. 21–22.

48 Schilling: Das konfessionelle Europa, S. 46.

49 Szegedi: Politica religioasă a Principatului Transilvaniei (wie Anm. 8), S. 51. Die Bezeichnung „unitarisch“ tritt in Schriftform wohl erst 1621 in einem Brief an den Superintendenten Valentin Radecius auf. – Dies.: Identitatea antitrinitariană/unitariană, ebenda, S. 97, Anm. 117. – Dies: Zeit, Geschichte und Legitimität, ebenda, S. 245, Anm. 2.

Ämtern wie in den Konfessionsgemeinden innehatten, das Prinzip der ‚major pars'. Dieses ‚Mehrheitsprinzip' kam zur Geltung, als der Magistrat beschloss, dass Anhänger anderer Glaubensrichtungen als der antitrinitarischen Klausenburg verlassen müssten. Doch die Mehrheitsverhältnisse begannen sich ab 1598 abermals zu verschieben.

> „C'est en 1598 que les premiers calvinistes sont arrivées [...] à Kolozsvár, ville unitarienne depuis Ferenc Dávid. Ils provenaient de Várad, ville assiégée par les turcs. Ainsi se termine de facto l'unité religieuse de la ville; mais rien ne change *de iure* puisque le principe fondamental de la politique ecclésiastique, celui du *major pars*, adopté en 1581, a assuré des droits exclusifs à la confession majoritaire sans autoriser l'exercice du culte des religionnaires de minorité. Se référant à cette base juridique, la municipalité et la direction ecclésiastique de la ville n'ont permis que les offices tenus dans les maisons privées. Les calvinistes n'avaient évidemment pas le droit de tenir de fonctions publiques."[50]

1603 gelang den Unitariern noch einmal ein Verdrängungssieg, sie ließen die wenigen Jesuitenpatres aus der Stadt vertreiben. Dann wendete sich der kalte Wind der Verfolgungen und Schikanen gegen sie selbst. Mit Blick auf die Rezeptionsdeklaration von 1595 hatten ein Landtagsbeschluss von 1608 und eine Anordnung des katholischen Fürsten Gabriel Báthory von 1609 die Klausenburger Magistratsverfügung von 1581 unterlaufen, calvinistischen Predigern wurde gestattet, „an einem bestimmten Ort" – etwas später dann in der ehemaligen Dominikanerkirche in der Altstadt (Óvár), dem unitarischen Kolleg benachbart – öffentlich predigen zu dürften.[51] Im Aufwind waren nun die Calvinisten. Sie erhielten um 1622 die seit 1603 von den Jesuiten aufgelassene ehemalige Franziskanerkirche in der Innenstadt, die Zulassung eines zweiten Predigers und, neben dem Unitarischen Kolleg, eine eigene Höhere Schule, sowie einen Anteil an den Zehnteinnahmen der Stadt. Entscheidend war jedoch der Orientierungswechsel eines Teils der Gemeinde aus der *sächsischen natio* nach 1626, die auf fürstliches Geheiß nun auch in Adam Gitschner, gefolgt von Caspar Graff, calvinistische Prediger ihrer Muttersprache erhielt und, neben der ungarischsprachigen, eine gewissermaßen autonome Gemeinde bildete. Weitere paritätische Entscheidungen für die Besetzung von Magistratsstellen durch Calvinisten folgten.[52] Nach und nach gewann diese Richtung der Klausenburger Protestanten mit Unterstützung der calvinistischen Fürsten die Mehrheit in Stadt und Magistrat.

Zur entscheidenden Zurückweisung der Unitarier kam es erst 1638 auf dem Landtag zu Desch/Dés, als gegen sie in der so genannten „Complanatio" eine Reihe von Verboten erlassen und etliche ihrer (veröffentlichten) Schriften verboten wur-

---

50 Sipos: Les calvinistes de Kolozsvár (wie Anm. 38), S. 313. Der Erlass von 1581 betraf vor allem die damals überwiegend nur ungarischen Calvinisten.

51 Sipos: Les calvinistes de Kolozsvár, S. 313, 315.

52 Keserű: Die ungarische unitarische Literatur (wie Anm. 10), S. 116–117.

den.[53] Eine Vertreibungsaktion oder Zwangscalvinisierung erfolgte jedoch nicht und damit unterschied sich Siebenbürgen u. a. auch hierin von anderen mitteleuropäischen Schauplätzen der Reformation, beispielsweise von Kärnten, der Steiermark und von Krain[54], wo Staat und katholische Kirche bereits um 1600 Gewalt gegen Protestanten und ihre Bücher angewendet hatten.

Der Fall Klausenburg zeigt, dass zwar dem die vier Konfessionen legitimierenden Landtagsbeschluss von 1595 formal Genüge getan war, zugleich sich aber auch seine tatsächliche Fragilität erwiesen hatte. Der fürstliche Entscheid wog schwerer als Landtagsbeschlüsse und lokale Traditionen.

## II.

### Die Unitariergemeinden nach 1600

Das Erstarken der beiden calvinistischen Gemeinden in Klausenburg bedeutete zugleich den Niedergang der beiden unitarischen Sprachgemeinden – und das war nicht nur an Zahlen zu ermessen, sondern auch an der nach György Enyedi rückläufigen geistigen Kreativität der Radikalreformer.[55] Eine Stimmung des Niedergangs begleitete, vor allem bezüglich der Klausenburger deutschen natio, sicherlich schon die Amtszeit des an sich noch erfolgreich agierenden Superintendenten (1616–1632) aller Unitarier, Valentin Radecke/Radecius, der seit 1622 bis 1632 zugleich auch Stadtpfarrers der deutschen natio war.[56] Er war zuvor 1615 von auswärts, aus dem polnischen Danzig, einer benachbarten Hochburg der Unitarier, nach Klausenburg berufen worden. Wie sehr sich die beiden Gemeinden voneinander unterschieden, wurde in mehreren Forschungsarbeiten ermittelt.[57] Radecius war der letzte deutsche Superintendent der siebenbürgischen Unitarier. Er war des Magyarischen kaum mächtig, was angesichts der konfessionellen und sprachlichen Umbrüche in der Unitariergemeinde wohl mit dazu beitrug, dass die Synode nach seinem Tod be-

---

[53] Zur Desi Complanatio vgl. Szegedi: Identitatea Clujului premodern, Kapitel: Complanaţia de la Dej şi urmările ei asupra antitrinitarismului din Transilvania [Die „Complanatio" von Desch und ihre Folgen für den Antitrinitarismus in Siebenbürgen] (wie Anm. 8), S. 111–131, mit der Liste damals konfiszierter 27 unitarischer Bücher, ebenda, S. 121–122.

[54] Zu Letzterem Zach: „[...] Eine kleine Biblia [...]" (wie Anm. 4), S. 167, 169f.

[55] Szegedi: Zeit, Geschichte und Legitimität, S. 235f., 245f.

[56] Ebenda, S. 236.

[57] Balázs: Early Transylvanian Antitrinitarianism, S. 207f. – Ders.: Über den europäischen Kontext, S. 20–25. – Zu den südpolnischen Unitariergemeinden von Danzig, Krakau und Raków: Deane, Scott: The Racovian Catechism and Socian Christology. In: http://grcog.homestead.com/racovian_catechism.htm (7 S.)

schloss, den Bischof nur mehr unter Vertretern der Klausenburger ungarischen natio wählen zu lassen.[58]

Radecke stand den gemäßigten Anhängern Sozzinis in Südpolen nahe. Mit Fausto Sozzini soll er zahlreiche Briefe gewechselt haben.[59] Wie schon sein Vorgänger, der gelehrte Bischof György Enyedi, der auch am unitarischen Kolleg unterrichtet hatte, wird Radecius ebenfalls als Lehrer beschrieben.[60] Wie Enyedi, bemühte sich auch Radecius um die Disziplinierung der unitarischen Gemeinden. Er verfasste eine Visitations- und eine Kirchenordnung[61] für sie und versuchte mit den „Geistlichen Gesängen" zumindest der deutschsprachigen Gruppe Beten und Kirchengesang wieder nahe zu bringen.[62] Es gelang diesem Bischof auch, wieder zu veröffentlichen, u.a. zwei gemäßigt-unitarische Werke mit Symbolcharakter, die die Zensur passierten und 1620 im Druck erschienen – die „Geistlichen Gesänge" und ein „Kinderkatechismus."

Über deutschsprachige unitarische Handschriften und Drucke ist nur wenig bekannt, systematisch haben weder die ungarischen noch die siebenbürgisch-sächsischen[63] Kirchenhistoriker sie erforscht. Die Einordnung des deutschen „Kinderkatechismus" von 1620 in die Reihe der unitarischen „normativen Kate-chismustexte", wie Keserű sie nennt, steht also noch aus. Bei den Klausenburger Unitariern hatte von Beginn an eine Scheu bestanden, sich in symbolhaften „Schriften der Verkündigung" dogmatisch festzulegen. Aus Sicht von Davidis (und seiner Anhänger) war das sehr verständlich, weil es ihm nicht um die Gründung einer neuen Konfessionsgemeinde ging, sondern um fortschreitendes ‚Reinigen' der vorhandenen Praxis in den Dingen des Glaubens von späteren Beigaben, beginnend mit den Dogmen,[64] sei das die Trinitätslehre oder seien es die Sakramente. Auf das „Reinigen" wird auch im „Kinderkatechismus" von 1620 gleich zu Beginn Bezug genommen – gemeint ist das „Reinigen des Weges" zu Gott.

---

58 Szegedi: Zeit, Geschichte und Legitimität (wie Anm. 2), S. 237, Anm. 2.

59 Zedler: Großes Universal-Lexicon, Bd. 30, Sp. 1, S. 0266. – Radecius ist m. W. noch keine monographische Darstellung zuteil geworden.

60 Ein (magyar) „iskolamester" ist ein Schulmeister, so in RMNy, Bd. 2, 310.

61 „Formulam administrandi coenatu dominicam, precationes u.a.m. Clausenburg 1638." – Zedler: (wie Anm. 3). – De disciplina ecclesiastica [Radicius: Kirchenordnung].

62 Zum Inhalt der „Geistlichen Gesänge" heißt es im Vorwort: „Der erste Teil [...] geistlicher Gesänge auf die vornehmste Festtage des Jahres verfasset sind, samt dem christlichen Glauben, zehn Geboten und Vaterunser – Der andere (= 2.) Teil [...] in welchem viel Psalmen Davids sowohl reimweise als auch choralweise zu singen verfasset sind, samt etlichen Lobgesängen aus der H[eiligen] Schrift – Dritter Teil [...] allerlei geistliche Lieder zum christlichen Beruf gehörig zusammengetragen sind [...] Früh- und Abendgebet, wie sie in den deutschen Kirchen zu Clausenburg täglich gehalten werden – Ein Gebet für Wandersleute auf den Straßen zu beten." Zit. n. RMNy, Bd. 2, Nr. 1225, 310.

63 Keserű: Die ungarische unitarische Literatur (wie Anm. 10), S. 110.

64 Balázs: Gab es eine unitarische Konfessionalisierung? (wie Anm. 15), S. 140f.

Noch erhaltene normative oder „symbolische Bücher“ (M. Balázs) waren – soweit bereits erforscht – überall in Siebenbürgen von italienischen, schweizerischen und polnischen Vorbildern beeinflusst oder gingen auf solche zurück. Dazu gehörten zufördest die Katechismen, über deren Entstehungsgeschichte Literaturwissenschaftler heute mehr Aufschluss[65] suchen, wenngleich es wohl nicht gelingen wird, immer auch so etwas wie ihre ‚Genealogien‘ zu erstellen.

## Kurze Beschreibung des Kinderkatechismus

Der „Kleine Kinderkatechismus“, den Johann R. Makai 1620 in Klausenburg in der damals noch den Unitariern zuzuordnenden ehemaligen Kaspar-Helth-Druckerei herausbrachte, umfasst, mit dem Titelblatt, 22 Quartseiten, wobei die Doppelseite f. 7 (r,v) fehlt.[66] Er ist nicht durchgehend paginiert.[67] Vorangestellt ist dem Katechismus Vers 9 aus Psalm 119 [f. 1 v.].

Es handelt sich laut dem Titelblatt ausdrücklich um einen Kleinen Katechismus bzw. um einen „Kinderkatechismus“: „Der Kleine Katechismus/ Zur vbung [Übung] der kinder/ in dem Christlichen/ Gottesdienst.“ [f. 1 r]

Mit diesem Titel ist der Bezug auf Luthers Kleinen Katechismus gegeben. Es ist überliefert, dass dessen Schriften bei den Klausenburger Antitrinitariern/Unitariern in hohem Ansehen standen.[68] Auch der Klausenburger „Kinderkatechismus“ von 1620 ist nach der klassischen einfachen Frage-Antwort-Form aufgebaut.

Ein flüchtiger Vergleich mit dem „Kleinen Katechismus“ Luthers zeigt, dass die drei unverzichtbaren Teile – Glaube (Credo), Gebote (Zehn Gebote), Vater Unser (hier als Teil des 1. Gebots [f. 5 v/ 6r]) auch im unitarischen Katechismus von 1620 enthalten sind. Die beiden anderen Hauptteile der Fünf Fragstücke werden jedoch anders gestaltet: Hier wird unter „gute sitten“ [f. 9v/10r] und „Ceremonien“ das Abendmahl [f. 10r–11r] behandelt und – statt Taufe – eine Erläuterung zum „H. Geist“ [f. 11r.v] angefügt.

Der Klausenburger „Kinderkatechismus“ vermittelt in einfacher, klarer Sprache den Grundbestand der christlichen Lehre nach gemäßigt-unitarischem Verständnis. Auf die Eingangsfrage

---

65 Balázs verweist dazu auf den international gemischten Basler Humanistenkreis und ebenso auf die Peregrinatio-Forschung. Balázs: Gab es eine unitarische Konfessionalisierung? (wie Anm. 15), S. 150f. – Ders.: Einflüsse des Basler Humanismus auf den Siebenbürger Antitrinitarismus. In: Leppin, Wien (Hgg.): Konfessionsbildung (wie Anm. 15), S. 143–152.

66 Dieses Blatt fehlt in beiden der noch nachgewiesenen Katechismen. – Die hier wie im Anhang verwendete Paginierung ist modern bzw. fiktiv.

67 Die am Fuß der Quartseiten mitgedruckte Paginierung lautet: [a j]-[a iiiij] sowie [b j]-[b iiij].

68 Balázs: Kontext (wie Anm. 1), S. 20: „Die Trinitätsleugner sprachen immer mit Respekt von Luther [...] sie betrachteten sich als die authentischen Beender dessen angefangenen großen Werkes.“, ebenda. – Szegedi: Zeit, Geschichte und Legitimität (wie Anm. 2), S. 240f.

„Was ist die *Christliche Religion*?" folgt die klare Antwort:
„Es ist ein *Weg*, den Menschen von Gott gezeiget und offenbaret, / das ewige leben zu erlangen", ein Weg, der nur „in der Heiligen Schrift, sonderlich im Newen Testament" gezeigt wird und der „Erkenntnis Gottes und Jesu Christi" dient.[69]

Das dem Katechismus vorangestellte Motto zeigt die unitarisch ausgerichtete *Zielsetzung* mit der Betonung auf dem *Reinigen* des Weges zu Gott. Mit Bezug auf die Hl. Schrift (Psalm 119, v 9) heißt es dann:

„Womit wird ein Junger Mensch seine Wege *reinigen*?
Wenn der HERR deinen Willen bewahret."[70]

Im Vorwort zu den „Geistlichen Gesängen" betont Radecius u.a. die Aufgabe der „Reinigung" der Texte im Sinne eines fortlaufenden Reformierens, und zwar auch nach Luther. Denn es war zur Zeit der Bischöfe György Enyedi und Valentin Radecius immer noch die Auffassung der Klausenburger unitarischen Kirche, dass die Reformation (oder Reinigung) nicht als abgeschlossen gelten könne. Franz Davidis hatte das mit einer Metapher als die „Befreiung Christi aus seinen Särgen" beschrieben.[71]

Der Klausenburger „Kinderkatechismus" enthält kurze Belehrungen zur Natur Christi, der alleinigen Göttlichkeit von Gott-Vater als „dem Einigen Gott" (f. 4 r, also einer – so nicht ausgesprochenen bzw. ins Positive verschobenen – Ablehnung der Trinitätslehre) und dem Abendmahl:

„Welche sind die ding, die Gottes//
Wesen angehen vnd zur Seligkeit notwendig sind? [...]

Es sind diese: Kennen das Gott ist//
Das nur ein Gott ist/
Das er Ewig ist/
Das er vollkommen Gerecht/
vollkommen Weise vnnd//
vollkommen Mächtig ist. [...]

Es ist der Vater unseres Herrn//
Jesu Christi. [...]

Was soll ich von Jesu Christo//
wissen? [...]

---

[69] f. 2 r. Hervorhebungen K. Zach.

[70] f. 1 v. Hervorhebung K. Zach.

[71] Zit. nach SZEGEDI: Zeit, Geschichte und Legitimität (wie Anm. 3), S. 241.

Dieses/ das er nach seiner natur//
ein *wahrhafftiger Mensch* ist: wie//
ihn als solch einen zu sein die Heilige//
Schrift bezeuget. [...] Es ist ein Mitler//
Gottes vnnd der menschen/ der//
Mensch Jesus Christus/ Tim[otheus] 2., v.5.
[...]
Ist Christus der *Einige* Gott?
Nein, Sondern er ist der *Sohn* des Einigen Gottes."[72]

Ähnlich knapp wird auch das unitarische Verständnis des Abendmahls dargelegt. Die Taufe wird nicht erwähnt.

## III.

Im Fazit dieser Ausführungen bleiben, neben einigen Annahmen (1–5), viele künftigem Forschungseifer anheim gestellte Fragen offen.

1. Auch wenn eine Analyse des Klausenburger „Kinderkatechismus" unter theologisch-dogmatischem Gesichtspunkt hier nicht beabsichtigt ist, erscheint die Annahme plausibel, dass der Luthersche Kleine Katechismus (KK) als Grundlage der vorliegenden Version dieses „Kinderkatechismus" gedient haben dürfte. Es ist kaum denkbar, dass die Klausenburger Antitrinitarier/Unitarier – trotz aller Scheu gegenüber dogmatischer Festlegung in symbolischen Schriften – für die Unterweisung der jungen Menschen ihrer Gemeinde in der protestantischen Lehre auf jegliches handschriftliche oder gedruckte Instrument verzichtet hätten.

2. Luthers KK war in Siebenbürgen schon längst bekannt und in vielen Gemeinden in Gebrauch, so in Kronstadt, wo 1548 ein solcher in der Honterus-Druckerei erschienen war und auch in Klausenburg, wo Caspar Helth in den 50er Jahren Katechismen nach Luthers Vorbild in seiner 1550 gegründeten Druckerei herausgebracht hatte.[73] Auch steht der Klausenburger „Kinderkatechismus" dem KK Luthers nicht fern, sieht man von den genannten unitarischen Positionen einmal ab und vergleicht ihn mit der lutherschen Version.

3. Unklar ist jedoch, warum das eine Blatt, enthaltend Teile des 4. bis 6. Gebots, in beiden der überlieferten Klausenburger Katechismen fehlt. Sein gleichartiges Entfernen weist vielleicht darauf hin, dass dieser Kinderkatechismus nach seiner Drucklegung tatsächlich eine Zeit lang in Gebrauch war. Warum sonst hätte man ein Blatt daraus entfernen sollen?

---

[72] f. 2 v, 3 r, 3 v, 4 r. Hervorhebungen K. Zach.

[73] Zwischen 1550 und 1555, in magyarischer Übersetzung, nach dem KK. In Kronstadt war bereits 1548 ein KK nach Luther gedruckt worden. Zach: „[...] Eine kleine Biblia [...]", S. 168.

4. Ungeklärt ist ferner die Frage der Autorschaft des Klausenburger „Kinderkatechismus". Weder im Vorwort zu den „Geistlichen Gesängen", noch auf dem Titelblatt des „Kleinen Kinderkatechismus" wird gesagt, dass Radecius auch der Autor dieser ‚Reinigungsarbeit' gewesen sei. Edit Szegedi geht allerdings davon aus.

5. In Band 2 der RMNy wird auf Valentin Schmaltz (Smaltius), einen antitrinitarischen Theologen, Sozianer und produktiven Autor in Südpolen als Verfasser hingewiesen. Hatte Valentin Radecius ein Vorbild aus der polnischen Gemeinde, der er – wie auch sein Vater – angehörte, verwendet? Von dem Gothaer Schmaltz (1572–1622) ist bekannt, dass er um 1598 als Pastor in Raków, dem Hort der Polnischen Brüdergemeinde, weilte und den „Rakower Katechismus" (von 1605) vielleicht mitgestaltet, ihn jedenfalls 1608 aus dem Polnischen ins Deutsche übersetzt habe.[74] Die Entstehungsgeschichte dieses Katechismus ist noch unklar, Schmaltz aber ein möglicher Mitverfasser. Nicht so sehr die Dogmatik[75] des Katechismus, als die darin enthaltenen Formen der Frömmigkeitsausübung unterschieden die Polnischen Brüder von den Klausenburger Unitariern. Den ersten Katechismus der Krakauer Gemeinde hatte Pastor Georg Schomann bereits 1574 veröffentlicht.[76] Der „Rakower Katechismus" ist ein sehr umfangreiches Werk mit der Propaganda und Selbstverteidigung der Brüdergemeinde dienenden dogmatischen Festlegungen und jedenfalls *kein* Kinderkatechismus.[77]

> „The [Racovian] Catechism became the chief mark of the Socinians. It ‚is not a catechism in the sense of being a book for religious instruction of the young, so much as a manual of doctrines in question and answer form, tended largely for purposes of propaganda and defense.'"[78]

Daher dürfte er als direkte Quelle für Valentin Radecius kaum in Frage kommen. Andererseits waren die beiden genannten südpolnischen Katechismen der Brüder Valentin Radecius ganz sicher bekannt, sie waren schließlich in seiner eigenen unitarischen Herkunftsgemeinde entstanden, und zu ihr hielt er den Kontakt aufrecht, wie auch seine Teilnahme an der Synode zu Lublin 1612 zeigt.[79]

Abschließend sei hier kurz genannt, was weiterhin unklar bzw. unbearbeitet ist: Gab es noch mehrere oder andere deutschsprachige (handschriftliche?) Katechismen der Unitariergemeinde zu Klausenburg, die noch nicht registriert oder bearbeitet sind?

---

74 Zedler: Großes Universal-Lexicon, Bd. 35, 0157 und Bd. 38, 0049/Sp. 2 – 0051/Sp. 2.

75 Deane: The Racovian Catechism, S. 2–5.

76 Ebenda, S. 1.

77 Ebenda, S. 2f.

78 Ebenda, S. 3 (Zitat nach Wilbur, Morse E.: A History of Unitarianism: Socinianism and its Antecedents, Cambridge/Mass. Harvard U. P. 1947, S. 416).

79 Biography: Or, Sketches of the Lives and Writings of Distinguished Antitrinitarians, hg. von Robert Wallace. London 1850, Bd. 3. In: http://unitariens.voila.net/articles/radecius_ang.html.

Über die Formierung und konfessionelle Positionierung der natio saxonica um die Wende zum 17. Jahrhundert gegenüber der ungarischen Gemeinde (natio hungarica) der Stadt wurde noch fast gar nicht gearbeitet.[80] Die kurz erwähnten außenpolitischen Ereignisse, die von den habsburgisch-osmanischen Kriegen verursacht waren, hatten signifikante Auswirkungen auf das Agieren der ständischen Eliten in Siebenbürgen.[81]

Die Rückkehr Stefan Bocskays in seine Heimatstadt Klausenburg war 1605 einer der Gründe für das Erstarken der calvinistischen Gemeinde. Aber auch andere Faktoren und demographische Verschiebungen, die nicht nur durch konfessionellen Wandel in diesem Raum verursacht waren, sondern auch infolge von Epidemien, Verfall der Landwirtschaft und Hungersnöten,[82] betten die Fragen nach dem Erstarken der Calvinisten und dem Verschwinden der deutschen Klausenburger Gemeinde in einen bislang noch nicht erörterten, viel breiteren Kontext. Welche Prozesse und Mechanismen waren zu dieser Zeit am Werk, die aus dem zweisprachigen Klausenburg eine magyarische Stadt entstehen ließen?

Was für den Klausenburger „Kinderkatechismus" gilt, kann in gleicher Weise auch für seinen präsumtiven Verfasser, Valentin Radecius (alias Radecke und in Polen Radecki oder Radetzki), gelten. Obwohl er fast zwei Jahrzehnte in Klausenburg gewirkt hatte, gehört Valentin Radecius selbst zu den noch kaum erforschen Figuren der Geschichte einer Klausenburger Konfessionenbildung aus dem ersten Drittel des 17. Jahrhunderts. Die Familie Radecke war aus den Niederlanden nach Danzig gekommen. Von den acht Kindern überlebten vier, darunter Valentin. Dieser hatte Gelegenheit, im Vaterhaus die Palette protestantischer Glaubensdisputationen kennen zu lernen. Auch der Vater hatte, katholisch getauft, ähnlich wie viele Siebenbürger seiner Generation, mehrfach seine Glaubensoptionen geändert. Die Atmosphäre in Klausenburg dürfte Valentin Radecius nach seiner Berufung zum Superintendenten im Jahr 1615 also nicht fremd gewesen sein.[83]

Die eingehende Erforschung von Biographie und Wirken des letzten deutschen Superintendenten der Klausenburger Unitarier, Valentin Radecius, könnte auch auf die Umbruchphase, die er dort über fünfzehn Jahre lang mitgestaltete, mehr Licht werfen. Seine nach Südpolen, zur Rakówer Brudergemeinde, zu Fausto Sozzini und wahrscheinlich noch zu vielen anderen besser bekannten Gestalten der mitteleuropäischen Reformationsgeschichte weisenden Netzwerke liegen noch weitgehend uner-

80 Umso erfreulicher ist es, dass Gizella Keserű für diesen Band eigens einen Beitrag über die Klausenburger sächsischen Unitarier verfasste (S. 153–178).

81 Dazu erstmals eine systematische Untersuchung bei Arens, Meinolf: Habsburg und Siebenbürgen 1600–1605. Gewaltsame Eingliederungsversuche eines ostmitteleuropäischen Fürstentums in einen frühabsolutistischen Reichsverband. Köln, Weimar, Wien 2001, hier S. 10f., 65–66, 238, 249.

82 Darauf wird wiederholt verwiesen bei Arens, S. 247.

83 http://unitariens.voila.net/articles/radecius_ang.html.

forscht im Dunklen. Namen wie die des Druckers Alexius Rodecki, von Ernst Sohner, Johann Gellius, Samuel Niecicius oder Michael Gittichius finden sich in älteren Bibliographien und Chroniken zu Radecius.[84] Auch die Klärung seiner Beziehungen zu Sozzini und damit ein noch vermisster Beitrag zur Klausenburger Unitariergeschichte stehen aus.

[84] Ebenda. – Zedler: Großes Universal-Lexicon, Bd. 30, 0266/1.

f. 1r

# Der Kleine Katechismus//

Zur vbung der kinder //
in dem Christlichen //
Gottesdienst.[1]

[unten:]
Gedruckt zu Clausenburg/ in Ca-//
spar Heltj Druckerey //
Durch Ioan[nes] R. Makai.//
M. DC. XX.

| f. 1 v | f. 2 r [a ij] |
|---|---|
| [Mitte:]<br>*Psal[m] 119. v[ers] 9./*<br>Wormit wird ein Junger Mensch //<br>seine Wege reinigen? Wenn [d]er //<br>HERR deinen willen bewahret. | **Der Kleine Katechismus.**<br><br>*Wenn man fragt/*[2]<br>Was ist die Christliche Religion?<br>*Antwort.*<br>ES ist ein Weg den Menschen //<br>von Gott gezeiget und offenba-//<br>ret das ewige leben zu erlangen.<br><br>*Wenn man fragt/*<br>Wo ist der Weg gezeiget vnd //<br>offenbaret?<br>*Antwort.*<br>In der Heiligen Schrifft: son-//<br>derlich im Newen Testament.<br><br>*Wenn man fragt/*<br>Welches ist der Weg?<br>*Antwort.*<br>Das Erkentnis Gottes vnnd //<br>Jesu Christi. |

1 Darunter mittig eine *Vignette*: Ein Kreuz im Kreis, florale Elemente, Ranken, die ein Herz bilden.

2 Hier *Frage/Antwort* der besseren Übersichtlichkeit wegen kursiv hervorgehoben.

| f. 2 v<br>*(Kolumnentitel:* Der Kleine*)* | f. 3 r [a iij]<br>*(Kolumnentitel:* Katechismus) |
|---|---|
| *Wenn man fragt/*<br>Worin besteht das Erkentnis //<br>Gottes?<br>*Antwort.*<br>Es bestehet in dem Erkentnis//<br>derer dinge die sein wesen ange-//<br>hen, vnnd in dem Erkentnis seines //<br>Willens.<br><br>*Wenn man fragt/*<br>Welche sind die ding, die Gottes //<br>Wesen angehen/ vnd zur Se-//<br>ligkeit notwendig sind?<br>*Antwort.*<br>Es sind diese: Kennen das Gott //<br>ist/ Das nur ein Gott ist/ Das er //<br>Ewig ist/ Das er vollkommen Ge-//<br>recht/ vollkommen Weise/ vnnd //<br>vollkommen Mächtig ist.<br><br>*Wenn man fragt/*<br>Wer ist dieser Einiger Gott? | *Antwort.*<br>Es ist der Vater unsers Herrn //<br>Jesu Christi.<br><br>*Wenn man fragt/*<br>Wormit beweisestu das?<br>*Antwort.*<br>Mit hellen zeugnissen der Heili-//<br>gen Schrift.<br><br>*Wenn man fragt/*<br>Welche sind dieselbigen?<br>*Antwort.*<br>Diese/ da der Herr Jesus spricht: //<br>Vater/ das ist das ewige leben //<br>das sie erkenne[n] dich den allein warhaff-//<br>tigen Gott/ Johan[nes] 17, v[ers] 3. Vnd //<br>der Apostel Paulus: Wir haben //<br>nur Einen Gott/ den Vater, aus //<br>welchem alle ding/ 1. Kor[inther] 8, v[ers] 6.<br><br>*Wenn man fragt/*<br>Welches sind die ding/ die Gottes //<br>Willen angehen? |

| f. 3 v<br>*(Kolumnentitel:* Der Kleine*)* | f. 4 r [a iij]<br>*(Kolumnentitel:* Katechismus*)* |
|---|---|
| *Antwort.*<br>Es sind die/ welche vns Gott durch //<br>Jesum Christum offenbaret hat.<br><br>*Wenn man fragt/*<br>Was soll ich von Jesu Christo //<br>wissen?<br>*Antwort.*<br>Diss hat zwey theil: Eins gehet //<br>seine Person an/ Das ander sein // Ampt.<br><br>*Wenn man fragt/*<br>Welches ist das/ das seine Per-//<br>son angehet?<br>*Antwort.*<br>Dieses/ das er nach seiner natur //<br>ein warhafftiger Mensch ist: wie //<br>ihn solch einen zu sein die Heilige //<br>Schrifft bezeuget. Vnd unter an-//<br>deren diese örter: Es ist ein Mitler //<br>Gottes vnnd der menschen/ der //<br>Mensch Jesus Christus/ 1 Tim[otheus] 2.<br>v[ers] 5. | Item: Gleich wie durch einen //<br>Mensche[n] der Todt/ also auch durch //<br>einen Menschen die Aufferstehung //<br>von den todten/ 1 Cor[inther 15 v. 11.<br><br>*Wenn man fragt/*<br>Ist denn der Herr Jesus ein //<br>schlechter mensch?<br>*Antwort.*<br>Mit nichten. Sintemal er vom //<br>H[eiligen] Geist empfangen/ vnd von der //<br>Jungfraw Maria geboren: Vnd //<br>darumb ist er auch von seiner em-//<br>pfengnis vnnd geburt an Gottes // Sohn.<br><br>*Wenn man fragt/*<br>Ist Christus der Einige Gott?<br>*Antwort.*<br>Nein. Sondern er ist der Sohn //<br>des Einigen Gottes.<br><br>*Wenn man fragt/*<br>Welche sind die ding/ die sein Ampt //<br>angehen? |

| f. 4 v<br>*(Kolumnentitel:* Der Kleine*)* | f. 5 r [aiiij]<br>*(Kolumnentitel:* Katechismus*)* |
|---|---|
| *Antwort.*<br>Diese drey: Das er ein Prophet //<br>vnser König/ vn[d] Hoherpriester ist. | *Antwort.*<br>Er begreifft in sich zweyerley sa-//<br>chen: Eine die Gott/ die andere die //<br>Vns zugehören. |
| *Wenn man fragt/*<br>Worin besteht sein Propheten-//<br>Ampt?<br>*Antwort.*<br>Darin/ das er vns Gottes willen //<br>vollkommen offenbaret/ vnd den-//<br>selbigen bekräfftiget hat. | *Wenn man fragt/*<br>Welche sind die/ so Gott zugehören?<br>*Antwort.*<br>Es sind seine vollkommene Ge-//<br>bot vnd seine vollkommene Ver-//<br>heissungen. |
| *Wenn man fragt/*<br>Welches ist der Willen Gottes //<br>den vns Christus vollkom-//<br>men offenbaret hat?<br>*Antwort.*<br>Es ist der Newe Bund/ welchen //<br>er mit vns menschen im Namen //<br>Gottes aufgerichtet hat.<br><br>*Wenn man fragt/*<br>Was begreifft der Newe Bund //<br>in sich? | *Wenn man fragt/*<br>Welche sind die vollkommene //<br>Gebot/ die durch Christum //<br>offenbaret sind?<br>*Antwort.*<br>Ein Theil der selbigen ist begriffen //<br>in etlichen Geboten die durch Mo-//<br>sen gegeben waren/ mit dem das im //<br>Newen Bunde hinzu gethan ist:<br>Das ander Theil ist begriffen in //<br>denen/ die der Herr Jesus inson-//<br>derheit gegeben hat. |

| f. 5 v<br>*(Kolumnentitel:* Der Kleine*)* | f. 6 r [ – ]<br>*(Kolumnentitel:* Katechismus*)* |
|---|---|
| *Wenn man fragt/*<br>Welches sind die ersten?<br>*Antwort.*<br>Die sind in den Zehen Geboten //<br>Gottes begriffen. Vnd dieselbigen //<br>Lauten also.<br>**Das erste Gebot.**<br>Du sollst nicht andere Götter ha-//<br>ben neben Mir.<br><br>*Wenn man fragt/*<br>Was hatt der Herr Jesus zu die-//<br>sem Gebot hinzu gethan?<br>*Antwort.*<br>Erstlich/ das er vns ein ein gewisse //<br>weise gelehret hat nach welcher wir //<br>beten sollen. Dieselbige lautet also:<br>Vater vnser der du bist im himmel:<br>Geheiliget werde dein Name. //<br>Zukosste vns dein Reich. Dein //<br>Wille geschehe/ wie im Himmel //<br>also auch auff Erden. Vnser Täglich // | Brod gib vns heute //<br>Vnd vergib vns vnsere schuld //<br>wie auch wir vergeben vnseren //<br>schuldigern. Vnnd füre vns //<br>nicht in Versuchung: Sondern //<br>erlöse vns von dem Bösen. //<br>Denn dein ist das Reich/ vnd die //<br>Krafft/ vnd die Herrligkeit/ in //<br>ewigkeit/ Amen.<br>Darnach/ das wir auch den Herre[n] //<br>Jesum für vnsern Göttliche[n] Herr-//<br>scher erkennen/ vnd ihm Göttli-//<br>che ehre anthun sollen.<br><br>**Das ander Gebot.**<br>Du solt dir kein Gebildnis/ noch //<br>jrgend ein gleichnis machen/ weder //<br>des das oben im Himmel/ noch des //<br>das vnten auff Erden/ oder des //<br>das im Wasser vnter der Erde[n] ist. //<br>Bete sie nicht an/ vnd diene jhnen //<br>nicht. |

<table>
<tr><th>f. 6 v<br>(Kolumnentitel: Der Kleine)</th><th>f. 8 r [b ij]<br>(Kolumnentitel: Katechismus)</th></tr>
<tr><td>Wenn man fragt/<br>Was hat der Herr Jesus zu die-//<br>sem Gebot hinzu gethan?<br>Antwort.<br>Dieses/ das wir die Bilder nicht //<br>allein nicht ehre[n]/ sondern auch weit //<br>davon sein sollen.<br><br>Das dritte Gebot<br>Du solt den Namen Gottes dei-//<br>nes Herren nicht missbrauchen: den[n] //<br>der Herr wird den nicht vngestra-//<br>fet lassen/ welcher seinen Namen //<br>missbrauchet.<br><br>Wenn man fragt/<br>Was heist den Namen Gottes //<br>missbrauchen?<br>Antwort.<br>Es heist/ Gott zum Zeugen an-//<br>ruffen in falschen sachen.<br><br>Wenn man fragt/<br>Was ist im Newen Bundezu die-//<br>sem Gebot hinzu gethan?<br><br>[Hier fehlt eine Doppelseite – f. 7r,v:<br><br>[...] 4.– 6. Gebot]</td><td>[...]<br>auff vnsere brüder nicht solle[n] rach-//<br>giriger weise zürnen/ noch sie mit //<br>vnfreundlichen worten beleidigen: //<br>Darnach: Das wir vns keines we-//<br>ges sollen rächen an denen welche //<br>vns beleidigen.<br><br>Das siebende Gebot.<br>Du solt nicht ehebrechen.<br><br>Wenn man fragt/<br>Was hat Christus der Herr zu //<br>diesem Gebot hinzu gethan?<br>Antwort.<br>Dieses/ das wir vns für allerley //<br>hurerey vnd vnzucht schandbaren //<br>worte[n] narrentheidingen vn[d] schertz //<br>sollen hüten.<br><br>Das achte Gebot<br>Du solt nicht stelen.<br><br>Wenn man fragt/<br>Was ist hierin verboten?</td></tr>
</table>

| f. 8 v<br>*(Kolumnentitel:* Der Kleine*)* | f. 9 r [bijj]<br>*(Kolumnentitel:* Katechismus*)* |
|---|---|
| *Antwort.*<br>Es ist verboten allerley Vervor-//<br>teilung vnseres nechsten/ in den sa-//<br>chen die seinen nutz angehen.<br><br>*Wenn man fragt/*<br>Was hat der Herr Jesus zu die-//<br>sem Gebot hinzu gethan?<br>*Antwort.*<br>Dieses/ das wir nicht sollen gei-//<br>tzig sein. Item/ das wir den vber-//<br>fluss in der narung vnd kleidung/ vnd //<br>alle fleischliche wollust solle[n] meide[n].<br><br>**Das neundte Gebot.**<br>Du solst nicht falsch gezeugnis re-//<br>den wider deinen nehesten.<br><br>*Wenn man fragt/*<br>Was gehöret zu diesem Gebot?<br>*Antwort.*<br>Allerley lügen/ auch die so aus //<br>leichtfertigkeit geschicht. Darzu //<br>allerley affterreden/ verleumbden //<br>nachreden/ richten vn[d] verdammen. | **Das zehende Gebot.**<br>Du solt nicht begehre[n] deines nech-//<br>sten hauß/ weib/ knecht/ magd/ och-//<br>sen/ esel/ noch alles was sein ist.<br><br>*Wenn man fragt/*<br>Was heist/ Seines Nechsten ding //<br>begeren?<br>*Antwort.*<br>Es heist/ in seinem hertzen vor sich //<br>nehmen/ wie man das bekommen //<br>möge/ welches vnseres nechsten ist //<br>es geschehe wie es wolle.<br><br>*Wenn man fragt/*<br>Welches ist das Theil der Gebot //<br>Christi/ die Er besonders ge-//<br>geben hat?<br>*Antwort.*<br>Diese Gebot sind zweyerley. Ei-//<br>ne gehen die gute sitten an. Die an-//<br>dere/ die Ceremonien. |

| f. 9 v<br>*(Kolumnentitel:* Der Kleine*)* | f. 10 r [b iiij]<br>*(Kolumnentitel:* Katechismus*)* |
|---|---|
| *Wenn man fragt/*<br>Welche gehen die gute sitten an?<br>*Antwort.*<br>Diese: Sich selbst verleugnen //<br>Dem Herren Creutz nachtra-//<br>gen/ vnd Ihm nachfolgen.<br><br>*Wenn man fragt/*<br>Was heist sich selbst verleugnen?<br>*Antwort.*<br>Es heist/ Seinem eigenen willen //<br>vnd allen bösen fleischlichen vnnd //<br>weltlichen lüsten absagen.<br><br>*Wenn man fragt/*<br>Was heist/ Sein Creutz dem Herren nachtragen?<br>*Antwort.*<br>Es heist/ Allerley leiden/ so auch //<br>den allerschmälichsten Todt/ vnnd //<br>des Herren willen freywillig auff //<br>sich nehmen/ vnd mit freuden tra-//<br>gen. | *Wenn man fragt/*<br>Was heist/ dem Herren Christo nachfolgen?<br>*Antwort.*<br>Es heist/ Sein leben gleichför-//<br>mig machen dem Leben CHristi //<br>Jesu.<br><br>*Wenn man fragt/*<br>Worin bestehet diese gleichför-//<br>migkeit?<br>*Antwort.*<br>Sie bestehet in den Tugenden //<br>welche vns Christus zum exempel //<br>in jhm selbst gezeiget hat.<br><br>*[Wenn man fragt/]*<br>Welches sind die Gebot Christi/ so //<br>die Ceremonien angehen? //<br>*[Antwort.]*<br>Dieses nemlich sein Nachtmal.<br><br>*Wenn man fragt/*<br>Was ist das Abendmal des Herre[n]?<br>*Antwort.*<br>Es ist die Einsetzung des Herren //<br>JEsu// |

| f. 10 v<br>*(Kolumnentitel:* Der Kleine*)* | f. 11 r [ – ]<br>*(Kolumnentitel:* Katechismus*)* |
|---|---|
| in welcher die Glaubigen //<br>Brod brechen vnd essen: Deßglei-//<br>chen auch Wein aus de[m] Kelch trin-//<br>ke[n]/ zur verkündigung seines todes.<br><br>*Wenn man fragt/*<br>Was heist/ Den Todt des Her-//<br>ren verkündigen?<br>*Antwort.*<br>Es heist/ dem Herrn Christo öf-//<br>fentlich vnd andächtig danck sage[n] //<br>das Er aus grosser vnaussprechli-//<br>cher Liebe kegen vns/ seine[n] leib hat //<br>martern/ vnd gleich zerbrechen las-//<br>sen/ vnnd sein Blut vergossen hat: //<br>Vnd also diese seine wolthat erhe-//<br>ben vnd preisen.<br><br>*Wenn man fragt/*<br>Wie sind diese wort zu verstehen?<br>Das ist mein Leib //<br>Das ist mein Blut? | *Antwort.*<br>Christus der Herr will in diesen //<br>worten so viel sagen: das brechen //<br>vnd essen dieses Brods/ ist das ge-//<br>dechtnis vnnd gleich für die augen-//<br>stellung dessen/ das mit meinem leib //<br>geschehen soll. Das eingiessen vnd //<br>trincke[n] des Weins/ ist das gedecht-//<br>nis vn[d] gleich für die augenstellung //<br>dessen/ das mit meinem Blut ge-//<br>schehen soll.<br><br>*Wenn man fragt/*<br>Welches sind die vollkommene[n] //<br>Verheissungen/ die durch Chri-//<br>stum offenbaret sind?<br>*Antwort.*<br>Die verheissung des Ewigen le-//<br>bens/ vnd die verheissung des Hei-//<br>ligen Geistes.<br><br>*Wenn man fragt/*<br>Was ist der H. Geist? |

| f. 11 v<br>*(Kolumnentitel:* Der Kleine*)* | |
|---|---|
| *Antwort.*<br>Er ist die Krafft GOTtes/ mit //<br>welcher Gott das in den Hertzen //<br>der gleubigen versiegelt/ was er ih-//<br>nen verheissen hat.<br><br>*Wenn man fragt/*<br>Ist der H. Geist eine person/ vnd //<br>der Allerhöchste selbst?<br>*Antwort.*<br>Nein. Sondern er ist die Krafft//<br>des Hőchsten/ Luc[as] I.<br><br>*Wenn man fragt/*<br>Wie hat Christus das bekrefftigt//<br>welches er vns hat offenbaret?<br>*Antwort.*<br>Mit der vollkommenen Heilig-//<br>keit seines Lebens: Mit den aller-//<br>grössesten Wunderwercken: Mit //<br>seinem Todt vnnd Auferstehung //<br>durch welche er ist kommen zur ver-/ //<br>waltung seines königlichen Amtes.<br><br>*Wenn*<br><br>[Ende] | |

## Zusammenfassung

### A Hitherto Ignored Klausenburg *Unitarian Catechism for Children* by Valentin Radecius (1620)

This rare Unitarian catechism, a compilation by the 6th superintendent of the Transylvanian Antitrinitarian community, Valentin Radecius (1616–1632), survives in two identical copies at the Brukenthal Library Sibiu and the Cluj Academy Library as *Kleiner Katechismus. Zur vbung der kinder in dem Christlichen Gottesdienst.* Being attached to a Book of Hymns hadn't helped its identification and publicity.

A thorough comment based on this almost unique source as well as on the complex early history of the bi-lingual Klausenburg/Kolozsvár Antitrinitarian community are still lacking. Since local Reformation historiography has focused until recently almost exclusively on the authors' own religious and linguistic traditions, it equally fell short of evincing the international background of a richly produced confessional literature and its network in 16$^{th}$ /17$^{th}$ c. Transylvania, of which this catechism is a significant corner-stone. It is mainly due to the efforts of Mihály Balázs and Edit Szegedi that this tradition is now coming to an end. But since further research will have to be done, Radecius's German Unitarian Catechism is here added *in extenso*.

## Valentin Radecius elfelejtett kolozsvári unitárius gyermekkatekizmusa

Csak a nagyszebeni Brukenthal könyvtárban, valamint a Kolozsvári Akadémiai Könyvtárban maradt fent az erdélyi unitáriusok hatodik püspöke, Valentin Radecius (1616–1632) által írt gyermekkatekizmus, a *Kleiner Katechismus. Zur vbung der kinder in dem Christlichen Gottesdienst.* A szöveget a kutatás és a hitélet is elfeledte, beazonosítását és újabb felfedezését nehezítette az a tény is, hogy egybe volt kötve egy énekeskönyvvel. A kulcsfontosságú szöveg alapos elemzése még várat ugyan magára (akárcsak a német-magyar kétnyelvű Kolozsvár korai antitrinitarizmusának történeti leírása), ám a tanulmány itt közli az első megközelítést.
A helyi református történetírás sokáig a saját egyház történetére és nyelvi tradíciójára fókuszált, miközben elhanyagolta a nemzetközi összefüggéseket, valamint a 16.–17. század Erdélyének gazdag, ám más felekezetű vallásos irodalmát. Ennek az irodalomnak egyik fontos műve az említett katekizmus. A további kutatás megkönnyítésére itt közöljük Radecius német nyelvű katekizmusának forráshű leiratát is.

## Un catehism unitarian uitat tipărit în limba germană la Cluj (1620)

Compilat de către al 6-lea superintendent al comunităţii antitrinitariene a Clujului, Valentin Radecius (1616–1632), catehismul unitarian reprezintă un element cheie nu numai pentru relevarea istoriei timpurii a acestei comunităţi protestante din oraş, ci şi pentru publicistica confesională datorată relaţiilor locale şi internaţionale ale protagoniştilor din diferitele cercuri ale Reformei europene din Transilvania.
Neobişnuitul Catehism în limba germană se mai găseşte în prezent în două exemplare identice la bibliotecile Brukenthal din Sibiu şi a Academiei din Cluj. Cercetarea lui fiind multă vreme neglijată sau împiedicată datorită unei perspective înguste, strict confesional-naţionaliste, acest catehism va fi ataşat textual studiului de faţă. Astfel, cercetări foarte recente, datorate lui Edit Szegedi din Cluj şi lui Mihály Balázs din Szeged, vor fi promovate şi pe viitor.

# Aristotelismus, Nominalismus und Trinitätskritik

## Die philosophischen Grundzüge der *Explicationes locorum Veteris et Novi Testamenti* von György Enyedi (1555–1597)

*József Simon*

Meine Studie gibt eine Übersicht von Enyedis philosophischen Gedankengängen, die er in seinen *Explicationes*[1] (Klausenburg 1598) und in seinen verschiedenen polemischen Schriften[2] der 1590er Jahre vertrat. Nach der knappen Erörterung einiger philosophischer Themen wird auf seine aristotelisch geprägte, intellektuelle Selbstdefinition im Kontext des zeitgenössischen europäischen Aristotelismus hingewiesen, um neue Aspekte der intellektuellen Leistung des „unbekannten György Enyedi"[3] kennen zu lernen.

Aus einer philosophischen Perspektive ergibt sich eine zweifache Unterteilung der Themen, nach der die Antitrinitarier ihre Kritik an der Trinitätstheologie ausübten. Die Trinitätslehre bezieht sich auf die Metaphysik, gemäß der eine einheitliche Wesenseinheit von drei Personen als metaphysischen Instanzen vorausgesetzt wird. Auf der anderen Seite werden ontologische Setzungen in der sich verkörperten zwei ten göttlichen Person angekündigt: Christus verfügt über eine Einheit seiner menschlichen und göttlichen Natur in der kategorialen Welt. Zwei Hauptziele seitens der Antitrinitarier verfolgt die philosophische Kritik gegenüber der These der Dreieinigkeit: Die Widerlegungen konzentrieren sich entweder auf die Relation der göttlichen Personen und ihrer Wesenseinheit auf dem Gebiet der Metaphysik oder auf die

1 „Explicationes Locorum Veteris et Novi Testamenti, ex quibus trinitatis dogma stabiliri solet" (Klausenburg 1598, posthume Ausgabe). Bibelzitate aufgrund der Luther-Übersetzung: http://www.bibel-online.net/text/luther_1912/.

2 Erste Streitschrift gegen János Szilvási aus den Jahren 1593–1594. Biblioteca Academiei Române, Filiala Cluj-Napoca, Anexa III. Sign.: Nr. 474 (im Weiteren wird sich auf diese Handschrift als „Examen" bezogen). Vgl. Káldos, János, Balázs, Mihály: György Enyedi. In: Ungarländische Antitrinitarier II. Baden-Baden, Bouxviller 1993, S. 105–111. (Bibliotheca Dissidentium XV).

3 Vgl. Balázs, Mihály: György Enyedi zwischen Palaeologus und Faustus Socinus. Anmerkungen zum unbekannten György Enyedi. In: György Enyedi and Central European Unitarism in the 16–17th Centuries, hg. von Mihály Balázs and Gizella Keserű. Budapest 2000.

zweifache Natur des in der geschaffenen Welt existierenden Christus auf dem Gebiet der kategorial bestimmten Welt.[4]

Die wechselseitige Behandlung der beiden Themen entfaltet sich bei Enyedi durch Analysen jener philosophisch relevanten Begriffe der Heiligen Schrift und der theologischen Tradition, die eine wichtige Rolle im Trinitätsdogma spielen. Solche Begriffe sind: Äqualität, Ähnlichkeit, Anderssein, Relation im Allgemeinen und Relation zwischen dem Ganzen und den Teilen, Simultaneität usw. Diese Begriffsanalysen münden in einer Theorie über das Verhältnis zwischen den beiden Bereichen der metaphysischen und kategorialen Existenz.

## Aequalitas

In Phil. 2,6 behauptet der Apostel Paulus, dass Christus „Gott gleich war". Ergänzt durch Joh. 16,15 („Alles, was der Vater hat, das ist mein") folgern die Vertreter der Trinitätslehre daraus, Christus verfüge über eine Gott, dem Vater, gleiche natürliche Macht (dominium naturale). Christus und Gott sind ihrer Natur nach gleich. Das theologische Ziel der antitrinitarischen Kritik besteht hier in der Einsicht, dass die Macht Christi kein ‚dominium naturale', sondern ausschließlich erworbene Macht sei: Die Macht Christi ist in vollem Maß ‚dominium datum', das heißt von Gott gegebene Macht.[5] Diese Gabe Gottes erfolgt keineswegs gemäß seiner Natur, sondern gemäß seinem Willen, wodurch er Christus zu dieser Herrschaft verhalf.

Die vom Apostel angedeutete Gleichheit (aequalitas) ist eine Aequalitas der Qualitäten und nicht die der Essenzen. Die Auffassung Calvins und Bèzas, es sei erlaubt aus der Aequalitas der Qualitäten auf die der Essenzen zu schließen, erlaubt Enyedi nicht. Enyedi behauptet nicht nur, dass diese Aequalitas sich nur zwischen zwei von einander abgesonderten Entitäten verwirklichen kann,[6] sondern macht weitere philosophische Theoreme geltend.

---

[4] Grundlegend ist die folgende Stellungnahme Enyedis in: Explicationes, S. 107: Deinde, illud Philosphi dicunt & sentiunt de animalibus corruptibilibus, Physicis, quae cum durare perpetuo non possint, per successionem continuam, speciem suam, & quandam aeternitatis vmbram retinent. At beatae mentes & Deus, sunt μετὰ τὰ φύσικα. Stultum autem est, id quod de naturalibus dicitur, ad supernaturalia transferre.

[5] Examen 88: Christum, omne dominium quod habet accepisse a Patre, tum ipse, tum omnes Evangelistae et Apostoli fatentur. Negamus igitur, et quidem constanter, Christum habere aliquod dominium naturale, quod a nullo acceperit. Hoc est quod adversarii nostri probare debent. Zum theologischen Kontext vgl. Balázs, Mihály: Bevezetés [Einführung]. In: Enyedi György válogatott művei. Bukarest, Kolozsvár 1997, S. 19–22.

[6] Examen 91: Ex ista autem aequalitate non posse concludi Christum naturale habuisse dominium, illud ostendit, quod ubique scriptura, et ipsemet Christus fatetur, se haec omnia accepisse a Patre, et virtute Patris omnia esse operatum. Aequalis ergo fuit Deo, vel ut Graeca habent verba: *aequaliter erat Deo*, similia exercebat iis, quae Deus facit: Id tamen non probat, eum habuisse domi-

Aequalitas kann nur zwischen *verschiedenen* Sachen bestehen. Wenn Christus und Gott gleich (aequales) sind, dann sind sie numerisch zwei verschiedene Entitäten. Wenn Christus und Gott zwei verschiedene Entitäten sind, dann sind Christus und Gott jeweils anders. Wenn Christus und Gott aber anders sind, dann haben sie verschiedene Naturen und Essenzen.[7]

Anderssein impliziert also auch essentielle Verschiedenheit. Diese Annahme ermöglicht eine Annäherung an die philosophische Orientierung Enyedis. Ergänzend fügt er noch Folgendes hinzu: „Die wahre und eigentliche Natur ist diejenige, die die Peripatetiker als Akt bezeichnen und die nicht nur die Arten, sondern auch die Individuen absondert und ausdifferenziert."[8]

Die These, die Essenz oder die Natur sei auch angesichts der individuellen Differenzen der Substanzen konstitutiv, nimmt eindeutig Stellung zum alten Problemkreis des ‚principium individuationis'. Enyedi verstärkt seine Ansicht durch die Behauptung, Aequalitas werde ausschließlich im akzidentiellen Sinne prädiziert, demzufolge implizierte sie Pluralität statt Identität. Die Bemerkung bezüglich der These über den individuellen Unterschied (vide disp: philosoph. de Constit. Indiuidui[9]) weist aller Wahrscheinlichkeit nach auf das „Liber de constitutione individui"[10] Jacopo Zabarellas hin, das auch die Akt-gebende Form als ‚principium individuationis' angibt.

## Similitudo

Die griechische Textgestalt der oben zitierten Stelle des Philipperbriefes lautet folgenderweise: τὸ εἶναι ἴσα Θεῷ. Das Wort ἴσα wird gewöhnlicher Weise durch den Ausdruck „aequaliter" (gleich) übersetzt, jedoch kann man hier – aufgrund des Sprachgebrauchs heidnischer und heiliger Autoren der Antike – eine terminologische

nium naturale et a nullo modo acceptum. Nam opera divina potest Deus communicare: etiam aliis, ut Angelis, principibus etc. Vgl. Explicationes, S. 206, 310.

7 „Explicationes, S. 319: Praeterea, notissimum est, *aequalitatem* non posse esse nisi inter plures, & ad minimum *inter duos*. Ergo si Christus Deo aequalis est, oportet ut Deus & Christus, duo sint. Nam idem sibi ipsi aequale esse non potest. Si Deus & Christus duo sunt, ergo Christum, a Deo *alium* esse oportet. Si Christus a Deo alius est, necessario *aliam ab eo naturam & essentiam* habere debet. Nam alias, duo esse non possent.

8 Ebenda: Natura enim vere & proprie est, quam Peripatetici actum vocant, quae separat & distinguit, non tantum species, sed & Indiuidua.

9 Ebenda in marg.

10 Erstausgabe: De rebus naturalibus libri XXX. Cologne 1590. Ich benutzte die folgende Ausgabe: Liber De Constitutione Indiuidui. In: Zabarella: De rebus naturalibus. Frankfurt am Main 1607 (Unveränderter Nachdruck Frankfurt am Main 1966), S. 373–394.

Korrektur einfügen, indem die griechische Formel als ‚simile esse Deo' statt ‚aequaliter esse Deo' ins Lateinische übertragen werden kann.[11]

Enyedi nimmt also die Ähnlichkeitsrelation zwischen Christus und Gott unter die Lupe. Dem Problemkreis der Aequalitas ähnlich, impliziert diese ‚similitudo' eher eine numerische Differenz, als eine einheitliche Wesenseinheit. Wenn es aufgrund der Beziehung der Aequalitas nicht gerechtfertigt ist, auf Wesensidentität zu schließen, so ist es auch im Fall der Ähnlichkeitsrelation ‚a fortiori' nicht erlaubt[12]: die Aequalitas hat stärkere Ontologie als die Ähnlichkeit.

Die Ähnlichkeitsrelation kommt in der Stelle 2Kor 4,4 (Vt non fulgeat illuminatio Euangelii gloriae Christi, qui est imago Dei) als Abbildungsverhältnis vor: Christus ist ‚Gottes Ebenbild'. Das Hauptmotiv der Erörterung der Abbildlichkeit als Verhältnis zwischen dem Metaphysisch-Transzendenten und dem Kategorialen besteht darin, dass die Relation der Abbildung nicht so sehr die Gleichheit des abgebildeten Urbilds mit dem Abbild, sondern gerade ihre Differenz ausdrückt. Das Bild ist immer wertloser als das Urbild und etwas Verschiedenes von ihm. Das Bild ist nur eine gewisse Repräsentation und Schatten dessen, was wirklich ist.[13] Die zwischen ihnen bestehende Übereinstimmung bietet keinen ausreichenden Grund für eine essenzielle Gleichsetzung der beiden. Gleichheit, Ähnlichkeit, Abbildung: Die philosophische Analyse dieser Begriffe führt zu einer Theorie der Repräsentation. Das Metaphysische wird in der kategorialen Welt repräsentiert.

## Differenz der Personen am Felde der Metaphysik

Die Vertreter der Trinitätslehre beharren darauf – behauptet Enyedi –, eine numerische Differenz in die Wesenseinheit der göttlichen Natur auf der Ebene der Metaphysik einzuführen, indem sie die Dreiheit der göttlichen Personen lehren. Akzeptiert man diese Hypothese, folgen daraus Absurditäten angesichts der kategorialen Ordnung der Welt.

Enyedi verteidigt die Annahme, dieser Unterschied auf der Ebene der Metaphysik sei eine sehr schwache ontologische Differenz. Nach der ironischen Bemerkung, die eingeführte Differenz sei kleiner als die unter den im Buch der Apokalypse erwähnten drei Fröschen, stellt Enyedi verschiedene Unterschiedstypen dar, die jeweils größer als die unter den Personen bestehende Differenz sind. Der Unterschied zwischen dem

---

[11] Explicationes, S. 318–319.

[12] Explicationes, S. 208: [...] voce ὁμοίως non inuehere aequalitatem, multo minus identitatem [...].

[13] Explicationes, S. 292: Deinde notissimum est, imaginem, non identitatem, sed potius diuersum quid, & semper vilius eo, cuius est aut dicitur imago, denotare. Est enim imago, tantum *repraesentatio* quaedam, & umbra eius, quod reuera est. Proinde imaginem, & rem cuius est imago, propter conuenientiam quae inter ipsas est; eiusdem putare essentiae, non est ratione praediti. [Heraushebung von mir – J.S.]

Körper und der Seele des Menschen ist größer als der zwischen der Person des Vatergottes und der des Heiligen Geistes, da die menschliche Seele unsterblich ist. Zwischen dem Ewigen und dem Vergehenden besteht ein Unterschied, der größer als der Gattungsunterschied ist: bezüglich der göttlichen Personen ist dieser nicht statthaft. Ferner ist der Unterschied zwischen der göttlichen und der menschlichen Natur größer als der Unterschied zwischen Himmel und Erde. Seiner Auffassung nach behaupten die Gegner, unter den göttlichen Dingen bestehe keine solche große Diskrepanz. Es bestehe auch ein größerer Unterschied zwischen dem mentalen und dem sensitiven Vermögen sowie zwischen dem sensitiven und dem vegetativen Seelenteil als dies der Unterschied unter den Personen sei. Die Bezugnahme auf die sensitiven und vegetativen Seelenteile tangiert die kategoriale Welt: hier unterscheiden sich das Fleisch und der Knochen in größerem Maß als der Vater, der Sohn und der Heilige Geist.[14]

Es scheint so, als ob der Gedankengang das Gegenteil der angenommenen Voraussetzung der numerischen Differenz formuliere, indem er die Kleinheit oder die ontologische Schwäche des Unterschiedes der göttlichen Personen behauptet. Wie kann die Ununterscheidbarkeit der göttlichen Personen eben eine Pluralität implizieren, wie es am Anfang des Argumentes angedeutet wurde? Enyedi spricht nicht mehr über die Pluralität der göttlichen Personen, sondern über jene Absurdität, die aus dem Vergleich der Unterschiedstypen erfolgt.[15] Die Ununterscheidbarkeit der göttlichen Personen führt zu einer extremen Pluralisierung der Entitäten der Welt.

Nehmen wir an, der aus einer ontologischen Perspektive sehr schwache Unterschied der göttlichen Personen bringe einen numerischen Unterschied mit sich. Da aber alle Differenzen, die Enyedi vorher dargestellt hat, sich größer als der Unterschied der drei göttlichen Personen erweisen, sind auch die von ihnen impli-

---

14 Examen, S. 110–111: Vis meae huius rationis in hoc consistit; quod sicut tres distinctae personae Trinitatem pariunt: ita etiam plures partes distinctae pluralitatem invehunt. Non enim magis differunt inter se illae personae, quam partes ranae commemoratae: imo in his maior est diversitas. Nam magis differt anima humana a corpore, quam Persona Patris a Spiritu sancto. Nam anima humana est aeterna, corpus corruptibile. Aeternum autem et corruptibile differunt plus quam genere; quod de personis divinis ipsi non concedunt. Deinde, magis differt aeterna divinitas a tota humana natura, quam caelum a terra. At inter personas, non est tanta, ut ipsi aiunt, discrepantia. Praeterea magis differt mens a sensu; sensus ab anima vegetativa, quam una persona ab altera. Denique caro magis differt ab osse, quam Pater a Filio, vel spiritu sancto.

15 Examen, S. 111: Quae cum ita sint, dixi: Si personarum distinctio efficit Trinitatem, ergo distinctio tot rerum pluralitatem efficit. Atque ut in forma syllogistica, quod dico, comprehendam: ita argumentor:

Si minus discrimen efficit numerum, maius discrimen magis efficit.

At minus discrimen Trinitate efficit numerum.

Ergo maius magis efficit.

Assumtum probo quia minus est discrimen personarum, quam rerum antea a me commemoratarum, et tamen illarum distinctio numerum gignit ternarium. Unde sequitur necessario, ut si personae numerum pariunt, partes illae Trinitatis commemoratae multo magis pariant.

zierten Unterschiede jeweils größer als der numerische. So vervielfachen sich die Dinge der Welt auf eine extreme Weise: Der sensitive Teil und der vegetative Teil ein und derselben Seele werden nicht mehr diese selbstidentische Seele konstituieren; das Fleisch und der Knochen eines und desselben Menschen werden nicht mehr die eines und desselben Menschen sein.

Die Absurdität zeigt sich nicht nur darin, dass eine numerische Differenz unter den sich verwirklichenden körperlichen Qualitäten der Einzeldinge besteht, sondern darin, dass entsprechend diesem Gedankenexperiment ein gegenüber dem numerischen größerer Typ an Unterschieden anzunehmen ist. Da die niedrigste Differenz in der kategorialen Ordnung der Welt größer als der durch die göttlichen Personen implizierte numerische Unterschied ist, müsste man hier einen größeren Unterschied als nur den numerischen induzieren. Das ist aber undenkbar: Damit würde die ganze kategoriale Ordnung der Welt explodieren und würde überhaupt keine Sache in der Welt existieren. Es kann keine Welt geben, wo die Differenz der materiellen Qualitäten größer als die numerische Differenz wäre. Somit kann nicht behauptet werden, es bestünden nicht mehr und nicht weniger als drei Teile „innerhalb" Gottes, die eine und dieselbe Essenz Gottes konstituieren.[16]

## Inkarnation

„Denn in ihm wohnt die ganze Fülle der Gottheit leibhaftig"[17] (Kolosser 2,9)

Die beiden Bereiche der Metaphysik und der sinnlich zugänglichen Welt kommen in der theologischen Lehre der Inkarnation in Berührung. Was diese Inkarnation, beziehungsweise Inkorporation sein soll, erörtert Enyedi in seiner Explikation zum 2. Kapitel des Kolosserbriefes. In Christo wohnt „die ganze Fülle der Gottheit leibhaftig", wobei sie „der Schatten von dem, das zukünftig ist" sei; aber der Körper selbst ist „in Christo". Aus der sprachlichen Struktur der Verse Kol. 2,9 und 2,17 stellt Enyedi fest, dass sowohl die ‚Leiblichkeit' und ‚Körperlichkeit' (corpus, σῶμα) als auch die ‚Abbildlichkeit' (imago, εἰκών) Christi dem ‚Schatten' (umbra, σκιά) des Alten Testamentes gegenüber stellt werde. „Was also im Fall der Propheten σκιά war, war in Christo σῶμα und εἰκών, das heißt, ein und dasselbe Ding, das auf verschiedene Weisen *repräsentiert* worden ist."[18]

---

16 Auf die Darstellung der Anwendungen weiterer aristotelischen Themen – wie etwa Simultaneität, Priorität, Relationstypen vom Ganzen und den Teilen usw. – wird an dieser Stelle verzichtet.

17 Die von Enyedi festgestellte lateinische Gestalt der Stelle Kol. 2,9: „Quia in ipso inhabitat omnis plenitudo diuinitatis corporaliter."

18 Explicationes, S. 361: Quod ergo fuit Prophetis σκιά, in Christo est σῶμα & εἰκών, res eadem sed diuersimode repraesentata.

Somit bezieht Enyedi auch den Akt der Inkarnation in die These der Repräsentation ein. Der Körper und das Fleisch haben eben den gleichen repräsentativen Charakter als das Bild. Ist die göttliche Natur in Christo als Körper oder Fleisch präsent, leistet diese Präsenz nicht mehr, als eine Repräsentation der ewig-metaphysischen Natur unter kategorialen Umständen. Die Repräsentation durch ein Bild ist nicht mehr als eine Ähnlichkeitsrelation, die nur über ein sehr schwaches ontologisches Gewicht verfügt. Trotz der Einsicht, dass es einen graduellen Unterschied zwischen den Repräsentationsweisen des Alten und des Neuen Testamentes gibt, unterscheiden sie sich von einander keineswegs der Art nach. Die im Neuen Testament vorgetragenen Bilder sind ebenso Repräsentationen, wie die Schatten des Alten Testamentes. Dass die Repräsentationen im Neuen Testament vollkommenere als die im Alten sind, bedeutet nicht, dass die (Trenn-)Linie der Transzendenz im Fall Christi überwunden werden konnte, und damit in ihm eine starke essentielle Einheit der göttlichen und der menschlichen Naturen gesetzt werden dürfte – statt einer schwachen Repräsentation der göttlichen Natur.[19]

## Nomina

Enyedi benutzt den Ockhamschen Terminus ‚Syncategorema‘[20] häufig in seinen „Explicationes“[21]. In einer Aussage ‚Jede Person ist Gott‘ wird das Wort ‚Gott‘ im ‚kollektiven Sinn‘ (Ockham) genommen, weil das Syncategorema ‚jede‘ ‚quaelibet‘ eine Pluralität in jener extramentalen Entität einführt, die durch das Wort Gottes bezeichnet wird. Das Syncategorema ‚jede‘ bezeichnet keine extramental bestehende Entität, sondern modifiziert den Sinn des Wortes ‚Gott‘. Die Aussage ‚Jede Person ist Gott‘ hat den absurden Sinn, dass drei völlig verschiedene Entitäten existieren, die jeweils ihre eigene göttliche Natur haben sollten.

Die Theorie der syncategorematischen Termini spielt auch in der Repräsentationsauffassung Enyedis eine wichtige Rolle, indem Enyedi auch das Wort ‚ähnlich‘ (simile) unter den Syncategoremata einordnet.[22] Wie gesagt, die Ähnlichkeitsrelation benutzt Enyedi für die Beschreibung des Verhältnisses zwischen der transzendenten und der kategorialen Existenz; hiermit wird die scharfe Zäsur zwischen den beiden Ebenen betont. Bezieht man diese ontologische Einsicht auf die Einstellung der Ähnlichkeit als Syncategorema, so ergibt sich ein neuer Aspekt angesichts der Abtrennung der Existenzsphären. Das Verhältnis zwischen der kategorialen und transzendenten Existenz

---

19 Zum weiteren Kontext vgl. Explicationes, S. 361.

20 Ockham, William: Summa Logicae 1, 4; 1,8; 2,4. Vgl. Kretzmann, Norman: Syncategoremata, exponabilia, sophismata. In: Cambridge History of Late Mediaeval Philosophy, Cambridge 1982, S. 211–253.

21 Vgl. Explicationes S. 40, 202, 211, 214, 238, 398, wie auch Examen, S. 108.

22 Explicationes, S. 211.

kann ausschließlich durch Syncategoremata bezeichnet werden – genauer gesagt: kann nicht bezeichnet werden, da ein Syncategorema – pace Ockham – im strenggenommenen Sinne *nichts* in der extramentalen Welt bezeichnet. Was wir haben, das ist eine Theorie darüber, welche Relation sich zwischen der Ebene der Metaphysik und der der kategorialen Welt verwirklicht. Es ist eine Relation, die fast nicht gegeben ist.

## Bilanz

Wir verfügen also über eine Theorie des Verhältnisses zwischen dem Metaphysischen und der Welt, wobei die angebliche Gleichheit und ‚Ähnlichkeit' des Menschen Christus mit Gott, dem Vater, keine Wesenseinheit impliziert, sondern gerade ihre ‚Differenz'. Diese Differenz als Verhältnis besteht in einer bloßen Repräsentationsrelation ohne zu Grunde liegende Essenzialität, geschweige denn Existenzgleichheit. Somit kann das Verhältnis zwischen Gott und Christus ausschließlich durch Ockhamsche ‚Syncategoremata' bezeichnet werden.

## Aristotelische Selbstdefinition

In dem handschriftlich überlieferten *Examen* macht Enyedi den Anspruch der Rationalität im Feld der Theologie geltend. Trotz der Tatsache, dass diese menschliche Rationalität bei Enyedi – wie bei seinen Zeitgenossen – in einer metaphysischen Perspektive aufgehoben ist, warnt Enyedi vor voreiligen Konsequenzen. Auch wenn die Rationalität im Menschen göttlichen Ursprung hat, ist die Erkenntnis von Gott auf die Erfahrung des Offenbarungstextes angewiesen. In diesem Kontext führt Enyedi seine Überzeugung angesichts der Harmonie zwischen der Rationalität und der Theologie vor. Mit deutlicher Anspielung auf das berüchtigte antiaristotelische Dekret des V. Lateranums kündigt Enyedi an: Das Licht der Natur steht mit dem der Offenbarung in Übereinstimmung. Es ist aber nicht das Dekret des Lateranums aus dem Jahre 1513,[23] was Enyedis intellektuelle Orientierung leitet, sondern die methodologische Bemerkung des Paduaner Aristotelikers Andrea Cesalpino:

„Andrea Cesalpino, der sicherlich nicht der schlimmste Philosoph unserer Zeit ist, schreibt an einer Stelle: ‚Ich führte die offenbarte Wahrheit in der Heiligen Theologie immer so, dass sie niemals mit jener Wahrheit in Widerspruch geriete, die in den [Natur]wissenschaften aus den Prinzipien gewonnen wird'."[24]

---

[23] Die beste Studie zum Thema ist immer noch Monfasani, John: Aristotelians, Platonists, and the Missing Ockhamists: Philosophical Liberty in Pre-Reformation Italy. In: Renaissance Quarterly 46 (1993), S. 247–276.

[24] Examen, S. 104: Certe non ultimus nostrae aetatis Philosophus Andreas Caesalpinus haec quodam in loco scribit: Semper duxi veritatem in sacra Theologia patefactam, nequaquam repugnari veritati, quae ex principijs habetur in scientiis.

Das Zitat entnimmt Enyedi aus Cesalpinos Einleitung zu seiner „Daemonum investigatio peripatetica“ (Firenze 1580).[25] Der Professor zu Padua führt drei typische Betrachtungsweisen der Magie vor. Einige sind überzeugt davon, die neue Anwendung der Magie in der Naturwissenschaft sei notwendig, wodurch sinnlich nicht zugängliche kausale Verhältnisse erklärt werden können. Zweitens wird die Ansicht behauptet, die Magie sei ein gut geeignetes Mittel zur Beschreibung der Bewegung der Himmelskörper. Drittens stellt Cesalpino den Standpunkt Pomponazzis und der reduktionistischen Aristoteliker vor: Die Magie und die Hypothese über die Existenz bestimmter Dämonen seien für die Erklärung der Naturerscheinungen überflüssig; sie sind Märchen, in denen die Naturerscheinungen durch einige mutmaßlichen Entitäten und Praktiken verdeutlicht werden, die die Natur überwinden.[26]

Die Einbeziehung der Stellungnahme Cesalpinos über das Verhältnis der Theologie zur Philosophie, bzw. über die Harmonie ihrer jeweiligen Gewissheitsansprüche ist aus mehreren Aspekten aufschlussreich. Das Zitat von Cesalpino führt uns einen Beleg für Enyedis Selbstorientierung innerhalb der aristotelischen Tradition vor.[27] In Cesalpinos Sicht erweist sich auch die Auffassung von Pomponazzi als nicht mehr vertretbare Position des Aristotelismus. Das reduktionistische Programm der Aristoteliker des Anfangs des Jahrhunderts ist gescheitert: Es gibt natürliche Kausalverhältnisse, die sich unserem sinnlichen Erkenntnisvermögen entziehen. Der Naturforscher ist gezwungen, ontologische Setzungen im Feld der natürlichen Existenz zu unternehmen. Obwohl diese Setzungen sich ohne unmittelbare sinnliche Gewissheit ergeben, sind sie jedoch keine unreflektierten metaphysischen Vorstellungen. Die Erfahrungstatsache, dass zwei natürliche Körper angesichts beliebiger Eigenschaften ‚ähnlich‘ sind, folgt nicht so sehr ihrem ontologischen Aufbau – weder platonischer noch aristotelischer Art – , sondern verrät mehr über das Defizit unserer sinnlichen Erkenntnisfähigkeit. Trotzdem spricht der Naturforscher über die ‚Ähnlichkeit‘ der beiden Dinge. Die ontologische Setzung der ‚Ähnlichkeitsrelation‘ folgt epistemologischen Erwägungen, somit kann diese Annahme gewisser, das sinnliche Erkennen überschreitender Entitäten keineswegs den Märchen der Platoniker zugewiesen werden, wie es vorher bei Pomponazzi geschehen war. Das Programm der aristotelischen Naturforschung gegen Ende des Jahrhunderts geht also davon aus, eine neue Form der Metaphysik vor epistemologischem Hintergrund zu akzeptieren.[28] Dadurch wird auch das Verhältnis von theologischen und philosophi-

25 Cesalpino, Andrea: Daemonum investigatio peripatetica, Florentiae MDLXXX, [A3$^{v}$] – wörtliches Zitat.

26 Ebenda [A3$^{r-v}$].

27 Zum intellektuellen Hintergrund der Berufung auf Cesalpinos siehe die Bemerkung Charles Lohrs: „Cesalpino thus confronted Protestant thinkers, who had turned to him because of the needs of medical science, with the same dilemma with which Pomponazzi had confronted Catholic theologians earlier in the century.“ Lohr, Charles: Metaphysics. In: Cambridge History of Renaissance Philosophie, S. 537–638, besonders S. 623.

28 Zum Begriff „neue Metaphysik“ im Kontext der Naturphilosophie der Renaissance s. Boenke, Michaela: Körper, Spiritus, Geist. Psychologie vor Descartes. München 2005. Zum Thema Naturphi-

schen Gewissheitsansprüchen modifiziert, indem die Harmonie der beiden durch die Anerkennung der neuen Legitimität einer Art von Metaphysik wiederhergestellt werden konnte. Es besteht keine unüberwindbare Kluft zwischen der Theologie und der Philosophie, da die Möglichkeit des metaphysischen Denkens aufgrund der Naturforschung bestätigt wurde. Cesalpinos Behauptung über die Harmonie der offenbarten und natürlichen Erkenntnisse ist kein bloß kulturpolitisch motiviertes ‚bon mot', sondern hat ihre wohl überlegten philosophischen Motive.

Enyedi macht – Cesalpino ähnlich – den Anspruch der Rationalität im Feld der supranaturalistischen Erkenntnisse geltend. Aber im Gegenteil zu Cesalpino sucht Enyedi die neuen metaphysischen Ansätze *nicht* im Rahmen einer peripatetischen Interpretation der Dämonen- und Magielehre. Die Funktion der Erklärung der sinnlich unzugänglichen Kausalverhältnisse übernimmt die Theorie der Repräsentation. Zwischen dem sinnlich Zugänglichen und dem sinnlich Unzugänglichen besteht das Zeichenverhältnis der Repräsentation. Es gibt letztendlich zwei Gründe dafür, warum Enyedi sich von den damals geläufigen Magievorstellungen distanziert hat. Das erste Motiv ist seine erbitterte antiplatonische Einstellung. Das geringste Zugeständnis zugunsten einer Schilderung der Metaphysik vor dem Hintergrund der platonisch gesinnten Magietheorie würde zu einer platonisierenden Schriftauslegung führen, die sich ihrerseits als durchaus von der Idee der Trinität kompromittiert erweist. Das andere Motiv besteht darin, dass Enyedi mit seiner nominalistischen Repräsentationstheorie in der Lage war, eine alternative Lösung für die Interpretation des Verhältnisses zwischen den Erfahrungstatsachen und der metaphysischen Entität darzubieten. Es sind keine magischen Kräfte, die sinnlich unerkennbar in der Erfahrung wirken, sondern die sinnlich zugänglichen Dinge verbergen jeweils eine Zeichenbeziehung in sich, deren Bezeichnung durch eine nicht-traditionelle Metaphysik gestaltet wird.

## Zusammenfassung

Enyedi war ein Exeget. Er war ja auch professioneller Philosoph und brillanter Literat,[29] aber diese beiden Bereiche dienten ihm in erster Linie als Vorstufen und Vorstudien zur Schriftauslegung. Die bisher angeführten Philosopheme – vor allem die Deutung der Abbildungsrelation Christi durch die ontologisch schwache Repräsentation von metaphysischen Instanzen – haben auch ihre Konsequenzen auf dem Feld der Exegese. Die Einsicht, dass es nur einen graduellen Unterschied zwischen den Repräsentationsweisen des Alten und des Neuen Testamentes gibt, modi-

losophie und intellektuelle Selbstdefinitionen s. Mulsow, Martin: Frühneuzeitliche Selbsterhaltung. Telesio und die Naturphilosophie der Renaissance. Tübingen 1998.

[29] Unter seinen literarischen Leistungen darf hier nur auf die Tatsache hingewiesen werden, dass er die ganze „Aethiopica" Heliodors ins Lateinische übertrug. Mehr zum Thema: Pirnát, Antal: Die Heliodor-Übersetzung von Enyedi. In: György Enyedi and Central European Unitarism in the 16–17th Centuries, hg. von Mihály Balázs and Gizella Keserű. Budapest 2000, S. 283–288.

fiziert sogar die Idee jener gegenseitigen Angewiesenheit von Exegese und Christologie, die Franz Davidis durch seine uminterpretierende Rezeption der Werke von Miguel Servet etwa 30 Jahre vor Enyedi ausformulierte.[30]

Ohne das ganze Problem detailliert darstellen zu können, werden drei Auffassungen beschrieben: die von Servet, von Davidis und von Enyedi.

Bei Servet ist der ewige Logos ein Objekt des Intellekts Gottes auf der Ebene der Metaphysik, der den „künftig" sich verkörpernden Christus repräsentiert. In dieser *modalistischen* Seinsweise existierte Christus als das im Objekt des göttlichen Verstandes Repräsentierte schon vor der Schöpfung. Die im Alten Testament vorgetragenen *res* und *verba* sind Schatten und Präfigurationen der im Neuen Testament vorgetragenen *res* und *verba*, und dadurch werden sie für Gott auch durch Christus in dem Logos repräsentiert. Der schon außerzeitlich bestehende metaphysische Logos repräsentiert die Vorstellungen des Alten Testaments dem Verstand Gottes dadurch, dass sie typologische Präfigurationen Christi sind. Wenn auch nur unsichtbar, ist Christus schon im Alten Testament präsent.

Davidis annulliert die Präexistenz Christi als des durch den Logos Repräsentierten, übernimmt aber die Idee der typologischen Präfiguration von Servet. Mihály Balázs wies sehr treffend darauf hin, dass „[t]he different christology, the denial of Christ's preexistence did not mean a serious problem in that respect"[31]. Nach der Auffassung Davidis' besteht das im Alten Testament verborgene Schattensein eben in der symbolischen Materialität: Es ist der Christus mit seiner völlig menschlichen Natur, der im Alten Testament präfiguriert wird. Diese typologische Präfiguration ist nicht im geringsten durch eine metaphysische Existenz des Logos bedingt.

Enyedi entfernt sich von beiden Auffassungen. Im Unterschied zu Servet behauptet er, dass es nicht der ewige Logos ist, der Christus noch vor dessen Verkörperlichung dem Verstand Gottes repräsentiert, sondern es der Christus ist, der in seiner völlig menschlichen Natur Gott repräsentiert, der alle Differenz von sich ausschließt. Während die Repräsentation bei Servet eine Vergegenwärtigung der Welt vor dem Intellekt Gottes ist, ist Enyedis Repräsentation eine Vergegenwärtigung Gottes vor dem Intellekt des Menschen, der die Heilige Schrift auslegt. Somit schließt sich Enyedi Davidis an: Es gibt keine Präexistenz Christi. Trotzdem lässt sich die Ansicht Enyedis keineswegs mit der Davidis' identifizieren. Enyedi führte nämlich einen Unterschied ein, den – nach meiner Auffassung – vor ihm niemand in der unitarischen Denktradition eingeführt hatte. Nach Enyedi besteht eine Differenz zwischen der ‚typologischen Figuration' und dem Akt der ‚Repräsentation'. Die im Alten Testament vorgetragenen Vorstellungen sind ja Präfigurationen der im Neuen Testament entwickelten Vorstellungen, aber sie sind gleichwohl Repräsentationen

30 Diese Rezeption wird ausführlich dargestellt von Balázs, Mihály: Early Transylvanian Antitrinitarism (1566–1571). From Servet to Paleologus. Baden-Baden, Bouxviller 1996, S. 13–96, bes. 46–78.

31 Ebenda, S. 49.

Gottes, der ohne Unterschiede auf der Ebene der Metaphysik existiert. Es gibt keinen Unterschied zwischen den Repräsentationsweisen der beiden Testamente. Der Schatten und das Abbild sind ebenso Repräsentationen, und zwar einer und derselben metaphysischen Instanz. Es ist klar, dass die ‚spirituelle-allegorische' Auslegung eine typologische Relation zwischen dem Schatten des Alten und dem Abbild des Neuen Testamentes feststellen kann. Aber ganz ungestört von dieser Relation zwischen den beiden Repräsentationsweisen, legt die literal-historische Auslegung diejenige Entität – nämlich Gott – im Fall sowohl des Alten, als auch des Neuen Testamentes fest, die in den beiden repräsentiert wird. Im Extremfall könnte man behaupten, nach Enyedi brauche die Auslegung auch des Alten Testamentes keine spirituelle-allegorische Interpretation.[32]

Damit war Enyedi paradoxerweise mit Servet einverstanden: Auch das Alte Testament ist Repräsentation des Metaphysikschen. Der ewige, Christus vergegenwärtigende Logos war aber von dieser Ebene der Metaphysik – *pace* Franz Davidis – bei Enyedi ausgewiesen. Nichtsdestoweniger distanzierte sich Enyedi paradoxerweise von der Auffassung Davidis': Auch wenn keine Präexistenz Christi angenommen wird, repräsentiert das Alte Testament doch die Instanz der Metaphysik und nicht die im Neuen Testament vorgetragenen *res* und *verba*.

Bei Enyedi hat dies alles philosophischen Hintergrund. Wie Cesalpino behauptet, es sei eine Metaphysik ausgehend von der Erfahrung möglich, so äußert sich Enyedi dahingehend, es sei eine Metaphysik ausgehend von der literal-geschichtlichen Auslegung des Alten Testaments möglich. Eine Erklärung der in ihm involvierten Repräsentation der Metaphysik ist nicht durch eine spirituell-allegorische Interpretation bedingt. Diese radikale Konsequenz ist die Folge eines philosophischen Gebäudes, dessen wichtigste Bausteine dem Paduaner Aristotelismus und dem spätmittelalterlichen Nominalismus entstammen.

## Zusammenfassung

### Aristotelism, Nominalism, Critique on Trinity – The Philosophical Outlines of György Enyedi's (1555–1597) *Explicationes locorum Veteris et Novi Testamenti*

The antitrinitarian bishop György Enyedi's major work, „Explicationes locorum Veteris et Novi Testamenti" published posthumus one year after his death, settles his exegetical discussions into a very broad spectrum of intellectual scholarship. The intellectual achievements of the Hungarian thinker focuses on three disciplines: the theological-exegetical argumentations are based on the two complementary sciences of profane classical philology and philosophy. My paper

[32] Vgl. Explicationes, S. 110: In eo autem omnes omnium aetatum docti consenserunt, dogmata fidei stabilenda esse, ex sensu literali, non mystico, qui varius esse pro ingeniorum diuersitate potest.

attempts to outline the philosophical presuppositions of exegetics in Enyedi's work. These are: 1) Enyedi defines himself as a peripatetical thinker and dissociates himself from all kinds of Platonism; 2) there is an unbridgeable abyss between metaphysical and categorical levels of existence; 3) this line of transcendence cannot be mediated through any kind of relations: neither identity, nor similitude, nor simultaneity is able to connect the both; 4) nominalist philosophy of language: the connection between the metaphysical and the categorical can be denoted only by *syncategoremata*, d. i. – *pace* William Ockham – cannot be denoted; 5) there is only a very week ontological relation between the metaphysical and the categorical: the categorical *represents* the metaphysical; 6) this representation equals the causal relations perceived by the Paduan Aristotelians, which led them to formulating the so-called *regressus* argument, i. e. the Aristotelian method of empirical analysis of experience. These philosophical presuppositions applied in the realm of exegetics result in the insight that human knowledge of God is based exclusively on the revealed texts of the two Testaments, which can and must be interpreted in accordance to the methodology of Renaissance philosophy of nature. We have certain but mediated cognitions of God through the revealed texts. Allowing that the representational relationship equally relates to the two Testaments, the excellence of the New Testament is discredited. This leads further to the critique of the metaphysical doctrine of Trinity: divine nature is as accidently present in Christus as the propriety of eclipticity in the substance of the Moon.

## Arisztotelizmus, nominalizmus, háromság-kritika – Enyedi György (1555–1597) *Explicationes locorum Veteris et Novi Testamenti* című művének filozófiai alapvonalai

Enyedi György, a 16. század végi antitrinitárius püspök főműve, mely „Explicationes locorum Veteris et Novi Testamenti" címmel egy évvel halála után jelent meg, a címében beígért egzegetikai fejtegetéseket igen széles intellektuális spektrum előterében vezeti elő. A magyar gondolkodó intellektuális teljesítménye három diszciplínát tart szem előtt: a teológiai-egzegetikai munka a profán klasszika-filológia és a filozófia ‚segédtudományaira' támaszkodik. A tanulmány arra tesz kísérletet, hogy felvázolja az egzegetika Enyedi által felállított filozófiai előfeltevéseit. Ezek: 1) Enyedi önmagát peripatetikusként definiálja, és elhatárolódik a platonizmus bármely formájától; 2) a metafizikai és a kategoriális létezés között áthidalhatatlan különbség áll fenn; 3) a transzcendencia e vonalát nem képesek áthidalni az olyan viszony-elméletek, mint az azonossági, a hasonlósági viszony vagy a szimultaneitás viszonya; 4) nominalista nyelvfilozófia: a metafizikai és a kategoriális létezés kapcsolata csak *syncategoremá*kkal jelölhető meg, azaz – *pace* William Ockham – nem jelölhető meg; 5) a kategoriális és a metafizikai létezés között csak egy ontológiai szempontból igen gyenge kapcsolat áll fenn: a kategoriális létezés pusztán csak reprezentálja a metafizikait; 6) e reprezentáció megfelel azon kauzális viszonyoknak, melyekre támaszkodva a páduai arisztoteliánusok kidolgozzák ún. *regressus*-érvüket, azaz a tapasztalat empirikus analízisének reneszánsz módszerét. Mindezen filozófiai előfeltevések az egzegetika területén azt eredményezik, hogy az Istenre vonatkozó emberi tudás kizárólag a két Testamentum szövegén alapulhat, mely szövegek tapasztalata a reneszánsz természetfilozófia módszertana alapján vizsgálható. A keresztény kinyilatkoztatás szövegeiből számunkra ismertebb közvetett tudásra teszünk szert Istenről. Minthogy a reprezentáció viszonya egyformán jellemzi mindkét Testamentumot, így az Újszövetség magasabb rendű mivolta diszkreditálódik. Ennek eredménye a klasszikus metafizikai trinitás-tan kritikája: Krisztus isteni természete éppoly járulékos módon van jelen benne, mint ahogy az eklepticitás sajátossága a hold szubsztanciájában.

## Aristotelism, nominalism, critică la adresa trinităţii – argumentele filosofice ale lui György Enyedi (1555–1597) din *Explicationes locorum Veteris et Novi Testamenti*

Lucrarea majoră a episcopului antitrinitarian György Enyedi *Explicationes locorum Veteris et Novi Testamenti* publicată postum un an după moartea sa, poziţionează abordarea sa exegetică în cadrul unui foarte larg spectru al ştiinţei. Realizările intelectuale ale gânditorului maghiar se referă la trei discipline: argumentele teologic-filozofice se bazează pe două ştiinţe complementare ale filologiei şi filozofiei clasice profane. Lucrarea mea încearcă să sublinieze presupoziţiile filozofice în opera lui Enyedi. Acestea sunt: 1) Enyedi se autodefineşte ca un gânditor peripatetic şi se disociază de toate tipurile de platonism; 2) între nivelurile de existenţă metafizice şi categorice este o punte de netrecut; 3) de partea aceasta, transcendenţa nu poate fi mediată prin nici un tip de relaţii: nici identitatea, nici similitudinea sau simultaneitatea nu poate face o legătură între cele două; 4) filozofia nominalistă a limbajului: legătura dintre metafizic şi categoric poate fi denotată numai de *sincategoreme*; 5) există numai o relaţie ontologică foarte slabă între metafizic şi categoric: categoricul *reprezintă* metafizicul; 6) această reprezentare este echivalentă cu relaţiile cazuale percepute de aristotelienii din Padova, care i-a condus la formularea aşa numitului argument *regressus*, metoda aristoteliană de analiză empirică a experienţei. Aceste presupoziţii filozofice aplicate în domeniul exegeticii rezultă în înţelegerea faptului că cunoaşterea umană a lui Dumnezeu este bazată exclusiv pe revelarea textelor celor două Testamente, care pot fi şi trebuie interpretate în concordanţă cu metodologia renaşterii, anume filozofia naturii. Avem cunoştinţe sigure dar mediate ale lui Dumnezeu prin textele revelate. Dacă se acceptă că relaţia reprezentaţională se referă la ambele Testamente în mod egal, se discreditează excelenţa Noului Testament. Aceasta conduce mai departe la critica doctrinei metafizice a Trinităţii: natura divină este văzută ca fiind prezentă în mod accidental în Hristos ca o proprietate a eclipticităţii substanţei lunii.

# Das Abendmahl in der unitarischen Liturgie des 16. und 17. Jahrhunderts

*Sándor Kovács*

## Einleitung

Die ungarische Kirchengeschichtsschreibung hat die Geschichte der unitarischen Abendmahlsliturgie noch nicht detailliert aufgearbeitet. Abgesehen von einigen spezifischen Untersuchungen[1] trifft auch heute zu, was der Literaturhistoriker und einstige Professor am Unitarischen Kollegium István Borbély 1930 in seinem Vorlesungsskript feststellte:

> „Die Realität sieht ungefähr so aus, dass bisher noch niemand versucht hat, unsere unitarische Liturgie auf prinzipielle Grundlagen zu stellen … Abgesehen von einigen nicht systematisch durchdachten Ideen ist es bei uns nicht einmal zu ersten Vorstudien für eine fachlich fundierte und im Einklang mit unseren Glaubensprinzipien gebrachten Feststel-

---

[1] Boros, György: Szertartások és vallási szokások az unitárius egyházban [Zeremonien und religiöse Bräuche in der unitarischen Kirche]. Cluj-Kolozsvár 1932. (Keresztény Magvető Füzetei, 14). – Zoltán, Sándor: Az úrvacsora [Das Abendmahl]. In: Keresztény Magvető [künftig: KerMagv] 70 (1938), S. 59–66, 129–135. – Gellérd, Imre: Az úrvacsorai ágenda [Die Abendmahls-Agende]. In: KerMagv 80 (1974), S. 140–144. – Hubert, Gabriella: A régi magyar gyülekezeti ének [Der alte ungarische Gemeindegesang]. Budapest 2004, S. 152–154. (Historia Literaria 17 – Evangélikus Gyűjteményi Kiadványok 2). – Hoppál, Péter: XVII–XIX. századi kéziratos énekeskönyvek a Homoród- és Küküllő-menti unitárius parókiákon [Handschriftliche Gesangbücher des 17. und 18. Jahrhunderts in den unitarischen Parochien am Ufer des Homoród und der Kokel]. In: Magyar Egyházzene 9 (2001/2002), S. 427–430. – Kanyaró, Ferenc: Unitárius énekeskönyv a XVI-ik században [Ein unitarisches Gesangbuch im 16. Jahrhundert]. KerMagv 33 (1898), S. 56–57. – Ders.: A Batthyányi-kódex mint unitárius graduál [Der Battyányi-Kodex als unitarisches Graduale]. In: Egyetemes Philologiai Közlöny 31 (1907), S. 897–911. – Borbély, István: A legrégibb unitárius templomi énekeskönyvek [Die ältesten unitarischen Gesangbücher]. In: Egyetemes Philologiai Közlöny 37 (1913), S. 170–180. – Várfalvi Nagy, János: Az unitáriusok énekes-könyveiről [Über die Gesangbücher der Unitarier]. In: KerMagv 6 (1871), S. 93–126. – Edit Szegedi: Valentin Radecius és az egyházi hagyomány legitimitása [V. R. und die Legitimität der kirchlichen Tradition]. In: KerMagv 117 (2011), S. 284–296.

lung einer Liturgie gekommen. Diese Tatsache erklärt den Zustand, dass es in der Realität so viele Liturgien wie Kirchengebäude gibt."[2]

Der Wunsch nach einer einheitlichen Liturgie wurde im 20. Jahrhundert mehrmals formuliert, aber abgesehen von der Ausgabe eines neuen Gesangbuchs können wir nicht von einer einheitlichen Reform der Liturgie sprechen – wenn wir denn nicht die 1970 begonnene und 1999 auf der Synode von Vargyas für verbindlich erklärte Gottesdienstordnung als eine solche betrachten wollen.[3]

Auch in den Jahrhunderten zuvor war die unitarische Liturgie nicht einheitlich; sie konnte es auch nicht sein, denn bis zur Mitte des 17. Jahrhunderts können wir kaum von einer einheitlichen unitarischen Dogmatik und somit auch von keiner auf ihr basierenden Liturgie sprechen. All dies bedeutet natürlich nicht, dass die Pfarrer und Schulmeister in den von Unitariern bewohnten Dörfern und Städten Siebenbürgens ihre Aufgaben nicht nach den Festkreisen des Kirchenjahres verrichtet hätten. Allerdings ist auch diese Behauptung nicht ganz unproblematisch, denn was in Klausenburg ausgeübte Praxis war, wurde nicht unbedingt auch in der Provinz als verbindlich betrachtet. Forscher zur unitarischen Liturgiegeschichte erwartet eine ungemein vielschichtige Aufgabe, angefangen vom Kirchenmantel der Pfarrer und Schulmeister über die Graduale, die Geschichte der Singpulte[4] und ihres Zubehörs bis hin zu den Bräuchen beim Glockenläuten. In der vorliegenden Studie wird ver-

---

2 Borbély, István: Unitárius egyházszertartástan (Liturgika). Az elméleti résznek első fele [Unitarische Zeremonienlehre (Liturgik). Erste Hälfte des theoretischen Teils]. Cluj-Kolozsvár 1930. In: Dr. Borbély István theol. akad. r. professzor előadásai a Kolozsvári Unitárius Theologiai Akadémián. Előadatott az 1929–30. tanév II. szemeszterében [Vorlesungen des ord. Prof. der Theol. Dr. István Borbély an der unitarischen Theologischen Akademie in Klausenburg. Vorgetragen im 2. Semester des Studienjahres 1929/30], Maschinenschriftliche Skripte mit gedrucktem Titelblatt.), S. 52–53.

3 http://www.unitarius.org/data/eue/show.aspx?pageid=20 [18. Mai 2011]

4 „Éneklőszék": Anm. der Übersetzerin: Es handelt sich um ein Pult zur Auflage eines (großformatigen) Gesangbuchs, der Konstruktion nach entweder auf einem geschmückten Fuß stehend oder auch oben auf einem zur Aufbewahrung von Gesangbüchern geeigneten hohen schmalen Schränkchen aufsetzend. Das Singpult stand in der Regel unter der Kanzel bzw. mitten im Kirchenraum, von dort aus führte der Kantor den Kirchengesang an. Andere Namen dafür waren Singpult oder Singaltar (éneklőpulpitus, éneklőoltár). In reformierten und unitarischen Kirchen war der Ausstattungsgegenstand bis ins 18. Jahrhundert weit verbreitet, mit dem Aufkommen der Orgel verschwand es weitgehend. Heute sind erhaltene Exemplare nur aus Siebenbürgen bekannt (u.a. in der Burgkapelle von Neumarkt am Mieresch und in verschiedenen Gemeinden des Szeklerlandes). Einen Überblick mit Abbildung gibt Adorjáni, Zoltán: In memoriam Dávid László (1932–2007) református lelkész, művészettörténész. Az éneklés helye a liturgikus térben – az éneklőszék [In Memoriam L.D. Der Ort des Gesangs im liturgischen Raum – der Gesangstuhl]. In: Református Szemle 51 (2008)-4, S. 345–346, vgl. http://www.proteo.hu/refszemle/pdf/Ref-Szemle-2008-04.pdf (besucht am 4.4.2012). Weitere Abbildungen in: Pengő, Zoltán: Éneklőszékek feltámadása [Auferstehung der Singstühle]. In: Fabula Intarzia. 8. [keine weiteren Angaben], S. 13–15, bzw. http://www.intarziafabula.ro/admin/fajlok/letoltesek/pdf/2008_08.pdf (besucht am 4.4.2012).

sucht, die unitarische Abendmahlsliturgie des 16. und 17. Jahrhunderts vorzustellen. Bevor wir zur Behandlung theologischer und liturgischer Fragen kommen, sei, um die Komplexität der Frage zu veranschaulichen, ein Beschluss der Synode von Kövend aus dem Jahr 1671 zitiert:

> „Da wohl jene Handlungen der Finsternis, bei der in der Weihnachtsnacht und in der Nacht des Karfreitags die Glocken geläutet werden, in den Kirchen contioniert wird und an nach Menschen verschiedener Art und Geschlechts benannten Tagen Aberglaube geübt wird, im größten Teil der Gemeinden abgeschafft wurden, jedoch bislang in einzelnen Diözesen noch weiterhin in Übung geblieben sind, beliebt es der heiligen Synode ergo, dass diese in modo posterum in allen Ecclesiae funditus gestrichen werden und in perpetuum abrogiert werden sollen, und die reverendi Herren Senioren, heimgekehrt, sogleich in ihren Gemeinden verkünden lassen und authoritate synodali et episcopali einführen sollen, dass von all diesem ab sofort, als unserem wahren Glauben widersprechend, Abstand genommen werden soll, weil sie [, die dieses tun,] ansonsten der gravis animadversio nach der Continantia der Ecclesiastica Disciplina nicht entgehen.“[5]

Es lohnt vielleicht, den Beschluss der Synode genauer zu untersuchen, nicht allein, weil 1671 noch in einigen unitarischen Gemeinden das Durchwachen an Weihnachten und Karfreitag weiter geübt oder an den „Tagen einzelner Heiliger“ „Aberglaube“ praktiziert wurde, sondern auch, weil die Kirchengeschichte von Kénosi-Uzoni einen längeren Textabschnitt des Beschlusses überliefert hat. Der im Protokoll festgehaltene Beschluss wird dort um folgende Anweisung erweitert: „Ärgernis erregende Bilder in den Kirchen sollen geweißelt [weiß übertüncht, d. Ü.] werden“. Wir halten es für außerordentlich interessant, dass die unitarische Gemeinschaft nach fünf Generationen bemerkte, dass es in den Kirchen „Ärgernis erregende Bilder“ gab. Wie es scheint, hatten die Gläubigen lange Zeit an den Fresken festgehalten, und in Verbindung damit wurden vermutlich auch die aus dem Mittelalter stammenden Rituale, der „Aberglaube“, ausgeübt. Heute lässt sich nicht mehr sagen, was die „nach Menschen verschiedener Art und Geschlechts benannten Tage“ genau bezeichneten, vermutlich

---

[5] Protocollum I. 1626–1736. Erdélyi Unitárius Egyház Gyűjtőlevéltára [Zentralarchiv der Siebenbürgischen Unitarischen Kirche], i.F. EUEGyLt, Manuskript. –

[Anm. der Übersetzerin: Die Übersetzung ist bestrebt, auch stilistische Eigenheiten der Vorlage, so z.B. die Durchsetzung des ungarischen Textes mit lateinischen Formeln, wiederzugeben. Weiter wird davon ausgegangen, dass im Zweifelsfall besser schwerfälligere, aber ontologisch dem Original nahe Formulierungen gewählt werden sollten, um die theologisch-philosophische Argumentation möglichst genau nachvollziehbar zu machen. Vgl. auch die Bemerkungen zu Beginn des Quellenanhangs, S. **.] –

Vgl. weiter Kénosi Tőzsér, János –Uzoni Fosztó, István: Az erdélyi unitárius egyház története [Geschichte der Unitarischen Kirche]. I. (Az Erdélyi Unitárius Egyház Gyűjtőlevéltárának és Nagykönyvtárának kiadványai] 4/1. [Publikationen des Zentralarchivs der Siebenbürgischen Unitarischen Kirche und ihrer Bibliothek]), übers. von Albert Márkos, mit einer einführenden Studie von Mihály Balázs, hg. von Gizella Hoffmann, Sándor Kovács, Lehel B. Molnár. Kolozsvár 2005, S. 787.

stehen sie in Zusammenhang mit den Festtagen der Heiligen. Gegen Ende des 17. Jahrhunderts wurden die Vigilien zu Karfreitag und Weihnachten, wenngleich mit einiger Anstrengung, in den unitarischen Kirchengemeinden abgeschafft, dennoch blieb der Brauch in einigen Gemeinden bis ins 19. Jahrhunderts lebendig.[6] István Jánosfalvi Sándors Manuskript gebliebene vermischte Bemerkungen (1863) zu Sándor Aranyosrákosi Székelys 1839 erschienenem Werk „Geschichten des unitarischen Glaubens in Siebenbürgen" halten unter anderem auch Folgendes fest:

> „[...] In Karácsonyfalva, Okländ und Almás wird beim Anbruch des Neuen Jahres um Mitternacht geläutet, gesungen und gewacht, und zwar mit aller Andacht. In Korond hielten zumindest früher auch die Unitarier nach dem Vorbild der dortigen römischen Katholiken Rorate-Messen."[7]

Noch heute gibt es unitarische Gemeinden, in denen, wenn auch in verkümmerter Form, der mittelalterliche Brauch des Kirchturmsingens erhalten geblieben ist (z.B. Homoródújfalu, Torockószentgyörgy).

Im 16. und 17. Jahrhundert hat sich die Praxis des Abendmahls wahrscheinlich mehrfach verändert. Mangels zeitgenössischer unitarischer Agendenbücher lassen sich – anhand der ‚Disciplina Ecclesiastica' sowie verschiedener Synodalbeschlüsse – nur Mutmaßungen darüber anstellen. Auch bezüglich der Theologie des Abendmahls sind wir in keiner besseren Situation, und es ist wohl angemessener, nicht von einer einheitlichen Abendmahlslehre, sondern von verschiedenen Abendmahlsauffassungen auszugehen.[8] Die erste verbindliche Agende, ‚Modus rerum agendarum', wurde in der zweiten Hälfte des 18. Jahrhunderts formuliert.[9] Die Praxis der Austeilung des

---

6 Aranyosrákosi néhai Székely Sándor úrnak 1839-ben kijött unitária vallás történetei Erdélyben című könyvére tett elegyes jegyzetei Jánosfalvi Sándor Istvánnak, mellyek tisztába le irattak 1863-ban [Vermischte Bemerkungen des István Jánosfalvi Sándor zu dem 1839 erschienenen Buch Geschichte des unitarischen Glaubens der vormaligen Sándor Székely von Aranyosrákos, welche 1863 ins Reine geschrieben wurden]. Manuskript, S. 583.

7 Ebenda.

8 Vgl. Balázs, Mihály: Elhúzódó felekezetiesedés és rendhagyó kátéirodalom. Az unitáriusok kátéiról a kezdetektől a dézsi komplanációig [Anhaltende Absonderung der Konfessionen und ungewöhnliche Katechismus-Literatur. Über die Katechismen der Unitarier von den Anfängen bis zur Déser Übereinkunft]. In: Felekezetiség és fikció, hg. von Péter Kőszeghy. Budapest o. J. [2006], S. 60.

9 Vollst. Titel: Modus Rerum Agendarum in Cultu Divino, apud Ecclesias per Inclytum Magnum Transilvaniae Principatum Unitarias uniformiter observandus, azaz Az isteni Szolgálatnak az Erdélyi Unitaria Ekklesiákban való végben vitelének modja, mellyet nevezetesen az Ekklésiákban Szolgáló Ministerek, Pap, Mester, Kántor Atyánkfiai tartoznak követni [Modus Rerum Agendarum ... das ist die Weise der Durchführung des Gottesdienstes in den Unitarischen Kirchen des Fürstentums Siebenbürgen, wie sie insbesondere von den in den Gemeinden dienenden Gevattern Minister, Pfarrer, Lehrer und Kantoren zu befolgen ist]. Handschriftliche Kopien sind in der Klausenburger Akademiebibliothek unter folgenden Signaturen zu finden: MsU 57/b, 80/c, 118, 177/b, 186/a,

Abendmahls war allerdings auch noch in den ersten Jahrzehnten des 19. Jahrhunderts nicht einheitlich.[10] Im Folgenden werden ohne Anspruch auf Vollständigkeit verschiedene Abendmahlsauffassungen vorgestellt, um dann zu versuchen, eine Liturgie des Abendmahls zu rekonstruieren.

---

192/a, 227/b, 889, 1085, 118/c, 1218, 1755/a. Eine Ausgabe dieses Textes erstellte SZOMBATFALVI D. Ä., József: Egy 18. századi szabályzat az erdélyi unitárius istentisztelet és szertartások végzéséről [Eine Vorschrift über die Durchführung des unitarischen Gottesdienstes und der Zeremonien aus dem 18. Jahrhundert]. In: KerMagv 93 (1987), S. 22–33. Denselben Text veröffentlichte auch Dániel BART: A történeti szokáskutatás kora újkori forrásai: az unitárius szertartáskönyvek [Neue Quellen zur historischen Brauchtumsforschung: unitarische Agendenbücher]. In: Népi Vallásosság a Kárpát-medencében [Volksreligiosität im Karpatenbecken]. Bd. 7, hg. von Emőke S. LACZKOVITS und Enikő SZŐCS-GAZDA. Sepsiszentgyörgy, Veszprém 2007.

10 Die Vielfalt der Abendmahlspraxis lässt sich anhand eines Konsistorialbeschlusses [Főtanácsi végzés] von 1821 illustrieren: „Was die Austeilung des Heiligen Abendmahls angeht, muss der festgestellte Mangel vorgetragen werden, dass die heilige Zeremonie nicht in jeder unserer Gemeinden nach der diesbezüglich bestehenden Agenda und kirchlichen Vorschrift celebriert wird; gewöhnlich gibt der Pfarrer den Hörern nur das heilige Brot, den heiligen Kelch gibt er einem der Hörer, dieser gibt ihn einem anderen, und dieser wieder einem anderen, bis sie alle daran teilhatten: was zu deuten ist, als ob sie einander den Becher anbieten. Andernorts werden die Almosen, die man bei diesem Anlass zu geben pflegt, auf den Tisch des Herrn getan, neben die heiligen Zeichen und vielen zum Ärgernis: was so aussieht, ab ob sie die Letzteren kauften. Vielerorts stehen die Gevattern nicht von ihren Bänken auf, sondern bleiben sitzen, der Pfarrer gibt den Teller mit dem heiligen Brot ebenso wie den heiligen Kelch in die Bankreihen, und die Hörer geben beide aneinander weiter. Zur Verhinderung dieser entgegen der Agende gebräuchlichen Ungebührlichkeiten hat das Konsistorium beschlossen: Dass das heilige Abendmahl in jeder Ecclesia nach der Agende zelebriert werden soll, das heißt: von den Hörern sollen in der gewohnten Zeit so viele zum Tisch des Herrn vortreten, wie in der Mitte der Kirche [w.: a templom piacán] Platz haben, dort gibt der Pfarrer das heilige Brot ebenso wie den heiligen Kelch einem jeden Hörer in die Hand, beim Aushändigen des Kelches kann, wo es viele Kommunikanten gibt, der örtliche Schulmeister helfen. Weiterhin soll, da Ziel und Nutzen des Heiligen Abendmahls den Hörern hier und dort neuerlich in Erinnerung gebracht werden müssen, der Pfarrer als geeignetes Mittel zu diesem Zweck beim Übergeben des heiligen Brotes jeweils einen zu dieser Zeremonie geeigneten Vers aus der Heiligen Schrift sprechen; dies wird mit dem Beschluss zusammen festgelegt, dass in allen Ecclesiae, in denen es solche noch nicht gibt, einbeinige runde Tische angefertigt werden sollen. Sowie ferner, dass das, was von den heiligen Zeichen bei der Zeremonie übrig bleibt, im Haus des Pfarrers von den Dienern des Hauses des Herrn: dem Pfarrer, dem Schulmeister, Kurator oder Kirchendiener verzehrt werden sollen." Elek Vargyasi MÁTÉ: Egyházi rendszabások melyek az Erdélyi Keresztény Unitária Eklésiák Oskolák és az Egyházi Ítélő-Székeken indítandó Perfolyásnak igazgatására IV. darabokban rendbe szerkesztettek Kolosváratt 1824-ben Vargyasi Máté Elek által [Kirchliche Vorschriften zur Verwaltung der Schulen und der Prozessführung an den kirchlichen Gerichten der Siebenbürgischen Christlichen Unitarischen Gemeinden, zusammengestellt in vier Teilen]. 1824. Manuskript. EUEGyLt Kolozsvár, S. 172–173.

## Unitarische Abendmahlsauffassungen im 16. und 18. Jahrhundert

Zwischen 1555 und 1560 fanden in Siebenbürgen bekanntlich die wichtigsten Auseinandersetzungen um das Abendmahl statt. Franz Davidis und seine Anhänger folgten in der Abendmahlslehre ursprünglich der lutherischen Richtung und akzeptierten die Lehre von der Consubstantiation. 1559 führte Davidis in „Defensio orthodoxae Sententiae de Coena Domini" seinen neuen, sich nunmehr Melanchthon nähernden Standpunkt zur Frage des Abendmahls aus. Mihály Balázs fasste diese 1559 in der „Defensio" formulierte Abendmahlslehre folgendermaßen zusammen:

> „Erstens wird ausgeführt, dass wir durch den Glauben (per fidem) und geistig (spiritualiter) an Christi Fleisch und Blut teilhaben. Unter Berufung auf Augustinus wird erklärt, dass allein diese Auffassung im Einklang mit dem Wort Gottes ist und nur sie imstande ist, die Irrtümer der Gegner auszumerzen, welche ähnlich wie die Papisten denken, dass die Elemente bei der Lesung der Einsetzungsworte ihre Natur ändern können.
> Zweitens wird ausgeführt, dass sie keine Sakramentarier seien, da als solche nur diejenigen Anabaptisten zu betrachten sind, die den Sakramenten keinerlei Bedeutung beimessen, sowie die Papisten, die diesen übertriebene Bedeutung zueignen. Sie dagegen verwerfen Vergleiche, wonach die Sakramente Zeichen des fern seienden Christus sind, wie die Statue des Herkules oder das Bild des Königs Mathias. Für ihn besteht kein Zweifel daran, dass es im Abendmahl um den präsenten Christus geht. Sie sind derselben Auffassung, wie Gott sie in den Werken des Melanchthon, Calvin und des Petrus Martyr geoffenbart hat, und weichen nicht um Haaresbreite von dem Standpunkt ab, der der Tridentiner Synode 1551von den sächsischen Kirchen aus Deutschland vorgelegt wurde und den der geliebteste Lehrmeister (amantissimus praeceptor noster) Melanchthon 1557 den siebenbürgischen Kirchen schickte.
> Drittens führen sie die in den Abendsmahlsdebatten üblichen Argumente gegen die leibliche Präsenz (corporalis et carnalis praesentia) auf.
> Unter dem Titel „Patres interpretantur verba Testamenti" wird eine Sammlung von Zitaten der Kirchenväter zusammengestellt, die diese Auffassung unterstützen. Dabei handelt es sich (in dieser Reihenfolge) um Dionysius Areopagita, Tertullian, Origenes, Cyprian, Johannes Chrysostomos, Ambrosius und Augustinus. Einen gesonderten Block bilden die Zitate des letzteren, in denen erklärt wird, was die Teilhabe durch den Glauben (Manducatione, quae sit per fidem) bedeutet."[11]

[11] Balázs, Mihály: Ferenc Dávid. Ungarländische Antitrinitarier IV. (Bibliotheca Dissidentium, Répertoire des non-conformistes religieux des seizieme et dix-septieme siecles) Hrsg. von André Séguenny. Bd. XXVI. Baden-Baden, Bouxwiller 2008, S. 167–169. Vgl. den in diesem Band (S. 55–89) ins Deutsche übersetzten Beitrag.

In den 1560er Jahren fanden die Debatten um das Abendmahl ihren Abschluss. 1568 meinten Ferenc Dávid und seine Anhänger, dass die Zeremonien gereinigt und die Fragen um Taufe und Abendmahl in ihrer wahren Bedeutung erkannt seien.

> „Mit dem Gesang haben wir die Reinigung der Messe [sic!] begonnen und den Gesang in Begleitung von Trompete und Orgel abgeschafft. Dann haben wir das Abendmahl in beiderlei Gestalt wiederhergestellt und zuletzt die Altäre, Gewänder, das ungesäuerte Brot, das Niederknien und die Transsubstantiation beseitigt. In dieser Weise sind wir auch bei der Taufe rückwärts vorgegangen, angefangen beim Chrisma, über den Speichel[12], das Salz und die Kerzen[13] bis hin zur Teufelsaustreibung, den Kreuzeszeichen[14], den Hebammen (die den Säugling nötigenfalls taufen mussten), bis hin schließlich zu den Taufpaten. Zuletzt kam die Erwachsenentaufe an die Reihe.
> Nachdem wir also die Reinheit des Abendmahls und der Taufe wiederhergestellt haben und alles Gestrüpp des Antichrist (das um den Tisch des Herrn gewachsen war) ausgerissen ist, werden wir uns künftig nicht weiter um deren Reinigung bemühen.“[15]

---

12 *Anm. der Übersetzerin: Beim römisch-katholischen Taufritus war eine Speichel-Ritus bis zu der vom II. Vatikanischen Konzil beschlossenen Liturgiereform Teil der Vorbereitung des Täuflings auf den Empfang der Taufe. Der Brauch ist sehr alt und stammt aus der Zeit, als hauptsächlich erwachsene Personen getauft wurden. Die Taufe wurde dabei als eine mystische Erleuchtung gedeutet, und damit der Täufling mit seinen Sinnen die mystische Bedeutung der äußeren Handlung erfassen kann, werden ihm die Sinnesorgane (Ohre, Nase, Augen) durch einen speziellen Öffnungsritus „aufgetan“. Dabei bestreicht der Priester (ursprünglich der Bischof) die Sinnesorgane des Täuflings mit Speichel und spricht dazu das hebräische Wort „Ephatha“ („öffne dich“). Im Hintergrund steht die Heilung des Stummen in Markus 7,3 1–37. Die reformatorische Polemik gegen „Speichel und Salz“ bei der Taufe ist ein allgemein verbreiteter Topos. Im Hintergrund steht der ursprünglich auf die Messe bezogene Vorwurf, die kirchliche Tradition habe das ursprüngliche, im NT bezeigte Abendmahl durch allerlei „Menschensatzungen“ erweitert und verfälscht. Entsprechend hat man dann auch bei der Taufe den Katholiken vorgeworfen, sie hätten die schlichte einfache neutestamentliche Taufe durch menschliche Zusätze erweitert und verfälscht. (Vgl. Confessio Helvetica Posterior, XX., Die heilige Taufe. Zum Hintergrund:* Kretschmar, *Georg: Die Geschichte des Taufgottesdienstes in der alten Kirche. In: Leiturgia, Bd. 5, hg. v. KF* Müller, *Walter* Blankenburg. *Kassel 1970, S. 1–348, S. 225.* – Augusti, *Johann Christian Wilhelm: Handbuch der christlichen Archäologie: ein neugeordneter und vielfach berichtigter Auszug aus den Denkwürdigkeiten aus der christlichen Archäologie. Leipzig, Bd. 1–3, 1836–1837, hier Bd. 2, S. 449–450. – Zum Fortleben z.B. Protokoll der Inquisitionssitzung, die das Verbot indischer Riten vorschreibt. 1733. In: Der Aufbau der Kolonialreiche, hg. von Matthias* Meyn *und Thomas* Beck. *München 1987, S. 487–489, S. 487. Ich danke Martin Rothkegel für den Hinweis auf den theologischen Kontext.*

13 *Anm. der Übersetzerin: Vgl. die ablehnende Deutung in Luthers „Taufbüchlein“ wie auch der Confessio Helvetica Posterior.*

14 *Anm. der Übersetzerin: Gemeint ist Obsignatio crucis (anzutreffen auch in Luthers „Taufbüchlein“: Nach dem kleinen Exorzismus zeichnet der Pfarrer ein Kreuz auf Stirn und Brust des Täuflings und spricht die Worte „Nimm das Zeichen des heiligen Kreuzes beide an der Stirn und an der Brust.“*

15 Két könyv az Egyedülvaló Atyaistennek, a Fiúnak és a Szentléleknek hamis és igaz ismeretéről [Zwei Bücher von der wahren und falschen Kenntnis des alleinigen Gottes, des Sohnes und des

Auch in der „Kurzen Erklärung“ (Rövid Magyarázat) sind ähnliche Gedanken über die Reinigung des Abendmahls zu finden.[16] Was Franz Davidis im letzten Abschnitt seines Lebens über das Abendmahl dachte, ist nicht bekannt. Möglicherweise folgte er auch darin dem Standpunkt des Jacobus Palaeologus (1520–1585). Die Abendmahlslehre des Palaeologus stand der rationalistischen Auffassung Zwinglis am nächsten. Zwingli interpretierte Abendmahlsbrot und -wein als Symbole des Fleisches und Blutes Christi.[17] Nach Palaeologus waren die Sakramente – die Taufe und das Abendmahl – äußere Zeichen, deren Beibehaltung Adiaphoron war; wenn die Gemeinden daran hingen, könnten sie sie praktizieren, wenn nicht, hätte das vom Standpunkt des Heils betrachtet keine praktischen Konsequenzen.[18] Ähnlich meinte auch Johann Sommer (1542–1572) in seinem gegen Péter Károlyi (1543–1576) gerichteten Werk:

> „Wie viel Blut wurde wegen für den Glauben gleichgültiger Dinge wie der Taufe, dem Abendmahl, den Kerzen, den Gesängen und dergleichen vergossen, wie viel Hass und Verfolgung brachten sie in die Kirche Gottes; dies geschah, weil unwissende, blöde Menschen schrien, dass sie für das Heil notwendig seien.“[19]

Nach Antal Pirnát gewann zwischen 1571 und 1579 im siebenbürgischen Unitarismus eine gänzlich rationalistische Richtung die Oberhand, die jegliche feste Formen des Gottesdienstes verwarf und auch die Spende von Taufe und Abendmahl für völlig überflüssig hielt.[20] Das 1579 angenommene Prinzip ‚communis profetia‘ verlangte

Heiligen Geistes], übers. von Lajos Péter, mit einer Einleitung von Mihály Balázs. Kolozsvár 2002, S. 117. (Az Erdélyi Unitárius Egyház Gyűjtőlevéltárának és Nagykönyvtárának kiadványai 2).

[16] Rövid Magyarázat, miképpen az Antikrisztus az igaz Istenről való Tudományt meghomályosította, és az Krisztus az ő híveinek általa tanítván minket, miképpen építette meg, az ő mennyei szent Atyjáról és Őmagáról és a Szentlélekről bizonyos értelmet adván előnkben [Kurze Erklärung, wie der Antichrist die Wissenschaft vom wahren Gott verunklart hat und wie sie Christus, der uns durch seine Gläubigen lehrt, errichtet hat und uns klares Verständnis von seinem heiligen Vater, sich selbst und dem Heiligen Geist gibt]. Albae Iuliae 1567, B2r–B4r.

[17] Zur Abendmahlslehre vgl. Buzogány, Dezső: Melanchthon úrvacsoratana levelei alapján [Die Abendmahlslehre Melanchthons auf der Grundlage seiner Briefe]. Budapest 1999. (Erdélyi Református Egyháztörténeti Füzetek I.).

[18] Földi és égi hitviták. Válogatás Jacobus Palaeologus munkáiból [Irdische und himmlische Glaubensdebatten. Eine Auswahl aus den Arbeiten des Jacobus Palaeologus], übers. von János Nagy-Illés, ausgewählt, mit einem Vorwort und Anmerkungen versehen von Mihály Balázs. Budapest, Kolozsvár 2003, S. 82–85.

[19] Sommer, Johann: Refutatio Scripti Petri Carolii editi Wittebergae, scripta … [Ingolstadti]. Cracoviae, 1582, a4. „Adiaphora, baptismus, coena, candelae, cantus, et id genus alia, quantum fuderunt sanguinis, quantum odiorum et persecutionum, inuexerunt in Ecclesiam Dei, non aliam ob causam, nisi quod stulto zelo, imperiti homines ea ad salutem necessaria clamitarent … esse.“

[20] Régi Magyar Költők Tára. XVII. század 4. Az unitáriusok költészete [Sammlung alter ungarischer Dichter. 17. Jahrhundert. 4. Die Dichtung der Unitarier]. [Im Folgenden: RMK], hg. von Béla Stoll, Márton Tarnócz und Imre Varga. Budapest 1957, S. 530.

theoretisch keinerlei verbindliche gottesdienstliche oder zeremonielle Form. Nach dem Prozess gegen Franz Davidis nahm die Mehrheit allerdings den „Consensus Ministrorum" an und unterzeichnete ihn. Dies wiederum führte zu einer gewissen Ordnung der Abläufe, selbst wenn die dogmatische und liturgische Vereinheitlichung zu keinem eindrucksvollen Ergebnis führte. Und dass die Liturgie den dogmatischen Veränderungen nachgefolgt wäre, ist ganz und gar nicht anzunehmen. Wahrscheinlicher ist, dass nach der Verurteilung des Franz Davidis ein Teil der Gemeinden zu der schon früher geübten Liturgie zurückkehrte. Nach 1579 sind in städtischen Rechnungsbüchern etliche Angaben darüber zu finden, dass für ungarische und siebenbürgisch-sächsische Studenten das Graduale neu abgeschrieben wurde, dieses wiederum regelte bekanntlich das liturgische Leben.[21] Über die Liturgie der 70er Jahre des 16. Jahrhunderts wissen wir praktisch nichts, so lässt sich auch über die Praxis des Abendmahls nichts Genaues sagen.

Auf die liturgische Praxis der ersten Hälfte des 17. Jahrhunderts lässt sich aus den Lehren der damals in Gebrauch befindlichen unitarischen Katechismen schlussfolgern; deren Abendmahls-Auffassung war jedoch durchaus nicht einheitlich. Nach der Verurteilung des Franz Davidis näherte sich ein Teil der Nonadorantisten den Lehren des Jacobus Palaeologus, ein anderer Teil denen des Vehe-Glirius und der Sabbatarier an. Nach Matthias Vehe-Glirius war das Abendmahl

> „unter keinerlei Gestalt ein Bund oder Zeichen eines Bundes, sondern lediglich Erinnerung an den Tod Christi, solange, bis er kommt, um das Volk Gottes vollkommen zu erlösen. Ebenso, wie die Zeremonie des Osterlamms nichts anderes war als eine Erinnerung an die Befreiung aus Ägypten."[22]

Der im 16. Jahrhundert zusammengestellte und 1632 herausgegebene Katechismus des Máté Toroczkai steht dieser Auffassung nahe. Nach Auffassung von Toroczkai ist das letzte Abendmahl nicht Erfindung Christi, sondern ein von den Juden übernommener Brauch, der zu Pesach geübt wurde, um an Gottes Versprechen zur Erfüllung des Reiches Israels zu erinnern.

> „Vor der Geburt Christi legten die Juden beim Verzehr des Osterlamms ein Brot auf den Tisch, das größer und schöner war als die übrigen, und das das Brot des Messias genannt wurde. Am Ende der Mahlzeit nahm der Ranghöchste unter ihnen dieses Brot, dankte Gott, dass er sie aus Ägypten befreit und ihnen für die Zukunft wieder einen Messias versprochen hatte, und sprach: Dies ist das Brot des Erlöser-Messias, der kommen wird. Er

---

21 Várfalvi Nagy, János: Az unitárius énekes könyvekről [Über die unitarischen Gesangbücher]. In: KerMagv 6 (1871), S. 93–126, hier S. 118.

22 Vehe-Glirius, Matthias: Istenismeret és más írások [Gotteskenntnis und andere Schriften]. Übers. von Tamás Ruttner. Ausgewählt, mit Anm. und einem Nachwort versehen von Róbert Dán. Budapest o. J., S. 149–152. (Prométheusz Könyvek 3).

brach es und teilte es zur Erinnerung an den kommenden Messias, der sie erlösen würde, an die Tischgenossen aus. Nach diesem Brauch nimmt auch Christus, als er das Osterlamm mit seinen Jüngern gegessen hatte, als der Ranghöchste bei Tisch das Brot, bricht es und spricht: Dies ist mein Leib, meinen Leib, das heißt mich, hat dieses Brot bezeichnet, denn ich bin der erlösende Messias, der da kommen sollte. Deshalb werdet ihr bald das Brot des Erlöser-Messias essen, esst es nicht als das Brot des kommenden, sondern als das des gekommenen und getöteten Messias. Denn das Brechen des Brotes erinnert euch an meinen Tod, und das Trinken des Weins an das Vergießen meines Bluts, durch welchen Tod und Blutvergießen das Neue Testament gegeben wurde zur Vergebung der Sünden vieler Menschen. Haltet diese Anordnung, bis ich komme."[23]

Diese Grundkonzeption wird dadurch ergänzt, dass das Abendmahl durch den Kreuzestod Christi die verschiedenen Völker zu einer „Gemeinde" gemacht hat.[24] Die Teilhabe an dem gemeinsamen Brot und Wein symbolisiert diese Einheit. Bei Toroczkai ist die alttestamentarische Einbettung des Abendmahls sehr stark, die dennoch den Gedankengang der Sabbatarier anklingen lässt.[25] Der an der Wende vom 16. zum 17. Jahrhundert verfasste und 1654 erneut herausgegebene Katechismus des János Várfalvi Kósa (? – 1601) nähert sich dem Abendmahl, „das zur Erinnerung an das Opfer Jesu Christi und zur Gewissheit der Christlichen [sic!] Einheit" dient, ausschließlich vom Neuen Testament her.[26] Am Abendmahl, schreibt Várfalvi, nehmen all jene teil, die mit wahrem Glauben die Ankunft Christi erwarten.

„Doch niemand isst mit dem Brot Christi Leib, der am Kreuz gelitten hat, oder trinkt mit dem Wein sein vergossenes Blut, denn er ist verklärt und hat keine Verwesung im Sarg durchlitten. Er leidet in niemandes Magen; er ist vom Himmel aufgenommen, wie der Apostel Petrus sagte, und hält sich dort auf, und alle sollen sich vor ihm niederwerfen. Und so wird er kommen zu richten, um in Jakobs Haus und auf dem Stuhl des Königs David zu

---

23 Toroczkai, Mathe: Az Keresztyéni Üdvességes Tudománnak, a Régi és Uy Testamentom szerént egyben summáltatott értelme, az Keresztyéneknek lelki épületekre [Der in einem summierte Sinn der heilbringenden christlichen Wissenschaft, nach dem Alten und Neuen Testament, zur seelischen Erbauung der Christen]. Kolosvár 1632, Er-v.

24 Vgl. Balázs, Mihály: Elhúzódó felekezetiesedés (Anm. 8), S. 37–75.

25 Ebenda, S. 63.

26 Várfalvi Kósa, János: Catechesis. Az üdvességnek fundamentumáról rövid kérdezkedés az Szen Írás szerént; az Kisdedeknek tudományában, és az Urnak szolgálattyában és félelmiben való felnevelésére [Katechese. Kurze Fragen über die Fundamente des Heils nach der Heiligen Schrift ...]. Colosvarb 1654, B5r. Zu János Várfalvi Kósa vgl. Ungarländische Antitrinitarier III (Demeter Hunyadi, Pál Karádi, Máté Toroczkai, György Válaszúti, János Várfalvi Kósa), hg. von Mihály Balázs. Baden-Baden, Bouxviller 2004, S. 210 ff. (Bibliotheca Dissidentium. Répertoire des non-conformistes religieux des seizième et dix-septième siècles. Hrsg. von André Séguenny und Jean Rott, Bd. XXIII).

herrschen: und die Gläubigen auf ewig in das Reich des Vaters zu bringen, was kein Ende mehr haben wird."[27]

Bei Várfalvi verbindet sich die Frage des Abendmahls organisch mit der Erwachsenentaufe. Auf die Frage, wer das Abendmahl einnehmen soll, antwortet er: „Es gebührt sich, [dass es] die Erprobten und die Wiedergeborenen [tun sollen], die das Kommen Jesu Christi erwarten."[28] Der Terminus „Wiedergeborene" meint die Getauften, die bereits Zeugnis von ihrem Glauben ablegen können.

Der dritte im 17. Jahrhundert in Umlauf befindliche, die Dogmatik der Sozinianer zusammenfassende Katechismus – das Werk *Kurze Wissenschaft des christlichen Glaubens* (*Az keresztényi vallásnak rövid tudománya*) von 1632 – nennt das Abendmahl eine Zeremonie der Danksagung. Christus habe seinen Anhängern „wegen der Erinnerung" diese äußerliche Zeremonie anbefohlen, das Brechen des Brotes und das Trinken aus einem Becher. Dies sei eine Gewohnheit und ein Brauch, die es in den Gemeinden „bis zu seinem Kommen" zu halten gelte.[29]

Auch auf der Grundlage des oben Gesagten ist ersichtlich, dass die unitarischen Gemeinschaften intern bis zur Vereinbarung von Dés/Dej (1636) weder dogmatische noch liturgische Einheitlichkeit besaßen.[30] Valentin Radecke/Radecius[31] und seine Mitarbeiter versuchten diese Vielfalt mit der 1626 herausgegebenen ‚Disciplina Ecclesiastica' zu regulieren und in erster Linie Einheitlichkeit in der Lehre herzustellen.[32] Die ‚Disciplina' verdammte daher all jene, die nicht die Taufe und das Abendmahl praktizieren. Diese Ausfälle waren offensichtlich gegen die nonadorantistischen und die Sabbatariergemeinden gerichtet, die dergleichen lehrten, „als wenn die Schriften des Neuen Testaments zusammen mit den geheimnisvollen Zeichen[33] nur zur Zeit der Apostel oder nur ein Jahrhundert nach ihnen hätten Bestand haben

[27] VÁRFALVI KÓSA: Catechesis (wie Anm. 26), B6v–B7r.

[28] Ebenda.

[29] Az Keresztyeni Vallásnak Rövid Tudománya. Krisztus Urunk születése után 1632 [Kurze Wissenschaft des christlichen Glaubens. Nach der Geburt unseres Herrn Christus 1632]. Kolozsvár. F3r–F4r.

[30] BALÁZS, Mihály: Zwei unitarische Katechismen in Klausenburg 1632. In: Archiwum Historii Filozofii i Myoeli Spoecznej 38 (1993), S. 139–152.

[31] Vgl. den Beitrag von Krista Zach in diesem Band.

[32] KESERŰ, Gizella: Az erdélyi unitárius egyház megkésett konfesszionalizálódása és a lengyel testvérek a 17. század elején [Die verspätete Konfessionalisierung der unitarischen Kirche und die polnischen Brüder zu Beginn des 17. Jahrhunderts]. In: „Nem sűlyed az emberiség!"... [„Die Menschheit geht nicht nieder!" ... ]. Album amicorum zum 60. Geburtstag László Szörényis. Budapest 2007, S. 429–449, hier S. 429. Zugang im Internet unter: www.iti.mata.hu/szorenyi60.html [18. Mai 2011].

[33] *Anm. der Übersetzerin: Geheimnisvolle Zeichen: titokzatos jelek. Gemeint sind die Sakramente, die hier ausgehend von dem griechischen Ausdruck (Mysterien) benannt werden.*

sollen".[34] Es spricht für sich, dass Bischof Mihály Gergely de Almási (1654–1724) in seiner 1694 herausgegebenen *Disciplina* diese Bestimmung ohne Abänderungen übernahm. Den Bestimmungen Radeckes wurden später verschiedene Anweisungen hinzugefügt. Im Blick auf unser Thema sind die vierte und die fünfzehnte besonders wichtig. Punkt vier lautet:

> „Da es aber in einer volkreichen Gemeinde kaum möglich ist, dass alle gleichzeitig zum Abendmahl gehen können, soll diese Sache so behandelt werden, dass diese Gelegenheit mehrmals jährlich geboten wird, wie das auch bisher geschehen ist. Denn wenn die Gemeinde in Klassen[35] geteilt ist, kann es leicht geschehen, dass an den beiden aufeinanderfolgenden Tagen eines Festes dieselbe Zeremonie wiederholt wird, so dass diejenigen, die bei der ersten nicht mitgefeiert haben, an der zweiten teilnehmen. Die Ordnung soll jährlich so gewechselt werden, dass diejenigen, die im ersten Jahr die ersten waren, im folgenden die letzten sind. All das soll der Weisheit des Bischofs und der Vereinbarung der Gemeinde überlassen werden."[36]

Im fünfzehnten Abschnitt über die Synoden wird festgestellt, dass „während der Dauer dieser heiligen Versammlungen das Abendmahl ausgeteilt und der Name Christi zur Hilfe angerufen werden soll".[37] Wie es scheint, blieb der Beschluss von 1629 wirkungslos, denn die Synode von Ádámos legte am 21. Oktober 1663 neuerlich fest, dass

> „wenn immer eine Synode zusammenkommt, zu allererst das Abendmahl ausgeteilt werden soll, um auch damit Zeugnis von der Einheit unseres Glaubens mit dem Meister und von dem wechselseitigen christlichen Einverständnis und der Liebe zwischen uns abzulegen sowie von unserem Versprechen, in allem, soweit es in unserer Kraft steht, dem Bildnis des Sohnes Gottes zu gleichen".[38]

Die erste gedruckte und noch im selben Jahr auf den Index der vom Landtag verbotenen Bücher[39] gesetzte Agende, die die Praxis des Abendmahls absegnete, wurde 1638 von dem aus Polen kommenden Valentin Radecius mit der „Formula administrandi coenam dominicam" (RMNy 1725) veröffentlicht.[40] Wahrscheinlich ist es

---

[34] Tóth, György: Az unitárius egyház rendszabályai [Vorschriften der unitarischen Kirche]. 1626-1850. Cluj, Kolozsvár 1922, S. 17 ff. (Az Unitárius Egyház Törvényeinek Gyűjteménye III.)

[35] *Im Sinn von mathematischen Klassen, d. Ü.*

[36] Ebenda, S. 35.

[37] Ebenda, S. 41.

[38] Kénosi Tőzsér, János, Uzoni Fosztó, István: Az erdélyi (wie Anm. 5).

[39] Die Zusammenstellung einer Verbotsliste gehört zu den Folgen des Innovationsverbots und der Übereinkunft von Dés.

[40] Heltai, János: Műfajok és művek a XVIII. század magyarországi könyvkiadásában [Gattungen und Werke im Buchwesen Ungarns im 18. Jahrhundert]. (1601–1655). Budapest 2008, S. 208.

kein Zufall, dass die Lehre vom Abendmahl gerade im Jahr der Übereinkunft von Dés erschien. Die „Formula administrandi" ist zum einen ein Dokument der Abgrenzung von den Sabbatariern und Nonadorantisten, zum anderen unternimmt sie einen Versuch zur Schaffung einer einheitlichen unitarischen Abendmahlslehre. Auf der Grundlage von Stellen aus dem Neuen Testament antwortet diese sozinianische Agende auf folgende Fragen:

1. Zu welchem Zweck wurde das Abendmahl eingesetzt? Antwort: Es soll ein erinnerndes Zeichen sein. 2. Soll jeder am Abendmahl teilnehmen? Antwort: Jedermann, der sich als Christ bekennt, muss das Abendmahl einnehmen. 3. Was essen und trinken die Gläubigen beim Abendmahl? Antwort: Sie essen Brot, sie trinken Wein. 4. Wie soll man zum Abendmahl gehen? Antwort: Mit aufrichtiger Reue über seine Sünden und voller Dank.

In der Übereinkunft von Dés wurde den Unitariern auch die Vereinheitlichung ihrer Liturgie vorgeschrieben.

> „Beim Abendmahl soll der Becher den Kommunikanden in die Hand gegeben werden, dass sie selbst daraus trinken, wie in der ungarischen unitarischen Kirche."[41]

Es ist nicht bekannt, was in den 1630er Jahren Brauch war, die Gemeinschaft entrüstete sich jedoch über die Neuerungen. Über Matthias Rhaw, den Pfarrer der Sachsen, wurde aufgezeichnet, er habe es „in der Kirche der Sachsen in Klausenburg eingeführt, dass er nach Art der Rumänen selber den Kelch in der Hand hielt und zu denen, die das Abendmahl nahmen, abergläubische Worte sprach."[42] Es ist möglich, dass Rhaw, ähnlich wie es in einigen polnischen Gemeinden Brauch war, die Gläubigen nur nach einem persönlichen Sündenbekenntnis zum Abendmahl gehen ließ. Nach Auskunft der Protokolle gab es im 17. Jahrhundert in den magyarischen Kirchen keine ähnlichen Fälle. Die polnischen Gemeinden, die sich 1661 in Siebenbürgen niedergelassen hatten, hielten jedoch an ihren eigenen Zeremonien fest. Daher schaffte die Synode von Bölön (Böllen/Belin) 1698 Taufe und Abendmahl der polnischen Sozinianer ab, indem sie außerhalb Klausenburgs die Organisation von Gemeinden unabhängig von den jeweiligen magyarischen verbot:

> „Beschluss über die in Siebenbürgen wohnenden polnischen Gevattern:
> Nachdem wir mit Gewissheit erfahren haben, dass einige polnische Gevattern verschiedene Riten gegen den Usus unseres heiligen Glaubens halten wollen, ja sie an einigen Orten auch in der Kirche gehalten haben, womit in unseren Kirchen ansa, ‚Anlass' zum Ärgernis gegeben wurde, so wie circa baptismum et circa coenam et alios quosdam ritus, ‚um die Taufe, das Abendmahl und einige andere Zeremonien', darum wurde im heiligen Konsistorium beschlossen, das in modo posterorum ‚von jetzt an nunmehr' verschiedene

41 Kénosi, Uzoni: Az erdélyi (wie Anm. 5) II, S. 504.

42 Ebenda.

> Konvente auf keinen Fall eine eigene ‚Gemeinde' haben sollen, vielmehr sollen dort, wo sie in einer magyarischen Ecclesia wohnen, sie in die magyarische Ecclesia gehen, und derart schöne Gemeinschaft mit der magyarischen Ecclesia halten. Wenn sie nicht so handeln und Dissensio, Scissio, ‚Nichtübereinstimmung und Bruch' üben, so sollen sie eo ipso ‚selbstverständlich' von der Ecclesia abscissus, ‚abgespalten' sein, und sollen nach des Usus der Ecclesia die Taufe einhalten und das Abendmahl nehmen."[43]

Häufig kam es vor, dass die Synode Pfarrer und Schulmeister, die nicht zum Abendmahl gingen, zu Geldstrafen verurteilte. Pfarrer zahlten 12 Forint, Schulmeister eine halb so hohe Strafe. Es ist anzunehmen, dass Pfarrer, die selbst nicht das Abendmahl einnahmen, es auch ihrer Gemeinde nicht austeilten. Auf der Synode von Ádámos 1641 tauchte gleich mehrmals die Frage der Bestrafung von Pfarrern auf, die das Abendmahl versäumten; schließlich wurde beschlossen, dass, wenn Miklós Hari bestraft würde, auch in jedem andern Fall so verfahren werden müsste. (Über Hari verzeichnet das Protokoll leider nichts Genaueres, wo er Pfarrer war und wann er zum ersten Mal bestraft wurde, ist unbekannt.)

Im 18. Jahrhundert durchliefen diese Abendmahlsauffassungen des 17. Jahrhunderts weitere Veränderungen. Mihály Szentábrahámi Lombárd (1683–1758) vereinheitlichte in seinem monumentalen Werk „Summa Universae Theologiae" die unitarische Abendmahlstheologie. Die Abendmahlslehre der „Confessio", die mehrere Auflagen erlebte, ist auf Szentábrahámis „Summa Theologiae", eine Zusammenfassung des sozinianisch-remonstrantischen Erbes, zurückzuführen. Die „Confessio", d. h. das „Bekenntnis über den christlichen Glauben nach dem Geist der Unitarier" (Keresztényi hitről való vallástétel az unitáriusok értelme szerént) erschien 1845 zum letzten Mal. Über das Abendmahl heißt es dort: „Wir glauben, dass der durch Jesus Christus eingesetzte heilige Tisch oder das heilige Abendmahl (das die Gläubigen in ihrer Gemeinde mit Glauben, Liebe und individueller Selbstprüfung üben sollen) ein erinnerndes heiliges Zeichen ist, durch welches wir uns an die von Christus durch seinen Tod erworbenen Güter erinnern und für sie danken sollen, indem wir das heilige Brot und den Becher nehmen, sollen wir unsere Vereinigung mit dem Fleisch und Blut Christi und unsere Einigkeit [egyességünket] untereinander zeigen, wie es in der Heiligen Schrift gelehrt wird."[44]

---

[43] Ebenda. S. 221. *[Lateinische und ungarische Formulierungen stehen im zitierten Text in dieser Weise nebeneinander. Die Übers.]*

[44] A' keresztényi hitről való vallástétel az unitáriusok értelme szerint [Bekenntnis über den christlichen Glauben nach dem Verständnis der Unitarier]. Kolozsvártt 1845. (8 ungez. S.)

## Die Abendmahlsliturgie

In der unitarischen Kirche ist anders als in der reformierten[45] keine Agende erhalten geblieben, so können wir nicht wissen, wie die Liturgie des Abendmahls im 16.–17. Jahrhundert beschaffen war. Wahrscheinlich wurde die unitarische Abendmahlszeremonie anfangs gesungen, und der gesprochene Teil erhielt erst später, und zwar auf Kosten des Gesangs, seinen Teil am liturgischen Ablauf. M. E. ist weiterhin anzunehmen, dass es vor der Übereinkunft von Dés auch nicht üblich war, der Austeilung des Abendmahls eine Belehrung voranzustellen. Während der Austeilung der heiligen Zeichen erklangen die Einsetzungsworte in Begleitung der entsprechenden Gebete und Gesänge. In der von Kénosi und Uzoni zusammengestellten Kirchengeschichte gibt es eine einzige Stelle, die möglicherweise auf die Abendmahlsliturgie des 16. Jahrhunderts Bezug nimmt. Im Zusammenhang mit der Wahl des Klausenburger Pfarrers – möglicherweise ging es um Helth – wird auch vom Abendmahl gesprochen, aber wortkarg nur so viel gesagt, dass der neu gewählte Pfarrer in Begleitung von Richter, Ratsherren und Pfarrkollegen in die Kirche auf dem Hauptplatz einzog und nach dem Singen des ‚Te Deum' die heiligen Zeichen austeilte. Auch in den Graduale-Büchern des 17.–18. Jahrhunderts gehörte das ‚Te Deum' zu den im Kontext des Abendmahls üblichen Gesängen; es ist anzunehmen, dass es bei der Austeilung des Abendmahls gesungen wurde. Die Kirchengeschichte von Kénosi und Uzoni enthält auch die Beschreibung jenes wahrscheinlich 1601 auf Bestellung von Bischof Máté Toroczkai angefertigten Graduale. Auf dieser Grundlage kann versucht werden, eine mögliche Form der Abendmahlsliturgie zu rekonstruieren. Zu betonen ist, dass der gesungene Teil des Gottesdienstes viel länger war, als man das heute annehmen würde, und dass der Kantor „den gesungenen Teil der aus dem Mittelalter ererbten Zeremonie, weil die Liturgie ursprünglich gesungen wird",[46] zu leiten hatte. Die 1614 erschienenen Anweisungen zur Regelung der ‚Canonica Visitatio' befahlen den Schulmeistern unter Strafandrohung, Schulen einzurichten: „von den Almosen sollen sie drei oder wenigstens zwei Kinder ernähren und erziehen, um mit ihnen in der Kirche singen zu können […]."[47] Während

[45] Vgl. Liturgia Sacrae Coenae az az: Úr Vacsorajanak kiosztasaban való rend és csekeledet [Liturgia Sacrae Coenae das ist: die Ordnung und das Handeln in der Austeilung des Abendmahls]. Patakon 1658, hg. von Csaba Fekete. Sárospatak 2003. (Acta Patakina XV.). – Liturgia Claudiopolitana. A református istentiszteletek rendje Kolozsvárott 1670. táján [Ordnung des reformierten Gottesdienstes in Klausenburg um 1670], hg. von Csaba Fekete. Debrecen 2005. (A Debreceni Református Hittudományi Egyetem Liturgiai Kutatóintézetének kiadványai 1). – Komáromi Csipkés Ágendája. Keresztelés, Úrvacsora, Esketés és Eklézsiakövetés szertartási rendje 1653-ból [Die Agende des Komáromi Csipkés. Zeremonienordnung für Taufe, Abendmahl, Eheschließung und Kirchenstrafen von 1663], hg. und eingel. von Csaba Fekete. Debrecen 2009. (A Debreceni Református Hittudományi Egyetem Liturgiai Kutatóintézetének kiadványai 3.)

[46] Fekete, Csaba: Két ismeretlen unitárius énekeskönyv és háttere [Zwei unbekannte unitarische Gesangbücher und ihr Hintergrund]. In: KerMagv 115 (2009), S. 588–603, hier S. 599 ff.

[47] Tóth, György: Az unitárius egyház rendszabályai (wie Anm. 34), S. 29–30.

der Visitation wurden die Mitglieder der Ecclesia befragt, ob der Pfarrer das Abendmahl austeile und die heilige Taufe vornehme. Ab den ersten Jahren des 17. Jahrhunderts wurde besondere Aufmerksamkeit darauf verwendet, die Praxis dieser beiden Zeremonien zu kontrollieren. Die Frage, wie die Gemeinden das Abendmahl praktizierten, lässt sich dennoch nicht eindeutig beantworten. Unbekannt ist, welche Zeremonienbücher anfangs verwendet wurden, ob Luthers „Formula Missae" (1526), Gál Huszárs Gesangbuch (1560) oder ein anderes Zeremonienbuch als Leitfaden diente. Aufgrund der Abendmahlsordnung der handschriftlichen Graduale ist anzunehmen, dass der Pfarrer zum Abendmahl einlud (intimatio, invitatio). Auf den Aufruf folgten „Kyrie magne Deus" und der Gesang „Allmächtiger Gott Vater, der du dich des Menschen erbarmst" (Mindenható Atya Isten ki emberen könyörülvén); natürlich ließen die Unitarier das Flehen um die Befreiung von der Erbsünde fort. Danach wurden wohl die Einsetzungsworte gelesen (consecratio), es folgte das gesungene Sündenbekenntnis der Gemeinde, „Confessio peccatorum", sowie eine unitarische Fassung des „Symbolum Christianum".[48] Auf „Sanctus" und „Benedictus" folgten „Agnus Dei" und „Communio". Während der laufenden Austeilung von Brot und Wein wiederholte der Pfarrer die Einsetzungsworte, die Gemeinde wiederum sang die Lieder „Das letzte Mahl des Herrn" (Úrnak végvacsorájára ) und „Zu seinem Opfer" (Az ő áldozatjára). Der Gesang „Allmächtiger Gott, wir flehen zu Dir" (Mindenható Úristen könyörgünk szent felségednek) und die Benediktion „Gehet hin in Frieden" (Mennyetek el békességgel) schlossen die Zeremonie ab. Wahrscheinlich beendete ein „Te Deum" den Abendmahlsgottesdienst.[49]

---

[48] Symbolum Christianum. In: Isteni ditsiretek, imádságos és vigasztaló énekek [Lobpreisungen Gottes, Gebets- und Trostgesänge]. Kolozsvár 1602–1615, S. 119–120. (RMNY 983).

„Wir glauben an Gott, Schöpfer des Himmels, der Erde und alles darin Befindlichen, der uns zu seinen Söhnen erwählt hat: er sorgt wie ein lieber Vater für seinen Sohn, jederzeit für unseren Leib und unsere Seele: Ohne seinen Willen kann uns daher nichts schaden, weil jegliches in der großen Macht unseres Gottes steht.

Wir glauben an Jesus Christus, seinen heiligen Sohn und unseren Herrn: der Gottes einziger und eigener Sohn ist. Der, als die Zeit erfüllt war, von der Jungfrau Maria geboren wurde, und der am Kreuz für uns geopfert wurde. Dort siegte er über unseren Feind, und erstand nach der Schrift von den Toten auf.

Den wir erwarten, um Gericht zu halten.

Wir glauben an den heiligen Geist, der der heilige Geist des einen Gottes und Christi ist: der Tröster der Elenden. Der uns führt, anleitet, lehrt, ermuntert und uns in der Gemeinde der Gläubigen heiligt; wo uns wegen Christus die Sünden vergeben werden, mit dem wir nach der Auferstehung des jetzigen Leibes ewig leben werden."

[49] Die Reproduktion der gesanglichen Teile des Abendmahlsgottesdienstes stößt nach Ansicht von Tamás Jakabffy, dem Dirigenten der Klausenburger Schola Gregoriana Monostoriensis, auf zweierlei Schwierigkeiten: a) Auf Grundlage der verschiedenen Gradual-Handschriften ist es schwierig und manchmal unmöglich festzustellen, mit welchen lokalen Varianten der Melodien wir es zu tun haben. b) Die Notenbilder, der Schriftduktus einzelner kursiver siebenbürgischer (Metzer) Neumen (uncinus, pes, clivis, climacus usw.) deutet darauf hin, dass der Notator – also derjenige, der die Noten aufzeichnete – vielfach ein geübter Notenschreiber war. Dies führt zu einem schönen

Eine Anweisung des „Modus Rerum Agendarum" bestärkt unsere Auffassung, dass die Abendmahlspraxis nicht unbedingt die Belehrung (Vermahnung) einschloss. Eine Agende aus der Mitte des 18. Jahrhunderts sagt:

> „Bei Gelegenheit des Abendmahls pflegten die Gevattern nicht nur zu singen und zu flehen, vielmehr trugen die Prediger auch einen gewissen Tractus oder eine Lehre vor [...]"[50]

Aus dem 16. Jahrhundert ist kein einziger Abendmahlstractus oder eine derartige Lehre überliefert, die erste Belehrung allgemeineren Charakters stammt aus der Mitte der 1650er Jahre.[51] Aus den ersten Jahrzehnten des 17. Jahrhunderts sind zwar Hinweise auf einige Abendmahlsansprachen überliefert, ihre Texte wurden jedoch bis heute nicht gefunden.[52]

Ab der Mitte des 17. Jahrhunderts lassen sich Bestrebungen zur Vereinheitlichung der Zeremonienordnung beobachten. Das erste Textkorpus im Anhang wurde um 1650 abgeschrieben und enthält einige markante Passagen.[53] Zwischen die „sehr alten" Predigten fügte der Kopist eine Erörterung über das Abendmahl, drei über die Taufe und eine über die Ehe ein. Die Texte stammen aus der Feder des Mihály oder János Dálnoki Nagy. Mihály Balázs hat darauf hingewiesen, dass die Texte dieses Verfassers über die Sakramente der nonandorantistischen Auffassung des 16. Jahrhunderts sehr nahestehen.

Die beiden Sakramente seien schon – so Dálnoki – im Alten Testament vorhanden gewesen, und das Neue Testament habe sie bewahrt und ihre Legitimität bestärkt. Der Verfasser antwortet auf folgende Fragen: 1. Was ist das Abendmahl? Ein erinnerndes Zeichen und Siegel. 2. Wer soll das Abendmahl einnehmen? Diejenigen, die Gott zu seinem Volk erwählt hat, durch den Glauben an den Herrn Christus. 3. Mit welchen Vorbereitungen soll man zum Abendmahl gehen? Voller Dank und Glauben an Christus.

---

Notenbild, bedeutet aber auch, dass der Notator vielfach mit Routine bzw. undeutlich schrieb. An vielen Stellen ist es z.B. schwer zu entscheiden, ob er das betreffende Neuma auf die Linie oder zwischen die Linien schreiben wollte. Auch die Höhe des zweiten Tons einzelner clivis (absteigender Doppeltonneumen) bleibt oft sehr zweifelhaft.

50 Bart: A történeti szokáskutatás (wie Anm. 9), S. 220.

51 Siehe Dokument I im Anhang.

52 Vgl. Balázs, Mihály: A kolozsvári unitárius kollégium 1135. számú kéziratáról [Über die Handschrift 1135 des Klausenburger unitarischen Kollegiums]. In: Irodalomtörténeti Közlemények CVI (2002), S. 568–579. Der letzte Absatz lautet: „Brevis exhortatio ad communicantes. Geliebte Gevattern Jesu Christi, Christen, die ihr das Abendmahl einnehmen wollt, ihr müsst vor allem drei Dinge bedenken."

53 Balázs, Mihály: A kolozsvári unitárius kollégium 262. számú kódexe [Der Kodex 262 des Klausenburger unitarischen Kollegiums]. In: Isten és ember szolgálatában. Erdő János emlékezete [Im Dienste Gotts und des Menschen. Zur Erinnerung an János Erdő], hg. von Árpád Szabó. Kolozsvár 2007, S. 197–214, hier 200 ff.

Auf der Grundlage des Textes von Dálnoki begann die Austeilung des Abendmahls mit einer Rede (Oratio) und mit dem diese beschließenden Vaterunser. Darauf folgte das Sprechen der Einsetzungsworte und die Austeilung der Zeichen. Bei der Austeilung von Brot und Wein wiederholte der Pfarrer: „Erinnere Dich daran, dass Jesu Christi unschuldiger Leib gebrochen und sein Blut vergossen wurde für die Sünden der Menschen." Die Zeremonie beschlossen ein weiteres Gebet und ein wiederholtes Vaterunser. Die von Dálnoki mitgeteilte Formel lässt ahnen, dass sich die sogenannte Abendmahlsagende, jene Lehrform, die im zweiten, längeren Textteil im Anhang zu lesen ist, bis zur Mitte des 17. Jahrhunderts noch nicht herausgebildet hatte. Die alttestamentarischen Verweise erinnern an den Katechismus des Toroczkai.

Im Gegensatz dazu baut das im Anhang mitgeteilte zweite Textkonvolut, das im Grunde genommen als vier Agenden betrachtet werden kann, in Gänze auf das Neue Testament. Der Verfasser, Dániel Szent-Iványi Márkos, liefert Lehr- und Gebetsmuster zur Praxis der Austeilung des Abendmahls. Die Schrift, die den Namen dieses Verfassers trägt, wurde zusammen mit einer gedruckten lateinischen Totenpredigt über Valentin Baumgarten in einen Band gebunden,[54] aus diesem Grunde ist sie nicht im Lakó-Katalog verzeichnet.[55] Dániel Szent-Iványi repräsentierte die Radecke folgende Tradition und hatte mit der nonadorantistischen Überlieferung vollständig gebrochen. Seine vor der Austeilung des Abendmahls zu sprechenden Lehrtexte betonen den sündenvergebenden Charakter des Opfers Christi und dessen vergossenen Blutes.

> „Denn unter anderem trägt er uns zuerst vor, dass Christus gestorben ist, damit er uns von unseren Sünden erlöse, oder damit wir durch sein Blut Erlösung von unseren Sünden erlangen können. Was gewiss ein solch teures, großes Gut ist, welches wir Gott und Christus niemals genug werden danken können."

Eine solche Variante der Interpretation des Abendmahls war in erster Linie Forderung der Déser Übereinkunft, und als solche fixierte sie auch die Praxis der Anbetung Christi und seiner Anrufung um Hilfe. Es ist möglich, dass sich die Unitarier dem Zwang zur Anbetung Christi entzogen, indem sie diese allein auf die Abendmahlszeremonien reduzierten. Liest man den Text Szent-Iványis, so gelangt man zu der Schlussfolgerung, dass der Pfarrer so viele „kleine Agenden" [ágendácskát] hielt, wie Gruppen von Gemeindemitgliedern an den Abendmahlstisch traten. Die

---

[54] Oratio Funebris, qua Reverendo ac Clarissimo Viro, Valentino Baumgarto, Ecclesiae Unitariae Claudiopolitanae Primario Pastori ... Moestus parentavit Daniel Szent-Ivani, Scholae Unitariae ibidem Claudiopolitane Rector, Anno 1672 die 17 Januarii. Claudiopoli, Apud Michaelem Veresegyházi.

[55] Der Katalog der Handschriftensammlung des einstigen unitarischen Kollegiums wurde von Elemér Lakó zusammengestellt. Die Handschrift erschien erst Jahrzehnte später im Druck: The Manuscripts of the Unitarian College of Cluj/Kolozsvár in the Library of the Academy in Cluj-Napoca. Compiled by Elemér Lakó. Szeged 1997.

abschnittweise kurze Belehrung wurde im Sinne der ergänzenden Anweisung in der 1629 erlassenen kirchlichen Vorschrift in den größeren Gemeinden praktiziert. Diejenigen, die das Abendmahl einnahmen, traten in der Abfolge ihres gesellschaftlichen Ranges und ihrer in der Gemeinschaft eingenommenen Position zum Abendmahlstisch. Dies führte später dazu, dass die niedrigsten Mitglieder der Gemeinde, z.B. die Zigeuner, das Abendmahl als Letzte einnahmen, wobei Männer und Frauen aus zwei verschiedenen Kelchen tranken. Theologisch widersprach das zwar Christi Praxis der Tischgemeinschaft, vom mikrosoziologischen Standpunkt aus spiegelt es mit der Reihenfolge analog der sozialen Rangordnung jedoch genau die Abendmahlsauffassung der Gemeinden.[56]

[56] Die Synode von Alsóboldogasszonyfalva (Bodogaia) beschloss am 28. Juni 1800: „Die Ekklesia von Gagy beschwert sich, dass die Zigeuner, die, sowohl was ihre Nahrung als auch was ihre Kleidung angeht, sehr unreinliche Menschen sind, dennoch, wenn das heilige Abendmahl eingenommen wird, zwischen anderen adligen und ehrbaren Mitgliedern zum Tisch des Herrn treten, weshalb es in der Ecclesia schwere Ärgernisse gibt. Beschluss: Zur Beseitigung von Ärgernissen betrachtet es das Konsistorium als richtig, dass zum heiligen Abendmahl neben dem einen heute schon vorhandenen Kelch [w.: Becher] noch ein Kelch angefertigt und beim Abendmahl so gebraucht werden soll, dass, wenn nach den anderen edlen und ehrbaren Männern zuletzt die neuen Bauern männlichen Geschlechts vorgetreten sind, sie aus dem Becher kommunizieren sollen, welchen die übrigen edlen und ehrbaren Männer benutzt haben. Dann wird dieser Becher niedergestellt und wenn die die edlen und ehrbaren Frauen vortreten, soll der andere Becher genommen werden, aus dem jene kommunizieren, dann sollen zuletzt die neuen Bauern weiblichen Geschlechts vortreten, und zuletzt auch diese aus diesem Becher kommunizieren. Mikó, Lőrincz: Az unitárius vallásközönség egyházi törvényei [Die Kirchengesetze der unitarischen Glaubensgemeinschaft]. Kolozsvár 1862. Handschrift. EUEGyLt, Kolozsvár.

## Anhang

Bei der Abschrift der Dokumente im Original wurden Eigentümlichkeiten des jeweiligen Dialekts bewahrt, die Zeichensetzung sinngemäß korrigiert und fehlende Teile [] markiert.*

[Wir haben es mit Texten zu tun, die sich vermutlich, wenngleich in unterschiedlichem Maße, nicht nur an einen philosophisch wohlunterrichteten Theologen, sondern an Praktiker im Pfarramt bzw. – in den „Belehrungen" – an schlichte Kirchenmitglieder richten. Die Texte erzählen von Vorgängen, die im Erzählen einleuchtend gemacht und in ihrer Bedeutung erläutert werden sollen. Sie gehen also möglichst anschaulich vor, wiederholen, vermeiden Nominalisierungen, versuchen, Konzepte aus der Bibel in die Terminologie der Erfahrungswelt zu übertragen bzw. greifen auf deren Terminologie zurück. Ob sie das aus didaktischen Gründen oder unbewusst tun, lässt sich nicht sagen. (Vgl. z.B: „priesterliche Fürsten", Gott als „Hoheit").

Vielfach, aber nicht immer werden in den Quellentexten Vater, Sohn, Heiliger Geist und Bezüge auf sie (Atya, Fiú, Szent Lélek u.a.) sowie Hervorhebungen von Adjektiven (der Heilige Paulus u.ä.) großgeschrieben, was im Ungarischen sonst nur bei Namen und an Satzanfängen üblich ist. Diese Eigenart der Quellentexte wurde hier durch Großschreibung kenntlich gemacht. Anmerkung der Übersetzerin]

## I.

MsU 262. Fundstelle: Akademiebibliothek Klausenburg, Unitarische Handschriften.

### Formula in administrationae coenae dominicae

Immer, wenn der hohe allmächtige GOTT große Dinge am Menschengeschlecht getan hatte, gab er auch ein Zeichen davon. So wie er Noah den Regenbogen als Zeichen der Gewissheit des Endes des Sintflut schickte, dass er diese Welt nie wieder mit Wasser bedecken würde.

* *[Anm. der Übersetzerin: Die Übersetzung muss diese Dialekteigenheiten naturgemäß übergehen. Bei heute als altertümlich geltenden Wendungen wurde auch die Deutung durch ältere zweisprachige Wörterbücher berücksichtigt. Die lateinischen Ausdrücke und Einschübe sowie die latinisierende Schreibung im Original wurden in der Übersetzung zur Verdeutlichung des Stils ebenfalls weitestgehend bewahrt und möglichst äquivalent wiedergegeben. Übersetzungen von Bibelstellen folgen dem ungarischen Quellentext, der oft von der gebräuchlichen Fassung der Károlyischen Bibelübersetzung abweicht. Auf die Angabe der Formulierung dieser Übersetzung oder der der Luther-Bibel wurde verzichtet, weil beide leicht nachgeschlagen werden können. Hier wie auch sonst in der Übersetzung der Quellen wurde davon ausgegangen, dass im Zweifelsfall besser schwerfälligere, aber ontologisch präzisere Formulierungen gewählt werden sollten, um die theologisch-philosophische Argumentation möglichst genau nachvollziehbar zu machen.]*

Zusammen mit der Consideratio des Bundes zwischen Abraham und dessen Nachkommen sowie GOTT gab er als Zeichen die Beschneidung.

Zum Zeichen der Befreiung aus Ägypten stiftete GOTT zur großen Erinnerung das Essen des Osterlamms.

So lässt allein GOTT durch seinen heiligen Sohn den vom Heidentum bekehrten Christen zwei Dinge. Das Waschen mit Wasser und das heilige Abendmahl.

Beim Gang zu diesem heiligen Abendmahl müssen sie in Kürze drei besonders wichtige Dinge lernen und verstehen:

1. Was ist das Abendmahl des HERRN,
2. Wer muss es einnehmen,
3. Auf welche Weise bereitest du dich vor, dorthin zu gehen.

Was die erste Sache angeht, muss man wissen, dass das Abendmahl ein Zeichen und Symbol ist, so wie der Regenbogen Noahs Nachfahren an die Befreiung von der Sintflut erinnerte und die Beschneidung die Juden an die Abraham von GOTT gemachte Consideration. Das Essen des Osterlamms aber erinnerte sie an die Befreiung aus Ägypten. Auf diese Weise [erinnert, d.Ü.] sein Abendmahl an die Befreiung aus dem seelischen Ägypten, dass GOTT sie mit dem Blut seines heiligen Sohnes von den Ketten des Satans befreit und den Sündern, die sich bekehren, die Sünden vergeben hat. Wie denn unser HERR Christus sagt, Mt. 26 in remissionem peccatorum etc. Dieses eine muss den Christen auch nicht gewiesen werden, denn die alten Juden gebrauchten die Beschneidung beständig und aßen auch in jedem Jahr das Osterlamm. Auch den Regenbogen hat der HERR nicht vom Himmel genommen, sondern hält ihn ewig zur Erinnerung an die Sintflut.

So muss dies also wirklich in der Ecclesia bleiben, bis unser Heiland zum Urteil herkommt. Denn der Heilige Paulus lehrt 1. Kor. 11. Mortem Domini annunciate... Dies lehrt unser HERR Christus, wenn er spricht: hoc facite in meam commemorationem. So verstehst du also, dass es ewiges Zeichen der durch den Tod des HERREN Christus gegebenen Befreiung ist, wenn du es also freudig angenommen hast, dass GOTT seinen Sohn für die sich bekehrenden Sünder in den Tod gelassen hat, musst du gewiss zu dessen Gedächtnis freudig dieses heilige Abendmahl Christi gebrauchen.

Doch betrachten wir zweitens, wem es geziemt, das heilige Abendmahl einzunehmen: Die Beschneidung und das Essen des Osterlamms übten diejenigen, die GOTT auf den Namen Abrahams angenommen hatte, für Abrahams Glauben und gute Taten. So müssen auch das Abendmahl diejenigen üben, die GOTT zu seinen Völkern angenommen hat, und die durch den Glauben an den Herren Christus auf dessen blutiges Opfer blicken, wie die Juden bezeugt haben, dass sie den Bund GOTTES mit Abraham freudig angenommen haben, und mit Freude die Befreiung aus Ägypten angenommen haben, machten sie freudig Gebrauch von diesen Zeichen.

Auf diese Weise müssen die vom Heidentum bekehrten Christen das heilige Abendmahl einnehmen, auf dass sie, indem sie es gebrauchen, Zeugnis ablegen, dass sie mit großer Freude und Dank von GOTT vernommen haben, dass er mit dem Vergießen des Blutes seines heiligen Sohnes die Hausmauer niedergerissen hat und durch den Glauben den Weg zum Haus des Friedens eröffnet hat, zum freien Eingang in das Himmelreich.

Höre also nun zum Dritten, mit welchen Vorbereitungen man zu diesem heiligen Abendmahl gehen muss. Hier soll der Mensch seine seelischen Augen gut offenhalten und nach zwei Dingen schauen, die jenen Satz des Heiligen Paulus betreffen. Der ist nicht würdig etc. Das interpretieren manche so tiefsinnig und schaudern so davor, so dass sie im ganzen Leben nicht hingehen. Doch der Heilige Paulus hatte guten Grund, dies zu sagen, weil die Menschen begannen, das Abendmahl nicht recht zu gebrauchen, da sie es zu Völlerei und Trunkenheit benützten, daher sagte er, dass man es heute vielleicht nicht einnehmen muss.

Unwürdiger Weise nimmt jemand das Abendmahl dann zu sich, wenn er ohne Danksagung, Reue und Bekehrung von der Sünde das Abendmahl einnimmt. Du kannst dich nicht damit entschuldigen, dass du unwürdig bist; natürlich warst du unwürdig, doch GOTT hat dich zu einem großen Teil würdig gemacht, als er seinen heiligen Sohn als Ablösung für die Sünder gab, denn so spricht unser Herr Christus selbst: sani non indignet medicis. Wenn GOTT dich also würdig gemacht hat, nenne dich nicht unwürdig, wenn GOTT zur Bestellung des Weinbergs ruft, gibt er auch den Tagelohn als Belohnung, wenn du aber sein Amt verachtest, bleibst Du ohne Tagelohn. GOTT hat dich dazu würdig gemacht, mache auch du dich dazu würdig, und verdirb nicht das leicht zu tragende Joch unseres Herrn Christus.

Höre dir an, wie du dich daher würdig machen kannst: indem du mit reuigem Herzen und Seele GOTT Dank sagst, dass er durch den starken Glauben an seinen heiligen Sohn dich, den dornigen wilden Zweig, auf den kostbaren Ölbaum gepfropft hat.

Gelobe, dass auch du nach deinem ganzen Vermögen, soweit es die gewöhnliche menschliche Schwachheit gestattet, von der Sünde lässt und dass du voll Freude und Dank das Opfer annimmst, das Christus für Dich gebracht hat, und indem du es mit Dank annimmst, erinnere dich mit Inbrunst an den Tod des Herrn Jesus Christus und seine Auferstehung, wenn Du am Abendmahl teilhast. Bei der Vorbereitung darauf finden wir unseren gnädigen Vater mit einem Flehen in dieser Form.

## ORATIO

Ewiger allmächtiger großer GOTT. Wir danken deiner heiligen Hoheit, dass du uns wilde Zweige durch den Glauben an den Herrn Christus auf den süßen Ölbaum gepfropft hast. Wir danken deiner heiligen Hoheit, dass du aus deiner großen Liebe zu uns deinen heiligen Sohn für uns gegeben hast. Mein Herr, wie hat das im Sündenpfuhl ächzende Menschengeschlecht[58] deine so großen Wohltaten verdient? Du hast gewiss nicht auf das Verdienst des Menschengeschlechts geschaut, sondern hast deinem großen Erbarmen gemäß an uns gehandelt, dass du nicht unsere Scheußlichkeit und unsere Lahmheit gesehen hast, sondern Trost gabst, und uns dir durch den starken Glauben an deinen heiligen Sohn verbunden und zur Bestellung deines Weinbergs gerufen hast. Wir kommen, mein HERR, wir kommen, doch wir sind schwach, stärke uns durch deinen heiligen Geist und nimm uns beim Arm, reiße uns aus dem Schlamm

[58] Anm. d. Ü.: Menschengeschlecht hier und im Folgenden „emberi nemzet", also das Wort („nemzet"), das in der Sprache der Gegenwart die Nation bezeichnet: Dies illustriert auf eigene Weise die von Jenő Szűcs beschriebene Entwicklungsgeschichte des Terminus im Ungarischen. Vgl. Ders.: Nation und Geschichte. Budapest 1981.

der Sünde, dass wir das von deinem heiligen Sohn hinterlassene heilige Abendmahl würdig einnehmen können. Amen. Pater noster.

Administratio Coenae Dominicae
Nachdem unser Heiland Jesus Christus das Abendmahl eingenommen hatte, zur Zeit seines letzen Mahls mit seinen Jüngern, und nachdem er Dank gesagt hatte, nahm er das Brot, hielt es und gab es seinen Jüngern und sprach: Nehmt es und esst es, das ist mein Leib, der für euch gebrochen wird … Ebenso nahm er den Kelch und hielt ihn ihnen hin und sprach: Trinkt alle aus diesem Kelch, das ist mein Blut, das für euch vergossen wird zur Vergebung der Sünden vieler. Sooft ihr dies tut, tut es zu meinem Gedächtnis.

Dum porrigitum hac dicenda sunt
Erinnere dich, dass Jesu Christi unschuldiger Körper für die Vergehen des Menschengeschlechts gebrochen wurde. Sursum. [corda: („Erhebet die Herzen")]. Erinnere dich, dass das unschuldige Blut des Herrn Jesu für die Vergehen des Menschengeschlechts vergossen wurde. Quotius porrigitum toties iteranda sunt.

Oratio post communionem
Wir danken deiner heiligen Hoheit Herr GOTT, dass du uns aus deinem VÄTERLICHEN Erbarmen durch den Glauben an deinen heiligen Sohn in deine Gnade aufgenommen hast und dass du uns diese Zeit gegeben hast; dass du uns zur Erinnerung an deine Wohltaten an uns und an den Tod deines heiligen Sohnes für uns das von deinem Sohn hinterlassene heilige Abendmahl einnehmen lässt, und dass du uns durch dessen Tod deiner Barmherzigkeit teilhaftig werden ließest und im friedlichen Haus deines Erbarmens (das wir voller Glauben erwarten), nach unserer glücklichen Auferstehung deinem gesegneten heiligen Sohn, dem HERRN Jesus Christus gibst. Amen.

Pater noster qui est in coelis. Finis.

## II.

BVM 468/b. Fundort: Akademiebibliothek Klausenburg, Abteilung für alte ungarische Drucke.

**Schränkchen der während der ordnungsgemäßen Austeilung des Abendmahls abschnittsweise vorzutragenden kurze Belehrungen und Lehren, das Daniell Sz[ent] Ivani M[árkos] im Monat Januario des Jahres 1676 in Klausenburg für manche einfältigen Gevattern zusammengestellt hat.**
Formula oratiunculae praemittendae distributioni Coenae Dominicae

Ewig zu segnender hoher und allmächtig handelnder weiser GOTT, der du mit deinem herrlichen guten Sein den Himmel, die Erde und das Meer gefüllt hast, und Alles. Sei ewig gesegnet für deine große und reiche Barmherzigkeit, die du von Anfang an, auch heute täglich, sogar in jedem Augenblick, den von dir geschaffenen Tieren und unter ihnen nächstens dem sündigen und elenden Menschengeschlecht gegeben hast und gibst. Sei gesegnet ewiger GOTT, mächtiger, heiliger und ruhmreicher HERR dieser Welt!, unendlich: der du aus deiner Güte deine Hände öffnest und aus dem Tau des Himmels und dem Fett der Erde dem sterblichen Menschengeschlecht Brot zur Nahrung seines Lebens gibst, und der du aus dieser deiner Güte auch aus der Frucht des Weinstocks ein angenehmes Getränk, den Wein ausschenkst, um sein Herz froh zu machen. Gesegnet seist du ewig, HERR, unser GOTT, der du auch jetzt nach deinem Wohlgefallen Brot und Wein auf unseren Tisch reichtest, damit wir sie als die nach deinem Willen durch deinen gesegneten SOHN gutgeheißenen h[eiligen] Zeichen gebrauchen, nicht so sehr um unseren leiblichen Hunger und Durst zu stillen, sondern um den für uns verwundeten zerbrochenen heiligen Körper deines gesegneten SOHNES und das aus ihm vergossene teure Blut und seinen für uns erlittenen so schrecklichen Tod und dessen auf uns ausgeströmten und auch weiter ausströmenden erhabenen Nutzen und Frucht voll Dank zu verkündigen, für den sie stehen: für all das, gnadenreicher und dem sündigen elenden Menschengeschlecht und auch uns ewig Gutes wollender heiliger GOTT, sei auf ewig gesegnet.

Weiter flehen wir untertänig zu deiner H[eiligen] HOHEIT, oh unser HERRE GOTT, dass du uns unsere Sünden vergibst und dein h[eiliges] Antlitz über uns leuchten lassen möchtest, möge dir unser Gang zum h[eiligen] Tisch lieb sein und wohl gefallen, möge dir unser Genuss des h[eiligen] Brots und Weines lieb sein, und erlaube, dass wir auch darin den heiligen Befehl deines gesegneten SOHNES als deine darauf gebührlich vorbereiteten, erprobten und durch das Sakrament des Evangeliums in Unschuld gekleideten Söhne und Töchter, mit vollkommenem Glauben und wahrer Ergebenheit an diesen gesegneten SOHN, nach deinem uns ewig lieben Willen, es zur Verkündigung seines freudig und frohen Herzens ertragenen und erlittenen qualvollen Todes mit Dank dafür tun mögen: was zuerst zur Ehre, zum Preis und zum Ruhm deiner selbst, als dem auf dem königlichen Stuhl Sitzenden, und deines gesegneten SOHNES, als des für uns getötet wordenen LAMMES, uns aber zu unserem ewigen Heil als das durch das teure Blut deines gesegneten SOHNES erlöste und erworbene Volk geschehen möge. Amen

**Ein als eine Form der abschnittsweise geschehenden Belehrung und Lehre während der ordentlichen Austeilung des Abendmahls festgehaltener Prozessus**

I. Worin diese Sache, die wir jetzt hier tun werden, auf Befehl des HERRN Christus bestehen soll, und wozu sie dienen soll, wurden wir gewiss aus den Worten und Taten dieses Christus selbst (als dem, der es nach dem Willen unseres h[eiligen] VATERS zuerst verfügte,) gelehrt, die die h[eiligen] Evangelisten niedergeschrieben haben, und die auch jener erwählte Apostel, der h[eilige] Paulus geschrieben und erklärt hat; wofür es würdig ist, dass wir zuerst dem alles weise ordnenden Gott durch seinen gesegneten Sohn den HERRN Jesus Christus Herrlichkeit beimessen.

Gratiarum actio:
Dir, über allem ganz allein herrschender mächtiger und weiser GOTT, der du deine h[eiligen] Verfügungen und darunter auch diese uns nicht nur zur ewigen Einhaltung gegeben hast, sondern durch deinen gesegneten SOHN und die von ihm nach deinem Willen empfohlenen und erwählten Apostel hast erklären lassen. Dir sei Ehre, Herrlichkeit und Dank ohne Ende durch deinen h[eiligen] SOHN in Ewigkeit.

II. Bei den h[eiligen] Evangelisten und beim h[eiligen] Apostel Paulus lesen wir also, dass der HERR Christus, an jenem Abend oder des Nachts, als er mit seinen Jüngern zum letzten Mal das Osterlamm aß und er von Judas an die Hohenpriester verraten wurde, am Ende des Mahles das Brot nahm und, nachdem er einen Dank gesprochen hatte, es brach und seinen Jüngern gab und sprach: *Nehmt und esst, das ist mein Leib, der für euch gegeben wird, tut dies zu meinem Gedächtnis.* Ebenso nahm er auch den Kelch, nachdem er zu Abend gegessen hatte, dankte und sprach zu ihnen: *Trinkt alle daraus. Denn das ist mein Blut, das Blut des Neuen Testaments, das zur Vergebung der Sünden vieler vergossen wird. Tut dies zu meinem Gedächtnis.* (Mt. 26,26–28, Mk. 14,22–24, Lk. 22,19–20, 1. Kor. 11,24–25.)

Diese h[eilige] Sache ist also nichts anderes als die Zeremonie des Neuen Testaments oder Bundes[59], die der HERR Christus geschaffen und befohlen hat, dass seine Gläubigen Versammlungen von gebührender Größe halten, in der von ihm gezeigten Weise das Brot brechen und essen und auch aus dem Kelch trinken sollen, und zwar sollen sie dies zu seinem Gedächtnis tun. Und das ist der Grund, warum auch wir, die wir zu den Jüngern des HERRN Christus gehören und uns als solche bekennen, wie auch schon früher oft, so auch jetzt auf diese Weise zu seinem Gedächtnis seinen h[eiligen] Befehl erfüllen und dabei öffentlich zeigen und bekennen, dass GOTT uns in Christus sehr Großes und Gutes getan hat, wofür es gebührt, dass wir seine Hoheit preisen.

Oh VATER des Lichts, von dem alle Gaben und vollkommenen Geschenke stammen, von dort oben zu uns hier hinunter, unsre Seele lobpreist dich: Weil dein Erbarmen, guter HERR, ewig bleibt! Weil deine Segnungen, guter HERR, viele sind, vor allem die geistlichen, mit denen du uns im Himmel in Christus gesegnet hast, durch den wir dir Herrlichkeit, Ehre und Dank zueignen.

III. Was die Form der Vollziehung dieser h[eiligen] Sache oder Zeremonie zur Erinnerung an Christus sein soll, erklärt der h[eilige] Paulus 1 Kor 11, 26. *So oft ihr (sozusagen) das Brot esset und den Kelch trinket, verkündiget ihr den Tod des HERRN, bis er kommt.* Diese h[eilige] Zeremonie also, in der sich die nach ihm benannten Gläubigen versammeln, das Brot auf diese

[59] Anm. d. Ü.: Der Verfasser kontrastiert hier „Újtestamentum“ und „[Új]szövetség“. Letzteres – Újszövetség – ist zugleich die übliche ungarische Bezeichnung für das Neue Testament, in der das Bedeutungselement des Bundes damit (mutter)sprachlich immer präsent ist, ohne dass es die Verfasser dieser Quellen eigens betonen müssten.

Im Folgenden wird, wenn im Quellentext die für das Neue Testament gebräuchliche Bezeichnung „Újszövetség“ (nicht aber „új szövetség“, also „neuer Bund“) steht, die Übersetzung „das Neue Testament“ gewählt.

Weise brechen und auch den Kelch trinken, dient dazu, dass ihr, sooft ihr dies tut, und ihr sollt dies oft tun (prout praeter verba apostoli jam citata, etiam exempla Ecclesia primitiva, id facere ostendunt, vide Act 2,46), ihr dabei den Tod des HERRN verkündigen sollt, und zwar sollt ihr ihn so lange verkündigen, bis der Herr zu jenem großen und allgemeinen Gericht kommt. Von dem nämlich der h[eilige] Paulus in seiner in Athen vorgetragenen Lehre, die der h[eilige] Lukas Act 16, 31 aufgeschrieben hat, sagt, dass GOTT einen Tag bestimmt hat, an dem er den Erdkreis wahrhaft richten wird durch den MANN, den er dazu bestimmt. Wir vollziehen also diese h[eilige] Zeremonie zu dem Zweck, um damit den Tod des HERRN zu verkünden, wie wir ihn auch jetzt verkünden. Damit sie umso vollständiger ist, lasst uns GOTT auch in Worten Herrlichkeit zueignen.

> Heiliger und gnädiger großer GOTT! Siehe, wir legen vor Dir von deinem Namen Zeugnis ab, weil du uns überaus Großes und Gutes getan hast durch deinen gesegneten h[eiligen] SOHN, den du für uns in den Tod gegeben hast; DIR also, als dem, der auf dem königlichen Stuhl sitzt, und auch deinem gesegneten SOHN, als deinem für uns getöteten Einzigen sei Preis, Dank, Ehre und Herrlichkeit zugeeignet.

IV. Doch weiter bedeutet den Tod des HERRN zu verkündigen hier nichts weiter, als diese h[eilige] Zeremonie vollziehend, Christi großes Werk mit Danksagung zu preisen und zu rühmen, das nämlich darin besteht: dass er aus seiner unaussprechlichen Liebe zu uns[60], nämlich den Sündern und Gott abtrünnig gewordenen Menschen, seinen unschuldigen Körper zu peitschen, zu schlagen, ans Kreuz zu schlagen, von Nägeln zu durchbohren, von einer Lanze zu durchstechen und sein teures Blut vergießen zu lassen, mit einem Wort sich selbst freiwillig schrecklich foltern zu lassen und einen grauenhaften Tod töten zu lassen gestattet hat: was nämlich auch wir durch das Essen des gebrochenen Brotes und das Trinken aus dem Kelch gewissermaßen versinnbildlichen und gleichsam in sichtbarer Weise zeigen.

Damit sich aber noch besser zeige, wie sehr wir seine großmütige Wohltat schätzen, lasst uns den Schatz unserer Herzen öffnen und ihm Ehre erweisen, indem wir sagen:

> Unser gesegneter HERR Jesus Christus, einziger gel[iebter] SOHN Gottes, der du dich freiwillig auf schreckliche Weise zu töten und dein heiliges Blut zu vergießen gestattetest, sieh, wir beugen unsere Knie vor dir und legen mit unseren Zungen Zeugnis von dir ab; denn für

[60] Anm. d. Ü.: Die Quellentexte sind auch sprachgeschichtlich interessant. Das heutige Ungarische unterscheidet zwischen der Liebe zum Nächsten bzw. in einem allgemeinen Sinn – „szeretet" –, und der Liebe zwischen Mann und Frau – „szerelem", wobei letzterer Terminus erst mit dem 19. Jahrhundert weitere Verbreitung findet. Quellentext I., der überhaupt nur einmal mit „Liebe" (Subst.) argumentiert, verwendet „szeretet", Quelle II, Text 1 (Az Úr Vacsorájának …. 1676. esztendőben mense Januario) verzichtet ganz darauf. Der relativ kurze Text II.2. (Az Úr Vacsorájának … egy formául letött p[ro]cessussa) verwendet fünf Mal „szerelem" gegenüber einem Mal „szeretet", bei II.3. (Az Úr Vacsorájának … együgyűvebb formájú processusa) ist die Relation 1:10 (daneben drei adjektivische Verwendungen, von denen zwei substantivisch gebraucht werden: „szerelmes" – „der Liebende"), bei dem etwa doppelt so langen Quellentext II.4 (Az Úr vacsorájának … rövid processussa) ist sie 5:20 (mit drei weiteren einfachen adjektivischen Verwendungen). Im Folgenden wird das Phänomen nicht gesondert hervorgehoben.

deine großmütige Wohltat bist du würdig, dass wir dich unseren Herren nennen und dich ehren, zum Ruhm des h[eiligen] VATERS. Dir also, als dem für uns getöteten LAMM, seien Kraft, Herrlichkeit, Ehre und Würde zum Ruhm deines h[eiligen] Vaters zugeeignet.

V. Doch, kürzer, hier den Tod des HERRN Christus zu verkündigen ist nichts anderes, als seine uns darin gezeigte Liebe und seine uns erwiesenen Wohltaten mit dieser unserer Handlung zu zeigen und zu bezeugen, dass uns dies überaus großen Nutzen und Adel verschafft hat: ja, dies solcherart zu zeigen und zu bezeugen, zu Ehren und Preis seines Namens und zum voll Dank und Lobpreis zu haltenden ewigen Gedächtnis an seine Wohltat. Um dies auch mit Worten tun zu können, lasst uns ihn wiederum als unseren uns Gutes tuenden HERRN anbeten und ehren. Repete sic formulam, id. subjectam.

VI. Wenn wir all dies so verstehen, mag jemand denken, warum es kam, dass Chr[istus] in der h[eiligen] Zeremonie vor allem seinen Tod verkünden wollte und nicht so sehr, zum Beispiel, die vollkommene Heiligkeit seines Lebens, wie sie noch nie an einem Menschen gefunden worden war. Oder seine großen Wundertaten, wie sie nie jemand vor ihm vollbracht hatte; oder wenigstens seine Auferstehung und Verherrlichung, ohne die sein Tod wenig oder vielleicht gar keine Kraft, Nutzen und Frucht gehabt hätte. Denn siehe da, so spricht der h[eilige] Paulus unter anderem zu den Gläubigen von Korinth: *Wenn Christus* (sozusagen) *nicht auferstanden wäre, wäre das für euch umsonst, und ihr wärt noch in euren Sünden.* [1 Kor 15] Und um auch die Gläubigen in Rom zu trösten, sagt er: Wer (inquit) ist es, der sie (nämlich diese Gläubigen), die GOTT lieben, verdammen würde, die von GOTT Erwählten? Christus ist es (inquit), der gestorben ist, ja der sogar auferstanden ist, der zur Rechten GOTTES sitzt, und der für uns fleht. Diese loci zeigen offensichtlich Christi Auferstehung und Verklärung, oder, seine Würdigung zu seinem himmlischen Hohepriestertum und seine königliche Würde sind viel vorrangiger und würdiger und uns nützlicher als sein Tod; Aber dennoch wollte der HERR Christus, dass durch den Vollzug dieser h[eiligen] Zeremonien unter den Christen in ihren Gemeinden vor allem sein Tod verkündet werden soll. Die Ursachen dafür sollen wir gut kennen, um ihm umso mehr gebührenden Ruhm zuzuerkennen, wie wir ihn ihm, wie es sich gehört, auch jetzt zuerkennen, indem wir sagen:

Repete hic eandem formulam.

VII. Unter anderem kam es vor allem auch deshalb dazu, dass der HERR Christus in dieser h[eiligen] Zeremonie vor allem seinen Tod verkünden wollte, weil er nämlich, wie wir bereits gehört haben, diese h[eilige] Zeremonie zu seinem Gedächtnis, also zur Danksagung und Lobpreisung bestellte, und deshalb sollen vor allem solche Dinge und Werke[61] namentlich darin vorkommen, wie sie vor allem seine eigenen Dinge und Werke sind, wovon wiederum, nach der weisen Bedingung und reichlichen Gnade Gottes, nicht nur seine eigene Herrlichkeit, in welcher er bereits herrscht, sondern damit auch unser Heil auf fundamentale Weise abhängt. Was ein für uns bereitwillig erlittener qualvoller Tod beweist, neben dem weder Christus selbst

[61] Anm. d. Ü.: wörtlich „munkák", in der Sprache der Gegenwart „Arbeiten".

noch wir nichts anderes finden können. Aus diesem Grunde ist es würdig, dass auch wir ihm jetzt namentlich daran gemessen, Lob und Ehre erweisen.

Repete eandem formulam.

VIII. Denn was die vollkommene Heiligkeit von Christi Leben angeht, so können wir diese zwar sein eigenes Werk [munka] nennen, insofern er damit selber das Gesetz erfüllte oder dessen Befehle bis ins Kleinste fehlerfrei erfüllte; doch geziemte es sich nicht so sehr, dass diese h[eilige] Zeremonie zu dessen Verkündigung[62] eingesetzt [worden] sei. Denn auch wenn kein geringer Nutzen daraus entspringt und uns auch weiter zuteilwird, und auch wenn seine Wissenschaft daraus zum Teil gewiss keine geringe Kraft gewinnt; so war doch bei alledem nicht dies die Hauptbedingung Christi; und bei dessen Durchführung hatte er nicht so sehr uns oder unseren Nutzen im Blick, wie seinen eigenen Stand [állapot], seine Verpflichtung gegenüber GOTT und dem Gesetz von dessen Hoheit. Und aus diesem Grunde, selbst wenn er auch deshalb unser Lob verdient, zum ewigen Gedächtnis seines Namens, wie es heißt: *Du liebst die Wahrheit und hasst die Falschheit, wofür Gott, dein Gott, dich mit dem Öl der Freude gesalbt hat vor allen deinen Gefährten.* Heb. 1,9. Nach alledem bestand größere Ursache dafür, dass diese h[eilige] Zeremonie von ihm nicht so sehr zur Heiligkeit seines Lebens, sondern zur Verkündigung seines Todes bestellt wurde.

Repete formulam toties dictam

IX. Wenn nämlich auch aus der vollkommenen Heiligkeit des gesamten Lebens Christi für uns keinerlei Nutzen entstammte, so wäre Christus dies doch GOTT schuldig gewesen. Denn wenn er auch GOTTES SOHN war, und sogar sein eingeborener SOHN, so war er seiner Natur nach doch Mensch, und sogar ein unter dem Gesetz geborener und diesem unterworfener Mensch, und wer daher das vom Gesetz versprochene Leben kraft dieses Gesetzes erlangte, musste das ganze Gesetz auch mit Taten erfüllen. Doch sein Tod ist überaus besonders, vor allem wenn wir ihn zusammen mit seinen bitteren Schmerzen und seiner Schmach betrachten.

Denn nach dem Gesetz war er nicht nur nicht verpflichtet, diesen zu erleiden, sondern hätte dem Wesen des Gesetzes nach davon viel mehr frei sein müssen, trotz alledem hat er diesen aber dennoch sehr gern [nagy örömöst] erlitten, nur um uns damit große Wohltat und Heil verschaffen zu können.

Gewiss war es würdig, dass in der h[eiligen] Zeremonie eher dies zu seinem Gedächtnis verkündet werden sollte, als die vollkommene Heiligkeit seines Lebens. Worauf auch wir jetzt achtgeben müssen, wenn wir neuerlich den HERRN Christus preisen.

Repete hic etiam formulam

X. Auch die Wunder, die er vollbrachte, tat der HERR Christus, als wenn nicht er sie vollbracht hätte, als er bekannte, dass er nichts aus sich selbst tun kann, sondern das, was zu sehen ist, der VATER tut. *Denn dies alles tut der VATER, und so handelt auch der SOHN.* Joh. 5,9. Welches er ebenfalls im folgenden Teil erklärt. Denn der VATER (inquit) liebt den SOHN und zeigte

[62] Eine Bemerkung des Verf. auf dem Rand des Manuskripts wurde beim Binden abgeschnitten.

ihm alles, was er tut, und wird ihm auch größere Werke als diese zeigen, so sehr, dass ihr darüber staunen werdet. Daraus zeigt sich, dass Christi Wunder am nächsten aus diesem Grund stammen, weil ihm der VATER alles gezeigt hat, und auch dies aus dem Grunde, weil er ihn liebte, ja Joh. 10,25, als die Juden ihn zwangen zu sagen, ob er dieser Christus sei, antwortete er ihnen [Vers] 34: ich sagte es euch (inquit), und ihr glaubt es nicht; die Taten, die ich tue, tue ich im Namen meines VATERS, sie legen Zeugnis von mir ab. So sprach er also. Das, was ich im Namen meines VATERS tue. Durch die Macht und die Kraft meines VATERS, was er dort auch die Taten oder Werke seines Vaters nennt. So gebührte es also nicht so sehr, in der h[eiligen] Zeremonie auch diese zu verkünden, als seinen für uns erlittenen Tod, als etwas, in dem er allein die Kelter trat.[63] Und aus diesem Grunde ist es sehr würdig, dass wir ihn deshalb lobpreisen, indem wir sagen: Repete iterum formulam.

XI. Was aber die Auferstehung und Verherrlichung Christi angeht, so waren es nicht so sehr die Werke Christi, als vielmehr die seines h[eiligen] VATERS, so wie die SCHRIFT von ihm verkündet, dass er ihn habe auferstehen lassen und dass er Christus, seinen SOHN, verherrlicht habe. Wisse, was der H[eilige] Petrus den Juden sagt: *GOTT hat seinen SOHN Jesus für euch erweckt und geschickt, dass er euch segnen soll.* (Apg 3,26) Und an derselben Stelle (Vers 13) *Der GOTT Abrahams und Isaaks und Jakobs, der GOTT unserer Väter hat seinen SOHN Jesus verherrlicht, den ihr verraten habt.*

Nun also, es gebührt sich nicht so sehr Christi Auferstehung oder seine Verklärung zu verkündigen, sondern in der h[eiligen] Zeremonie zu seinem Gedächtnis vor allem von seinem Tod zu künden, denn dieser war wirklich der seinige, jene anderen aber waren nicht seine Werke, sondern allein die seines H[eiligen] VATERS. In diesem Tod unseres Herrn Christus lag überaus viel Gutes für uns und liegt es auch jetzt, es ist würdig, dass wir seinen Ruhm verkünden, indem wir sagen: Repete iterum formulam.

XII. Zweitens aber ist weiter das der Grund, dass der HERR Christus in dieser h[eiligen] Zeremonie zu seinem Gedächtnis vor allem seinen Tod verkündigen wollte, denn alle seine Taten und jedes seiner Werke tat und vollbrachte er oder vollbringt Christus auch noch heute zu unserem ewigen Guten und Heil; doch sein Tod war der schwerste und beschwerlichste, und darum ist auch in seiner Liebe zu uns die größte und offenbarste Gewissheit zu erfahren. Denn wie zeigte sich am ehesten die unerhörte Liebe dieses Christus zu uns, die die SCHRIFT so verkündigt, als darin, dass er den schrecklichen Tod am Kreuz für uns erlitt, und zwar als wir Feinde GOTTES waren.[64] Wovon wir zu anderer Zeit, wenn GOTT es gestattet, mehr hören werden. So hatte es also sehr würdige Gründe, dass der HERR Christus in der h[eiligen] Zeremonie eher seinen Tod verkündigen wollte, als andere seiner Werke oder Taten. Aus diesem Grunde gebührt es sich wahrhaftig, dass umgekehrt wir ihn lobpreisen.

Repete formulam toties dictam.

---

[63] Anm. d. Ü.: mit Jes. 63, 3.

[64] Anm. d. Ü.: Röm. 5.

XIII. Damit wir den Tod Chr[isti] in der h[eiligen] Zeremonie umso gebührlicher verkünden, ist es nicht genug, nur dessen qualvolle und schmähliche Art zu erwähnen, sondern wir müssen vor allem dessen kostbaren Nutzen und seine Früchte bedenken, von denen der Herrgott wollte, dass sie in großem Überfluss auf uns überströmen, und die in Summa aus den folgenden Dingen bestehen:

Indem Christus vor allem deshalb gestorben ist, dass er das Neue Testament oder den neuen Bund[65] und die darin gegebenen Versprechen, deren höchstes die Vergebung der Sünden und das ewige Leben sind, bestärke und uns so Anteil und Gerechtigkeit an diesen verschaffe und uns die Macht zu ihrer Erlangung gebe.

Darüber hinaus ist er zweitens auch deshalb gestorben, damit er alle umso wirksamer zur Anerkennung, Annahme und Umsetzung der Bedingungen dieses Neuen Testaments bringe und anreize; welche Bedingungen insgesamt in dem durch die Liebe tätigen Glauben inbegriffen sind.

Darüber hinaus, insofern Christus drittens dennoch auch deshalb gestorben ist, damit er auf diesem Wege zum erbarmenden Hohepriester gemacht werde, und, indem er neben GOTTVATER Macht über alles gewinne, unsere Sünden auslösche und die Verheißung des Bundes allen, die dessen Bedingungen halten, erfülle und sie ihnen selber gebe. Mit Blick darauf ist es gewiss angemessen, dass wir in dieser h[eiligen] Zeremonie seinen Tod verkündigen und Gott zusammen mit ihm und durch ihn Herrlichkeit zueignen.

> Dir, als dem auf dem königlichen Stuhl Sitzenden und auch deinem gesegneten SOHN, als dem von dir bestimmten Lamm, der uns mit seinem h[eiligen] Tod nach deinem Wohlgefallen solch kostbare, große Güter verschafft hat, sei darum Lob, Herrlichkeit, Dank und Anbetung. Amen.

**Ein schlichterer Prozessus der abschnittsweise geschehenden Belehrung und Lehre während der ordentlichen Austeilung des Abendmahls**

I. Nachdem der H[eilige] Paulus 1. Kor 11,23 Christi Anordnung über ein solches Brechen und Essen des h[eiligen] Brotes und ein solches Trinken aus dem h[eiligen] Kelch, wie wir sie hier jetzt mit frohlockender Seele verrichten, schön beschrieben hatte, erklärte er zum Schluss auch, wie zu seinem Gedächtnis zu verfahren sei. *Sooft ihr* (inquit) *das Brot essen und den Kelch trinken werdet, sollt ihr den Tod des HERRN verkünden, bis er endlich kommen wird.* Womit er sagt, dass der Tod Christi, der mit Blick auf ihn sehr nützlich war, dies auch mit Blick auf uns ist, und daher ist es würdig, dass wir GOTT und Christus, indem wir diese h[eilige] Zeremonie feiern, rühmen und preisen.

> Dir, unser HERRE GOTT, der du uns durch den Tod deines gesegneten SOHNES das Heil verschafft hast, wie auch dir, unser süßer Erlöser und HERR Jesus Christus, der du für uns einen schrecklichen Tod gestorben bist, sei Ruhm, Dank, Ehre und Anbetung. Amen.

[65] Anm. d. Ü.: Vgl. Anm. 2.

II. Wodurch jedoch der Tod des HERRN Christus für uns so nützlich wurde, dass wir uns in dieser h(eiligen) Zeremonie würdig zu seiner Verkündigung verpflichten lassen, das erklärt er breit nach der Heiligen Schrift. Denn unter anderem trägt er uns zuerst vor, dass Christus gestorben ist, damit er uns von unseren Sünden erlöse, oder damit wir durch sein Blut die Erlösung von unseren Sünden erlangen können. Was gewiss ein solch teures, großes Gut ist, welches wir GOTT und Christus nie genug werden danken können. Da wir jedoch hier nichts weiter Ihnen Wohlgefälliges tun können, kommt also, lasst uns seine HOHEIT und seinen gesegneten SOHN preisen, indem wir sagen:

> Oh unendlich erbarmender und nach dem Heil der Menschen dürstender H[eiliger] GOTT! Siehe, voll großer Freude bekennen wir dir unseren Glauben. Weil du, mein HERR, nachdem wir wegen unserer Sünden das uns von dir bestimmte h[eilige] Reich verloren hatten, dich unser aufgrund des Reichtums deiner Gnade erbarmtest und uns nicht auf ewig verlorengehen ließest, sondern uns in deinem gesegneten SOHN Erlösung verschafftest und unsere Sünden löschtest, durch sein h[eiliges] und teures Blut; DIR und deinem gesegneten SOHN sei für diese große Erlösung Ehre, Herrlichkeit, Dank und Anbetung. Amen.

III. Durch den Tod und das teure Blut Christi gewannen wir jedoch eine doppelte Erlösung von unseren Sünden. Eine, durch die wir reatu peccati, von der Pflicht der Strafe für die Sünde, oder der für diese Sünde verdienten Strafe erlöst wurden. Und eine andere, durch die wir servitute peccati, vom Dienst an der Sünde und der gewohnheitsmäßigen Fortsetzung ihrer Handlungen erlöst wurden. Jede einzelne und noch mehr die eine in die andere einbegriffen ist es sehr würdig, dass wir in dieser heiligen Zeremonie voller Dank verkünden und sagen:

> Sei darum gesegnet, ewiger GOTT, der du deinen gesegneten SOHN zu einem schrecklichen Tod hergabst und uns eine solche doppelte teure Erlösung verschafftest, sei gesegnet, sei gesegnet, mein Herr, sei auf ewig gesegnet, denn deine Werke sind sehr gut und dein Erbarmen überaus groß. Amen.

IV. Damit wir jedoch umso verständiger die zwei uns von Christus erworbenen Erlösungen erörtern können, hält die Heilige Schrift das eine unter dem Namen der Sündenvergebung fest. So zum Beispiel Eph. 1,7, wo der H[eilige] Apostel Paulus GOTT unter anderem deshalb segnet, weil er uns sich selbst lieb gemacht hat in jenem Liebenden[66], nämlich in Christus, in dem (inquit) wir Erlösung durch sein Blut haben, nämlich die Vergebung unserer Sünden durch den Reichtum seiner Gnade Kol. 1,12–14. Nun, die erste Erlösung, mit der wir von unseren Sünden erlöst wurden, ist keine andere, als die Vergebung unserer Sünden, die, siehe, durch das Blut Christi verschafft wurde. Für die es gewiss überaus würdig ist, dass wir gemeinsam mit dem H[eiligen] Paulus den Herrgott preisen und ehren.

> Sei gesegnet, oh unser HERRE GOTT, der du uns nach dem Reichtum deiner Gnade dir lieb gemacht hast in jenem Liebenden (dem Christus), in dem wir Erlösung durch sein Blut

[66] Anm. d. Ü.: „lieb" hier: „kedves", „der Liebende" – ohne Vornahme der o.g. Unterscheidung – „szerelmes", d.h. „voller Liebe", vgl. Anm. 3.

haben sollen, das die Vergebung unserer Sünden ist. Sei gesegnet, oh unser süßer GOTT, gesegnet seist du und dein Lobpreis werde verkündet für immer und ewig. Amen.

V. Diese Erlösung jedoch oder die Vergebung der Sünde, wurde durch das Blut Christi verschafft, indem es dieses Blut ist, das Blut des Neuen Testaments. So wie es in Mat. 26, 27–28 erscheint. Dort, wo unser ERLÖSER bei der Einsetzung dieser h[eiligen] Zeremonie, als er seinen Jüngern nach dem Brot auch den Kelch gab, zu ihnen sagte: Trinkt alle daraus, denn dies mein Blut ist das Blut des Neuen Testaments (oder Bundes), das zur Vergebung der Sünden vieler ausgeteilt wird. Weiter jedoch wurde uns durch das Blut Christi, nämlich das Blut des Neuen Bundes die Vergebung der Sünden verschafft, das heißt die Befreiung von der mit unseren Sünden verdienten Bestrafung, weil durch das Blut Christi der Neue Bund besiegelt wurde, zusammen mit dem Versprechen, das über die Vergebung unserer Sünden besteht; ja, er wurde damit so bekräftigt und besiegelt, dass jeder Zweifel über dessen Wahrheit und gewisse Existenz von uns genommen ist. Denn wenn (ex gr.), nachdem mit dem Blut des Alten Testaments oder Bundes, und zwar dem nur mit dem Blut von unvernünftigen Tieren bekräftigten Alten Testament niemand an dessen Wahrheit zweifelt, um wie viel mehr können wir nicht an der Wahrheit des Neuen Testaments zweifeln? Nämlich an dem, das nicht mit dem Blut irgendwelcher Hühner und Böcke, sondern mit dem Blut Christi, dem teuren Blut jenes unschuldigen und unbefleckten Lammes bekräftigt wurde. Weshalb es wahrhaft würdig ist, dass wir GOTT und Christus preisen, indem wir sagen:

Herrlichkeit sei dir, HERR GOTT, der du mit uns einen Bund geschlossen hast, in welchem du unsere armen Seelen der Vergebung unserer Sünden gewiss machst, ja sogar mit deiner lieben Verheißung zu deiner h[eiligen] Verehrung anreizt und anhältst. Herrlichkeit sei auch dir gesegneter HERR Jesus, der du auf den Rat deines heiligen Vaters diesen heiligen Bund und jedes seiner Versprechen mit deinem teuren Blut zu bekräftigen für gut befinden und dies tun wolltest.

VI. Wenn jemand fragte, warum GOTT wollte, dass das Neue Testament [der Neue Bund] auf diese Weise bekräftigt wurde? So ist die Antwort darauf nichts weiter, als dass GOTT dies deshalb wollte, damit er sich unserer Schwäche um so mehr anpasse und damit er um so stärkeres und, wie ich dies eben erklärte, jeden Zweifel aus unsern Köpfen ausschließendes Vertrauen diesbezüglich in uns schaffe, dass wir uns wirklich zu seiner HOHEIT bekehren und die Bedingungen dieses Bundes erfüllen, das heißt glauben und gehorchen, so wie er es darin von uns will, dass uns also unsere Sünden vergeben werden und wir ewiges Leben haben, wie es seine Hoheit im Evangelium durch seinen gesegneten SOHN hat verkünden lassen. Weshalb es wiederum würdig ist, dass wir seiner Hoheit durch seinen SOHN Herrlichkeit beimessen.

Oh allein weiser, mächtiger und an Gnade reicher großer GOTT, der, damit du uns zu dir umso leichter bekehren könnest, und uns zu deinem Dienst umso stärker verpflichten könnest, es in deinem h[eiligen] Bund nicht für genug befandest, nur eine wahrhafte Zusage der Vergebung unserer Sünden zu geben, sondern angesichts unserer Schwäche, damit wir an dessen Wahrheit in keiner Weise zweifeln können, siehe, dafür aus deinem

Wohlgefallen auch das teure Blut deines gesegneten SOHNES vergießen wolltest. Dir, oh mein Herr Gott, sei darum durch deinen gesegneten SOHN alle Ehre, Herrlichkeit und Dank gebracht. Amen.

VII. Doch auch die zweite Erlösung, mit der wir von servitute peccati erlöst wurden, wurde uns durch Christi Blut verschafft, wie dies der H[eilige] Apostel Petrus lehrt 1 Epist [PEt] 1, [18]19. Wisset (inquit), dass ihr nicht durch vergängliche Tiere, durch alles vergängliche Gold und Silber von eurem vergeblichen Leben (oder Beschäftigungen) erlöst wurdet, wie das in den Lehren eurer Väter hieß, sondern durch sein kostbares Blut, nämlich durch das Blut Christi, des unschuldigen und unbefleckten Lammes, das versichert der H[eilige] Apostel Paulus unter anderem Tit. 2,14, da er sagt: dass *Christus sich für uns gegeben hat* (nämlich zum Tode, in dem sein Blut vergossen wurde), dass *er uns von dem Unrechten [hamisság] erlösen und uns reinigen werde als sein eigenes Volk, den Verüber guter Taten.*

Nun, das Blut Christi hat uns eine solche Erlösung verschafft, durch die wir vom Dienst an der Sünde erlöst wurden, so dass wir ihre Taten nicht länger begehen müssen, sondern, wie der Apostel in Tit 2 sagt, die Falschheit (den Unglauben) und die weltlichen Begierden verweigern und maßhaltend, wahrhaftig und fromm in der gegenwärtigen Welt leben sollen, und auf jene frohe Hoffnung und jenen großen Gott und das herrliche Erscheinen unseres Erhalters, des Jesus Christus, warten sollen. Weshalb es würdig ist, dass wir GOTT und seinen gesegneten Sohn auch dafür lobpreisen.

Dir, oh unser HERR GOTT, der du uns in deinem gesegneten SOHN eine solche Befreiung veschafftest, wie auch dir, unser süßer Jesus, der du uns durch dein Blut von unseren Sünden reingewaschen und in die Heiligkeit unseres Lebens gestellt hast, sei Ehre, Herrlichkeit und Dank. Amen.

VIII. Diese Erlösung jedoch wurde durch das Blut Christi erworben, welches Blut wiederum das Blut des Neuen Bundes ist, wie dies aus Hebr. 10, 28–29 hervorgeht, wo der H[eilige] Verfasser des Briefes sagt: *Der, der das Gesetz Mose verachtet* [inquit], *wird ohne jede Gnade aufgrund von zwei oder drei Zeugen getötet werden. Wie behauptet ihr also, dass der würdig zu einer härteren Strafe verurteilt wird, der GOTTES SOHN mit Füßen tritt und das Blut des Bundes geringschätzt, durch welches dieser geheiligt wurde?* Aus diesen Worten geht offenkundig hervor, dass den Christen durch Christi Blut, nämlich durch das Blut des Neuen Bundes, das das Blut Christi ist, und das das geeignetste und wirksamste von allen Mitteln ist, um sie dadurch zu vergewissern, dass, wenn sie poenitentia halten und sich zu einem h[eiligen] Leben entschließen und vollkommen darin verbleiben, ihnen also alle ihre Sünden vergeben werden. Woraus dann in ihnen ein solcher Glaube und ein solches Vertrauen stammt, das ihre Herzen völlig reinigt und zur Quelle aller guten Taten werden lässt. Woran gemessen es sehr würdig ist, dass wir GOTT und seinen gesegneten H[eiligen] SOHN auch dafür mit h[eiliger] Ehrerbietung preisen.

Oh, in den reinen Himmeln wohnender, die Reinheit liebender großer Gott! Der du, als wir wegen unserer Unreinheit vom Blick deines h[eiligen] Herzens und aus jenem ewigen Reich, das du uns bereitetest, verstoßen wurden, uns aus deiner unendlichen Güte mit dem teuren Blut deines gesegneten Sohnes gereinigt und abgewaschen hast. Dir, HERRGOTT, seien für diese Wohltat, und auch deinem gesegneten SOHN, der zu diesem Zweck bereitwillig für uns sein Blut zu vergießen gestattet hat, Ehre, Dank, Herrlichkeit und Lob zugeeignet.

IX. Doch daneben werden die Christen vom Dienst der Sünde und dessen tätlicher Ausübung befreit und entzogen durch das Blut Christi, durch welches sie nicht nur der Vergebung der Sünden gewiss werden, wenn sie bekehrt glauben und gehorchen, sondern darüber hinaus auch sehr stark zur Liebe Gottes verpflichtet, in welche die Liebe Christi bereits einbegriffen ist, [zusammen] mit der Liebe zu ihren Nächsten, in welchen zwei Dingen das Christentum und die Heiligkeit ganz bestehen.

Denn, was das erste angeht, so hat GOTT uns wohl seine unaussprechliche Liebe zu uns auf vielerlei Weise erfahren lassen, am meisten jedoch, indem er sogar seinen einzigen SOHN, der ihm teurer war als alles, was er besaß, nicht verschonte, sondern ihn für uns zu einem schrecklichen Tod hingab und gestattete, das Blut aus seinem heiligen [hier: szentséges] Körper zu vergießen. Vide si placet Röm. 5,8, Joh. 3,16, 1. Joh. 4,9–11. Welche Handlung GOTTES nun auch uns sehr wirksam dazu bewegt und verpflichtet, dass auch wir ihn lieben und seine Gebote halten wollen. Denn darin besteht die Liebe GOTTES und auch Christi. Und dass wir abschließend auch jetzt für dies GOTT und Christus Ehre erweisen, indem wir sagen:

Oh, menschenliebender und nach dem Heil der Menschen dürstender h[eiliger] GOTT!, der du auch uns so sehr liebtest, dass du nicht einmal das Blut deines gesegneten SOHNES verschontest, nur um uns dir zu weihen. Für diese deine unaussprechliche Liebe und für die eifrige Gesinnung deines gesegneten SOHNES in diesem Werk sei dir Ehre, Lob und Herrlichkeit dargebracht. Amen.

X. Was jedoch die andere, nämlich die Nächstenliebe angeht, bewegt uns auch dazu gewiss diese Sache, dass nämlich GOTT seinen einzigen SOHN, Christus, und Christus sich selbst für uns und für alle zu einem solch schrecklichen Tod gab, nicht wenig. Denn, wenn wir nämlich bedenken, das GOTT unsere Mitmenschen so sehr mochte und gleichsam schätzte (um es so zu sagen), dass er sie mit dem teuren Blut seines geliebten SOHNES erlöste, können wir offenkundig daraus großes Gut entnehmen, wenn auch wir sie wirklich schätzen und lieben, ja bereit dazu sind, wenn die Not es so bringt, auch unser Leben für sie hinzugeben, nach jenem neuen Gebot, das Christus seinen Jüngern gab, sich ihnen zum Beispiel gebend, und ihnen sagte: Ich gebe euch ein neues Gebot (inquit), dass ihr einander lieben sollt, wie ich euch liebe, so sollt auch ihr einander lieben. Aus diesem Grunde ist es würdig, dass wir [ihn] auch dafür segnen.

Dir, Oh GOTT, der du uns auf diese Weise mit dem Blut deines H[eiligen] SOHNES mit ihm zusammen zur vollkommenen Liebe unserer Nächsten verpflichtetest, sei Lob, Ehre, Segen und Anbetung dargebracht. Amen.

XI. Wenn du fragtest: wie kann dieses neue Gebot sein, dass wir einander lieben sollen, wo doch im Gesetz auch befohlen war, vide Lev 19,18: Liebe (inquit) deinen Nächsten, wie dich selbst. So verstehe daher, dass das Neue an diesem Gebot darin besteht, dass wir unsere Nächsten so lieben sollen, dass wir für sie, wie ich sagte, auch unser Leben hingeben, wie dies auch aus diesen Worten unseres HEILANDS hervorgeht Joh. 15, 12–13. *Dies* (inquit) *ist mein Befehl, dass ihr einander lieben sollt, wie ich euch liebe. Niemand hat größere Liebe, als der, der sein Leben für seinen Nächsten hingibt.* Wir haben also ein neues Gebot über die Liebe zu unseren Nächsten, wie wir es nirgendwo im Gesetz lesen. So ist es, Moses befahl: Liebe deinen Nächsten wie dich selbst. Doch dieser Befehl sagt, dass du, was eine solche oder andere Handlung angeht, deinen Nächsten mehr als dich selbst lieben sollst, so wie Christus uns diesbezüglich ein Beispiel an sich selbst gegeben hat. Weißt du wohl, was er den Heerscharen und den Dienern sagte, die mit Judas gekommen waren, um ihn zu ergreifen Joh 18,8: Sucht ihr mich (inquit), so lasst diese (er zeigte auf seine Jünger) gehen. Prüfe dies, Christenmensch, denn hier war Christus bereit, für seine Jünger den Tod zu erleiden, er wollte, dass ihnen kein Leides geschehe, sondern dass sie in Frieden und frei an ihre Arbeit gehen sollten, er selbst aber für sie leiden würde. Für diese Lehre zur vollkommenen Liebe zu unseren Mitmenschen ist es würdig, dass wir GOTT und Christus Lob darbringen.

Dir, ewiger GOTT, sei für deine so großen und guten Wohltaten zusammen mit deinem SOHN Ehre, Dank und Lobpreis zugeeignet. Amen.

XII. Nämlich, Christen, wenn GOTT diesen oder jenen unserer Mitmenschen so sehr geliebt hat, dass er auch seinen einzigen SOHN für ihn in den Tod dahingab, wie könnten wir diesen dann noch hassen, ja wie könnten wir ihm schaden? Und wie könnten am Ende wir ihn töten, und wie könnten wir sein Blut vergießen, und würden wir nicht eher unser Blut für sie vergießen lassen? Oder, ist der Jünger vornehmer als sein Meister und der Knecht [vornehmer] als sein Herr? Gewiss nicht.
Annecte adhortatoriam conclusionem cum gratiarum actione. Amen.
Finis ad[...]ae formulae

**Ein kurzer Prozessus der abschnittsweise geschehenden kurzen Belehrung und Lehre während der ordentlichen Austeilung des Abendmahls**

Actio prima
Worin diese h[eilige] Sache, die wir jetzt hier nach dem Befehl des HERRN Christus tun, bestehen soll, und wozu sie dienen soll, lässt sich von nirgendwoher besser lernen, als aus den Taten und Worten des HERRN Christus, der sie als erster einsetzte, die die Evangelisten aufschrieben und die auch der erwählte Apostel, der H[eilige] Paulus aufschrieb und erklärte. Denn aus alldem lesen wir, dass der HERR Christus an jenem Abend oder in jener Nacht, als er zum letzten Mal mit seinen Jüngern das Osterlamm aß und von Judas verraten wurde, als sie es aßen, das Brot nahm, dankte, es brach und seinen Jüngern gab und sprach: Nehmt und esst, dies ist mein Leib, der für euch gegeben wird, tut dies zu meinem Gedächtnis. In ähnlicher Weise nahm er, nachdem er gegessen hatte, den Kelch, dankte und gab ihn ihnen, indem er sagte: *Trinkt alle daraus, denn dies ist mein Blut, das Blut des Neuen Testaments* [= des Neuen Bundes], *das zur Vergebung der Sünden vieler vergossen wird.* Nun, diese heilige Sache ist nichts anderes als eine Zeremonie des Neuen Testaments oder Bundes, die der HERR Christus ein-

gesetzt und befohlen hat, damit seine Jünger gebührend zahlreiche h[eilige] Zusammenkünfte halten, in der von ihm gezeigten Weise das Brot brechen und essen und aus dem Kelch trinken, zu seinem Gedächtnis.

Adjunge oratiunculam.

Actio secunda.

Wie aber diese h[eilige] Sache h[eilige] Zeremonie zum Gedächtnis an den HERRN Christus verrichtet werden soll, erklärt der H[eilige] Paulus 1 Kor 11, 26. *Sooft ihr das Brot esst* (inquit) *und den Kelch trinkt, dankt dem Herrn, bis er kommen wird.*

Nun also, diese h[eilige] Zeremonie, welche der h[eilige] Paulus dicto loco auch Herrenmahl nennt, da dieser sie bei seinem letzten Mahl eingesetzt hat, ist dazu bestimmt, dass, so oft die Christen, welche nach ihm benannt sind, sie in ihren Gemeinden vollziehen, sie damit und darin den Tod des Herrn verkünden sollen; und zwar sollen sie ihn verkündigen, bis der Herr zu jenem großen Gericht kommt, von welchem der H[eilige] Paulus in seiner in Athen gehaltenen Predigt, die er H[eilige] Lukas Apg 17,31 niedergeschrieben hat, sagt, *dass GOTT einen Tag bestimmt hat, an dem er wahrhaftig über den Erdenkreis Gericht halten wird durch den MANN, den er dazu bestimmt hat.*

Actio tertia.

Wie man den Tod des HERRN verkündigen soll, kann jeder leicht verstehen, denn den Tod des HERRN verkündigen, ist, di loco [sic!], nichts anderes als diese h[eilige] Zeremonie zu verrichten, oder dieses h[eilige] Brot zu brechen und zu essen und aus dem Kelch zu trinken, voller Dank den [Tod des] Christus und seine gr[oße] Wohltat zu verkündigen, die darin bestand, dass er aus unaussprechlicher Liebe zu uns,[67] und zwar zu Sündern und gegen Gott sich Verbündenden, seinen unschuldigen Leib geißeln, ans Kreuz schlagen, mit Nägel durchbohren, mit der Lanze stoßen, mit einem Wort schrecklich quälen, ja gleichsam zerbrechen und sein h(eiliges) Blut vergießen zu lassen, und damit zusammen seines Lebens zu berauben, mit einem Wort einen qualvollen Tod zu sterben gestattete. Was wir auf diese Weise mit dem Brechen des Brotes und dem Trinken des Kelchs gewissermaßen andeuten und gleichsam sichtbar abbilden.

Oder kürzer, den Tod Christi zu verkündigen ist nichts anderes, als seine uns darin gezeigte Liebe und seine Wohltat für uns mit dieser unserer Handlung zu zeigen, und offen zu versichern, welchermaßen groß und welchermaßen uns nützlich und heilsam diese sei; ja dies ebenso auf diese Weise zu zeigen und zu versichern, zur Ehre und zum Lob seines Namens und zum ewigen Gedächtnis an seine Wohltaten.

Actio quarta.

Wenn jemand fragte, warum es kam, dass der HERR Christus in dieser h(eiligen) Zeremonie vor allem und ganz besonders seinen Tod verkündigen lassen wollte, und nicht zum Beispiel die Heiligkeit seines Lebens oder seine Wundertaten, oder aber seine Auferstehung vom Tode und seine Verklärung, ohne die sein Tod keine oder nur sehr geringe Kraft, Nutzen

[67] Anm. d. Ü.: Hier: Szerelem. Vgl. Anm. 3.

und Frucht hätte, so gibt Röm. 8,34 [darauf die Antwort, Ergänzung d. Ü.] Wer ist es, der verdammte? Christus ist der, der gestorben ist, ja, der auferstanden ist, der zur Rechten GOTTES ist, der für uns fleht. Lerne er, dies sind die Gründe dieser Sache. Der erste ist: Dass der Weg zur Auferstehung und Verherrlichung durch diesen Tod gewährt wurde, denn ohne ihn hätte es nach GOTTES Bestimmung nicht zu diesen kommen können – vide Luk. 24, 26. Der zweite ist: Dass unter allen Dingen, die GOTT und Christus unserem Heil zuliebe getan haben, der Tod Christi das schwerwiegendste und klarste Zeichen von GOTTES und Christi Liebe zu uns war.

Denn wodurch nämlich wurde Christi Liebe zu uns, welche die SCHRIFT so sehr verkündet, vor allem bezeugt? Dadurch, dass er für uns und zu unserem ewigen Wohl solch schrecklichen Tod erlitt, und zwar damals, als wir Feinde GOTTES waren. Nun, deshalb ist es nicht verwunderlich, dass er ganz besonders seinen Tod in dieser h[eiligen] Zeremonie verkündigen lassen wollte.

Actio quinta.

Damit wir aber in dieser h[eiligen] Zeremonie den Tod Christi umso gebührender verkündigen können, müssen wir nicht so sehr nur dessen qualvolle Art aufzeigen, sondern, wie wir bereits bei Gelegenheit erklärten, besonders darauf achten, welchen Nutzen und heilsame Früchte dieser haben sollte, weshalb es würdig ist, dass wir Gott und Christus dafür Dank sagen, oder dass wir diesen voller Dank verkündigen, sooft wir dieses h[eilige] Brot und diesen h[eiligen] Wein in unserer Gemeinde zu uns nehmen. Aus diesem Grunde verkündigen wir mit Recht in der h[eiligen] Zeremonie voller Dank den Tod Christi mit Blick auf den von ihm auf uns ausströmenden Nutzen und seine heilsamen Früchte, denn, siehe, unter anderem ist Christus gestorben: zuerst zu dem Zweck, dass er uns von unseren Sünden erlöse. Welche Erlosung zweierlei Art ist Heb. 9,19 collat cum Ex. 20. Als Moses die Gebote des Gesetzes vor dem Volk verlesen hatte und das Blut von Kälbern und Böcken genommen hatte, besprengte er mit Wasser und scharlachroter Wolle und Ysop auf einmal sowohl das Buch als auch das gesamte Volk und sprach: Das ist das Blut des Testaments, das euch Gott befohlen hat. Das Blut Christi jedoch, als das Blut des Neuen Testaments, hat uns die Vergebung der Sünden verschafft, insofern das Blut das Neue Testament bekräftigte, in dem die Vergebung unserer Sünden versprochen wird und wurde. Denn in der Art, wie einst der Bund mit dem Vergießen von Blut bekräftigt zu werden pflegte, geschah es auch hier. Denn in der Art, wie ex. gr. (um von weiterem nicht zu reden) mit dem Blut unvernünftiger Tiere das Alte Testament bekräftigt wurde (was die H[eilige] Schrift bezeugt Ex. 20, Hebr. 9), so wurde auch das Neue Testament mit Blut bekräftigt, ja sogar mit dem Blut Christi.

Actio sexta.

Wenn aber einer fragte, warum wollte GOTT das Neue Testament [den Neuen Bund] auf diese Weise bekräftigen? R[e]s[ponsio]. GOTT tat dies unter anderem deshalb, oder es geschah [w.: wurde] deshalb, dass er sich in dieser Sache unserer Schwachheit anpasse. Und damit er noch stärkere und jeden Zweifel aus unseren Gedanken ausschließende Gewissheit darüber verschaffe, dass wir, wenn wir uns wahrhaftig zu Gott bekehren und nach den Conditionen dieses

Bundes leben würden, uns unsere Sünden vergeben würde, wie es seine Hoheit im Evangelium verkündet hat.

Actio Septima.

Auch die zweite Erlösung, mit der wir von der Knechtschaft der Sünde befreit wurden, erwarb uns Christus durch sein Blut, testante Petro 1. Petr. 1,18, nicht mit dem Blut vergänglicher Tiere, nicht mit Gold und Silber. Et Paulus Tit. 2,14 bezeugt, dass er sich selbst für uns gegeben hat (nämlich zum Tode, in dem sein Blut vergossen wurde), damit er uns von allem Unrechten [hamisság] erlöse und sich sein eigenes Volk reinigte, den Ausüber guter Taten. Nun also …

Actio octava.

Diese Erlösung aber wurde durch das Blut Christi erworben, welches, insofern es das Blut des Neuen Testaments ist, ut patet Hebr. 10,19 ubi divinus scriptor ita loquitar: Einer wie viel leichteren Strafe würdig, meint ihr, wird der beurteilt werden, der den SOHN GOTTES mit Füßen tritt und das Blut des Bundes, der durch ihn geheiligt worden ist, für nichts hält? Ubi expresse dicitur, quod homines Christi sangvine, ut id est sangvis Foederis sanctificientur. Ut ab omni peccato mundentur mundantur autem ab eo, sangvine Christi ut tali quatenus nullum medium dari, aptus et efficatius potest quam quo certi revera redduntur de eo quod si poenitentiam agant, omnia peccata ipsis remittantus, quae fiducia omnimum efficacissime paratur in ipsis sangvine Christi, quatenus confirmatum est Novum Foedus. Finis.

De Coena Domini

Damit wir die jetzige Zeremonie, nämlich das Brot und den Wein, die den Leib und das Blut Christi versinnbildlichen, geziemender vollziehen, bevor wir also darangehen, lasst uns unsere Herzen und Hände zu GOTT und zu seinem SOHN Jesus Christus erheben und ihnen für ihre Wohltaten danken. Und lasst uns Gottes Majestät bitten, dass er unsere Sünden durch Christus tilge und einen rechten Geist gebe, dass wir jederzeit, zunächst aber in dieser gegenwärtigen Stunde, würdige und geziemende Gäste unseres HERRN seien. Precatio ad Deum Patrem.

Gnädiger und erbarmender, sehr gesegneter HERRGOTT! Wunderbarer weiser Schöpfer, mächtiger Bewahrer und treuer Geber unseres Heils. Hier stehen wir abscheulichen, hässlichen Sünder, nichtsdestoweniger die Werke deiner Hände, und vertrauen auf deine Güte und dein väterliches Erbarmen mit uns; als Kranke kommen wir zu dir, dem treuen Arzt unserer Seele, hungrig und durstig, traurig über unsere Sünden, zum Tröster unserer Seelen. Doch wie soll, oh im Heiligtum wohnender GOTT, der sündige Mensch vor dir erscheinen, und wie beliebt es auch deiner HOHEIT, auf ihn zu blicken und ihm Gutes zu tun? Du, HERRGOTT, kennst uns und weißt wohl, dass in uns nichts Gutes ist, womit wir deiner HOHEIT gefällig sein könnten, wie es sein sollte. Wir bekennen daher unser niederträchtiges und unnützes Wesen, sehen und fühlen jedoch Deine Güte zu uns, preisen deine Gnade und danken dir untertänig für deine VÄTERLICHE Liebe, insbesondere aber dafür, dass du ihretwegen deinen eingeborenen SOHN zu einem bitteren Tod gegeben hast.

Dies tatest du gewiss nur um deinetwillen, und nicht um unserer Verdienste willen, damit wir deiner Güte umso gewisser sein könnten. Außer dir können wir uns in der Zeit unserer Not auch an niemanden anderen wenden. Oft werden wir wegen der Schmerzen unseres Herzens sehr hart geplagt und mit unseren Sünden über deren Maß hinaus beschwert, wir müssen unruhig sein wegen der vielen Versuchungen, werden von den bösen leiblichen Trieben gereizt, die in uns sind, und in Sorge getrieben, und es gibt niemanden, der uns zu Hilfe kommen könnte, niemanden, der uns befreien könnte, als allein du, unser süßer heilbringender Gott. Sei daher auch jetzt gegenwärtig und gestatte uns, oh liebender Herr unseres Heils, dass die Gesinnung wahren Gehorsams und des Friedens in uns durch das Vollbringen deines h[eiligen] Willens und deines Befehls wachse und stärker werde.

Ad Dominum Jesum Christum.
Oh unser süßer und gnädiger Heiland, GOTTES geliebter einer SOHN, gesegneter HERR Jesus Christus! Wegen deiner unaussprechlich großen Liebe zu uns unwürdigen Sündern bist du himmlischer Achtung, Ehre, Dankes und Preises würdig, der du dich nicht geschämt hast, dich unseretwegen erniedrigen und verspotten zu lassen, der du zuließest, dass du für unser Heil geschlagen und getreten wurdest und eines bitteren Todes starbst, der du uns in die Gnade deines Vaters aufnehmen ließest, und der du uns zum herrlichen Gedächtnis an diese heilbringende Sache, nämlich an das Zerbrechen deines heiligen Leibes und das Vergießen deines roten Blutes, auch diese h[eilige] Zeremonie mit dem [–] deinen am Kreuz zerbrochenen Leib und dein an demselben Kreuz vergossenes Blut versinnbildlichenden [–] Brot und Wein gegeben hast.

Aus diesem Grunde erniedrigen wir uns vor dir und schätzen dein Wohlwollen über uns. Wir preisen und segnen dich und danken dir für deine großen Wohltaten an uns. Wir verachten, mein HERR, dein Wohlwollen nicht, und verabscheuen diese deine h[eilige] Verfügung nicht.

Siehe, wir kommen zu Dir, und wollen an deinem h[eiligen] Festmahl, das du für deine dich liebenden Gläubigen bestimmt hast, teilnehmen. Erfreue daher am heutigen Tag unsere armen Seelen mit geistlicher Speise und Trank.

Ad Deum Patrem flectatur oratio.

Unser gnädiger, süßer GOTT, H[eiliger] VATER des HERRN Jesus Christus! Habe Erbarmen mit uns Sündern und höre auch fortan nie auf, so gut zu uns zu sein. Jetzt aber nimm uns hervor mit der Süße deines Segens, und bereite uns durch deinen h[eiligen] Geist vor, dass wir mit dankbaren Herzen und Seelen zu dem von deinem h[eiligen] SOHN eingesetzten h[eiligen] Abendmahl gehen und es würdig einnehmen können, höre uns an im Namen deines gesegneten SOHNES. Amen.

Weil, wie wir vom HERRN Jesus Christus lesen, dieser, als er das h[eilige] Abendmahl eingesetzt hatte, das Brot nahm und da er gedankt hatte, es dann seinen Jüngern gab und ähnlich auch mit dem Kelch verfuhr, gebührt es auch uns darin wie auch in anderen Dingen ihm, unserem Haupt, dem HERRN Jesus Christus, nachzufolgen.

Schöpfer von allem und sehr treuer Ernährer, h[eiliger] GOTT! Wir geben dir großen untertänigen Dank, dass du Brot geschaffen hast zu unserer Speise und Wein zu unserem Trank aus dem Tau des Himmels und dem Fett der Erde, wir flehen ebenso zu deiner HOHEIT, segne und heilige uns dieses Brot und diesen Wein, damit wir von ihnen zum Ruhme deines Namens Gebrauch machen können und nicht so sehr zur Milderung unseres leiblichen Hungers und Dursts, als vielmehr zum Besten und zum Heil des geistlichen. Amen.

Inter distribuendum dicenda.
Wenn der Mensch wahrhaft und nützlich in einer Sache vorgehen will, muss er also zuerst gut überlegen und prüfen, was für eine Sache das sein soll, an die er sich machen will, und welche Eigenschaft sie haben soll, seinem Stand angemessen, und ob er sich als genügend zu deren Verrichtung weiß, oder nicht. Denn es reicht nicht, nur so oder so verdrießlich und ungeschickt vorzugehen, noch weniger ist es gut, dieser Sache überdrüssig zu werden und sie unvollendet zu lassen. Davon spricht unser Heiland zu seinen Jüngern in jenem Gleichnis Lk. 14, 28. Wenn einer von euch einen Turm bauen will etc.

Damit es daher auch uns mit der für uns anstehenden und im Namen des HERRN begonnenen Sache, nämlich mit dem Abendmahl des HERRN, nicht ähnlich ergehe, müssen wir also dabei prüfen und in Erfahrung bringen
Erstens: wozu das Abendmahl des HERRN eingesetzt sein soll.
Zweitens: Wir sollen auch betrachten, soweit die Zeit dies gestattet, für wen es eingesetzt sein soll, eben dieses Abendmahl des HERRN.

Oh gesegneter gnädiger HERRGOTT, in der Einfalt unseres Herzens, in gutem starkem Glauben und Hoffnung kamen wir zu dir, um deiner h[eiligen] HOHEIT mit dem Opfer dankbaren Gehorsams deine unentgeltliche Liebe zu uns zu segnen; wir bitten dich, gestatte uns, dass wir das, woran wir uns durch deine Gn[ade] in dieser Sache machen können, durch deine selbe Gnade auch vollenden können, zum Ruhm deines Namens und zur Gewissheit unserer Bekehrung von unseren Sünden hin zu dir. Amen.

Zu welchem Zweck das Abendmahl eingesetzt sei, das erläutert sowohl unser HERR selbst als auch der H[eilige] Paulus recht klar, wenn er dieses nämlich ein Zeichen für den für uns erlittenen Tod des HERRN Christus selbst nennt Lk. 22,19 und sagt: *Dies ist mein Leib, der für euch gegeben wird* und weiter gleich danach hinzufügt: *Tut dies zu meinem Gedächtnis.* Der H[eilige] Paulus aber bezeugt 1. Kor. 11,28 in ganz besonderer Weise von Christus, dass dieser den Kelch nahm und sprach: *Sooft ihr dies trinkt, tut dies zu meinem Gedächtnis.* Und dieser H[eilige] Paulus sagt über diese Sache weiter gleich an der genannten Stelle: *Sooft ihr dieses Brot essen und diesen Kelch trinken werdet, verkündigt ihr den Tod des Herrn, solange, bis er kommen wird.*

Der HERR Christus hat eine solch heilsame Sache gewiss auch nicht ohne Grund eingesetzt und uns befohlen sie zu halten! Es ist auch nicht verwunderlich, dass die heilige Mutter Kirche[68] dieses Erinnerungszeichen an den Tod unseres HERRN für uns von einer solchen schönen Gemeinde gemeinsam durch Lobpreisungen und Danksagungen halten und befolgen lässt, weil es nämlich darüber hinaus, nämlich über den Tod Christi für uns hinaus nichts gibt,

[68] Anm. d. Ü.: „Die heilige Mutter Kirche" – „az anyaszentegyház", zugleich identisch mit der ungarischen Formulierung des apostolischen Glaubensbekenntnisses, „hiszek egy anyaszentegyházban"/ deutsch: „an die heilige christliche Kirche".

woraus wir sowohl die Liebe des VATERS als auch Christi zu uns eher bemerken könnten. Weshalb es sich gebührt, dass auch wir jedes Mal, und so auch jetzt, Dank sagen etc.

Sei du auf ewig gesegnet, liebender GOTT unseres Heils, der du zur Tröstung deiner Gläubigen über alle deine Wohltaten hinaus deinen h[eiligen] SOHN nicht nur zum Tod bestimmtest, sondern ihn auch auferstehen ließest, ihn zu deiner Rechten setztest und mit aller Macht beschenktest, dass er uns in unseren Nöten, vor allem in Dingen, die unser ewiges Heil betreffen, hilfreich sein kann, und auch wirklich hilfreich ist. Gesegnet seist auch du, GOTTES h[eiliger] SOHN, unser süßer Vermittler, der du deinem h[eiligen] Vater für unser großes Wohl, zu unserm Nutzen gehorsam warst bis zum Kreuzestod, und dich nicht um die bitteren Schmerzen deines Leibes kümmertest. Amen.

Die Liebe GOTTVATERS in dieser Sache wird aus den Worten Christi deutlich Joh. 3,16: *Also hat GOTT die Welt geliebt* etc. Die Liebe GOTTVATERS zu uns wird dennoch aus den Worten des H[eiligen] Paulus [Röm.] 8,32 deutlich. Der (nämlich der VATER) seinen eigenen SOHN nicht verschont hat Vide Röm 5,8. Der H[eilige] Johannes sagt das auch 1 Epist Cap. 4,9–10. Die Liebe GOTTES zu uns geht daraus hervor, dass er seinen einzigen eingeborenen SOHN in die Welt entlassen hat, damit wir durch ihn leben etc. Dieses versöhnende Opfer wiederum wurde durch das Blut Christi vollzogen. Sicut testatus Paulus Röm. 3,35.

Repete hic modo dictam oratiunculam etc.

Welch große Liebe zu uns Christus in seinem Tode zeigte, geht weiter daraus hervor, wie er selbst sagte, Joh. 15,13 *Niemand hat größere Liebe als der, der sein Leben für seinen Nächsten gibt.* Christus aber gab sein eigenes Leben für uns, und was noch größer ist, Christus starb für uns, als wir seine Feinde waren. Wie der H[eilige] Paulus in sehr reicher Rede zeigte, indem er Röm 5,6 sagte: *„Denn als wir noch schwach waren, starb Christus zu rechter Zeit für die Bösen“ [gonoszok].* Gewiss stirbt der Mensch auch für den Gerechten[69] schwer, denn für den Guten[70] würde jemand vielleicht noch zu sterben wagen. Dem folgt auch der Apostel in Vers 10 nach. *„Denn als wir Feinde Gottes waren, wurden wir durch den Tod seines Sohnes mit ihm versöhnt.“*

Durch den Tod Christi für uns zeigt sich also gewiss sowohl die nicht geringe Liebe GOTTVATERS als auch die seines SOHNES Jesus zu uns. Doch wir erleben noch größere Zeichen der Liebe GOTTES und Christi zu uns, wenn wir den Nutzen, der mit Blick auf unser Heil aus Christi Tod und dem Vergießen seines Blutes entstammt, sorgfältig prüfen, für welch heilbringenden Nutzen der VATER seinen geliebten SOHN Christus nach seinem Wohlgefallen für den schrecklichen scheußlichen Tod am Kreuz gab. Christus wiederum erlitt diesen bereitwillig. Deshalb trägt uns die H[eilige] Schrift all dieses in guter Ordnung vor, wenn sie von Christus und den Gründen seines Todes spricht Röm 5,8: Christus ist für unsere Sünden gestorben. Daher ist es angemessen etc.

Oh, unser süßer Heiland, GOTTES einziger geliebter SOHN, treuer Hirte, der unsere Seelen weidet, Sachwalter unseres Heils, Erbauer unseres elenden Seins und Ursprung jeglichen inneren Trosts, Vermittler zwischen GOTT und den Menschen, HERR Jesus

69 Anm. d. Ü.: az igazért, sprachlich ident. mit: „das Wahre“.

70 Anm. d. Ü.: „für den Guten“ („az jóért“ ) – sprachlich ident. mit „für das Gute“.

Christus, in dessen Macht unser Leben, unser Tod, unser Heil und unser Untergang liegt. Wir segnen dich und danken dir mit ergebenem und reinem Herzen als unserem HERRN, König und Erlöser Christus für deine uns gewährte unaussprechlich große und reiche Liebe und Wohltaten, dafür, dass du für uns, deine Feinde, nicht nur den Tod erlitten hast, um uns vor dem ewigen Tod zu retten, sondern selbst jetzt nicht aufhörst, auf uns aufzupassen und deinen VATER wegen unserer Erbärmlichkeit zu versöhnen. Wir bitten dich, unseren süßen Heiland, behalte für immer deine Liebe zu uns etc. Amen.

Indem wir also das Brot essen und den Wein trinken, zeigen wir und bezeugen wir, dass, so wie unser Leben nach der Natur durch Brot und Wein ernährt wird, auch unser geistliches Leben [lelki életünk] durch die aus dem Tod Christi und dem Vergießen seines Blutes entstammenden Wohltaten ernährt wird, auf welche schließlich das ewige Leben ebenso wie das wahrhaftige Leben folgen.

Jedoch, während wir also dieses Brot brechen und essen, preisen wir durch schönes Lob und durch Danksagungen unseren GOTT, der seinen eigenen SOHN nicht verschont hat, sondern ihn aus seiner großen Liebe zu uns zu töten gestattete, und deshalb segnen wir Gott für seine große Liebe während der Durchführung dieser h[eiligen] Zeremonie. NB. Jedoch bekennen wir in dieser selben h[eiligen] Zeremonie offen und klar auch ihn, den HERRN Christus, der uns sehr geliebt hat, der uns großes Gut verschafft hat, wir, die wir nicht mehr für uns, sondern für ihn leben, und verkünden dies und geben ihm Dank.

Repete oratiunculam etc.

Daher nehmen wir also in dieser Weise das Abendmahl des HERRN zur Erinnerung an den Tod Christi ein, indem wir der uns durch seinen Tod verschafften Wohltaten mit großer geistlicher Wertschätzung gedenken und GOTT und Jesus Christus selbst dafür danken. Und durch denselben Genuss des Abendmahls des HERRN zeigen und vergewissern wir mit heiligem Siegel wie mit einem Zeichen, dass wir uns bereits von der Sünde und der Welt verabschiedet haben, und in allem uns nur zu Ehren GOTTES und Christi gegeben und empfohlen haben und bestrebt sind, dem Beispiel Christi und nicht dem sündiger Menschen zu folgen. Weltliche Güter jedoch erhalten wir nur so viel und nur so, wie es zur notwendigen Ernährung und Bekleidung unseres Körpers erforderlich ist, und wenn wir für die Suche nach diesen notwendigen Güter neben dem Dienst GOTTES Zeit haben, ja, wir lieben und bewahren die erkannte Wahrheit GOTTES so sehr, dass wir daneben, wenn es das Notwendige der Sache erfordert, bereit wären, jegliche Schmach, Ärger, Beschimpfungen, Schläge zu erleiden und als wahre Anhänger Christi auch unser Leben freudig geben würden. Das ist deshalb insbesondere Ziel, Zweck und Nutzen des Abendmahls des HERRN, und wir müssen es aus den Gründen genießen, die ich bereits aufgezählt habe. Hier sprechen wir daher einen solchen Dank.

Gesegnet seist du HERRGOTT, unser süßer SCHÖPFER und gnädiger fürsorgender Tutor, dass du nicht auf unsere Unwürdigkeit schaust, dass du uns aus deiner unentgeltlichen Gnade geholfen hast und würdig gemacht hast, dass wir des den für uns zerbrochenen Leib deines SOHNES versinnbildlichenden Brotes und des sein vergossenes Blut versinnbildlichenden Weines in der jetzigen Stunde teilhaftig werden können, wir flehen ergeben zu deiner HOHEIT, hilf, und lenke durch den guten Geist deiner Gerechtigkeit unsere

Schwäche so, dass wir auch in Zukunft deines himmlischen Tisches teilhaftig werden können, all der heilbringenden geistlichen Güter, die du uns durch den Tod deines H[eiligen] SOHNES und das Vergießen seines Blutes erworben hast und bereitet hast, im Namen eben dieses SOHNES bitten wir, erhöre uns. Amen.

Aus alldem ist bereits ersichtlich, wie sehr diejenigen irren und in großer Unwissenheit sind, die das Abendmahl des HERRN zu dem Zweck einnehmen, dadurch entweder ihren Glauben zu stärken oder Vergebung ihrer Sünden zu erlangen, wo doch diese Sache ganz anders ist, da wir doch durch die Einnahme des Abendmahls des HERRN, wie ich das auch bisher erklärt habe, offen und klar bezeugen und GOTT dafür danken, dass wir bereits mit wahrem, lebendigen Glauben ausgestattet sind und Vergebung unserer Sünden erlangt haben, wofür das teure Blut Christi vergossen wurde, ebenso dadurch, dass wir all das tun, wozu uns das vergossene Blut Christi verpflichtet. Wie denn die Juden in jedem Jahr das Osterlamm nicht deshalb in schöner ehrbarer Ordnung essen, damit sie aus der ägyptischen Gefangenschaft befreit werden, sondern um dankbar daran zu erinnern, dass sie daraus bereits befreit wurden. Ebenso nehmen auch wir nicht das Abendmahl des HERRN ein, damit uns danach einst unsere Sünden vergeben und wir aus der Gefangenschaft des Teufels befreit werden, sondern wir erinnern uns voller Dank daran und verkünden, dass wir diese [Vergebung] durch den Tod Christi für uns bereits erlangt haben. Auch dafür sprechen wir einen solchen Dank.

Oh, uns sehr liebender, uns Gutes tuender süßer Heiland, Mittler HERR Jesus Christus! Voller großer Ergebenheit danken wir dir, dass du uns durch deinen teuren Tod und dein h[eiliges] Blut aus dem geistlichen Ägypten, dem Land des Teufels in das himmlische Reich deines H[eiligen] VATERS gebracht und gepflanzt hast; wir bitten dich, gesegneter HERR Jesus, verzeihe uns unsere große Undankbarkeit dir gegenüber und erhalte uns weiter dein Wohlwollen gegen uns und deine eifrige Liebe.[71] Zum Ruhm deines Namens und des Namens deines himmlischen H[eiligen] VATERS. Amen.

Pars secunda.

Nachdem wir so gehört und verstanden haben, wozu das Abendmahl des Herrn eingesetzt wurde, gebührt es sich schließlich auch zu wissen, wen es betrifft, oder auch wer es genießen soll.

Es ist nun wahr, dass Jesus, als er dieses Abendmahl einsetzte, nur seine Apostel daran teilnehmen ließ (weshalb denn auch manche meinen, dass es auch [nur, d. Ü.] sie betroffen habe), aber insgesamt, wenn er auch aus gewissen Gründen niemanden als seine Apostel zu diesem Abendmahl des HERRN zusammenrief, war es doch notwendig, dass sich dieses auf alle sonstigen Gläubigen ausdehnt und dass es das ganze Christentum zu jeder Zeit heilig hält. Denn der HERR Jesus Christus hat seine Seele nicht nur für die Apostel, sondern für alle gegeben Mat. 20,28. Und er hat sein Blut nicht nur für sie, sondern auch für andere vergossen Mat. 26,28.

Weiter begannen dann auch die Apostel, vor denen Christus dieses Abendmahl eingesetzt hatte, nach seinem Tod sehr fleißig es auch unter den übrigen Gläubigen zu verbreiten und auch andere daran teilhaben zu lassen. Wie das unter anderem aus Apg. 2,42 und 20,7 hervorgeht.

---

71 Anm. d. Ü.: „Liebe“ hier „szerelem“, vgl. aber Anm. 3.

Der H[eilige] Paulus jedoch sagt und bezeugt klar 1. Kor. 11,23, dass er nämlich den Korinthern das vorgetragen habe, was er vom HERRN empfangen hatte, nämlich wie und zu welchem Zweck wir das Abendmahl des HERRN einnehmen sollen.

Denken wir darüber hinaus auch daran, dass, wenn der Tod Christi und dessen Nutzen alle Gläubigen gleichermaßen betrifft und sich auf sie erstreckt, gewiss auch das Abendmahl alle betrifft und sich auf die gesamte Christenheit gleichermaßen erstreckt, da das Abendmahl des HERRN eine Sache zum Gedenken an den Tod Christi ist. Und so muss das Abendmahl des HERRN notwendigerweise von allen Christen auf der ganzen Welt gehalten werden, bis Christus zum Gericht kommt. Wer es nicht einnimmt, sondern ablehnt, lehnt also GOTT und Christi Tod für uns ab und verabscheut sie, und all jene heilbringenden Güter, die uns durch Christi Tod zuteil geworden sind. Dies ist aber nicht einmal ein schweres, sondern ein sehr leichtes Gebot. Wenn sich ihm jemand entzieht und es nicht getreulich hält, was doch leicht ist, entzieht er sich noch viel mehr solchen Geboten, deren Einhaltung großes Bemühen und hartes Ankämpfen gegen den Leib von uns verlangt.

Zum Schluss und zuletzt scheinen sich die, die das Abendmahl des HERRN nicht einnehmen wollen, der Zahl der Gläubigen Christi zu entziehen und damit zu bekennen, dass sie um nichts besser oder heiliger als die Heiden sind. Während denn diejenigen, die es genießen, damit belegen, dass sie alle die Güter angehen, die uns durch den Tod Christi erworben wurden, (denn das bedeuten die Worte des H[eiligen] Paulus: Calix benedictionis cui benedicimus nome[n] communio sangvinis Christi est?). Gleichermaßen bezeugen in dieser Weise diejenigen, die nicht das Abendmahl genießen, dass sie nicht zu den Mitgliedern der Ekklesia gehören, und verkünden hart, wie mit erhobener Stimme, dass sie die Güter nichts angehen, welche uns Christus durch seinen bitteren Tod und das Vergießen seines Blutes erworben hat etc.

Gratiarum actio post sacram coenam

Ewiger, unsterblicher und in unzugänglicher Herrlichkeit mächtig herrschender, h[eiliger] GOTT! Dem es nicht genug war, dass du den Menschen nur schufst, nach Deinem Bild und Dir ähnlich, sondern daneben auch für sein leibliches und geistliches Wohl treue Sorge trugst.

Denn, nachdem er durch die Hinterlist des Teufels gefallen war und die Unschuld verloren hatte, in der du ihn geschaffen hattest, richtete deine h[eilige] HOHEIT ihn aus deiner unverdienten Gnade wieder auf. Dieses große Gut brachtest du durch niemanden anderen zuwege, als vielmehr, wie es verheißen war, durch deinen zur bestimmten Zeit entsandten und für die Sünde des wegen der Niedertracht des Teufels aus deiner Gnade gefallenen Menschengeschlechts gestorbenen und wieder auferweckten h[eiligen] SOHN, den HERRN Jesus Christus. Durch eben diese deine väterliche Güte ließest du auch in dieser Stunde vor uns aufleuchten, dass du uns Kraft zur Vollziehung der von deinem SOHN zu diesem Zweck eingesetzten Zeremonie gabst, auf dass du uns dadurch an deine Liebe zu uns unwürdigen Sündern und auch an die Liebe deines gesegneten SOHNES zu uns, die sich in seinem Tod und im Vergießen seines Blutes für uns zeigt, erinnertest. Wir aber, HERR, bekennen ergeben, dass wir deiner Wohltaten unwürdig sind. Wir wären nicht einmal würdig, uns auf der Erde aufzuhalten, weil wir jeden Tag sehr viele Verfehlungen begehen und Böses gegen dich tun.

Doch preisen und segnen wir dich mit großer Ergebenheit und von Herzen kommender Zerknirschung, dass du mit uns nicht nach unserem Verdienst, sondern nach deiner Väterlichen [sic!] Gnade verfuhrst.

Oh unser Heiland Jesus, wir segnen und preisen auch dich, und danken dir ergeben, für all dein Erbarmen und deine Wohltaten! Wir danken dir, oh H[eiliger] Sohn des lebendigen GOTTES, für deine große Liebe, mit der du uns so sehr liebtest, dass du für unser Heil Armut und Not ertragen wolltest und dich in vielerlei Werken und Versuchungen plagen, unter großen Ängsten mit blutigem Schweiß kleiden, dich schimpflich gefangen nehmen, unwürdig in Bande schlagen, fälschlich verdammen, ins Gesicht speien und auf den Nacken schlagen, schmählich in blutige Gewänder kleiden, mit einer Dornenkrone krönen lassen wolltest, dich gnadenlos geißeln lassen und mit schrecklichen Nägeln ans Kreuz schlagen lassen, dich von unmenschlichen Völkern mit Galle und Essig tränken lassen wolltest. Du, der Befreier der Welt, hingst unseretwegen nackt, verächtlich, verwundet, unter unsäglichen Schmerzen am Kreuz. Du vergossest für uns dein reines Blut und starbst für uns. Doch wir vermögen es bisher eigentlich nicht, daran zu denken, und wollten nicht einmal für so viel Gutes deinen Geboten gehorchen. Deswegen empfehlen wir uns dir von nun an mit allem an und stützen auch unseren Willen auf dich.

Dein Wille, unser HERR Jesus, geschehe in uns und über uns, jetzt und zu aller Zeit, erneuere unser Leben und unsere Seelen mit deiner heiligen Gnade.

Oh gnädiger, erbarmender GOTT, H[eiliger] VATER unseres Heilands Christus! Erbarme dich unser, erbarme dich deiner Kirche, erbarme dich dieses Ortes und dieser Gemeinde, vergib uns unsere Sünden. Mach mit uns, dass unser Eifer für deine h[eiligen] Gebote täglich wachsen und uns wohlschmeckend werden möge.

Gestatte, dass hier Demut, Frieden, Liebe und Enthaltsamkeit von der Sünde sein mögen. Gestatte, dass wir uns bessern, dich fürchten, lieben und vermögen, dir immer lieb sein zu können. Erhöre uns. Amen, das heißt, so soll es sein.

Vor dem Abendmahl des Herrn sollst du so beten.

Die Wahrheit liebender, die Falschheit hassender Majestätischer [sic!] GOTT, wer wäre dir ähnlich unter den GÖTTERN, h[eiliger] und große Wunder tuender GOTT. Der du dich nicht an der Falschheit freust, du nimmst den Übeltäter nicht bei dir auf, vor deinen Augen können die Narren nicht bestehen bleiben, du hassest all die, die Unrechtes tun, du bringst alle geheimen Dinge vor Gericht, und hurtig sind Beweise gegen die Übeltäter, Ehebrecher und falschen Zeugen bereit. Wir schämen uns und scheuen uns; unsere geröteten Wangen legen vor deiner Hoheit Zeugnis über unser mit scheußlichen Sünden vollgepacktes Leben gegen uns ab. Wir gehen, Herr, und was sollen wir am Tag des Gerichts antworten, wenn Du uns zum Urteil rufst, denn wenn du den Engel für einen Fehltritt aus dem Himmel stießest und zur Verdammnis bestimmtest, wenn Adam für den Verzehr eines Apfels aus dem Paradies ausgesperrt wurde, wenn Kore, Datan und Abiron für ihr Auftreten gegen dich von der Erde verschlungen wurden. Wenn du Nadab und Abihu, weil sie dir mit fremdem Feuer geopfert hatten, durch Feuer verzehrtest, wenn du Ananias und Saphira für einen Betrug eines plötzlichen Todes sterben ließest[72], wie sollen also wir die Gerechtigkeit deines Urteils ertragen, die wir deine Sache unser ganzes Leben lang schlecht verrichtet haben? Wie viele unter den Söhnen (Töchtern) der Menschen, mein HERR, sollen verdammt werden, die nicht so viel gesündigt haben wie wir? Wir bedauern und schämen uns dafür, süßer Gott Vater, dass wir dich, unseren HERRN, unseren GOTT, Schöpfer und Erhalter, den wir hätten lieben und über alles ehren müssen, durch so maßlose und schreckliche Sünden gekränkt haben. Da aber du, mein GOTT, nicht den Untergang der sündigen Menschen willst, sondern auch deinen H[eiligen] SOHN zur Erhaltung der Falschen gabst, gemäß der Größe deiner Gnade und des Umfangs deines Erbarmens, erlasse uns unsere Fehler, und blicke auf unseren für uns flehenden Christus, gib, mein HERR, wahre Ergebenheit in unseren Seelen, dass wir über unsere Boshaftigkeit weinen und unser böses Leben bessern mögen. Verurteile uns nicht, mein HERR, und verwirf uns nicht vor deinem Angesicht. Nimm uns zu dir, mein HERR GOTT, die wir uns von ganzem Herzen zu dir bekehren wollen, denn wenn wir auch abscheulich und gräulich sind, so kannst du uns doch reinigen. Wasche mit dem teuren Blut deines H[eiligen] SOHNES unsere Abscheulichkeit, dass wir würdig werden für den Tisch deines H[eiligen] SOHNES, an dessen Brosamen selbst die Sünder teilhaben können. Heilige unsere Seele mit dem Öl deines h[eiligen] Geschenkes [beim Binden wurde hier eine Zeile abgeschnitten, die letzten Worte sind unleserlich] [...] gemäß dieser einen Seele vereint zu [seinen/ihren] Mitgliedern gerechnet werden können und sowohl seinen für uns erlittenen bitteren Tod als auch deine unendliche Gnade verkünden können mögen, und künftig mit großer Freude zu seinem herrlichen Tisch gehen können mögen. Dir aber soll ewiges Lob gesagt werden, mögen wir dich durch deinen h[eiligen] SOHN lobpreisen können. Amen. Amen.

## Zusammenfassung


### The Holy Communion in the Hungarian Unitarian Liturgy in the 16th–17th Centuries. Introduction, Sources

The Hungarian church historiography did not yet provide a detailed description of the evolution of Unitarian liturgy, the aim of our study being to present a first survey of this theme. First, we shall trace the most important interpretations of Transylvanian Unitarianism concerning Holy Communion, starting with the 1560s. Further, within the limits of the few surviving sources, we intend to reconstruct the liturgical practice.

By the year 1568 Ferenc Dávid and his followers considered that they had already cleansed the Catholic rites, and that they had come to a just interpretation regarding baptism and the Lord's Supper. The important theological tracts of the time, e.g. Ferenc Dávid's *Short Explanation*, however, barely enter the details. We have some indications that the sacraments, i.e. baptism and Holy Communion were considered as being merely outward signs of community, so keep-


[72] Anm. d. Ü.: 3. Mose 10,1; Apg. 5,1.

ing them was indifferent. Between 1571 and 1579 a completely rationalistic trend came to the forefront, rejecting every established form of liturgy and worship, and considered the practice of baptism and Holy Communion entirely superfluous.

Following the condemnation of Ferenc Dávid, the so-called Non-Adorantists conformed to the teachings of Jacobus Palaeologus on the one hand, and Vehe Glirius and the Sabbatarians on the other. This obviously influenced the practice of Holy Communion as well.

The catechism compiled in the sixteenth century and published in 1632 by Máté Toroczkai was close to Vehe Glirius' position, although following Palaeologus' teachings. It contains the idea that the Holy Communion was not instituted by Christ, but rather an adopted Jewish rite, which had been practiced during Pesach in remembrance of God's promise towards the fulfilment of Israel's kingdom. The author emphasises that the Holy Communion is strongly rooted within the Old Testament, nevertheless, the Sabbatarian line of thought is felt within the text.

The catechism written by János Várfalvi Kósa at the turn of the sixteenth–seventeenth centuries and republished in 1654 approaches Holy Communion exclusively from the perspective of the New Testament, thus serving ‚for the remembrance of the sacrifice of Jesus Christ as well as the confirmation of Christian unity and charity'. A third catechism, i.e. *The Short Summary of Christian Religion* published in 1632, which had summarised Socinian dogmatics and was in common use during the seventeenth century, labels Holy Communion as being the rite of gratitude for the sacrifice of Christ.

Similarly, starting from the middle of the seventeenth century, one may observe an endeavour to unify Unitarian liturgy, attested also by the sources attached to our paper and published for the very first time. A first corpus of texts, dating from the 1650s comes from one of the Dálnoki Nagy brothers (Mihály or János), and is very close to the Non-Adorantist doctrine of the sixteenth century. The *Formula* published by the Dálnokis suggests that in the mid-seventeenth century a so-called liturgy of the Lord's Supper was neither established, nor universally accepted. The Old Testament references remind us of Toroczkai's catechism.

The second corpus, written by Dániel Szent-Iványi Márkos relies entirely and exclusively upon the New Testament. This text departs totally from the Non-Adorantist tradition. The change of the interpretation of the Lord's Supper was primarily the consequence of the Agreement of Dés/Dej (*Complanatio Desiana*) of 1638, by which the Unitarians were compelled by law to adopt and practice infant baptism and to worship Christ. The text of Dániel Szent-Iványi Márkos established the practice of the adoration and invocation of Christ within the Holy Communion. It is highly probable, that the Unitarians attempted to evade the obligation to worship Christ by reducing this practice solely to the Lord's Supper.

## Az úrvacsora a 16–17. század unitárius liturgiájában. Bevezetés, források.

Az unitárius egyházszertartástan (liturgika) történetét részletes alapossággal még nem dolgozta fel a magyar egyháztörténetírás. A cikk célja egy első áttekintés összeállítása e témáról. Először az erdélyi unitarizmus központi úrvacsora-értelmezéseit követi nyomon az 1560-as évektől kezdve, azután, amennyire a gyér források ezt megengedik, rekonstruálni igyekszik a liturgikus gyakorlatot.

Dávid Ferencék 1568-ra úgy gondolták, hogy a szertartásokat megtisztították, ezért a keresztelés és az úrvacsora kérdésében igaz értelemre jutottak. A korszak fontos írásai, így Dávid Ferenc *Rövid Magyarázata* is, azonban alig térnek ki részletekre. Egyes jelek arra utalnak, hogy annak idején a szentségeket – a keresztséget és az úrvacsorát – olyan külső jeleknek tekintették, melyek megtartása adiaforon. 1571–1579 között felülkerekedett az a teljesen racionalista irányzat, mely minden kötött istentiszteleti formát elvetett, és a keresztség és úrvacsora kiszolgáltatását is teljesen fölöslegesek tartotta. Dávid Ferenc elítéltetését követően a nonadorantisták egyrészt Jacobus Palaeologus, másrészt Vehe Glirius és a szombatosok tanaihoz idomultak. Ez minden bizonnyal az úrvacsora gyakorlatára is hatott.

A Toroczkai Máté által valamikor a 16. században összeállított és 1632-ben kiadott katekizmus közel áll Vehe Glirius álláspontjához. Benne az úrvacsora nem Krisztus találmánya, hanem a zsidóktól átvett szokás, melyet pészahkor gyakoroltak, így elevenítve fel Isten ígéretét Izrael birodalmának beteljesítéséről. Nagyon erős az úrvacsora ószövetségi beágyazása, és a szövegben a szombatosok gondolatmenete is érezhető. A 16–17. század fordulóján íródott és 1654-ben újra kiadott Várfalvi Kósa János féle katekizmus kizárólag az Újszövetség felől közelít az úrvacsorához, mely „Jézus Krisztus áldozatyának emlékezetire, és az Keresztyéni eggyességnek és adakozásának bizonyságára" szolgál. A 17. században közkézen forgó harmadik, a szociniánus dogmatikát összefoglaló katekizmus – az 1632-ben kiadott Az keresztényi vallásnak rövid tudománya – az úrvacsorát a hálaadás szertartásának nevezi.

A 17. sz. közepétől a liturgiában is nyomon követhető az egységesítésre való törekvés. A csatolt források is ezt mutatják. A dolgozathoz csatolt első szövegkorpusz az 1650 évekből Dálnoki Nagy Mihály vagy János tollából származik és nagyon közel áll a 16. századi nonadorantista felfogáshoz. A Dálnokiak által közölt Formula azt sejteti, hogy a 17. század közepén még nem alakult ki az ún. úrvacsorai ágenda, az a tanítási forma, ami a függelékben közölt második hosszabb szövegegységben olvasható. Az ószövetségi hivatkozások Toroczkai kátéjára emlékeztetnek. Ezzel szemben második, Szent-Iványi Márkos Dániel által írt szövegegység egészében az Újszövetségre épít. Az itt először közölt szöveg teljességgel szakított a nonadorantista hagyománnyal. Az úrvacsora értelmezésének ilyetén változása elsősorban a dési egyezség követelménye, és mint ilyen Krisztus imádásának és segítségül hívásának gyakorlatát is rögzítette. Lehetséges, hogy Krisztus imádásának kényszere alól az unitáriusok úgy vonták ki magukat, hogy azt csak az úrvacsorás szertartásokra redukálták.

## Împărtăşania în liturghia bisericii unitariene în secolele 16–17. Introducere, surse

Istoricii bisericii unitariene nu s-au ocupat îndeaproape cu deslușirea schimbărilor intervenite în decursul secolelor în liturghia unitariană. Scopul acestui articol este de a oferi o posibilă abordare a acestui vast subiect referindu-se în special la practicarea cuminecării. Studiul urmărește schimbările dogmatice intervenite în sânul comunității unitariene începând cu anii 1560, și în posesia rarelor surse arhivistice încearcă o posibilă reconstruire a liturghiei cuminecării în secolele 16 și 17.

Ferenc Dávid şi pastorii antitrinitarieni în jurul anului 1568 au considerat reforma liturghiei ca fiind încheiată, deoarece în privinţa botezului şi a împărtăşaniei au ajuns la comun acord. Cele mai importante lucrări dogmatice, întocmite de Ferenc Dávid – ex. Scurtă explicaţie (Rövid Magyarázat) – nu oferă detalii. Câteva însemnări referitoare la botez şi cuminecare sugerează ideea ca unitarienii au considerat ambele practici adiafore. În anii 1571–1579 a dominat un curent puternic raţionalist respingând întreaga liturghie, practicarea botezului şi împărtăşaniei fiind considerate de-a dreptul inutile. După condamnarea lui Ferenc Dávid, o parte a fracţiunii nonadorantiste s-a alăturat lui Jacobus Palaeologus iar un alt grup, în principal sâmbătaşii (Sabbatarier) lui Glirius Vehe. După toate probabilităţile aceste mişcări au transformat şi practicarea cuminecării. Catehismul lui Máté Toroczkai întocmit în secolul al 16-lea dar apărut abia în anul 1632 seamănă cu ideile formulate de Glirius Vehe, cuminecarea fiind considerată o practică împrumutată de la evrei, nefiind instituită de către Hristos, cina pesahului reamintind doar promisiunea lui Dumnezeu referitoare la împărăţia Israelului. Acest catehism nonadorantist poartă puternice conotaţii sabatariene.

Un alt catehism, formulat de János Várfalvi Kósa la sfârşitul secolului al 16-lea şi începutul secolului al 17-lea şi reeditat în anul 1654 tratează subiectul cuminecării numai din perspectiva Noului Testament, considerată a fi mărturia sacrificiului lui Hristos şi în acelaşi timp un prilej pentru practicarea daniei şi afirmării comunităţii creştine. Un alt catehism folosit pe la mijlocul secolului al 17-lea, intitulat Suma învăţăturii creştine (Az keresztényi vallásnak rövid tudománya) însuma esenţa dogmaticii sociniene, şi considera cuminecarea ceremonia recunoştinţei. De la mijlocul secolului al 17-lea se poate observa o tendinţă de unificare a liturghiei, aşa cum demonstrează şi sursele ataşate studiului. Primul tratat a fost scris în jurul anilor 1650 de către fraţii Mihály sau János Dálnoki, şi prezintă puternice conotaţii nonadorantiste. Formula cuminecării redactate de fraţii Dálnoki sugerează că pe la mijlocul secolului al 17-lea liturghia cuminecării încă nu a fost unanimă. Referirile la Vechiul Testament ne aduc aminte de catehismul lui Toroczkai. Contrar acestuia, al doilea tratat întocmit de Dániel Szent-Iványi se bazează numai pe Noul Testament. Textul redat în întregime în acest studiu se departajează cu totul de tradiţia nonadorantistă. Această schimbare radicală se datorează în primul rând complanaţiei de la Dej (complanatio desiana) prin care unitarienii erau obligaţi să-l venereze pe Hristos. Este foarte probabil, că unitarienii au redus practica venerării lui Hristos – impusă lor de către complanaţia de la Dej – în mod strict la cuminecare.

# Die unitarische Abendmahls-Liturgie

*Imre Gellérd*[1]

1. János Kriza fasste das Wesen der unitarischen Abendmahlslehre folgendermaßen zusammen: „Durch das Abendmahl erinnern wir uns an Jesus, und durch diese Erinnerung gewinnen wir innere Anregung, dem erhabenen Beispiel seines Lebens zu folgen. Das Abendmahl löst nur einen Prozess aus, den wir vollenden müssen, bis hin zur Erlösung." Das Abendmahl ist also keine heilbringende Zeremonie, sondern eine Handlung, die durch die Erinnerung an Jesus und an seine religiös-moralischen Wahrheiten unseren Glauben wachsen lässt, die Wachsamkeit unseres Gewissens schärft, unser religiöses Bewusstsein vertieft und zu Selbsterkenntnis bereit macht. Sie schafft mit einem Wort die subjektiven Voraussetzungen dafür, dass wir uns ändern, unsere Fehler aufgeben, uns von unseren Sünden reinigen, qualitativ vorwärtsschreiten und durch die Gemeinschaft mit Gott und unseren Mitmenschen gestärkt werden. Das Abendmahl löst einen fruchtbaren Assoziationsprozess aus, der aus folgenden Momenten besteht: Ich nehme das Abendmahl ein und erinnere mich dadurch an Jesus und seine Lehre. Dadurch geht mir durch den Sinn, wie ich zu ihm und zum Evangelium stehe. Die Erinnerung regt mich dazu an, Bilanz zu ziehen: Was aus seinen Lebensregeln habe ich eingehalten bzw. verleugnet, und warum? Aus der Rechenschaftlegung werden Reue und der Entschluss zur Veränderung geboren. Das Abendmahl ist nicht nur das erste Kettenglied in diesem Assoziationsprozess, sondern auch die Kraft, die ihn zusammenhält. Das Abendmahl ist ein Zeugnisablegen davon, was in uns gut ist, dass wir zu Gott gehören, nach seinem Willen leben wollen, und auf dem Weg Jesu gehen wollen. Es ist niemals Ankunft, sondern Anstoß und Aufbruch – keine Rolltreppe, auf die wir nur treten müssen, damit sie uns befördert, sondern ein Weg, der nur die Richtung bezeichnet; darauf gehen jedoch müssen wir selbst, mit persönlichen Kraftanstrengungen: ein wirksames Erziehungsmittel, eine charakterformende Kraft, ein Aufdecken unserer selbst vor uns und vor Gott; – Gemeinschaft mit uns selbst, mit Gott und mit unseren Nächsten: die Gemeinschaft des Ich mit dem anderen, die Gemeinschaft einer nach Werten strebenden Person mit dem Wert. Auf die gemeinschaftsformende Kraft des Abendmahls verweist Benedek Árkosi [sic] Gelei, demzufolge gilt: „Im Abendmahl wird die heilige seelische

[1] Imre Gellérd (1920–1980), Lehrer, unit. Pfarrer in Siménfalva und Homoródszentmárton. 1959 wurde Gellérd verhaftet und 1960 zu sieben Jahren Haft verurteilt, die er bis 1963 im Donaudelta verbrachte. Seine Freilassung erfolgte mit der Amnestie von 1964, seine vollständige Rehabilitation erst 1975. (Gellérd, Judit: A Liberté rabja. Dr. Gellérd Imre (1920–1980) [Der Gefangene der Freiheit. Dr. I. G. ]. Man 2005, hier nach: http://unitarius.uw.hu/gellerd-imre/liberte.htm, Besuch 30.12.2010). [Hier wie im Weiteren: Anm. d. Ü.]

Gemeinschaft der in Christus Lebenden am wirksamsten erbaut: die Kirche." (Betrachtungen).[2]

2. Die Vorbereitung auf das Abendmahl ist eine wichtige und verantwortungsvolle Aufgabe. Sie vollzieht sich auf zwei Ebenen: in der persönlichen Vorbereitung des Pfarrers und in der Vorbereitung der Gläubigen selbst. Auch die erstere gliedert sich in zwei Zweige: die gegenständliche Vorbereitung, d.h. die zum Dienst, und die Vorbereitung speziell auf die Einnahme des Abendmahls. Die Vorbereitung des Pfarrers ist eigentlich nichts anderes als die bewusste Intensivierung der Praxis regelmäßiger Seelsorge an sich selbst. Der Pfarrer, der sich auf die Einnahme und das Austeilen des Abendmahls vorbereitet, lebt in der Karwoche ein vertieftes geistliches Leben, er betet viel mehr als sonst, liest die Bibel, hält sich von allem Tun fern, das seine Andacht stören und ihn davon ablenken würde; er analysiert seine Fehler, bereut sie und sucht den Weg sich von ihnen zu befreien. Und all dies tut er nicht nur abgesondert, sondern auch in der Gemeinde und mit der Gemeinde. Die Selbstvorbereitung fällt zeitlich mit der Vorbereitung der Gemeinde zusammen, beide können jedoch weder in der Sache noch in der Methode völlig identisch sein. Vom Hirten wird mehr verlangt als von den Schafen der Herde. Die Vorbereitung der Gemeinde beginnt mit dem Gottesdienst, in dem die Karwoche eröffnet wird und setzt sich die ganze Woche hindurch fort. Ihre Weisen sind: die Seelsorge, das Halten von Andachten, von Bibelstunden oder das Praktizieren anderer Gelegenheiten zur seelischen Vorbereitung. Hierher gehört auch das Verhältnis der Gläubigen zueinander und die Versöhnung der mit einander Hadernden. Beim Treffen mit unseren Gläubigen müssen wir betonen, dass Karwoche ist und der „Tisch des Herrn" wartet. Auch den ersten Gottesdienst am Tag müssen wir in den Dienst der Vorbereitung stellen. Auch wenn ihn in erster Linie die Thematik des Feiertags beherrscht, müssen wir uns dennoch bewusst sein, dass der Tisch des Herrn gedeckt ist. Die Reinigung der Decken und der Kleinodien auf dem Tisch, die Besorgung von Brot und Wein bildet die gegenständliche Seite der Vorbereitung.

3. Einer der wichtigsten Aspekte des Abendmahls ist die liturgische Ansprache [„Agende", sic!] zur Vorbereitung der Zeremonie. Das Wort Agende kommt aus dem Lateinischen und bedeutet Handeln, Tun, Wirkung, Erinnerung. In dem Wort Agende ist das Ziel zum Teil bereits gegeben: das Erinnern, das Wachrufen von Aufmerksamkeit und das Bewusstmachen. Dies benötigen vor allem diejenigen, die wohl zur Einnahme des Abendmahls gekommen sind, jedoch keine Gelegenheit hatten, sich mit der Bedeutsamkeit der Einnahme des Abendmahls zu beschäftigen. Das

---

[2] Gelei, Benedek Árkosi (oder auch Tegző) (? – 1660), aus Árkos (rum. Arkuş, Gebiet Háromszék) stammender unitarischer Theologe, verstorben in Klausenburg. Im Druck erschienen von ihm zwei lateinische theologische Schriften („De laudibus philosophia et medicinae". Patavini 1639; „De theologiae dignitate et praestantia". Patavini 1639). Eine weitere lateinische theologische Schrift sowie ein Gebetbuch mit Betrachtungen zu allen Tagen und Gelegenheiten („Az hitbeli minden napokra irattatott és sokféle szükségeikhez alkalmaztatott imádságos könyv") ist nach Angaben von Szinnyei Manuskript geblieben. (http://mek.niif.hu/03600/03630/html/a/a00438.htm).

Ziel der liturgischen Ansprache ist es letztendlich, den Charakter des Abendmahls als Gemeinschaft mit Gott und den Nächsten zum Ausdruck zu bringen, die Begegnung mit Gott bewusst zu machen – das Erlebnis des einander Auge in Auge Gegenüberstehens und der brüderlichen Nähe der Mitmenschen. Zugleich verkündet sie das in Gemeinschaft-Treten mit uns selbst, die Herstellung einer Einheit mit uns selbst die Wiederherstellung des verlorenen Gleichgewichts und die Aussöhnung mit uns selbst. Aufgabe der liturgischen Ansprache ist es, Jesus zu verkündigen. Der Kranke, der gesund werden will, schaut auf die Gesundheit, so würde ich gerne, so will ich und so werde ich sein! Der Gläubige, der am Tisch des Herrn steht, sehnt sich im Bewusstsein seiner eigenen Schwäche nach einem Vorbild, nach jemandem, der ihm ein Beispiel gibt. Er will Gewissheit dafür, dass seine Heilung und seine Erhebung möglich sind. Deshalb braucht er jemanden, der ihm diese Gewissheit geben kann, ein Ideal, ein Vorbild. Nach unserem Glauben ist das Jesus. Ein Unitarier erblickt in Jesus nicht nur das Ideal, sondern auch das lebendige Beispiel dafür, dass eine Annäherung an das Ideal, wie hoch es auch sei, möglich ist. Unserer Auffassung nach hat Jesus durch sein Leben und seinen Tod Zeugnis abgelegt, dass es auch innerhalb der Grenzen menschlicher Kategorien möglich ist, gesund zu werden, sich zu reinigen, sich zu verändern, ein vollkommener Mensch zu werden und in Lebensgemeinschaft mit Gott zu leben.

Das bestimmende Prinzip des Abendmahls ist: „Tut dies zu meinem Gedächtnis". Hieraus folgt, dass wir auf dem richtigen Weg sind, wenn wir unter der Erinnerung an Jesus nicht nur die Erinnerung an seinen Tod, sondern die Erinnerung an Jesus allgemein verstehen, darin einbegriffen natürlich die an sein Leben, seine Lehren, sein menschliches Standhalten, mit einem Wort die Erinnerung an seine gesamte Persönlichkeit. Wir leugnen nicht die zeugnisgebende Kraft von Jesu Tod, aber wir können nicht akzeptieren, dass sein Lebenswerk nur sein Tod gewesen wäre. Aufgabe der unitarischen Abendmahlsliturgie ist es, an das Leben, die Lehren, vor allem aber die Taten Jesu zu erinnern. Die Liturgie befördert auch die Gemeinschaft mit unseren Nächsten. Das Abendmahl hat gemeinschaftsstiftende Kraft. Das Teilhaben an einem Brot und Wein, der gemeinsame Tisch, die körperliche Nähe der Gläubigen drücken alle anschaulich die herauszubildende innere seelische Gemeinschaft aus. Das Symbol drückt nicht nur aus, sondern verpflichtet auch. Aufgabe der Liturgie ist es, tief in die Welt der Seelen hineinzugreifen und den Gläubigen in der seelischen Gemeinschaft mit seinen Nächsten zu fassen. Verstehe, dass Du ein Geschwister dessen bist, der neben Dir steht[3] und dessen Herz nur ein paar Spannen weit von Deinem schlägt! Liebe also diejenigen, die neben Dir stehen! Reiße die Trennwände zwischen Deinem Herz und ihren Herzen nieder. Nimm sie an, wie auch sie Dich annehmen! Wir würden uns irren, wenn wir glaubten, das Ziel der Liturgie sei nur die Hervorrufung und Pflege eines inneren Einheits-Erlebnisses. Es ist mehr. Sie muss zur Tat, zur

---

3 Eigentlich des/der – da das Ungarische kein gramm. Geschlecht kennt, ist es hier universeller im Ausdruck.

Verwirklichung des ergriffenen Werts, zum Dienst am Menschen, am Gemeinwesen, am Vaterland,[4] am Frieden, an der Kirche anspornen. Die Liturgie ist auch Bekenntnis. In erster Linie Bekenntnis unserer Hinfälligkeit bzw. Aufruf dazu, die Ermunterung der Gläubigen, Gott ihre geheim gehaltenen, nicht eingestandenen oder geleugneten, verschwiegenen Fehler und Sünden zu bekennen. „Öffne auch Du das geheime Tor, vor ihm gibt es kein Geheimnis." Das ist eines der Leitprinzipien des Abendmahls.

Die Öffnung der Tore ist für den Gläubigen nicht leicht. Aufgabe der Liturgie ist es, dies zu befördern. Die Erhebung der Seele kann dem Pfarrer bezüglich der Methoden des Bekennens und der seelischen Auf-Arbeitung [sic!] unschätzbare Anleitungen geben. Jeder Pfarrer sollte sich bemühen, auch ein wenig Seelen-Heiler zu sein. Die liturgische Vermahnung kann natürlich nicht nur Geißelung sein. Die Person, die ihre Fehler bekennt, regen wir zur Selbstanklage an; wir verurteilen die Sünde selbst, doch wir geißeln nicht den bekennenden gläubigen Menschen. Beim Abendmahl sind nicht wir der Richter, sondern Er, der die Herzen prüfende Gott. Unsere Aufgabe ist es, dafür zu sorgen, dass die bekennenden Seelen vor ihn gelangen. Die Liturgie ist also auch seelische Heilung. Ihr Grundprinzip ist, dass die Sünde eine seelische Verletzung ist, Folge einer Krankheit. Der Pfarrer, der die Ansprache hält, muss die seelischen Verletzungen der Gläubigen kennen, er muss wissen, dass es blutende Herzen gibt, und er muss sie zum Tisch der Heilung rufen. Auch der Gedanke des Danks darf nicht in der Liturgie fehlen. Jesus, als er das Brot brach, dankte dafür, und verteilte es erst danach an seine Jünger. Das sollen auch wir tun, wissend, dass der Dank einer der Hauptbestandteile eines gesunden religiöses Erlebnisses ist. Die Abendmahlsliturgie ist kein Theologisieren, sondern mit immanenten Werkzeugen wirkendes Erziehungsmittel, unter besonderen Bedingungen und unter besonderen Voraussetzungen. Ihre theologische Botschaft konzentriert sich auf das Wesentliche: das Verhältnis von Gott und Menschen, Mensch und Menschen auf gesunde, dem Evangelium gemäße Grundlagen zu stellen. Hierher gehören auch die übrigen Eigentümlichkeiten der Liturgie: die besondere theologische Botschaft der Feiertage. Da wir das Abendmahl an Feiertagen einnehmen, kann in der Liturgie auch die biblische und theologische Hauptaussage des Feiertags nicht fehlen. Sie kann jedoch kein bestimmendes Element in der Liturgie sein, sondern nur Hintergrund und Basis unserer auf das Abendmahl bezogenen Gedanken.

4. Zwischen der Abendmahlsvermahnung und der Predigt muss unterschieden werden. Das Ziel der Predigt bewegt sich auf einer breiteren Skala, das Ziel der Liturgie steht immer fest: beim Abendmahl ist es folglich enger, bestimmter und konkreter. Die Predigt gründet auf eine Bibelstelle, in der Ansprache ist diese nur der Ausgangspunkt. Das Thema der Predigt blickt nach außen, das der Vermahnung richtet sich eher nach innen. Diese greift tiefer in die Welt der Seelen hinein als die Predigt. Die Predigt erörtert und argumentiert, jene verkündet. Die Predigt hat grö-

[4] Vaterland: „haza", also semantisch identisch mit „Heimat".

ßeren Umfang als die liturgische Ansprache, sie wiederum ist dramatischer und verdichteter. Die homiletische Struktur der Predigt ist mehr oder weniger geschlossen, die der Liturgie offener. Sie muss keine rhetorischen Abstufungen einhalten. Hier ist es maßgeblich, ein Erlebnis auszulösen. Die Antwort auf die Frage, was schwieriger zu gestalten ist, ist eindeutig: die liturgische Abendmahlsvermahnung. Denn sie erfordert größere Ausarbeitung, mehr künstlerische Mittel, bewussteres Durchleben und aufmerksameren Vortrag als die Predigt. Muss zur liturgischen Ansprache eine Bibelstelle verwendet werden? Unsere Vorgänger als Prediger lasen anfangs nur aus der Bibel ohne Ansprache. Später waren etwa zweihundert Jahre lang die Einsetzungworte die Bibelstelle (textus). Die Aufklärung führte die Vermahnung ohne Bibelstelle ein. Die Mehrzahl unserer früheren großen Redner verwendete keine andere Bibelstelle, sondern stellte ausgehend von dem Zitat freie Erörterungen an. Einer der Bahnbrecher des Gebrauchs eines ‚textus' war Dániel SIMÉN,[5] die von ihm erzogene Pfarrergeneration verwendet Bibelstellen zur Liturgie. Die liturgische Ansprache darf nicht länger als 15 bis 20 Minuten sein. Ihr Stil und ihr Vortrag sollen ein Erlebnis auslösen. Man kann von Pfarrern sprechen, die gute liturgische Ansprachen halten. Man benötigt eine besondere Persönlichkeitsstruktur, um ein Pfarrer zu sein, der wirkungsvolle liturgische Ansprachen hält.

5. Welche Fehler werden bei der liturgischen Ansprache verübt? Vor allem der, dass die spezifische Botschaft des Feiertags den eigenen Charakter der Liturgie verschlingt. Bei vielen Pfarrern lässt sich die liturgische Ansprache nicht von der gewöhnlichen Predigt unterscheiden, erst am Ende der Predigt erinnern sie in wenigen Worten an das Abendmahl. In der neuesten Ausgabe unseres Katechismus ist ein moderner und zutiefst unitarischer Ton anzutreffen: die sogenannte Theologie des Bemühens. Ihr Prinzip ist es, dass wir nicht das Erreichen des Ziels in seiner Vollständigkeit verlangen, sondern nur das Hinstreben auf das Ziel. „Nicht dass ich's schon ergriffen habe oder schon vollkommen sei, ich jage ihm aber nach", sagt der Apostel. In unseren Abendmahlsvermahnungen sollten wir z.B. nicht von den Gläubigen verlangen, dass sie ihre moralische Reinheit künftig unbefleckt bewahren sollen, sondern lediglich: Wohlan, Herr, wir versuchen alle unsere Fehler abzulegen. Bei János Kriza[6] ist dieser Ton anzutreffen. In einem einer Liturgie angeschlossenen Gebet, zu finden in „Unitárius Szószék" [Unitarische Kanzel],[7] ist zu lesen: „[...] und wir bleiben fest im Glauben, werden stark, werden tapfer, werden Männer!" Das ist nicht gut. Er hätte schreiben sollen: Wir bemühen uns, fest zu bleiben im Glauben,

---

[5] Dániel Simén (1903–1969), unitarischer Theologe. Wegen einer 1956 verfassten Predigt (Farsang a böjtben [Fasching in der Fastenzeit]) wurde er nach Angaben der Webseite der unitarischen Kirche Ungarns zu einer mehrjährigen Haftstrafe verurteilt. Http://www.unitarius.net/modules.php?name=Content&pa=showpage&pid=649). Der inkriminierte Text ist ebenda nachzulesen.

[6] János Kriza (1811–1875), unitarischer Bischof, Dichter, Sammler von Volksliedern und -überlieferungen, Bischof ab 1861.

[7] Zeitschrift für kirchliche Rhetorik, erschien vierteljährlich ab 1907, nach dem Ersten Weltkrieg fortgesetzt (Der Einstellungszeitpunkt ist mir nicht bekannt).

wir streben danach, stark zu sein, wir tun alles, um tapfer und um Männer zu sein. In vielen liturgischen Ansprachen fehlen eben diese für sie charakteristischen Züge, wie z.B. das Lyrische, die prophetische Sicht, das begeisternde Feuer, das Durchleben, das Zeugnisablegen, das Wecken eines Erlebnisses und die Übertragung eines Erlebnisses. Ein häufiger praktischer Fehler ist das Geißeln. Wir vergessen, dass man den, der hier ist, nicht geißeln muss, und dass man es mit dem, der nicht hier ist, nicht tun kann. Von den Sünden erwähnen wir oft nur diejenigen in Taten, wir vergessen die Unterlassungssünden. Im Allgemeinen können wir sagen, dass die Abendmahlsliturgie das kleine Stiefkind der Theologie ist. Ich habe den Ausspruch eines Pfarrkollegen im Ohr: Hauptsache ist die Predigt, die Liturgie ist nicht wichtig, die kommt von selbst! Eine falsche Einschätzung! Die Liturgie kommt nicht von selbst, und wenn sie doch auf diese Weise kommt, kann sie nicht gut sein. Wir müssen die Abendmahlsliturgie aus ihrem Aschenputtel-Dasein befreien und ihr den ihr gemäßen Platz sichern. Wir schließen unsere Betrachtungen mit Worten unseres einstigen Bischofs József Ferencz: „Das Talent und das Maß der Berufung eines unitarischen Pfarrers können wir an seinem Dienst am Tisch des Herrn ermessen."

Erschienen in Keresztény Magvető (1974) 3, S. 140–144, Quelle für die Übersetzung: http://www.unitarius.net/modules.php?name=Content&pa=showpage&pid=616 (Copyright: Unitárius Portál)

Übersetzung: Juliane Brandt

## Zusammenfassung

### The Lord's Supper

The article by Imre Gellérd (1920–1980) was published already in 1974. Here it is supposed to present a more current point of view on the Lord's Supper in Transilvanian Unitarianism. The author organizes his thoughts in fife points. First, he discusses the essence of the Lord's Supper in Unitarianism, second, the preparations for it, third, die presentation of the ceremony's meaning to the participants, forth, the difference between the former and the sermon at the respective service, and fifth, more common mistakes in celebrating the Lord's Supper. (1) Based on János Kriza Gellérd points out, that the Lord's Supper was not a holy ceremony, but an act, by which the remembering to Jesus and his moral-religious truth nurtures the believe of the participants, sharpens their conscience, and makes them ready to self-awareness. It thus creates subjective preconditions to change oneself and to strengthen the community with God and one's neighbours. (2) Similarly he gives instructions to the minister to prepare himself and his congregation for the Lord's Supper. (3) The instruction to the congregation (agenda) thus follows the principle „this do in remembrance of me." Remembrance of Jesus is in this respect not simply remembrance of his death – which has, according to Gellérd, witness-bearing power –, but, in a broader sense, the remembrance of his life, teaching, human attitude, his personality as a whole. The Lord's Supper also has community-building power, in a religious as well as in a psychological sense. The sermon on this occasion (4) has to distinguish itself from the explanations to the participants – „the sermon discusses and argues, while the ‚agenda' annunciates". Concerning practice (5), the author suggests not expect of the participants a promise of absolute flawlessness etc., but, more modestly, just the attempt to follow that goal, which was more appropriate to the spirit of the Lord's Supper. Concerning the present (1974), he demands to give the celebration of the Lord's Supper it's due place.

## Az úrvacsorai ágenda

Gellérd Imre (1920–1980) tanulmánya már 1974-ben megjelent, mégis felvettük kötetünkbe azért, hogy ismertessük az unitárius álláspontot az úrvacsoráról. Gellérd öt pontra osztja fel értekezését. Először az úrvacsora lényegét írja le, majd az úrvacsorára való felkészülés bemutatása következik. A harmadik pont a szertartásra felkészítő beszédet elemzi, majd az úrvacsorai ágenda és a prédikáció közötti különbséget fejti ki. Az ötödik pont az ágendázás során gyakran elkövetett hibákra tér ki. (1) Kriza János egyik gondolatából kiindulva Gellérd leszögezi, hogy az úrvacsora nem üdvszerző szertartás, hanem olyan cselekmény, mely a részvevők hitét növeli a Jézusra és valláserkölcsi igazságaira való emlékezéssel. Az úrvacsora fokozza a lelkiismereti éberségüket, vallási tudatukat elmélyíti, önvizsgálatra és önismeretre késztet, egyszóval megteremti az alanyi feltételeket ahhoz, hogy megváltozzunk, hibáinkat elhagyjuk, vétkeinktől megtisztuljunk, minőségileg előbbre lépjünk, az Istennel és felebarátainkkal való közösség által gyarapodjunk. Megteremti az önmegváltoztatás és az Istennel és a felebarátokkal való közösség szubjektív feltételeit. (2) Ebben a szellemben zajlik a lelkész és a gyülekezet felkészülése az úrvacsorára. (3) Ennek megfelelően az úrvacsorai ágenda meghatározó elve: „ezt cselekedjétek az én emlékezetemre". A Jézusra való emlékezés azonban nem kizárólag a halálára való emlékezést jelenti – aminek Gellérd szerint „bizonyságtévő ereje" van – hanem általában a Jézusra való emlékezést, beleértve az életére, tanításaira, emberi helytállására, egyszóval személyiségének egészére való emlékezést. Ezen túl az úrvacsora mind vallásos, mind lélektani értelemben is közösségformáló erővel bír. (4) Az úrvacsorai beszédet meg kell különböztetni az ágendától: „a prédikáció fejteget, érvel, az ágenda kijelent." (5) A kortárs gyakorlatra való tekintettel (1974) a szerző azt javasolja, hogy a lelkész ne a tökéletességet, hibáik teljes levetkőzését követelje a hívektől, hanem csak a célra való törekvést. Szorgalmazza továbbá, hogy emeljük ki az úrvacsorai ágendát mostoha sorsából, és biztosítsuk számára az őt megillető helyet.

## Agenda Cinei celei de Taină

Contribuția lui Imre Gellérd (1920–1980) provine deja din anul 1974 și a fost adăugată aici pentru a prezenta un punct de vedere unitarian mai nou despre Cina cea de Taină. Autorul împarte observațiile sale în cinci puncte: În primul rând explică esența Cinei celei de Taină din perspectiva unitariană, în al doilea pregătirea pentru aceasta, în al treilea „agenda" acesteia, în al patrulea diferențele de perspectivă dintre aceasta și predică în cadrul liturghiei și în cele din urmă enumeră greșelile cel mai des întâlnite la sărbătorirea Cinei celei de Taină. (1) Pornind de la János Kriza, Gellérd evidențiază faptul că ceremonia Cinei celei de Taină nu are scopul direct al mântuirii, ci este o acțiune care prin amintirea lui Iisus și a adevărurilor sale religios-morale întărește credința și conștiința religioasă a participanților, pregătindu-i pentru cunoașterea de sine. Aceasta creează premizele subiective pentru schimbarea de sine și pentru întărirea comuniunii cu ceilalți membri ai comunității și cu Dumnezeu. (2) Pe aceasta se bazează și indicațiile pentru pregătirea preotului și a comunității. (3) Agenda Cinei celei de Taină urmează astfel principiul „Faceți aceasta întru memoria mea". Amintirea lui Iisus nu se referă numai la moartea lui, care posedă conform lui Gellérd „forța mărturiei", ci, mai cuprinzător, la întreaga sa viață, la învățăturile sale, la tăria sa omenească și la întreaga lui personalitate. În plus Cina posedă o forță deosebită pentru sudarea comunității atât în sens religios cât și psihologic. Predica la această ocazie (4) nu trebuie confundată cu „agenda" – „predica prezintă și argumentează, ‚agenda' semnalează." Pentru partea practică autorul impulsionează participanții (5) să nu aștepte o promisiune a lipsei de păcat, aceasta fiind în cele din urmă imposibilă, ci să fie îndreptați către scopul la care se referă Cina cea de Taină. Pentru prezent (1974) autorul pretinde ca agenda Cinei să depășească condiția de „Cenușăreasă" și să fie așezată la locul potrivit.

# III. Rezeptionsgeschichte

# Der Sabbatarismus in Siebenbürgen

*Ladislau Gyémánt*

Die religiöse Reform, die in der ersten Hälfte des 16. Jahrhunderts eingeleitet worden war, stellte zusammen mit der Renaissance und dem Humanismus die große geistige Revolution dar, die für Europa die Tore zur Modernität öffnete. Unter den wesentlichen Erneuerungen, die die Reform mit sich brachte, befand sich die grundlegende Idee der Erlösung ausschließlich durch den Glauben, wobei postuliert wurde, dass die Quelle des Glaubens der ursprüngliche, reine – von den im Mittelalter aufgetauchten Ergänzungen und Änderungen gesäuberte – biblische Text sei. Die Möglichkeit des Zugangs zu dieser ursprünglichen Quelle konnte nur das Kennen des Alten Testaments in seinen hebräischen Versionen sein, was im 16. Jahrhundert zum Wiedererwachen des Interesses für diese Sprache und für den damit verbundenen gesamten kulturellen Kontext führte. Die 1506 stattgefundene Veröffentlichung der hebräischen Grammatik und des hebräischen Wörterbuchs des Johannes Reuchlin stellte den Ausgangspunkt einer Veränderung der Haltung gegenüber dieser Sprache und Kultur dar, wobei die hebraistischen Beschäftigungen allmählich in die Curricula der deutschen Universitäten und dann im gesamten Westen des europäischen Kontinents aufgenommen wurden.[1]

Die Radikalisierung der Reformation im 16.–17. Jahrhundert bewirkte die Entstehung sogenannter judaisierender Bewegungen, die sich in England, Deutschland, Böhmen, Polen und Russland für die Anerkennung des Alten Testaments als grundlegendem Gesetz der Gesellschaft und folglich auch für die Befolgung der jüdischen rituellen Vorschriften hinsichtlich der Einhaltung des Sabbats, der Ernährung und sogar der Beschneidung einsetzten, um die gewünschte Erlösung zu erreichen.[2]

Die Verbreitung der Reformation fand in Siebenbürgen frühzeitig statt und hatte als Ausgangspunkt Kronstadt/Braşov, wo Johannes Honterus lebte und wirkte, sodass in der zweiten Hälfte des 16. Jahrhunderts das Luthertum (1558), der Calvinismus (1564) und schließlich der Unitarismus (1568) die offizielle Anerkennung im

---

1 Idel, Moshe: Johannes Reuchlin: Kabbalah, Pythagorean Philosophy and Modern Scholarship. In: Studia Judaica, XVI (2008), S. 30–55.

2 Kohn, Sámuel: A szombatosok. Történetük, dogmatikájuk és irodalmuk, különös tekintettel Péchi Simon főkancellár életére és munkájára [Die Sabbatarier. Ihre Geschichte, Dogmatik und Literatur mit spezieller Hinsicht auf das Leben und die Tätigkeit des Oberkanzlers Péchi Simon]. Budapest 1890, S. 7; 25–26.

Fürstentum Siebenbürgen erhielten; folglich ging die feierliche Verkündigung von Thorenburg/Turda hinsichtlich der Glaubensfreiheit durch den Fürsten Johann Sigismund dem wohlbekannten Edikt von Nantes um einige Jahrzehnte voraus.[3] Unter diesen günstigen Umständen zeichneten sich die beiden Voraussetzungen für die Entstehung des Sabbatarismus in Siebenbürgen ab: einerseits die Verbreitung der radikaleren Varianten der Reformation und andererseits das Interesse für die hebräische Sprache und Kultur.

Der Antitrinitarismus oder Unitarismus fand nach seinen Anfängen in Italien, der Schweiz und Polen günstigen Boden für seine Entfaltung in Siebenbürgen auf Grund des Einflusses der ungarischen Königin Isabella, die aus Polen stammte und die Ehefrau von Johann I. Szapolyai sowie die Mutter des siebenbürgischen Fürsten Johann Sigismund war. Ihr Hofmedikus Giorgio Blandrata wurde zum Hauptinitiator in diesem Sinne. Als beredter Beweis dafür, dass er Gehör gefunden hatte und für den von ihm erzielten Einfluss gilt die Tatsache, dass der erste Bischof dieser reformatorischen Orientierung in Klausenburg, Franz Davidis, 1571 eine Neuübersetzung der Bibel anhand der hebräischen und griechischen Varianten einleitete. Die Rivalität zwischen Franz Davidis und Giorgio Blandrata und vor allem die vom Fürsten Stephan Báthory nach 1571 eingeleitete Gegenreformation bewirkten das tragische Schicksal des ersten unitarischen Bischofs, der 1578 verhaftet, verurteilt und in der Burg von Deva eingekerkert wurde, wo er ein Jahr danach starb.[4]

Die ungünstigen allgemeinen Veränderungen beeinflussten auch den siebenbürgischen Unitarismus; und zwar radikalisierte sich ein Teil seiner Anhänger, weswegen sich infolge des vertieften Studiums des Alten Testaments und der als notwendig erachteten bedingungslosen Befolgung seiner Vorschriften eine neue Bewegung – der Sabbatarismus – herauskristallisierte, der den judaisierenden Bewegungen anderer Länder dieses Erdteils ähnlich ist.

Zu einer solchen Entwicklung trug in bedeutendem Maße auch das erheblich angewachsene Interesse und die Beschäftigungen hinsichtlich der hebräischen Sprache und Kultur in Siebenbürgen bei. Der Unterricht in der hebräischen Sprache in den höheren Schulen des Fürstentums (in Klausenburg/Cluj, Weißenburg/Alba Iulia, Hermannstadt/Sibiu), die Einladung berühmter Professoren wie Francesco Stancaro, Johannes Alsted, Mathias Vehe-Glirius und Johann Sommer öffneten den Weg zur Ausbildung von lokalen Hebraisten, deren weit gespannter kultureller Horizont seinerzeit anerkannt war, wobei Grammatikbücher, Wörterbücher, Exegesen, aber auch Gedichte und Reden in hebräischer Sprache gedruckt wurden. Die Druckereien in hebräischer Sprache aus Klausenburg, Großwardein/Oradea, Karlsburg, der Bestand an Büchern in hebräischer Sprache in den großen Privatbibliotheken sowie die

---

3 Pop, Ioan-Aurel, Nägler, Thomas (Hgg.): Istoria Transilvaniei [Geschichte Siebenbürgens] II. Cluj-Napoca 2005.

4 Carmilly-Weinberger, Moshe: Istoria evreilor din Transilvania (1623–1944) [Die Geschichte der Juden aus Siebenbürgen. 1623–1944]. Bucureşti 1994, S. 46–47; 107–108.

Verbindungen mit den Universitäten aus Deutschland und Holland schufen ein geistiges Klima, in welchem bis zum 19. Jahrhundert in Siebenbürgen nicht weniger als 100 christliche Hebraisten unter etwa 1500 in Gesamteuropa zu verzeichnen sind.[5]

## Lehre und Lehrer

Das Auftauchen des Sabbatarismus steht in enger Verbindung mit einem Adligen aus dem Szeklerland, András Eőssi aus Szent-Erzsébet/Eliseni, der im Jahre 1567 den Unitarismus annahm. Die Tragödie in seiner Familie, die er durch den Tod seiner Frau und seiner drei Söhnen erlitt, leitete ihn zur Vertiefung der Religion. Das Studium der Bibel führte ihn zu einer neuen Orientierung, die er durch Schriften in Prosa oder Versen (Gebete, Gedichte, Lieder) verbreitete, denen zwar die Gelehrsamkeit fehlte, durch die er aber Zugang zu breiten Volksschichten fand. Sein bedeutendster Beitrag zur Gründung und Festigung der sabbatarischen Bewegung bestand aber in der Entdeckung und Förderung der Ausbildung und Durchsetzung von Simon Péchi (1565–1643), der zur leitenden und dogmatischen Lehrer-Persönlichkeit des siebenbürgischen Sabbatarismus wurde.[6]

Simon Péchi war Lehrer in Szent-Erzsébet und Erzieher der Kinder von Eőssi. Nach dem großen familiären Verlust adoptierte ihn Eőssi, vertraute ihm die Verwaltung seiner Besitzungen an und empfahl ihn zum Dienst beim Fürsten Sigismund Báthory, der ihn zum Studium ins Ausland schickte. Auf einer eindrucksvollen Route, die Bukarest, Konstantinopel, den Norden Afrikas, Rom, Neapel, die Iberische Halbinsel und Frankreich umfasste, erlernte Simon Péchi zwölf Sprachen und eignete sich das Arbeitsinstrumentarium eines gewandten Diplomaten an. Nach seiner Rückkehr im Jahre 1599 wurde er in mehreren Schritten zum Sekretär der Fürsten Sigismund Báthory, Stephan Bocskay und Gabriel Bethlen, wobei letzterer ihn in den Rang eines Kanzlers des Fürstentums erhob. In dieser Eigenschaft wurde ihm der schwierige Auftrag übertragen, die Verhandlungen mit den Habsburgern hinsichtlich der Teilnahme Siebenbürgens am 30jährigen Krieg zu führen. Durch seine Eheschließung heiratete er in die Verwandtschaft der großen adligen Familien des Landes ein. Da er aber das Vertrauen des Fürsten Gabriel Bethlen verlor, der ihn des Verrats und der Kollaboration mit den Habsburgern verdächtigte, wurde er 1621 verhaftet und in Szamosújvár/Gherla und Kővár/Chioar eingekerkert. Im Jahre 1624 wurde er aus der Haft unter der Bedingung entlassen, sich auf sein Gut aus Szent-Erzsébet zurückzuziehen. Dies war der entscheidende Wendepunkt seiner geistigen Entwicklung, in welchem er sich für den Sabbatarismus entschied. Er sammelte

5 Derselbe: The Development of Hebrew Language and Literature in Transylvania. In: Studia Judaica I (1991), S. 10–20.

6 Dán, Róbert: Az erdélyi szombatosok és Péchi Simon [Die Sabbatarier aus Siebenbürgen und Simon Péchi]. Budapest 1987.

Bücher und gründete eine Bibliothek in Szent-Erzsébet, er schrieb Arbeiten über Moral und Ritual, übersetzte und kommentierte die Psalmen, schrieb ein sabbatarisches Gebetbuch sowie Lieder und Hymnen, die zu grundlegenden Quellen für die Anhänger des neuen Glaubens wurden.[7]

Nachdem er nach dem 1629 erfolgten Tod des Fürsten Gabriel Bethlen freigesprochen worden war, umschwärmten ihn alle Parteien, die um dessen Nachfolge rangen, und es gelang ihm, sowohl seine Handlungsfreiheit als auch alle seine beschlagnahmten Güter zurückzugewinnen. Er nahm den jüdischen Lebensstil an (mit der Einhaltung des Sabbats und der Speisevorschriften), er verwandelte die unitarischen Kirchen aus Szent-Erzsébet und Bözödújfalu/Bezidu Nou in Synagogen und gründete eine sabbatarische Schule.[8]

Welches waren aber die Prinzipien, die dogmatischen Grundlagen des Sabbatarismus? Eine reiche Literatur, die in großem Maße in Manuskriptform im unitarischen Fundus der Bibliothek der Zweigstelle der Rumänischen Akademie der Wissenschaften in Klausenburg/Cluj, aber auch in den Bibliotheken und Archiven Ungarns aufbewahrt wird,[9] umfasst die Quellen derselben, die in Prosaschriften (Predigten, Gebete, theologische Dissertationen, Katechismen, polemische Schriften, Erklärungen der Gesetze des Alten Testaments, ein Vergleich des jüdischen und christlichen Kalenders, Übersetzungen aus der rabbinischen und halachischen Literatur, aus den Werken von Salomon ibn Gabirol, Joseph Abraham Hayun usw.) und in Versform (religiöse Hymnen, Lehrgedichte, ein gereimter Katechismus von Eőssi und vor allem die erste vollständige Übersetzung der Psalmen in ungarischer Sprache, die wir Miklós Bogáthi Fazakas verdanken, der auch der Verfasser des ersten, um 1600 verfassten Buches mit sabbatarischen Liedern ist,) zum Ausdruck gelangten.[10]

Aus diesen Manuskripten lässt sich eine Auffassung ablesen, die auf der Einzigkeit Gottes gründet, wobei die Idee der Dreifaltigkeit und der Göttlichkeit Jesu zurückgewiesen wird. Jesus wird sogar als Messias aufgefasst, und es wird an seine Parusie (Wiederkehr) geglaubt, bei der sowohl die Juden als auch diejenigen von ihm erlöst werden, die den Vorschriften des Alten Testaments gefolgt waren, und dann Jerusalem wieder aufgebaut. Laut diesen Texten ist das Alte Testament das einzige und unabän-

---

7 Szilády, Áron (Hrsg.): Péchi Simon Psalteriuma [Das Psalmbuch von Simon Péchi]. Budapest 1913. – Guttmann, Mihály, Harmos, Sándor (Hrsg.): Péchi Simon szombatos imádságos könyve [Das sabbatarische Gebetsbuch von Simon Péchi]. Budapest 1914.

8 Carmilly-Weinberger, Moshe: A zsidóság története Erdélyben (1623–1944) [Die Geschichte der Juden aus Siebenbürgen. 1623–1944]. Budapest 1995, S. 55–58.

9 Ebenda, S. 55–56. – Lakó, Elemér: The Manuscripts of the Unitarian College of Cluj/Kolozsvár in the Library of the Academy in Cluj-Napoca, I–II. Szeged 1997.

10 Pákozdy, Ladislaus Martin: Der siebenbürgische Sabbatarismus, seine Entstehung und seine Entwicklung vom Unitarismus zum Judentum sowie sein Untergang, Stuttgart 1973. – Kovács, András: Bözödújfalvi szombatosok szertartási és imádságos könyve [Das Ritual- und Gebetbuch der Sabbatarier aus Bezidu Nou]. Miercurea Ciuc 2000.

derliche Gesetz, das durch das Neue Testament nicht verändert, sondern nur bekräftigt werden kann, während die nachträglichen Hinzufügungen und die synodalen Beschlüsse keine Gültigkeit haben und aufgehoben werden müssen. Jene, die erlöst werden wollen, müssen unbeirrt und vollständig Moses Gesetze befolgen. Die Juden sind das von Gott erwählte Volk, weil nur sie sein Gesetz unbeirrt eingehalten haben. Deshalb müssen ihre rituellen Vorschriften befolgt werden, einschließlich der Feier des Sabbats und der jüdischen Feiertage, die Beachtung der Speiseregeln unter Verzicht des Verzehrs von Schweinefleisch, die Einhaltung der Beerdigungsrituale usw. Weiterhin wird verlangt, dass nicht einmal die jüdischen Gepflogenheiten befolgt würden, die von diesen ursprünglichen Vorschriften abweichen. Die einzige Ausnahme davon besteht in der Ablehnung der Beschneidung seitens der Sabbatarier. Die christlichen Feiertage und die Taufe werden vollkommen abgelehnt.

Auf moralischer Ebene, der die sabbatarischen Manuskripte ebenfalls einen wesentlichen Platz einräumen, wird der Puritanismus, die Enthaltsamkeit, das Maßhalten und die Bekämpfung jeglicher Scheinheiligkeit gepredigt. Großes Gewicht wird auf die Praxis der Menschenliebe gelegt. Für eine solche Einstellung erhalten diejenigen, die es verdienen, im jenseitigen Leben ihren Lohn, ihre Erlösung im Paradies.[11]

## Folgen der Rezeption

Diese Ideen fanden, beginnend mit dem Ende des 16. Jahrhunderts, zuerst im Szekler-Gebiet Anhänger. Ein erstes Signal in diesem Sinne bot der Landtag von Weißenburg aus dem Jahre 1595. Weil Sabbatarier des Szekler-Gebiets Sinan Pascha, dem Befehlshaber der osmanischen Truppen, welche sich in der Walachei auf einem Feldzug gegen Michael den Tapferen befanden, einen Brief geschrieben hatten, in welchem sie ihm Erfolg und Sieg wünschten und seinen Einfall nach Siebenbürgen erwarteten, befahl der Landtag dem Oberhauptmann von Oderhellen/Odorhei, strenge Maßnahmen gegen diese Sabbatarier zu ergreifen. Als dann Michael der Tapfere Siebenbürgen eroberte und sich als Herrscher dieses Fürstentums ausrufen ließ, ordnete er im Jahre 1600 an, dass die Sabbatarier bestraft, ihr Hab und Gut beschlagnahmt und ihre Schriften in Neumarkt am Mieresch (rum. Târgu Mureş) verbrannt würden. General Basta, der vom habsburgischen Kaiser Rudolf II. im Jahre 1601 nach Siebenbürgen geschickt worden war, schlug vor, dass „die Arianer, die Sabbatarier und die gläubigen Juden, denen sich die ehemaligen Unitarier und Calvinisten aus Neumarkt angeschlossen hätten, vernichtet werden".[12]

---

11 Kohn (wie Anm. 2), S. 60–68; 86–155.

12 Panaitescu, Petre P.: Mihai Viteazul [Michael der Tapfere]. Bucureşti 1936, S. 175–180. – Izvoare şi mărturii referitoare la evreii din România [Quellen und Zeugnisse hinsichtlich der Juden aus Rumänien] [künftig: IMER] I, 2. Aufl. Bucureşti 1995, S. 76–81.

Ähnliche repressive Maßnahmen gegen die Sabbatarianisten wurden im Jahr 1607 vom Fürsten Sigismund Rákóczi angeordnet, während der Landtag von Bistritz/Bistriţa und Fürst Gabriel Báthory entschieden, „die vielen aus dem Land, die dem Glauben und den Ritualen der Juden folgen," zu bestrafen. Im Jahre 1618 bestimmte der Klausenburger Landtag auf Vorschlag des Fürsten Gabriel Bethlen, das nächste Weihnachtsfest als letzte Frist für diejenigen zu bestimmen, die dieser Sekte angehörten: Es sollte dies die letzte Gelegenheit sein, zu einer offiziell anerkannten Religion überzugehen oder im entgegen gesetzten Fall persönliche Strafen und die Beschlagnahmung von Hab und Gut zu riskieren. Angedrohte Strafen waren die Tötung, Misshandlung und Verbannung der Sabbatarier, Beschlagnahmung ihrer Güter sowie die Aussicht, sie öffentlicher Verachtung und Schande preiszugeben. Für die Durchsetzung der Beschlüsse des Landtags wurde die Synode der unitarischen Kirche aus Siebenbürgen am 11. November desselben Jahres einberufen, und diese erklärte feierlich die Exkommunikation der Sabbatarier.[13]

Trotz der strengen repressiven Maßnahmen konnte die Bewegung nicht eingedämmt werden, im Gegenteil: Die periodische Wiederholung der Anordnungen ist ein Hinweis auf deren Unwirksamkeit, wozu auch die kräftige Unterstützung seitens einflussreicher Beschützer, in erster Reihe des Kanzlers Simon Péchi, beitrug. Tatsächlich verbreitete sich die Bewegung in 32 Dörfern der Stühle Oderhellen und Neumarkt, aber auch in Städten und Märkten wie Neumarkt, Klausenburg, Thorenburg, Székelykeresztúr/Cristuru Secuiesc und Körösbánya/Baia de Criş.[14] In Neumarkt traten sogar die Familie des Stadtrichters Sebastian Borsos[15] sowie zahlreiche Handwerker zum Sabbatarismus über, während in Klausenburg der Sohn des unitarischen Bischofs Máté Toroczkai ebenfalls Sabbatarier wurde. Die soziale Zusammensetzung der Bewegung war breit gefächert und umfasste Bauern, Städter, Gebildete, Landadlige und sogar Aristokraten, darunter den General der Szekler, Ferenc Balásy, den Beschützer von Bogáthi, Fazakas Miklós, sowie den Kaplan des Fürsten Stephan Bocskay, Peter Alvinczi. Die Sabbatarier beriefen im Jahre 1606 eine Versammlung in Oderhellen ein, die aber vom Fürsten untersagt wurde, was jene veranlasste, periodisch geheime Versammlungen zu organisieren, bei denen sie beispielsweise das Datum der Feiertage festlegten und einen eigenen Kalender aufstellten.

Der in Bistritz abgehaltene Landtag von 1622 bekräftigte erneut die repressiven antisabbatarischen Maßnahmen, aber die baldige Verwicklung des Fürstentums in den 30jährigen Krieg an der Seite der protestantischen Partei machten derartige Themen nebensächlich. Im Jahre 1623 erließ Fürst Gabriel Bethlen sein bekanntes Privileg, durch das den Juden, die sich in Siebenbürgen niederlassen würden,

---

13 Kohn (wie Anm. 2), S. 68–71; 85. – IMER (wie Anm. 12), II. Bucureşti 1988, S. 198–199.

14 Carmilly-Weinberger, Moshe: A zsidóság története (wie Anm. 8), S. 58.

15 Spielmann-Sebestyén, Michael: Abraham Sarsa, prince Gabriel Bethlen and the 1623 privilege-charter for the Jews. In: SHVUT 1993, (Tel-Aviv), S. 95–103.

Bewegungsfreiheit im Fürstentum, unbehinderte Ausübung ihrer wirtschaftlichen Tätigkeiten und nicht zuletzt auch die freie Ausübung ihres Kultes garantiert wurde.[16] In diesem günstigen Klima, in dem die aus dem Osmanischen Reich kommenden sephardischen Juden höchstwahrscheinlich auch ihre Kultbücher mitbrachten, erhielt der Sabbatarismus einen neuen Impuls und ein neues Inspirationsmodell, wobei dafür das Kultzentrum und die Bibliothek, die Simon Péchi in Szent-Erzsébet/Eliseni einrichtete, diesbezüglich ein beredter Hinweis sind. Um das Jahr 1630 war die Anzahl der Anhänger des Sabbatarismus auf die für jene Epoche beeindruckende Zahl von 15.000 bis 20.000 Personen angestiegen.

Zusammen mit der politischen Stabilisierung, die auf die Nachfolgeregelung für Fürst Gabriel Bethlen folgte, wurde die Offensive gegen die Ausdehnung des Sabbatarismus mit noch größerer Erbitterung wieder aufgenommen. Der calvinische Klerus beklagte sich 1631 beim Fürsten Georg Rákóczi I. angesichts der Verbreitung des Sabbatarismus vor allem im Stuhl Oderhellen/Odorhei und beschuldigte vor allem Simon Péchi als Anstifter und Urheber desselben. Der Fürst ordnete eine Untersuchung an, aber die Folgen derselben waren gleich null. 1633 wurden die Sabbatarier und Simon Péchi beschuldigt, die Verbindung mit einem Thronaspiranten (Moses/Mózes der Szekler) aufgenommen zu haben, um die Türken zu rufen, um mit deren Hilfe Georg Rákóczi I. abzusetzen. Der Landtag von 1635 ergriff erneut die Maßnahme, als Endtermin Weihnachten 1636 anzuordnen, bis zu welchem die Sabbatarier ihren Glauben widerrufen müssten unter der Androhung, dass sie sonst Kopf und Gut verlören. Der Ausbruch des Thronstreits zwischen Georg Rákóczi I. und dem Anwärter Johann Bethlen bot aber erneut einen Anlass für einen Aufschub der antisabbatarischen Maßnahmen.

Endlich forderte Georg Rákóczi I. im Jahre 1637 die Unitarier auf, sich klar von den Sabbatariern abzugrenzen, während jene, die den im Jahre 1635 aufgestellten Termin nicht eingehalten hatten, auf den 1. Juli 1638 nach Dej/Dés einberufen wurden, um ihre Position mit Klarheit vor einer diesbezüglich einberufenen Landtags-Kommission darzulegen. Diese Kommission leitete bereits im Mai 1638 die Untersuchung gegen die Sabbatarier des Szeklerlandes sowie aus Klausenburg und Neumarkt/Tg. Mureş ein. Bücher und Handschriften wurden beschlagnahmt, und jene, die sich weigerten, ihren Glauben zu verlassen, wurden offiziell vor das in Dej stattfindende Gericht geladen.

Zu dieser entschlossenen Haltung wurde der Fürst in erster Reihe durch seinen einflussreichen Kaplan Farkas Geleji Katona bewogen, der ein Exponent der offiziellen calvinischen Kirche im Kampf gegen jegliche nonkonformistischen Dissidenten war. Dieser berief sich darauf, dass sich die Sabbatarier immer stärker mit den eigentlichen Juden identifizierten, was sich bald auch auf das Statut der Letzteren auswirken sollte. Der Gesetzeskodex des Fürstentums, die „Approbatae

16 Carmilly-Weinberger, Moshe (Hrsg.): Memorial Volume for the Jews of Cluj-Kolozsvár. New York 1988, S. 7–10. – IMER (wie Anm. 12), I, S. 102–103.

Constitutiones", schränkte die günstigen Vorschriften des Bethlen'schen Juden-Privilegs von 1623 ein. Demnach wurde den Juden nur noch erlaubt, sich ausschließlich in der Hauptstadt des Fürstentums, Karlsburg/Alba Iulia, niederzulassen; die Ausübung des freien Handels wurde durch die Vorschrift der Beachtung der vorher existierenden Privilegien der Stände und der freien königlichen Städte in Siebenbürgen begrenzt, und die jüdische Glaubensgemeinschaft wurde aus der Reihe der offiziell anerkannten Religionen ausgeschlossen, wobei strenge Strafen im Falle von Proselytismus an Anhängern der christlichen Religion vorgesehen wurden.[17] Außerdem spielten einerseits auch politische Erwägungen eine Rolle, denn die Sabbatarier wurden weiterhin verdächtigt, Moses den Szekler (Székely Mózes), den von den Türken bevorzugten Thronaspiranten, zu unterstützen; andererseits waren auch wirtschaftliche Erwägungen relevant, beispielsweise hinsichtlich des Wunsches des Fürsten, in den Besitz der beträchtlichen Güter der aristokratischen Befürworter des Sabbatarismus, wie zum Beispiel Simon Péchis oder der einflussreichen Familie Kornis, zu gelangen.

In diesem wenig verheißungsvollen Kontext für die Sabbatarier kam die Untersuchungskommission von Dej in der Zeitspanne vom 1.–16. Juli 1638 im Beisein des Fürsten, der wichtigsten Beamten des Hofes und des unitarischen Bischofs zusammen. Die Unitarier erklärten feierlich, dass sie den göttlichen Ursprung Jesu anerkannt hätten, sie grenzten sich von den Thesen der Sabbatarier streng ab, exkommunizierten dieselben und beschlagnahmten deren Schriften. Hunderte von Sabbatariern mussten vor der Kommission erscheinen, wobei denjenigen, denen in der Untersuchung nachgewiesen wurde, dass sie den Sabbat befolgt, die Speisevorschriften sowie die Praktiken des jüdischen Kults angewandt und die christlichen Dogmen zurückgewiesen hätten, zum Tode und zur totalen Enteignung des Besitzes verurteilt wurden. Jene aber, die öffentlich ihrem Glauben abschworen und die Rückkehr zum Christentum erklärten, wurden begnadigt; die Todesstrafe über die anderen wurde in Gefängnisstrafen umgewandelt. Die Beschlagnahme des Besitzes blieb aber in beiden Fällen gültig. Eine einzige Hinrichtung fand statt – jene von János Toroczkai, dem Sohn des unitarischen Bischofs, der gesteinigt wurde. Die betuchten Sabbatarier mit ansehnlichen Gütern wurden separat vor Gericht gestellt und zum Verlust aller Güter verurteilt, wobei sie sich von der Todesstrafe auslösen konnten. Simon Péchi wurde am 7.–13. Juli in Eliseni einem Gerichtsprozess unterzogen und zum Verlust des Kopfes und des Besitzes verurteilt. Am 14. Juli wurde er in der Burg von Chioar eingekerkert. Im Februar 1639 wurde er genötigt, die erzwungene Rück-Konversion vorzunehmen, woraufhin er im Mai desselben Jahres begnadigt wurde. Sein Leben ging in Eliseni irgendwann 1642–1643 zu Ende. Ein neuer Prozess, der am 1. November 1638 in Bistritz stattfand, brachte auch den restlichen Sabbatariern die Verurteilung. Um sie zu zwingen, ihrem Glauben abzuschwören, wurde ihnen die Begnadigung und die Befreiung vom Militärdienst in

---

17 IMER, I (wie Anm. 12), 1. Aufl. Bucureşti 1986, S. 92. – II/1, S. 116.

Aussicht gestellt, was zu einer Massenkonversion zum Unitarismus führte. Die einst von den Sabbatariern in Synagogen umgewandelten Kirchen wurden den offiziell anerkannten christlichen Konfessionen zurückerstattet.

Die heftigen Schläge, die der Sabbatarismus erlitten hatte, bedeuteten aber nicht auch dessen vollständiges Verschwinden. Im Gegenteil, jede günstige Gelegenheit wurde ausgenützt, um die Bewegung von Neuem zu beleben, wenn auch in viel bescheideneren Ausmaßen als in der Phase ihres Höhepunktes in den ersten Jahrzehnten des 17. Jahrhunderts. So bedeutet zum Beispiel die erneute Teilnahme Siebenbürgens im Jahre 1644 an der Endphase des 30jährigen Krieges gleichzeitig auch die geheime Wiederaufnahme des sabbatarischen Ritus. Die strengen Maßnahmen, die der neue Fürst, Georg Rákóczi II., im Jahre 1652 ergriff, und die 1662 und 1670 eingeleiteten Untersuchungen seitens des Fürsten Michael Apafi sind Hinweise auf das Aufkommen einer neuen Generation von Sabbatariern, die es ablehnte, die Glaubensverleugnung ihrer Vorfahren anzuerkennen.[18]

Am Ende des 17. und in den ersten Jahrzehnten des 18. Jahrhunderts angesichts des Übergangs des Fürstentums unter die Herrschaft der Habsburger erwachte die sabbatarische Bewegung erneut zum Leben und äußerte sich vor allem in der Zeit des von Franz Rákóczi II. (1703–1711) angeführten antihabsburgischen Aufstandes. Gleichzeitig mit der Festigung der österreichischen Herrschaft in Siebenbürgen wurde gemäß der wohlbewährten Praxis des kaiserlichen Kameralismus hinsichtlich der sorgfältigen statistischen Registrierung der materiellen und menschlichen Ressourcen sowie der ethnisch-konfessionellen Zustände der neu erworbenen Gebiete im Jahre 1717 die erste Konskription der Sabbatarier vorgenommen: Deren Vorhandensein ist in vier Ortschaften aus dem Szeklerland mit 108 Anhängern belegt. Die Behörden beschlagnahmten deren Besitz, was viele von ihnen veranlasste, 1725 ins Osmanische Reich auszuwandern. Die Zurückgebliebenen, vor allem in Bezidu Nou wurden mächtigem Druck ausgesetzt, zum Katholizismus überzutreten, wobei im Jahre 1729 Jesuiten dorthin geschickt werden, um sie zu bekehren. Eine erneute, 1745 durchgeführte Konskription konzentrierte sich auf die Güter, die diese besaßen, wobei ihnen untersagt wurde, sie zu verkaufen und in die Türkei auszuwandern. Die Sabbatarier, die das verbotswidrig taten und dabei entdeckt wurden, mussten ihren Besitz der katholischen Kirche in Bezidu Nou übergeben. Im Jahre 1750 ordnete Kaiserin Maria Theresia an, dass je ein katholischer Mönch im Haus eines jeden Sabbatariers untergebracht werde.[19]

Die josephinische Epoche mit ihrer Politik der konfessionellen Toleranz erstreckte sich nicht auch auf die Sabbatarier, was um so gravierender war, weil das Großfürstentum Siebenbürgen bis zuletzt kein Toleranzedikt nach Art des Statuts für Juden in Ungarn oder Galizien hatte. Im Gegenteil, auch im josephinischen Jahrzehnt

18 Monumenta Comitialia Regni Transylvaniae, VII. Budapest 1881, S. 136–137. – Kohn (wie Anm. 2), S. 210–318.

19 Ders.: S. 322–324.

wurde der Sabbatarismus für illegal erklärt, und viele seiner Anhänger sahen sich wieder zur Emigration gezwungen.[20]

In der ersten Hälfte des 19. Jahrhunderts wurden die Verfolgungen fortgesetzt, wobei lokale katholische Pfarrer 1817 und dann 1827 die Sabbatarier zwangen, am Samstag zu arbeiten und am Sonntag die christliche Kirche zu besuchen. Es wurden Beschränkungen hinsichtlich des Heiratsrechts eingeführt. Im Jahre 1829 wurden 31 Männer und 8 Frauen aus Bezidu Nou und 8 Männer aus Ernei (Stuhl Mureş) vor Gericht gestellt, und im Jahre 1834 unterstellte man sie der Aufsicht des katholischen Pfarrers.[21]

Ein letzter Versuch zur Rück-Konversion der Sabbatarier wurde in der neoabsolutistischen Zeit, die der Unterdrückung der Revolution von 1848–1849 folgte, unternommen. Der katholische Bischof Haynald bemüht sich im Jahre 1855, zu einem Zeitpunkt also, in dem das Konkordat mit dem Papst der römisch-katholischen Kirche im habsburgischen Kaiserreich erneut einen mächtigen Einfluss und große Autorität verliehen hatte, die Sabbatarier zum Katholizismus zu bekehren. Der Zerfall des zentralisierenden und konservativen Regimes nach 1859 ermöglichte die Festigung der sabbatarischen Gemeinschaft aus Bezidu Nou, die in den 1860er Jahren 40 Familien mit 170–180 Seelen zählte. Die Einführung des österreichisch-ungarischen Dualismus im Jahre 1867, der unter den ersten gesetzlichen Maßnahmen die Verleihung gleicher Bürgerrechte für die Juden verfügte, wurde von den Sabbatariern aus Siebenbürgen als Abschaffung jeglicher Verbote hinsichtlich des Übergangs zum Judentum ausgelegt. Folglich nahmen im Jahre 1868 ungefähr 170 Personen aus Bezidu Nou jüdische Namen an, die Männer waren mit der Beschneidung einverstanden und erklärten ihren Wunsch, sich zum mosaischen Glauben zu bekehren. Obwohl ein Gesetzesvorschlag hinsichtlich der Möglichkeit der Bekehrung der Christen zum Judaismus vom ungarischen Parlament abgelehnt wurde und trotz der Proteste des katholischen Bischofs verbot der Kultusminister József Eötvös, ein überzeugter Verfechter der Gewissensfreiheit, jegliche Gewaltmaßnahmen gegen sie.[22]

Auf diese Art und Weise bildet sich in Bezidu Nou eine äußerst traditionalistische israelitische Gemeinschaft mit Rabbiner, Synagoge und eigener Schule, die unbeirrt ihren selbst gewählten Weg bis in die tragische Periode des Holocausts beschritt. Als

---

20 SCHASER, Angelika: Die Juden Siebenbürgens vom. 16. bis zum 18. Jahrhundert. In: Südost-Forschungen 1990, S. 57–94. – IMER (wie Anm. 12), II/2. Bucureşti 1990, S. 326–327.

21 KOHN (wie Anm. 2), S. 326–327.

22 KOVÁCS, András: Vallomás a székely szombatosok perében [Zeugenaussage im Prozess der Szekler Sabbatarier]. Bucureşti 1981. – DERS.: The Impact of the Pilgrim Hasidic Rabbis upon the Development of the Religious Life of the Transylvanian Sabbatarians at the End of the 19th Century. In: Studia Judaica III (1994), S. 165–169. – DERS.: Az erdélyi szombatosság nyomában [Auf den Spuren des siebenbürgischen Sabbatarismus]. Miercurea Ciuc 1999. – NÉMETH, László: Degré Alajos miniszteri biztos tevékenysége a székely szombatosok ügyében [Die Tätigkeit des ministeriellen Kommissars Alois Degré hinsichtlich der Frage der Szekler Sabbatarier]. In: Történelmi Szemle XLVII (2005), S. 69–88.

die im Norden Siebenbürgens infolge des Wiener Schiedsspruches von 1940 eingesetzten ungarischen Behörden im Frühling des Jahres 1944 zur „Endlösung“ der Deportation der Juden in die Ausrottungslager überging, zogen es die Sabbatarier vor, auf diese Weise für ihren unerschütterlichen Glauben zu zahlen und schlugen das Angebot aus, zu einem christlichen Glauben zurückzukehren.

Schließlich und endlich besiegelte die kommunistische Diktatur der Nachkriegszeit dieses tragische Schicksal der Sabbatarier, indem man in der Ceauşescu-Epoche auch die letzten materiellen Spuren ihrer Existenz in dieser Region bedeckte und ein Stausee an dieser Stelle angelegt wurde. Heute legt nur noch ein Denkmal, das zu ihren Ehren nach 1989 errichtet wurde, Zeugnis von einer Geschichte ab, die mit ihrem originellen und bedeutungsvollen Beitrag das multikonfessionelle und multikulturelle Panorama einer Provinz vervollständigt, die mit gutem Recht „Schweiz des Orients“ genannt wurde.

## Zusammenfassung


### Transylvanian Sabbatarianism

Already in the early period of the development of Transylvanian Unitarianism there emerged some currents, which tended to Judaism. Dietary and ritual requirements as well as monotheistic convictions, including sometimes the acceptance of Jesus as Messiah and his Second Coming where taken. Circumcision was refused. The ruling spirit of the movement was Simon Péchi, who ascended to the office of a Chancellor of Transylvania. His rich collection of manuscripts shows the productivity of Sabbatarian devotional literature in spite of the repression of that denomination that began already under Calvinism. At its zenith, about 20.000 believers joined this community with its strict moral instructions. Around the middle of the 17$^{th}$ ct., massive coercion forced many members to convert or to emigrate. Further waves of oppression followed under Habsburg rule. After 1867 the still existing 180 members converted to Judaism, where they formed an extremely traditionalist community with rabbi, synagogue and own school. In 1944, the community refused the offer to join a Christian denomination to avoid being deported during the „Endlösung“ and thus perished in the Holocaust.

### Az erdélyi szombatosok

Már az unitárius felekezetépítés korai szakaszában megjelentek azok az irányzatok, amelyek a judaizálást szorgalmazták. Képviselőik az ótestamentumi étkezési és rituális előírásokhoz tartották magukat, alapvető monoteista hitelveket hirdettek, részben elismerték Jézus messiási voltát és hirdették második eljövetelét, ám a körülmetélést elutasították. A mozgalom motorja a 17. században élt Péchi Simon volt, aki az Erdélyi Fejedelemség igazgatásában egészen a kancellári hivatalig emelkedett. Gazdag iratgyűjteménye dokumentálja a szombatos teológiai irodalom virágzását, amely a kálvinisták nyomása ellenére is sok ideig termékeny maradt. Ez a szigorú erkölcsi alapelvek szerint élő vallási közösség becslések szerint mintegy 20 ezer lelket számlált. A szombatosokat a 17. század derekán, néhány évtized leforgása alatt erőszakos fenyegetéssel áttérésre, illetve kivándorlásra kényszerítették, így létszámuk megtizedelődött. A Habsburg-uralom alatt újra elnyomást kellett elszenvedniük, mígnem a megmaradt, 180 főt számláló közösségnek 1867-ben sikerült áttérnie a zsidó hitre, és létrehoznia a hagyományhű, rabbival, zsinagógával és saját iskolával rendelkező izraelita hitközséget. A közösség elutasította a kikeresztelkedés lehetőségét, amellyel 1944-ben elkerülhette volna a zsidókérdés „végső megoldását" célzó deportálást, így megsemmisült a Holokausztban.

## Sabatarienii în Ardeal

Deja în faza timpurie a formării comunităților unitariene ardelenești au existat tendințe spre iudaism. Prescripții de alimentație și rituale cît și convingeri monoteiste cuprinzînd în parte și recunoașterea lui Isus ca Mesia și a revenirii sale au fost acceptate. Circumcizia a fost respinsă. Forța motrice a mișcării din secolul XVII a fost Simon Péchi, care face carieră în administrația principatului, ajungînd în cele din urmă cancelar al Ardealului. Bogata lui colecție de scrieri este o dovadă a productivității literaturii devoționale sabatariene în ciuda represiunilor inițiate de calviniști. Această comunitate religioasă care se orientează după maxime morale deosebit de stricte întrunește în jur de 20.000 de cedincioși, aceștia fiind siliți în decursul a doar cîtorva decenii pe la mijlocul secolului XVII prin amenințare cu forța să se convertească sau să emigreze, ceea ce a dus o decimare. Fiind supuși unei oprimări continue de către regimul habsburgic, un rest de 180 de persoane au reușit să treacă la iudaism și să constituie o comunitate israelită deosebit de tradiționalistă cu rabin, sinagogă și școală proprie. În 1944 comunitatea a refuzat oferta de a trece la creștinism spre a evita deportările din cadrul măsurilor „Endlösung", astfel că a fost nimicită în Holocaust.

# Die Forschung zur Geschichte der unitarischen Lesestoffe im Siebenbürgen des 16. bis 18. Jahrhunderts

## Quellen und Möglichkeiten der Rekonstruktion

*Gyöngyi Bíró*

Die organisierte Forschung zur Geschichte der unitarischen Lesestoffe in Siebenbürgen begann vor über zehn Jahren in Szeged. Ihren Ausgangspunkt bildeten die unitarischen Bücherverzeichnisse aus Siebenbürgen, die von der 1979 von Tibor Klaniczay und Bálint Keserű initiierten Quellenerschließung zur Geschichte der Lesestoffe im Karpatenbecken bereits registriert worden waren. Der wichtigste Forschungsort wurde die Akademiebibliothek Klausenburg/Kolozsvár/Cluj. Hier befindet sich nämlich die Bibliothek des einstigen Unitarischen Kollegiums Klausenburg, die nach 1950 im Zuge der Verstaatlichung unter bis heute nicht bekannten Umständen in den Besitz des rumänischen Staates gelangte.

Als wir 1999 zu forschen begannen, lagen über diesen alten Bücherbestand nur unvollständige Informationen vor. Zwei Jahre zuvor war mit Unterstützung des Lehrstuhls für Alte Ungarische Literatur der Universität Szeged der von Elemér Lakó erstellte Katalog der Manuskripte im Druck erschienen.[23] In den neunziger Jahren war auch die Forschungsgruppe für Alte Ungarländische Druckwerke, die die älteste Zeit der retrospektiven Ungarischen Nationalbibliographie (15.–18. Jahrhundert) bearbeitet, in Siebenbürgen und in der Akademiebibliothek Klausenburg angekommen, um die Exemplare der alten ungarischen Druckwerke zu erfassen. Außerdem konnten wir uns auf Hinweise bezüglich alter Manuskripte und Bücher stützen, die sich in Arbeiten zur unitarischen Kirchen-, Literatur-, Kultur- und Erziehungsgeschichte in Siebenbürgen finden. Aufsätze auf der Basis systematischer buchhistorischer Aufklärungsarbeit existierten noch nicht.[24]

---

[23] The Manuscripts of the Unitarian College of Cluj/Kolozsvár in the Library of the Academy in Cluj-Napoca. I. Catalogue. II. Indices. Compiled by Elemér Lakó. – The present English version was compiled by the team initiated by Bálint Keserű, Mihály Balázs, József Barna, Gyöngyi Bíró, Edit Dományházi, Zsuzsa Font, Attila B. Kiss, János Káldos, Gizella Keserű, Barna Kovács, Annamária Komáromi, Andrea Schaffer, Enéh Szabó. Szeged 1997.

[24] Simén, Domokos: Az unitáriusok kolozsvári főiskolájának könyvtára [Die Bibliothek der Klausenburger Hochschule der Unitarier]. In: Keresztény Magvető 1877, S. 193–207. – Varga, Dénes: A tordai unitárius gimnázium története [Geschichte des unitarischen Gymnasiums Tho-

Während der Forschungsarbeit der vergangenen Jahre konnten wir uns Gewissheit darüber verschaffen, dass dieser Bücherbestand außerordentlich vielfältig und reich ist. Er bewahrt das Erbe der unitarischen Lesegeschichte nicht nur Klausenburgs, sondern Gesamtsiebenbürgens.[25] Zugleich mussten wir uns leider auch davon überzeugen, dass der rumänische Staat als derzeitiger Eigentümer diese Sammlung in vielerlei Hinsicht nicht angemessen behandeln kann. Auch deshalb unterstützen wir die Siebenbürgische Unitarische Kirche in ihren Bemühungen um die Rückerstattung. Als mahnendes Beispiel möge hier der traurige Zustand stehen, der um die Rückerstattungsforderung bezüglich der Bibliotheken der Siebenbürger reformierten Kollegien entstanden ist.[26]

Falls es nicht zu der angestrebten Rückerstattung kommt, wäre die vollständige Bearbeitung der in der Akademiebibliothek befindlichen Quellen nur möglich, wenn sie von der jeweiligen Leitung der Bibliothek unterstützt wird. Dies ist gegenwärtig nicht der Fall. Deshalb können wir, wenn wir bei der Vorstellung der Forschungssituation der Siebenbürger unitarischen Lesegeschichte von späteren Möglichkeiten sprechen, nur vorsichtig formulieren.

---

renburg]. Torda 1907, S. 361–375. – Gál, Kelemen: A kolozsvári unitárius kollégium története 1568–1900 [Geschichte des unitarischen Kollegiums Klausenburg 1568–1900], II. Band. (o. O.) 1935, S. 187–199. – Benczédi, Pál: A volt kolozsvári unitárius kollégium könyvtárának kézirattáráról [Über den Handschriftenbestand der Bibliothek des ehemaligen unitarischen Kollegiums Klausenburg]. In: Emlékkönyv Kelemen Lajos születésének nyolcvanadik évfordulójára [Festschrift zum 80. Geburtstag von Lajos Kelemen]. Kolozsvár – Bukarest 1957, S. 33–34 (A Bolyai Tudományegyetem Kiadványai I. Tanulmányok [Publikationen der Bolyai-Universität I. Aufsätze]). – Sebestyén, Mihály: A Székelykeresztúri unitárius gimnázium könyvtáráról [Über die Bibliothek des unitarischen Gymnasiums von Szeklerkreuz]. In: Keresztény Magvető 1982, S. 22–29. – Balázs, Mihály: A kolozsvári unitárius kollégium könyvtáráról [Über die Bibliothek des Unitarischen Kollegiums Klausenburg]. In: Vigilia 55 (1990), S. 850–852.

25 Der andere alte unitarische Bücherbestand, der sich heute in einer öffentlichen Sammlung in Siebenbürgen befindet, ist die einstige Bibliothek des Kollegiums Székelykeresztúr/Szeklerkreuz.

26 Kurta, József: Az erdélyi református kollégiumi könyvtárak államosítása és visszaigénylése [Verstaatlichung und Rückforderung der Bibliotheken der Siebenbürger reformierten Kollegien]. In: Studia doctorum Theologiae Protestantis. A kolozsvári Protestáns Teológia Kutatóintézetének kötetei I [Bände des Protestantischen Theologischen Forschungsinstituts Klausenburg]. Kolozsvár 2010, S. 335–336; s. auch: http://www.proteo.hu/dok/kiadvanyok/Studia/STUDIA-Tanulmkot-2010-nov-5-jo.pdf

## Die Erschließung der Siebenbürger unitarischen verzeichnisartigen Quellen des 16.–18. Jahrhunderts

Das Ziel des ersten Abschnitts unserer 1999 begonnenen Forschung bestand in der Erschließung der Siebenbürger unitarischen verzeichnisartigen Quellen vom Ende der 1560er Jahre bis zum Ende des 18. Jahrhunderts.[27]

Es handelt sich hierbei um folgende Quellentypen: katalogartige Zusammenstellungen,[28] verzeichnisartige Zusammenstellungen (Zusammenstellungen amtlicher Organe),[29] verzeichnisartige Zusammenstellungen (Kataloge von institutionellen Bibliotheken als Verzeichnisse von Privatsammlungen),[30] persönliche Unterlagen[31] und sonstige Quellen.[32]

---

27 Die Bezeichnungen für die Typen der lesegeschichtlichen Quellen werden hier nach der von István Monok skizzierten Quellentypologie verwendet. Monok, István: Könyvkatalógusok és könyvjegyzékek Magyarországon 1526–1720. Forrástipológia, forráskritika, forráskiadás [Bücherkataloge und Bücherverzeichnisse in Ungarn 1526–1720. Quellentypologie, Quellenkritik, Quellenedition]. Szeged 1993 (Lesegeschichtliche Arbeiten V). – Bei allen Quellentypen wird das früheste erhaltene Verzeichnis als Beispiel angegeben.

28 Die Bücher des St.-Elisabeth-Hospitals Klausenburg (1591), die Zusammenstellung in der „Conscriptio bonorum Hospitalis S. Elisabet A(nn)o. 1591". Heutiger Fundort: Archiv der St.-Michaels-Gemeinde Klausenburg, Archiv des St.-Elisabeth-Hospitals. Alte Signatur: Fasc: A. Nro 53. Eine neue Signatur existiert nicht. Eine bibliographische Beschreibung existiert nicht. – Eine Textausgabe erscheint in einem Buch der Verfasserin in der Reihe „Frühneuzeitliche Lesestoffe des Karpatenbeckens".

29 Verzeichnis aus Unterlagen zur Nachlassverteilung; Besitzer: Péter Enyedi, Klausenburger Geistlicher (1604). Bibliographische Beschreibung: Magángyűjtemények Magyarországon 1545–1721. Könyvjegyzékek bibliográfiája [Privatsammlungen in Ungarn 1545–1721. Bibliographie von Bücherverzeichnissen), zusammengestellt von János Herner und István Monok, herausgegeben von János Herner. Szeged 1983 (= Könyvtártörténeti Füzetek [Hefte zur Bibliotheksgeschichte; im Weiteren: KtF] III/10).

30 Aufzeichnung über Bücherspenden; Besitzer: Benedek Árkosi Gelei, in Padua studierender Peregrinus (1640), der die Bücher der Bibliothek der Universität Padua spendete; bibliographische Beschreibung: KtF III, 30.

31 Als Tagebucheintrag erhaltenes Verzeichnis von János Tarcsafalvi Boros (1702); bibliographische Beschreibung: KtF III, 125. Nach der Beschreibung ist der Fundort dieser Quelle das Siebenbürger Unitarische Kirchenarchiv Klausenburg. Der Archivar B. Lehel Molnár konnte sie jedoch bislang nicht finden.

32 Quittung über den Rückerhalt von Büchern (1655). László Cseffei lieh sich Bücher von Farkas Kamuthy, die Quittung wurde bei der Rückgabe der Bücher erstellt. Bibliographische Beschreibung: Intézményi- és magángyűjtemények Magyarországon 1552–1750. Könyvjegyzékek bibliográfiája [Institutionelle und private Sammlungen in Ungarn 1552–1750. Bibliographie der Bücherverzeichnisse), zusammengestellt von István Monok und Edina Zvara, herausgegeben von István Monok. Szeged 1997. (KtF VIII, 31). Der Text erscheint in Erdélyi könyvesházak V [Siebenbürger Bibliotheken]; redigiert von Gyöngyi Bíró, István Monok, Gábor Sipos (Adattár XVI–XVIII. századi szellemi mozgalmaink történetéhez [Datensammlung zur Geschichte der Geistesströmungen im 16.–18. Jahrhundert; im Weiteren: Datensammlung] 16/5; erscheint demnächst).

Wir waren in einer sehr glücklichen Lage: Bei der Quellenerfassung zur Geschichte der Lesestoffe im Karpatenbecken waren bereits 23 Siebenbürger unitarische Bücherverzeichnisse registriert.[33] Ihre bibliographischen Beschreibungen wurden – mit einer Ausnahme[34] – in der Reihe Könyvtártörténeti Füzetek (Bibliotheksgeschichtliche Hefte; KfT) publiziert.[35] Die Texte der noch nicht publizierten Bücherverzeichnisse wurden inzwischen herausgegeben oder erscheinen demnächst.[36]

Mit Hilfe von B. Lehel Molnár und Enikő Rüsz-Fogarasi kamen in den folgenden Jahren noch weitere dreizehn Verzeichnisse zum Vorschein.[37]

---

33 Das Ziel der Quellenerschließung zur Geschichte der Lesestoffe im Karpatenbecken war es, die Quellen des Zeitraumes von 1526 bis 1750 ausfindig zu machen. Wir haben diese Zeitgrenze bis zum Beginn des 19. Jahrhunderts erweitert. Nach Domokos Simén wurden nämlich die beiden größten institutionellen unitarischen Bibliotheken – die Bibliothek der Kirchengemeinde Klausenburg und die des Kollegiums Klausenburg – zu dieser Zeit zusammengelegt. SIMÉN, Domokos: Az unitáriusok (wie Anm. 2), S. 189.

34 Catalogus aliorum libror(um) (1675); Besitzer: die Klausenburger unitarische Kirchengemeinde; heutiger Standort: Universitätsbibliothek der Universität Szeged, Sammlung Alter Bücher; Signatur: MS 1603; Textausgabe: Erdélyi könyvesházak II. Kolozsvár, Marosvásárhely, Nagyenyed, Szászváros, Székelyudarhely [Siebenbürger Bibliotheken II. Klausenburg, Neumarkt am Mieresch, Broos, Oderhellen). Unter Verwendung der Materialien von Zsigmond JAKÓ redigiert von István MONOK, Noémi NÉMETH, Sándor TONK. Szeged 1991 (Datensammlung 16/2), S. 37–41.

35 (1) FONT, Zsuzsanna, HERNER, János, KOKAS, Károly, MONOK, István: Magángyűjtemények Magyarországon 1551–1721. Könyvjegyzékek bibliográfiája. [Privatsammlungen in Ungarn 1551–1721. Bibliographie der Bücherverzeichnisse]. Zusammengestellt von der Studierendengemeinschaft des Lehrstuhls für Ungarische Literaturgeschichte I. der Attila-József-Universität Szeged, hg. von István MONOK. Szeged 1981, S. 95. (KtF I).
(2–12) KtF III, S. 10, 13, 20, 30, 32, 66, 72, 75, 76, 94, 125.
(13) Intézményi gyűjtemények Magyarországon 1535–1720. Könyvjegyzékek bibliográfiája [Institutionelle Sammlungen in Ungarn 1535–1720. Bibliographie der Bücherverzeichnisse], zusammengestellt von Gábor FARKAS, István MONOK, Noémi NÉMETH, hg. von István MONOK. Szeged 1989, S. 96. (KtF VI).
(14–16) KtF VIII, S. 14, 31, 109.
(17–18) Intézményi- és magángyűjtemények 1589–1750. Könyvjegyzékek bibliográfiája [Institutionelle und private Sammlungen 1589–1750. Bibliographie der Bücherverzeichnisse], zusammengestellt von István MONOK und Edina ZVARA, hg. von István MONOK. Szeged 2001, S. 34, 122. (KtF XI).
(19–22) Intézményi-és magángyűjtemények 1541–1750. Könyvjegyzékek bibliográfiája [Institutionelle und private Sammlungen 1541–1750. Bibliographie der Bücherverzeichnisse]. Zusammengestellt und herausgegeben von István Monok und Edina Zvara. Budapest, Szeged 2008, S. 37, 39, 54, 61. (KtF XII).

36 Die Texte folgender Bücherverzeichnisse erscheinen erst in Band V der Siebenbürger Bibliotheken: KtF VIII, S. 31; KtF XI, S. 34, 122; KtF XII, S. 39, 54, 61 – Datensammlung 16/5.

37 (1) A kolozsvári Szent Erzsébet ispotály könyvei (1591) [Die Bücher des St.-Elisabeth-Hospitals Klausenburg (1591)] – vgl. Anmerkung 6!
(2–4) KtF XI, S. 38, 51, 73. – Textausgabe erst in Band V der Siebenbürger Bibliotheken – Datensammlung 16/5.

Heute kennen wir also 36 Bücherverzeichnisse. – Zum Vergleich soll erwähnt werden, dass bis 1750 insgesamt 345 Siebenbürger sächsische Bücherverzeichnisse bekannt sind.[38] – Die geringe Anzahl der Quellen gestattet es natürlich nicht, an dieser Stelle Schlussfolgerungen im Zusammenhang mit der Geschichte der unitarischen Lesestoffe in Siebenbürgen zu ziehen.

Die Quellenerschließung zur Geschichte der Lesestoffe im Karpatenbecken wurde 2008 abgeschlossen, und auch wir betrachten die Grundphase unserer Forschung als beendet. Zugleich haben wir Kenntnis von zahlreichen, heute als verloren geltenden unitarischen Verzeichnissen. Von der Bibliothek der Klausenburger unitarischen Kirchengemeinde existierten beispielsweise 1807 noch 15 Kataloge.[39] Heute kennen wir nur noch zwei von ihnen.[40] Deshalb hoffen wir, dass später noch Bücherverzeichnisse auftauchen werden.

---

(5–7) KtF XII, S. 31, 83, 94. – Textausgabe erst in Band V der Siebenbürger Bibliotheken – Datensammlung 16/5.

(8) Szentmártoni Jósef Gagyi Pap Testámentumá(na)k mássa, melyb(en) némely Könyveit Testálja a Kolosvári Collegium(na)k ... [Kopie des Testaments von József von Szentmárton, Pfarrer in Gagyi, in dem er einige Bücher dem Collegium Klausenburg hinterlässt] (1755); heutiger Standort: Zentralarchiv der Siebenbürger Unitarischen Kirche (im Weiteren: SUK-Zentralarchiv), Klausenburg; Signatur: Reg. A. Fasc. I. 29, nicht ediert.

(9) Tordátfalvi György Könyv Testamentuma [Büchertestament von György Tordátfalvi] (1777); heutiger Standort: SUK-Zentralarchiv Klausenburg; Signatur: Reg. A. Fasc. H. 18; nicht ediert.

(10) Catalogvs Librorum in Theca Scholae Vnitar(iorum) ex Originali A 1774, per Joannem Kováts 1782. in 4br(is) a tempore Visitationis Libror(um) p(er) Rectore(m) factae; heutiger Standort: Biblioteca Academiei Române, Filiala Cluj-Napoca, Klausenburg; Signatur: MsU 1102 (Die Bibliothek der Klausenburger Filiale der Rumänischen Akademie verfügt über keine offizielle Abkürzung, deshalb wird auch im Weiteren die volle Namensform verwendet. – Anm. d. Verf.); nicht ediert.

(11) Catalogvs Librorum in Theca Scholae Vnitar(iorum) O-Tordensis habitorum scriptus per Mich. Kozma Aô ad huc 1774; heutiger Standort: Biblioteca Academiei Române, Filiala Cluj-Napoca, Klausenburg; Signatur: MsU 1102; nicht ediert.

(12) Catalogus Libror(um) per se Georg(!) Kökösi Bib. Collator(um) 1791; heutiger Standort: SUK-Zentralarchiv Klausenburg, Signatur: Reg. B. Fasc. XLVI. 35; nicht ediert.

(13) Deficientes Libri et Recutae Bibliothecae sub Georg(!) Markos; heutiger Standort: SUK-Zentralarchiv Klausenburg; Signatur: Reg. B. Fasc. XLVI. 37; nicht ediert.

[38] Verók, Attila: Über die Bücherverzeichnisse der Siebenbürger Sachsen im 16. Jahrhundert. In: Humanismus in Ungarn und Siebenbürgen. Politik, Religion und Kunst im 16. Jahrhundert, hg. von Ulrich A. Wien und Krista Zach. Köln, Weimar, Wien 2004, S. 223. (Siebenbürgisches Archiv, III. Folge. Band 37).

[39] Ekg. Kolozsvár. Régi levelek Registruma de anno 1807" [Kirchengemeinde Klausenburg. Register alter Briefe]. Kopie; heutiger Standort: SUK-Zentralarchiv Klausenburg; ohne Signatur.

[40] KtF XI, S. 38, 51.

## Die Erschließung von Siebenbürger unitarischen Quellen des 16.–18. Jahrhunderts, die nicht Registerform haben

Parallel zur Erschließung der Siebenbürger unitarischen registerartigen Quellen des 16.–18. Jahrhunderts begannen wir auch, nach nicht registerartigen Quellen – Briefen, literarischen Quellen, Zitaten (Zitatenverzeichnissen), Bucheinträgen, fragmentarischen Angaben – zu forschen.

Als erste dieser Quellen wählten wir für unsere Forschung die Bucheinträge – insbesondere die Possessoreneinträge. Diese Wahl war von der Hoffnung geleitet, dass die in den alten Bücherverzeichnissen beschriebenen Bände allen Widrigkeiten der Jahrhunderte zum Trotz erhalten geblieben sind. Außerdem vertrauten wir darauf, dass wir auch Bücher von Privatpersonen fänden, deren Bücherverzeichnisse zwar unbekannt sind, die aber ganz gewiss Bücher besaßen, beispielsweise die unitarischen Peregrini, von denen wir nur drei Bibliotheksregister kannten.[41]

Für die Sammlung der Possessoreneinträge war eine systematische Durchsicht des in den beiden Siebenbürger öffentlichen Sammlungen befindlichen, bis heute erhaltenen alten unitarischen Buchbestandes sowie der Materialien der einzelnen – in erster Linie – Siebenbürger Bibliotheken erforderlich.

1999 akzeptierte die Leitung der Akademiebibliothek unser Forschungsvorhaben. So wurde diese Bibliothek zum vorrangigen Schauplatz unserer Arbeit. In den vergangenen Jahren konnten wir drei neben dem Stammbestand gebildete kleinere Sammlungen (Manuskripte, Inkunabeln und die Sammlung der Bände der Alten Ungarischen Bibliothek) durchsehen und mit der Durchsicht der über vierzigtausend Bände des Stammbestandes beginnen. Die Durchsicht der Manuskripte war vor allem dadurch begründet, dass der erwähnte Lakó-Katalog zwei institutionelle Bibliotheken als Besitzer nur mit dem Bibliothekssiegel aus dem 19. Jahrhundert anführte und Eintragungen mit früherer Provenienz verschwieg.[42] Die beiden anderen Sammlungen wurden später auch außerhalb des Rahmens unserer Possessorenforschung bearbeitet. Den Katalog der Inkunabelsammlung der Akademiebibliothek – damit auch der unitarischen Inkunabelsammlung – erstellte Bogdan Crăciun, publiziert wurde er aus finanziellen Gründen nicht. Den Katalog der Sammlungen Alter Ungarischer

---

41 KtF III, S. 66; Besitzer: Lőrinc Dálnoki Nagy († 1661); Dálnoki Nagy immatrikulierte sich 1635 an der Universität Padua. Miklós Szabó, Sándor Tonk: Erdélyiek egyetemjárása a korai újkorban 1521–1700 [Universitätsbesuche von Siebenbürgern in der frühen Neuzeit 1521–1700]. Szeged 1992 (Fontes Rerum Scholasticarum [im Weiteren: Fontes] IV), n(ume)ro 1535.

KtF XI, S. 38; Besitzer: Benedek Árkosi Tegző († 1661) und Ferenc Árkosi Tegző († 1661); Benedek Árkosi Tegző immatrikulierte sich 1651 an der Universität in Frankfurt/Oder, 1653 an der Universität Leiden; Fontes IV, n(ume)ro 308; Ferenc Árkosi Tegző immatrikulierte sich 1657 in Leiden, 1659 in Franeker; Fontes IV, n(ume)ro 561.

42 Es handelt sich um die Bibliotheken der Klausenburger Hochschule und des Thorenburger Gymnasiums. Nach 1923 gelangten die Manuskripte und Bücher der geschlossenen Thorenburger Schule ebenfalls nach Klausenburg.

Bibliotheken der Akademiebibliothek – damit auch der unitarischen Alten Ungarischen Bibliotheken – stellte eine von Gábor Sipos geleitete Arbeitsgruppe zusammen.[43]

Bald nach dem Beginn der Forschung wurde uns klar, dass dieser Bücherbestand so reich an Possessoreneinträgen ist, dass sich uns die Möglichkeit zur Systematisierung und Analyse unter mehreren Gesichtspunkten bot. Zunächst entschieden wir uns für eine Systematisierung nach dem geographischen Prinzip und für die Stadt Klausenburg. Der Grund für diese Entscheidung liegt darin, dass von den 36 bekannten unitarischen Bücherverzeichnissen 25 aus Klausenburg stammen. Außerdem kamen nach und nach Bücher von Privatpersonen zum Vorschein, die in Klausenburg lebten. Während wir durch die Verzeichnisse insgesamt acht Privatbibliotheken kannten, wissen wir gegenwärtig von annähernd 140 Possessoren bis zur Mitte des 18. Jahrhunderts.

Es mag vielleicht sonderbar scheinen, dass wir oben keine genaue Zahl angegeben haben. Doch gelegentlich lässt sich nicht leicht bestimmen, ob der Besitzer eines Buches wirklich in Klausenburg gelebt hat und ob er Unitarier war. Die Lebensläufe der Lektoren und Rektoren des Kollegiums sowie der Geistlichen der Kirchengemeinden finden wir in zwei grundlegenden Arbeiten: in der Siebenbürger Unitarischen Kirchengeschichte[44] und in Kelemen Gáls Monographie.[45] Andere Bücherbesitzer versuchen wir mit Hilfe von Quellen aus dem Staatlichen Archiv Klausenburg und der Innerstädtischen Unitarischen Kirchengemeinde Klausenburg zu identifizieren.

Auf der Grundlage der bereits identifizierten Possessoreneinträge des Klausenburger Bücherbestandes können wir bereits die Bibliotheken selbst rekonstruieren; diese Rekonstruktionen werden bald erscheinen.

---

43 Der Katalog der Sammlung Alte Ungarische Bibliotheken der Akademiebibliothek Klausenburg: Catalogul colecţiilor Biblioteca Maghiară Veche a Bibliotecii Academiei Cluj-Napoca, zusammengestellt von Mária Kovács, Eszter Kuszálik, Emese Sántha, Gábor Sipos, Imola Szőke, herausgegeben und eingeleitet von Gábor Sipos. Kolozsvár 2004 (Sapientia könyvek 28).

44 Die ersten beiden Bände der handschriftlichen Kirchengeschichte sind bereits im Druck erschienen: János Kénosi Tőzsér – István Uzoni Fosztó – Mihály Kozma: Unitario-Ecclesiastica Historia Transylvanica. I–II, hg. von János Káldos. Budapest, Utrecht 2002. Die ungarische Übersetzung erschien 2005 und 2009: János Kénosi Tőzsér – István Uzoni Fosztó: Az Erdélyi Unitárius Egyház története I [Geschichte der Siebenbürger Unitarischen Kirche I], übersetzt von Albert Márkos, Einleitung und Abgleich der Übersetzung mit dem Originaltext Mihály Balázs. Redaktion Gizella Hoffmann, Sándor Kovács, Lehel B. Molnár. Kolozsvár 2005. (= Az Erdélyi Unitárius Egyház Gyűjtőlevéltárának és Nagykönyvtárának kiadványai 4/1). [Veröffentlichungen des Sammelarchivs und der Großbibliothek der Siebenbürger Unitarischen Kirche 4/1]. – János Kénosi Tőzser – István Uzoni Fosztó: Az Erdélyi Unitárius Egyház története II [Geschichte der Siebenbürger Unitarischen Kirche II]. Übersetzt von Albert Márkos, Einleitung und Abgleich der Übersetzung mit dem Originaltext Mihály Balázs. Redaktion Gizella Hoffmann, Sándor Kovács, Lehel B. Molnár. Kolozsvár 2009. (Az Erdélyi Unitárius Egyház Gyűjtőlevéltárának és Nagykönyvtárának kiadványai 4/2) [Veröffentlichungen des Sammelarchivs und der Großbibliothek der Siebenbürger Unitarischen Kirche 4/2].

45 Gál: A kolozsvári unitárius (wie Anm. 2).

Die systematische Erschließung weiterer Possessoren können wir erst in Angriff nehmen, wenn dies von der Akademiebibliothek unterstützt wird. Der deshalb noch sehr unsichere nächste Schritt wäre die Identifizierung der Thorenburger (Tordaer/Turdaer) Einträge.

Möglicherweise können wir unsere Possessorenforschung an einem anderen alten unitarischen Bücherbestand rascher fortsetzen. Die vollständige Erschließung des Bestandes des Kollegiums von Szeklerkreuz (Székelykeresztúr/Cristuru Secuiesc) plante Mihály Spielmann-Sebestyén bereits 1982.[46] Seiner Ansicht nach handelt es sich um etwa zweitausend im 16. und 17. Jahrhundert erschienene Bände, die mit Ausnahme der Antiquabücher noch immer auf die Erschließung warten.[47] Der Plan von Mihály Spielmann-Sebestyén wurde nämlich nicht umgesetzt, und so haben wir ihn in unser Forschungsvorhaben aufgenommen.

Die systematische Possessorensammlung würde bedeuten, außer dem alten Bücherbestand der oben genannten beiden Siebenbürger öffentlichen Sammlungen mehrere hunderttausend Bände aus Siebenbürger Bibliotheken in die Hand zu nehmen. Diese Aufgabe scheint derzeit aus zahlreichen Gründen unerfüllbar.

Zum einen: Für die Untersuchung dieser vielen Bände wäre eine ungarisch-rumänische bilaterale Zusammenarbeit erforderlich. Dies wäre jedoch ein Novum in der Geschichte der buchgeschichtlichen Forschungen der beiden Länder.

Zum zweiten: Heute existiert noch kein rumänisches nationales buchgeschichtliches Projekt mit dem Ziel der vollständigen Erschließung des alten Buchbestandes in den rumänischen öffentlichen Bibliotheken.

Zum dritten: Außer in den Siebenbürger Bibliotheken befinden sich (möglicherweise) auch im alten Bücherbestand der Bibliotheken im heutigen Ungarn Bücher mit unitarischen Possessoreneinträgen.

Die 2005 ins Leben gerufene Abteilung R des Gemeinsamen Katalogs Ungarns, also des gemeinsamen Katalogisierungssystems, das bibliographische Angaben der alten Druckwerke Ungarns enthält (kurz: MOKKA-R), erscheint uns aus zwei Gründen vielversprechend.[48]

Die Teilbibliotheken, die am Projekt MOKKA-R teilnehmen, melden nämlich ihre alten Bücherbestände über eine von MOKKA-R bereitgestellte Oberfläche. Die Beschreibungen der einzelnen Bücher ermöglichen es auch, die Possessoreneinträge zu registrieren. Bisher wurden unter anderem von der Abteilung Alte Bücher der Universitätsbibliothek Szeged[49], von der Großen Bibliothek des Reformierten

---

46 Sebestyén: A Székelykeresztúri unitárius gimnázium könyvtáráról (wie Anm. 2).

47 Der Katalog der Antiquabücher der Teleki-Bolyai-Bibliothek wurde 2001 fertiggestellt: Catalogus librorum sedecimo saeculo impressorum bibliothecae Teleki–Bolyai. Novum Forum Siculorum. Tom. I–II. Zusammengestellt von Mihály Spielmann-Sebestyén und Lajos Balázs, Hedvig Ambrus, Ovidia Mesaro. Tg. Mureş – Marosvásárhely – Neumark am Mieresch 2001.

48 http://www.eruditio.hu/mokka-r/

49 In dem Eintrag von 2008 wird die 1598 in Klausenburg erschienene Arbeit von György Enyedi (Explicationes locorum Veteris et Novi Testamenti – RMK II. 281, RMNy 836) beschrieben.

Kirchenbezirks Tiszántúl (Distrikt jenseits der Theiß) und des Debrecziner Reformierten Kollegiums[50] sowie von der Antal-Reguly-Denkmalsbibliothek Sirtz/Zirc solche Bände gemeldet.[51]

In die Datenbank MOKKA-R wurden außerdem – als Teil der Ungarischen Nationalbibliographie – zwei sehr wichtige Bibliographien der Hungarica-Forschung aufgenommen: die Régi Magyar Könyvtár (Alte Ungarische Bibliothek; RMK) und die Régi Magyarországi Nyomtatványok (Alte Ungarländische Druckwerke; RMNY).[52] Die Einträge beider Bibliographien enthalten am Ende der jeweiligen Titelaufnahmen eine Aufzählung der zum Zeitpunkt ihrer Erstellung bekannten Exemplare. Károly Szabó registrierte von den 1870er Jahren an die Hungarica des Klausenburger Unitarischen Obergymnasiums und des Unitarischen Gymnasiums Szeklerkreuz, die Mitarbeiter der RMNY-Gruppe konnten später schon die Exemplare der Akademiebibliothek Klausenburg und der Teleki-Bolyai-Bibliothek in Neumarkt am Mieresch (ung. Marosvásárhely, rum. Târgu Mureş) registrieren.

Es bleibt anzumerken, dass man die Beschreibung der Bände der Alten Ungarischen Bibliothek über die Akademiebibliothek Klausenburg – und damit auch der unitarischen RMK-Bände – in der Datenbank MOKKA-R vergeblich sucht. Es wäre nützlich, wenn unter den Beschreibungen und in ihnen enthaltenen individuellen Charakteristika in naher Zukunft auch die Possessoreneinträge erreichbar wären, sofern sich dies einrichten lässt.

Zum vierten: Nur selten kann in ungarischen, siebenbürgischen oder rumänischen Sammlungen eine organisierte Possessorenforschung stattfinden. Wegen der fehlenden finanzielle Förderung kommt es noch seltener vor, dass die Forschungsergebnisse im Druck erscheinen. Die organisierte Forschung zur Geschichte der Siebenbürger unitarischen Lesestoffe verdankt diesen Veröffentlichungen aus Klausenburg[53], Neumarkt

Ihr Besitzer Pál Gyergyai war Senior des Klausenburger Unitarischen Kollegiums und später Senator von Klausenburg. Signatur: RA 3168, ID der Titelaufnahme: SZTEEK RA 3168.

50 In dem Eintrag von 2006 wird ein 1588 in Genf erschienener Band von Péter Laskai Csókás (Theorematum de puro et expresso Dei verbo – RMK III. 529) beschrieben, ein bislang unbekannter Band aus der Bibliothek des Bischofs György Enyedi (1592–1597). Signatur: RMK 345. ID der Titelaufnahme: DRTADB RMK 345. In dem Eintrag von 2007 wird die Arbeit *De sacramentis in genere* (RMK III. 742) von Bálint Szikszai Hellopoeus beschrieben, die 1585 in Genf erschien. Der Band stammt aus der Bibliothek des Bischofs Valentinus Radecius (1616–1632). Signatur: RMK 601. ID der Titelaufnahme: DRTADB RMK 601.

51 In dem Eintrag von 2006 wird der Band *De vera religione libri quinque* von Johannes Volkelius (erschienen 1630 in Raków) beschrieben. Sein einstiger Besitzer István Makai war zwischen 1626 und 1644 Geistlicher in Klausenburg. Signatur: 80012. ID der Titelaufnahme: ZAMK 80012.

52 http://www.eruditio.hu/mokka-r/

53 Meda-Diana Hotea, Mária Kovács, Emilia-Mariana Soporan: Catalogul cărţii rare din colecţiile Bibliotecii Centrale Universitare „Lucian Blaga"(sec. XVI-XVIII). Cluj-Napoca 2007.

am Mieresch[54], Großwardein/Nagyvárad/Oradea[55] oder Bukarest[56] viel, geben sie doch Kunde von einigen uns sehr wichtigen Bänden, die im alten Handschriften- oder Bücherbestand aufbewahrt werden.

Einen unschätzbaren Wert stellen für uns darüber hinaus die handschriftlich erhaltenen Possessorensammlungen dar. Professor Zsigmond Jakó und seine Studenten führten in der zweiten Hälfte der 1950er und am Anfang der 1960er Jahre in mehreren Siebenbürger Bibliotheken Sammlungen durch, auf deren Grundlage wir beispielsweise in der Universitätsbibliothek Klausenburg oder in der Wissenschaftlichen Bibliothek Oderhellen/Székelyudvarhely/Odorheiu Secuiesc Büchern nachgehen können.[57] Jakó machte uns auch mit zwei ihm anvertrauten Handschriften bekannt. Lajos Kelemen erstellte 1947, vor der zu erwartenden Verstaatlichung, ein Verzeichnis der alten Bücher des Unitarischen Kollegiums Klausenburg.[58] Frau Kálmán Tóth hingegen beschäftigte sich mit den Büchern, die in den Besitz des rumänischen Staates übergegangen, aber noch im Gebäude der Akademiebibliothek verblieben waren.[59]

Die oben beschriebenen Umstände werfen ein Licht darauf, warum wir über den zweiten Abschnitt unserer Forschung – die Forschung nach nicht verzeichnisartigen Quellen – folgende Feststellung machen müssen: Trotz der Arbeit der vergangenen mehr als zehn Jahre hat sie nur erst begonnen, vollständig abgeschlossen wird sie noch in vielen Jahren nicht sein.

---

54 Katalog der Antiquabücher der Teleki-Bolyai-Bibliothek, siehe Fußnote 24.

55 A nagyváradi Római Katolikus Egyházmegyei Könyvtár régi állománya. Altbücherbestand der Bibliothek der Diözese in Großwardein. I. Ősnyomtatványok (Inkunabeln). XVI. századi nyomtatványok [Drucke des 16. Jahrhunderts]. Régi magyar könyvtár [Alte ungarische Bibliothek]. Katalog, zusammengestellt von András Emődi. Budapest Großwardein 2005 (= A Kárpát-medence magyar könyvtárainak régi könyvei. [Altbücherbestände ungarischer Bibliotheken im Karpatenbecken 1].

56 Elena-Maria Schatz: Catalogul colecţiei de incunabule. (Katalog der Inkunabeln-Sammlung) Bukarest 1995.

57 (1) Caiet de [...] Biblioteca din Oradea [Possessorenverzeichnis der aus Großwardein in die Universitätsbibliothek Klausenburg gelangten Bücher]. (ohne Verf.)
(2) Székelyudvarhelyi Ref. Kollégium Könyvtárának régi könyvei (1). (1957. jul. 14.) [Die alten Bücher der Bibliothek des Reformierten Kollegiums Oderhellen (1). (14. Juli 1957)].
(3) A Székelyudvarhelyi Ref. Kollégium Könyvtárának régi könyvei (2). (1961. jul. 26–29.) [Die alten Bücher der Bibliothek des Reformierten Kollegiums Oderhellen (2). (26.–29. Juli 1961)].
Fundort: Nachlass von Professor Zsigmond Jakó, Klausenburg; Kopien im Besitz der Verfasserin.

58 Kelemen, Lajos: Kolozsvári Unitár. Koll. nagykönyvtára. Bejegyzések [Die große Bibliothek des Unitarischen Kollegiums Klausenburg. Einträge]. Fundort: Nachlass von Professor Zsigmond Jakó, Klausenburg. Kopie im SUK-Zentralarchiv und im Besitz der Verfasserin.

59 Tóth, Kálmánné: Az Unitárius Kollégium Könyvtárának possessorjegyzéke [Possessorenverzeichnis der Bibliothek des Unitarischen Kollegiums]. Fundort: Nachlass von Professor Zsigmond Jakó, Klausenburg. Kopie im SUK-Zentralarchiv und im Besitz der Verfasserin.

## Rekonstruktion der Siebenbürger unitarischen institutionellen und privaten Bibliotheken des 16.–18. Jahrhunderts

Der Abschluss der Erschließung der Siebenbürger unitarischen verzeichnisartigen Quellen des 16.–18. Jahrhunderts und die Possessorenforschungen der vergangenen Jahre ermöglichen bereits die Publikation einzelner Teilergebnisse. In unserem dritten Forschungsabschnitt verfolgen wir nämlich das Ziel, die institutionellen und privaten unitarischen Bibliotheken des 16.–18. Jahrhunderts zu rekonstruieren und diese Rekonstruktionen zu publizieren.

Der Bestand des einstigen Unitarischen Kollegiums Klausenburg barg unter diesem Gesichtspunkt wahre Schätze für uns. Auf der Grundlage der Possessoreneinträge in Handschriften und alten Büchern können wir zum ersten Mal die Rekonstruktion der institutionellen und privaten Bibliotheken von Klausenburg in Angriff nehmen.[60]

Wir können nicht nur die von János Káldos und Mihály Balázs erstellte Rekonstruktion zweier Privatbibliotheken ergänzen, sondern auch viele bisher beinahe unbekannte Bibliotheken von Klausenburger geistlichen und weltlichen Personen vorstellen.[61] Wie erwähnt, konnten bisher beinahe 140 Klausenburger Possessoren identifiziert werden.

Die Erforschung der institutionellen Bibliotheken bot bereits am Anfang mehrere Überraschungen, die nicht nur unsere bisherigen Vorstellungen über die Geschichte der betreffenden Bibliotheken veränderten, sondern aller Wahrscheinlichkeit nach auch dafür sorgen, dass die Geschichte der Siebenbürger unitarischen Lesestoffe neu geschrieben werden muss.[62]

---

60 Diese erscheinen demnächst in einem Buch der Verfasserin in der Reihe Kárpát-medence kora újkori könyvtárai [Bibliotheken im Karpatenbecken in der frühen Neuzeit].

61 János Káldos rekonstruierte die Bibliothek von György Enyedi, Mihály Balázs die Bibliothek von Máté Toroczkai. In: Ungarländische Antitrinitarier II. György Enyedi. Von János Káldos unter Mitwirkung von Mihály Balázs. Baden-Baden, Bouxwiller 1993, S. 151–154 (= Bibliotheca dissidentium. Répertoire des non-conformistes religieux des seizième et dix-septième siècles [im Weiteren: Bibliotheca Dissidentium], hg. von André Séguenny in Zusammenarbeit mit Irena Backus und Jean Rott. Band XV). – Ungarländische Antitrinitarier III: Demeter Hunyadi, Pál Karádi, Máté Toroczkai, György Válaszúti und János Várfalvi Kósa. Redaktion: Mihály Balázs. Baden-Baden, Bouxwiller 2004, S. 154–160 (Bibliotheca dissidentium XXIIII).

62 Gyöngyi Bíró: A kolozsvári unitárius egyházközség könyvtára a XVI–XVIII. században [Die Bibliothek der unitarischen Kirchengemeinde Klausenburg im 16.–18. Jahrhundert]. In: Kolozsvár 1000 éve. A 2000. október 13–14-én rendezett konferencia előadásai [1000 Jahre Klausenburg. Vorträge der Konferenz vom 13.–14. Oktober 2000], hg. von Tibor Kálmán Dáné, Ákos Egyed, Gábor Sipos, Rudolf Wolf. Kolozsvár 2001, S. 140–149. – Dies.: A kolozsvári unitárius intézményi könyvtárak története a 18. században [Die Geschichte der institutionellen unitarischen Bibliotheken in Klausenburg im 18. Jahrhundert). In: Könyves műveltség Erdélyben [Bücherbildung in Sieben bürgen], zusammengestellt von Réka Bányai. Marosvásárhely 2006, 81–89. – Dies.: A kolozsvári unitárius kollégium könyvtára (szócikk) [Die Bibliothek des unitarischen Kollegiums Klausenburg (Lexikonartikel)]. In: Magyar Művelődéstörténeti Lexikon. Középkor és kora újkor VI [Ungarisches

Besonders die Arbeiten im Zusammenhang mit der gemeinsamen Bibliothek der ungarischen und sächsischen unitarischen Kirchengemeinde brachten einen Wendepunkt in unserer Forschung.

Die Verweise auf die Bestände der vom Ende der 1560er Jahre bis 1716 in der St.-Michaels-Kirche betriebenen Bibliothek war früher sowohl in der bibliographischen Beschreibung als auch in der Textausgabe falsch: sie wurden zum Bestand der Kollegiumsbibliothek gerechnet.[63] Erst beim Abgleich der Angaben aus den Verzeichnissen verrieten die Einträge in den erhaltenen Bänden, dass es sich doch um Bände aus der Bibliothek der Kirchengemeinde handelt.

Auf der Grundlage der Beschreibung der in der zweiten Hälfte des 18. Jahrhunderts entstandenen Siebenbürger unitarischen Kirchengeschichte war man bislang davon ausgegangen, dass die Bibliothek der Kirchengemeinde 1716, als die Michaelskirche in katholische Hände kam, einen bedeutenden Verlust erlitten habe. Nur darüber, von welchem Ausmaß dieser Verlust gewesen sei, bestanden unterschiedliche Ansichten. Gemäß einem 1738 zum Vorschein gekommenen Bücherverzeichnis der Bibliothek der Kirchengemeinde, das mit dem der Klausenburger Akademiebibliothek abgeglichen wurde, übersteigt jedoch die Anzahl der 1716 an die Unitarier zurückgegebenen Bücher jede bisherige Schätzung: es handelt sich um mehrere hundert Bände.[64] Die Bibliothek der Kirchengemeinde erlitt also 1716 keine wesentliche Zerstörung: Sie blieb eine der bedeutendsten Bibliotheken Siebenbürgens.

Außer den Aufzeichnungen über die Ausleihe belegen mehrere Archivquellen, dass diese Bibliothek eine bibliotheca publica war: die Mitglieder der Siebenbürger unitarischen Gemeinschaft konnten in Klausenburg Bücher ausleihen und sie mit nach Hause nehmen, um sich bei ihrer Arbeit als Geistlicher oder Lehrer helfen zu lassen. Diese bildungsorganisierende Rolle übernahm ab der Mitte des 18. Jahrhunderts die Bibliothek des Kollegiums.

Nach den Rekonstruktionen der institutionellen und privaten unitarischen Bibliotheken Klausenburgs möchten wir mit Hilfe dreier noch nicht publizierter Kataloge und der in der Klausenburger Akademiebibliothek gefundenen Bände die Rekonstruktion der Bibliothek der Thorenburger Schule des 18. Jahrhunderts fertigstellen und herausgeben.[65]

---

Kulturgeschichtliches Lexikon. Mittelalter und frühe Neuzeit VI], hg. von Péter Kőszeghy. Budapest 2006, S. 17–18.

63 KtF III. S. 66, 72, 75, 76, 94; KtF VI, S. 96 sowie der bereits erwähnte Catalogus aliorum libror(um) (1675), dessen Beschreibung in den Heften zur Bibliotheksgeschichte nicht enthalten ist.

64 KtF XII, S. 83.

65 Gyöngyi Bíró: A tordai unitárius iskola könyvtárának története a XVIII. században [Die Geschichte der Bibliothek der unitarischen Schule Thorenburg im 18. Jahrhundert]. – Vortrag anlässlich der von den Wissenschaftlichen Sammlungen des Reformierten Kollegiums Sárospatak veranstalteten internationalen Konferenz und Ausstellung „Egyházi könyvkultúra Magyarországon és Európában a 15. század végétől a 18. század közepéig. Religious Book Culture in Europe and Hungary from the end of the 15$^{th}$ century to the late 18$^{th}$ century“ (Sárospatak, 1.–3. Oktober

Weitere Rekonstruktionspläne hängen von späteren Möglichkeiten der Possessorenforschung ab.

Ähnlich wie über den zweiten Abschnitt unserer Forschung können wir auch hier sagen, dass die Rekonstruktion der institutionellen und privaten unitarischen Bibliotheken nur begonnen hat und erst von den späteren Fortsetzern unserer Arbeit beendet werden wird.

## Schlusswort

In diesem Aufsatz wurde der Versuch unternommen, die Quellen, Möglichkeiten und Schwierigkeiten eines vor über zehn Jahren begonnenen Projekts vorzustellen. Nach der vollständigen Erschließung der Quellen zur Geschichte der Siebenbürger unitarischen Lesestoffe, der Ausnutzung der Rekonstruktionsmöglichkeiten und Überwindung der Schwierigkeiten eröffnet sich – nach vielen Jahren – zum ersten Mal die Möglichkeit, eine umfassende Monographie über die Geschichte der Siebenbürger unitarischen Lesestoffe im 16.–18. Jahrhundert herauszugeben.

Die Arbeit derer, die die Forschung bisher unterstützt haben und dies in Zukunft tun werden, sorgt gewiss dafür, dass dieses lesegeschichtliche Erbe nicht nur die vergangenen Jahrhunderte, sondern auch unsere Gegenwart überdauert.[66]

## Zusammenfassung

### Research on the history of reading matters of Unitarians in Transylvania in the 16–18$^{th}$ centuries. Sources and a possible reconstruction

Research on reading matters of Unitarians in Transylvania began in Szeged in the 1990ies. The starting point ware already analyzed sources concerning the history of reading in the Carpathian basin. The library of the former Unitarian College of Klausenburg, today part of the Academic Library, is the most important basis to investigate this problem. In a first step, records of the character of registers were examined. Parallel, materials of any other type – letters, literary sources, quotes and collections of quotes, diverse entries, especially possessor's entries, were analyzed. Such entries in books from Klausenburg could be reconstructed, results will be published soon. In a third step some Unitarian private libraries will be reconstructed. So far,

2003). – Dies.: A tordai unitárius iskola régi könyvtára [Die alte Bibliothek der unitarischen Schule Thorenburg]. In: Keresztény Magvető 2006, S. 311–319.

66 Mein Dank gilt an dieser Stelle Mihály Balázs, Réka Bányai, Ágnes Flóra, Judit Kolumbánné Mihály, Mária Kovács, Sándor Kovács, B. Lehel Molnár, István Monok, Róbert Oláh, András Lajos Róth, Enikő Rüsz-Fogarasi, Előd Ősz und Attila Verók.

book collections by more than 140 theologists and lay church members could be identified. This time-consuming work will still mean work for further generations.

## A 16–18. századi erdélyi unitárius olvasmánytörténet kutatása. Források és rekonstrukciós lehetőségek

Az erdélyi unitárius olvasmányok szervezett kutatása Szegeden kezdődött az 1990-es években. A kutatás kiindulópontját a kárpát-medencei olvasmányok történetét megvilágító, már feltárt források képezték. Az ezzel kapcsolatos legfontosabb gyűjtemény a Kolozsvári Akadémiai Könyvtárban található egykori kolozsvári Unitárius Kollégium könyvtára. A kutatás első szakaszában az 1560-as évek végétől a 18. század végéig keletkezett jegyzékszerű források feltárása történt meg. Ezzel párhuzamosan a kutatói érdeklődés homlokterébe kerültek a nem jegyzékszerű források is: levelek, irodalmi források, idézetek (idézetjegyzékek), könyvbe írt jegyzetek, töredékes adatok és különösen a könyvtulajdonosi bejegyzések. Sikerült rekonstruálni a kolozsvári könyvállomány tulajdonosi bejegyzéseit, amelyek hamarosan közzétételre kerülnek.
A kutatás harmadik szakaszában az unitárius magánkönyvtárak rekonstrukciója zajlik. Eddig mintegy 140 kolozsvári egyházi és világi személy eddig szinte teljesen ismeretlen könyvtárát sikerült azonosítani. Az időigényes munka azonban még további kutatónemzedékeknek ad bőséges feladatot.

## Cercetări despre textele destinate lecturii din cadrul unitarismului transilvan din secolele al XVI–XVIII-lea. Izvoare şi posibilităţile unei reconstrucţii

Cercetarea coordonată despre istoria materialelor unitariene din Transilvania destinate lecturii, a început în Szeged în anii 1990. Punctul de pornire îl reprezintă izvoare deja examinate despre istoria materialelor destinate lecturii, aflate în bazinul carpatic. În Biblioteca Academiei din Cluj se găsesc fondurile bibliotecii fostului Colegiu Unitarian din Cluj, reprezentând cea mai importantă colecţie pe acest subiect. Într-o primă fază au fost cercetate materiale administrative de la sfârşitul anilor 1560 şi până la finele secolului al XVIII-lea. În paralel s-a analizat şi alt tip de materiale precum scrisori, surse literare, citate (colecţii de citate), glose pe marginea diferitelor cărţi, note fragmentare, în special inventarul posesorilor acestora. Lista posesorilor cărţilor din fondurile bibliotecii clujene a putut fi reconstruită şi va fi curând publicată.
În a treia parte a cercetării vor fi reconstruite bibliotecile unitariene private. Multe dintre bibliotecile aproape necunoscute ale circa 140 de clerici şi laici clujeni au putut fi identificate. Această activitate cronofagă de reconstruire va preocupa şi generaţii viitoare.

# Altdorf und die siebenbürgischen Unitarier

*Mihály Balázs*

Als Gustav Georg Zeltner die *Historia Crypto-Socinianismi Altdorfianae* veröffentlicht hatte[1], wurde eine außerordentlich spannende Episode in der Geschichte der Altdorfer Universität für breite Kreise bekannt. Um nur die wichtigsten Fakten zu erwähnen: Auf Anregung Albert Grawers, des Wittenberger Professors und erbitterten Gegners der Unitarier, wurde 1616 eine Untersuchung in die Wege geleitet, ausgerichtet auf die Person des 1612 verstorbenen Philosophie- und Theologieprofessors Ernst Soner. Aus der Untersuchung ging hervor, dass es im Umfeld des besagten Professors ab 1606 eine sozinianische Gruppe gegeben haben soll, deren Mitglieder geheime Versammlungen veranstaltet haben, bei denen es nicht nur um theologische Fragen ging, sondern man soll auch das Abendmahl in der Form genommen haben, wie man es seinerseits für richtig hielt. Der Magistrat traf eine ganze Reihe von Maßnahmen, um die Verbreitung dieser Pest zu hemmen, unter denen die spektakulärste war, als man am 30. Juni 1616 auf dem Altdorfer Marktplatz die bei den Soner-Anhängern gefundenen sozinianischen Bücher verbrannte.

Seither setzte man sich mit dem Altdorfer Krypto-Sozinianismus in einer ansehnlichen Menge von Fachliteratur auseinander, die bemerkenswerte Unterschiede in der Interpretation dieser Erscheinung aufweist. Es gibt Verfasser, die ihn als eine unbedeutende Episode einschätzen, wie z. B. Siegfried Scheurl in seiner Arbeit über die frühe Geschichte der theologischen Fakultät[2]. Andere wiederum halten ihn für den Wendepunkt in der Geschichte des Sozinianismus. Sie sind der Ansicht, dass in dem besagten Kreis zum ersten Mal der Anspruch formuliert wurde, eine philosophische Fundierung für die trinitätsleugnenden Bewegungen zu schaffen. Laut dieser Auffassung hätten manche der großen sozinianischen Theoretiker des 17. Jahrhunderts (Johann Crell, Martin Ruar, Jonas Szlichting, Samuel Pszypkowski) daraus ihre Motivation geschöpft, um ihre Ansichten philosophisch zu untermauern.[3]

---

1 ZELTNER, Gustav Georg: Historia Crypto-Socinianismi Altorfinae quondam Academiae infesti arcana, 2 Bde., o.O. 1729, I, S. 819–856.

2 SCHEURL, Siegfried Freiherr von: Die theologische Fakultät Altdorf im Rahmen der werdenden Universität 1575–1623, Nürnberg 1949.

3 OGONOWSKI, Zbigniew:, Aristotelizm heterodoksalny w religijności zracjonalizowanej. In: Studia filozoficzne 4, 1964, S. 71–110. – DERS.: Socynianizm i oświecenie. Studia nad myślą filozoficzno-religijną arian w Polsce XVII wieku, 1966. – CACCAMO, Domenico:, Ernest Soner i

Meiner Ansicht nach ist diese Diskussion noch bei weitem nicht beendet, und dies wäre auch nicht wünschenswert, zumal das von Friedrich Vollhard geleitete Projekt gerade diese Frage in den Mittelpunkt seiner Forschungen gestellt hat, um sie gründlicher und vielseitiger zu untersuchen als es bisher der Fall war. – Im Rahmen dieser Forschungsarbeit wurden 2008 und 2010 in München Workshops veranstaltet, wo die Forschungsaufgaben konkretisiert wurden.[4]

Die Forscher des siebenbürgischen Antitrinitarismus sind in besonderem Maße an einer differenzierten Untersuchung interessiert, wenn man ihren verhältnismäßig geringen Anteil in der Fachliteratur berücksichtigt. Fast jede Zusammenfassung erwähnt nämlich, dass auf die Nachricht über die Tätigkeit von Soner hin ganze Scharen von jungen Leuten aus Polen, Litauen, Ungarn und Siebenbürgen dahin geströmt waren. Wer jedoch in diesen Jahren aus Siebenbürgen nach Altdorf kam und was sie da taten, wurde bislang nicht untersucht. Ein Hauptgrund dafür ist, dass man zu den Beziehungen zwischen Altdorf und den polnischen Antitrinitariern über wesentlich mehr Dokumente verfügt: Dank der erhalten gebliebenen Briefe und Tagebücher müssen die Experten nicht nur mit den Immatrikulationsangaben vorliebnehmen.

Was die Inskriptionen betrifft, so scheint die wichtigste Angabe zu sein, dass noch zu Soners Lebzeiten drei siebenbürgische Unitarier am gleichen Tag, nämlich am 25. November 1608 ihre Studien dort begonnen haben. Drei junge Männer trafen also gleichzeitig ein und zogen wahrscheinlich gar nicht weiter an andere Universitäten, denn ihre Namen tauchen in keiner anderen Matrikel auf. Dies gilt als Ausnahmefall, denn die Peregrinanten suchten in der Regel mehrere Lehranstalten auf. Wie lange sie in Altdorf geblieben sind, ist nicht bekannt, trotzdem halte ich ihr gemeinsames Auftreten, um ein und dasselbe Ziel zu erreichen, für bemerkenswert. Obendrein geht es bei den drei Personen auch noch um die Söhne von maßgebenden Klausenburger Patrizierfamilien.

1. Laurentius Filstich ist das Mitglied einer der wichtigsten Familien der Klausenburger sächsischen Nation.[5] Der Großvater, der den gleichen Namen trug, war im Jahre der Verurteilung von Ferenc Dávid der erste Mann der Stadt, der zusammen mit der Stadtgemeinde eine nicht geringe Summe dafür aufbrachte, um durch die Bestechung von Biandrata ihren Prediger aus dem Kerker zu befreien. Der Vater Petrus Filstich vertrat die Stadt in schwierigen Zeiten mehrmals als Gesandter

kryptosocynianizm w Altdorfie. In: ORP 9 (1964), S. 85–104. – DERS.: Sozinianer in Altdorf und Danzig im Zeitalter der Orthodoxie. In: Zeitschrift für Ostforschung 19 (1970), S. 42–78.

[4] Die neueste Zusammenfassung mit einer ausführlichen Bibliographie: MÄHRLE, Wolfgang: Eine Hochburg des Kryptocalvinismus und des Kryptosozinianismus? Heterodoxie an der Nürnberger Hochschule in Altdorf um 1600. In: Mitteilungen des Vereins für Geschichte der Stadt Nürnberg 97 (2010), S. 195–234.

[5] Erdélyiek egyetemjárása a korai újkorban [Siebenbürger an den Universitäten der frühen Neuzeit 1521–1700], hg. von Miklós SZABÓ und Sándor TONK. Szeged 1992, N° 1531. (Fontes Rerum Scholasticarum IV).

und er brachte Ordnung in die finanziellen Angelegenheiten der Jesuiten, die im Jahre 1606 für längere Zeit der Stadt verwiesen worden waren.

2. Stephanus Baczy (Bácsi István)[6] war das Mitglied der ungarischen Nation und er hatte die steilste Laufbahn der drei besagten Peregrinanten: Nachdem er mehrere Stadtämter bekleidet hatte, wurde er 1640–1642 Stadtrichter.

3. Ebenfalls zur ungarischen Nation gehörte Thomas Viczy (Viczi Tamás),[7] von dem uns lediglich so viel bekannt ist, dass sein Vater ein angesehener Goldschmied war.

Zwar kann nicht jeder weitere Lebensweg anhand der zur Verfügung stehenden Angaben immer rekonstruiert werden, ihnen gemeinsam ist aber, dass keiner die geistliche Laufbahn einschlug, sondern einen weltlichen Beruf wählte. Laurentius Filstich entfernte sich am wenigsten vom Kirchenleben, der zwischen 1619 und 1622 in den Quellen als Küster apostrophiert wird. Er ging später übrigens zum reformierten Glauben über und wurde von Fürst Georg Rákóczi I. mit der Reorganisation der reformierten Kirche beauftragt. Aus dem bisher Gesagten kann eventuell doch darauf geschlossen werden, dass die im Jahre 1608 Immatrikulierten vielleicht nicht nur um des Studierens willen nach Altdorf gekommen waren. Denkbar wäre, dass die drei Herren die Delegation der Hauptförderer der Klausenburger unitarischen Kirche verkörperten. Außer dem Studium haben sie vielleicht auch noch vorgehabt, auf dem Campus der wohlhabenden Reichsstadt Glaubensgenossen zu begegnen und dabei abzuwägen, ob die Kontaktaufnahme mit der Stadt selber möglich und ob die Universität längerfristig aufnahmebereit sei.

Um die Situation verstehen zu können, soll darauf hingewiesen werden, was für riesige Erschütterungen die Unitarier ab Anfang der 1590er Jahre erleben mussten. Auf die Einzelheiten kann ich hier jetzt nicht eingehen, an Folgendes will ich aber erinnern: In der historischen Fachliteratur der letzten Jahre war es fast zum Gemeinplatz geworden, dass für Siebenbürgen nicht die Niederlage in Mohács, sondern der sog. Lange Türkenkrieg die große historische Katastrophe bedeutete.[8] Die Gemeinschaft der Unitarier gehörte zu denen, die besonders große Verluste erleiden mussten: An der Schwelle zum Krieg, im Jahre 1594 wurde der Großteil ihrer aristokratischen Förderer während der Machtkämpfe getötet. Diese waren nämlich damit nicht einverstanden, dass sich Siebenbürgen dem von den Jesuiten so attraktiv geschilderten Kreuzzug anschlösse, der Europas schnelle Befreiung versprach.

Später verloren sie für eine Zeit sämtliche Institutionen, Kirchen und Schulen, und in der finstersten Zeit durften sie in Klausenburg nicht einmal öffentliche

---

6 Szabó, Tonk: Erdélyiek egyetemjárása No 2584.

7 Szabó, Tonk: Erdélyiek egyetemjárása No 2746.

8 Pálffy, Géza: Die Türkenabwehr in Ungarn im 16. und 17. Jahrhundert – ein Forschungsdesiderat. In: Anzeiger der philosophisch-historischen Klasse der Österreichischer Akademie der Wissenschaften 137 (2002), S. 99–131.

Gottesdienste halten. Überlegt man sich, dass sich dies in einer Stadt abspielte, deren Einwohner zu 95 % unitarisch waren, gewinnt diese Tatsache ein besonderes Gewicht. Unter diesen Umständen konnten sie selbstverständlich nicht daran denken, weiterhin regelmäßig unitarische Jugendliche an ausländische Universitäten zu schicken.[9] Besonders vielsagend ist, dass wir aus dieser Zeit nur zwei Inskriptionen kennen: An der von den Unitariern bevorzugten Universität in Padua ließen sich 1597 Pál Göcs und 1603 Pál Csanádi einschreiben.

Die früher für ihre Aufgeschlossenheit berühmten Unitarier mussten also in fast völliger Isolierung leben und dazu trugen auch noch weitere Momente bei. Es gibt zwar Angaben darüber, dass sie in den schlimmsten Zeiten von den polnischen Glaubensgenossen Hilfe bekommen haben: Der Klausenburger Prediger Pál Göcs z.B. floh zwar im Jahre 1603 nach Polen, die Kontakte zu den polnischen Antitrinitariern waren jedoch bei weitem nicht so harmonisch und ausgeglichen. Mehrere Anzeichen deuten darauf hin, dass gerade am Anfang der Krisenzeit erneut jene dogmatischen Diskussionen auf die Tagesordnung kamen, die die zwei Gemeinden getrennt haben. Die Veröffentlichung von *De invocatione Jesu Christi* von Fausto Sozzini im Jahre 1595 sowie die mit György Enyedi im Briefwechsel geführte und nur fragmentarisch bekannte Diskussion 1596 verweisen eindeutig darauf, dass die Spannung zwischen den ausschlaggebenden Strömungen innerhalb der Gemeinden nicht nachgelassen hat.[10] Das ungarische Textmaterial der Zeit kennen wir zwar noch nicht im erforderlichen Maße, soviel steht trotzdem fest, dass im siebenbürgischen Antitrinitarismus, der während der Bischofszeit von Enyedi, János Várfalvi Kósa und Máté Toroczkai seine Differenziertheit und Vielfarbigkeit weiterhin beibehielt, der Nonadorantismus ausschlaggebend war, der das geistige Erbe von Palaeologus und Franz Davidis bewahrte.[11] Außerdem darf nicht vergessen werden, dass Raków zu dieser Zeit noch nicht das hohe Niveau hatte wie später. (Aufschlussreich in diesem Zusammenhang ist jenes Schreiben der polnischen Sozinianer an die Siebenbürger im Jahre 1629, in dem sie es ausgesprochen beschwerlich finden, dass die Siebenbürger ihre Kinder nicht zu ihnen schicken wollen.[12])

---

9 Zu den Eigenarten und Schwierigkeiten der unitarischen Peregrination siehe: Keserű, Bálint: Peregrinatio academica dissidentium der Siebenbürger Unitarier. In: Universitas Budensis. International conference for the history of universities in the occasion of the University of Buda, hg. von László Szögi, Júlia Varga. Budapest 1997.

10 Bibliotheca Dissidentium. Répertoire des non-conformistes religieux des seizième et dix-septième siècles. Band XV. (Ungarländische Antitrinitarier II. György Enyedi). Baden-Baden 1993, hg. von János Káldos unter Mitwirkung von Mihály Balázs (Bibliotheca Bibliographica Aureliana CXXXVII).

11 Balász, Mihály: Gab es eine unitarische Konfessionalisierung im Siebenbürgen des 16. Jahrhunderts? In: Konfessionsbildung und Konfessionskultur in Siebenbürgen in der Frühen Neuzeit. Stuttgart 2005, S. 135–142. (Quellen und Studien zur Geschichte des östlichen Europa 66).

12 Siehe dazu: Keserű, Gizella: The Late Confessionalisation of the Transylvanian Unitarian Church and the Polish Brethren. In: Faustus Socinus and his Heritage, hg. von Lech Szczucki.

Auf jeden Fall ist bemerkenswert, dass das aktivste Mitglied des Soner-Kreises in den Jahren 1608–1610 der Litauer Michael Güttich war, von dem es in einer Quelle heißt, er habe in Siebenbürgen die Schule von Valentin Radecke/Radecius besucht. Sein Biograph im 20. Jahrhundert meint zu wissen, dass er vor seiner Abreise nach Altdorf in Siebenbürgen aktiv für den Unitarismus warb.[13] Siebenbürgische Quellen belegen dies zwar nicht, eine gewisse Affinität gegenüber den Hiesigen ist aber nicht auszuschließen. Dies hinterließ seine Spuren sogar in seinen späteren theologischen Werken.

Vielleicht hängt damit zusammen, dass der nach Angaben von Samuel Bock auf der natürlichen Vernunft aufbauende („ipsa ratione et jure naturae dictante") und von den Autoritäten jedwede Abhängigkeit meidende („nolo cuiusquam ab auctoritate pendere, sed solis rationibus") Güttich überhaupt kein harmonisches Verhältnis zum Generalstab der Sozinianer unterhielt, denn die Ausgabe seiner Abhandlung („De persona Christi") wurde laut Bock durch Smalcius verhindert.[14]

Denkbar ist also, dass auch die radikalere Christologie der Siebenbürger in Altdorf vertreten war; dass die aus Klausenburg eintreffenden Gruppen diesem Radikalismus eine kontinuierliche Präsenz hätten gewähren können, will ich jedoch nicht behaupten. Verhindert wurde dies bereits dadurch, dass sich die nächste Gruppe wesentlich später, schon nach Soners Tod meldete: Am 14. Oktober 1614 kam Johannes Szilágyius[15] in Begleitung von Stephanus Makai Rasor,[16] der vielleicht schon nach einem Semester nach Ingolstadt ging. Ab Ende 1616 studierten beide schon in Leiden Philosophie. Letzterer ist der bedeutendere, von dem wir ab 1620 als dem Professor am Klausenburger Kolleg wissen, und der zwischen 1626 und 1644 als unitarischer Prediger tätig war. Sein Bruder war jener János Makkai Nyírő, der 1619 in Klausenburg eine Druckerei errichtete, um unter den reformierten Fürsten wenigstens die selten sich ergebenden Gelegenheiten zu nutzen und die wichtigen Werke für ihre unitarische Gemeinde erscheinen lassen zu können. Das bedeutendste unter diesen war die von Máté Toroczkai verfertigte ungarische Übersetzung der berühmten „Explicationes" von György Enyedi, die 1619 bzw. 1620 unter abenteuerlichen Umständen erschienen ist.[17]

Zum vollständigen Bild gehört auch jener Matthias Rhaw/Ravius aus Siebenbürgen, der für sein Organisationstalent berühmt war, den die ungarischsprachige unitarische Kirchengeschichte in einem eher negativen Licht erscheinen lässt.[18]

---

Kraków 2005, S. 163–188.

13 Polski Słownik Biograficzny, T, VIII, 9–10 (Stanisław Szczotka).

14 Bock, Friedrich S.: Historia Antitrinitariorum, 2 Bde., 1774–78; I, S. 372.

15 Szabó, Tonk: Erdélyiek egyetemjárása, N° 1154.

16 Szabó, Tonk: Erdélyiek egyetemjárása, N° 2589.

17 RMNY 494 Vgl. damit die grundlegende Arbeit: Tóth, Kálmán: Könyvnyomtató Makkai Nyírő János deák [Der Buchdrucker János Makkai Nyírő]. In: Kelemen Lajos emlékkönyv. Bukarest, 1957.

18 Szabó, Tonk: Erdélyiek egyetemjárása, № 1830. Zur differenzierten Darstellung seiner Tätigkeit vgl.: Keserű, Gizella: The Late Confessionalisation. In: Faustus Socinus and his Heritage, hg. von Lech Szczucki. Kraków 2005, S. 163–188.

Ravius ließ sich am 14. Februar 1614 in Altdorf einschreiben, und man weiß auch, dass er nicht unmittelbar aus Siebenbürgen kam, sondern aus Raków, wo man ihm wichtige Nachrichten und Briefe mitgab. Dieser Mann aus einer angesehenen sächsischen Familie aus Klausenburg unterhielt in der Tat enge Kontakte zu den sozinianischen Theologen. Aus Altdorf ging er bald nach Jena, wurde nach seiner Rückkehr Prediger der Klausenburger sächsischen Gemeinde und heiratete die Tochter von Radecius. Er bemühte sich außerordentlich intensiv darum, dass der siebenbürgische Antitrinitarismus einheitlich sozinianisch werden sollte, diese Absichten hatten aber traurige Folgen. Er hegte auch Bischofsambitionen und initiierte Mitte der 1630er Jahre jene theologischen Diskussionen, infolge deren die reformierte fürstliche Macht leichter gegen die Nonadorantisten und Sabbatarier auftreten konnte. Dies führte dann zu jenen Maßnahmen, die diese radikalen Strömungen verboten, in die Illegalität drängten und letztendlich den gesamten Unitarismus abschwächten.

Aus den Inskriptionsangaben lassen sich diese Kontakte und Berührungspunkte erschließen. Im Folgenden möchte ich aber drei Episoden erwähnen, die nicht einmal solch wenige Spuren in den Dokumenten bezüglich des Soner-Kreises hinterließen und auch in den Beiträgen auf dem oben erwähnten Workshop nicht vorkamen.

Chronologisch betrachtet ist als erster Christian Francken zu benennen, der in der zweiten Hälfte der 1580er Jahre in Altdorf unterrichtete. Unseres Wissens wurde seine Tätigkeit nicht unmittelbar dokumentiert, es ist aber keineswegs sicher, dass die bekannterweise abenteuerliche Laufbahn sowie die überlieferten Werke von Francken hinsichtlich der späteren geistesgeschichtlichen Strömungen in Altdorf keine wichtige Rolle gespielt haben. Die zwei vielleicht spannendsten handschriftlichen Stücke dieses Lebenswerks („Disputatio inter theologum et philosophum de incertitudine religionis christianae und Spectrum diurnum genii Christiani Francken, apparens malo Simonii genio") entdeckten Bálint Keserű und János Herner, und József Simon reflektierte deren Wichtigkeit in seiner Dissertation, die in der Reihe *Wolfenbütteler Forschungen* erschienen ist.[19] Francken erweist sich aber nicht nur darin als ein außerordentlich kühner und origineller Vertreter des radikalen Aristotelismus, sondern auch in seinen früher im Druck erschienenen Werken, wie z. B. in dem von Lech Szczucki hochgeschätzten „Praecipuarum enumeratio causarum, cur Christiani, cum in multis religionis doctrinis mobiles sint et varii, in Trinitatis tamen retinendo dogmate sint constantissimi" aus dem Jahre 1584, in dem ständig betont wird, dass in den religiösen Diskussionen der Vernunft die entscheidende Rolle zukommen müsse, und das den konsequenten Nonadorantismus auf einem philosophisch fundierten Gottesbegriff aufbaut.[20] Ohne auf die Details tiefer einzugehen, halten wir die syn-

---

[19] Simon, József: Die Religionsphilosophie Christian Franckens 1552–1610. Atheismus und radikale Reformation im frühneuzeitlichen Ostmitteleuropa. Wiesbaden 2008. (Wolfenbütteler Forschungen 117).

[20] Nach wie vor unumgänglich: Szczucki, Lech: W kręgu myślicieli heretyckich. Wrocław, Warszawa, Kraków, Gdańsk 1972. Auf Deutsch: Philosophie und Autorität. Der Fall Christian

chrone Kenntnis der Werke von Soner und Francken für zwingend nötig. Es muss gar nicht betont werden, dass wir dabei keinesfalls einfach an eine Art Wirkungsuntersuchung denken, sondern an die Untersuchung, wie sich die Grenzen von Theologie und Philosophie für die zwei Denker abzeichnen. Da Francken bei den Polen wegen seines Nonadorantismus von vornherein auf Ablehnung gestoßen war, verspricht die Gegenüberstellung mit den siebenbürgischen Entwicklungen eine fruchtbarere zu sein, da er hier doch für kürzere Zeit eine Anstellung im unitarischen Kolleg fand, und er war zwar keineswegs der offizielle Philosoph der unitarischen Gemeinde, einige seiner Lösungen stießen trotzdem in den Abhandlungen von Bischof György Enyedi auf Widerhall. Allein um der Pikanterie willen soll hier doch auch ein Moment erwähnt werden, das wahrscheinlich nie richtig geklärt werden kann: Simone Simoni erwähnt in einer seiner Streitschriften ein Werk von Francken, das heute nicht mehr zugänglich ist: „Sed iam tandem Septima tua thesis de materia prima facit, ut mysterium capiam". Unter einem ähnlichen Titel verweist auch Franckens Antwortschrift („De materia prima") darauf. Interessant ist also, dass Felwinger 1644 ein Soner-Werk unter dem Titel „De materia prima disputationes duae" herausbringt.

Der zweite Name, János Varsolci M., ist weniger bekannt. Dass er irgendwann auch in Altdorf gewesen ist, wissen wir aus der *Bibliotheca Unitariorum* aus dem letzten Drittel des 18. Jahrhunderts sowie aus der „Historia ecclesiastica Transylvano-Unitaria".[21] In beiden Quellen erwähnt man, dass er im Ausland zwei Gebete verfasst habe: Das eine, das aus 168 Versen besteht, entstand in Ingolstadt, in Altdorf das Prosagebet. Die Autoren im 18. Jahrhundert haben also noch Manuskripte gesehen, in deren Kolophon wohl diese Informationen standen. In letzter Zeit tauchten weitere Quellen zu seiner Person auf, so mancher Band seiner Bibliothek konnte identifiziert werden, auch konnte man ihn von seinem Vater gleichen Namens, der Ende des 16. Jahrhunderts in wichtigen Ortschaften als Prediger tätig war, unterscheiden. Der jüngere Varsolci war 1613 im Klausenburger unitarischen Kolleg Hilfslehrer, dann ging er nach Raków, von wo ihn sein Weg dann aller Wahrscheinlichkeit nach Altdorf führte, und er suchte vielleicht auf dem Rückweg Ingolstadt auf. Dies dürfte 1615 gewesen sein, und nach seiner Rückkehr war er bis zu seinem Tode im Jahre 1630 Lehrer des Klausenburger unitarischen Kollegs, später Prediger in Kolozs. Möglicherweise ging auch er nicht nur um des Studiums willen nach Altdorf, zumal mit seinem Namen Werke zu verbinden sind, die die unitarische Kirche in wichtigen Zeiten verteidigt haben und auch in politischer Hinsicht ausschlaggebend waren. Vor kurzem tauchte ein Band aus seiner Bibliothek auf, der außer den berühmten „Explicationes" von György Enyedi auch Franz Davidis „Descriptio Dei tripersonati"

---

Francken. In: Reformation und Frühaufklärung in Polen. Studien über den Sozinianismus und seinen Einfluss auf das westeuropäische Denken im 17. Jh. Göttingen 1977, S. 157–243.

21 Kénosi Tőzsér, János, Uzoni Fosztó, István: Unitario Ecclesiastica historia Transylvanica Liber I–II. Volume IV/1, hg. von János Káldos, eingeleitet von Mihály Balázs, überarbeitet von Miklós Latzkovits. Budapest 2002. (Bibliotheca Unitariorum Volume IV/1–3).

enthält. Von letzterem war bislang ein einziges Exemplar bekannt. Auf den leerstehenden Seiten findet man äußerst wichtige polemische Texte vom Anfang des 17. Jahrhunderts, darunter auch die aus 28 Vierzeilern bestehende „Antithesis doctrinae Christi et Antichristi" von Varsolczi wider die Dreifaltigkeit, die laut Titel 1609 entstanden war. Von einer anderen Schreiberhand stammen zwei weitere Streitschriften. Die eine ist eine Prosaabhandlung von János Rettegi wider die Arianer, d.h. die Unitarier, und die andere ist deren Widerlegung ebenfalls in Prosa. Den Autor der letzteren Schrift kennen wir nur vom Namen, sonst ist uns über ihn nichts bekannt, der Verfasser der reformierten Streitschrift ist aber eine bedeutende Persönlichkeit. János Rettegi, der vorher in Wittenberg studiert und die besagte Schrift im Jahre 1608 verfasst hatte, war nach seiner Rückkehr bis zu seinem Tode Hofprediger von Gabriel Bethlen. An dieser Stelle sei daran erinnert, dass der jüngere János Varsolczi von seiner Kirche mit einer wichtigen politischen Aufgabe beauftragt wurde. 1613 veröffentlichte er im Namen der unitarischen Kirche ein Preisgedicht auf Gabriel Bethlen. Es ist sehr aufschlussreich, dass man dieses Gedicht bis in die jüngste Vergangenheit für das Werk eines reformierten Autors und für einen der ältesten Texte, die Gabriel Bethlen mythisieren, hielt. In diesem Gedicht wird nämlich die Inthronisation von Gabriel Bethlen in Siebenbürgen als die besondere Manifestation der göttlichen Gnade betrachtet. Der Text vertritt also jene Auffassung, die später von den reformierten Historiographen des Fürsten ausführlich elaboriert wird.[22] Von den anderen erhalten gebliebenen Stücken seiner Bibliothek erwähne ich hier nur jenes, das von seiner religionsphilosophischen Erudition zeugt. Dieses Buch ist bemerkenswerterweise außerhalb Siebenbürgens aufbewahrt worden, und zwar in der Somogyi-Bibliothek in Szeged.[23] Dieses Kolligat enthält folgende zwei Drucke:

1. Bucerus, Martinus (Martin Bucer): Metaphrasis et enarratio in epistolam Pauli ad Romanos, in quibus singulatim Apostoli omnia cum argumenta, tum sententia et verba ad authoritatem divinae scripturae [...] excutiuntur. Et ut apostolus praecipuos locos totius theologiae tractavit quam exactissime et plenissime, ita maxima pars totius non tam Paulinae, quam universae sacrae philosophiae explicata est. Basileae, M.D.LXII., apud Petrvm Pernam.

2. VERMIGLIUS, Petrus Martyr (Vermigli, Pietro Martire)

In selectissimam D. Pavli priorem ad Corinthios epistolam, D. Petri Martyris Vermilii [...] ad [...] Regem Angliae, &c. Edvardvm VI. Commentarii doctissimi. Editio secunda [...] Tiguri, anno M.D.LXVII., apvd Christophorvm Froschovervm.

---

22 Heltai, János: Alvinczi Péter és a heidelbergi peregrinusok [Péter Alvinczi und die Peregrinanten in Heidelberg]. Budapest 1994, S. 155–161. (Humanizmus és reformáció 21). – Es ist eine andere Frage, dass er auf der Innenseite des Einbandes von einem anderen Kolligat mit kosmographischen Werken die Ereignisse unter einem ganz anderen Zeichen auslegt. Hier schreibt er, dass Gabriel Bethlen in Siebenbürgen mit Hilfe der Türken an die Macht kam. „Eodem Anno die 16. Octobris ingressus est Gabriel Bethlen cum Turcis Claudiopolim. Serva et libera nos o misericors Deus."

23 Signatur: A.a. 64.

Varsolczi fügt dem ersten Kapitel des Bucerschen Jugendwerkes äußerst wichtige Marginalien hinzu. In der Bucer-Literatur wird diesem Kapitel große Wichtigkeit beigemessen, in dem der Reformator von Straßburg – offensichtlich nicht ganz ohne den Einfluss von Erasmus – mit einer Offenheit vom Zusammenhang zwischen Theologie und Philosophie spricht, die er später nicht mehr verlauten lässt. Er betont ständig: Gott habe den Menschen schon vor der Verkündung des Gesetzes die wahre Weisheit ins Herz geschrieben, und dementsprechend gab er auch den Heiden die Kenntnis der wahren Philosophie. Bei der Aufzählung der heidnischen Philosophen beweist er, dass Plato und seine Anhänger im Besitz des vollständigen Wissens waren. Bei der Zusammenfassung dieses Gedankenganges wird in zwei Fällen behauptet, dass zwischen der wahren Philosophie und den Lehren des Paulus die vollkommenste Harmonie darüber herrsche, dass es Gott gibt, dass er für unser Seelenheil sorgt, dass er Unschuld und Gerechtigkeit von uns erwartet, und dass die höchste Tugend ist, wenn man seinem Nächsten hilft und für das allgemeine Wohl auch sein Leben opfert.

Lateinische Marginalien und eine ganze Reihe von unterstrichenen Stellen belegen, dass der jüngere Varsolci mit diesen Zeilen vollkommen einverstanden war. Darüber hinaus gibt es Zeichen dafür, dass er das Gelesene mit seinem Unitarismus im Einklang sah und es als die Bestätigung seines Glaubens betrachtete. Die unterstrichenen Stellen bedeuten, dass er in den Behauptungen über die Art, wie man den einzig wahren Gott zu verehren hat, seine Freude fand, und an einer Stelle wird das in einer Randbemerkung sogar eindeutig formuliert:

> „Nota gentes multitidinem Deorum coluisse et patronos, ad Deum unum tamen invocasse et fiduciam in eum collocasse" (Die Heiden verehrten als Helfer mehrere Gottheiten, riefen jedoch nur den einzig wahren Gott um Hilfe an und verließen sich nur auf ihn).

Die Verbundenheit mit Bucers Ansichten aus dem Jahr 1536 ist merkwürdig. Ich erinnere daran, dass in den protestantischen Konfessionen mit einer soliden Dogmatik infolge dessen, dass man sich auf die Schrift als Autorität berief, die ins Herz geschriebene natürliche Gotteskenntnis dagegen von der Tagesordnung kam, und jede Überlegung, die sich auf Erasmus oder andere berief, geriet in Verdacht. Eine Ausnahme davon bildete nicht der Unitarismus an sich, denn es ist wohlbekannt, dass der Sozinianismus jedes theologische System, das vom Vorhandensein der *religio naturalis* ausging, zurückwies. In diesem Zusammenhang kann also behauptet werden, dass in Varsolczis Marginalien jener radikalere, nonadorantistische Antitrinitarismus nachzuvollziehen ist, dessen Fundament die Theologie von Jacobus Palaeologus schuf und zu deren kompromisslosem Märtyrer Franz Davidis wurde. Zwar schrieb er diese Marginalien in seinen letzten Jahren, in den 1620ern nieder, mit Sicherheit vertrat er auch dieselben Ansichten während seines Aufenthaltes in Altdorf. Auch dies sollte in Betracht gezogen werden, wenn die Befugten die geistige Landkarte des hiesigen Antitrinitarismus erstellen wollen.

Das dritte spannende Beispiel steht dafür, auf welche Art die radikalen Ideen unter den verschiedenen Regionen im frühneuzeitlichen Europa kursierten. Wie bekannt, spielten bei dem Zustandekommen des antitrinitarischen Kreises in Heidelberg jene siebenbürgischen trinitätsleugnenden Ausgaben eine wichtige Rolle, mit deren Widerlegung Johann Sylvanus und Matthias Vehe-Glirius beauftragt wurden. Diese Bücher, die die Ideen des Spaniers Servet und der verschiedenen Vertreter der italienischen Heterodoxie in einem eindrucksvollen und leicht aufzufassenden System enthielten, lösten dann bei den Theologen, die sie hätten widerlegen sollen, gerade eine entgegengesetzte Wirkung aus: Sie wurden Anhänger dieser Ideen.[24] Zu ihnen gehörte auch der Schlesier Martin Seidel, der zu dieser Zeit in Heidelberg Latein unterrichtete, und der – offensichtlich unter der Wirkung anderer Bücher – eine noch radikalere Richtung einschlug. Die Einzelheiten dieses Vorgangs sind uns nicht bekannt, wohl aber die Richtung, denn er wurde bereits zu dieser Zeit seines Amtes enthoben, weil er die Autorität des Neuen Testaments in Frage stellte. Laut Fachliteratur verfasste er dann bis Ende der 1570er Jahre sein Werk mit dem Titel „Origo et fundamenta religionis christianae“, das in Deutschland als Manuskript verbreitet wurde, später aber auch nach Polen gelangte. Das Werk wird von den Experten zu den radikalsten gezählt, das vieles der religionsphilosophischen und religionskritischen Gedanken der Aufklärung vorwegnimmt.[25] Der erste Teil enthält bibelkritische Feststellungen, die Verfasserschaft des Neuen Testaments wird in Frage gestellt, es werden Argumente angeführt, die dafür stehen, dass es wesentlich später entstanden ist als bisher angenommen, und letztlich wird ausgeführt, dass Jesus ein Königreich auf Erden zustande bringen wollte und keineswegs zu belegen ist, dass sich die alttestamentarischen Weissagungen in ihm bewahrheitet haben.

Der zweite Teil enthält die positive Lehre: Für jeden Menschen ist ohne die göttliche Offenbarung eine Gotteskenntnis gegeben („naturalis agnitio et cultus Dei“), die besagt, dass Gott existiert und im Jenseits je nach unseren Taten Lohn oder Strafe auf uns warten. Dies zu akzeptieren genügt also für das Seelenheil, dies ist der wahre Glaube, und von der Heiligen Schrift haben lediglich die Zehn Gebote Relevanz. Diese haben die Aufgabe, das natürliche Wissen der Menschen zu bekräftigen. In der neuen Fachliteratur, die sich mit diesem Text auseinandersetzt, heißt es, diese Vorstellung breche radikal mit jeder Konfession und sei somit auch für die Sozinianer unakzeptabel. Das stellte sich auch für die Zeitgenossen im Briefwechsel zwischen den Anhängern des Fausto Sozzini und Seidel am Anfang der 1580er Jahre heraus, der 1618 in Raków auch in Druck erschienen war. Auch der Wittenberger Theologe Jakob Martini erkannte dies, der in seinem 1619 erschienenen „De tribus Elohim“

---

[24] Siehe dazu: Burchill, Christopher J.: Die Heidelberger Antitrinitarier: Johann Sylvan, Jakob Sutter, Johann Hessler, Matthias Vehe-Glirius. Baden-Baden 1989. (Bibliotheca Dissidentium, Band XI).

[25] Über seine außerordentliche Bedeutung siehe neuerdings: Schröder, Winfried: Martin Seidel und seine Schrift „Origo et fundamenta religionis christianae“. In: Spätrenaissance-Philosophie in Deutschland 1570–1650. Entwürfe zwischen Humanismus und Konfessionalisierung, okkulten Traditionen und Schulmetaphysik, hg. von Martin Mulsow. Tübingen 2009, S. 161–172.

ein umfassendes Bild über die trinitätsleugnenden Häresien entwarf und dabei auch Zitate aus dieser Abhandlung brachte.

Nicht so eindeutig ist die Meinung der Fachliteratur darüber, ob es einen Zusammenhang zwischen den Ereignissen im Soner-Kreis und Seidel gibt. Laut Zeltner soll Seidel irgendwann auch in Altdorf gewesen sein, einen genaueren Zeitpunkt gibt er aber nicht an. Róbert Dán meinte, das besagte Werk sei bei der Bücherverbrennung im Jahre 1616 auf dem Altdorfer Markt dabei gewesen, in der von Zeltner angeführten genauen Liste ist es jedoch nicht vermerkt.[26] Zu bedenken ist auf jeden Fall, dass das Werk viel später nach den Altdorfer Ereignissen, nämlich 1621 nach Siebenbürgen kam, und zwar auf die Bitte von Kanzler Simon Péchi hin. Geschickt wurde es aber von jenem Johann Vogel, der als eine zentrale Figur des Altdorfer Kreises gilt, der bei der Entlarvung der sozinianischen Verschwörung in Wittenberg festgenommen wurde, um ihn nach Altdorf zu transportieren, wo er am 25. Januar 1617 öffentlich den trinitätsleugnenden Irrlehren abschwor. Der 1663 verstorbene Theologe verbrachte sein Leben als treuer Lutheraner, er war Leiter von evangelischen Schulen, verfasste theologische Schriften und Psalmenparaphrasen. Er war der Großvater des namhaften Polyhistors Nicolaus Hieronymus Gundling, dem er einmal als braver Lutheraner von Seidel sprach, und verheimlichte nicht, ihn sogar gekannt zu haben. Er sagte also Gundling, dass Seidel bekannt habe, „weder ein Christ/ noch Jud/ noch Türk sei wollen/ sondern bloss Theologiam naturalem gehabt/ und dafür gehalten/ es wäre genug/ wenn er nach den zehn Gebotten lebte/ nicht darum/ dass sie von Gott wären gegeben worden/ als welche dissfals nur die Juden angingen/ deren Policey längst vergangen/ sondern dieweil sie mit dem Licht der Natur überein kämen." Ihn bat also Péchi des Öfteren um den Text. Die mindestens zwei Briefe, die Péchi in dieser Angelegenheit schrieb, blieben nicht erhalten, wohl aber der Brief von Vogel vom 26. Juli 1621, mit dem er das Manuskript mit verändertem Titelblatt und in falscher Reihenfolge gehefteten Seiten zuschickte.

Diese Tatsache wirft eine ganze Reihe von Fragen auf. Betrachten wir die Geschehnisse zuerst aus Vogels Blickwinkel! Soll dies bedeuten, dass seine Palinodie nicht aufrecht war, und er nicht nur sozinianisch blieb, sondern derartig radikale Ansichten vertrat, dass diese selbst den Sozinianern nicht akzeptabel waren? Oder gerade im Gegenteil: Nach ausharrendem Bitten warf er den Siebenbürgern diese Schrift hin, von denen auch die Sozinianer meinten, sie seien nicht imstande, die Irrlehren abzulegen, die zum Judaisieren und sonstigen Gottlosigkeiten führen? Ich denke nicht, dass es nur diese zwei Extreme gibt. Auch der Brieftext selber erlaubt so etwas nicht, denn er macht klar, dass Vogel der Sendung erst zusagte, als Péchis Gesandter eine Person war, der auch er vertrauen konnte. Wer dieser gewisse *tuus Szegedinus* war, konnte bis heute nicht festgestellt werden. Aber auch weitere Passagen des Briefes erlauben die oben angeführten extremen Standpunkte nicht. Vogel spricht

---

[26] Róbert Dán: Péchi Simon és az erdélyi szombatosok [Simon Péchi und die siebenbürgischen Sabbatarier.] Budapest 1987, S. 188–189. (Humanizmus és reformáció 13).

hier zwar mit großem Respekt über die Bestrebungen des Adressaten, den wahren und reinen Glauben an den einzig wahren Gott zu suchen (*veram omnique fuco liberam ac puram veri soliusque Dei fidem duceris*), stimmt diesem Vorhaben und dem Inhalt des Seidel-Werkes jedoch nicht zu. Denkbar ist also, dass er aus pragmatischen, eventuell aus politischen Überlegungen den erneuten Ansuchungen von Péchi nachgekommen war, der – nicht zu vergessen! – in dieser Zeit an der Spitze der Macht stand, er war der Kanzler des siebenbürgischen Fürsten.

Welche Rolle dieses ausharrende Streben nach dem Seidel-Werk in Péchis Laufbahn gespielt hat, kann hier nicht erörtert werden. Fest steht aber, dass das Ansuchen selber auf keinen Fall von den Altdorfer Entwicklungen unabhängig betrachtet werden kann. Wie gesagt, Péchi dürfte vom Seidel-Werk selber aus dem Sozzini-Briefwechsel oder aus den auch in Druck erschienenen Martini-Werken erfahren haben. An wen er sich aber letztendlich wenden solle, um es erwerben zu können, musste er auch aus anderen Quellen gewusst haben. Róbert Dán vermutet in diesem Zusammenhang unter den siebenbürgischen Peregrinanten Ravius, wir halten dies jedoch für am wenigsten wahrscheinlich. Logischer wäre an die mit annähernder Sicherheit für Nonadorantisten zu haltenden Ungarn zu denken, denn von den antitrinitarischen Richtungen stand ihm diese am nächsten. Für wie wichtig er die Unterstützung dieser Strömung hielt, bezeugte er auch damit, dass er den Druck der Toroczkai-Übersetzung der *Explicationes* mit einer ansehnlichen Summe unterstützte.

Unsere Geschichte hat natürlich eine wahre ostmitteleuropäische Pointe: Als die Sendung ankam, war Péchi bereits in Ungnade gefallen und saß im Gefängnis. Der Brief und die Abhandlung gerieten niemals in seine Hände, sie kamen ins fürstliche Archiv, und József Kemény publizierte Vogels Zeilen an Péchi im Jahre 1846.[27] Die Abhandlung war nicht mehr dabei.

Als wir das Gesagte als ostmitteleuropäische Geschichte bezeichneten, dachten wir in erster Linie an das Zugrundegehen der Dokumente. Winfrid Schröder, der das Werk zuletzt behandelte und bei dem Entwurf des Kontextes sensible Anmerkungen machte, formuliert an einer Stelle wie folgt:

„Wenn man gräbt, findet man immer noch unbekanntes. Im deutschem Kultursegment Transylvaniens haben ungarische Forscher jüngst ein etwa zeitgleiches Buch entdeckt, das den Titel „Disputatio inter Theologum et Philosophum."[28] Dem folgt dann die Würdigung des von Bálint Keserű entdeckten, oben erwähnten Francken-Werkes, um dann anschließend sehr richtig jenen Gedankengang zu erörtern, dass die geheime handschriftliche Literatur in der Spätrenaissance unumgänglicher Vorläufer

---

[27] Kemény, Joseph von: Die Verkettung des einstens in Deutschland und Siebenbürgen in der Gestalt eines angeblichen Chripto-Socinianismus nicht lange bestandenen sogenannten Judaismus. In: Magazin für Geschichte und alle Denk-und Merkwürdigkeiten Siebenbürgens 2 (1844), S. 418–428.

[28] Schröder: Martin Seidel (wie Anm. 25), S. 162.

und Quelle für die europäische Aufklärung war. All dies ist zutreffend und korrekt: Das Werk von Christian Francken wurde in der Tat von einem Hermannstädter jungen Mann aufbewahrt, von wo es dann unter ungeklärten Umständen nach Breslau kam. Nach jahrelanger Forschungsarbeit wurde es schließlich von Bálint Keserű entdeckt. Es war aber kein Zufall, dass es in die Hände eines Hermannstädter Studenten kam, denn es passierte mit Sicherheit in jenem Klausenburger unitarischen Milieu, mit dem er in Kontakt stand. Offensichtlich müssen wir noch viel dafür tun, um glaubhaft machen zu können: Der siebenbürgische Antitrinitarismus war nicht nur nebenbei und zufälligerweise die Brutstätte solcher Bestrebungen, sondern er war unter den Konfessionen als einzige imstande, diese zumindest teilweise zu rezipieren.

## Zusammenfassung


### Altdorf and the Transylvanian Unitarians

This study, the first of its sort, provides an overview of the connections established between the university in Nürnberg (founded at the end of the 16th century), and Transylvanian Unitarians. It is argued that after the storms of the Fifteen Years War, it was vital for the reorganising Transylvanian Unitarians to find a university where they could safely send their sons. With all probability, this is the explanation for the fact that in 1608 a group of people from Cluj appeared in the city of Altdorf, a group whose members probably wanted more than just studying – most likely, this was a formal delegation from Cluj. As a next step, it is demonstrated that until the beginning of 1620, other young Unitarians studied here typically for shorter periods. From amongst them, János Varsolczi's figure is discussed in details, showcasing his erudition and activities through the enumeration of more recent documents. The first concluding part of the study shows that around Altdorf's well-known professor, Ernst Soner, not only later great Socinian authors were to be found, but radical nonadorantist trends were also present, which found a fertile soil among the Transylvanian Unitarians in this period. This is primarily related to Martin Seidel's person and texts. It has long been known that Simon Péchi tried to get a copy of one of his most radical works, and the study surveys new information and considerations about this episode as well.

### Altdorf egyeteme és az erdélyi unitáriusok

A tanulmány először ad áttekintést Nürnberg városának, illetve a 16. század végén létrejött egyetemének az erdélyi unitáriusokkal kialakult kapcsolatairól. Megállapítja, hogy a tizenöt éves háború viharai után az újjászerveződő erdélyi unitáriusok számára létfontosságúvá vált olyan egyetem megtalálása, ahová bátran kuldhetik fiaikat. Bizonyára ezzel magyarázható, hogy 1608-ban megjelenik Altdorf városában az a kolozsvári csoport, amelynek tagjai nem csupán tanulni jönnek, hanem minden valószínűség szerint városi delegációs feladatokat is elláttak. A továbbiakban a tanulmány kimutatja, hogy az 1620-as esztendő kezdetéig további unitárius fiatalok érkeznek Altdorba, ám csak rövidebb ideig tartózkodnak az egyetemen. A szerző a legrészletesebben Varsolczi János tevékenységével foglalkozik, akinek műveltségéről és működéséről újabb dokumentumokat sorakoztat fel. A dolgozat befejező része kimutatja, hogy Altdorf híres professzora, Ernst Soner vonzotta azokat a fiatalokat, akik később nagy sociniánus szerzőkké váltak. Ebben a környezetben felbukkannak olyan radikális nonadorantista tendenciák is, amelyek ebben az időben természetes módon leltek otthonra az erdélyi antitrintáriusok között. Itt elsősorban Martin Seidel személyéről és szövegeiről van szó. Régóta ismert, hogy Péchi Simon meg akarta szerezni magának e szerző legradikálisabb kéziratát, s a mostani tanulmány új adatokat és megfontolásokat közöl erről az epizódról is.

## Altdorf şi unitarienii ardeleni

Acest studiu, primul de acest gen, oferă o viziune de ansamblu asupra legăturilor dintre universitatea din Nürnberg (fondată la sfîrşitul secolului XVI) şi unitarienii ardeleni. Se demonstrează că după furtunile Războiului de 15 ani a fost de însemnătate vitală pentru reorganizarea unitarienilor ardeleni să găsească o universitate unde să-şi poată trimite fiii în condiţii de siguranţă. Foarte probabil că aşa se explică faptul că în 1608 un grup de persoane din Cluj îşi face apariţia în localitatea Altdorf, grup ai cărui membrii probabil că doreau mai mult decît să studieze – este foarte probabil că a fost o delegaţie oficială din Cluj. În continuare se demonstrează că pînă la începutul lui 1620 alţi tineri unitarieni au studiat aici, de obicei perioade scurte. Dintre aceştia se evidenţiază în mod detaliat personalitatea lui János Varsolczi, punîndu-se accent pe erudiţia şi activitatea lui în lumina unor documente recente. Prima parte de concluzie a studiului arată că in jurul binecunoscutului profesor Ernst Soner din Altdorf nu se grupau doar autori socinieni deveniţi cunoscuţi ulterior, ci au fost prezente şi tendinţe radicale nonadorantiste care şi-au găsit un sol fertil la unitarienii ardeleni din această perioadă. Este în primul rînd vorba de persoana şi textele lui Martin Seidel. Se ştie de mult că Simon Péchi a fost în cautarea unui exemplar ale acestor scrieri deosebit de radicale, iar studiul oferă noi informaţii şi consideraţii şi asupra acestui episod.

# Die Erbschaft des Späthumanismus

## Der gelehrte Kalenderverfasser David Frölich (1595–1648)

*Ágnes Dukkon*

In der Fachliteratur[1] kann man im Zusammenhang mit David Frölichs Namen die verschiedensten Attribute lesen: Er wird als Mathematiker, Kalenderverfasser, Naturwissenschaftler, Geograph und Physiker bezeichnet; seine Studien auf dem Gebiet der Theologie, Geschichte und seine ethnographischen Kenntnisse werden auch oft erwähnt. In seinem Zeitalter, in der Mitte des 17. Jahrhunderts hatte er einen ziemlich großen Ruf in Mitteleuropa als vielseitiger Gelehrter, als Polyhistor: Für seine Kalender und das Buch „Medulla Geographiae" (Bartfeld, 1639) bekam er von Kaiser Ferdinand III. den Titel „Kaiserlicher und Königlicher Mathematiker" und eine Rente. Seine „Medulla Geographiae" und das andere, unter dem kurzen Titel „Viatorium"[2] genanntes Buch wurden im 17. Jahrhundert in Europa wohl bekannt: Martin Zeiller, der deutsche Reiseschriftsteller und Geograph zitierte diese Werke oft in seinem Buch „Descriptio Hungarie oder neue Beschreibung des Königreichs Ungarn" aus dem Jahre 1646 und in den späteren Auflagen.[3]

In meinem Beitrag möchte ich drei Themenkreise kurz darstellen: 1. Die Frölich-Familie und der Protestantismus, 2. Die Geisteswelt von David Frölich, 3. Seine Werke im Hinblick auf den Späthumanismus.

---

[1] Siehe Liptak, Johann: David Fröhlich. Der Lebensweg des kaiserlichen und königlichen Mathematikers im Königreich Ungarn. In: Die Karpaten. Kezmarok 1943. – Dukkon, Ágnes: Asztrológia és keresztény hit a régi kalendáriumokban (Frölich Dávid) [Astrologie und christlicher Glauben in den alten Kalendern (David Frölich)]. In: Irodalomtörténeti Közlemények [Literaturwissenschaftliche Mitteilungen] 1992/5–6. – Baráthová, Nora: David Fröhlich 1595–1648. In: Z minulosti Spiša, III–IV. Levoča 1996–6, S. 594–606. – Spiritza, Juraj: List vydavateľa kalendárov Dávida Fröhlicha zo 14. septembra 1640 predstaviteľom Svätého Jura [Verzeichnis der Herausgeber der Kalender David Frölichs]. In: Z minulosti Spiša, XI. Levoča 2003, S. 39–46.

[2] Frölich, David: Bibliotheca seu Cynosura Peregrinantium, hoc est Viatorium. Ulm 1643–1644.

[3] Németh, S. Katalin: Magyarságismeret a XVII. században (Martin Zeiller példája) [Ungarnkentnisse im 17. Jahrhundert. Das Beispiel Martin Zeillers]. In: Mindennapi választások. Tanulmányok Péter Katalin 70. születésnapjára [Tägliche Wahlen. Festschrift zum 70. Geburtstag von Katalin Péter.], hg. von Gabriella Erdélyi und Péter Tusor. Budapest 2007, S. 637–656. (CD)

## 1. Angaben zur Familiengeschichte

David Frölichs Familie stammt aus der Zips. Sein Großvater, Gregor Frölich war als evangelischer Pfarrer im Ort Schlagendorf bei Käsmark tätig (auf ung. Szalók, heute Slavkov in der Slovakei). Aus den wenigen noch vorhandenen Dokumenten geht hervor, dass Gregor Frölich 1550 in seinem Dorf die evangelische Kirchengemeinde organisierte. Eigentlich gibt es auf der Karte zwei Schlagendörfer: Klein-Schlagendorf liegt in der Nähe von Käsmark, Groß-Schlagendorf (Velky Slavkov/Nagyszalók) dagegen befindet sich etwas südlicher, bei Poprad. In der Fachliteratur kommt der Name „Schlagendorf/Szalók" vor, ohne die Attribute „klein" oder „groß", es ist aber wohl wahrscheinlich, dass der Wohnort der Frölich-Familie Klein-Schlagendorf war: Das Leben der folgenden Generationen ist sehr eng mit der Stadt Käsmark verknüpft.

Der Sohn Gregors, Johann Frölich, studierte in Käsmark und Leutschau. Von 1588 war er in Schlagendorf als Schulmeister tätig und nach dem Tode seines Vaters wurde er vom Grafen Georg Thurzó und der Gemeinde an seines Vaters Stelle als Pfarrer eingesetzt. Diese Begebenheit gab ihm Anlass nach Wittenberg zu fahren, um zu promovieren. Seine eigenhändigen Einträge von 30. Januar 1591 sind im Wittenberger Ordinationsbuch erhalten geblieben. Johann Frölichs Eintragungen wurden im Buch „Magyarországi Evangélikus Egyháztörténeti Emlékek" [Ungarische evangelische kirchengeschichtliche Dokumente] 1905 in Budapest herausgegeben.[4]

Die folgenden lateinischen Sätze informieren uns über die persönlichen Umstände Johann Frölichs und die von ihm abgelegten Prüfungen:

> „Joannes Frölich Scepusiensis p. Litterar. fundamenta iecit in scholis Keysmarcensi sub M. Dno Gabelmanno Megapolitano per biennium, hinc Leutschoviam delatus per annum ibidem vixit sub Disciplina Domini Martini Sturmii. Hinc vocatus est ad officium Ludi-Rectoris in oppidum Salock patriae suae, cui dum per biennium praefuisset, post obitum Rndi & Doctissimi Viri Gregorii Frölich, patris sui dilectissimi, pastoris eiusdem oppidi Salock legitime vocatus est ad ministerium docendi in Ecclesia a communitate, cum consensu Illustris ac magnifici Dni Thurzonis perpetui Comitis Comitatus Scepusiensis. Hinc Wittebergam missus, et a Magnif. Dno Doct. Henrico Protectore examinatus 30. Jan. 1591. est ordinatus."[5]

Laut der Aufzeichnungen des Wittenberger Ordinationsbuchs hatte Johann Frölich bei den namhaften Pädagogen Nikolaus Gabelmann und Martin Sturm in den Zipser

---

[4] Stromp, László und Prónay, Dezső: Magyar evangélikus egyháztörténeti emlékek [Ungarische kirchengeschichtliche Denkmäler]. Budapest 1905. Die Herausgeber notieren, dass die Eintragungen nach 1610 im handschriftlichen Material des Wittenberger Ordinationsbuchs zu lesen sind. Vgl. dazu Krarup, Martin: Ordination in Wittenberg: die Einsetzung in das kirchliche Amt in Kursachsen zur Zeit der Reformation. Tübingen 2007 (BhTh 141).

[5] Ebenda, S. 101–102.

Städten Käsmark und Leutschau studiert. Diese Personen hatten eine wichtige Rolle in den Religionsstreitigkeiten in Oberungarn gespielt. Deswegen sind diese biographischen Angaben zu Johann und David Frölich so wichtig.

Johann Frölich zog noch im selben Jahr, im Herbst 1591, nach Leibitz und wurde an der dortigen Schule als Rektor eingesetzt. Manche seiner literarischen Werke aus dieser Zeit sind erhalten geblieben: ein Begrüßungsgedicht an Jakob Monavius 1591 und ein Erinnerungsgedicht zum Verscheiden der Frau von Johann Kraus, 1595, beide Texte auf lateinisch. Nach den Angaben von Christian Genersich „Merkwürdigkeiten der Königlichen Freystadt Késmark" (1804) disputierte und erlangte Johann Frölich den Magistergrad in Stettin:

> „Er war zuerst Rector in Leibitz: verliesz aber seine Stelle, und ging nach Stettin in Pommern, wo er sich auf die höhern Wissenschaften legte, unter dem Prorector Christoph Butellius, aus der Philosophie ‚über die Cathegorie der Qualität' disputirte und den Magister erlangte. Er eignete diese Disputation dem Herrn Johann Kraus, Provisor der 13 Städte und auf dem Schlosse Lublau zu."[6]

Seit dem Jahr 1601 bis zu seinem Tode 1608 war Johann Frölich Rektor in Käsmark. Sein Name kommt oft im Zusammenhang mit dem späthumanistischen kryptocalvinistischen Kreis in der Zips vor. Die wichtigsten Vertreter der Annäherung zu calvinistischen Doktrinen waren Sebastian Ambrosius Lam, Johann Mylius, Martin Sturm und Jakob Monavius. Nach den Dokumenten (z.B. Briefe, Drucke) und der Fachliteratur können wir feststellen, dass auch Johann Frölich mit der schweizerischen Richtung sympathisierte. Die Frölich-Familie, vom Großvater Gregor bis zum Enkel David, gehörte von Anfang an der lutherischen Konfession an, aber die Grenzen zwischen den calvinistischen und lutherischen Bekenntnissen waren in dieser Zeit sehr dehnbar. Eben in den 80er und 90er Jahren des 16. Jahrhunderts fand in der Zips der große Streit zwischen den orthodoxen Lutheranern und Kryptocalvinisten statt. Die differierende Interpretation des Abendmahls trennte die evangelischen Pfarrer in den fünf freien königlichen Städten in Oberungarn. Der entschlossene Vertreter der kryptocalvinistischen Lehre war der lutheranische Pfarrer Kaspar Pilcz, der endlich im Jahre 1593 seine Gesinnung revidierte und seine calvinistischen Anschauungen zurücknahm. Die Geschichte dieses speziellen Glaubensstreits wurde bereits ausführlich bearbeitet: Beispielsweise enthalten die Mitteilungen von György Ráth am Ende des 19. Jahrhunderts und das – erst 1977 erschienene –

---

6 Genersich, Christian: Merkwürdigkeiten der Königlichen Freystadt Késmark. Kaschau 1804. B. II, S. 226–227, zitiert nach: Asztalos, Miklós: Adatok Frölich János, Frölich Dávid és Serédi János munkásságáról [Angaben zur Tätigkeit von Johann Frölich, David Frölich und Johann Serédi]. In: Magyar Könyvszemle 1930, S. 288–292.

Buch von Jenő Zoványi[7] viele wichtige Einzelheiten über die Phasen dieses Streits.[8] Ein anderer Frölich, nämlich Thomas, der Kaschauer Pfarrer, spielte auch eine bedeutende Rolle während der konfessionellen Debatten. Leider kennen wir keine dokumentarischen Belege, welche bezeugen, ob Thomas Frölich der mit Gregor, Johann und David Frölich verwandt war. Er bekannte sich zu der lutherisch-melanchthonischen Auffassung, nahm Teil an den Synoden der Jahre 1568 und 1574, die im Zusammenhang mit der Klärung konfessioneller Fragen standen.

Die endgültige Trennung der zwei Konfessionen geschah auf der Synode in Sillein (Zsolna/Zilina) 1610, unter dem Vorsitz des Grafen Georg Thurzó. Es kam eine einheitliche evangelische Kirchenorganisation mit vier Superintendenturen in Oberungarn zustande.

Über die Biographie und Tätigkeit von David Frölich haben wir mehr Angaben als über seine Vorfahren.[9] Er wurde 1595 in Käsmark geboren und begann hier auch sein Studium. 1616 ging er nach Elbing, wo in dieser Zeit Johann Mylius, der ehemalige Kollege seines Vaters, tätig war, von dort 1620 nach Frankfurt an der Oder, wo er bis 1622 studierte. Wie die Mehrzahl damaliger Studenten, wanderte er in viele Länder, in den 20er Jahren des 17. Jahrhunderts besuchte er einige deutsche und tschechische Städte: Magdeburg, Jena, Altdorf, Leipzig, Dresden und Prag. Die letzte Station seiner Studien war Wittenberg von 1627 bis 1628. In der Fachliteratur wird das Stammbuch David Frölichs erwähnt, das sich in Wiener Neustadt im Archiv des zisterziensischen Neuklosters befindet. Der ausgezeichnete Historiker von Ödenburg (Sopron), Jenő Házi, erstellte noch in den ersten Jahrzehnten des 20. Jahrhunderts Auszüge aus diesem Stammbuch. Er weist unter anderen auf die Eintragung des Bruders Ludwig Frölich vom 2. Juni 1616 hin.[10] Damals war Ludwig Frölich als Rektor in Kirchdrauf (Szepesváralja/Spišské Podhradie) tätig. Das Stammbuch David Frölichs liegt auch ist in elektronischer Form vor:[11] insgesamt 42 Einträge beweisen die Kontakte des Eigentümers, unter denen wir bedeutsame Vertreter der protestantischen Intelligenz aus Siebenbürgen, der Zips, Schlesiens, Pommerns und Deutschlands finden, wie Johann Alsted, Philipp Ludwig Piscator, Johann Heinrich Bisterfeld (Alba Iulia), Albert Szenci Molnár (Klausenburg), István Geleji Katona, den Hofprediger des siebenbürgischen Fürsten Gabriel Bethlen, David Praetorius (Käsmark), Balthasar Balduin (Sohn des berühmten Theologen Friedrich Balduin), Johannes Avenarius aus Wittenberg, den Kalenderverfasser David Herlitz (Stargard),

---

7 Jenő, Zoványi (1865–1958): A magyarországi protestantizmus 1565-től 1600-ig. [Der ungarländische Protestantismus]. Budapest 1977.

8 Ráth, György: Pilcz Gáspár és ellenfelei. Adalék a hazai kryptokálvinizus hitvitázó irodalmához. [Kaspar Pilz und seine Gegner. Angaben zur Literatur der Geschichte des Kryptocalvinismus in Ungarn]. In: Magyar Könyvszemle 1 (1892–93), S. 28–85.

9 Siehe Anm. 1.

10 Asztalos (wie Anm. 6), S. 289.

11 Album amicorum von David Frölich: http://iaa.jgypk.hu/index.php

Johann Mylius (Elbing), den Mathematiker David Origanus (Frankfurt a.O.), Paul Sperling (Dresden) usw.

## 2. Die Geisteswelt von David Frölich

David Frölich beschäftigte sich mit verschiedenen Disziplinen: Er studierte Mathematik, Geschichte, Theologie, Geographie und Physik. Während seines Aufenthaltes in Wittenberg war der Einfluss von Philipp Melanchthon noch wahrnehmbar. Frölich zitierte ihn oft in seinen Werken, vor allem in den wissenschaftlichen Kapiteln seiner lateinischen und deutschsprachigen Kalender. Man kann in den Kalendern von 1627 und 1634 interessante Erörterungen über den Zusammenhang zwischen Glauben, Wissenschaft und Astrologie finden. Nach Frölichs Meinung ist es möglich, diese drei Gebiete der Kultur zu harmonisieren: Er weist auf das Neue Testament hin, auf die Warnung von Paulus im I. Thessalonicher-Brief: „Den Geist dämpfet nicht. Weissagungen verachtet nicht. Prüfet aber alles, und das Gute behaltet“ (1. Thess. 5, 9–21).

Die Frölich-Kalender gelten als Medien der Popularisierung seiner religiösen Überzeugungen und wissenschaftlichen Kenntnisse: Die vielseitigen Erörterungen des Autors über das Verhältnis des Glaubens und der Wissenschaft, die Antinomie des Christentums und der Astrologie (d.h. der heidnisch-antiken Erbschaft, wiedergeboren im Humanismus) zeigen einerseits seine tiefgreifenden Gedanken und andererseits seine pädagogische Einstellung, ererbt von seinen Vorfahren und legitimiert durch die pädagogische Devotion der Reformationsepoche. Die Behandlung der astrologischen Literatur nähert sich in seinen Kalendern an das Verhalten mancher Autoren des Humanismus an, wie Marsilio Ficino oder Paul von Middelburg, oder aus der späteren Zeit an Philipp Melanchthon. Er erzählt sogar einige Anekdoten über den Meinungsunterschied zwischen Luther und Melanchthon in Bezug auf die Astrologie. Aus den zahlreichen Schriften[12] und den Tischreden kennen wir Luthers strenge Verurteilungen betreffend Astrologie und Weissagungen. Für David Frölich erscheinen diese Fragen als „kulturelle Materialien“, gegen die man nicht unbedingt kämpfen muss, man soll vielmehr belehren oder diese Sachen als Literatur betrachten. Er beschäftigte sich auch mit der Ethnographie, deshalb konnte er Aberglauben aller Art, die Frage der Magie als Objekt der wissenschaftlichen Erkenntnis untersuchen. Er schreibt in seinen Kalendern von 1630 und 1631, dass er im Jahre 1618 eine

[12] Unter Luthers Meinungen gegen die Astrologie und Weissagungen verdient sein Vorwort zu LICHTENBERGER Johann „Weissagunge ...“ besondere Aufmerksamkeit. Das Prognostikon erschien 1527 in Wittenberg unter dem Titel „Die Weissagunge Johannis Lichtenbergers deutsch zugericht mit vleys. Sampt einer nutzlichen vorrede und unterricht D. Martini Luthers. Wie man die selbige und der gleiche weissagunge vernehmen sol.“ Wittenberg 1527. Eingesehen wurde das Exemplar der Széchényi Nationalbibliothek: App. H. 2533a.

Reise in baltische Städte unternommen und verschiedene archaische Vorstellungen und Aberglauben gesammelt hatte.

Wenn wir die Geisteswelt von David Frölich näher begreifen wollen, müssen wir einen Blick auf seine Verbindungen mit den protestantischen Hochadeligen in Oberungarn werfen. In den 1640er Jahren stand er in Beziehung zu Ferenc Nádasdy und Gáspár Illésházy und dessen Familie, Kämpfern für die Religionsfreiheit in der Zeit des Dreißigjährigen Krieges. Er widmete seine Kalender diesen Personen. Im Kalender für 1635 finden wir beispielsweise seine Dedikation an den Fürsten Georg Rákóczi I. Eine Widmung im Kalender von 1623 war an István Thököly gerichtet, dem Herrn von Käsmark. István Thököly gehörte zur calvinistischen Richtung und hatte in Heidelberg studiert. Aber seine Söhne ließ er in der (an Wittenberg orientierten) evangelischen Konfession erziehen. Thököly war der Schwiegersohn des bereits erwähnten Georg Thurzó, Palatin von Ungarn und einflussreichster Protektor der evangelischen Kirche. Georg Thurzó stand auch in enger Beziehung zu Wittenberg. Er initiierte die Errichtung einer evangelischen Hochschule in Sillein (Zsolna/Žilina). Entsprechend dieser kurzen Darstellung können wir ein Segment der ungarischen Kultur erkennen und verstehen, welche religiösen und politischen Wandlungen die großadeligen und bürgerlichen Akteure der Epoche verbanden. Der Geist von Wittenberg und die evangelische Konfession blieb für drei Generationen der Frölich-Familie und auch für den Palatin Georg Thurzó ein fester Grund (oder, mit biblischer und lutherischer Allusion „eine feste Burg") – nicht aber die orthodoxe Gesinnung. Diese teilte Frölich nicht.

Als interessante Angaben zur Geisteswelt David Frölichs sollten noch einige Aspekte erwähnt werden: In seiner „Medulla Geographiae", bei der Darstellung gewisser siebenbürgischer Ortschaften macht er auch Bemerkungen über die konfessionellen Verhältnisse, er apostrophiert die Unitarier als Häretiker und nennt sie „Photinianer".

Im Vorwort zur Beschreibung von Siebenbürgen schreibt er, dass die Sachsen lutherischer Konfession sind, aber unter ihnen fände man auch „Photiniani", das heißt, Unitarier, und nicht nur in Klausenburg und Torda, sondern auch in anderen Orten:

„Religionem dicti Saxones Lutheranum amplectuntur, et templa ad idolis et sculptilibus repurgata habent. Reperiuntur quidem inter eos etiam *Photiniani*, sed non nisi Claudiopoli, Thordae, et in circumjacentibus locis."[13]

Über Klausenburg liest man die folgende Beschreibung:

> „Clausenburgum, Claudiopolis, sive Colosvaria, ad Schomos fl. urbs ampla, perpulchra, populosa, mercatura et annonae vilitate celebris, ut plurimum a *Photinianis*, apud quos summa potestas rerum est, inhabitata. Reperiuntur hic Hungari, qui in aliis 6 praefatis

---

[13] Frölich, David: Medulla Geographiae. Bartfeld 1639, S. 369.

Saxonum civitatibus in numerum civium non cooptantur. Princeps Transylvaniae in hac plerunq' conventum publicum instituit. Visenda hic domus genitalis Matthiae Hunniadis et Stephani Boczkay. In porta urbis Portina Epigramma Trajano adscriptum videre licet. *Typographiam continet Photinianorum.*“[14]

Die nächsten Bemerkungen über Torda und Viz:

„Torda sive Torenburg, ad amnem auriferum Araniam situm, antiquitatum vestigiis, pane candido et salinis nobile oppidum, *sed haeresi Photinianorum infectum est.* [...]
Viz *copiam Anabaptistarum fovet.*“[15]

Wie die Zitate zeigen, hatte Frölich eine unzweideutige Meinung über die Heterodoxie (unter anderem über den Unitarismus und Anabaptismus), er hielt diese konfessionellen Richtungen (oder Sekten) nämlich für Häresie, die z. B. die Bevölkerung von Torda „infiziert hat“ („sed haeresi Photinianorum infectum est“). Die Erwähnung der frühchristlichen Sekte, des Photinianismus im Zusammenhang mit den radikalen Verzweigungen der Reformation erschien erst im 16. Jahrhundert, im Brief von Johannes Oekolampad an Martin Bucer (5. Aug. 1531). In diesem geht es um Michael Servet, und Oekolampad nennt ihn „Photinian“ oder irgendeinen solcher derartigen Sektenanhänger.[16] Im 17. Jahrhundert, im Zeitalter der Glaubenspolemik, lebte die feindliche Attitüde oder wenigstens die Abweisung der Heterodoxie fort, wie dies – unter den vielen Dokumenten – auch ein Druck aus Leutschau aus dem Jahre 1651 beweist.[17] Die evangelische Disputation, zusammengestellt von Nicolaus Nigrini, enthält Prüfungsthesen über die Notwendigkeit der Taufe zur Seligkeit. Im zweiten Teil sind die Argumente gegen die katholischen, calvinistischen, photinianischen, anabaptistischen, arminianischen und weigelianischen Ansichten aufgeführt. Der Wortgebrauch „Photiniani“ im Frölichs Werk (1639) und bei Nigrini zeigt, dass der Protestantismus in Oberungarn im 17. Jahrhundert mehrfach gespalten war und die Terminologie für die verschiedenen Richtungen nicht feststehend war. Deshalb konnte Frölich die Unitarier von Klausenburg und ihre Typographie als „photinianische“ bezeichnen. Und seine späthumanistische Kultur spielte auch hinein, indem er die radikalen Versionen der Heterodoxie abwies. Erst im 16. Jahrhundert war solches

---

14 Frölich, op. cit. S. 375.

15 Frölich, op. cit. S. 376.

16 Ich benutzte die ungarische Ausgabe des Servet-Processes zu dieser Frage: A Servet-pör aktái. Francia, latin és német nyelvből fordította Dr. Kováts, J. István. Pápa 1909. Elektronische Ausgabe durch Ferenc Németh, 2004. Siehe: http://leporollak.hu/egyhtori/kalvin/KOVATS.HTM

17 Nigrini, Nicolaus: Disputatio theologica de baptismi necessitate (...) Leutschoviae MDCLI typis Laurentii Breveri. RMNy 2379. Zwei Exemplare werden in der Bibliothek der Ungarischen Akademie der Wissenschaften in Budapest aufbewahrt.

Verhalten in den humanistischen Kreisen aufgekommen, was sich fortsetzte in den Predigten der Barockzeit.[18]

## 3. Werke von David Frölich im Hinblick auf den Späthumanismus.

Nach den Studien in Wittenberg kehrte Frölich nach Käsmark zurück, 1640 heiratete er und lehrte an der dortigen Schule. Seine wissenschaftliche Beschäftigung umfasste – wie oben erwähnt – verschiedene Fachgebiete. 1630 fuhr er nach Siebenbürgen und besuchte die zwei höchst berühmten Wissenschaftler Johann Alsted in Alba Iulia und Albert Molnár von Szenci in Klausenburg (ihre Einträge befinden sich in Frölichs *album amicorum*). Diese persönlichen Begegnungen haben ihn tief beeinflusst: In seinem Kalender für 1632 erwähnt er beispielsweise Johann Alsted als „amicus et fautor", und in den späteren Kalendertexten, hauptsächlich in den astronomischen Mitteilungen, zitiert er oft die „Encyclopaedia Universa" (1630) von Alsted. Zwei wichtige Motive – die pädagogische Beschäftigung und die Neigung der Epoche zur Enzyklopädieabfassung – prägten sein Vorgehen, wenn er populärwissenschaftliche Themen in den deutschsprachigen und lateinischen Kalendern veröffentlichte. In den in Breslau herausgegebenen Kalendern von 1623 bis 1641 bilden die Prognostika insgesamt eine eigene kleine interessante Enzyklopädie.[19] Um vier Fachgebiete gruppieren sich die folgenden Themen:

- *Geographie und Ethnographie:* → Mitnächtige Länder und Völcker (1630), Fernere Beschreibung der Mitnächtigen Länder und Völcker (1631), Historische Beschreibung der Tartarn (1632), Beschreibung der Türcken und gefangenen Christen (1633), Historische continuatio, von der Türcken Glauben, Sitten und Ceremonien (1635), Von den Juden Sitten, Wandel und Aberglauben (1636), Kurze Historische Beschreibung der Neuen Welt, wo dieselbe gelegen, wenn sie erfinden, und was darinnen bey den Menschenfressern mit einem Deutschen zugetragen (1640)
- *Geschichte:* → Auszüge aus verschiedenen Chroniken, unter den Quellen sind die Werke von den antiken Autoren und von der Epoche des Humanismus, wie z. B. Plutarch, Lemnius, Bonfini, Poggio Bracciolini, Albert Krantz, Paulus Jovius, Rieseberg, Sigismund Herberstein.

---

[18] Bitskey, István, Tasi, Réka, Csorba, Dávid: „Homályban és tükör által". Barokk kori prédikációk az isteni természetről [„Im Dunkel und durch Spiegel". Predigten aus dem Barock über die göttliche Natur.]. In: Egyháztörténeti Szemle 12 (2011)-1, S. 94–108.

[19] Ausführliche Erörterung: Dukkon, Ágnes: Historische deutschsprachige Kalender in Ungarn. In: Zeitung, Zeitschrift, Intelligenzblatt und Kalender. Beiträge zur historischen Presseforschung. hg. von Astrid Blome. Bremen 2000, S. 237–244.

In seinem ersten deutschsprachigen Kalender von 1623 (Breslau) veröffentlichte Frölich eine ungarische Chronik unter dem Titel: „Etliche Gedenckwirdige Geschichten von unserm Vaterland Ungern und benachbarten Landen."

Sehr interessant ist das sog. russische Material im Kalender von 1631: Es gibt verschiedene Aufzeichnungen aus der Geschichte des Moskowitischen Großfürstentums, z.B. über den Streit unter den russischen Fürsten im 14.–16. Jahrhundert, grausame Anekdoten über die Regierung Iwans des Schrecklichen, Informationen über den orthodoxe Glauben und noch viele andere Einzelheiten des russischen Lebens. Frölichs Quellen zu diesem Thema wurden in früheren Untersuchungen nachgewiesen: Er entnahm die grundlegenden Angaben aus den Werken von Paulus Jovius und Sigismund Herberstein – also bereits 100 Jahre alter Literatur.[20] In der ersten Hälfte des 17. Jahrhunderts konnte Frölich schon zeitgenössische Informationsmedien benutzen, wie die deutschsprachigen Zeitungen, in denen Nachrichten über Russland auch publiziert wurden.[21] Aber in seinen Kalendern wollte Frölich eher wissenschaftliches Material statt Nachrichten präsentieren: Im Sinne des Späthumanismus erörterte er die Geschichte und vermittelte sie dem Leser. Frölichs Verhältnis zur Geschichte manifestiert sich auf zweierlei Art: als „Pädagoge", der traditionelle Kalenderchroniken „für die Einfältigen" in den deutsch- und ungarischsprachigen Kalendern zusammenstellt, und als Gelehrter, der wissenschaftliche Abhandlungen für die gebildete Leserschaft veröffentlicht. Seine großen historischen Kompilationen, wie „Historiae memorabiles", „De VII Miraculi Mundi", „Historiae Bellicae", „Bellorum Turcicorum continuatio",[22] „Descriptio Amuratis III. imp. T.", „Descriptio Janizarorum", „Interpretatio nominum Turcicorum"[23] etc. erschienen in den lateinischen Kalendern. Das sogenannte türkische Thema bekam auch in Frölichs Kalendern einen besonderen Akzent: Während zweier Jahrhunderte stellte das osmanische Imperium für ganz Europa eine große Bedrohung dar. Diese Tatsache motivierte sowohl die Historiographie als auch die populäre Presse, die türkischen Themen ständig im Vordergrund zu halten.

---

20 Dukkon, Ágnes: Egy mondat az oroszokról. Irodalom és politika kapcsolatai Kelet-Európában a 17. század derekán [Ein Satz über die Russen. Kontakte der Literatur und Politik in der Mitte des 17. Jahrhunderts in Ost-Europa]. In: Irodalomtörténeti Közlemények 112 (2002), Heft 3–4, S. 334–349.

21 Blome, Astrid: Die Zeitung als historische Quelle. Ein Beispiel aus dem petrinischen Rußland. In: Zeitung, Zeitschrift, Intelligenzblatt und Kalender. Beiträge zur historischen Presseforschung, hg. von Astrid Blome. Bremen 2000, S. 161–175.

22 Fasti vulgo Calendarium Astro-Meteorologicum, Ecclesiastico-Politicum, Histroricumq(ae) In Annum Aerae Christianae M. DC. XL. Supputatum opera Davidis Froelichii Astronomi-Practici. Bartphae Hungariae1640, S. 550. Széchényi Nationalbibliothek, Budapest, RMK II.

23 Fasti reformati, vulgo calendarium novum Astro-Meteorologicum, Ecclesiastico-Politicum, Histroricumq(ae) In Annum Aerae Christianae M. DC. XLI. Supputatum studio Davidis Froelichii (...) Bartphae Hungariae 1640, S. 566. Széchényi Nationalbibliothek, Budapest RMK II.

Hier möchten wir kurz anzeigen, was für eine große Rolle das „Calendarium historicum“ unter Frölichs Quellen spielt.[24] Die Gattung erreichte ihre Blütezeit im 16. Jahrhundert. Paul Eber, Caspar Goltwurm, Michael Beuther und Andreas Hondorff gelten als sehr berühmte Autoren, ihre Werke erschienen im 16. Jahrhundert in Augsburg, Frankfurt am Main, Wittenberg, Erfurt und Nürnberg. Paul Eber – der ehemalige Schüler, dann Kollege von Melanchthon in Wittenberg – kompiliert sein „Calendarium historicum“ aufgrund der antiken Geschichte (Tacitus, Sallust, Cicero, Lukrez) und der Bibel. Er betrachtet die Geschichte als Exempel für die Menschen, gemäß der Anschauung von Melanchthon. Die Ereignisse wurden aus der Sicht der Ethik und Religion bewertet. Im 17. Jahrhundert sehen wir das Auslaufen – und dann die Metamorphose – dieser mit dem Geist der Reformation verbundenen Gattung: Neue Kompilationen im traditionellen Geist erscheinen nur bis zu den ersten Jahrzehnten des 17. Jahrhunderts (z. B. Kalender von Seth Calvisius 1612), aber die alten Ausgaben als Quellen werden oft zitiert, zumindest bei solchen Gelehrten wie David Frölich.

- *Astronomie:* → in den Kalendern von 1627, 1632, 1637 und 1640 schreibt er über die Astralmythologie, erklärt die Gesetze von Kepler (mit dem er persönlichen Kontakt hatte), das Fernrohr von Galilei und die durch ihn entdeckten Jupiter-Monde usw. Er erklärt die Unterschiede zwischen den Kalkulationen von Kopernikus und Kepler und bringt zahlreiche Beispiele für meteorologische Erscheinungen.

Frölich bricht mit der alten Tradition der Kalenderabfassung. Im 16. Jahrhundert dominierte die Astrologie in den Prognostika: Die Weissagungen und Horoskope popularisierten die alten mythologischen und magischen Vorstellungen. Die Verfasser konnten ihre Leser mit den meteorologischen oder astronomischen Erscheinungen leicht manipulieren. Die Kometen oder die große Konjunktion des Jupiters und des Saturns z.B. deuteten immer auf etwas Furchtbares hin. Aber unser Käsmarker Polyhistor behandelt diese Themen als interessantes wissenschaftliches und kulturgeschichtliches Material mit dem Zweck, die Leser zu belehren, und um Ursache und Wirkung verständlich zu machen. Er weist den Determinismus der antiken und im 15.–16. Jahrhundert wiedergeborenen Astrologie zurück und streitet mit den „falschen“ Kalendermachern wegen ihres Missbrauchs der „Sternkunst“. In Frölichs Verhalten spiegelt sich eine Religiosität neuer Art: Naturwissenschaftliche Untersuchungen, kulturgeschichtliche Kenntnisse werden bei ihm durch die Theologie beleuchtet. Die Frage der Willensfreiheit und der Vorsehung bekommt in seiner

[24] Über die Bedeutung der Geschichtskalender für Frölichs Werke haben wir schon einige Publikationen veröffentlicht, eine der letzteren ist: Dukkon, Ágnes: Kora újkori prognosztikonok és kalendáriumok az asztrológiáról, a szabad akaratról és a boldog életről [Frühneuzeitliche Prognostika und Kalender über die Astrologie, den freien Wille und das selige Leben]. In: Acta Universitatis Szegediensis, Acta Antiqua et Archaeologica Supplementum X. Tanulmányok a 65 éves Tar Ibolya tiszteletére, hg. von Mariann Czerovszki, Péter Mayer, János Nagyillés. Szeged 2010, S. 17–22.

Gedankenwelt eine wichtige Bedeutung. Die Autorität der Bibel und die wissenschaftliche Erkenntnis stoßen in seinem Weltbild nicht zusammen. Er betont im Kalender von 1627: „Gott essentialiter, causaliter und vollkommen ein Astronomus ist". Aus diesem Standpunkt folgt seine positive Antwort auf die Frage, gestellt im Kalender von 1634: „ist auch Christlichen Lehrern und Predigern die Sternkunst (Scilicet Meteorologia, Astrologia et Astronomia) zu wissen?" Solche Gedanken erscheinen auch in seinem Traktat, „Anatome revolutionis mundanae [...]"[25] (Leutschau 1632), wo er über die Wirkung des Weltgeistes spricht. Nach der Theorie der „harmonia universalis" durchdringt der Geist das Universum, verursacht und versichert die gleichförmige Bewegungen der Körper. Wie es aus dieser Konzeption hervorgeht, lassen sich bei David Frölich und solchen Zeitgenossen wie Comenius die rationalen und irrationalen Aspekte der Erkenntnis nicht scharf voneinander unterscheiden und trennen. Man kann sagen, dass der Geist von Paracelsus oder Valentin Weigel in diesen Spekulationen fortlebte – allerdings in anonymer Weise. Im Europa des 17. Jahrhunderts kam „der Durst nach Gott" – nach den Worten von Pierre Chaunu[26] – ganz gut mit der Wissenschaft aus.

## Zusammenfassung


### The scholar and calendar-writer David Frölich (1595–1648) and his intellectual inheritance of late Humanism

The study regards the topic in three respects. First, it reconstructs family relations and biographic details, based on entries in personal registers and on printed documents from the 17th century. They illustrate especially the family's relation to Protestantism. Around 1550, the grandfather Gregor Frölich organized a Lutheran community at his domicile in Szalók. In the case of his son Johann even details of his academic peregrination (Käsmark, Leutschau, Wittenberg, Stettin) can be reconstructed, as well as his contacts to intellectuals from Zips and parts of Germany (Silesia, Pomerania), like Gabelmann, Martin Sturm, Jakob Monavius, Christoph Butellius, Johann Mylius, as well as to members of the protestant aristocracy like Georg Thurzó, Stephan Thököly and the Illéshazy family. The life of David Frölich, as a member of the third generation, fell into a period of fights between Lutheran orthodoxy and a more radical cryptocalvinist tendency. The second part of the study focusses on David Frölichs intellectual profile, which was marked by the tolerant, balanced attitude of his ancestors. He combined a broad scientific knowledge, theological studies and profound religious determination and humanist ideas as well, which was quite not common at his time. His concept of the harmony of the


[25] RMK II 478 (RMNy 1549). Fragment. Ein Kapitel in diesem Traktat erörtert den Erdlauf mit zahlreichen Hinweisen auf die Werke von Kopernikus, Kepler und David Origanus.

[26] Chaunu, Pierre: La Civilisation de l'Europe classique, Paris 1966. Ich zitiere die ungarische Ausgabe: Chaunu: A klasszikus Európa. Budapest 1971, S. 251.

created world shows similarities to the thought of Comenius and Johann Alstedt, the latter being a frequent reference in his *Encyclopedia*. The third part gives some illustrations from different types of the transmission of knowledge Frölich practised, from his scientific works in Latin as well as from his calendars in Latin, German, Hungarian and Slovak – i.e. Bibličtina. They all show the combination of Protestantism and late Humanism in his work. His remarks on Unitarians („haeresis Photinianorum") in his *Medulla geographicae* must also be understood from this point of view.

## A tudós kalendáriumszerző David Frölich (1595–1648) és a késő humanizmus szellemi öröksége

A tanulmány három kérdéskörben foglalkozik a címben megjelölt témával. Az elsőben a családi kapcsolatokat és az életrajzi mozzanatokat vázolja föl a fennmaradt dokumentumok alapján (Stammbuch-bejegyzések és a 17. századi nyomtatott kiadványok). Ezek az adatok segítenek rávilágítani arra a folytonosságra, amely jellemezte a Frölich-család protestantizmushoz való viszonyát. A nagyapa, Gregor Frölich 1550 körül evangélikus egyházközséget szervez szülőfalujában, Szalókon (Schlagendorf/Slavkov). Fia, Johann Frölich életrajzából már ismerjük tanulmányait, peregrinatióit (Késmárk/Käsmark/Kežmarok, Lőcse/Leutschau/Levoča, Wittenberg, Stettin), személyes és tudományos kapcsolatait a szepességi és más német (sziléziai, pomerániai) protestáns értelmiségiekkel (Gabelmann, Martin Sturm, Jakob Monavius, Christoph Butellius, Johann Mylius), továbbá a protestáns magyar főurakkal (Thurzó György, Thököly István, Illésházy család). A 16–17. század fordulója az ortodox lutheranizmus és a radikálisabb kryptokálvinista irányzat harcának kora volt. Ebben a szellemi légkörben alakult a harmadik nemzedék, vagyis David Frölich világképe – mely elődei türelmes, egyeztető magatartásából építkezett. A tanulmány második részében ennek a profilnak a megrajzolására kerül sor. E világkép legfontosabb jellemzője a természettudományos ismereteknek, a teológiai és hitbeli meggyőződésnek, valamint a humanizmus eszmevilágából átöröklődött tudásanyagnak (asztrológia, történelem- és Biblia-ismeret) az integrációja, mely korántsem volt magától értetődő jelenség sem Frölich kortársai közt, sem az őt megelőző korban. A teremtett világot harmóniában látó Frölich gondolkodásmódja talán leginkább Comeniuséval és Johann Alstedével rokon, ez utóbbit személyesen is megismerte, sokat hivatkozik is rá az *Enciklopédiájá*ra. A harmadik rész példákat hoz Frölich tudományos és népszerű munkáiból az ismeretközvetítés különböző formáira: latin nyelvű tudományos munkái, valamint latin, német, magyar és szlovák nyelven kiadott kalendáriumai egyaránt jól szemléltetik a protestantizmus és a későhumanizmus értékeinek összekapcsolódását életművében. Ebben az összefüggésben figyelmet érdemelnek az unitáriusokról tett megjegyzései („haeresis Photinianorum") a *Medulla geographiae* című könyvében.

## Învăţatul autor de calendare populare David Frölich (1595–1648) şi moştenirea intelectuală a umanismului târziu

Studiul abordează subiectul sub trei aspecte. În primul rând reconstruieşte relaţiile familiale şi detaliile biografice, bazându-se pe indicaţii din registre personale şi pe documente tipărite din secolul al XVII-lea. Acestea ilustrează în special relaţiile familiei cu protestantismul. În jurul anului 1550, bunicul Gregor Frölich a organizat o comunitate luterană în satul natal Szalók. În cazul fiului său Johann pot fi reconstruite atât detaliile peregrinării sale academice (Käsmark, Leutschau, Wittenberg, Stettin), dar şi contactele sale cu intelectuali din Zips şi diferite părţi ale Germaniei (Silesia, Pomerania), precum Gabelmann, Martin Sturm, Jakob Monavius, Christoph Butellius, Johann Mylius sau cu membri ai aristocraţiei protestante, ca Georg Thurzó, Stephan Thököly şi familia Illésházy. Viaţa lui David Frölich ca membru al celei de-a treia generaţii s-a desfăşurat într-o perioadă de lupte între ortodoxia luterană şi o forţă mai radicală cripto-calvinistă. A doua parte a studiului se referă la profilul intelectual al lui David Frölich, care a fost marcat de atitudinea tolerantă şi echilibrată a familiei sale. Frölich, un savant de o cultură vastă cu studii teologice aprofundată a avut o determinare religioasă profundă combinată cu idei umaniste, ceea ce nu era un lucru comun în timpul său. Ideea sa despre armonia lumii create prezintă similarităţi cu gândurile lui Comenius şi Johann Alstedt, cel din urmă fiind luat deseori drept referinţă în *Encyclopedia* sa. A treia parte prezintă câteva aspecte ale diferitelor tipuri de transmitere a ştiinţei pe care le-a practicat Frölich, începând cu operele sale în latină şi continuând cu calendarele sale în latină, germană, maghiară şi slovacă. Toate acestea prezintă o îmbinare a protestantismului şi a umanismului târziu în opera sa. Remarcile sale despre unitarieni („haeresis Photinianorum") în *Medulla geographicae* trebuie de asemenea înţelese din acest punct de vedere.

# Der Unitarier – edler Wilder, Bürger und Patriot

## Betrachtungen zum Werk Mór Jókais

*Juliane Brandt*

Schon im November 1875 war in der Presse verlautbart worden, dass Mór Jókai einen neuen Roman mit dem Titel „Egy az Isten“ vorbereite.[1] Ein paar Tage später teilte die Zeitschrift „A Hon“ mit, dass der Roman „von den Torockóer Unitariern handeln“ werde.[2] Zur Vorbereitung der Arbeit unternahm der Autor 1876 noch einmal eine Reise an die anvisierten Schauplätze in Siebenbürgen. In diesem Zusammenhang äußerte er sich brieflich gegenüber Sándor Teleki: „Ich muss mir die unitarischen Gevattern anschauen, weil ich ihnen einen Roman anpassen will.“[3] So gesehen kann „Egy az Isten“ also mit Recht als Werk „über die Unitarier“ rezipiert werden, und so wird der 1877 ungarisch (und schon 1878 deutsch) erschienene

---

1 Fővárosi Lapok, 3. Nov. 1875, hier nach Zsigmond Vita: Jókai Erdélyben [Jókai in Siebenbürgen]. Bukarest 1975, S. 164. Torockó: dt. Eisenburg, rum. Râmetea, 23 km nordwestlich von Nagyenyed/Straßburg am Mieresch/Aiud. Da sich der im Folgenden untersuchte Roman auf der magyarischen „mental map“ von Siebenbürgen bewegt und die Unitarier Siebenbürgens im 19. Jahrhundert eine praktisch nur aus Magyaren bestehende Religionsgemeinschaft waren, werden hier, der ungarischen Fassung folgend, die ungarischen Ortsnamen verwendet.

Den Titel „Egy az Isten“ – eine Formel, die auch über den Eingängen der unitarischen Kirchen Siebenbürgens steht – könnte man etwa übersetzen mit „Es ist ein Gott“ oder „Gott ist eins“, hier wird er im Original belassen, wo er weitaus eindeutiger ist. Die deutsche Übersetzung trug damals den Titel „Die nur einmal lieben“, was eine Feststellung in einer Episode der Handlung aufgreift. (Die nur einmal lieben. Berlin 1878, 2. Aufl. 1878, 3. Aufl. 1882, 4. Aufl. 1889, jeweils im Verlag Otto Janke, ebd. eine weitere Auflage als „Volksausgabe“, o.J. /um 1900).

2 A Hon, 7. Nov. 1875, wie in Anm. 1.

3 Mór Jókai an Sándor Teleki, Balatonfüred, 26. Juli 1876, hier nach Zsigmond Vita (wie Anm. 1), 162. Über diese Reise nach Siebenbürgen, die weder die erste war, noch die letzte sein sollte, die der Autor unternahm, berichtet Vita eingehend ebd., S. 162–195. Noch ausführlicher als dieser geht Imre Mikó auf Jókais Reise nach Torockó 1876 ein. Er beschäftigt sich auch noch eingehender mit István Zsakó (Sakó), dem Vorbild für die Figur des Haupthelden, sowie mit den Materialien und Informationen, die Jókai zur Verfügung standen, und referiert die Geschichte des Ortes 1848/49, u.a. anhand einiger zeitgenössischer Briefe. (Mikó, Imre: Egy Jókai-regényhős 1848-ban [Ein Jókaischer Romanheld 1848]. In: Akik előttem jártak [Die mir vorangingen]. Bukarest 1976, S. 293–335. (Ich danke Imre Mikó jun., der mich auf der Tagung 2010 auf diese Quelle aufmerksam gemacht hat.)

Roman denn auch meist eingeordnet.[4] Betrachtet man Helden und Handlung, so scheint sich das ganz offenkundig zu bestätigen. Dies soll hier zunächst genauer belegt werden, um dann auf strukturelle Eigenheiten des Werkes einzugehen, die seine allzu glatte Interpretation als Apotheose des Unitarismus problematisieren.

Der männliche Hauptheld, der eingangs recht zufällig in die Reisegesellschaft der Fürstin Cagliari, einer geborenen Gräfin Blanka Zbóro, und damit in die 1848 beginnende Geschichte gerät, wird zunächst eingeführt als ein Kavalier, der sich um die Angelegenheiten seiner in Sachen der italienischen Eisenbahn recht hilflosen Landsleute bemüht, der Tatkraft, praktischen Sinn und Generosität beweist und zugleich vollkommen und mit gelassener Selbstverständlichkeit nach der Etikette aufzutreten versteht.[5] Daneben erweist er sich als jemand, der seine Ansichten nicht verstellt und zugleich hohe Normen an andere wie an sich selbst hat. Äußerlich, mit seinen Gesichtszügen, seinem nicht zu bändigenden Haar scheint er exotisch: „Ein ungewöhnlicher Rassencharakter war auf seinem ganzen Gesicht ausgedrückt; seine breite gewölbte Stirn, seine kräftigen, dichten persischen Augenbrauen, seine im Verhältnis dazu ganz malaiisch geschnittenen Augen mit reiner blauer schwedischer Iris, seine gerade griechische Nase, die semitische Schneckenlinie seiner aufgeworfenen Oberlippe, als wenn in ihm das Idealbild von fünf oder sechs Nationen miteinander vermengt und dennoch zu einem harmonischen Ganzen vereinigt wären."[6] Wie dann über ihn enthüllt wird, ist der eigensinnige und doch so faszinierende junge Mann Unitarier. Dass diese Konfession die Dreifaltigkeit leugnete, versetzt die beiden Damen in der Reisegesellschaft in tiefes Entsetzen. Der kalvinistische Advokat

[4] Seitenangaben nach der ungarischen Ausgabe Budapest 1966. Die verwendeten Übersetzungen stammen von der Verfasserin. Dieses Vorgehen wurde gewählt, weil die gedruckte deutsche Ausgabe umfangreiche Kürzungen vornimmt, die zahlreiche hier wesentliche Passagen betreffen. Auf diese Weise wird aus dem programmatisch konzipierten Roman eine Geschichte von Verwirrung, Liebe, Verfolgung und Einander-Finden mit Repetition, die viel Tendenz aus dem Werk nimmt, es aber auch zu einer schlichten romantischen Lektüre zweiten Ranges macht. Sprachlich trägt die spätestens heute oft gestelzt wirkende Übersetzung mit zu diesem Eindruck bei. Daher wurden hier alle angeführten Stellen durchgehend neu übersetzt.

Zu Jókai als dem neben dem neben Kálmán Mikszáth wohl meistgelesenen und auch im Ausland zu den meistrezipierten ungarischen Autoren des 19. Jahrhunderts gehörenden Erzähler gibt es eine breite exegetische Literatur, die hier aus Platzgründen wie auch angesichts der verfolgten spezifischen Fragestellung nicht explizit diskutiert wird. Einen instruktiven Eindruck von den literaturkritischen und -historischen Diskussionen um Jókai bietet neben der Einführung zu dem unten mehrfach verwendeten Werk Anna Fábris (Siehe Anm 30) auch Fried, István: Öreg Jókai nem vén Jókai. Egy másik Jókai meg nem történt kalandjai az irodalomtörténetben [Der alte Jókai ist kein greiser Jókai. Die ungeschehenen Abenteuer eines anderen Jókai in der Literaturgeschichte]. Budapest 2003, insbesondere A Jókai-befogadás állomásai és dichotómiai [Stationen und Dichotomien der Jókai-Rezeption]. (Ebd., S. 167–193).

[5] Egy az Isten, Z.B. S. 10.

[6] Ebenda, S. 11. Auch andere Figuren des Romans werden in Ihrem Äußeren derartig eingehend beschrieben.

der Fürstin weiß auch zu berichten, es handle sich um eine in Siebenbürgen anerkannte Religion mit ihrer eigenen Vorgeschichte.[7] Freilich ist diese Kirche recht klein und außerhalb Siebenbürgens recht unbekannt, und wie der Erzähler ironisch anmerkt, würde von diesen Unitariern vielfach angenommen „dass sie Hörner haben und zu ihren Taufen Menschenblut verwenden".[8]

Daneben steht dieser junge Mann namens Manasse Adorján[9] bereits am Ende seiner bisherigen Laufbahn. Begabt und vorzüglich gebildet, war er bereits mit Anfang 20 für das Amt eines Regierungsrates vorgesehen, als die revolutionären Veränderungen zusammen mit der Union Siebenbürgens mit Ungarn auch dessen alte Regierungsstruktur beseitigten. Nun ist er auf dem Weg nach Rom, um dort, in der Stadt der Vergangenheit und fernab der von ihm nicht für gut befundenen Veränderungen ein zurückgezogenes Leben zu beginnen. Den Anlass seiner Reise nach Rom bezeichnet er denn auch als einen „Scheidungsprozess". „Ja, ein Scheidungsprozess von einem lieben Wesen, das mich vertrieben hat, das sich einem anderen angeschlossen hat, das ich ewig meiden muss und nie mehr besitzen kann, und von dem ich mich doch nicht loszureißen vermag, das ich nie durch eine andere ersetzen kann. Ich gehe nach Rom, weil das eine tote Stadt ist, sie gehört jedem – und niemandem."[10] Das geliebte Wesen ist, wie schnell klar wird, die Heimat Siebenbürgen. Der Advokat der

---

7 „‚Sie reisen nach Rom? [...]' ‚Ja, dorthin.' ‚Zu den weltberühmten Zeremonien der Osterwoche?' ‚Diese gehen mich nichts an.' ‚In wiefern? Der höchste Festtag der Religion, der die Existenz Jesu Christi symbolisiert, geht sie nichts an?', sprach die Dame im Ton glaubenseifrigen Vorwurfs. ‚Ich glaube nicht daran', sagte der junge Mann, doch in seiner Antwort fehlte die herausfordernde, lästernde Leugnung, die die kränkende Absicht des Skeptikers verrät. Sein Gesicht blieb dabei so ruhig wie das eines Menschen, der überzeugt ist, mit dem, was er sagt, weder auf Erden noch im Himmel irgendjemanden verletzt zu haben. Die schöne Dame sinnierte insgeheim, wer ihr Gegenüber wohl sein könnte. Ob er wohl Jude oder Atheist war? – Wenn er Jude war, war das ganz in der Ordnung [...] Doch ist es ganz unhaltbar, dass jemand all die Vorteile annimmt, die damit einhergehen, im Namen ‚des Vaters, des Sohnes und des Heiligen Geistes' getauft zu sein, folglich Grundbesitz und Haus erwerben, ein Amt innehaben zu können, und dennoch anzufangen, die Dogmen [...] als Rationalist zu erforschen. [...]" In Abwesenheit des Reisegefährten fragt sie ihren Advokaten: „‚Kennen Sie den Herrn?' [...] ‚Sehr gut.' [...] ‚Ist der Herr Jude oder Atheist?' ‚Weder das eine noch das andere, vielmehr ‚reiner Gottesgläubiger' („egyistenvalló").' ‚Was ist das?' ‚Eine gesetzlich rezipierte Religion in Ungarn. Sie sind Christen, die sich zu einem Gott bekennen, und wenn sie schwören, heben sie ihren Daumen zum Himmel.' Die schöne Dame schüttelte verwundert ihre blonden Locken. ‚Dass ich davon noch nie gehört habe.' ‚Sie leben größtenteils in Siebenbürgen. Ihre Glaubensgenossen haben sich in England und Amerika niedergelassen und haben dort beträchtlichen Einfluss. Sie sind wenige, aber sie halten zusammen. Sie breiten sich nicht aus, aber sie geben auch nicht nach.'" (Ebenda, S. 15–17).

8 S. 17.

9 „Adorján ist der Name einer alten Székler Familie. Den Namen Manasse hat er in der Taufe erhalten. In dieser Konfession sind die alttestamentarischen Namen sehr beliebt [...]." Ebenda, S. 18.

10 S. 16. Im Original wird mit der Uneindeutigkeit des Ungarischen als Sprache ohne grammatisches Geschlecht gespielt – genauer müsste es heißen „das/die ich nie durch eine(n) andere(n) ersetzen kann".

Fürstin dagegen ist ein Anhänger der neuen Ideen. „‚Ich habe immer der progressiven Partei angehört, er dagegen war Gegner jeder Veränderung.' ‚Ach, so jung?' ‚Das versteht nur, wer Siebenbürgen kennt, die Heimat der vier Religionen und der vier [sic] Nationen. Im Untergrund unter ihnen bewegen noch eine fünfte Religion und eine fünfte Nation die Erde, die an Zahl größer sind als diese vier.'"[11] Bald darauf antwortet Manasse auf die Frage, warum er denn nicht in diese eben noch als so schön und liebenswert geschilderte Heimat zurückkehre: „Weil die, die dort leben, jetzt voll großer Freude sind und ich nicht daran teilhabe. Wenn sie einmal sehr, sehr großes Leid erfahren, dann kann es sein, dass ich hingehe und es mit ihnen teile."[12]

Bereits auf der Reise hat Manasse Gelegenheit, der Fürstin und ihren Begleitern weitere unschätzbare Dienste zu erweisen, indem er aufgrund seiner Kenntnisse über die aktuellen Ereignisse hilft, die schnellste Reiseroute zu finden, und zudem einen intriganten Verfolger der Fürstin schachmatt setzt – die überall präsenten *briganti*, die er der jungen Dame schonungsvoll als originelle Vertreter des italienischen Volkes schildert, nehmen ihn gefangen, bis sein Auftraggeber Fürst Cagliari aus Wien Lösegeld gezahlt hat. In Rom wird der junge Mann erneut zum allgegenwärtigen Helfer der Reisegesellschaft. Über seine Kontakte zu Diplomaten anderer Staaten, insbesondere zu dem französischen Gesandten, erwirkt er Zugang zu Veranstaltungen der Osterwoche, die Blanka als gläubige Katholikin besuchen möchte. Er erweist sich als gebildeter, kunstsinniger Stadtführer und auch in Sachen der katholischen Kirche bestens informiert. Daneben zeigt er sich voller Verständnis, ja Empathie für die religiösen Ansichten und Gefühle anderer.[13] Diese Züge werden kompositorisch jeweils mit dem längst nicht diese Vollkommenheit erreichenden bzw. geradewegs das Verfehlen des Ideals illustrierenden Wesen anderer Personen kontrastiert. Eine Gestalt, bei der dies besonders deutlich und mit besonders viel Ironie geschieht, ist der kalvinistische Anwalt Gábor Zimándy, daneben aber auch die vermeintliche gute Freundin der Fürstin, die Witwe Dormándy. Die Einlassungen des auktorialen Erzählers – neben dem sich der Roman auch gerne der Möglichkeiten szenischer Darstellung bedient – untermauern weiter ein Gesamtbild, in dem sich die Einschätzungen und Entscheidungen Manasses als die realitätsbezogenen und angemessenen erweisen.

> „[Manasse] wusste freilich noch mehr. Er wusste sogar schon, dass die schöne Fürstin in zwei Monaten so allein in der Welt stehen würde, verlassen und begraben – wie er selbst. Er wusste im Voraus vieles, dessen genaues Gegenteil sich manch glücklicher Mensch damals noch erträumte. Er war Skeptiker aus Veranlagung, und die Laufbahn, die er bisher durchlaufen hatte, hatte diesen Zug in ihm noch stärker ausgeprägt. [...] Er war in die

---

11 Ebenda, S. 19.

12 Ebenda, S. 43.

13 Z.B., zusammengefasst: „Manasse erzählte Blanka die Legende [des Bildes von Edessa, J.B.] voll solcher Pietät wie jemand, der zu lieben vermag, woran er nicht glaubt." Ebenda, S. 67.

Familiengeheimnisse des Fürsten Cagliari ebenso eingeweiht wie in dessen weltzerstörerischen Intrigen. Er wusste auch, was die Fürstin in Rom erwartete. Er wusste auch, dass hier bald die gesamte Erde unter ihren Füßen erbeben und in einem Erdrutsch all die Wege verstellen würde, die nach Rom führen. //[14] Und davon haben diese Reisegefährten nicht die geringste Ahnung. Sie kommen gerade aus dem glücklichen Ungarn, wo die Volksgruppen eben gerade Verbrüderungsbankette veranstalten. Dort ist die Revolution erst bis zu allgemeinen Bruderküssen fortgeschritten, und wenn sie demonstrieren gehen, nehmen die Leute einen Regenschirm mit. Diese Reisegefährten sehen in Italien vorerst nichts anderes als die klassische Wiege der Völker. Bislang wissen sie nur, dass das, was sie ausgestanden haben, eine Unannehmlichkeit auf der Eisenbahn war – und ahnen nicht, dass es bereits revolutionäre Unruhen sind. [...].“[15]

Die sich entrollende Geschichte baut das Bild dieses Unitariers und der Unitarier weiter aus. Manasse vermittelt Audienzen in Angelegenheiten Blankas, die in Rom eigentlich die Auflösung ihrer Ehe betreiben will. Von ihren Verwandten an den weitaus älteren Fürsten Cagliari, einen Mann mit ausschweifenden sexuellen Neigungen und Perversionen, verheiratet, der ihr zutiefst zuwider ist, so sehr, dass der Vollzug der Ehe unmöglich war, will sie aus dessen Banden entkommen. Zunächst scheint sie dies zu erreichen. Nach dem Wandel der politischen Verhältnisse, mit den erneuten Einmischungsmöglichkeiten des Fürsten wird ihr jedoch schließlich nur die Trennung zugebilligt, mit der Auflage, dauerhaft in Rom zu bleiben – im Palast des Fürsten, lebendig begraben. Sie ergibt sich in ihr Schicksal. Weitere Intrigen enthüllen die Verderbtheit der ihr aufgezwungenen Umgebung. Als im Zuge der politischen Radikalisierung in Rom der Mob die Herrschaft über die Stadt übernimmt und ihr Leben bedroht ist, denkt sie an Flucht. Nun taucht Manasse wieder auf, der sich tugendvoll zurückgezogen hatte, bereitet Wege zu Blankas Flucht. Der erste Plan scheitert. Manasse, der eigentlich nach Hause zurückkehren wollte, um dem allgemeinen Blutvergießen ein Ende zu bereiten,[16] ordnet sich nun Blankas Ziel unter. Beide legen sich ihre vorher lediglich nicht ausgesprochenen Gefühle offen. Sie fliehen gemeinsam, mit falschen Papieren, nunmehr mit Manasses Heimatort Torockó als Ziel, mit dem Vorsatz, dass Blanka zum Unitarismus übertreten, sich scheiden lassen und seine Frau werden solle.

Die Flucht über das Meer und das Karstgebirge, durch Ungarn und dann nach Siebenbürgen, bereits in den Wirren des Revolutionskriegs im Spätherbst 1848, ist sehr breit und voller dramatischer Details geschildert, geeignet, das Ideale des Helden wie die Unbedingtheit der Beziehung beider weiter auszumalen. In diesem Kontext gibt es etliche weitere Beschreibungen Torockós als idealtypischer unitarischer Welt.

---

[14] Hier und im Folgenden: Absatz.

[15] Egy az Isten, S. 53.

[16] Ebenda, S. 239.

Dazu gehört auch die Szene, die eine unitarische Webseite als besonders wichtig an diesem Roman hervorhebt:[17]

> „Und wenn ich für Dich selbst auf den Himmel verzichten müsste, so ist das bereits geschehen. Du weißt das wohl. Aus mir kann nichts anderes mehr werden, als was die schöne Sirene gesagt hat, oder was Du gesagt hast." „Und Du hast zwischen beidem gewählt. Du willst meine Frau werden. Und um das zu werden, musst Du den Weg dorthin gehen, wo meine Glaubensgenossen wohnen. Das sagt das Gesetz. Du musst zu meinem Glauben übertreten." „Ich bin dazu bereit." „Du bist nicht dazu bereit. Meine Kirche ist kein Durchgangshaus für Verliebte, die einander treffen wollen. Meine Gemeinden sind keine Asyle für die, die andere Religionen verurteilt haben, die vor ihren Richtern dorthin fliehen. Die Kugel auf den Türmen meiner Kirchen verkündet nicht: ‚Kommt her, hier ist die Moral freier, das Leben leichter, hier muss man kein Kreuz tragen.' Vorher musst Du den Gott lieben lernen, dem ich folge." „Und wie lerne ich ihn kennen?" „Durch die Menschen, die seine Gläubigen sind. Nicht durch die Worte, nicht durch die heiligen Bücher, sondern durch Taten; durch das Leben der Menschen. Wenn Du erfahren hast, was die tun, die die Aussöhnung mit Gott und den Menschen nicht bis ins Jenseits aufschieben, sondern sie hier auf dieser Welt üben, die das Reich der Heiligen bereits hier unter der Sonne zu bauen beginnen, die zeigen, wie der Mensch den Menschen ertragen muss, gerecht sein, Kränkungen vergeben, über der Erde und unter der Erde arbeiten, Treue mit Treue entgelten, Leidenden Gutes tun, die Seele durch Wissen kultivieren; und wegen all dem nicht murren, sondern sich freuen über das Leben und all das, was dazu gehört, sich der Arbeit, der Treue, der Vergebung, der guten Taten, des Lernens freuen, und für das alles einen Gott segnen, der uns all das nicht als Strafe für die Erbsünde zugemessen hat, sondern uns seine eigene Seele eingehaucht hat, damit wir ‚glückselige Menschen' in dem sind, in dem er ein ‚glückseliger Gott' ist; dann wirst Du meine Gevattern lieben, dann wirst Du diesen einen Gott lieben, der der Gott des Friedens ist [...]" [....] „Und nun konnte sie flüstern: ‚Ed io sono la beata'."[18]

Auf die Bekanntschaft mit dieser Welt führen die vorweggenommenen Beschreibungen der „Insel auf dem Mond", wie Torockó immer wieder genannt wird, hin, und diese Welt wird in der Begegnung Blankas mit der Familie und dem Gemeinwesen weiter ausgemalt. Torockó ist eine Welt, in der „nicht ewiger Frühling, sondern ewige Arbeit" herrscht. Dort wird den ganzen Tag lang gearbeitet, die Frauen im Haus, die Männer meist im Bergwerk.[19] Der Sonntag gehört dem Kirchgang, in eine Kirche,

---

[17] http://www.unitarius.hu/misszio/egyi.htm, zuletzt besucht am 18.03. 2010.

[18] Egy az Isten, S. 258–259. Die schöne Sirene: die Geliebte des Fürsten, die als Bewohnerin des anderen Palastflügels Zugang zu Blanka gesucht und ihr die Wahl zwischen einem Leben als lebendig Begrabener oder aber als epikuräischer Sünderin ausgemalt hatte.

Meine Kirche: im Original „templom", also das Kirchengebäude.

[19] Ebenda, S. 255.

die das ganze Gegenteil der in Rom gerade besichtigten ist, mit einem Pfarrer, der ein einfacher Mensch wie die Gemeindeglieder ist.

> „Was er sagt, spricht er nicht nach oben zu den Engeln, sondern nur nach unten, zu den Menschen."[20] „Nach einem einfachen Gesang tritt der Pfarrer auf die Kanzel und spricht zur Gemeinde – nicht von den Wundern, nicht von den Mysterien, sondern von etwas, das jeder versteht: von der Vaterlandsliebe, den gegenseitigen Pflichten der Menschen, den Segnungen der Arbeit, Gottes unendliche Gnade, den in ihnen selbst liegenden Lohn der guten Taten. // In seinem Gebet erwähnt er Jesus als Gottes geliebten Sohn, ein Vorbild, dem die Menschen folgen sollen. // Und er verwehrt das Paradies denen nicht, die auf anderem Wege, unter der Führung anderer Sterne aufgebrochen sind es zu suchen."[21]

Die unitarische Religion wird also, ihren theologischen Grundlinien folgend, als eine ohne Dreifaltigkeit vorgestellt, eine Religion, die zum Gebrauch der Vernunft und zur Praxis der Mitmenschlichkeit anleitet. Die Predigt, von der, auktorial und angelehnt an Blankas Perspektive, berichtet wird, ist eine unitarische, und liegt zugleich in einer Linie von der Aufklärung herstammender rationalistischer, auf Anleitung zum Alltagsleben und zur Selbstperfektionierung des Menschen orientierter Predigtpraxis.[22] Nicht zu übersehen ist, dass unter den aufgeführten Themen die Liebe zur Heimat und zum Vaterland (ung. ununterscheidbar: hazaszeretet), allen anderen Gegenständen vorangestellt ist. Zugleich ist damit ein Netz von menschlicher Gegenseitigkeit entworfen, in dem die Gemeinschaft noch vor den individuell eingegangenen Beziehungen von Menschen untereinander steht. An diese Ausführungen anknüpfend kann das vorgestellte unitarische Beispiel über den Zweck

---

20 Ebenda, S. 256.

21 Ebenda, S. 384–385. (Vaterlandsliebe: hazaszeretet, also semantisch nicht unterscheidbar von der Liebe zur Heimat.)

22 Vgl., mit Blick auf Deutschland, u.a. die ältere, aber illustrative Untersuchung von Schlingensiepen-Pogge, Alexandra: Das Sozialethos der lutherischen Aufklarungstheologie am Vorabend der Industriellen Revolution. Göttingen–Berlin–Frankfurt 1967. – Zu Ungarn: Koncz, Sándor: Hit és vallás. A magyar református vallástudomanyi teológia kibontakozása és hanyatlása [Glaube und Religion. Aufstieg und Niedergang der ungarischen reformierten religionswissenschaftlichen Theologie]. Debrecen 1942. – Szabó, Géza: A magyar református orthodoxia. A XVII. század teológiai irodalma. Budapest 1943. – Márkus, Mihály: Teológiai irányzatok [Theologische Richtungen]. In: Tanulmányok a Magyarországi Református Egyház történetéből. 1867–1978, hrsg. von Tibor Bartha und László Makkai. Budapest 1983, S. 155–189. – Zum noch immer unbefriedigenden Forschungsstand zur ungarischen Theologiegeschichte und kulturgeschichtlichen Analyse der Homiletik vgl. Juliane Brandt: Protestantismus und Gesellschaft im dualistischen Ungarn. In: Südost-Forschungen 55 (1996), S. 179–240, bzw. „Szikszai utódjai: Református imádságos könyvek a 19. század második feléből, mint mentalistástörténeti forrás" [Szikszais Nachfolger: Reformierte Gebetbücher aus der zweiten Hälfte des 19. Jahrhunderts als mentalitätsgeschichtliche Quelle]. I.–II., I. A Ráday Gyűjtemény Évkönyve [Jahrbuch der Ráday-Sammlung] IX (1999), 111–141; II. ebenda, X (2002), S. 141–162.

der Schilderung seiner Besonderheit und besonderen Wertigkeit hinaus auch als weitere Illustration zu Torockó als Ort vollkommener Zivilisation betrachtet werden – im Sinne von Zivilisiertheit wie im Sinne eines Musters verallgemeinerbaren menschlichen Zusammenlebens, bis hin zu den Beziehungen der Geschlechter; ein ebenfalls wiederkehrendes Motiv des Romans. Der Ausübung dieser sehr bibelorientierten, aber weltzugewandten und letztlich auf das Leben orientierten Religion entgegengestellt ist im Roman – neben dem Katholizismus oder auch diversen anderen Weisen, konfessionelles Christentum zu leben, z.B. in der Gestalt des (für ein berufliches Ziel auch konvertierenden) Calvinisten Dormándy, – auch das die Bibel sehr wörtlich nehmende Sabbatariertum. Die Begegnung mit Matuzsálem auf dem Weg nach Torockó illustriert, wie Glaube erstarren und zum Buchstabenglauben werden – und zudem selbst praktischer Hilfe für den Nächsten entgegenstehen kann.[23] Diese Deutung wird, gleichsam zur Sicherheit, auch Manasses Bruder Áron in den Mund gelegt.[24]

Das Gemeinwesen von Torockó wird als autark geschildert, alles Nötige ist dort zu finden. Es gibt höhere Schulen, Bildung ist ein Wert – für Männer wie für Frauen. „[...] dieses kleine Stück Land [war] eine aus sich selbst geborene Ansiedlung der Kultur".[25] Der Bergbau ist die Grundlage für den relativen Wohlstand, auch für eine blühende Handwerkskunst und Folklore, deren letzter Bezug der Kirchgang ist – dort werden all die prachtvollen und liebevoll im Detail schwelgend beschriebenen Trachten sichtbar, die die Mädchen für ihre Aussteuer selbst anfertigen – die Arbeit der Männer verschont die Frauen von der Arbeit auf dem Feld. Wieder geht es nicht nur um eine spezifische lokale Lösung, sondern auch im ein zivilisatorisches Optimum, in Einklang gebracht noch dazu mit einer handwerklichen, auf eigener Arbeit basierten Kultur: „‚Der Torockóer Mann lässt seine Frau und seine Tochter keine grobe Arbeit verrichten, er schickt sie nicht aufs Feld zur Arbeit. Er verschont sie vor den Sonnenstrahlen. Die Frau verrichtet nur Hausarbeit.' In diesem Wort ist das Ideal einer Zivilisation ausgedrückt."[26] Das gemeinsame Haus wiederum ist „eine große Republik", in der nicht jemand, sondern in der „die Liebe" – ungarisch: „a

[23] Ebenda, S. 310–318.

[24] „Das hast du genau so geplant [spricht Áron zu seinem Bruder]. Wir kommen hierher, unterwegs zeigst Du mir in Ciprianu den drohenden Feind, den Blanka dann zufällig entwaffnet hat, danach in den alten Matuzsálem das Zerrbild meiner eigenen Friedensliebe, so dass es mich vor meinem eigenen Ideal schaudert, wenn ich die bis ins Unmögliche getriebene Gleichgültigkeit, die zum Fanatismus gewordene Selbstverleugnung, die zum Hass auf die Heimat gewordene Gottesverehrung sehe. Das hast du genau geplant, Bruder." Ebenda, S. 321.

[25] Ebenda, S. 380.

[26] Ebenda, S. 386. Die zitierte Sprecherin ist Anna, die Schwester Manasses – die von dem in die Familie aufgenommenen Bénjámin Vajdár verlassen wurde, der wiederum als Günstling des Fürsten Cagliari und der Marquise Caldariva deren Vollstrecker ist und insbesondere gegen Blanka und schließlich auch Manasse intrigiert.

Das Ideal im Umgang von Mann und Frau miteinander wird auch an anderer Stelle von Manasse mehrfach ausgeführt, so u.a. bei der ersten Begegnung im Zug (S. 15), oder im Gespräch zwischen Blanka und Manasse vor dem Aufbruch aus Rom. Auf die Unbedingtheit der Bindung bezieht sich szeretet", also die mitmenschliche Liebe – regiert. „Dabei" – sinniert der Erzähler – „waren auch sie Menschen und hatten ebenso ihre Launen und Emotionen wie andere. Doch das Gesetz unter ihnen war die Liebe. Es gab niemanden, der dem Erzürnten widersprach, und die Liebe söhnte ihn aus. Das war die kostbarste Frucht des gefundenen Paradieses."[27]

In der Romanhandlung gelingt also die abenteuerliche Reise durch das vom Krieg durchzogene Siebenbürgen. Die Familie Adorján nimmt Blanka auf, sie wird geliebt und anerkannt, kann übertreten und heiraten. Zwar dringt die Realität, der blutige Krieg ringsum, doch bis in die Idealwelt vor – einer der Brüder, Dávid, der zur Hochzeit geladen war, wird als Toter zurückgebracht. Doch letztlich werden die Familienidylle und das friedliche Gemeinwesen restituiert. Manasse wird Bergmann, baut, im Einklang mit der Gemeinschaft ringsum, die Grube aus. Dann erreicht ihn und den Ort die Rache der Österreicher und die seiner persönlichen Widersacher. Manasse ebenso wie viele seiner Bergleute werden strafweise ins Militär eingezogen und in die Lombardei kommandiert. Wieder bewährt sich der Held, gelingt es ihm, seine Ideale bis hin zum Ablehnen des Tötens umzusetzen. Selbst in der Schlacht von Solferino benutzt er die Waffe nicht und nimmt dennoch eine umkämpfte Stellung ein. Das Kriegsende bringt die Möglichkeit zur Rückkehr nach Torockó – wo seine Frau sich in der Arbeit bewährt hat und seine Kinder herangewachsen sind. In einem märchenhaften Ausblick auf das weitere Schicksal wichtiger Akteure beschließt der Erzähler den Roman.

> „[...] Die Familie Adorján jedoch blüht und gedeiht. Ihre Kinder mehren Manasses und Blankas Glück; auf der Arbeit des Volks von Torockó liegt Segen, ein Volk, das in seinem Haus glücklich ist und zufrieden lebt, das lernt, sich müht, sich freut, voranschreitet, in Frieden lebt, Licht verbreitet, Menschen hilft, Gott anbetet, seine Heimat liebt, die Nation vermehrt. Und das ist die Geschichte, die nicht zu Ende ist; möge sie nie zu Ende sein!"[28]

So gesehen nimmt der Roman also eine Vorstellung der auch in Ungarn relativ unbekannten unitarischen Kirche und Konfession vor und kann geradezu als deren Lobpreisung gelesen werden. Mit der Einführung des Gestalt Manasses wird dieser – mit Aussehen, Herkunft aus einem den Reisenden praktisch unbekannten Land, als Vertreter einer ihnen unbekannten Gemeinschaft mit ganz andersartigen Bräuchen und Normen – als exotischer Kavalier und in diesem Sinne als „edler Wilder" vorgestellt, der sich als kunstsinniger, gebildeter und zugleich Gefahr und Kampf nicht scheuender Gentleman erweist. Er verkörpert persönliche Integrität und Authentizität,

---

auch der Titel der deutschen Ausgabe (vgl. Anm. 1): „Nein Fürstin, dort, wo ich herkomme, lieben die Menschen nur einmal ..." (S. 39).

27 Ebenda, S. 367.

28 Ebenda, S. 576.

ein Ideal, das als Charakteristikum des Helden zahlreiche Romane Jókais in immer wechselnden Konfliktlagen und Settings prägt. Mit Blick auf seine Heimat Siebenbürgen ist er, wie sich zunehmend entrollt, ein idealtypischer Patriot, der eigene Auffassungen und eigene Lebensplanung dem Willen seiner Landsleute unterordnet – indem er sie gewähren lässt in politischen Entscheidungen, die er nicht teilt, und sich auf Kosten seines bisherigen Lebensentwurfs zurückzieht. In der Not wiederum ist er, der sie nicht verursacht hat, zu allen Opfern bereit.[29] Selbst im Krieg beachtet er das religiös fundierte Tötungsverbot, indem er als Soldat den Befehl nicht verweigert, aber ohne Nutzung der Waffe in die Schlacht geht.[30] Dieses Friedensgebot ist im Roman Aspekt des idealen Patrioten wie des idealen Bürgers. Zudem ist er Bürger im Sinne eines arbeitsamen und gemeinschaftsfähigen Bewohners einer utopischen Gegenwelt.

Manasse Adorján wäre somit einer der zahlreichen protestantischen Romanhelden Jókais, der positiven und auch der wegen ihrer Religion schließlich doch Wichtiges verrichtenden, wie Richard Baradlay oder z.B. der alte János Kárpáthy, Helden, die vielfach reformiert, öfters auch evangelisch sind. Anna Fábri hat in ihrer Analyse des „Jókai-Ungarns" diesen Zug der Romanwelt Jókais gleichsam soziologisch herausgearbeitet.[31] Er wäre dann inmitten der romantischen Verflechtungen der Handlung

---

[29] Hier kehrt eine Deutung des tragischen Helden wieder, die auch in dem weitaus früheren Werk *A kőszívű ember fiai* anzutreffen ist: Das eigentliche Opfer hat der gebracht und wahre Tragik präsentiert daher derjenige, der sich im Namen höherer Werte, im Namen von Normen oberhalb des aktuellen Konflikts engagiert und gegebenenfalls auch sein Leben gibt. Dort ist dies Jenő, der jüngste von drei Brüdern, der eine Namensverwechslung ausnützt, um sich anstelle seines in der Revolution von 1848/49 aktiven Bruders Ödön hinrichten zu lassen. Dieser Bruder konstatiert später: „‚Er war als einziger von uns ein Held.' // Und damit hatte er recht, denn für eine Sache zu sterben, die wir verehren – ist menschlicher Ehrgeiz, doch für eine Sache zu sterben, an die wir nie geglaubt haben – ein übermenschliches Opfer. // Jene sind ‚wackere Männer', dieser aber ist ein Held." Jókai, Mór: A kőszívű ember fiai [dt.: Die Baradlays], hier nach der Internetfassung der Ungarischen Nationalbibliothek, Schlusskapitel ( http://mek.niif.hu/00600/00695/html/08.htm#52, = Végszó, besucht am 29.03.2010, Übers. J. B.].

[30] Vgl. bes. das Kapitel „Solferinónál"[Bei Solferino], Egy az Isten, S. 541–551.

[31] Fábri, Anna: Jókai–Magyarország. A modernizálódó 19. századi magyar társadalom képe Jókai Mór regényeiben [Jókai–Ungarn. Das Bild der sich modernisierenden ungarischen Gesellschaft des 19. Jahrhunderts in den Romanen Mór Jókais]. Budapest 1991. Anzumerken ist, dass Fábri mehr als eine schlichte „Soziologie" der Romane Jókais anstrebt. „Die – bis heute unbeantwortet gebliebene – Frage ist also, aus welchen Elementen Jókai die eine gewisse ungeordnete Ganzheit suggerierende „Lebenswelt" seiner Hauptwerke aufbaute und wie diese auf die Welt des alltäglichen Lebens und dessen verschiedenartige Interpretationen zurückwirkte." (Ebenda, S. 19). Der Untersuchung zugrunde gelegt wurden jene 29 Romane, deren Handlung im 19. Jahrhundert spielt (S. 7). Zur Religion vgl. S. 129–135. „Obwohl der Glaube in der Welt der Gesellschaftsromane Jókais an sich kein qualifizierendes Merkmal ist, erscheint er doch manchmal als solches. Das Reformiertentum verbindet sich nämlich im Allgemeinen mit den positivsten, vorteilhaftesten Eigenschaften und Bestimmungen. Die überwiegende Mehrheit der reformierten Hauptfiguren folgt, was ihre Moral angeht, festen Normen, ist in ihren politischen Ansichten liberal-oppositionell, in ihrer Weltanschauung

ein in ganz besonderem Maße positiver, vorbildhafter Held, der als fast-Adliger in gleichnishafter Weise auch all die bürgerlichen Ideale für den zur Verbürgerlichung aufgerufenen Angehörigen einer neuen politischen und wirtschaftlichen Elite Ungarn verkörpern kann. Denn Manasse ist Székler, also Angehöriger einer alten privilegierten Gruppe, und sogar lőfő (primipilius und damit Mitglied einer Führungsschicht); er hat sich in der Fabel des Romans in Ämter und Kreise hinaufgearbeitet, in denen er funktional und durch Umgang konzediert Hochadligen gleich ist: Er wäre die Gestalt aus der Fremde, die den künftigen Bürger ideal verkörpert, bis hin zu einer ritterlichen und doch – vor dem Hintergrund des 19. Jahrhunderts – vorsichtig gleichberechtigten Weise des Umgangs mit Frauen. Sein Auftreten ist dabei subjektiv kein Sich-Herausheben über das Normale, sondern folgt aus seiner subjektiven Sicht allgemeinen Normen.[32] Seine Gemeinschaft wäre eine bürgerlicher Arbeit und religiös fundierter Tugend, zudem vom Ideal permanenter Bildung und Selbst-Zivilisierung durchdrungen.

Meines Erachtens wäre das dennoch eine zu schlichte Deutung. Auch wenn der Roman nicht zu den stärksten Werken Jókais gehört und wegen seiner konzeptionellen Probleme – wie auch, gerade aus heutiger Sicht, wegen seines heftigen romantischen Überschwangs – zu derartigen soziologischen Lesarten einlädt, steht dieser von Jókai präsentierte Unitarismus doch nicht so schlicht und unkompliziert da. Relativierend wirkt allein schon die Position des Gegenbildes, als das dieser so sehr positive Held im Roman zu der breiten durchschnittlichen Welt außerhalb Torockós, zu der Welt des gewöhnlichen Ungarns wie des Kaiserreichs und Italiens erschient. Ein Zug der Werkanlage, der in den folgenden Romanen des Spätwerks noch ausgeprägter erscheint, ist auch hier zu beobachten: „die Bewahrung der Persönlichkeit lässt sich nur

aufgeklärt, in ihrem Verhältnis zur politischen Macht unabhängig. Bei den Katholiken dagegen – deren Mehrheit von Aristokraten gebildet wird – überwiegen in der Moral ein zynisch-manipulative Aspekte, in den politischen Ansichten der ständische Konservatismus, in der Weltanschauung das Aufgeklärte und im Verhältnis zur Herrschaft die manipulative Machtausübung. // Wenn der Autor das Aufeinanderangewiesensein von Reformiertentum und Opposition bzw. unabhängiger Attitüde auch ein gutes Stück übertrieb, erfasste er doch auf einen tatsächlichen Zusammenhang.“ (S. 129–130). In der Welt der Romane erscheint dieses positive Bild der Reformierten (wie auch der weniger häufig auftretenden Lutheraner) natürlich zugleich vielfach gebrochen, idealtypische Züge können z.B. von problematischen Figuren referiert oder gar angemahnt werden, was über Weltentwurf und Handlung das Wissen um die Komplexität und Widersprüchlichkeit derjenigen Welt vermittelt, auf die die Werke verweisen. Wie Fábri zu den Helden der Romane bemerkt: „Derartige schriftstellerische Mittel verweisen auf ein Weltbild, dessen Wesen – anders als allgemein angenommen wird – nicht in der Polarisiertheit, sondern in der gleichzeitigen Abbildung der Vielfalt, in der Behauptung der Seltenheit des Eindeutigen besteht.“ (62).

32 „Ich habe Dir schon bekannt, dass ich weder ein Held noch ein Heiliger bin, ich bin ein gewöhnlicher Mensch.“ Egy az Isten, S. 250.

in der Abgeschlossenheit der kleinen Gemeinschaft verwirklichen“[33] – aus der Manasse stammt, in die er schließlich zurückkehrt und in der auch Blanka nach ihrer religiösen und menschlichen Konversion Schutz findet. Gegen diese allzu unmittelbare Lesart sprechen die Ironie im Umgang mit etlichen Figuren, die weitere Bedeutung, die Torockó im Roman erhält, sowie Problemzusammenhänge des Romans. Sie widersprechen der eben vorgestellten Deutung nicht, aber sie modifizieren sie.

Der erste Punkt ist die ironische Brechung, mit der viele Figuren vom Erzähler behandelt werden, bis hin zu Blanka als der Hauptheldin neben Manasse, die den Übertritt in dessen – religiöse wie moralische – Welt vollzieht. Gegen die allzu einfache Lesart steht diese freundliche bis bittere erzählerische Ironie, mit der Figuren kommentiert und in einen anderen Rahmen versetzt werden. Dies geschieht trotz und neben der Dramatik, mit der Szenen geschildert, einzelne Verläufe präsentiert werden. Ausgeprägte Beispiele sind Gábor Zimándy, der Advokat, oder seine spätere Frau Marie, die Witwe Dormándy, sind all die Subalternen und Bediensteten der italienischen Handlung, usw. usf. Selbst das bereits zitierte Romanende ist eben nicht einfach nur die Überleitung in eine märchenhafte Perspektive, sondern beinhaltet auch Ironie. Diese Brechung taucht das ganze Werk in ein eigenes Licht, verleiht ihm eine spezifische Färbung, aus der auch die Gegenwelt Torockó nicht einfach herausgelöst kann. Torockó gerät im Kontext des so gestalteten Gesamtwerks in die Position einer Gegenwelt zu einer bereits gedämpft präsentierten bzw. sogar karikierten, in der bekannten bipolaren Struktur Jókaischer Romane präsentierten übrigen Roman-Welt.

Manasse Adorján ist ein romantischer positiver Held. Aber in jener Zeit, nach den Erfahrungen nicht nur mit dem Nachleben der Revolution, sondern auch mit dem Ausgleich, der neuen Weltwirtschaft, der Pariser Kommune, Ende der 1870er Jahre kann ein romantischer Idealheld nicht mehr in völligem Ernst mit einer ihm gemäßen Welt umgeben werden, zumal in einer Handlung, die in der eigenen jüngsten Geschichte situiert ist.[34] Die „Insel“ bleibt aus der Sicht der Gesamtwelt des Romans in einiger exotischer Entfernung. Das Tal von Torockó ist der Ort, an den Manasse seine Braut bringen will, „um sie den Menschen in seiner ursprünglichen Unschuld kennenlernen zu lassen“[35]. Keinesfalls absichtslos wird Torockó immer wieder als „die Insel auf dem Mond“, „a holdbeli sziget“ apostrophiert, was über den Eindruck der physischen Situierung hinaus – die blühende, intensiv kultivierte Kleinstlandschaft inmitten gigantischer Felsen – auch auf diese grundsätzliche qualitative Andersartigkeit verweist.

---

[33] Fried, István: A korszerű romantikus [Der moderne Romantiker]. In: Ders.: Öreg Jókai, S. 7–15, Zit. S. 13. Vgl. weiter: A „való“ és az „igaz“ között [Zwischen dem „Wirklichen“ und dem „Wahren“]. Ebenda, S. 57–75, sowie Kései Jókai-regények narrációs kérdései [Narrative Probleme der späten Jókai-Romane], ebenda, S. 96–113.

[34] Jókai tut dies in seinem Werken auch nicht mehr. Vgl. dazu Fried, insbesondere A korszerű (wie Anm. 33), A „való“ (wie ebenda), Kései Jókai-regények (wie ebenda).

[35] Ebenda, S. 334. Ursprüngliche Unschuld: a maga ősártatlanságában.

„[...] an der Wegbiegung öffnete sich das Tal von Torockó dem Blick. [...] Blanka schlug voll unfreiwilligem Erstaunen die Finger beider Hände zusammen und seufzte: „Mein Gott! Wie schön!" //Eine gewaltige Felsmasse, weiß wie Schädelknochen, erhebt sich steil und bildet eine lange, den Himmel anhebende Festungsmauer vor dem Talkessel, den an der anderen Seite eine mit gewaltigen Wäldern bedeckte Bergkette umschließt. Die kahle Felswand ist der Szeklerstein, ein historisches Denkmal aus Urzeiten, mit Überresten aus der Bronzezeit in seinen Höhlen und den Ruinen der alten Szeklerburg auf seinem Gipfel, die einst den Horden Dschingis Khans getrotzt hat. Noch heute fördert der Pflug mongolische und Szekler Pfeilspitzen zutage, der Pfeil der Mongolen war lanzenartig, der der Szekler bärtig. //Am Fuße des kahlen Felsens jedoch erheben sich wie die Logenreihen eines Amphitheaters, wie die Galerien des Colosseums die schönsten Meisterwerke von Menschenhand übereinander: künstlich angelegte Äcker. Der Mensch hat aus dem Stein Erde gemacht. Er hat stufenartige Galerien aus dem Fels geschnitten, den Stein zu Staub zermahlen, mit fruchtbar machendem Stoff vermischt und den Stein gezwungen, Brot zu werden. Der Szeklerstein erscheint wie eine riesige Etagere, die mit Blumentöpfen besetzt ist. Vier Fünftel sind nackt, eine Felswand kalt wie der Mond, das fünfte Fünftel jedoch ist ein in Blumenbeete aufgeteilter Garten. Nur in der Lombardei oder in der Toskana gibt es ähnlich Schönes zu sehen. Die Felder mit spätherbstlicher Saat bilden einen grünen Garten um die Stadt, die mit ihren zwischen dichten Wäldern von Obstbäumen verborgenen Häusern den Talkessel einnimmt. Hoch ragt zwischen ihnen der Turm der Gottesgläubigen mit seiner goldenen Turmspitze empor, die die Purpurstrahlen der abendlichen Sonne reflektierte. Und eben diese Strahlen weben einen goldenen Nebel über das ganze stille Tal und bringen den bläulichen Rauch über den Häusern zum Glänzen. ‚Das ist unser Zuhause', flüsterte Manasse Blanka zu."[36] Der besondere Ort ist jedoch auch Gegenbild von „Welt" im Sinne der breiteren Lebenswelt der Figuren, und wird vorsichtig in die Rolle eines Ortes außerhalb der Welt positioniert: „[...] Das war immer das Traumbild ihres ganzen Lebens gewesen. So hatte sie sich [...] das Paradies vorgestellt. Verschlossen, verborgen vor der Welt – ein Glück, das nicht von sich reden macht."[37]

Angesichts der Zeitereignisse während der Reise dorthin 1848 wie in breiterem Sinne angesichts einer allgemeineren Entwicklung ist dieser Ort zugleich permanent gefährdet: „Meine kleine Mondinsel wird von zwei Meeren umgeben – einem Meer von Flammen und einem Meer von Blut. Durch sie müssen wir hindurch: inmitten von Gefahren, die sich jeden Tag erneuern, und unter Schrecken, die nicht einmal der Schlaf unterbricht."[38]

Diese Sonderstellung des Ortes, seine gänzliche Verschiedenheit von der Umgebung tritt auch im Zuge der Handlung immer wieder hervor. Während schließ-

---

36 Ebenda, S. 364–365. Gottesgläubigen: egyistenvallók, also wörtlich „der an einen Gott Glaubenden".

37 Ebenda, S. 365.

38 Ebenda, S. 255.

lich ganz Siebenbürgen in Brand steht, während überall ringsum ungarische Ortschaften von rumänischen Aufständischen verheert werden, gelingt es Torockó, den Frieden zu wahren und so sein spezifisches Leben fortzusetzen.[39] Die Ähnlichkeit zum Umfeld im Sinne gleichartigen Handelns – des freiwilligen Einziehens zur Honvédarmee z.B., des Übens von Rache,[40] der geteilten Begeisterung für die Zeitereignisse – bedeutet das Einbrechen von Bedrohung. Dann ist es Manasse, der die Norm doch durchsetzt und das eigentlich Erforderliche tut. Während z.B. Dávid Honvéd wird, um „für die Heimat zu kämpfen" und seine als Emissäre von den Rumänen gefangen genommenen Brüder „zu rächen", während auch Áron alles für einen nun erforderlichen offenen militärischen Kampf mit diesen vorbereitet, geht Manasse unbewaffnet in das Lager und handelt schließlich einen Tausch aus – Lebensmittel und Alkohol (in gewaltiger Menge) gegen die Freilassung der Brüder und das Versprechen, dass Torockó nicht angegriffen wird, sondern gegenseitiger Frieden bewahrt bleibt.[41] Ebenso nimmt das Ende des Romans meines Erachtens einiges zurück und relativiert. Auf andere Weise – nicht durch die Entrückung ins Märchenhafte, sondern im Zuge des Erzählens – geschieht dies auch im letzten Viertel des Werkes, dort, wo die Vorgänge nach 1849 entrollt werden. Dies geschieht vermutlich jenseits der künstlerischen Absicht, aber infolge der künstlerischen Gestaltung des Werkes, insbesondere durch die librettohaften Raffungen vieler Partien.

Zwei Welten stoßen im Roman zusammen. Eine arbeitsteilige, geldgierige, den Menschen instrumentalisierende, von kleinlichen Leidenschaften getriebene, von Genusssucht, Gier nach Macht getriebene moderne Welt, in der auch die Revolution im Rückblick längst ihre Unschuld verloren hat, die Gegenwelt von Wien und Rom

---

39 Vgl. an anderer Stelle: „Und was ist sonst noch geschehen? Was geschieht in Torockó?' [fragt die „Sirene" ihren Günstling Benjámin Vajdár.] ‚Es gibt keine weiteren Berichte.' ‚Habt ihr dort keine Spione?' ‚In Torockó gibt es keine Verräter. Es gab einen. Den hast Du Dir bereits zu eigen gemacht.'" Ebenda, S. 416.

40 Vgl. S. 288, Dávid zu seinen Plänen.

41 „[Dávid] reichte Manasse über die Absperrung hinweg die Hand, und während sie einander die Hand drückten, blickten sie sich in die Augen. ‚Wohin? Bruder!', sprach Manasse. //‚Ich gehe Rache üben für meine zwei Brüder.' //‚Und ich gehe sie retten.'// ‚Ich gehe meine Heimat verteidigen.' // ‚Das tue ich auch.' Und dann küssten sie einander." Ebenda, S. 288. (Heimat: haza, d.h. semantisch nicht abzugrenzen von der Bedeutung „Vaterland".) Als Manasse, ohne die Reisegefährten zu informieren, ins rumänische Feldlager geht, hinterlässt er einen Brief an seinen schlafenden Bruder Áron. „Mein lieber Bruder Áron. Ich kann mein Haupt nicht zur Ruhe betten, wenn das Beil über den Köpfen meiner Brüder Simon und Jonathan schwebt. // Ich kann meine teure kleine Geburtsstadt nicht zum Schauplatz eines schrecklichen Kampfes machen. //Ich kann kein Blutbad über dieses Tal bringen, das das Töten von Menschen nie als Tugend betrachtet hat und in das ich meine Frau bringen wollte, um sie den Menschen in seiner ursprünglichen Unschuld kennenlernen zu lassen, Gott in seiner unendlichen Liebe. Ich versuche zu tun, was ich für möglich halte. [...]" Ebenda, S. 334–335. Meine Frau: nőm, was für die Braut wie für die Ehefrau stehen kann und die hier Endgültigkeit der bis zu diesem Punkt nur versprochenen, aber nicht formal geschlossenen Bindung bezeichnet.

und auch dem Ungarn der Romanhandlung – und die archaische und damit verbunden moralische Welt Torockós. Sie kann als Ort eines bewahrten „heroischen Weltzustandes" im Sinne der Hegelschen Ästhetik betrachtet werden – was, wie wir wissen, auch Konsequenzen für die Möglichkeiten zur Konzeption von Figuren hat. Als eine solche Welt ist das Torockó des Romans, zumal als Umfeld Manasses, der sonstigen breiteren vom Roman entworfenen Welt entgegengesetzt. Wo diese Welt nicht wie im Romanausklang in märchenhafte bzw. ironische Perspektive getaucht wird, wird sie ganz ernst genommen und in ihren Einzelheiten ausgemalt. Freilich hat die Verbindung mit einer auf die Erfahrungswelt des Lesers als Zeitgenossen verweisenden sonstigen Romanwelt Auswirkungen, die sich in Inkonsequenzen in den Schilderungen äußern. Zudem ist es genau diese Welt eines heroischen Zeitalters en miniature, in der der Unitarismus als diese ideale Religion funktioniert – und aus der heraus er der zeitgenössischen Welt als Gegenbild entgegengehalten wird.

Als soziale Welt betrachtet ist Torockó ein Ort bewahrter Autarkie. Alles, was benötigt wird, so die Behauptung des Erzählers, wird selbst erzeugt, es gibt keine Läden, keine Gasthäuser.

> „Das Städtchen der Insel auf dem Mond ist eine besondere Ansiedlung inmitten dieser Welt. // Auf sich gestellt, von einem vernachlässigten, weit zurückgebliebenen Volksstamm umgeben, der in Holzhütten wohnt, Lumpen trägt, im Dunkeln sieht – ist dieses kleine Stück Land eine aus sich selbst geborene Ansiedlung der Kultur. // Alles ist sein eigenes Erzeugnis, wie in Japan, China oder dem Reich der Inkas. // Eine geordnete Stadt, in der es weder Staatsanwalt noch Arzt gibt. Und doch wird der Streit geregelt und die Krankheit geheilt. Sie hat keinen Laden, doch in ihr ist alles zu finden, was zum bequemen Leben erforderlich ist. Sie kennt Prunk und Glanz, doch all dies stellt sie selber her, außerhalb ihrer Grenzen bittet sie niemanden um etwas. Sie lebt gerne gut und vergnügt sich, doch sie hat kein einziges Wirtshaus! Für den Fremden ist jedes Haus ein Gasthof, doch was hätte der, der dort wohnt, im Wirtshaus zu suchen.// [...] Und dieses winzige Volk hat Schulen, in denen Philosophie und Dichtkunst unterrichtet werden. Es gibt eigene Klassen für das Studium der Mechanik und Technik. Ihre Mädchenschule ist die älteste im Land."[42]

Das Gemeinwesen reproduziert sich also auf anspruchsvollem und zugleich stabilem Niveau. Immerhin gibt es Geld als Tauschmittel und als Geldkapital, zudem ist die Gesellschaft nicht völlig gleich: Erkennbar wird unterschiedlich großer Besitz, es gibt Dienstboten, Blanka führt ein Haushaltsbuch über die täglichen Ausgaben[43], die rumänischen Nachbarn schätzen Torockó eben auch, weil sie dort Pflugschaaren und anderes Eisengerät erwerben können, auch Land und Bergwerke werden gehandelt, so dass Blanka im Interesse ihrer Nostrifizierung Land – und zwar sogar in Form einer Grube – erwerben kann. In der auf diese Weise im Fortlauf der Geschichte gele-

---

42 Ebenda, S. 380–381.

43 Ebenda, S. 382.

gentlich ein wenig relativierten Erzählstrategie des Romans ist die kleine unitarische Siedlung jedoch ein kultiviertes, autarkes, selbstgenügsames Gemeinwesen.

Selbst das Einbrechen der Weltwirtschaft bis in diese Welt ist nicht nur einfach eigengesetzlicher wirtschaftlicher Prozess, sondern zugleich Teil eines kriegsgleichen Kampfes um das Brot – und Element einer verschwörerischen politischen Strategie.

„Der wahre Kampf beginnt erst jetzt. Denn damit, dass man ihnen die Waffen aus den Händen gerungen hat, haben die Menschen noch nicht zum Frieden gefunden. In ihren Händen bleibt jedes Mittel Waffe, und alle ihre Gedanken sind Kriegspläne. // Unser schwerster und ständiger Kampf ist der um das Brot. // Die Kämpfer wissen vielleicht nicht einmal, dass sie kämpfen. Sie merken es nur, wenn sie verwundet werden, oder wenn man sie aushungert oder plötzlich unter ihnen die Mine gesprengt wird. // Die Heerführer, die die kleinen Kämpfe steuern, kennen ihren Schlachtplan jedoch sehr gut. // Sowohl im Tal von Torockó als auch in den westfälischen Bergen wird Eisen erzeugt. Man erzeugt Eisen, um Brot zu haben. // Die westfälischen Arbeiter arbeiten mit Dampfmaschinen, in ihren Hochöfen halten Dampfgebläse mit 100 PS das ewige Feuer wach, [...], aus ihren Fabriken kommen die Eisenbrücken, die Säulen und Gewölbe der Kristallpaläste, die Panzerungen der Kriegsschiffe, die Ersatzteile der Dampfmaschinen, die Wunder der modernen Industrie. // Die Torockóer Arbeiter jedoch arbeiten mit schwitzenden Händen, auf die Weise, wie sie es von den ersten württembergischen Siedlern gelernt haben,[44] auch heute schleppen sie das Eisenerz auf dem Rücken nach oben, in ihren Schmelzöfen hilft das Wasser des Bachs das Feuer anfachen [...] und was in der Schmelze als Roheisen bleibt, das nennen sie „Broteisen". [...] Aus solchem Eisen werden dann Spaten, Pflugschaaren, Sensen und Radbeschläge gemacht. Das ist der Bedarf der Umgegend. (Und es ist wahr, ihr mit Holzkohle geschmolzenes Eisen ist das beste auf der Welt.) [...] Das Volk von Torockó hat dadurch schönes weißes Brot, solches, wie man es sich im Vaterunser nicht schöner wünschen kann. // Die westfälischen Bergarbeiter aber haben trockenes braunes Brot. Und manchmal ist es nicht nur braun, sondern sogar blau. In jedem regenreichen Jahr wächst in der Gegend das „Mutterkorn", und davon wird das Brot blau. [...] Von diesem Brot werden viele krank. [...] Auch dem westfälischen Arbeiter wäre es lieber, wenn er den weißen Wecken essen könnte, den der Torockóer Arbeiter aufschneidet, und dem Torockóer zum Tausch dafür das dunkelblaue Etwas geben könnte, das seine Glieder sich im Ergotismus verkrampfen lässt. //Das ist der Feldzug um das Brot. // Die Führer jedoch, denen die

[44] Zugrundegelegt ist die Annahme, dass 500 Jahre zuvor Siedler aus Württemberg bzw. Deutsche aus Eisenwürzel die ersten Einwohner gewesen wären (vgl. Ebenda, S. 380). „[...] doch jetzt sprechen sie das reinste, fehlerloseste Ungarisch". (Ebenda) Nur die Tracht – neben der aufgegriffenen wirtschaftlichen Erfahrung – zeigt noch die Spuren der Ausgangslage: „Die Torockóer Tracht ist eigenartig und nirgendwo sonst zu finden, sie ist nur für das Volk einer Stadt erdacht, eine Mischung des Deutschen und des Ungarischen." Ebenda, S. 383. (Da die Kritik der volkskundlichen Thesen Jókais, auf den sein Besucht in der Gegend großen Eindruck gemacht hatte, nicht Anliegen des Aufsatzes ist, sei hier nur pauschal auf die neuere volkskundliche Literatur verwiesen, die diese Sicht der tatsächlich höchst farbenprächtigen und eindrucksvollen Lokaltracht relativiert.)

Verteidigung anvertraut ist, sagen: ‚Hehe! Hierher kommst Du aber nicht mit Deinem blau-grauen Brot!‘ Und sie errichten eine feste Mauer in Gestalt des Einfuhrzolls gegen die Angreifer, die das ausländische Eisen fernhält. // Wenn einmal ein Staatsmann diese Mauer mit einem Federstrich niederreißt, dann machen sich die vom Mutterkorn blaugefärbten Brote aus Westfalen nach Torockó auf, und sie lassen sich von Gevatter Árons Kanonen nicht abschrecken.“[45]

Da die Fiktion der Autarkie nicht einmal in der Romanwelt aufrechtzuerhalten ist, fallen dann auch in Torockó die Preise bzw. wird das Brot teurer. Der „entscheidende Federstrich“ für den Fall der Zollgrenze, die die Autarkie bisher geschützt hatte, ist zudem wiederum eine Intrige.[46]

Im Roman erkennt Manasse, dass die heimatliche Eisenerzeugung in ihrem „urtümlichen Zustand“ unter dem freien Wettbewerb zusammenbrechen würde. Er versucht gegenzusteuern, indem er das Familienunternehmen umgestaltet. Hierbei verfährt er nicht wie ein zeitgenössischer kapitalistischer Durchschnittsunternehmer, der ins Blaue investiert, dann Facharbeiter zu der neuen Anlage heranschafft und schließlich feststellt, ob sich das Projekt rentiert. Er plant die Verbesserung der Produkte, die jedoch Landwirtschaftsgeräte bleiben sollen, bespricht sich dazu mit seinen Arbeitern, schickt junge Männer zur Ausbildung nach Deutschland und erweitert dann mit ihnen in einer neuen Hütte, „Újtelep“, den Betrieb.[47] Die Einberufung vieler seiner Leute zum Militärdienst gefährdet das Vorhaben, Blanka jedoch führt es, auch nach der Dienstverpflichtung ihres Mannes, in der geplanten Weise weiter. Nachdem aber auch die Zollgrenze fällt, wird das fast aussichtslos. Als Erklärung wird durch den Erzähler eine These über den volkswirtschaftlichen Zusammenhang von Währungskurs, landwirtschaftlichem Tagelohn und Fabriklohn angeführt. Man kann sie als Verweis auf weitere wirtschaftliche Zusammenhänge nehmen, die ohne den Schutz eines restriktiven Einfuhrzolls nun wirksam werden.[48] „Unter dem schönen kleinen Paradiestal war der feste Grund verschwunden.“[49]

Freilich geht es hier nicht um eine „Soziologie“ der Romanwelt und ihre volkswirtschaftliche Kritik. Wichtig ist vielmehr die Verbindung von Religion und

---

45 Ebenda, S. 512–514. Die lange Erörterung, aus der hier nur weitere schmückende Details gestrichen wurden, steht, wie man sieht, in relativer Selbstständigkeit neben der Handlung, die sich dann unter dieser Voraussetzung weiter entrollt.

46 Ebenda, S. 528.

47 Ebenda, S. 515–517.

48 Ebenda, S. 528. „Auf einmal merkte Blanka, dass der Verlust um so größer war, je mehr die Fabrik produzierte. // Dafür gibt es eine sehr einfache Erklärung. // Den Preis der Fabrikarbeit bestimmt der Tagelohn des Landarbeiters. Das ist in Frankreich, Italien, Deutschland und Schweden der Franken, in Ungarn und Österreich jedoch der Forint. Der Franken ist zwei Fünftel des Forints wert. Daher arbeiten der ungarische und der österreichische Fabrikant mit um drei Fünftel teureren Arbeitskräften als der ausländische. // Hier wusste sich Blanka nicht mehr zu helfen.“

49 Ebenda.

Funktionieren dieses Gemeinwesens: Religion ist das Komplement dieses geradezu idyllisch gezeichneten Zustandes. Jeder hat sein Auskommen, es gibt keine Armut. Der bewahrten Autarkie liegen stabile Bedürfnisse zugrunde, die nicht expandieren. Ein relativer Überschuss ermöglicht Kultur und Bildung – höhere Schulen für alle, die Bekanntschaft mit Kunst, insbesondere (muttersprachlicher) Literatur,[50] Musik, unschuldige Vergnügungen.[51] Dies alles bleibt relativ abstrakt. Religion ist nun das, was zum einen die erforderliche Friedfertigkeit des Umgangs und den permanenten Antrieb zu der nötigen harten Arbeit, zum anderen aber auch die Stabilität – oder Selbstbescheidung – in den Bedürfnissen und somit die Fortführung der Tradition garantiert. (Auch die geschilderte wirtschaftliche Modernisierung des Adorjánschen Unternehmens geschieht, wie gezeigt wurde, nur unter äußerem Druck und zur Stabilität der eigenen Lebenssicherung.) Das immer wieder betonte Tötungsverbot sichert das relative Fernbleiben von Konflikten mit dem Staat – bis hin zur Revolution – wie mit den Nachbarn, und der Bergbau bietet – aufgrund der Freistellung vom Militärdienst[52] wie auch der volkswirtschaftlichen Bedeutung seiner Erzeugnisse – die Möglichkeit, dies weitgehend ohne Konflikt mit den Ansprüchen zumindest der traditionellen Obrigkeit zu tun. Auf diese Weise ermöglich Religion – diese Religion – zudem in einem weiteren Verständnis die Aufrechterhaltung des zivilisatorischen Ideals.

Ein weiteres Problem, das die Schilderung des Unitarismus von Torockó in eine spezifische Perspektive setzt, ist das Verhältnis zur umgebenden Außenwelt, zu den Rumänen Siebenbürgens und zum ungarischen Nation-building. Jókai ist in dieser Schaffensphase bewusst, dass die ungelöste Nationalitätenfrage, zumal bei gleichzeitigem Raumgewinn der Unabhängigkeitspartei und der 48er Agitation gegen die Konstruktion des Ausgleichs, die Stabilität des ungarischen Staates gefährdet. Um dies zu bewältigen, müssen selbst die Atrozitäten von 1848 im Renanschen Sinne „vergessen“ werden. Denn das „Meer von Blut“, das Torockó umgibt und von dem Manasse spricht, ist nicht nur symbolisch zu verstehen. Es ist auch Realität der Romanhandlung, die auf die vorausliegende historische Realität verweist. In der Anlage des Werkes bleibt es zunächst Signifikat verschiedener Hinweise vor allem des auktorialen Erzählers. Da Manasse seine Braut vor den Schrecknissen der längst im Krieg befindlichen Umgebung verschonen will, bleiben sie auch im Erzählfluss zunächst ausgeblendet bzw. gibt es nur Hinweise, die auf Vorwissen des Lesers anspielen oder diesen ein nicht genauer benennbares Grauen ahnen lassen. Ein erster

[50] Die ausgebliebene Bekanntschaft mit der ungarischen – d.h. der eigenen – Literatur ist ein weiterer Kritikpunkt an Blankas Erziehung. Sie wuchs nicht nur im Internat ohne echte Liebe ihrer Familie zu ihr auf, sondern auch ohne genauere Kenntnisse der eigenen Kultur. „Sie lernte die Bücher kennen, die auf Annas Tisch aufgereiht waren. Für sie war all das eine interessante Neuheit. (Bisher hatte man es vor ihr so sorgsam geheim gehalten, dass es auch eine ungarische Literatur gab.)“ Ebenda, S. 372.

[51] Vgl. z.B. ebenda, S. 388.

[52] Dazu besonders ebenda, S. 514.

Kulminationspunkt, der sich aus diesem unterschiedlichen Wissen der Figuren um die Geschehnisse in ihrer Welt ergibt, ist Blankas Bitte um das Einverständnis der Familie zu ihrer Einladung an Dávid – den jüngeren Bruder Manasses – und an Zenobia, die Tochter eines rumänischen Meinungsführers, die sie auf der Reise nach Torockó – ohne Vorwissen und daher schlicht als imposante, ihr hilfreiche junge Frau – kennengelernt hat. Blanka schreibt also eine Einladung an Zenobia und bittet Áron als den ältesten Bruder und Familienoberhaupt um seine Unterschrift.

> „,Du hast nicht einmal gelesen, was Du unterschrieben hast!', neckte ihn Blanka. ,Und wenn es ein Todesurteil war?' Áron blickte sie mit einem schrecklich ernsten Gesicht an, und sagte, indem er seine breite Hand auf den Brief legte: ,Das war es ganz gewiss.' Dann küsste er Blanka die Hand und sagte: ,Ich habe heute einen großen Unfug angestellt. Doch Dir zu liebe tue ich selbst das, mein Diamant.' Dann wandte er sich mit höhnischem Lachen zu seiner Schwester Anna und richtete das Wort an sie: ,Auf Manasses Hochzeit werden wir dann also miteinander und mit Cyprian anstoßen! Nach den Tagen von Zalatna!' // Anna wurde weiß wie eine Wand. // Blankas Gesicht strahlte vor Freude. // Anna wusste bereits, was das heißt – die Geschichte der Tage von Zalatna. // Blanka hatte noch niemand etwas davon gesagt. // Sollte sie sich noch freuen!"[53]

Später werden dann ein wenig genauere Angaben zu einzelnen Gemetzeln gegeben – eingebunden in die Erkundungen der Caldariva und Vajdárs über die Vorgänge, die sie selber anfachen, um Zerstörung zu stiften und um persönliche Ziele gegenüber Manasse und Blanka durchzusetzen: erst wenn Blanka tot ist, ist die Ehe mit dem Herzog beendet und er frei, die Marquise zu ehelichen. Auf eine genaue Schilderung des Geschehenen gegenüber dem Leser wird jedoch auch dort verzichtet und unmittelbar auktorialer Abscheu über das szenisch Entworfene zum Ausdruck gebracht.[54] (Anzumerken ist, dass in der Konfliktanlage bezüglich Siebenbürgens genaue politische Konstellationen nicht erörtert werden, vor allem aber die Sachsen ganz ausgeblendet bleiben).[55]

Für ein Vergessen dieser Geschehnisse im Renanschen Sinne plädiert der Roman. Dies geschieht vor allem in Interventionen des Erzählers, aber auch in Schritten und Statements Manasses. Dieser geht diesbezüglich über den Durchschnitt seiner Glaubensgenossen hinaus.[56] Auch hier liefert der Unitarismus eine Ressource, und

---

53 Ebenda, S. 391–392. Zalatna: Klein-Schlatten.

54 Unter anderem S. 496–418.

55 Deutsche Einwohner Siebenbürgens tauchen in dem Roman nur im Rückblick auf die Vorgeschichte Torockós auf – in der erzählten Zeit sind sie bzw. ihre Nachfahren sprachlich assimiliert, „jetzt sprachen sie das reinste, fehlerloseste Ungarisch." Ebenda, S. 380, Anm. 44. – Der Vorgang passt zur Zeichnung eingier Figuren auf rumänischer Seite, ob damit eine Perspektive für die Nationalitätenfrage Ungarns skizziert ist, sollte vielleicht auch nicht überinterpretiert werden.

56 Dies zeigen z.B. seine Aktion der Geiselbefreiung durch einen Handel, eingegangen unter Gefahr des eigenen Lebens, nachdem er sich ins Lager der Aufständischen eingeschlichen hat (vgl.

aufgrund der sonstigen vorgeführten Potentiale dieser Denkweise – etwa auf dem Feld persönlicher Erfüllung wie auch bürgerlichen Fortschritts – kann dieses vom Standpunkt des magyarischen Nation-building wie auch der Erinnerung an die Schrecken der Revolutionszeit wohl schwierigste Denkangebot untermauert werden.

Andere Elemente der Fabelführung – etwa die Assimilation der Besten und Anspruchsvollsten der rumänischen Seite an die ungarisch-unitarische aufgrund persönlicher Wertschätzung und Bindung, verkörpert in Ciprianu und Zenobia, der unter friedlichen Umständen auf dem Weg einer kulturellen Assimilation geblieben wären, bzw. die aufgrund persönlicher Bindung Dávid geheiratet hätte –, plädieren ebenfalls für diesen Weg. Umgekehrt ist ein großer Teil der Atrozitäten Ergebnis nicht von rumänischer nationaler Strategie, sondern von Manipulation und Anstiftung, von Verschwörung aus Wien und von Rachegelüsten persönlicher Widersacher.[57] Die Verpflichtung gegenüber dem Staat wie auch die Bindung an den Nationalstaat wird durch das Praktizieren der religiösen Normen gepuffert, relativiert – und zivilisiert. In der Romanwelt ist das ein weiterer wichtiger struktureller Hintergrund, vor dem der von Jókai dargestellte Unitarismus seine Vorbildlichkeit gewinnt.

Hier, mit Blick auf jenes Netzwerk von Relationen zwischen Rollen, das die Romanwelt konstituiert, kommen wir zu einem weiteren Problem der Anlage des Romans, und zu einem letzten zu bedenkenden Aspekt in der Präsentation des Unitarismus. Gesellschaft erscheint hier – wie in vielen Romanen Jókais nicht so sehr als eigengesetzlicher komplexer Zusammenhang, sondern a) als Netz in der Handlung konstituierter Beziehungen der Figuren und b) sind Folgen gesellschaftlicher Entwicklung gerade in ihren bedrohlichen Potentialen in der Moderne zunehmend Ergebnis von Manipulation und Verschwörung.[58] Im Zuge der Desillusionierung des Autors über die Entwicklung Ungarns nach Revolution und Ausgleich verstärkt sich

oben), oder eine weitere Episode, in der er die persönliche Auseinandersetzung mit dem Gegner – nunmehr dem unter dem Namen „Diurbanu" agierenden Ziehbruder Benjámin Vajdár – im rumänischen Heerlager sucht, um kollektives Blutvergießen abzuwenden und seine Stadt zu schützen.

Manasses Vergebung erlangt aber selbst der Verräter Vajdár, der schließlich aufgrund eines Urteils in einem Betrugsprozess zum Zwangsaufenthalt in seinem Geburtsort verurteilt wird und den Manasse bereit ist in sein Haus aufzunehmen. Als dieser nach der Lektüre kompromittierenden Materials über die Marquise, das er vor seiner Ausweisung noch an sich gebracht hat, seine Rolle als bloßes Werkzeug erkennt, sein Unrecht einsieht und schließlich bereut, hilft ihm Manasse sogar das Gesicht zu wahren. Er verschweigt, dass die vergifteten Schriftstücke ihm den Tod gebracht haben und bewahrt gegenüber Familie und Öffentlichkeit die fromme Fiktion, er wäre reuig heimgekehrt und beim Anblick des Sarges Annas, seiner Verlobten, tot zusammengebrochen.

[57] Vgl. S. 496–418.

[58] Zahlreiche Beispiele dafür sind bei Anna Fábri zu finden.(Fábri, wie Anm. 30, bes. S. 57–65.) Sie beobachtet, dass sich seit den 70er Jahren und zumal in den Gesellschaftsromanen nicht nur Jókais zunehmende Desillusionierung niederschlägt, sondern auch „parallel dazu [...] die Zeichnung der politisch-gesellschaftlichen Funktionsmechanismen immer umrisshafter, ja immer modellartiger wird". (S. 63) So liefere er mitunter geradezu ein „Soziogramm" der Beziehungen seiner Helden, die wiederum die Romanwelt konstituieren. (S. 64).

dieses Moment. So sind auch hier die römischen Unruhen, die Randale des Mobs, die rumänischen Übergriffe z.B. in Abrudbánya und andernorts, und schließlich der Verfall des Eisenpreises und die sinkende Wettbewerbsfähigkeit des archaischen Bergbaus von Torockó Ergebnisse der Manipulation von Cagliari und Caldariva bzw. von ausländischen Mächten. Der Unitarismus ist *demgegenüber* eine Kraftressource. Das ist nicht ganz gleichbedeutend mit der Bewährung in der Moderne der Realität.

In dieser Anlage der erzählten Welt bleibt Religion davor bewahrt, an Konflikten des Individuums mit einer an Komplexität gewinnenden Welt, mit einer zunehmend funktional differenzierten und dem Prozess der Säkularisation unterliegenden Welt[59] Schaden zu nehmen. Sie bleibt generelle, nämlich umfassend gültige Lebensorientierung. Die Akteure wiederum sind dominante Rollenverkörperungen, Typen romantischer Helden, deren Gegenbilder, bzw. vielfältige Gestalten menschlicher Möglichkeiten dazwischen – durchaus nicht einfach bipolar, aber ohne Eindringen in die psychologische Innenwelt ihrer Individualität. Psychologische Erkundungen haben die ungarische Erzählliteratur des 19. Jahrhunderts, wohl auch aufgrund ihrer Stellung als quasi-Politik und quasi-Philosophie, wenig interessiert. So bleibt, bei allen dramatischen Zusammenstößen und bei allen Entscheidungskonflikten der Akteure, der innere Konflikt ein moralischer. Und hier kann die Religion unmittelbar als Norm und Ressource herangezogen werden. Die schwerste Herausforderung ist die an die Fähigkeit zu Glauben und Hoffnung – wird Manasse seine Brüder aus dem Lager der Aufständischen herausholen können, wird er den Krieg von Torockó abwenden können? Hier hilft dem Individuum, eindrucksvoll vorgestellt, Gebet und Psalmengesang. Das sind großartige Szenen des Romans.[60] Die Dogmatik, die Vorstellungswelt dieses Jókaischen Unitarismus bleibt ansonsten hinreichend allgemein, um vor allem mit Blick auf diese Konstellationen der Romanwelt Antwort bieten zu können,[61] und sich

---

[59] Diese Begrifflichkeit und die die Skizze des Großzusammenhangs folgen Luhmann. (LUHMANN, Niklas: Funktion der Religion. Frankfurt a. M. 1977. Vgl. weiter DERS.: Die Religion der Gesellschaft. Ebd., 2002.)

[60] Vgl. ebd., S. 339–340 (Áron), S. 351–354 (Blanka). „Die Unmittelbarkeit der Berührung mit Gott strahlte aus seinen Augen, von seinen Gesichtszügen, das gewaltsame Streben, den zu finden, der überall gegenwärtig ist – und nirgendwo sichtbar. // Und dann, als sich eine gesegnete Beruhigung auf seine Züge legte, nachdem er den Psalm zu Ende gesungen hatte, lebendig machender Glaube, warmes Vertrauen, Herzensstärke. ‚Denn die, die zu Dir flehen, sollen nicht in Schande fallen.'* // Als er sein Antlitz vom wieder vom Himmel gewandt hatte, sah man auf seinem Gesicht, dass das Herz dieses Menschen voll von Gott war." (S. 340; * Psalm 25, im Ungarischen in der Fassung von Albert Szenci Molnár; in der Lutherschen Fassung als Bitte: „[...] laß mich nicht zuschanden werden, denn ich traue auf dich.")

[61] Jókai hatte sich neben Mitteilungen László Kőváry s, der ihn schon auf früheren Reisen begleitet hatte, den Publikationen Balázs Orbáns über die Szekler sowie seinen Reiseerlebnissen u.a. auf den Kleinen Unitarischen Spiegel (Unitárius Kistükör) des damaligen Bischofs József FERENCZ gestützt (Unitárius kis tükör, vagy is az unitárius egyház története, hitelvei, egyházalkotmánya és szertartásai [Kleiner unitarischer Spiegel, oder die Geschichte, Glaubensprinzipien, Kirchenverfas-

als Religion in einer Entwicklung zu vorsichtiger Verbürgerlichung im Sinne Jókais bewähren zu können.

Was der Roman anempfiehlt, ist für die Romanwelt tauglich und bietet zugleich eine sehr positive Darstellung des siebenbürgischen Unitarismus – in wesentlichen Punkten treffend, an manchen Stellen idealisiert und im Äußerlichen auch exotisiert, wie es sich für einen romantischen Roman gehört. Vorgestellt wird zugleich eine Religion, deren Eignung für die wirkliche bürgerliche Welt, für die Moderne des 19. und anbrechenden 20. Jahrhunderts, und auch für die nachholende Modernisierung Ungarns, die Auflösung ständischer Residuen bei gleichzeitigem Aufbau eines Nationalstaats, eben daher nicht sicher ist.

## Zusammenfassung


### The Unitarian – noble savage, citizen and patriot. Some remarks on an novel by Mór Jókai

The novel „Egy az isten" (1877, „There is One God", a title hard to translate in foreign languages, which quotes the usual inscription on Unitarian church-doors in Transylvania) by the Hungarian author Mór Jókai is generally regarded to be a work „on Unitarians". Superficially reading the story, this seems to be right – the novel obviously describes a small denomination nearly unknown even in larger Hungary, praising its virtues illustrated by the example of a hero who represents it. Manassé Adorján is introduced as an exotic gentleman, stemming from a far-away community, with very specific customs and ideas, but impressively standing the test of the novel's world – a perfect noble savage. With his virtues as well as representing a cultivated, diligent, self-sufficient community, and his conduct toward the political events in his Transylvanian home-country, he may be regarded the „ideal type" of the „Bürger" – both laboring bourgeois and citizen –, or patriot, respectively.

But, this Unitarianism presented in the novel is not at all that simple and free of problems. The irony in dealing with several characters, as well as the structural position of the idealized community of Torockó within the novel, and also further immanent hints in the narration, do not falsify, but modify this simple reading. Religion – the idealized Unitarianism – is the complement of the nearly idyllic situation in the little Unitarian town. As shown in more detail in the analysis, it ensures the community's functioning in this self-sufficient and self-restricting way, which, on the other hand, allows to avoid for a long time conflicts with government and politics as well as the contradictions of the modern world – in the novel appearing as the counterpart of the former. Slightly reducing the far more complex structure of the novel, the Unitarianism of the novel is thus a resource while facing the mainly moral conflicts of the positive characters within the world constructed by the novel. It is not necessarily a means that


sung und Zeremonien des unitarischen Kirche]. Kolozsvár 1875), vgl. Mikó (wie Anm. 3), besonders S. 299.

would prove good in the slightly different conflicts and contradictions of Modern Age coming up in the time of Jókai.

## Az unitárius – nemes vadember, polgár és hazafi. Megjegyzések Jókai Mór regényéről

Jókai Mór *Egy az Isten* című regényét az unitáriusokról szóló műnek tekintjük, mivel a szöveg felszíne nem más, mint a korabeli Magyarországon sem igazán ismert egyháznak és felekezetnek a felmagasztalása. A főhős, Adorján Manassé az erényes és önellátó közösség képviselője úgy lép lovagiasan exotikus úrként és „nemes vadember"-ként az olvasó elé, hogy erdélyi hazájával szemben mutatott magatartásával is a hazafi ideáltípusává válik. Ez az ideál a polgári értékek, valamint a munkás utópisztikus világának és a közösségi életre képes lakosnak az elegyítéséből keletkezik. Mindennek ellenére mégsem olyan egyszerű és bonyadalommentes a Jókai által leírt unitarizmus: a dicshimnusznak tűnő olvasat ellenében több szereplő ábrázolásában ott lappang az irónia. A regény helyszíne Torockó, ám a falunak, kisvárosnak több jelentése és értelmezése is bekerül a cselekmény folyamába, amelyek nem másítják meg ugyan az eredeti elgondolást, de bőséggel módosítják és deheroizálják azt. Ebben a kontextusban különösen fontossá válik a vallásnak, mint a közösséget működtető erőnek a bemutatása: a vallás a közösség idillikus értelmezésének a megfelelője. A lelki közösség berendezkedett az önellátó és az önkéntesen korlátozott állapotra, hogy kerülje a külvilággal, azaz Torockó ellenpárjával feszülő konfliktusokat. Az unitáriusokat körülvevő társadalom leginkább regénycselekményként jelenik meg, amely személyek kusza hálózataként van jelen az öntörvényű világban. Megjelenik a manipuláció és az intrika, mint a modern társadalmi fejlődés következménye, ám a vallás kisegíti az erkölcsi konfliktusokba bonyolódott regényalakokat. Ez az attitűd azonban nem tekinthető az immáron beköszöntött modern kor konfliktusai A feloldó ellenszerének. A kor kihívásaira adott válaszok már csak ebben a közvetett, irodalmi formában jelenhettek meg.

## Unitarianul sălbatic nobil, cetăţean şi patriot. Comentarii despre un roman de Mór Jókai.

Romanul lui Jókai „Egy az isten" („Unul este Dumnezeu", o frază inscripţionată pe porţile bisericilor unitariene din Transilvania) este văzut în general ca o lucrare despre unitarieni. La o privire superficială asupra acţiunii, acesta pare un elogiu la adresa bisericii şi a confesiunii unitariene contemporane, relativ necunoscute chiar şi în Ungaria. Personajul principal, Manassé Adorján, este prezentat cititorului drept un cavaler exotic şi în acest sens ca un „sălbatic nobil", reprezentant al unei comunităţi autarhe şi virtuoase, fiind în comportamentul faţă de Transilvania natală tipul cetăţeanului ideal – un locuitor harnic şi sociabil dintr-o lume utopică – şi al patriotului. De fapt, unitarianismul prezentat în romanul lui Jókai este mai complicat şi problematic decât apare la prima vedere. Această lectură simplistă este nuanţată de ironia din prezentarea anumitor personaje, de semnificaţia nouă pe care o primeşte localitatea Torockó/

Râmetea în roman, precum şi de noi conţinuturi imanente naraţiunii. Acestea nu contrazic mesajul deja prezentat, însă îl modifică. Importantă este în acest context legătura dintre religie şi funcţionarea comunităţii: religia este complementară situaţiei aproape idilice din mica localitate unitariană. Ea asigură continuitatea stării autarhe şi autosuficiente, iar pe termen lung permite evitarea conflictelor cu lumea exterioară, care apare în roman ca întruchipare a modernităţii, opuse localităţii Torockó. Societatea apare aici nu atât ca un context complex, care funcţionează după propriile legi, ci ca ambianţă de relaţii între figuri, ce transpare din firul acţiunii, iar urmările dezvoltării sociale sunt zugrăvite în lumea romanului mai ales ca un potenţial ameninţător al lumii moderne, un rezultat al manipulării şi al complotului. Faţă de acestea din urmă şi în raport cu conflictele morale, religia reprezintă în roman o resursă importantă, având aproape acelaşi succes ca în conflictele modernităţii emergente în timpului lui Jókai. Provocarea modernităţii poate fi introdusă astfel numai în acest mod în lumea romanului, o lume care rămâne funcţională numai din perspectiva autorului.

# Die Sammlungen des Zentralarchivs der Unitarischen Kirche Siebenbürgens

*Lehel Molnár*

Die Geschichte des Zentralarchivs der Unitarischen Kirche Siebenbürgens können wir bis zur ersten Hälfte des 18. Jahrhunderts zurückverfolgen. Das Verwaltungszentrum der heutigen unitarischen Kirche ist in dieser Periode entstanden. Bis zum heutigen Tag beschäftigt sich dieses Verwaltungszentrum mit der Abwicklung aller kirchlichen Angelegenheiten, wobei an der Spitze ein leitender Rat, der sogenannte Kirchliche Vertretungsrat fungiert. Früher wurden die in den Kirchengemeinden auftretenden Probleme direkt vom Bischof gelöst. Dies war möglich auf Grund einer bischöflichen Untersuchung oder mit Hilfe des sogenannten Partial-Konsistoriums aus Klausenburg, welches dem Bischof unmittelbar unterstellt arbeitete.[1]

Der Unterhalt des Unitarischen Gymnasiums war am Anfang Aufgabe des Stadtrates und später der Klausenburger unitarischen Kirchengemeinde.

Die Gegenreformation beeinflusste stark und in negativer Hinsicht die protestantischen Kirchen, insbesondere die unitarische. Die Klausenburger unitarische Kirchengemeinde erlitt wesentliche Verluste: Sie verlor ihre Kirchengebäude (1716), ihre Schulgebäude (1718) und weitere Güter. Im Sinne der Zukunftssicherung der ganzen Kirche veranlassten genau diese Verluste die unitarischen Adligen, die Stellung der Gemeinde zu stärken.

Nachdem die Unitarier im Klausenburger Stadtrat in die Minderheit geraten war, übernahm die Klausenburger unitarische Kirchengemeinde die geistige und finanzielle Unterstützung der Schule. Folglich war die materielle Stärkung dieser Kirchengemeinde von zentraler Wichtigkeit. Die unitarischen Adligen verabschiedeten eine Verordnung, welche im Jahre 1718 die Gläubigen zu Spenden aufforderte. Dieser Beschluss hatte auch eine strukturelle, organisatorische Bedeutung für die Kirche. Die Leitung der Kirche war zuvor hierarchisch organisiert gewesen, und weltliche Personen hatten daran nicht teilgenommen. Ab diesem Zeitpunkt jedoch wurde

---

1 Dies war das Regierungsorgan der unitarischen Kirche, das in den Zeiträumen zwischen den im Sommer stattfindenden Sitzungen des Obersten Rats (Főtanács) und der im Winter einberufenen Synode die laufenden Angelegenheiten erledigte. Nach Auskunft der Protokolle ging daraus der Vertretungsrat hervor. Vgl. Tóth, György: Az Unitárius Egyház rendszabályai 1626–1850 [Die Vorschriften der Unitarischen Kirche]. Cluj-Kolozsvár 1922, S. 53–55.

jeweils ein aufsichtsführender Kurator neben dem Dechanten und jeweils zwei Hauptkuratoren neben dem Bischof bestellt. Außerdem wurde schrittweise das Vermögen der Klausenburger Kirchengemeinde von dem der Gesamtkirche getrennt. Im letzten Schritt wurde der Beschluss zur Vermögenstrennung von der Synode in Árkos im Jahr 1724 verabschiedet.[2]

In dieser veränderten Lage kam es zu einer neuartigen Verwaltung, welche den Interessen der Kirche als Ganzer diente. Im Prozess der Reorganisation sammelten sich zahlreiche Unterlagen, die irgendwo aufbewahrt werden mussten. Wir verfügen über zuverlässige Daten vom Ende des 18. Jahrhunderts bezüglich der Aufbewahrung dieser Dokumente. Aus den Angaben, welche diese beinhalten, wissen wir, dass die gesammelten Unterlagen zuerst in Kisten im Hause des Bischofs aufbewahrt und in das Unitarische Gymnasium am Anfang des 19. Jahrhunderts verbracht wurden.[3] Später gelangten diese in den Neubau des Unitarischen Gymnasiums, und zwar in das Gebäude, in dem das Archiv sich momentan noch befindet, und welches im Jahre 1901 eingeweiht wurde. Das heutige Zentralarchiv befindet sich so direkt neben dem Bischofsamt.

Die erste organisierte Initiative zur Rettung und Sammlung von schriftlichen Dokumenten von Kirchengemeinden in der Archivgeschichte der Unitarischen Kirche Siebenbürgens wurde während des Ersten Weltkriegs im Jahre 1916 unternommen. Weil Rumänien am 27. August den Mittelmächten den Krieg erklärt hatte und zugleich Transylvanien mit der Überquerung der Karpaten angriff, schienen die Bestände nicht mehr sicher. Die Behörden begannen noch am selben Tag, die gefährdeten Regionen zu evakuieren, und forderten die Bevölkerung auf der anderen Seite der Marosch auf, ihre Häuser zu verlassen.[4] Siebenbürgen wurde zum Kampffeld.

Unter diesen Umständen berief die Unitarische Kirche aus Ungarn den Vertretungsrat der Kirche für den 1. September 1916 ein. Gemäß der Absicht von Bischof József Ferencz sollte dies „größeren Überraschungen" vorbeugen und zu Absprachen bezüglich der Sicherstellung von materiellen Gütern der Kirche und Schule dienen.[5] Der Vertretungsrat entschied, dass der Bibliothekar János Sándor und der Archivar Lajos Kelemen die wertvollen Bücher und Schriften der Bibliothek und des Archivs inventarisieren und in Sicherheit bringen sollten.

Der Vertretungsrat wurde zu einer weiteren außerordentlichen Sitzung am 22. September 1916 einberufen, da durch die Evakuierung von 80 unitarischen

---

2 Vgl. Ferencz, József: Unitárius kis tükör [Kleiner unitarischer Spiegel]. Bearb. von Albert Vári. Kolozsvár 1930, S. 78–80.

3 Es handelt sich um das Gebäude der heutigen Schule für Gesundheitswesen, in der Nähe der unitarischen Kirche.

4 Erdély története [Geschichte Siebenbürgens] III, hg. von Zoltán Szász. Budapest 1986, S. 1694–1697.

5 Zentralarchiv der unitarischen Kirche (Az Erdélyi Unitárius Egyház Gyűjtőlevéltára). Cluj-Klausenburg. [künftig: EUEGyLt]. Kirchenrat (Egyházi Képviselő Tanács) [künftig: EKT], Jegyzőkönyv [Protokoll] 1916, Nr. 365.

Kirchengemeinden vor der rumänischen Besetzung der Fortbestand der ganzen Kirche in Frage gestellt wurde. Man musste über die Unterstützung der flüchtenden Pfarrer, Lehrer und Gläubigen entscheiden. Der Vertretungsrat beschloss unter anderem, dass der Archivar und Lehrer Lajos Kelemen sofort aufbrechen und diejenigen Kirchengemeinden besuchen sollte, in denen die Pfarrer noch geblieben waren, um die wertvollsten Kleinodien und Archivdokumente gegen Quittung zu übernehmen und sie in die historische Sammlung der Klausenburger Universität zu verbringen.[6] Mit der Durchführung dieser Aufgabe betraute Bischof József Ferencz in einer offenen Anordnung Lajos Kelemen.

Die Unitarische Kirche war die erste Kirche Siebenbürgens, welche die Vorgehensweise hinsichtlich der Sicherung und Sammlung von mobilen Wertgegenständen und Archivdokumenten festlegte. Einen Tag nach der Berufung von Lajos Kelemen rief die Königliche Regierungskommission für Siebenbürgen den Siebenbürgischen Museumsverein [EME] zu einer ähnlichen, aber weiter gefassten Sammelaktion auf. In diesem Sinne wurden Lajos Kelemen und Sándor Tavaszi vom Siebenbürgischen Museumsverein zu einer Sammelaktion in den Regionen berufen, die hinter der Front nördlich der Kleinen Kokel lagen. Da die Ziele der Unitarischen Kirche und der Königlichen Regierungskommission für Siebenbürgen dieselben waren, ordnete die Unitarische Kirche die eigenen Ziele denjenigen des Siebenbürgischen Museumsvereins und der Königlichen Regierungskommission für Siebenbürgen unter. Auf Vermittlung des Generalsekretärs des EME, Pál Erdélyi, erteilte Béla Kenessey, Bischof des Siebenbürgischen Reformierten Kirchendistrikts, im Namen des Verwaltungsrates dieser Kirche am 28. September einen ähnlichen Auftrag an Lajos Kelemen. Damit war auch die Unterstützung der Sammelaktion durch die Reformierte Kirche gewährleistet.[7] Die Entsandten suchten selbstverständlich auch römisch-katholische und evangelisch-lutherische Kirchengemeinden auf.

---

6 EUEGyLt. EKT, Jegyzőkönyv 1916, Nr. 366.

7 Diese vom Landesvertreterrat der Unitarischen Kirche ausgestellte offene bischöfliche Anordnung ist vorerst irgendwo im Archiv verschollen. Aus den Tagebüchern Lajos Kelemens ist bekannt, dass diese am 23. September ausgefertigt wurde. Der Verwaltungsrat des Siebenbürgischen Reformierten Kirchendistrikts stellte am 28. September 1916 unter der Nummer 4339–1916 eine eigene offene Anordnung aus (siehe Az Erdélyi Református Egyházkerület Központi Gyűjtőlevéltára, Kolozsvár. Erdélyi Református Múzeum létesítéséről [Archiv des Siebenbürgischen Ref. Kirchendistrikts. Klausenburg. Über die Einrichtung eines Siebenbürgischen Reformierten Museums]. I/74/1916), in der er „den unitarischen Obergymnasiallehrer Lajos Kelemen, Sekretär des »Siebenbürgischen Museums-Vereins«, beauftragt, von Seiten des Siebenbürgischen Museums-Vereins die Gemeinden aufzusuchen und Wertgegenstände in Augenschein zu nehmen, und den genannten Sekretär ermächtigt, diejenigen mit historischem Wert auszuwählen, sie gegen Quittung zu übernehmen und zum Zweck ihrer Sicherung nach Klausenburg zu bringen. Zugleich beauftragen wir jeden Pfarrer und Kurator, Herrn Lajos Kelemen diese Gegenstände zu zeigen, zu übergeben und ihm auch sonst in jeder Hinsicht behilflich zu sein, damit er umso erfolgreicher den großen Interessen der Kirchengemeinden dienen könne."

Lajos Kelemen verfasste darüber am 10. Dezember jeweils einen Bericht an den Siebenbürgischen Museumsverein und an den Unitarischen Vertretungsrat. In letzterem hielt er ausdrücklich die innerhalb der unitarischen Kirchengemeinden erzielten Ergebnisse fest. Weiterhin enthielt der Bericht die Empfehlung, die eingesammelten Wertgegenstände und Archivdokumente in einer regulären Sammlung zu vereinigen, und zwar in Form eines Ungarländischen Unitarischen Museums innerhalb der Historischen Sammlung des Siebenbürgischen Nationalmuseums. Auf diesem Wege würde die Problematik des Standortes, des Fachpersonals, der professionellen Handhabung und Aufbewahrung gelöst werden.

Der Vertretungsrat befand die Empfehlung Lajos Kelemens für gut und beschloss während der nächsten Sitzung am 11. April 1918, dass er „im Interesse der Bewahrung der Kostbarkeiten und der mobilen Wertgegenstände der Kirchengemeinden im Allgemeinen, unter denen auch wertvolle Schätze unserer nationalen Kunst sind, in der historischen Sammlung des Siebenbürgischen Nationalmuseums ein Ungarländisches Unitarischen Kirchenmuseum einrichtet, indem das Material der in einem gesonderten Saal unterzubringende Sammlung jeweils mit der Aufschrift ‚Unitarisches Kirchenmuseum' gekennzeichnet wird. Das Eigentumsrecht am Material der Sammlung verbleibt bei der Ungarländischen Unitarischen Kirche bzw. bei deren Gemeinden."[8]

Des Weiteren wurde beschlossen, dass diejenigen bislang eingelieferten Manuskripte, die in der Alten Ungarischen Bibliothek des Siebenbürgischen Nationalmuseums untergebracht worden waren, nämlich Protokoll und Rechnungsbuch der Kirchengemeinde in Marosszentkirály, die Matrikel der Kirchengemeinde in Nyomát und Protokoll und Matrikel der Kirchengemeinde in Szentgerice, durch Lajos Kelemen in das Kirchenarchiv überstellt werden sollten. Das Graduale von Szentgerice aus dem Jahre 1758, das Graduale und das Liederbuch des Gábor Toldalagi aus den Jahren 1727 und 1729, das Graduale von Ikland von 1680 sowie die Bibel von Miklós Tótfalusi Kis des Jahres 1685 sollten in die Bibliothek des Unitarischen Gymnasiums verbracht werden.

Nicht zuletzt lohnt es sich zu erwähnen, dass der Vertretungsrat auch über die sichere Aufbewahrung von Archivdokumenten der Kirchenbezirke und -gemeinden entschied. Es wurde angeordnet, dass alle Protokolle über die Verhandlungen der Bezirkskirchenversammlungen in das kirchliche Archiv in Klausenburg eingeliefert werden sollten. Dies war ein logischer Schritt, da die Dekanate selber die Dokumente nicht mehr benötigten. Zudem würden diese im Archiv zugänglich sein. Weitere Dokumente aus den Ortsgemeinden, die im Archiv aufbewahrt werden sollten, waren die Rechnungsbücher, die älter als fünfzig Jahre alt waren, sowie alte handgeschriebene Lieder- und Gebetbücher. In dieser Etappe stellte sich die Kirchenleitung bereits die Frage, ob die Verordnung nicht der Autonomie der Gemeinden entgegenstehe.[9] Die

---

[8] EUEGyLt. Unitárius Egyházi Múzeum felállításának ügye [Die Angelegenheit der Errichtung eines Unitarischen Kirchenmuseums]. Archivsign. 86/1917–3.

[9] Ebenda.

Umstände, welche die Einlieferung nötig machten, machen die Entscheidungen plausibel und rechtfertigen das Vorgehen. Die Kirchenleitung „verwies auf die Erfahrung, dass die Archive der Kirchengemeinden nicht gegen Feuer oder Diebstahl gesichert sind. Dass eine Szekler-Matrikel später in Szilágyság gefunden und von uns wohlmeinenden Individuen abgegeben wurde, dass mehrere mit den Stempeln unserer Gemeinden versehene Graduale in Antiquariaten gefunden wurden, und viele ähnliche Fälle belegen, dass es im allgemeinen Interesse unserer Kirche ist, diese Wertgegenstände möglichst in Sicherheit zu bringen.[10]

Lajos Kelemen wurde in der Folgendzeit vom Vertretungsrat dazu aufgefordert, die Archive der Kirchenbezirke und Gemeinden persönlich aufzusuchen, die dort befindlichen Schriften gegen Quittung zu übernehmen und nach Klausenburg zu bringen.

Die veränderte Lage nach dem I. Weltkrieg verhinderte leider die Umsetzung der kirchlichen Pläne. Die Gründung des Museums unterblieb, Lajos Kelemen trat seine Reise nicht an, und alle Kräfte waren vonnöten, um sich unter den neuen staatlichen Verhältnissen einzurichten.

Nach dem II. Weltkrieg standen alle kirchlichen Archive unter strenger Überwachung des rumänischen Staates. In einer ersten Etappe, gemäß der Verordnung Nr. 153/1950 des rumänischen Präsidenten und der Entscheidung des rumänischen Innenministeriums Nr. 61, musste jede Kirchengemeinde, die im eigenen Besitz befindlichen Matrikel beim lokalen Volksrat abgeben. Später wurden sie von dort in die Bezirksfilialen des Rumänischen Staatsarchivs weitergeleitet. Diese Gesetze sahen nicht nur die Einlieferung von eindeutig kirchlichen Dokumenten vor, sondern von überlieferten und archivierten Unterlagen aller Art. So wurden unter anderen die Dokumente des Unitarischen Gymnasiums und des Gymnasiums aus Torda (dt. Thorenburg, rum. Turda) im Jahre 1980 in die Filiale des Staatsarchivs in Klausenburg überführt, obwohl diese früher in der Obhut des Zentralarchivs gewesen waren. Die Schriften von Lajos Kelemen erlitten dasselbe Schicksal. Die Entsandten des Klausenburger Staatsarchivs beschlagnahmten sogar den Nachlass von Lajos Kelemen, obwohl dieser bis zum Jahre 1963 im kirchlichen Archiv aufbewahrt worden war.

Es mussten mehr als 80 Jahre vergehen, bis unsere Kirche die Rettung des verbliebenen Archivguts als Aufgabe von herausragender Bedeutung behandelte.

Mir persönlich wurde bewusst, dass unsere Archive, insbesondere die von Kirchengemeinden ohne Pfarrer, dem Untergang geweiht sind, wenn wir nicht besser aufpassen. Ein besonderer Vorfall, der mich auf diese Entwicklung aufmerksam machte, war der Befund meines Kollegen András Emődi. Er untersuchte die Kassetten-Decke einer unitarischen Gemeinde in Magyarszentbenedek und fand dabei das fast ganz zerstörte Archiv der Gemeinde, das er bei uns einlieferte.

Um die Dokumente der Gemeinden bei uns zusammenführen zu können, mussten wir natürlich erst das Archiv angemessen ausstatten. Über Projektanträge beim

[10] Ebenda.

ungarischen Ministerium für nationale Ressourcen (Nemzeti Kulturális Őrőkség Minisztériuma, NKÖM) und der Budapester Stiftung Pro Professione sowie durch Unterstützung seitens unserer amerikanischen Freunde konnten wir das Zentralarchiv sanieren, Alarmanlagen, Rauchmelder, ein modernes Regalsystem und einbruchsichere Schlösser installieren.

Danach erarbeiteten wir einen Plan zum Einsammeln der Dokumente. 2002–2006 ermöglichte uns die finanzielle Unterstützung des NKÖM, unsere Sammelaktion auf das Szeklerland auszuweiten. Wir suchten vor allem Gemeinden ohne Pfarrer in Székelykeresztúr, Székelyudvarhely und in der Gegend von Erdőszentgyörgy auf.

Bei unserer Arbeit stießen wir vielfach auf große emotionale Probleme. Die Abholung dieser Dokumente aus kleinen Gemeinden stellte für die Gemeindemitglieder eine Art Beisetzungsritual dar. Viele Gemeindemitglieder interpretierten diesen Akt als Abgesang auf ihre Existenz als Kirchengemeinde, als Schritt auf dem Weg zu ihrer vollständigen Auflösung, wobei sie nun auch von ihrer schriftlich festgehaltenen Vergangenheit Abschied nehmen sollten. Dennoch bleibt uns nichts anderes übrig, als das kleinere Übel zu wählen: Wenn wir die Archivdokumente in diesen besonders kleinen Gemeinden verbleiben lassen und die Anzahl der Gemeindemitglieder immer weiter zurückgeht, dann verlieren wir dieses Schriftgut endgültig. Andere Gemeinden interpretierten unsere Arbeit als eine zweite Aktion zur „Verstaatlichung" der Gemeinde-Wertgegenstände, nur das dieses Mal die Kirche die Güter der Gemeinden beschlagnahmen und fortschaffen wolle. Die protestantischen Gemeinden haben alle den Status einer eigenen juristischen Person und genießen volle Autonomie. Das Leben dieser Gemeinden wird durch Pfarrer, Kurator und Presbyterium geleitet. In bedeutenden Angelegenheiten ist auch die Zustimmung des Presbyteriums nötig. Auch die Archivdokumente können deshalb nur mit dem Einverständnis des Presbyteriums abgeholt werden. Leider erhielten wir diese in den meisten Fällen nicht. Dennoch konnten wir wenigstens feststellen, welche Dokumente die Gemeinden ohne Pfarrer aufbewahren, und haben diese inventarisiert.

Ich bat die Kirchenleitung um ihre Unterstützung: Sie sollte den Gemeindemitgliedern die Wichtigkeit unserer Arbeit vermitteln, damit diese verstehen können, dass der Schutz und die Aufbewahrung unserer niedergeschriebenen Vergangenheit am besten durch die Einsammlung der Archivalien gewährleistet werden kann.

Der Vertretungsrat beschloss am 11. Juli 2003 im Sinne der vorangegangenen Beratungen auch auf der Ebene der gesamten Kirche, dass Gemeinden, die keinen geeigneten Schutz dieser Dokumente gewährleisten können, ihre Unterlagen an das Zentralarchiv weiterleiten müssen. Für die gesamte Kirche wie für die einzelnen Gemeinden ist es die beste Lösung, wenn sich die schriftlichen Dokumente ihrer Vergangenheit in Sicherheit befinden.

Bischof Dr. Árpád Szabó und Landeskirchenkurator Ferenc Balogh (beide inzwischen verstorben) erläuterten die Wichtigkeit der Rettung aller Archive im Rahmen mehrerer Pfarrerversammlungen und Treffen mit Verwaltern und Presbyterien. Das Ergebnis dieser Bemühungen ist langsam spürbar: Es gibt bereits Kirchengemeinden, die von sich aus bereit waren, die eigenen Unterlagen in die Obhut des Zentralarchivs zu bringen (Csókfalva, Iszló, Kede, Kide, Rava, Szentháromság, Székelykál).

Die Einrichtung eines kirchlichen Museums ist leider immer noch nicht erfolgt. Wir hoffen, dass die neue Kirchenleitung, welche seit Dezember 2011 amtiert, diese Pläne erneut aufgreift.

in Hungary, the latter ones where never realized to change circumstances after the War. After World War II the archive, like all respective institutions of the churches, was put under strict state control, many further written records from church congregations were placed in state archives. Currently, the Unitarian Church tries to collect congregational records in its central archive, but this work is confronted with many obstacles. A church museum is not realized yet.

## Zusammenfassungen

### The allocation of documents within the central archive of the Unitarian Church of Transylvania

The history of the central archive of the Unitarian Church dates back to the early 18th century and was connected to the development of the central church administration. At the time, Unitarians lost important positions, which motivated Unitarian noblemen to strengthen the position of the Klausenburg community und to integrate laymen into the church leadership. The process included the reorganisation of church administration together with an archive to collect the growing amount of written documents. Records where first kept in the House of the bishop, than, beginning gin early 19$^{th}$ ct., in the new building of the Unitarian gymnasium, where they have their place ever since. An action to expand the collection was carried out in 1916 during World War I in cooperation with the Transylvanian Museum Association and the Hungarian governmental commission for Transylvania. A similar action took place in the Reformed Church. There were also plans to erect a Museum of the Unitarian Church

### Levéltári gyűjtőmunka az Erdélyi Unitárius Egyházban

Az Erdélyi Unitárius Egyház Gyűjtőlevéltárának történetét a 18. század első feléig vezethetjük vissza. Ebben a korban, az ellenreformáció idején az unitáriusokat fokozatosan kiszorították Erdély társadalmi és politikai életéből. A megmaradt unitárius nemesek egy sor intézkedést foganatosítottak az egyház megmentésére. Előszöri is a kolozsvári gyülekezetet erősítették meg, majd világi személyeket is bevontak az egyház vezetésébe, miáltal sor került a döntéshozó és az adminisztratív szervek átalakítására. A szervezeti reform által megnövekedett iratforgalom adta meg a döntő lökést a levéltár létrehozására. Az egyházi iratanyagot először a püspöki rezidencián tárolták, majd a 19. század elején átkerült a kollégium épületébe, végül meg az újonnan felavatott Unitárius Gimnáziumban helyzeték el. Ma is itt található a Püspöki Hivatal tőszomszédságában.

A levéltár anyaga több gyűjtési akció eredményeképp jelentősen bővült. Az első világháborúban történt az első szervezett gyűjtés, amikor az erdélyi királyi kormánybizottság felszólította az Erdélyi Múzeum-Egyesületet a gyűjtés széleskörű megszervezésére, amelybe az unitárius és református egyházakat is bevonták, hogy a veszélyeztetett front mögötti területekről és egyházközségekből összeszedve biztonságba helyezzék a műkincseket és levéltári iratokat. Ekkor született meg a Magyarországi Unitárius Egyházi Múzeum terve is, ám az első világháború után létrejött politikai helyzet nem tette lehetővé a megvalósítást. A Második Világháború után az Unitárius Egyház Gyűjtőlevéltára is a más hasonló típusú intézmények sorsát osztva szigorú állami felügyelet alá került. Sok dokumentumot az állami intézményeknek kellett beszolgáltatni. A rendszerváltozás után kezdetét vette az egyházközségeknél kint levő dokumentumok felkutatása és begyűjtése, ez folyik ma is minden külső és belső nehézség ellenére. Az egyházi múzeum kérdését még mindig nem sikerült megoldani.

## Colectarea documentelor de archivă de către Arhiva Centrală a Bisericii Unitariene din Transilvania

Istoria Arhivei de Colectare a Bisericii Unitariene din Transilvania se datează încă din secolul al XVIII-lea. În perioda aceasta unitarienii au fost îndepărtaţi din multe poziţii sociale importante, fapt din care se ivea mişcarea de reînnoire a religiei, dar mai ales a structurii de conducere a bisericii. Nobilimea unitariană, forţa conducătoare în biserică a luat o serie de măsuri vizând consolidarea şi întărirea comunităţii unitariene din Cluj unde spera de a avea o bază puternică politico-culturală. În organele de conducere a bisericii au fost cooptate persoane laice, şedinţele s-au înmulţit, astfel s-a ajuns – prin reforma structurii eclesiastice – şi la o înmărită corespondenţă. Necesitatea arhivării corespunzătoare a documentelor a devenit din ce în ce mai actuală, astfel s-a înfiinţat Arhiva de Colectare. În prima fază documentele erau păstrate la reşedinţa episcopului, până când la începutul secolului al XIX-lea au fost transportate în clădirea colegiului. După inaugurarea Colegiului Unitarian Arhiva a primit un lăcas corespunzător lângă Oficiul Episcopal unde se află şi în zilele noastre.

Fondurile Arhivei au fost îmbogăţite semnificativ în urma unor acţiuni de colectare organizate central. În Primul Război Mondial, în anul 1916 a avut loc prima acţiune de colectare împreună cu Comisia guvernamentală maghiară din Transilvania, cu Societatea Muzeului Ardelean şi cu Biserica Reformată. În urma acestei acţiuni au fost aduse la Cluj documente şi obiecte valoroase din patrimoniul parohiilor din zonele afectate de război. Pentru adăpostirea acestor obiecte a fost plănuit chiar şi un muzeu al bisericii unitariene, dar situaţia politică creată după război nu a fost popice pentru fondarea acestei instituţii. După al Doilea Război Mondial Arhiva de Colectare a fost supusă – ca şi instituţiile similare – unei supravegheri de stat foarte severă. Multe documente erau confiscate sau trebuiau predate instituţiilor de stat. După Revoluţie a început din nou colectarea documentelor rămase în parohii, activitatea aceasta este continuată şi în zilele noastre în pofida greutăţilor interne şi externe. Problema muzeul a rămas neclarificată.

# Personenregister

Das Namenverzeichnis führt biblische Gestalten, historische Personen und Wissenschaftler auf, die im Haupttext genannt wurden. Die Namensvarianten – bedingt durch die unterschiedliche Wahrnehmung der historischen Abläufe – wurden alle aufgeführt. In den Beiträgen selber wurde nur auf die eindeutige Identifizierbarkeit der Personen geachtet.

C



D



E

# Geographisches Register

Das Ortsverzeichnis führt Städte, Dörfer, Gegenden und Länder auf. Da die Arbeitssprache des Bandes das Deutsche ist, werden die Ortsnamen mit mehreren Namen – was in dieser multiethnischen Region der Regelfall ist – erstmals in ihrer deutschen Form aufgeführt. Weil die Beiträge oft – bedingt durch den historischen Kontext – auch andere als die deutschen Namensformen verwenden, führen wir diese lateinischen, ungarischen, rumänischen, slowakischen, italienischen etc. Formen mit Hinweis auf die deutsche, auf die jetzige staatssprachenbedingte amtliche und auf die kontextbedingte nachbarsprachliche Variante auf.

23.04.2013